KB254016

[또 하나의 문화]
제10호

[또 하나의 문화]
제10호

내가 살고 싶은 세상

[또 하나의 문화]
제10호

도서출판
또 하나의 문화

[또 하나의 문화]

「또 하나의 문화」는
인간적 삶의 양식을 담은
대안적 문화를 만들고 이를 실천해 가는
동인들의 모임입니다.
이 모임은 남녀가 진정한 벗으로 협력하고
아이들이 자유롭게 자랄 수 있는 사회를 꿈꾸며,
특히 하나의 대안 문화를 사회에 심음으로써
유연한 사회 체계를 향한 변화를 이루어 갈 것입니다.

내가 살고 싶은 세상
[또 하나의 문화] 제10호

표지 사진 / 홍미선,「성장」중 일부분
표지 디자인 / 정병규 디자인
본문 그림과 사진 / 김미혜, 김용님, 김홍주, 이인철, 이휘재, 전미숙, 하민수
글 편집 / 김영옥, 김은실, 김현숙, 김희옥, 박영숙, 박혜란, 서은주, 송제숙, 안희옥
유승희, 윤석남, 이동훈, 이상화, 이소희, 장필화, 전정환, 정진경, 조옥라, 조은, 조형
조혜정, 최현희, 한림화, 홍지영

1.

10년 전에 우리는 「또 하나의 문화」라는 이름을 짓고 활동을 시작했습니다. 사회 운동은 곧 삶 자체이며 반역의 역사는 대대로 이어지면서 보다 많은 사람들의 삶을 낫게 할 것이라고 믿어, '민족 민중 해방'을 위한 투쟁의 열기가 가득한 80년대에 좀 색다른 방식으로 남녀 평등의 문제를 제기하며 운동을 시작했습니다. 사회에 가득한 여러 종류의 억압을 직시하자며, 모순을 위계 서열화하는 식의 패권주의적 게임은 하지 않겠다며, 실은 주류에서는 상당히 먼 곳에서 딴 짓을 해왔습니다. 이제 그 열번째 책을 내놓습니다. 모두가 사회 운동이라는 단어와 멀어지고 싶어하는 지금, 그 진부한 단어를 들고 나온 것은 애초부터 그랬듯이 「또 하나의 문화」가 너무 앞서가서나 너무 뒤서가기 때문이겠지요.

2.

모든 억압이 사라진 유토피아 사회를 꿈꾸던 때. "그날이 오면 ……"이란 노래를 밤거리 뒤풀이에서 날마다 부르던 때가 있었습니다. 4 · 19의 전통을 이으며, 군사 독재 정권에 대적할 힘을 기르는 것만이 살 길이라며, 강철같이 몸과 마음을 단련하여, '조직'에 충성하자던 80년대를 우리는 기억합니다.

　변혁 운동의 물결은 꽤나 도도하여 군사 독재 정권을 무너뜨리고 '문민 시대'라는 90년대로 이어지고 있습니다. 이제 변혁 운동에 참여했던 이들은 새롭게 활기를 띠며 활동을 펼쳐 갑니다. 각자가 자신의 삶의 장에서, 더 이상 '총론'을 고집하지 않고 깊이 있는 각론을 써냄으로써 보다 실천적인 삶의 변혁을 이루어 내려는 것입니다. 80년대의 사회 운동이 거름이 되어 이제 진정으로 노동을 귀히 여기고 모든 인간이 인격적으로 대우 받는 사회로 가까이 다가가고 있는 것입니다. 사회 운동의 도도한 흐름이 활기를 더하여 사회 곳곳에서 변혁을 이루어 내고 있는 지금 우리의 앞날은 어느 때보다 밝습니다!?

3.

80년대 정치적 변혁기 중심에서 약간 비껴난 곳에서 문화 / 여성 운동을 벌이면서 우리는 90년대 중반쯤에는 이렇게 말할 수 있기를 바랐습니다. 학생 운동으로 세계적인 명성을 얻게 된 나라에 걸맞게, 전 세계에, 그리고 후대들에게 자랑스럽게 그렇게 말할 수 있게 되기를 바랐습니다. 그런데 실망이 큽니다.

　'문민 시대'는 '문민 독재 시대'로 급격히 들어서고 있는 것이 아닌가 하는 우려가 생기고, 사람들은 본격적인 광고 소비 사회에서 원자화된 채 획일적이고 폭력적인 문화에 막무가내로 휩쓸리고 있습니다. 그런데도 이 거대한 흐름을 막아낼 이들은 보이지를 않습니다. 당당하던 많은 민중주의자들은 황급히 가방을 챙겨 더 큰 '도'를 닦으러 길을 떠났다 합니다. 열정에 넘치던 민족주의자들은 '순수한 조선 사람'을 찾아 연변으로 타시켄

트로 여행을 떠나 언제 돌아올 줄 모른다 합니다.

새로운 방식으로 활발하게 일어야 할 사회 운동은 아직 뜨지 않고, 지난 날 운동가들은 잠적을 해버린 듯한 폐허와 침묵 속에서 많은 이들은 시린 가슴을 안고 이제 묻습니다. '나'는 어디 있는가? 내가 큰 꿈을 안고 참여 했던 사회 운동이 어찌 그리 쉽게 내게서 멀어질 수 있단 말인가? 그 운동 속에 나는 부재했단 말인가? 내 치열한 고민과 경험은 언제 내 속에서, 그 리고 사회 속에서 진정한 변화를 만들 수 있을 것인가?

우리가 이번 동인지 특집 주제를 「사회 운동과 나」라고 정한 배경에는 이런 시린 내력과 안타까움이 있습니다. 돌이켜보면 80년대는 개인적 삶으 로부터의 도피가 정당화된 시대였고, 자기 성찰을 하지 않는 것이 미덕이 되기까지 한 시대였습니다. '내가 없는' 운동의 한계. 이것을 생각하며 우 리는 질문을 던집니다. 왜 우리의 사회 개혁 운동 경험은 축적되지 못하고 사그라들고 있는가? '내가 있는' 운동이란 어떤 것일까? 집단주의적 유토 피아의 시기, '국가 정치'적으로만 급진적이었던 시대를 넘어서서 일상 생 활 속에서 '정치'를 읽어 내고 전혀 새로운 정치 판도를 짜는 것이 언제 가능한가?

4.

우리는 이번 책에서 이러한 질문들로부터 논의를 시작하고 있습니다. 이제 삶 전반에 걸친 사회 운동은 본격적으로 시작되어야 합니다. 그 운동이 한

번 일기 시작하면 그 누구도 멈출 수 없을 것인데, 그것은 바로 자기 삶에 대한 질문을 멈출 수 없기 때문입니다. 논설에서 '주체' 논의를 집중적으로 한 이유가 여기에 있습니다. 박형준의 논설은 80년대와 90년대를 이어 보려는 시선에서 쓴 것이고, 윤택림은 '민중은 스스로 말할 수 있는가?'의 질문을 던지며 '다중적 주체'에 관해 논의를 전개합니다. 조혜정은 '주체' 논의를 '주변성'과 '다름'의 주제로 좁혀 가면서 앞으로 사회 운동 모임들이 염두에 두어야 할 원칙들을 정리하고 있습니다. 오숙희는 좀더 구체적인 차원에서 사회 운동 조직의 '단맛'과 '쓴맛'을 분석해 보여 주면서 앞으로 운동 조직을 살려낼 방안을 제시해 줍니다.

「사회 운동과 나」라는 특집 주제 아래 모은 개인들의 운동 이야기는 열세 살에서 예순 살까지, 여자에서 남자까지, 중상층에서 하층까지 갖가지 삶의 조건 속에 살고 있는 사람들의 '자기 이야기'이면서 역사입니다. 이들의 이야기는 흥미롭게도 하나로 모아집니다. "어찌 사회 운동에 참여하지 않고 이 시대를 살아간단 말인가?" 이제까지는 '자기가 빠진 운동'이 가능했지만 앞으로는 그렇지 못할 것이라는 생각을 하게 하는 글입니다.

「소모임 성장기」에는 뜻이 비슷한, 또는 조건이 비슷한 이들이 모여 서로를 부추겨 가며 개인적 자아에서 사회적 자아로 눈떠 가는 소모임 활동 기록이 실려 있습니다. 나와 내 가족의 건강만을 걱정하던 아파트 단지 주부들이 모여 '우리 농산물' 직거래 운동을 하며 생활 협동 조합을 꾸려 가는 이야기, 평생 교육원과 문화 센터에 취미 삼아 사진을 배우러 나온 주부들이 전시를 준비하는 과정에서 '사회 속의 자기'를 찾아 가는 이야기, 아이의 교육 문제를 걱정하는 주부들이 힘을 모아 어린이 비디오 환경을 새롭게 꾸려 가는 이야기, 주경 야독하는 직장 여성들이 시간을 쪼개어 소모임을 꾸리면서 여성 문제에 눈떠 가는 이야기 등을 담고 있습니다. 원고를 추리고 보니 네 편 가운데 세 편이 주부들의 소모임 활동 기록이 되었습니다. 그 동안 눈에 보이지 않는, 주변적 존재로 남아 있던 주부들이 자신의 삶의 장에서 열심히 사회 운동의 싹을 키워 왔음을 새삼 발견하게 됩니다.

「내가 하고 싶은 사회 운동」에서는 앞으로 해나갈 새로운 과제들이 실려 있습니다. 진부하기만 한 '통일 운동'이 새로운 지평에서 일어야 하겠고, '성평등 교육'은 어쩌면 많은 사람들이 피부로 불평등을 느끼기 시작한 이제야 본격적으로 진행될 것 같습니다. '노동'과 '일'에 대한 새로운 인식을 바탕으로 협동 조합 운동이 곳곳에서 벌어져야 할 것이며, 이 와중에 공동 육아의 문제도 생각보다 쉽게 해결될 수 있지 않을까 기대해 봅니다. 이러한 운동들이 벌써 우리 주변에서 일고 있다는 것이 반가우며, 무엇보다 이들이 벌이는 사회 운동이 상당히 '전문적'이라는 것이 마음에 듭니다.

서평과 영화평, 창작란은 주로 열성적인 20대 동인들의 작품입니다. 하이텔을 통한 현재 젊은이들의 관계 맺기의 한 유형을 보여 주면서 사이버 스페이스 속에서 새롭게 씨름해야 할 공동체 문제를 엿보여 주고 있는 전정환의 글을 비롯해서, 많은 글들이 "알고는 있는데 몸이 말을 듣지 않는," 이들 세대들의 고민을 잘 드러내 주고 있습니다. 점점 더 소외가 깊어가고 다층화되는 시대의 사회 운동은 성과에 집착하는 방식이 아니라, 이상적인 의사 소통을 이루어 가는 방식을 찾아내는 것에 비중을 두어야 할 사회적 과정이라는 것을 이들의 글은 분명히 말해 주고 있습니다. 도구적 합리성에 급급하여 의사 소통의 문제나 정서의 언어를 '씹어 버렸던' 세대에게 다시 한번 성찰을 요구하는 부분이기도 합니다.

5.

끝부분에 「또 하나의 문화」가 10년 동안 해온 활동을 부록으로 실었습니다. 편집진 중에는 책을 내는 것 자체로 충분히 우리의 목소리를 내왔는데, 이런 자기 소개를 새삼스럽게 할 필요가 뭐 있겠느냐는 의견을 낸 이도 없지 않았지만, 「또 하나의 문화」라는 것이 도대체 어떻게 움직이는 조직인지 알고 싶다는 이들이 많아, 모임을 만드는 데 참고가 될까 해서 정리해서 실습니다. 지금까지 사회 운동이 현장이 없는 이론가들의 목소리와 자기 현장만을 고집하는 목소리들로 채워져 왔다면 이제는 현장과 이론이 자연스럽게 이어지는 소리들이 있어야 할 것이고, 그런 면에서 우리의 체험은 하나의 바람직한 사례가 될 수 있을 것입니다.

이번에도 제목을 놓고 말이 많았습니다. 「내가 살고 싶은 세상」과 「사회 운동과 나」 둘을 놓고 말이지요. "내가 살고 싶은 세상은 없어요" 하는 말이 자연스럽게 나오는 시대에 어찌 그런 구닥다리 제목을 내걸 생각을 하느냐는 20대들의 의견이 있었는데, 바로 그 '세상'이란 것이 80년대식 유토피아는 아닌 것이며, 아직도 꿈이 남아 있다면 대체 어떤 말로 풀어질 수 있을지 시도해 보자는 의견이 이겨서 지금 제목으로 나가게 되었습니다. 예상대로 이제 더 이상 살고 싶은 세상이 없는지, 아니면 표현 능력이 없어서인지 모르지만 「내가 살고 싶은 세상」이란 주제로 짧은 글짓기를 하자는 편집진의 요구를 들어준 이들은 그리 많지 않았습니다. 그래도 드문드문 '프로' 냄새를 풍기는 글들이 들어와서 듬성듬성 실었습니다.

　사회 운동의 주제를 다루면서 다시 한번 절실하게 느낀 것은 바로 다양성의 문제였고, 개성과 감수성을 회복하는 문제였습니다. 중심의 소리를 흉내내는 것이 아니라 전체 속에서 자기 자리를 보고, 그 자리에서 또 전체를 보면서, 개성 있는 목소리를 만들어 가는 것, 그리고 그 개성 있는 목소리로 다른 자리에 있는 이들과 생산적인 토론의 장 / 공존의 장을 열어 가는 과정 말입니다. 이제 우리는 각자 자기 자리로 돌아가 자신의 빛깔을 가지는 일에 열심일 수 있으면 좋겠습니다. 획일성이 가져오는 잿빛이 아니라 다양성이 가져오는 무지개빛이 우리가 원하는 세상의 빛깔이 아닐까요? ■

내가 살고 싶은 세상

한정아

꿈에 본 것은 그게 아니었다.
우리들은 깊은 산 선녀탕에서 목욕 재계하고
이슬 머금은 꽃으로 머리를 단장하고
마음껏 어울려 지냈다.

꿈에 본 것은
땀 흘려 일하는 것이 힘겨움이 아니며
노는 것이 또한 아쉬움이 아닌
그런 것이었다.
서로를 스스럼없이 초대하고
초대를 받아들일 줄 아는 세상,
마음에 들지 않은 이들끼리는 그냥 지나쳐
마음 속에 미움을 담아 두지 않는 그런 세상이었다.
여자끼리의 만남은 물론
남자와 여자의 만남도
치마 입은 것과 바지 입은 것 때문이 아니고
몸과 마음이 함께 있는 만남이어서
전혀 어색하지 않은 그런 것이었다.
작은 풀 한포기와의 만남도
귀한 인연줄로 이어지는 그런 것이었다.

그건 꼭 꿈만은 아니었는데
지금은 꿈인 양 멀리 있어서
내 하루하루는 더욱 힘겹다.

김용님, 「생명의 노래」, 1992.

자기 치다꺼리도 못하면서?

남정현*

나는 늘 갈등한다.

광주 항쟁의 아픔이 짙게 드리워진 80년대 전반에 대학 시절을 보낸 대부분의 사람들처럼, 그 시대에 돌고 돌았던 사회 과학 서적들을 읽어 가며, 어떻게 살 것인가에 대한 끊임없는 실존적 고민을 통해 결국 이 세상에서 최고의 진리는 이웃 사랑이며 이웃 사랑의 구체적 형태는 인간답게 사는 사회를 추구하는 운동적 삶이라고 결론을 내렸었다. 그래서 나는 이 세상에서 가장 의미있고 매력적인 일이 운동이라고 생각하며 평생을 운동적 삶에 걸며 노력하는 사람들을 가장 존경한다.

나는 지역 여성 단체에서 실무자로 일한 지 4년째를 맞고 있다. 가끔씩 누군가 내게도 운동가, 혹은 활동가라는 호칭을 불러줄 때면 너무 과분할 뿐더러 전혀 어울리지 않는다는 생각을 곧잘 한다. 나는 진정한 운동가 / 활동가인가? 그러면서 나는 늘 갈등한다. 왜일까? 대학에 들어간 후부터의 내 삶은 소위 말하는 운동권의 테두리 내에서 지낸 시간이었고 특별한 이

---

* 남정현은 1962년 충북에서 출생하여 고교 시절을 청주에서 보내고 84년도에 이화 여대를 졸업했다. 대학 4년간은 용감한 투사와 비겁한 지식인 사이에서 어떻게 살 것인가를 쉼없이 고민만 했다. 졸업 후 어학 교재 관련 출판사를 1년 다닌 후, 새마을 고교 교사, 야학, 청년 단체 실무자를 거쳐 89년 말에 고향 청주에 잠시 쉬러 갔다가 아예 그곳에 정착했다. 현재 충북 여성 민우회에서 사무국장직을 3년째 맡고 있다.

변이 없는 한 앞으로도 그럴 거라는 생각을 하면서, 그리고 활동을 하면서 포기한, 자잘한 많은 세속적 욕망과 이기를 비판하는 나인데도 운동가로서의 삶에 대해 자신이 없음은 도대체 무엇 때문일까? 현실적 고통 때문에? 아니면 내 적성과 취향에 맞지 않다고 느껴서? 어쩌면 내 의식의 언저리에는 운동가라는 단어 자체를 용맹한 투사나 완전한 인격자, 종교적 헌신자 등의 아주 특별한 요소를 갖춘 사람이라는 편협된 규정을 하고 있는 건 아닐까?

여성 운동과의 만남

내가 몸담고 있는 「충북 여성 민우회」는 주부와 직장 여성 약 100여 명으로 구성됐는데 올해로 창립 5주년을 맞고 있다. 우리가 주로 하는 사업은 주부 교실, 직장 여성 강좌, 상담원 교육 등 여성 의식 향상을 위한 교육 프로그램과 여성 인권과 관련된 상담 및 대책 활동을 비롯해 평화·참교육·농산물 지키기 운동 등 사회 민주화 영역까지 다방면에 걸쳐 있다. 대부분의 지역 단체가 그렇듯이 여성 운동의 각 부문 영역이 분화되지 못하다 보니 역량과는 상관없이 전반적인 것을 모두 고민해야 하는 부담을 안고 있는 실정이다.

　89년 말, 부모님 단 두 분만 살고 계신 청주 집에 특별한 의미 없이 쉬러 왔다가 지역에서 연합 운동을 하시고 계시는 선배님의 종용으로 처음으로 여성 단체에 들어오게 되었다. 그 당시는 집에서 쉰다는 것 자체가 너무 사치스럽게 느껴져서 단지 노는 시간에 사무실이라도 지켜 주겠다는 소박한 차원에서 비롯되었을 뿐이었는데 시간이 흐를수록 여성 운동과의 만남은 내게 많은 것을 느끼게 해주었다. 처음 1년여 간은 실망과 분노로 점철된 시간이었는데 그것은 나 스스로 여성이면서도 여성에 대한 기본적 존중과 애정이 없었을 뿐만 아니라 여성주의적 시각이 뭔지도 잘 몰랐기 때문이었다. 더욱이 지역 운동의 열악한 상황을 이해하지 못했고, 대중 활동 경험이 부족했을 뿐 아니라 생활 대중 단체와 정치적 단체의 차이, 남성들이 주도하는 제 사회 단체와 여성 단체의 차이를 피상적으로 인식한 데서 비롯된 일인 것 같다.

　나는 처음에 여성들 ─ 특히 주부 회원들 ─ 의 대화와 회의에 적응하지

못했다. 주제와는 상관없이 끊임없이 쏟아지는 불필요한 수다들도 문제거
니와 남의 말을 듣는 태도나 자기 말을 적정 수준에서 조리있게 표현하는
훈련이 안된 점, 자기 가족과 주변의 경험 정도에 국한되는 좁은 시각 등
등을 보면서 단지 의식 수준이 낮은 후진 대중을 어떻게 의식화시킬 것인
가에 대한 단선적인 조급함만 있었을 뿐이었다. 게다가 나는 입으로는 대
중에게 배운다고 하면서도 어느새 나 스스로를 대중을 지도하는 지도자 위
치로 분리해 내는 교만을 갖고 있었다. 대중의 의식에 매몰되지 않고 의식
을 높여 내는 것이야말로 운동의 기본이다. 그런데 내 경우는 대중을 가슴
과 과학으로 이해하며 존중함이 없이 내 하찮은 기준으로 대상화시키면서
쫓아오기만을 요구했던 것이다. 그러나 이제 나는 논리적 훈련은 부족하지
만 생활의 마디마디 영역에서 묻어 나오는 주부들의 풍부한 삶의 체험 이
야기를 가슴으로 받아들일 수 있게 되었다. 그들은 목숨을 걸고 아이를 낳
아 봐서 그런지 못 생긴 애, 미운 애 할 것 없이 생명은 존중되어야 한다
고 말한다.

재작년 우리 지역에 있는 복지원에서 어린이 성폭력 사건이 발생했을
때, 가장 열심히 대책위 활동을 했던 사람들은 바로 주부들이었다. 그들 중
한 명은 "내가 무슨 사고라도 당해서 내 아이들이 복지원에 있을 수도 있
다는 생각을 하니까 내 문제 같은 생각이 들더라"고 했다. 혈연 중심적인
가족 이기주의가 공동체 의식으로 전환된 복지원 사건의 경험은 여성에 대
한 나의 신뢰와 믿음을 다시 한번 확인하게 해주었다.

우리 회원들 중에서 몇몇 사람들은 회원 활동을 하면서 자기가 정상적
이었다는 걸 느끼게 되었다고 고백하곤 한다. 어렸을 때부터 고장난 라디
오나, 전등 수리일이 재미있고 좋았다는 사람, 어디 가서 내숭 떠는 일은
체질에 맞지 않는 솔직한 성품의 사람, 씩씩하고 적극적인 기질 등으로 남
성답다거나 특이한 인종으로 취급받아온 사람들이 자신들의 양성성이 여
성회에선 온전히 존중되기 때문에 자유로움을 느낀다고 했다. 나만 해도
늘 여성답지 못하다는 고정 관념 속에서 알게 모르게 심리적으로 억압당해
온 자신의 내면 의식을 읽어 본다. 그러나 어떤 때는 소심하고 부끄러움을
잘 타기도 하는 내가 여성 운동을 하는 사람은 매사에 더 당당하고 강해져
야 한다는 또 하나의 강박 관념 때문에 가끔씩 부자연스러운 행위를 연출
해 내고 스스로 당혹감을 느낄 때도 있다. 어쩌면 내 본성에 충실한 내 모

습 그대로이기보다는, 남성들의 몸짓을 흉내내고자 하는 잘못된 억압 기제가 작용된 것은 아닌가 한다.

처음부터 강한 개인, 강한 조직은 없다. 개인은 활동을 통해 강해지고, 능력을 갖추게 된다. 환기도 안되는 토굴 같은 사무실을 꾸미면서, 직접 페인트칠을 하고 헌 집기를 나른다거나 운임료를 아끼기 위해 무거운 서명대 책상을 들고 다니면서, 우리는 몸으로 하는 막일이 힘들지만 별 것 아님을 깨달았다. 일반 사회 단체라면 자연스럽게 남자들의 몫이었을 까다로운 대외적 관계, 특히 경찰 등 관공서와의 관계 등도 부족하나마 부딪혀 가면서 여민회 실무자들은 사회를 배워 나갔다.

여성 운동을 하기 전엔 난 '권위적 요소'라는 말을 제대로 이해하지 못했다. 인생의 경험자로서 나이든 사람을 존경은 하되 나이가 어린 사람들의 타당하고 합리적인 견해를 위축시키는 조건이 되어서는 안되고, 직급 자체는 역할 분담이라는 것, 때에 따라서는 희생과 봉사를 요하는 자리로서 사실은 모두가 평등하고 존중받는 관계여야 한다는 것 등이 여성 단체에서 훨씬 잘 지켜지는 것 같다. 우리 단체 수준이 아직은 미약해서 그런지 우리는 40대와 20대, 회장과 후원 회원이 아무런 간격 없이 잘 어울린다. 조직이 커지고 발달해서 조직 체계 그림표가 훨씬 복잡하고 커져도 이런 수평적 공동체 분위기는 계속 존속시키는 방향으로 나가야 할 것이다.

작년 한 해, 우리는 우리 역량에 비해 굵직굵직한 힘든 행사 (주부 교실, 상담원 교육 강좌, 정신대 관련 문화 공연 등)을 서너 번 치뤄야 했다. 그 재정 조달을 위해 직접 우리 회장님과 후원금을 얻으러 꽤 많은 사람들을 닥치는 대로 찾아다닌 적이 있었는데 상대는 대부분 회원들의 남편 인맥을 통해 소개받은 사람들로서 주로 중소 기업을 하거나 자영업에 종사하는 남자들이었다. 그 과정에서 받은 크고 작은 비애와 수모는 차치하고라도 아직도 여성 운동에 대한 편견과 냉담함 그리고 무지에 대해서 놀란 적이 있었는데 물론 그렇다고 좌절할 이유도 후원금을 못받을 우리도 아니었지만 착잡한 건 사실이었다.

"아니 도대체 여성들이 뭐가 문제에요? 뼈빠지게 벌어서 고스란히 월급 봉투 바치는데 ……"

"그거야 맞을 짓을 했으니 맞겠죠. 그리고 부부간의 손찌검 정도를 가지고 뭘그리 호들갑스럽게 ……"

"매춘 여성은 사회의 필요악 아닙니까?"

대부분의 일반 남자들은 아직까지도 여성 운동을 조화로운 가정과 남성 권위를 위협하는 몇몇 지식인의 무모한 이기적 행태로 인식하는 경우가 다반사다. 그래서 겉으로는 '좋은 일 하신다'고 동조해 주는 사람들도 막상 집에 계신 부인을 여민회 소모임 활동에 참여하게 권해 달라는 우리의 말엔 슬쩍 뺀다거나 핑계를 대며 거부감을 표시하곤 한다.

또한 단 몇만 원이라도 협조해 달라는 요청에 대해서는 "아니 그런 일이 그렇게 중요하다면 여자들에게 도움을 얻지, 왜 나에게?" 하는 말 앞에선 여성 운동은 남녀 모두를 위한 것이라는 답변에 앞서 웬지 스스로 어색해질 때가 많다. 여성 운동에 대한 여성들의 요구가 점점 확산되고 있긴 하지만 활동 후원금을 낼 만큼 경제력이 있는 여성들은 아직도 부족하고 여유 있는 살림이지만 자기 돈이 있는 주부들은 더더욱 부족하기 때문이다.

자기 치다꺼리도 못하면서?

신입 회원 교육이나 크고, 작은 모임에서 만나게 되는 학생이나 직장 여성들에게 항상 부르짖는 '주체적인 삶을 위해 경제적 자립은 필수'라고 떠드는 나야말로 사실은 경제적으로 무능력하다.

우리 단체는 대부분의 지역 사회 단체가 그렇듯이 경상 유지도 늘 어려운 재정 상태여서 상근비를 받아 가며 일을 하기에는 아직도 요원하다. 그래서 나를 포함한 후배 실무자들은 최소한의 생활비를 위해 시간에 쫓기면서도 아르바이트를 불안정하게나마 꾸준하게 해야만 한다. 그나마 집에서 다니는 한두 명을 제외하곤 월세값, 쌀값을 스스로 해결해야 하기 때문에 활동의 안정성을 침해하는 아르바이트를 그만두면 당장의 대책이 막연하기 때문이다.

친척 동생 과외 공부, 녹즙 가게 써빙일, 사회 기관 글짓기 강사 등 ……
주로 저녁 6시 이후에 전개되는 이런 일들은 밤 11시 이후에나 귀가할 수 있는 조건이기 때문에 아침 출근 시간 10시를 지키기도 우리는 늘 벅차고 피곤하다. 어쩌다 중요한 행사라도 있는 날이면 마음 따로, 몸 따로의 분열 증세를 보이기도 한다.

사무실 운영을 일단 정지하고 모두 생계 전선으로 뛰어들어가 약간의 자본금을 만들어 재정 사업 자금을 모은 후, 다시 모이자는 의견도 있었지만 한참 진행되는 일상의 사업과 실무 활동을 일시 정지한다는 것이야말로 말도 안된다고 번번히 일축된다.

이러저러한 고민을 하면서도 항상 되돌아오는 결론은, 시간이 더디 걸리더라도 조직 재정의 안정화를 통해 활동비를 지급하는 방향으로 문제를 풀어야지 개인적 해결은 결국 악순환을 초래할 것이며 앞으로 지역 여성 운동에 투신할 수 있는 후배들의 전망을 위해서라도 최소한의 활동비를 지급하는 구조를 확립하자는 것이다. 그 역할이 과도기의 우리들의 책임이라서 우리는 최근 후원, 자료 회원 확충, 다양한 재정 사업 등을 중요하게 고민하고 있다.

학교 졸업 후 지금까지 주로 단체 실무자 생활을 해왔던 나는 늘 가난하다. 주변 사람들에게 교통비 1,000원을 구걸하는 경우는 다반사다.

"자기 치다꺼리도 못하면서 무슨 운동을 하나?"

"너네가 부르짖는 민중과 여성 동포들, 다 잘 먹고 잘살고 있어. 불쌍한 건 바로 너희들이야"

몰인정한 몇몇 주변 사람들의 이런 시선에 대해서 난 대체로 무감각하거나 무신경하려고 노력하는 편이다. 가끔씩 "하숙비나 내고 살라"는 어머니의 힐난에도 난 너무 뻔뻔한 편이다. "아니 비어 있는 방에서 하루 한 끼밖에 안 먹는데 무슨 생활비예요. 적적한 부모님 봉양하는 수고료는 어떻고?"라고 도리어 능청을 떨지만 늘 죄송하고 자괴감이 드는 건 사실이다.

활동이라는 걸 하다보면 가족, 주변 사람들 참으로 많은 사람들에게 폐를 끼치게 된다. 이때 알게 모르게 형성될 수 있는 룸펜적 기질을 경계해야 하긴 하지만 이 문제에 지나치게 예민하거나 주눅들 필요는 없다고 생각한다. 주변 동료들이 자립을 지나치게 고민하면서 (자격증 취득이나 취직, 장사 등) 자기도 모르게 활동의 영역에서 멀리 떨어져 생활인으로 전락하는 사례들을 보면서, 불완전하긴 하지만 더 많은 시간과 정력을 운동에 할애하는 것이 올바르다고 생각하기 때문이다.

그래서 난, 자기 일에 대한 별 고민 없이 결혼해 남편 월급에 의존하며 안이하게 살아가는 친구보다, 스스로 일하면서 적금 부어 아파트 사고 자동차 사면서 경제적 자립을 꾀하는 친구들이 참 좋아 보인다. 그러나 자립이 보장된 교사, 학습지 회사, 백화점 자영업을 팽개치고 상근 활동을 하겠다고 모인 후배 실무자들이 훨씬 더 사랑스럽다. 그들과 난 현재는 불안하지만 활동을 통한 자립 구조를 언젠가는 꼭 이룩할 것 같다.

결혼, 그 부담스런 과제!

나는 올해로 33살을 맞는다. '결혼'이라는 단어는 현재 내겐 참으로 부담스러운 과제가 아닐 수 없다. 위로 오빠 둘과 언니를 출가시킨 후, 부모님의 결혼 종용 화살이 시작된 지 6년째를 맞고 있는 나는 늘 죄의식 아닌 죄의식을 느끼고 있다. 퍽 오래 전에 돌아가셨지만 지금도 내 기억에 어렴풋하게 남아 있는, 고지식한 시골 유학자 외할아버지는 여자에게 신식 교육 같은 건 전혀 필요치 않다는 지론을 가지셨던 분이고 그에 따라 어머니는 학교 문턱 한번 변변히 다녀보지 못했다. 하지만 어머니는 나름대로 전통적 유교 윤리 의식에 투철하셨고 그에 맞추어 무리없이 한평생을 살아오신 분이다. 어머니는 남녀가 적당한 나이가 되면 결혼해서 남편 섬기고 애 키우고 가정을 잘 꾸려 가는 것은 선택이 아니라 인간의 필수적인 모습이라고 생각하는 분이다. 또한 아버지는 남자는 그저 성실하게 직장 생활 열심히 하고 자기 가정에 대한 책임감이 있으면 됐지 돈이나, 지위, 학벌은 그리 중요하지 않다고 보는 소박하신 분이다. 그런 분들의 눈엔 그 평범하고 자연스러운 결혼을 못하는 내가 가엾은 중생이고 그 원인은 오로지 잘나지 못한 콧대와 지긋지긋한 민주화니 여성 운동 단체 탓이라고 생각하며 가끔씩 지방 대학에 보내지 못했음을 후회하시기도 한다. 우리집은 종가집인지라 1년에 제사를 열 번 이상이나 지내는데 그때마다 모여드는 친척들은 누구누구는 여상 졸업해서 착실히 적금 들고 제 나이에 시집가서 집 장만하고 애가 벌써 국민학교에 들어갔다는 등의 이야기를 실컷 한 후, 결국은 내게 표적을 돌리기가 일쑤고 그럴 때마다 부모님은 한때의 자랑이었던 딸에 대한 상대적인 실망감으로 주눅들곤 하신다.

그러나 나는 독신주의자도 아니고 콧대가 높을 만큼 허세가 있는 것도 아니다. 특별한 정신적, 육체적 문제가 있는 별종도 아닌 지극히 평범한 여성이고 오히려 내 주변의 사람들은 나의 제반 부족함과 문제점에도 불구하고 농담 삼아 매력적인 인간으로 추켜줄 때도 있다. 대개의 사람들처럼 나 또한 이상적인 사랑과 결혼에 대한 꿈과 토론을 즐기면서 그 대상을 찾기 위해 끊임없이 노력하는 사람이다.

그런 자가 왜 지금까지 그럴 듯한 연애를 통해 결혼을 못했느냐고 누군가가 물으면 난 항상 이렇게 대답했다. 그간 살아오며 부딪쳤던 사람들과의 관계 속에서 보다 진지하고 적극적인 노력이 부족했거나 인연이 모자랐을 뿐이며 그로 인한 크고 작은 시행 착오는 보다 완전한 만남을 준비하기 위한 중요한 경험으로 작용할 것이라고, 인생 문제에도 남성 일방이 이끄는 대로 움직이는 소극적 자세를 버려야 하며 또한 인연도 주어지는 것이 아니라 목적 의식적인 쟁취여야 한다고 주장하는 여성 운동 선배들의 지침에 따라 2, 3년 전에는 활동 주변에서 늘 만나는 사람들을 둘러보기도 했었다.

그러나 아쉽게도 내가 접근할 만한 사람들은 유부남과 까마득한 후배들뿐이었다. 청주 지역 운동권의 협소함(?)을 개탄하는 내게 동료들은 동지적 관계만을 중요하게 생각하는 인식의 편협함을 지적하고 정치 의식과 인간성, 평등 의식이 결코 비례 관계가 아님을 역설하곤 했다. 나 또한 명석하고 활동력이 강했던 친구들이 결혼 후 적어도 외형적으로는 자연스럽게 생활 전선으로 내몰리고 운동의 영역과는 점점 상관없이 남편과 가족 먹여 살리기에 급급한 경우가 되어 누구누구의 아내로 불려지는 경우라든가 바깥에서는 온갖 찬사를 다 받는 군자 같은 운동가가 자기 부인에게 대하는 권위적인 모습들을 보면서 운동하는 사람들과 꼭 결혼해야겠다는 생각도 문제가 있다는 생각이 들곤 했었다.

그러나 내가 만나는 사람들은 제한되어 있어서 미지(?)의 일반 생활인들을 자연스럽게 만나기도 어려운데다 부모님의 맞선 종용도 대책 없이 무시할 뚜렷한 명분이 없어서 재작년엔 약 1년 동안 소위 말하는 맞선을 대여섯 번이나 봤다.

막상 내가 당사자가 되어 결혼 상대자를 찾겠다고 그 어색한 현장으로 출두한다는 무언가의 비애감에도 불구하고, 기대 심리로 덩달아 들뜨는 원치 않는 가족들의 흥분과 잔소리들만 빼고는, 선이라는 것도 자신의 모습을 객관화시키는 중요한 경험이 될 수도 있다는 점에서 일정한 의미가 있는 것 같았다.

내가 선을 본 상대들은 대부분 나이가 30대 중반을 전후한 사람들이라서 그런지 소위 말하는 안정된 사회적 기반을 향해 줄달음치는, 직업은 대체로 인기 있는 전문직 종사자 ─ 교수, 사업가, 연구원, 건축사 등 ─ 들이었다. 지금 생각해 보면 내 수준에선 결코 쉽게 만나기 힘든 계층이었는데 이는 중간에서 윤색된 내 소개 ─ 노처녀이긴 하지만 그래도 이름 있는 대학을 나와서 현재는 부모 밑에서 신부 수업중 (이는 순전히 우리 어머니의 거짓말이다) ─ 때문이었으리라. 양가 부모를 배제한 채 이름만 알고 둘만이 만나는 형식을 취했는데 모든 선이 그렇듯이 어색한 기류 속에서 형식적인 몇 마디 말을 나눈 후 상대방에 대한 보다 자세한 이야기를 나누게 된다.

"집에서 쉬신다구요 ?" 이 대목이면 나는 순간 갈등한다. "제발 그 여민 횐지 뭔지와 민주화에 대한 얘기는 참고, 말할 때 목소리 좀 낮추고 잘난 척 좀 하지 마라. 처음에 만난 여자가 그런 일을 한다면 누가 좋아해, 너 그러면 평생 시집 못간다"는 어머니 얼굴이 연상되기 때문이다. 하지만 "집에서 놀다니 내가 왜 놀아, 내가 하는 일이 얼마나 보람되고 재미있는 일인데. 거래하는 인쇄소에서 박아준 어엿한 명함까지도 있는데. 여기서 내 숭 떨면서 '네' 그러라고? 난 못해. 그건 거짓말이야, 도대체 왜 여성 운동 한다는 걸 감춰야 돼?"

어느새 나는 우리 단체에 대한 장황한 소개와 할 수 있으면 후원 회원이라도 하라고 능청을 떨기까지 한다. 그리고 어김없이 이어지는 '결혼 후에도 계속 할 거냐'는 질문에 이르면 주저없이 계속할 거라고 했다.

안타깝게도 내가 만난 사람들은 전반적으로 사회 현실에 대해 보수적이었을 뿐더러 사람에 따라 반동적이기까지 했다. 내가 존경하는 민교협 교수님을 힐난하는가 하면, 돈을 위해서는 사람 죽이는 것 빼놓고는 무엇이든 할 수 있다는 사업 경영 철학을 자신있게 떠벌리는 사람, 카페에서 담배 피우는 여자의 뺨을 후려쳤다는 것을 무용담처럼 얘기하는 사람, 왜 하고많은 좋은 것을 나누고 성폭력과 아내 구타 등 음습하고 어두운 면을 고민하는지 모르겠다는 둥둥 ……

내가 그 유능한 사람들의 가당찮은 속물 근성과 보수성 그리고 사회 현실에 대한 무지함을 집과 사무실에서 떠벌리는 동안 중매쟁이를 통해 들어온 대부분의 애기는 "똑똑하긴 한데 여자답지 못하고 그 이상한 일을 결혼 후에도 계속 한다더라."

그 속에서 그나마 나를 이해하려고 노력했었다고 착각한 한 사람과는 정말 결혼까지 할 뻔 했었는데, 지금 생각하면 그때 서울로 가면 안된다고 나를 말렸던 주변 동지들이 아니었으면 어찌되었을까를 생각하니 참으로 다행스럽다. 역시 선이라는 건 흥분된 가족 군중과 함께 움직이는 것이라 차분하고 진지하게 둘만의 관계를 고민해볼 여유가 부족하다는 위험이 있는 것 같다.

남자 활동가들은 활동을 하는 여자가 아니어도 되고 선택의 범위가 넓은 편이다. 반면 남성 중심의 가족 지배 질서 체제에 순응해야 하는 현재의 구조에서, 돈도 안되는데다가 흔쾌하지도 않은 활동을 계속한다는 여성이 부담스럽게 느껴지는 것은 어찌 보면 당연할 것이다. 그래서 나는 내게 충고했던 동료들과는 다르게 후배들에게 결혼을 할 거라면, 늘 부대끼는 내부에서보다, 의식이 미비한 미지의 세계에서 상대를 찾기가 훨씬 어려운 것 같으며 애정이고 결혼이고 공감대가 밑받침되어야 하니 대책없이 시간만 보내지 말고 주변을 눈여겨 보라고 말하는 편에 속한다.

여성 의식에 눈을 뜨게 되면서 자신의 결혼 생활과 가족 구조를 반추해 보는 30대 후반에서 40대 초반의 주부 회원들은 대체로 운동을 중심에 두는 삶을 살고자 하면, 결혼이라는 구조와 형태는 얻는 것보다 잃는 것이 많을 것이라고 충고한다.

그들은 독신으로 살든지, 결혼과 독신이 아니면서 여성이 보다 자유로울 수 있는 새로운 형태의 모델들에 대해서 고민해 보고 그것을 자신들은 기회가 안 닿으니 내가 한번 시도해 보는 것이 어떠냐고 한다. 나는 시도해볼테니 사람이나 구해 오라고 늘 대답한다. 우리 단체 내에 설치된 「여성 상담 전화」를 통해 매일같이 들려오는 여성들의 갈등 사례 등을 통해 현재의 가족 제도가 여성에게 매우 불리하게 되어 있음을 뼈저리게 간접 체험해본 나는 다양한 형태의 가족 제도에 대한 개방된 시각과 시도는 중요하다고 보지만 책임질 수 있는 의식과 홀로 설 수 있는 경제력 강화에 더 주력해야 한다고 본다.

주변의 남성 활동가들은 간혹 술자리에서 결혼도 못해 보고 애도 못 낳아본 여자들이 어떻게 여성 운동을 하냐고 빈정대며 결혼한 자신들이 아주 어른이 된 듯 으쓱대며 내게도 어서 결혼하라는 애정적 태도를 잊지 않는다. 그러나 일단, 그 구조에 들어가면 절실한 직접적 체험은 했을지라도 그 모순과 불평등을 개선하는 힘의 동력화(운동에 참여)가 상당 부분 약화되거나 불리해지는 현실 문제에 대한 깊이 있는 고민은 너무 부족하고 안이했다.

어쨌든 지금의 난, 결혼을 위한 결혼으로 들리는 어머니의 한숨 소리는 죄송스럽긴 하지만 앞으로도 계속 무시(?)하거나 무감각해지기로 했다.

내 과거와 미래의 활동, 내 현재의 인간 관계가 존중되고 유지될 수 있는 상대에 대한 열망과 노력은 계속 해나가면서, 물론 또 하나의 신데렐라 콤플렉스로 빠질 염려를 꾸준히 경계하면서 말이다.

결혼을 위해 활동을 포기할 수 없는 것처럼 활동을 위해 만남을 소극적이거나 비현실적으로 생각하는 것도 어리석은 일이기에 ……

나를 위해서

"어차피 결혼도 늦어지고, 그 나이에 직장도 힘드니까 다른 맘 먹지 말고 대학원 준비를 차분히 하는 것이 어떠냐? 혼자 사는 여자가 지적 소양이라도 있어야 하지 않니? 대학 강사라도 하면서 여성 운동을 하면 좀 우아해 보이지만 지금의 너는 별다른 전망이 없잖아."

"그 자리에 너가 없으면 안된다는 오만을 버려. 네가 아니더라도 너보다 훨씬 훌륭한 후배들이 열 배, 백 배 더 잘할 수 있어."

"활동권 내부가 편하다는 것은 세상과 직접 부딪히는 것을 두려워하는 유아적 발상이야. 하다못해 무슨 가게라도 운영해 네 치다꺼리를 하면서 후원금을 내는 것이 더 필요한 일일 수 있어."

작년 연말, 가족들이 모인 자리에서 그래도 내게 우호적인 언니, 오빠들은 상근 활동이 아닌 형태로 운동에 참여할 것을 진지하게 충고했었다. 물론, 나는 언제 어디서고 올바른 인식을 위한 공부는 필요하며 조건과 여력이 되면 대학원 공부를 할 수도 있다고 생각한다. 그것이 또 하나의 외피나 현실 도피처가 아니라면, 그리고 활동이라는 게 몇 년 반짝 흥분하고 물러서는 건 아니잖는가? 능력이라고? 문제점과 부족함 투성이인 내가 언제 능력으로 버텨 왔나? 그래도 내가 더 잘할 수 있는 일은 돈 버는 일보다 지금껏 해온 단체 실무자 역할이 아닌가?

운동을 이뤄 나가기 위해선 재정을 후원하는 사람, 생활 현장에서 직접적인 체험을 하는 사람, 공부하는 사람, 사무실을 중심으로 일하는 상근 실무자 등 다양한 사람들이 모두 필요하다고 생각한다. 그리고 나는 단지 그 중의 한 영역을 지키고 있을 뿐이다.

다분히 곤고한 그 자리를 내가 계속 지키고 있는 이유는 운동의 당위성, 여성 운동의 중요성을 생각하기 이전에 현재 내가 부대끼고 만나는 사람들이 너무너무 정답고 좋아서다. 어쩌다가 낯선 곳에 출장이라도 가게 되면 나는 제일 먼저 우리 회원들의 갖가지 표정 ― 흥분할 때, 싸울 때, 회의할 때 등 ― 하나하나가 생각난다. 그리고 불현듯 보고 싶어진다.

유능한 상담원이 되기 위해 제일 싫어했다던 법률 실무 공부를 위해 아이를 데리고 다니면서 뒤늦게 열을 내는 ○○언니, 여민회가 무보수 활동이기 때문에 남편에게 떳떳치 못하다고 아파트 단지 내에서 신문 배달을 시작한 용감한 주부 회원, 수영장에서 함께 강습을 받는 사람들에게 정신대 공연 티켓을 수십여 장 판 성공 사례담을 흥미진진하게 보고하는 회원, 쌀 지키기 운동 집회를 과격 시위라고 표현한 지역 방송국에 무려 2시간여 동안 항의 전화를 해대 결국 사과를 받아낸 회원 등등.

언젠가는 무슨 일이 생겨 사무실을 사나흘간 못나온 적이 있었다. 나는 그때, 밥만 먹고 회의만 하느냐는 누군가의 질책에도 아랑곳없이 항상 소란스럽게 진행되는 길고 지루한 상근자 회의 분위기를 얼마나 그리워했는지 모른다. 그리고 무보수 상근자들이 회원들과 조직을 위해 일방적으로 희생하고만 있는 것이 아니었다는 것도 똑똑히 깨달았었다.

마음이 통하고 정감 있는 사람들과 함께 하는 것, 그리고 우리 삶과 생활에 배어 있는 잘못된 부분을 변화시켜 나가고자 쉼없이 움직이는 것만큼 보람 있는 일이 있을까? 그것을 운동이라고 한다면 어쩌면 운동은 드높은 가치를 위해 무엇인가를 희생하고 헌신한다기보다 밥 먹고 잠자는 것처럼 자연스러운 생활이며 다른 그 무엇도 아닌 자기 자신을 위한 것일지도 모른다.

그렇다 할지라도 내일 모레면 삼십대 중반이요, 몇 년 지나면 사십을 바라보는데 인생에 대한 전망이 너무 막연하고 안이한 게 아니냐고 누군가가 — 어쩌면 내 자신이 — 또 묻는다면 난 마지막으로 이렇게 대답하고 싶다. "우리의 전망은 결국 운동과 조직의 강화, 발전 속에서 구체화될 것이므로 개개인의 미래 전망을 위해서라도 모든 사고와 에너지를 운동을 잘하고 조직을 강화, 발전시킬 수 있는 데 집중하자!" ■

투쟁하는 모습은 아름답다

전해원*

나는 태어날 때부터 투쟁을 하게 되어 있었다. 가정 환경도, 이 나라도 모두 그렇게 되어 있었다. 말하자면 정해진 운명이었던 것이다. 「또 하나의 문화」(이하 또문으로 줄임)도 그 환경의 일부였다. 어렸을 적부터 나는 엄마를 따라 남녀 평등, 노동 해방 데모를 다녔다. 그때는 무슨 일을 하는지 무엇 때문에 하는지를 확실하게는 몰랐지만 아마도 그 경험이 내 무의식 속에 남아 지금의 투쟁적 '나'를 만들었던 것 같다. 이상하게도 나는 성 차별, 나이 차별 반대 의식이 강했다. 아마도 엄마에게 물려받은 소중한 유산 즉, 투쟁 정신이 아닐까 생각된다. 지금은 이 세상 사람이 아니지만 고 고정희 씨와 다녔던 기억이 생생하다. 어쩌면 노래 탓인지도 모른다. 노래는 한번 외우면 오랫동안 기억에 남기 때문이다.

그럼 그 노래 중 몇 가지를 소개하겠다.

♬ 우리가 진정 원하는 것은
(기억이 나지 않음)
사랑받는 아내 교실 미스 스마일 직장의 꽃
그게 아니야.

---

* 1980년 12월에 태어났다. 이화여자대학교 부속국민학교를 졸업하고 지금은 Y중학교 1학년에 다니고 있다.

우리가 진정진정 원하는 것은
가족법 개정하는 것
조기 정년 철폐하고 생계 보장 모성 보호
우리가 원하는 건 여성 해방.

2절에서 나는 꼭 '남성 해방'이라고 바꾸어 큰 소리로 불렀다!

♪ 불길을 헤치고 물속을 헤엄치고
가시밭길 돌무덤 바위산을 뚫고서
모두들 여기까지 모두들 여기까지
달려 왔구나
온나라에 울려 퍼지는 노래 크게 외쳐 부르며
이제 갈 길 알았노라고
아 아아 아 아아
모두들 여기까지 여기 모여 있구나

나는 이 노래를 부르면서 옆에 있는 많은 분들과 함께 주먹을 흔들었던 기억이 난다.

그 후 나는 학교에 갔고 1학년 여름 방학엔 영국으로 갔다. 그러나 영국에서의 투쟁적 '나'는 별로 두드러지지 않은 것 같다. 나는 그냥 사람들이 말할 때마다 남자 여자(he, she)를 구별하는 것이 싫었다. 결혼한 선생님을 '미세스(Mrs.)'라고 부르는 것도 마음에 들지 않았다.

한국에 온 나는 투쟁적으로 되어 갔다. 다른 아이들보다 투쟁적 요소가 강했고 알게 모르게 남녀 평등적 요소가 가미되어 기르고 있던 머리를 자르라는 사회 측의 강요에도 응하지 않았다. 나에게 강요하는 사회를 꺾기 위해서라도 더 열심히 머리를 길렀다.

그때를 즈음하여 또문 캠프에 합류하여 시험 반대반을 조직, 활동했다. 그 표어를 말하면 다음과 같다. '시험 문제 쉬운 말로 제대로 내자,' '시험 보고 싶은 사람만 보자,' '시험 점수를 가르쳐 주지 말자' 등등 …… 그때 나는 백지를 들고 있었다. 왜 그랬는지는 모르지만 아마도 '시험 제도 백지화하자'는 뜻이 아니었을까? 이 데모 때 우리가 열심히 부른 노래는 김민기 씨가 만든 「건달 행진곡」(나비와 봉봉이의 노래)이라는 노래다.

또문 어린이 캠프 때 조직된 시험 반대반의 활동.

♫ 제발 제발 제발 툭툭 때리지 좀 마세요. 내가 칠판 지우갠가-뭐
이건 하면 안돼 저것도 하면 안돼 그저 뭐든지 안돼밖에 모르시나-봐-
주물럭주물럭대-지도 마세요 내가 빨래감인가요-뭐-
축 처진 빨래줄에 널-린 내 모양이 불쌍하지도 않으세요
으 아침마다 골병 제조기를 타고서 학교에 가보세요-
조금만 늦었다간 벌로 변소 청소 누군 지각을 하고 싶어 하나요 참 내
들들 볶아 대지 마세요 제발 가만히 좀 놔둬 봐요-네?-
어렸을 때 생각을 조금만 해보시면 우리 심정 알잖아요
캄캄한 굴-속에 들어가는- 기분을 아-세요-네?
그 캄캄한 굴 속에 들어가기보다도 더 싫은 시험은 왜 있을까-
시험 보고 매-맞고 통지표 받고 통지표 받고 또 매맞고---
어떻게 해야만이 어른이 빨리 돼서 회초리를 안 맞을까

그 후에는 특별한 활동이 없었지만 환경 데모로 남산에도 몇 번 갔었고,
방학동 은행나무 살리기, 페놀 사건으로 문제를 일으킨 두산 제품 불매 운
동도 했었다. 이때는 나의 환경 운동 정신이 절정에 달했을 때였던 것 같

다. 그때 나는 환경 오염으로 인해 내가 내 명대로 살지 못할 것이라고 생각하며 억울해 했다.

그리고 새로운 타입의 노래와 함께 '남녀 평등을 위한 투쟁'을 다시 시작했다. 이때는 그 전과는 달리 그 의미를 알고 있었다.

그때 부른 노래도 몇 가지를 소개하겠다.

♬ 암탉이 울면 집안 망한다
여자가 나서면 볼쌍 사납다
여자가 똑똑하면 팔자가 드세다
여자가 드세면 시집 못간다

【후렴】 여자는 학교에선 바보바보바보
　　　　여자는 광고에선 인형인형인형
　　　　여자는 일터에선 반값반값반값
　　　　여자는 가정에선 공짜공짜공짜

암탉이 울면 알을 낳는다
여자가 나서면 노조가 생긴다
여자가 똑똑하면 자식도 똑똑하다
여자가 드세야 나라 흥한다.

♬ 커피카피 커피카피 커피카피 아가씨
커피카피 커피카피 커피카피 아가씨

1. 자존심을 죽여라 커피카피 아가씨
친절해라 상냥해라 커피카피 아가씨
나서면 꼴불견 커피카피 아가씨
사무실의 꽃으로 남아라
귀여운 여자가 되려면
사랑받는 여직원이 되려면
돌아서선 쓸개를 씹을지언정
양순해라 웃어―라

2. 알아도 모른 척 커피카피 아가씨
백치미 넘치게 커피카피 아가씨
똑똑하면 꼴불견 커피카피 아가씨
사무실의 꽃으로 남아라
다소곳한 꽃으로 대기하다가
백마탄 왕자님이 나타나시면
아롱다롱 무지개 다리 건너서
행복의 나라로

그 후에는 창작 캠프팀과 함께 환경 운동 연극 「신별주부전」(이 책에 실려 있다)을 만들었다.

비슷한 시기 …… 아니 조금 후에 위기철이 쓴 인물 이야기 『전태일』을 읽고 노동 해방 의식을 강하게 느꼈고 그 후 마찬가지로 위기철의 작품인 『노동자 이야기 주머니』는 나의 노동 해방 의식을 투쟁적으로 바꾸는 결정적 요소가 되었다. 돈이 없다는 이유만으로 차별받는 것이 운좋게 괜찮은 집에서 태어난 나에게 죄책감으로 작용했던 것이었다.

그 책의 이야기 중 기억에 강력하게 남는 것은 김○○ 회장이 어느 농부에게 들었다는 ‘시상은 억수로 넓고 할일만 징허게 많다’는 말과 닭장수가 닭을 팔려는데 살 사람은 많지만 주머니 사정이 넉넉치 못할 때 닭장사가 살 사람이 많으므로 값을 올리면 닭을 먹고 싶어 ‘환장’을 해도 도리가 없고 그저 계란이나 삶아 먹을 수밖에 없다는 ‘슬픈’ 이야기이다(이해를 못하시는 분은 『노동자 이야기 주머니』를 읽어 보기 바란다).

중학교에 들어가기 전에 머리를 잘랐다. 하지만 학교에 항복한 것은 아니었다. 단지 한 걸음 물러선 것뿐이었다. 중학교에 들어가서는 「또문 창작」(문짝)을 조직하여 활동하고 있다. 그리고 투쟁적 ‘나’는 ‘나’ 속에서 확실한 영역을 차지하기 시작했다. 중학교에서의 투쟁 활동은 두드러졌다. 아마도 머리를 잘라 한 걸음 물러섰으므로 한 걸음 더 나아가고 싶었기 때문일 것이다. 또 하나의 문화 동인 회보를 받아본 사람은 알겠지만 그 투쟁 중 하나가 운동회에 관한 일이다.

● 이 세상의 이기주의

(나는 이기주의를 반대하면서 이기주의를 행하는 선생들을 증오하면서 이 글을 쓴다. 만약 자신이 이 세상에서 가장 이기주의적인 중학교 선생일지라도 끝까지 읽기 바란다.)

오늘은 즐거워야 할 운동회날이다. 하지만 나는 눈물(!)을 흘리며 이 글을 쓰고 있다. 그 이유는 오늘 이 세상에서 가장 이기주의적인 사람이 정치가도 사업가도 아닌 바로 나를 가르치는 선생들이란 것을 뼈저리도록 느꼈기 때문이다.

아까도 말했듯이 오늘은 운동회날이다. 오전에는 아무 이상이 없었는데 오후가 되자 비구름이 몰려오며 비가 왔다. 정신이 제대로 박힌 선생이라면 당장 운동회를 중단시키고 내일로 미루어야 할 것이다. 하지만 그 선생은 중단시키기는커녕 제자리에 앉아서 응원하라는 것이었다. 그때 우리는 맨몸 위에 얇은 체육복을 걸쳤을 뿐이다. 그나마도 하복을 안 입고 온 것이 다행이었다.

선생들은 긴팔 긴바지를 껴입고 잠바까지 걸쳤기 때문에 우리가 느끼는 추위를 몰랐을지도 아니, 알면서 모른 척했을지도 모른다. 그것도 모자라는지 파라솔 밑에서 비까지 피해 가며 운동회를 관람했다. 우리는 추위에 떨며 서로 껴안고 있었는데 …… 그때는 진짜 선생들을 죽이고 싶은 심정이었는지도 모른다. 아니면 혁명을 일으켰을지도 모른다. 단합만 잘되었다면 말이다.

하지만 나는 참았다. 이 세상에서 가장 이기주의적인 미친놈들을 눈앞에 두고도 ……

아무리 좋게 생각해도 좋게 생각되지가 않았다. 지금도 마음 속으로는 분노하고 있다. 운동회가 끝나자 청군 빨리 들어가라는 소리에 나는 뛰어들어 갔다. 그런데 선생이 들어오더니 우리에게 이기주의 어쩌고 하며 훈계를 하는 것이다. 내가 기가 막혀서 …… 나중에 알아보니 남아서 청소하라고 했다는 것이다. 나는 맨뒤에 앉았는데 그것이 들릴 리 없었다. 그리고 청군 들어가라는 소리에 빨리 들어간 것이다.

더 쓰고 싶지만 이 글을 쓰는 연필과 손이 더러워질까봐.

이기주의를 반대하면서 이기주의를 행하는 선생들을 증오하면서 이 글을 마친다. …………… Chon.10.22.3:42

어쩌면 나는 내가 좋아했던 선생에게 배신당했다는 감정으로 이 글을 썼을지도 모른다. …… Chon.10.22.4:05

어쩌면 나는 우리나라 교육 현실에 대한 도피감으로 이 글을 썼을지도 모른다. 어쩌면 나는 이 글을 하나의 소설로 생각하고 썼을지도 모른다. ⋯⋯⋯⋯⋯⋯⋯⋯⋯⋯⋯⋯⋯⋯ Chon.10.22.10:42

나는 웬만해서는 글을 안 쓰는데 중학교 들어와 쓴 것 중 하나가 이것이다. 이 글을 읽고 내가 얼마나 화가 났었는지 짐작할 수 있을 것이다.

내가 얼마나 투쟁적이었는지는 다음 글을 보면 알 것이다. 우리 수학 선생은 심심하면 여러 꼬투리를 잡아 학생들을 '패기'를 좋아 ⋯⋯ 아니 즐겨 했었다. 그 때문에 1학기 때도 교장 선생님에게 꾸중을 들은 적이 있는 것 같다. 그리고 또, 학생을 잘 가르치면 모른다. 맨날 필기만 한가득 해놓고 욕만 열심히 한다.

어쨌든 긴 설명은 빼고 다음 글을 보시라.

● 진정서

교장 선생님께.

저는 이 학교에 재학중인 학생입니다.
"개새끼," "쌍놈의 새끼."
수학 시간에 선생님이 자주 쓰는 말입니다.

저도 수학 선생님(이하 이 선생님이라 함)이라고 부르기보다 '선생놈'이라고 하고 싶지만 최대한 학생으로서의 품위를 지키기 위해서 참겠습니다. 사실대로 말하면 우리반 애들 중에 이 선생님을 사람으로 취급하고 대하는 아이는 없다고 봅니다.

이것은 학생이 버릇이 없어서가 아니라 '가는 말이 고와야 오는 말도 곱다'는 말대로 이 선생님이 우리를 사람 취급을 안하고 또, 우리 부모님들까지 욕하기 때문입니다. 예를 들면 "너희는 인간의 새끼도 아냐"라고 한다던가 "개새끼(개의 자식)"라고 하는 경우가 흔합니다. 몽둥이로 때리는 것은 예사이고 심지어는 '짝' 소리가 옆반까지 울릴 정도로 뺨을 때린 적도 많습니다. 그 외 발길질도 서슴지 않습니다. 맞는 아이들도 크게 잘못한 일은 없습니다. 단지 아직 배우지도 않은 문제를 틀렸다거나 필기를 조금 빼먹은 경우에도 때립니다.

학생이 선생님을 나쁘게 생각하는 것도 있어서는 안되거니와 하물며 학생이 선생님을 지적해서 진정서를 쓴다는 것은 있을 수도 없는 일입니다. 오죽하면 제가 이 글을 쓰겠습니까? 중1 때 처음 배우는 수학 잘 배워야 되지 않겠습니까? 중1 때 수학에 싫증을 느끼면 수학은 아예 포기하게 됩니다. 저도 조금씩 싫증을 느낍니다.

지금부터 강하게 말하겠습니다.

수학 선생님을 자르든지 다른 학교로 보내든지 성격을 온순하게 만드십시오. 다시 말해서 수학 선생님과 우리(1학년 중 이 선생님에게 수업받는 학생) 중 하나를 택해 달란 말입니다.

선생님의 현명한 판단에 맡기도록 하겠습니다.

단기 4326년 늦가을의 어느 날
Y중학교 전해원 올림

【추신】 빠른 시일 내의 변화를 기다리겠습니다. 변화가 없을 경우 학생들 사이에 어떤 일(데모 또는 수업 불참 등)이 일어나도 책임지지 않겠습니다. 중1 학생들의 장래가 교장 선생님의 판단에 있습니다.

나는 교장 선생님에게 수학 선생을 쫓아내라는 글을 썼던 것이다!!!!!!!!!! (교장 선생님을 설득시키기 위해서 약간 문체를 약하게 했다.) 이 일은 최근의 일이다. 그래서 수학 선생의 버릇은 고쳐졌다. 나는 이 일로 교장실에 불려가 교감 선생님과의 단독 면담을 40분 가량이나 했다. 우리는 지금 상식으로는 설명이 되지 않는 세계에 살고 있다. 이 세계를 바로잡기 위해서는 각자가 노력해야 한다.

지금은 「문짝」과 「통일된 땅에서 더불어 사는 연습」에 참여 활동하고 있다. 「통일된 땅에서 더불어 사는 연습」에서는 시뮬레이션 형식의 통일 게임 시나리오를 짤 생각이며 「문짝」에서는 더 좋은 연극을 만들기 위해 노력중이다.

나는 사회에 대한 발언권을 가진 사람이 되고 싶다. 예를 들면 학생들에게 교육을 통한 간접적 사회 발언권을 행사하기 위해서 선생님도 되고 싶고 환경학을 하며 책을 쓰는 사람도 되고 싶다. 어찌되었든, 나는 이 세상이 바로잡힐 때까지 투쟁을 계속할 것이다. ■

매일매일이 싸움의 현장

이주범 · 박향신 *

I. 이주범 이야기

나는 서울에서 태어났다. 나는 남자만 4형제인 집의 막내였다. 아버지는 군인이었다. 항상 아버지에 대한 기억은 좋은 것보다는 나쁜 것만 떠올려진다. 공부 못한다고 회초리로 때리는 아버지, 권위적으로 우리 앞에 군림하셨던 모습 등이 기억난다. 어머니는 무척 고집이 세었던 것 같다. 소리 지르시는 어머니, 아버지랑 싸우시던 모습 등이 떠오른다.

성장하면서 집안에서 나는 무척 엉뚱한 데가 많았던 아이였다. 사춘기 때는 집 나간다고 아우성이었고, 한때는 음악을 하고 싶다, 미술을 하고 싶다, 문학을 하고 싶다 등의 엉뚱한 얘기로 사람들을 놀라게 했다. 고등학교 생활은 별로 기억에 남는 것이 없다. 학교에서 짜맞추는 틀에 잘 순종하는 아이였고 특별히 잘하는 것도 특별히 못하는 것도 없이 시키는 대로 잘 따르는 아이였다.

82년도의 대학의 공기는 나에게는 너무나 맑고 깨끗했다. 대학에 들어가서 내가 제일 먼저 한 것은 캠퍼스 내 잔디밭에 앉는 것이었다. 고등학교

---

* 이주범은 1963년생으로 별명은 백치. 용의 주도한 성격의 소유자. 귀는 항시 열려 있고 가슴은 따뜻하며, 스스로 페미니스트로 생각하는 사람이다.
박향신은 1964년생으로 과단성 있는 성격의 소유자. 앞으로는 미용에 관련된 일로 미래 계획을 세우고 있다.

때는 출입 금지라는 팻말 앞에서 바라만 보았던 그 파릇파릇한 잔디밭 위에서 뒹굴고 누울 수 있다는 것이 그렇게 좋았다. 대학의 풍경은 모든 게 재미나고 신나는 일이었다.

다음으로 내가 간 곳은 사회 과학 서클이었다. 당시에 서클이라는 것은 비밀 결사 조직체 같은 것이었다. 교내 잔디밭에는 이상하고 시커멓게 생긴 사람들이 군데군데 모여서 도시락을 먹는 시대였다. 서클에서 나는 처음으로 같은 또래의 여자와 대화를 해봤다. 우리는 서클룸에 모이면 큰소리로 '해방가'를 불렀고 부르다 지치면 토론을 하였다. 토론 내용들은 항상 너무나 진지한 내용들이었다. 얘기를 하다 저녁이 되면 우리는 술집으로 갔다. 술집에 모인 사람들은 항상 잠시도 쉬지 않고 얘기하고, 노래를 불렀다. 이야기하는 모습들은 누구나 진지하였고 그 내용은 주로 인생관, 사회 현실, 자기 고민 등이었다.

나는 자연스럽게 시위에 참가하게 되었다. 선배들은 시위 주동을 하였고, 동료들이 시위 도중에 끌려가 곧바로 군대에 갔다. 시위 양상도 더욱더 조직적으로 이루어져야만 했고 주도 면밀하게 준비해야 했다. 나는 모든 상황을 자연스럽게 받아들였다.

서클에서는 또한 사회 과학 공부를 하였다. 대학 2학년 때부터 정치 경제학을 공부하였고 3학년 때는 한국 근현대사에 관해 공부를 하였다. "나는 공산당이 싫어요"라고 본능적인 거부감을 가지고 있던 나에게 그러한 공부들은 무척 충격적이었다. 유인물, 팜플렛, 일어책, 영어책 가릴 것 없이 우리 주변의 현실을 올바르게 인식하는 데 관련된 책을 구해서 읽는 데 혈안이었다(당시에는 사회 과학에 관한 책에 대하여 출판의 자유가 없었다).

토론·공부·시위·농활(당시에는 농촌 활동도 경찰의 감시 대상이었다)·공장 활동·합숙·M.T.·후배 지도 등 대학 4년 동안 12시 이전에 집에 들어간 적이 별로 없었고, 서울 시내의 대학, 카페 등(왜냐하면 항상 우리는 감시의 눈을 피해 만나야만 했기 때문이다)을 안 돌아다닌 곳이 없을 정도였다.

학생 운동을 하는 과정에서 나의 관념성은 그 당시의 상황과 결부되면서 거의 극에 달했던 것도 사실이다. 또한 많은 동지들이 스스로 심한 자책감에 빠지기도 하였고, 동지들 사이에도 시기와 경쟁이 있었던 것도 사실이었다. 그러나 이 과정을 통하여 나는 사람에 대한 가장 인간적인 신뢰와 그것을 통해 세상을 변화시켜 보겠다는 의지를 갖게 되었다. 사실 군대 생활을 포함해서 약 7년 간을 대학생이라는 틀에서 보낸 셈이다.

그 기간 중에 가장 중요한 것은 나의 세계관의 형성이라고 생각된다. 고등학교까지 억압된 교육 체계에서 한 쪽만을 주입받아온 절름발이 사고 방식에서 벗어나 인간, 사회, 역사의 흐름에 대한 깊은 이해를 통해 새로운 진실의 세계에 접하게 되었던 것은 나에게 있어서는 커다란 행운이었다는 생각까지 든다.

다음으로 이 시기를 통하여 나는 많은 동료, 선배, 후배들을 만나게 되었다. 우리는 그 동안 진실이라고 믿어 왔던 여러 가지 사건들에 대해 또 다른 사실이 숨어 있음을 알고 충격을 받았고, 또한 서로 마음 속 깊은 대화를 통해 인간을 폭넓게 이해할 수 있게 되었다.

어떻게 보면 학생 운동을 통해 무엇을 얻었다기보다는 이 기간 동안 나 자신이 새로 태어났다. 사물을 보는 눈, 판단력, 삶의 방향, 역사관, 인간의 주체성에 대한 이해 등 한 인간이 슬기롭게 이 사회를 살아갈 수 있는 능력이 이때를 통하여 형성되었다고 해도 과언이 아닐 정도로 나에게는 매우 중요한 시기였다.

대학 3학년 때인 84년에 지금의 아내와 연애를 시작했다. 아내와 나는 1학년 때부터 서클에서 같이 생활을 하였다. 그러나 당시에 서클 안에서 연애는 엄격히 금지되어 있었을 뿐만 아니라 같은 동지였기 때문에 단지 연민의 감정만 갖고 있었다. 3학년이 되어 서로 다른 활동의 장을 갖게 되면서 훨씬 자유스럽게 만나게 되었다. 우리는 우연히 길거리에서 만났는데 서로 고민을 갖고 있었기 때문에 술집에 가서 대화를 나누었고 같이 밤을 보냈다(당시에 우리들 사이에서 혼숙을 하는 것은 동지로서 같이 방에 있는 일에 불과한 것이었다). 그리고 나서 아내로부터 먼저 전화가 왔다. 연애를 시작하자는 제안을 하였다. 그로부터 우리는 군대 기간까지 포함하여 5년 동안 사귄 후 결혼하였다.

대학 시절 만날 때는 서로에 대하여 매우 적극적이었고, 서로를 이해하고자 노력했다. 서클 활동에서는 의견 차이 때문에 쉬지 않고 토론을 하는 사이였으며, 연애를 시작하면서도 어떤 주제를 정하고 만났었다. 우리는 시간이 없어서 처음에는 일주일에 한번씩 시간을 정해 놓고 만나다가, 점점 만나는 간격이 빨라졌다. 4학년 때는 서로 만날 시간이 없어 새벽에 만났는데 문을 연 곳도 없고 피로도 풀기 위해 남탕, 여탕에 따로 갔다가 1시간 후에 만나서 잠깐 얘기하고 헤어졌다. 밤에 집 앞에서 만난다던가, 친구 자취방에서 만나서 밤을 새운다던가, 우리의 만남은 그야말로 기상 천외한 것이었다.

4학년 초에 우리는 처음 성관계를 가졌다. 그때 주도한 것은 아내였으며, 나에게는 그 과정이 너무 어려웠고 두려웠다. 그후 우리는 기회가 되면 성관계를 가졌다. 그러면서 피임에 굉장히 신경을 썼다. 나에게 그것은 마치 사회적으로 금지된 불장난을 저지르는 어린아이의 심정 같은 것이었다. 우리는 앞으로 살아갈 일에 대해서도 많은 이야기를 나누었다. 아내는 당시의 얘기들이 지금은 공약(빈 약속)이 되어버린 것들이 많이 있다고 한다.

나는 대학 졸업을 바로 앞둔 시기에 작은 실수로 경찰에 붙잡히게 되었고 집회 및 시위에 관한 법률 위반으로 구속되었다. 그 후 한달간을 서대문 구치소에서 보내다가 기소 유예로 풀려났고, 군대로 직행하게 되었다. 나중에 안 일이지만 집사람이 구치소에 있는 나한테 면회 오기 위하여 약혼자 등록을 하는데 부모님에게 허락을 받느라고 무척 어려웠다는 얘기를 들었다. 어쨌거나 그 후 집사람은 일주일에 한번씩 군대로 면회를 왔다. 대학을 졸업하고 아내는 조그마한 개인 사무실에 취직해서 다니다가 잡지사의 편집 기자로 들어갔다.

나의 군대 생활은 어려웠다. 보안사에 중대장, 대대장이 항상 관찰 보고서를 제출하게 되어 있었고 외박, 휴가 등이 엄히 금지되어 있었다. 고참들의 눈치도 따가웠다. 일병 때는 보안사에 3일 동안 끌려가서 녹화 사업도 받았다. 녹화 사업 때는 잠 안 자고 많은 글을 썼다. 법률 위반 사건 경위·대학 생활·국가관·민족관·인생관 등에 대해서 말이다.

군대 제대 후에 집사람은 내가 많이 변했다고 한다. 많이 음흉해지고 여자에 대한 순진한 모습도 많이 없어졌다고 했다. 사실 나는 군대 가서 처음으로 여자를 성적 노리개나 상품으로 얘기하는 법을 배웠고 그것이 사회의 상식적인 모습이라는 것에 무척 놀랐다.

군대에 있는 동안에 우리는 양가 부모님을 모시고 서로 인사를 했었다. (일명 약혼식 비슷한 것이었다). 그 이후에 집사람은 우리집에 자주 놀러 왔고 자고 가기도 하였다. 우리 부모님들은 아들이 하자면 그냥 따라가는 입장이었다.

군대 제대 후에 노태우 시절 그 혜택에 힘입어 학교에 다시 복학할 수 있었다(나는 당시 제적생이었다). 6개월의 복학 기간 동안에 나는 차분하게 앉아서 공부할 수 있었다. 이때 서점에는 정치 경제학 및 사회 과학에 관련 책들이 많이 출판되었다. 도서관 5층이 나의 아지트였는데, 그때 도서관에는 옛날 동지들이 많이 모여서 고시 공부와 취직 시험 준비에 한창 열을 올리고 있을 때였다.

이 기간에 나는 관념적으로 더욱 날카로워지기만 했고(노동 운동을 하러 노동 현장에 가야 한다고 생각했다), 내 주위의 것들은 쁘띠 부르주아의 거추장스러운 사치품 같아 보였다. 이 당시에 우리의 연애도 매우 가파른 벼랑을 지나가는 것 같았다. 그러나 나의 지독한 관념의 독설을 여자쪽에서 잘 주도해 나갔다.

대학을 졸업하면서 내가 지식인이라는 것에 눈을 뜨게 되었다. 지식인의 한계와 장점 말이다. 또한 형이 노동 현장에 있었는데 많은 영향을 받았다. 형도 다양한 형태의 운동을 많이 권했고 운동의 내용면에서 지식인의 관념적 실천의 폐단에 대해서 많이 지적해 주었다.

그러던 차에 우연히 선배로부터 신문을 만들자는 제안을 받았다. 그때부터 나는 대학인 주체가 되어 진보적인 성향의 신문을 만들기 위하여 뛰어다녔다. 거의 창고 같은 사무실에서 시작을 하였기 때문에 월급이라는 것은 활동비 정도 지급되었다(당시 거의 자기 돈 내놓으면서 활동하였다). 민주화에 관심이 있는 전국의 교수님들의 기부금으로 신문을 만드는 것이었기 때문에 자금 문제가 큰 걸림돌이었다.

신문사 내에는 사공들이 많았다. 우리는 밤새 토론을 하였고, 다수결로 모든 사안을 결정해야만 했다. 또 결정하고 나면 각자가 그 내용을 지키지를 않는 경우가 많았다. 그럴수록 신문사는 더욱더 균열되었고 조직의 실천력은 계속해서 떨어졌다. 나도 선배하고 많이 싸웠고 고집도 많이 부렸다. 거의 매일 밤 늦게 집에 들어왔고 지식인이라는 것에 대해 회의를 느꼈다. 당시에 이 작업을 통하여 내 자신이 나팔만 불고 내용은 없다는 것을 뼈저리게 느끼게 되었다. 하려고 하는 의지도 강하고 의식도 똑바른 사람들로 구성되었지만, 현실 감각이 뒤지고 실제적인 능력이 부족하였다. 경영 감각, 편집 감각, 리더십 등등 모든 것이 뒤떨어졌고 오히려 개인주의, 파벌주의만이 극성을 부렸다.

그때(1989) 나는 결혼을 했다. 결혼하면서 우리는 모든 결혼식 비용, 결혼 관습 등을 되도록이면 합리적으로 하려고 노력했다. 결혼하면서 우리는 우리집에서 어머니, 아버님 모시면서 살았다. 아내는 나보다 월급이 많았고 우리 신혼 경제를 맡아서 운영했다. 원래는 어른들하고 같이 살면서도 2층에서 독립적으로 살려고 했다. 그러나 둘이 맞벌이였기 때문에 그것이 어려웠다. 자연스럽게 어머니가 해주는 아침밥을 먹게 되는데 그것 때문에 우리는 많이 싸웠다. 어머니에 대한 남다른 감정을 갖고 있던 나는 집사람이 아침에 늦게 일어나는 것을 용서하지 못했다. 아내와 나와는 생활 리듬이 전혀 다르다. 아내는 아침잠이 많다. 나는 아침잠이 적은 편이다. 그러나 이러한 생활 리듬의 차이를 인정하는 데는 결혼하고 나서도 오랜 시간이 걸렸다.

결혼하고 나는 아내에게 나와 똑같은 사람, 또는 나의 의중을 반영해서 움직여 주는 사람이기를 바랐다. 그래서 그렇게 따라 주지 않으면 막 화를 내고 그렇게 하는 것만이 옳은 것이라고 안달을 부렸다.

그러나 어느 순간 그런 생각을 포기하고 아내를 나와 똑같은 인격체로 생각하게 되었다. 또 그렇게 대우하기 위한 나의 노력은 내 마음을 훨씬 편하게 해주었고 가정의 평화도 가져다 주었다. 물론 그렇게 하게 된 계기는 오랜 부부 생활을 한 선배의 경험담을 우연히 라디오에서 들으면서 실마리를 얻게 된 것이었다.

우리는 정말로 치고 받고 싸웠다. 형네 식구까지 집에 들어오자 그 싸움은 더욱 심해졌다. 1년 6개월을 집에서 살고 나서 분가를 했다.

당시에 우리의 생활은 조금도 여유가 없었다. 주변 후원회에 돈 보내는 곳이 많았고, 저축이다, 집안에 보조다 하여 총수입이 몽땅 기본 경비로 지출되었다. 나는 신문사 일을 하느라고 거의 매일 밤 늦게 들어왔다. 집사람도 잡지사가 마감 때가 되면 야근을 했다. 우리의 생활은 거의 어머니가 해주시는 살림에 얹혀 살았다. 그때쯤 집사람은 회사를 그만두었다. 직장 내에서 남자 사원 중에 나중에 들어온 사람이 더 높은 대우를 받고 결혼한 여자를 자꾸 냉대를 해서 집사람은 회사를 그만두기로 하였다. 그때 우리들은 많은 이야기를 나누었다. 그래서 내린 결론이 전문적인 기술을 가져야겠다는 것이었다. 나도 컴퓨터 기술을 배워야 하겠다고 결심하였고 그녀는 제빵 기술과 미용 기술 중에서 미용을 택하여 미용 학원에 들어갔다. 당시에 나는 전산원을 6개월 동안 다녔다.

나의 신문사 생활도 끝나고 나는 중소 기업체용 소프트웨어를 개발하는 컴퓨터 회사에 영업 사원으로 입사하였다. 결혼 때 받은 인생 출발 자금을 갖고 분가를 하였다. 그 후 3년간의 훈련 끝에 집사람은 미용사, 피부 관리사가 되었고 나는 컴퓨터 회사의 영업부 과장이 되었다.

우리의 분가 생활은 처음에는 두려움도 많았지만 차츰 잘 적응해 나갔다. 우리는 마음대로 친구, 후배, 선배들을 집에 초대하여 실컷 애기할 수 있었고 집사람도 자기 친구들을 집에 마음대로 데려올 수 있었다. 그해 겨울부터 우리는 봉천동 「나눔의 집」에 미용 봉사를 다녔다. 처음 몇달간은 집사람하고 나하고 둘이서 한 달에 두 번씩 봉사를 나갔다. 봉천동 「나눔의 집」은 성공회에서 운영하는 곳으로 소녀 소년 가장 돕기, 어린이 공부방 운영, 무의탁 노인 돌보기, 청년 사업 등을 봉천동 산동네를 중심으로 활발히 펼치는 곳이다. 대학 선배가 그 단체를 주도적으로 운영하는 신부님이라 우리는 쉽게 참여할 수 있었다. 봉사 나가면 나는 미용사 조수였다. 처음에 파마하러 오시는 아줌마들은 우리 부부를 매우 신기하고 재미있다는 듯이 대했고 우리는 그런 시선을 의식하지 않았다. 이제 우리 미용 봉사팀은 5명으로 불어났고 매달 둘째주가 되면(지금은 한 달에 한번씩 한다) 아줌마들로 나눔의 집이 매우 붐빈다.

지금 우리 부부는 집안일은 서로 분담하면서 하고 있다. 집사람은 반찬 만드는 일을 주로 한다. 우리는 어떡하든지 집안일에 시간을 빼앗기지 않으려고 노력한다. 밥, 빨래, 청소, 그리고 돈 관리(잡다하게 은행을 들락거려야 하는 일이 무척 많다)는 내가 하는 일이다. 이렇게 되기까지 우리는 무척 많이 싸웠다. 올해 초 아내가 회사에서(당시 아내는 화장품 회사의 영업 사원으로 근무하고 있었다) 연수로 2주일 동안 집을 비울 때 나는 집안일을 완전히 터득하게 되었다. 된장 찌개 끓이는 법이 그렇게 쉬운 줄은 그때 처음 알게 되었다.

아내와 나는 집안일을 서로 같이 한다고 하지만 아내는 항상 나에 대해서 불만이다. 나는 집안일을 내 일같이 생각하기보다는 아내에게 동정심을 보이는 정도로 집안일을 하기 때문이다. 사실 나도 스스로는 많이 노력한다. 그러나 몸 속 깊이 배어 있는 생활 습관은 항상 그것을 어렵게 만든다. 아침에 일어나면 오늘 내가 무슨 반찬을 해서 어떻게 밥을 먹을까 하는 생각보다는 밥솥에 물 부어서 올려 놓고 어떻게 하면 아내를 빨리 일어나게 할까 하는 쪽으로만 머리가 돌아가는 것이다. 그리고 그것은 아침에 일어나서 잠자리에 들 때까지 순간 순간 거의 반복적으로 일어나는 일이고 스스로 혼자서 그 벽을 깨기에는 거의 불가능하다는 생각까지 든다.

본가에서 분가해서 현재 사는 집에 이사 와서 우리는 한번도 방과 마루에 걸레질을 한 적이 없다. 아내는 항상 그것이 우리집 청소 당번인 남편의 눈가리고 아웅식의 청소 방법에 이유가 있다는 것이다. 그러나 나는 한번도 그렇게 생각해 본 적이 없었다. 오히려 나는 다른 집 남편보다는 낫게 방바닥도 쓰레질을 한다고 자위하고 있는 것이다.

우리의 몸 속에 깊숙이 배어 있는 습관적인 불평등, 불합리, 그리고 노예적인 굴종을 거부하고, 삶 속에서 우리가 하나의 주체로 똑바로 서기 위해 우리 부부는 매일매일이 하나의 싸움의 현장인 것이다. 습관적인 불평등이라는 것은 내 몸 속 깊이 배어 있는 것이고 그것에 대한 극복은 과정이지 결코 결과로 끝나는 것은 아니다. 그 과정은 나에 대한 해방 과정이면서 동시에 새로운 삶을 만들어 가는 과정이라는 생각이 든다.

II. 박향신 이야기

자격지심, 소극적, 오해, 선입관, 상대적 빈곤감, 신경질, 폭력, 인내, 싸움 …… 이런 단어들이 내 머리 속과 입에서 나온 지는 얼마나 되었을까? 그리고 언제부터인가 이런 말들을 내 힘으로 자신감, 적극적, 이해, 대화, 합리적 해결, 노력, 성취 …… 등의 말들로 바꿀 수 있는 능력이 내게 생긴 것일까?

1. 소극적? ― 적극적?

지금도 기억에 남는 유년 시절의 말들이 있다. 엄마와 아빠는 나를 무척 사교적인 아이로 보았나 보다. 나에게도 낯가림이 있었을텐데 나의 부모님들은 "향신이는 굉장히 사교적이에요"라고 사람들에게 소개했다. 그래서 나는 유치원에서도 동네에서도 새로운 친구들 앞에서도 낯가림을 하지 않고 부모의 기대에 맞도록 먼저 말을 걸었다. 그리고 지금도 나는 누구를 만나든지 낯가림을 하지 않고 먼저 말을 건넨다. 그러나 어느 날부터인가 단순히 사교적인 것처럼 행동했던 나는 진짜 사교적인 능력을 갖추게 되었다. 원하는 것이 생기면 그것을 갖기 위해 갖은 노력을 했고, 또 참고 견디는 것도 배우게 되었다. 그 과정에서 신경질도 많이 냈고 오기도 부리고, 원하는 것을 성취하기 위해 계획도 세우고, 능력도 갖추어 나갔다. 무엇인가를 결정하면 먼저 말을 건네기를 좋아했던 나는 우리 부부가 연애하기로 했던 때도 먼저 말을 꺼냈다. 어떤 감정만으로 우리 사이를 지속한다는 것이 답답해서 확인을 하려고 서슴없이 "우리 연애하자," "우리 결혼하지" 등의 말을 꺼냈다.

집안에서의 생기 발랄함은 사회 생활에서도 마찬가지다. 난 여우는 되지 못한다. 그렇다고 곰도 아니다. 나는 항상 눈앞의 일을 내 것으로 하여 해결하려고 노력하는 인간이다. 한때 난 여자를 감각적으로(?) '여우 같은 여자'와 '곰 같은 여자'로 분류하는 습관이 있었다. 자신의 능력이 50%라면 수단과 방법을 가리지 않고 (거짓말·애교·아양·성적 매력·인내·굴복) 이용하여 100%로 활용하는 여우 같은 여자와, 자신의 능력이 80%라면 50%도 쓰지 못하는 (소극적, 소심함, 비훈련, 예쁘지 못한 외모) 여자를 곰 같은 여자라고 생각했다. 남성 중심의 직장에서 만난 여자들은 거의 대부분 여우 같은 여자였고 가끔 곰 같은 여자가 나의 친구가 되었던 적이 있다. 여우도 곰도 같은 피해를 입는 여자였음에도 그것을 이해하기에는 내가 어렸고 서슴없이 게으른 남자와 여우 같은 여자에게 적의를 드러내 보였다. 결과적으로 난 굉장히 힘들게 직장 생활을 했던 것 같다. 고집이 센 여자, 필요하지만 감당하기 힘들어 몰아내고픈 여자, 싸움닭, 그때 내가 들었던 말들과 이해할 수 없는 분위기.

결혼을 하고 믿을 수 있는 나의 반쪽이 생기자 난 매일 매일 투정 비슷하게 직장 생활에서 어려웠던 일을 털어 놓게 되었다.

은근 슬쩍 남자 기자에게 일을 떠넘기고 잘 빠져나가던 H.
야근 수당 받기를 좋아해서인지, 집에 늦게 가기 위해서인지, 아부하기 위해서인지 낮에는 잠만 자던 땡땡이 J.
영수증을 가짜로 써올리던 뻥땅이 P.
무능력하고 소심하던 ? (염두에 두지 않아 기억이 나지 않는다.)
진짜 무능력하지만 눈치 하나만은 끝내 주던 K부장.
그밖에 적당한 인간 관계로 싸움도 자기 의견도 내세우지 않는 성실한 사람들
……

우리는 이런 사람들의 얘기들로 저녁 시간을 보냈다. 직장에서 지치고, 결혼 생활 적응기에 남편과의 과격한 싸움으로 생활에 지치자 결국 패배 비슷한 감정을 가지고 직장 생활에 사표를 던졌다. 그 이후에도 난 현명하지 못했던 나의 직장 생활에 대해서 후회를 하고 되새김질을 한다. 그러나 다시 그때 그 직장 생활의 연장이라도 행복하게 자아 성취감을 느끼면서 생활할 수 있는지는 지금도 자신이 없다.

공부 좀 했다는 인간들은 더 뺀질하게 자신의 기득권을 포기하지 않고 포장할 줄 안다. 약삭빠른 사회화 과정을 거쳐 진정 행복하지도 않으면서 그렇게 자신의 노동을 학대하고 있는 것이다. 난 그때 원했던 것이 있다. 권력, 부, 지적 능력 …… 등. 그때는 내가 새로운 중소 기업체의 사장이고 싶었다. 어떤 이유이든간에 직장 생활에 불만족을 느끼는 모든 직장인들이 이런 마음을 먹고 직장 생활을 연장, 또는 퇴직한다고 하는데 그런 심정을 이해할 수 있을 것 같다.

두어 달 쉬는 동안 친구들도 만나고, 언니네도 놀러 가고 하루 종일 비디오 보면서 시간을 죽였다. 생산적인 일이 없어 하루 종일 노는 것도 답답했다. 애기가 생기지 않을까 하는 기대와 걱정을 하면서 난 일을 꾸몄다. 지금 당장 부도, 권력도, 능력도 없는데 집에 마냥 있는 게 약올랐다. 잡지에서 자격증, 부업 등에 대해 소개하는 기사를 읽고 미용 학원에 알아 보러 갔다가 구체적인 계획도 없이 등록했다.

그때에는 적성 따위는 염두에 두지 않았다. 일단 무조건 열심히 했다. 자격증도 땄다. 미용에 관련된 것이라면 무엇이든지 배웠다. 그리고 이대앞 미용실에서 보조로 근무했다. 처음에는 '학원비 투자한 것만큼은 벌자'고 생각하면서 다녔다. 육체적으로는 무척 힘들었다. 특히 토요일, 일요일이면 남편은 집에서 기다리는데 손님은 엄청 많고 샴푸하랴, 파마하랴, 중화하랴 …… 공포의 시간을 보냈다. 지쳐서 집에 오면 만사가 귀찮았고 오기로 버텼다. 이번 직장에서는 정신적 고통 못지않은 육체적 고통이 있었다.

그러나 이때 희망을 조금 느꼈다. 장인 제도에서 주는 피라미드 구조가 기술자들 사이에서는 합리적인 관계로 체계화될 수 있다는 가능성을 보았다. 물론 기술을 가르친다는 것을 담보로 중노동, 인간 관계의 충돌 등이 있었지만 그전의 직장 생활만큼 막막하지만은 않았다. 한번 벽에 부딪쳐 보아서인지, 객관적인 입장이 될 수 있었고, 솔직한 사랑, 단순함과, 성실한 사람들을 많이 만날 수 있었다.

난 여기에서 '또 하나의 문화'를 만들기로 했다. 내가 할 수 있다는 자신감도 생겼다. 여기서부터 시작하기로 했다. 오랜 답답함을 풀 수 있는 실마리를 잡았다. 계획을 세우게 되었다. 장인이 되려고 …… 전근대적인 제도에서 난 희망의 실마리를 찾았다. 이것을 현대적인 체제로 바꾸어 우리들이 자아를 성취하고 노동을 지배하고 인간 관계를 행복의 공동체 관계로 바꿀 계획이다.

미용의 전반적인 것에 관심을 갖고 메이크업, 피부 미용, 코디네이트 등 닥치는 대로 관심을 갖고 배우기 시작했다. 미용실에 근무하면서 커트를 할 수 있는 단계까지(샴푸→염색→파마→브로우 드라이→세팅→커트) 기술이 몸에 익혀지자 난 남편과 의논 끝에 우리가 할 수 있는 일을 찾았다. 그때까지 우리는 여기저기 후원 회비를 내고 있었는데 더이상 의미를 찾지 못하고 '미용 봉사 활동'이라는 것을 시작했다. 나의 욕심으로 시작된 일로 동료도 생기게 되고 지역 사회에서 인정도 받게 되었다.

아직도 아득한 후에나 성취감을 느낄 수 있겠지만 목하 …… 진행중! 일을 배우고, 계획이 진행되고, 돈벌이도 되고 지금은 희망적이다.

2. 자격지심 ― 자신감

상대적인 말로 규정되어져 글 처음에 나오는 말들은(자격지심 ― 자신감, 신경질 ― 노력, 폭력 ― 성취, 상대적 빈곤감 ― 합리적 해결) 나에게는 경험을 추상화시킨, 의미 있는 단어들이다. 난 몇몇 단어를 나열하면서 지금까지의 나의 생활을 정리했다. 난 그 단어를 보면 대학생이 된 후부터 지금까지의 내가 장편 소설처럼 영상화된다.

대학 시절 나의 화려한 옷 매무새, 톡톡 튀는 성격 등이 의식적인 선배들의 눈에는 무척 거슬렸나 보다. 서클 선배로부터 쁘띠 부르주아적이라는 말을 항상 들었다. 난 80년대의 나의 의식화 과정에서 학생 운동이 노동 운동으로 이어져야 한다는 운동의 논리 속에서 항상 '자격지심'을 느꼈다. 나의 의식화는 책과 세미나, 간접적인 노동 운동, 후배 재생산(?) 등을 통해 거침없이 받아들여졌고 그때마다 나의 행동 양식이 쁘띠 부르주아적이지 않기 위해 노력했다(그래도 소용이 없었지만).

졸업 후 얼마까지도 노동 운동을 하지 않는 죄책감으로 시달려야 했다.

학생 운동 후 사회의 적응 과정이 그렇게 어려웠다. 죄책감, 소심함, 죄스러움 …… 남편의 자격지심은 내 경우보다 더 심했다. 나보다 더 경직의 도가니 속에 갇혀 있던 남편은 내가 없었다면 아직도 자신이 서야 할 길을 몰라할지도 모른다고 생각한다.

내가 첫 직장 생활을 했던 때에 그는 군대에 있었고 그전에 우리가 가야 할 길에 대해서 막연한 죄책감은 있었지만 밀려 가고 있었다. 어려운 일들을 솔직히 적나라하게 보여주던 서로를 그리워하는 사랑이 없었다면 우리들의 사회 생활은 질곡에 빠져 버렸을 것이다. 제대 후 결혼을 하고도 난 피해 망상증이 가끔 나타났다. 남편의 친구가 방을 얻을 계획이라며 돈을 원해 왔다. 나와 남편은 쪼개 쓰는 생활비에서 선뜻 10만 원을 내주었다. 우리 대신 열심히 사는 친구라 믿고 ……

그 후 대학 시절 친구, 후배, 선배들을 만나면서 그들도 우리와 같은 '자격지심'을 느끼면서 자신의 사회적 위치에 대해 불안해(?) 하고 있다고 느꼈다. 그러나 만남의 횟수가 늘어가면서 그런 마음은 해소가 되어갔고 진심으로 친구들의 경조사를 축하, 위로해 주었고 그런 만남의 자리를 즐기게 되었다. 우리는 그런 과정을 통해 가슴에 앙금같이 남아 있는 찌꺼기들을 해소해 나갔다. 그래도 난 자신을 죽이는 것이 덜해서인지 남편보다 덜 괴로웠고 사회 생활을 싸움닭처럼 하면서 자신을 지킬 수 있었다.

이제 우리는 삶을 이데올로기로 화석화시키지 않고 내용을 채워 가려고 하고 있다. 정말 자신감을 갖고 자신으로부터 출발해서 사회 생활이 즐겁게 변화하기를 원하고 있다. 남편은 '민족과 세계를 위해 자신의 삶의 내용이 채워졌으면' 하고 농담처럼 애기한다. 난 지금도 '나 자신의 행복이 가족과 민족의 행복'이라고 농담처럼 애기한다. 나와 남편의 이야기 관점은 정반대인 것처럼 보이지만 우리는 알고 있다. 그렇지 않다는 것을. 많은 시간을 같이했고, 엄청나게 싸웠던 지나간 시간 속에서 우린 서로를 신뢰하고 같은 방향을 보고 걸어 가고 있다는 것을 알고 있다.

3. 폭력 — 성취

우리가 결혼 생활을 시작한 지 딱 한 달만에 폭력적인 싸움이 벌어졌다. 회사에서 원고 마감 때라 야근을 하고 부리나케 집으로 왔다. 오는 도중 보라매 공원에서 큰 집회가 있어 더 늦게 되었다. 그날이 시아버지 생신이라 더 초조해 있었고 집에 도착하자마자 회사에서 군것질밖에 못했지만 설거지통에 매달렸다. 잡채가 맛있게 보였지만 음식을 치우면서 부엌데기처럼 몇 젓가락을 집어 먹었을 뿐 산더미같이 쌓인 설거지를 하기 시작했다. 조금 있다가 형님이 울면서 집에 왔다. 차가 막혀서 봉천동 고개부터 걸어왔다고 …… 아주버니는 형님의 밥을 차려 주고 목욕물도 받아 놓겠다고 했다. 난 그때 나의 남편 생각이 났다. 그러나 생각만 했다. 난 설거지를 하고 형님은 밥 먹고 …… 얼마 후 난 과일을 깎고 있었고 형님은 응접실에서 머리 말리면서 식구들과 이야기하고 있었다. 난 부아가 치밀어 올랐다. 깎던 과일을 들고 응접실로 나가, 마저 깎아 내어 놓고 남편을 찾았다. 어머니가 안방에 있다고 했다. 안방에 가보니 TV 영화「마지막 황제」를 보면서 넋이 나가 있었다. 내가 들어왔는지, 밥을 먹었는지에 관심도 없고 TV에 몰두해 있었다. 나는 설거지하면서 내내 참았기 때문에 화가 머리끝까지 올라 있었다. 밖에 시어머니도 계시고 시아버지 생신이니까 냅다 소리는 못 지르겠고 쳐다보다가 앉아 있는 남편에게 발길질을 했다.

남편은 무방비 상태라 앞으로 거꾸러졌다. 거꾸러지면서도 남편은 왜 그러는지를 이해하지 못하는 것 같았다. 그래도 분이 안 풀려 발로 마구 밟았다. 그제야 정신이 드는지 나를 끌고 우리방으로 갔다. 우리방에 와서도 싸움이 계속되었다. 나도 지지 않았다. 화가 가라앉고 나서 난 우리집(친정)에 가고 싶었다. 시아버지 생신이라서 못 간 것이 아니고 우리 엄마한테 실망을 줄까봐 가지 않았다.

그 후에도 얼마간은 폭력적인 싸움은 계속되었다. 첫단추가 어쩔 수 없는 폭력이었지만 그 후에도 여전했다. 아침에 일찍 일어나는 문제, 이유 없던 시집살이, 얌체 같은 형님 등이 다 싸움의 원인이었다.

하지만 이젠 싸움의 원인도 다 알고 해결 방법도 다 안다(?). 우린 싸우고 화해하는 데 1시간도 안 걸린다. 왜 그러는지 잘 알기 때문에 서로 해결하려고 노력한다. 아부도 하고, 더 신경질도 내고, 이해도 하고, 장난도 치고 ……

또 하나 폭력이 해결해준 문제가 있다. 이유없이 시집살이를 당했을 때다. 난 대처 방안을 몰라 쩔끔거리고 짜고 고민도 했다. 이제와 생각해 보니 대센 며느리 기죽여 아들 기살리려고 한 것 같지만! 남편은 단칼에 시집살이를 스톱시켰다. 향신이의 기를 살리는 것이 자기의 행복이라고 선언

한 것이다. 저녁 밥상에서 시어머니가 잔소리를 했다. 별로 심한 잔소리도 아닌데 남편은 기회만 보아왔다는 듯이 국 그릇, 밥 그릇을 깼다. 시아버지, 시어머니는 말없이 그릇을 치웠다. 난 무척 놀랐다. 그리고 방법이 어찌되었던 속으론 남편에게 감탄을 보내고 있었다.

그 후로는 오히려 시어머니와 난 무척 잘 지낸다. 난 친정 엄마같이 편하게 대하고 어머니도 나를 딸처럼 생각해 준다. 지금은 내 심통의 이유도 잘 알고 우리에게 의지도 하는 것 같다. 내가 분가한 후에도 우리를 이해하시는 것 같다. 특히 아들들의 행복이 자신의 삶의 목표라고까지 생각하는 어머니가 아들 입장뿐만 아니라 쪼끔은 막내 며느리 입장도 생각하신다.

난 폭력적인 방법론이 좋았다는 것이 아니라 나 자신을 최선을 다해 알렸고 받아들여지지 않으면 물러설 수 없다고 생각했다. 다행히 나를 사랑한다는 전제가 깔려 있던 가족이어서 쉽게 해결되었다. 남편의 경우도 마찬가지다. 나보다는 치밀하지만 그도 자신을 솔직히 알려 주고 인정해 주기를 바란다. 그리고 주저하지 않고 자기 생각을 내게 조언하기도 한다.

우린 적나라하게 자신들을 보이고 고집과 자신감을 가지고 자기 방향을 수정하는 편이다. 사회 생활도 우리의 가정 생활처럼 …… 꼭 그렇게 될 수 있기를 바란다. 진정 나 자신의 행복이 사회의 행복이 될 수 있기를 바란다.

[오늘 아침에도 (1993년 10월 23일) 우린 언어 폭력을 행사하면서 싸웠다. 싸움의 원인은 서로의 생활 리듬, 생체 리듬이 다르기 때문이었다. 장난치고 화해하는 데 걸리는 시간은 10분! 그래도 나쁜 놈! 난 어제 늦게 잤고, 일도 했고 글쓰느라 힘들었는데! 일어나라고 깨우고 지랄이야! 내가 게으르다나? 웬! 반찬 투정. 지가 바쁘면 해먹고 나가지. 무슨 꿍꿍이속인지 다 안다. 나에게 책임 전가하려고 …… 핏!]

III. 글을 쓰고 나서

남편은 글을 부탁받고 내게 숙제를 던져 주었다. 글을 쓰려고 생각하니 무엇인가를 정리해야지 하는 마음이 먼저 들었다. 구체적인 일들을 표현하기 위하여 나만이 알 수 있는 단어를 찾아냈다. 남편도 후에 나의 글을 읽고 생략된 나의 과거를 알 수 있다는 표정이다. 너무 많이 생략되어서 다른 사람들은 이해하기 힘들 거라고 …… 나는 아직 정리할 수 있는 단계가 아니라 생략할 수밖에 없다고 얘기했다.

남편의 글을 읽고 "넌 역시 경직되어 있고 나에 대해선 음흉하다"고 말했다. 남편은 여성 문제에 대해선 내가 너무 민감하다고 한다. 이번 과정을 통해서 우리는 자신감을 얻은 것 같다. 학생 운동에서 사회 운동으로의 전환점에서 우리는 매우 어려운 시기를 맞이했었다. '노동 운동 아니면 배신자'라는 무거운 강박 관념, 관념만 치열했지 낮은 사회적 적응력 등으로 서로를 많이 괴롭혔다는 생각이 든다.

나에게 여성 운동은 삶 그 자체이다. 그래서 매일 남편과 싸우고, 직장 동료와 싸우고, 생활 현장에서 만나는 사람들과 싸우고 …… 비합리적인 것을 합리적인 것으로 고치려는 것에서부터 발전이 있는 것이다. 나의 잘못된 고집으로 이기주의적인 것이 되어버리면 후퇴할 수 있다고도 생각한다. 그러나 그때는 내 옆의 반란자가 나의 이기주의를 가차없이 깨뜨려 버린다. 그래서 우리는 발전하고 운동하고 있는 것이다. 나의 여성 운동은 감각적으로, 이성적으로 움직여 간다. 그러나 사회 운동이라는 것을 생각할 때에는 너와 나의 관계 이상이기 때문에 조직, 이념, 물적 토대 …… 등이 필요하다고 생각한다. 우리는 사회 운동에 대해서 계획만이 있다. 조직의 문제도, 구체적인 이념의 문제도, 아직은 내용을 채워 나갈 준비가 덜 되었다.

우리 가정 안에서는 내가 주체가 되어 움직여 나가고 있다(아직은 가정에서 내가 피해자라는 생각을 떨쳐 버릴 수 없다). 아니 안 움직일 수가 없다. 남편은 나의 적극적인 경제 활동에 힘입어 자신이 성장할 수 있는 기회를 만들고 있다. 나 역시 그랬던 것처럼 …… 우린 타인의 희생을 볼모로 자신의 토대를 만드는 것을 거부했다. 결혼 초 습관적으로 받아들여졌던 나의 희생에 나 스스로 놀랐고 투쟁의 과정을 거쳐 우린 깨달았다. 타인의 희생에 눈감지 말자고 …… 다행인지, 불행인지 우리에게는 아이가 없다. 아기가 없기 때문에 우리 둘의 힘으로도 각자 일을 하고 플러스 알파를 얻는다. 만약 우리에게 아기가 있었다면 어머니의 희생을 …… 남편은 절대로 그럴 리 없다고 얘기하면서, 나와 자신이 번갈아 가면서 아기를 키웠을 거라고 얘기하지만 …… 사회적 재생산의 획기적 방안과 실천이 이루어지지 않는 한 개인의 희생이 따를 것이고, 습관적으로 여성에게 더 많은 책임이 지워질 것이다. 물론 그것 때문에 또 다른 형태의 운동이 생겨날 것이고 …… 나에게 아기가 생겨나고 나에게 책임이 더 많이 생긴다면 난 주저하지 않고 그것을 단기적인 운동의 목표로 삼고 사회 전체가 책임질 수 있게 하기 위하여 노력할 것이다.

조금만 남편이 협조해 주어도 이만하면 됐지 하는 안일한 생각이 들 때도 많다. '나는 나의 일,' '남편은 돕는 일'이라는 생각이 남아 있는 한, 가정 안에서의 운동은 계속될 것이고, 가정일 자체가 분담이 잘되어 합리적으로 움직여 간다고 생각될 쯤에는 다른 방향을 모색하면서 좀더 나은 질적 향상을 위해 운동할 것이다. 나에 대한 비합리적인 것의 원인을 캐고 해결하려는 데만 급급하지 않고 타인이 느끼는 비합리적인 것에도 민감하게 관심을 갖기로 했다. 물론 나에 대해서 느끼는 것보다 둔감할 테이지만 ……

지금은 우리의 움직임이 미미해도 현재 할 수 있는 한 최선을 다하기로 했다. 우리가 경험할 수 있는 폭이 커질수록 내용도 채워질 것이고 우리가 원했던 이념도 조직도 물적 토대도 생길 것이다. 그러나 남편과 방법론에서의 차이는 물론 늘 있을 것이다. ■

바닥 사람들의 삶을 통해서 세상을 본다

허병섭[*]

나는 과연 사회 운동가인가? 사회 운동가란 누구이며 어떤 사람인가? 이런 질문에 대해서 스스로 대답할 능력이 없다. 원고 매수의 제한을 받지 않는다면 본인의 경험과 체험을 바탕으로 상세히 기술해 보겠지만 그럴 수 없어서 유감이다. 겉으로 나타난 현상들을 중심으로 기록할 수밖에 없다. 내적인 고민이나 갈등 그리고 인간 관계에서 발생하는 복잡 미묘한 감정과 인식의 역작용과 반작용 등을 설명하려면 방대한 소설이 될 것이다.

1. 어린 시절

일제 말기인 1941년에 나는 태어났다. 우리 아버지와 삼촌은 선조로부터 물려받은 만석의 땅을 일본놈들에게 빼앗기고 만주로 돈벌러 가셨단다. 나도 어머니의 등에 업혀서 길림성 주변을 방황했던 것 같다. 그러나 이때의 기억은 깡그리 없다. 코흘리며 골목길을 누비던 우리는 일본 사람의 기모노 차림과 게다 발자국 소리만 듣고도 황급히 화급하게 도망다니던 기억이 있고 한참 멀리 지나간 후에 형 뻘이 되는 동료들과 함께 뒤에서 욕지거리를 하는 정도였다.

---

[*] 1941년 출생. 한신대학교 대학원을 졸업하고 76년에 하월곡동에 동월 교회를 세웠다. 현재 기독교 사회 운동 연합 공동 의장으로 활동하고 있으며, 협동 조합 「나레 건설」 회장으로 일하고 있다.

나는 장손으로 태어난 덕에 노상 할머니 치마폭에 싸여 있었고 여러 삼촌과 숙모의 잦은 왕래로 집안은 늘 꽉 차 있었고 나만의 공간은 없었다. 어른들의 노리개감인 '장조카' 이상도 이하도 아니었다. 제사를 지낸 다음 날 학교 가는 나를 불러 놓고 탁주를 마시게 했고 비틀비틀하는 나를 보고 박장 대소하는 것이었다. 학교에 가기 이전에 나는 병치레를 많이 하였고 죽을 것 같았던 '장조카'가 살아서 학교에 다니니 대견스러웠던가 보다.

어린 시절, 아버지도 삼촌도 어디론가 가셨고, 집안 분위기는 암울한데 둘째 삼촌이 들어오셔서 나를 꼭 껴안으셨다. 그리고 꼬기꼬기 접은 지폐 한 장을 주셨다. 내 어릴 때의 기억으로 그때 사랑이란 것을 딱 한번 느꼈고, 이 경험은 평생 잊혀지지 않는다. 그 후 둘째 삼촌은 영영 돌아오시지 않았다. 50년이 지나서야 그때 사정을 알 수 있었다. 가장 과격한 성품을 갖고 계셨기 때문이라고 전해진다.

어린 나이에 해방의 기쁨은 간곳없고 민족 상잔의 6·25의 상처와 고통이 이동 학교의 안팎을 맴돌았다. 학교의 선생님들은 시간 때우기에 급급했고 학생들은 선생님의 사랑을 경험하지 못했다. 우리 집안도 강한 외풍을 탔는데 이 과정에서 할아버지가 돌아가셨다. 맏며느리로서 겪는 어머니의 고통은 이루 말로 다할 수 없었던가 보다. 나는 집안에서 푸대접을 받고 길거리를 방황하다가 교회를 찾게 되었다.

교회에서 체험하는 세계는 아주 다른 것이었다. 사랑과 이해와 어루만짐과 재미있는 이야기를 듣는 일이 즐겁고 행복했다. 공부 잘하게 해달라는 기도를 하여서 효험을 본 적도 있다. 교회에는 즐겁게 사귈 수 있는 친구도 있었다. 교회는 나를 성장하게 하고 꿈을 꾸고 어른이 되게 하는 좋은 자리가 되었다.

고등학교 시절부터 "나는 누구인가?," "나는 왜 한국에 태어났나?," "나는 무엇을 할 수 있고 또 무엇을 해야 하나?"라는 질문을 끊임없이 제기했다. 이런 자기 성찰을 통해서 곧 새롭고 남다른 꿈이 생겼다. "나라와 민족을 위해서 내가 할일이 있다"는 것이고 이를 위해서 나는 신학의 길로 이끌림을 당하고 있다고 확신하게 되었다. "만일 신학을 하게 해주신다면 가난한 사람을 위해서 일하겠습니다"라고 하느님과 서약 기도를 하였다. 결국 나는 타력에 의해서 신학과 교육학을 하게 되고 학문의 유혹을 뿌리치고 빈민 선교 활동을 시작하게 되었다.

2. 사회 운동의 한복판에서

생소하고 낯선 사람들과 함께 ― 빈민 선교

정확히 말하자면 1974년 6월 1일부터 나는 사회 운동에 입문하였다. 한국 기독교는 60년대 중반부터 기독교의 사회 정치적 책임에 대해 각성을 하게 되고 60년대 말에는 그 준비를 하게 되지만 70년대 사회 운동의 불을 지핀 사람은 전태일이다. 전태일이 분신 자살로 노동의 문제를 제기한 이후 학생들과 기독교의 성직자들이 70년대 한국 사회 운동을 가속시켰다. 이 사회 운동이 정치화되면서 급속도로 확대되는데 그 중요한 사건이 「남산 부활절 사건」과 「민청학련 사건」, 그리고 「긴급 조치에 대한 저항 사건」이다. 이 사건과 관련하여 기독교의 빈민 선교 실무자들이 모두 투옥되었다.

바로 이 시점에서 나는 빈민 선교를 시작하게 된다. 당시 「수도권 특수 지역 선교 위원회」의 훈련 실무자로 일했는데 이때 내 나이는 34세였다. 결혼하여 아이 셋을 두고 있었다.

나의 처음 활동지는 서울 동대문구에 위치하고 있는 신설동이었다. 생소한 현장, 낯선 사람들과 함께 하는 일은 몹시 두려운 일이었다. 그러나 가난한 사람들은 비록 그가 무식하고, 거짓말을 하고, 도둑질을 하고, 폭력을 쓴다 하더라도 하느님께서 사랑하고 귀하게 여기며 자신의 뜻을 펼치는 대상이라는 확신 내지는 맹신으로 이들을 만나고 거기서 방을 얻어 살았다. 냄새 나고 골목은 좁고 밤마다 싸우고 노래 소리, 비명 소리가 나는 동네의 생활을 겪으며 그들의 삶에 뛰어들었다. 그들과 똑같이 생활하면서 한 동네 주민으로 인식되도록 어울렸다. 선교 활동가로서 그곳에서 겪는 생활에 대해 일지를 썼고 다른 선교 활동가와 일주일에 한 번 교류하면서 지역 주민들의 생활 현실에 대해 이야기도 나누었다. 그러면서 동네에서 똑똑한 사람, 지도력 있는 사람을 발견하게 되었고 그들을 따라다녔다. 함께 술을 먹고 일을 같이하면서, 이야기를 나누면서 그 사람의 생활을 함께 경험했다. 그렇게 해서 만난 이가 주민 지도자인 이철용 씨다. 그와는 삶 전체가 서로 만나는, 마음 전체를 내어 맡길 수 있는 관계였다. 그가 주민 정서도 잘 알고 말도 잘해 사람들이 잘 모였고, 또 주민들에게 나에 대한 신뢰를 잘 심어 주었다. 그 덕분에 사전 준비가 잘되어 주민들에게 내 말이 설득력을 가질 수 있었다. 그러면서 조직 활동을 했던 것이다. 신설동 철거민 대책 활동도 무료 진료부터 시작했다. 주민 건강 관리 위원회를 만들면서 알고 있는 친구 중에 의사가 있어도 그냥 데려오는 것이 아니라 주민들에게 이런 사람이 있다 서명을 하고 편지를 쓰면 그 사람이 와줄 것 같다고 하면서 주민의 집단적인 행동을 유도해 불러오는 형식을 취했다. 그들이 우리가 이렇게 모여서 노력하니까 의사가 진료를 해주는구나 하는 경험을 통해 모인다는 것의 재미를 알도록 했다. 체념과 좌절에 빠져 있는 사람들을 끌어 모으고 이야기해서 그들의 문제를 해결할 수 있도록 그들의 생각을, 몸을 움직이게 도왔던 것이다. 그러다가 주민들은 철거 문제가 생기니까 구청, 시청을 찾아가 생존권 문제를 해결하려 했고 이것이 신설동 철거민 대책 활동이다.

「고난받는 이들과 함께 하는 목요 기도회」

나는 빈민 현장의 빈 자리를 메우는 한편 감옥에 투옥된 선배 동료들의 가족들을 모아서 「목요 기도회」를 열었다. 이 기도회를 준비하는 동안 있었던 일화들을 다 말할 수는 없다. 그러나 이 기도회의 첫 순간, 모두는 마치 고양이의 사냥 대상인 쥐처럼 파르르 떨고 있었다. 나는 군대에서 제대한 지 얼마되지 않아 "세상 모르고 설쳤다"고 어떤 선배가 말한 것처럼 「목요 기도회」는 그렇게 시작되었다.

70년대 후반의 한국 사회에서 이 목요 기도회는 대단히 중요한 의미를 지녔다. 구속자 가족들의 기도회로 시작된 이 기도회는 그 가족들의 친지들이 모이게 되었고 나아가 고난받는 사람들에게 확대되었다. 대표적인 사람들은 소위 '인혁당 사건'의 가족들이었다. 그 후 해고된 노동자, 일터를 잃은 농민도 함께 하게 되었다. 이 자리에서 기업체의 부정과 부조리가 폭로되었고 경찰, 안기부의 가혹 행위가 폭로되었다. 나아가 사회, 정치, 경제의 제 문제, 인간의 존엄한 권리의 문제가 폭로되면서 많은 사람들의 심금을 울렸고 신문은 이를 놓치지 않았다. 당시 《동아일보》와 《조선일보》의 기자들도 자유 언론 실천 운동을 전개하다가 해직되었을 때 이들도 목요 기도회에서 언론의 본질적 문제들을 폭로하였다.

「고난받는 이들과 함께 하는 목요 기도회」로 이름이 바뀌면서 한국 기독교 교회 협회는 당국의 많은 탄압을 받기도 하지만 그 끈질긴 생명력을 꺾을 세력은 없었다. 이는 성서적으로 신학적으로 아무 문제가 없었고 오히려 살아 있는 신앙, 올바른 신앙의 모범으로 퍼져나가 일본 미국 독일로 퍼져 나갔다. 당시 이 기도회는 한국 사회 운동의 요람과 같은 역할을 했다.

이 기도회에 신학자들, 양심적인 교수들도 합세하고 중심 자리를 잡게 되었다. 이분들도 기도와 설교만 한 것이 아니라, 가난한 사람들이 겪는 고통의 현장이면 인천으로, 청주로, 부산으로, 광주로, 목포로, 산업 현장, 농민 현장, 빈민 현장, 감옥, 그 어느 곳이든 가리지 않고 달려갔다. 이들은 또 별도의 교회(갈릴리 교회)를 만들어 올바른 교회상을 만들어 가던 중 중랑천에서 철거를 당하여 좌절한 주민들이 다시 일어나기 위하여 만든 '사랑방 교회'(이철용이 조직하여 당시 이규상 전도사가 목회함)와 자매 결연을 맺었다(1975년 겨울). 이때 사랑방 교회마저 철거당하고, 십자가가 똥통에 처박히게 되고, 문익환 목사가 똥묻은 십자가를 높이 쳐들고 통곡하며 울부짖던 기억이 생생하다. 같은 해에 문익환, 안병무, 이문영, 함세웅, 김대중, 이해동 등의 굵직한 민주 인사들과 양심적인 지식인들이 「3·1 민주 구국 사건」으로 전면 투옥되기에 이른다.

나는 목요 기도회가 불꽃을 튀길 때 준비와 심부름과 뒤치다꺼리를 하고 있었다. 이 기도회 과정에서 많은 사회 운동 조직들이 생겨 나기도 했고 상호 연대, 연합, 결속을 하면서 사회 운동은 양적으로나 질적으로 넓이와 깊이를 더해 갔다. 나는 이 모든 움직임과 관련하여 두 달에 한번 꼴로 연행되고 조사받고 고문을 당하거나 체형을 받았다.

나는 79년 가을 "국민이여 총궐기하자"라는 유인물을 단독으로 제작하여 배포하려다가 사전에 발각되어 수배자 생활을 하게 되었다. 나는 이때 생계 수단을 위해 사당동의 한 골목에서 리어카를 끌며 장사를 한 적이 있다. 이 경험을 통해 나는 가난한 사람들의 실제적 삶과 성직자의 삶에는 큰 괴리가 있다는 것을 깨닫게 되었다. 6개월의 수배자 생활을 마무리한 후 나는 처음으로 목사직 탈출을 시도하였다.

아내과 함께 포장 마차를 하면서 하루 2천 원에서 3천 원을 벌어 돈을 헤아리는 그날그날의 기쁨에 만족한 것이다. 새벽 시장을 보고 낮에 준비를 하고 밤 늦도록 장사를 하다가 12시 반쯤 집으로 돌아와 잠을 자는 일과였다. 이 생활도 두 달을 넘기지 못했다. 그 동안 「10·26 사건」이 나고 「광주 항쟁」이 터지면서 우리 역사는 더 깊은 질곡으로 빠지게 된다.

실험 교회를 세우다

다시 돌아가서 1976년 스승들이 감옥에 갇힌 후 나는 동월 교회를 개척하였다. 1년 전 이철용 씨와 함께 사랑방 교회(나는 이 사랑방 교회를 최근의 민중 교회의 시작이라고 본다)를 개척한 경험을 바탕으로 동월 교회를 세우면서 실험 교회를 선언하였다. '민중의 교회' — 민중들만이 모여서 예배하는 교회, '민족의 교회' — 한국인의 음악과 예배 양식[굿]으로 예배하고 판소리로 설교하는 교회, '민주의 교회' — 교회의 모든 결정과 사업 추진을 교인이 주도하는 교회라는 3원칙을 실험하기 위해서 교회를 세운다는 것을 선포하였다. 나는 우리 민중의 언어이면서 민중의 지혜가 담긴 민담이나 수수께끼, 그리고 속담 속에서 민중의 지혜를 일깨우려 설교하였고 성서를 보조 자료로 사용하였다. 나는 교인과 비교인을 구분하지 않고 지역 주민의 삶에 접근하는 사업들을 펼쳤다. 처음은 노동자들을 위한 야간 학교를 개설하였고, 지역 주민의 건강을 돌보기 위한 진료 사업도 하였다. 그리고 81년에는 지역 주민의 맞벌이 부부의 경제 활동을 돕고, 탁아소를 세워 지역 어린이들의 건전한 성장을 도왔다. 탁아소에 대해 주민들, 특히 그 지역 어머니들의 호응이 아주 좋았고, 점차 이들 자모들에게 탁아소의 운영권을 넘겨 주었다. 그러면서 그 활동을 통해 그들의 사고와 생활 방식이 바뀌는 것을 보았다. 주민들 스스로 문제를 발견하고 해결해 가도록 도와야 한다는 운동의 기본은 그대로 유지되었던 것이다. 그 후 많은 다른 빈민 지역에서 빈민 탁아소가 급속히 확대되었고, 이 탁아소를 중심한 주민들의 의식이 발전하면서 정치 의식에 상당한 영향을 주게 된다. 그래서 87년 이후에는 정부가 탁아 입법을 하게 된다. 동월 교회 창립 이후 7년 뒤에 함께 한 '산돌 공부방'이 본격적으로 활동하면서 다른 지역에도 공부방이 확대 재생산된다. 이런 여파로 정부나 행정 당국이 빈민 지역에 도서관을 세우고 공부방을 열도록 지원했다. 70년대 빈민 활동의 일환으로 의과 대학 학생들이 진료 사업을 하였는데, 이 여파를 무시할 수 없었던 정부 행정 당국은 도시 지역 의료 보험 제도를 구축하게 된다. 이런 일들이 가난한 사람들에게 작은 기쁨(복음)이 될 수 있을지도 모른다.

나는 처음 동월 교회를 개척하면서 민중 교회에 대한 꿈과 전망을 가지려 하였다. 그리고 민중 신학을 염두에 두고 있었다. 감옥에서 풀려난 스승들도 감옥 속에서 민중 신학을 구상했다고 했다. 나는 스승들의 민중 신학

김미혜, 「민들레」, 1993.

탐구의 자리에 함께 할 기회를 얻게 되었다. 이 자리에서 학자의 관심과 나의 실천적 관심이 일치됨을 느끼고 있었지만 나는 학문적 깊이를 쌓을 능력이 없었다. 서남동 교수가 나의 '속죄양과 민중의 일치'를 서술한 글을 읽으시고 민중 신학적 평가와 격려를 해주셨던 일을 잊지 못한다. 그러나 나는 실천적 삶에 대한 한계를 느끼면서 다시 한번 탈성직, 탈교회를 시도하였다. 82년 여름에 나는 '넝마 공동체'(윤승병 형이 주도하는 공동체)에 합세했다. 길거리에 널려 있는 돈을 주으러 길거리를 헤매었다. 생산 자원이 낭비되거나 버려진 길거리와 골목을 헤집고 다니며 이것을 수거하여 재생산을 도모하는 의미와 보람을 느끼기도 하였다. 이 넝마 공동체에 속한 사람들의 기질과 품성은 유별났다. 그러나 나는 이들과 어울리는 일에 불편을 느끼지 않았고 함께 리어카를 끌고 다니면서 강남 일대를 맴돌았다. 종이를 줍고 플라스틱, 병, 철근 토막, 구겨진 알루미늄들을 모으는 일들을 하면서 많은 것을 생각했다. 특히 세상을 향해 치솟을 대로 치솟은 분노와 악으로 살아가는 사람, 부딪치면 깨어지고 어스러지다가 비틀거리고 다시 일어서는 이들의 삶 속에 내가 함께 있다는 민중 신학 실천자로서의 자부심과 긍지를 느꼈다. 그러나 이 보람도 두 달을 넘기지 못했다.

나는 민중 교육에 대한 관심을 버릴 수 없었다. 문동환 교수님께 사사받은 교육학과 인간 인격의 변화와 발전, 인간 공동체와 그 발전에 관한 이론들을 현장에서 풀어 내기 위해서 민중 교육 연구소에서 일하게 되었다. 그런데 1980년대에는 사회 과학 학습이 회오리치듯 사회 운동권을 압도하고 있었다. 이런 격랑 속에서 나의 민중 교육적 관심과 관점으로 연구소의 실무자를 끌어내지 못하였다. 『스스로 말하게 하라』(한길사, 1986)라는 책을 펴내어 나의 민중 교육적 성찰을 정리해 보았지만 메아리가 없었다. 내가 주장했던 '민중 사실'의 개념을 여러 사람이 중요하게 인지하고 있었지만 아무도 체계적으로 설명하지 않았다. 한편 『모퉁이 돌』이라는 노동자를 위한 읽을 거리를 속속 출판하게 되었다. 또 우리 연구소가 『민중극(자료집)』을 출판하면서 민중 현장의 연극 ― 몸짓 문화를 확대한 것은 작은 기여라고 생각한다. 그리고 노동자의 감정과 의식을 표출한 개사곡을 모아 『노동과 노래』라는 연구 자료집을 출판하여 10여 년 동안 재판에 끌려 다니는 시련도 당했다.

내가 가진 역량과 지위가 민중과 민족과 교회를 위해 쓰임이 있다면 어떤 일이든 봉사하고 함께 하려 했다. 그래서 「전국 목회자 정의 평화 실천 협의회」(목정협)에 참여하였다. 처음은 신학 분과를 책임지면서 민중 시대에 상응하는 목회자 신학을 펼쳐 보기도 하며 민중 지향적 목회를 위한 대안을 모색해 보았지만 공동 작업 능력이 부족했고 실험과 검증이란 실천 영역을 통과할 의지가 모아지지 않았다. 그러나 내가 목정협의 총무와 부의장으로 일하는 동안 사회 운동에 기여한 중요한 사건 몇 개가 있어 여기에 소개하려고 한다.

전두환 정권은 자신의 정권 안보를 위해 국민을 극심히 탄압했고, 건국대학교에서 모임을 갖고 있는 전국의 학생들을 무차별로 잔인 무도한 방법으로 연행하고 구속한 일이 있었다. 그 방법이 마치 제2의 광주 진압과 같은 양상을 띠고 있었기 때문에 사회는 공포 분위기에 휩싸였다. 그 후 사회 운동은 침잠되었고 암울하였다. 이 시점에서 우리 목정협은 순교자적 각오로 암울한 분위기를 깨고 사회 운동의 활력을 되찾아야 한다는 결의를 하였다. 1985년 11월, 50여 명의 목정협 회원들이 당시 민정당사 정문에서 기습 시위를 하였다. "영구 집권 획책하는 민정당은 각성하라!"는 현수막을 들고 노래와 구호를 외쳤다. 경찰은 목회자들을 무차별 폭행하였고 짓밟았다. 나는 이 사건을 주도했다는 이유로 구속되었고 감옥에 가는 영광(?)을 처음 얻은 것이다. 그 후 사회 운동은 그 파고를 점점 높여갔다. 나는 다음해 3월에 집행 유예로 석방되었다. 전두환 정권은 같은 해 4·3 호헌 선언을 하였다. 이 정권의 집요한 집권 의지를 깨야 한다고 결의한 우리 목정협 회원들은 다시 모여 삭발, 단식 투쟁을 하였다. 일주일 동안 계속된 이 투쟁은 서대문의 선교 교육원에서 전개되었는데 그 파고는 넓고 크게 번져 갔다. 그 후 한국 사회 운동은 6월, 7월 항쟁으로 이어진다. 이러한 우리의 실천이 사회 운동에 어떤 영향을 주었는지 과학적으로 증명할 길은 없다. 우리는 투철한 사회 의식과 역사 의식으로 사회 운동에 복무하였다. 그 후 노태우의 6·29 선언이 있었고 대선과 총선이 있었으며 그 결과에 따라 희비가 엇갈리기도 하였으며 운동권 내부의 분열도 있었고, 운동의 공과와 업적에 대한 공방이 들끓었던 것도 사실이다. 그러나 대체로 민권 운동의 승리라는 쾌거로 만족하였고 유화 국면과 넓어진 활동 공간에서 우후 죽순처럼 운동 세력이 나타났지만 사분 오열되고 있었다. 나는 기독교 내부에서나마 운동 세력의 재결집과 통합을 위해서 노력해 보았지만 역량이 부족하였다.

이런 상황 속에서 나는 목회자(성직자)에 대한 물음을 다시 제기하게 되었고 기독교의 본질, 내 활동의 의미에 대해 반성을 하게 되었다. 다시 민중에 대한 현실적 과제에 대해 초첨을 맞추고 기독교의 사랑이 민중에 대해 어떠한 것이어야 하는지를 고민하였다. 그 동안의 활동은 민중 조직, 의식화와 교육, 프로그램과 사업, 민중 신학과 교회 갱신, 목회자 운동과 사회 변혁, 여러 운동 세력과의 연대와 결속 등 나의 역량과 시간과 머리를 총동원하여 이리 뛰고 저리 뛰었다. 이 모든 활동의 중심은 빈민 선교(운동)에 있었기 때문에 이 중심 자리로 돌아와야만 했다. 또 승리와 축제의 자리에는 내가 머물 공간이 없었다. 빈민들도 그 자리에는 나타나지 않았다. 나는 다시 이들과 함께 살아야만 했다.

내 활동의 의미에 대한 반성의 결론은 다음과 같은 것이었다.

"민중을 사랑한다는 것은 민중의 삶을 사랑하는 것이고 나는 민중의 눈물과 피와 땀을 내 것으로 삼지 않고서는 민중을 올바로 사랑한다고 말할 수 없다"고 깨닫게 되었다. 그래서 탈성직을 선언하고 올바른 민중에 대한 사랑의 실천적 선택이라는 실존적 삶을 모색하게 되었다.

민중의 고통과 아픔을 함께 해결하는 방법 — 생산 공동체

민중의 생활에서 겪는 고통과 아픔을 민중과 함께 해결하는 방안을 찾아낸 것은 민중 생활 2년이 지나고서였다. 그래서「월곡동 건축 일꾼 두레」를 만들었다. 이 빈민들의 생산 공동체인「두레」의 전모를 다 밝힐 수는 없다. 그 인간적 모습과 인간 관계의 성격, 생산 공동체로서의 자질과 생산 능력에 관한 단편적 보고서로『일판, 사랑판』(현존사, 1992)이 있다. 지난 3년 동안의 종합적 분석과 진단, 과제와 전망에 대해 별도로 정리하고 있다.

다만 여기서 강조하고 싶은 것은 빈민과 함께 이들의 삶의 자리에서 삶의 질을 높이고 주체적으로 새로운 삶의 모형을 창출하는 노력이 점차 확대되고 있다는 사실이 중요하다는 것이다. 또 이러한 방향으로 빈민 지역 운동이 변모되고 있다는 사실을 주목할 필요가 있다. 이제까지 한국 사회에 운동의 전형적인 모델로서 보여줄 수 있는 것이 없었던 것은 한국이 지속적인 실험과 검증의 노력, 습관이 몸에 배어 있지 않은 탓이기 때문이다. 끊임없는 검증과 실험이 필요한 것은 이론과 사상이란 단지 흉내와 모방으로 되는 것이 아니라 구체적인 현실과 상황 속에서 계속 적용되고 또한 그것으로부터 만들어져야 하기 때문이다. 따라서 빈민 선교나 운동가 및 활동가들이 이와 같은 경로를 통과해야 할 당위성이 있다. 이 경로를 통해서만 모든 활동가들은 '민중 사실'에 접근할 수 있으며, 그 다음에 빈민 운동의 확실한 전망을 세우고 과제를 알뜰히 실천할 수 있기 때문이다. 그리고 이같은 바닥 운동의 결실을 토대로 대중의 신뢰를 획득하고 한국의 역사를 발전시키는 기초인 생산력을 높일 수 있다. 바닥의 생산력적 토대가 튼튼하지 못할 때 국제화 시대에 우리 민족이 국제 경쟁력에서 살아남기 어렵기 때문이다. 이미 파괴된 노동력, 무너진 생산력을 비통히 여기고 좌절하고 있을 수는 없다. 지금부터 다시 시작하고 온갖 노력을 다 쏟아 부어서 민중의 생산 능력을 확대 재생산해야 한다. 지식인도, 가진 자도, 정책 담당자도, 정치인도 모두 이 바닥 사람들(민중)의 노동력에 힘을 북돋우고 생산 의욕을 높이도록 지원하며 민족 자존과 역사 발전의 주체로 우뚝

서는 보람과 가치를 느끼도록 도와야 한다.

지금 건축 노동과 관련한 생산 공동체는 월곡동 이외에 봉천동의 나섬(나눔과 섬김)건축, 삼양동의 세운 건축, 마포 건축이 같은 뜻과 의지를 모아가고 있으며 이제 하나의 체계를 세워 생산자 협동 조합의 틀을 잡아 가고 있다. 우수한 인력과 올바른 가치관으로 건전한 협동 조합이 조직될 때 이 빈민 공동체는 그 명예를 회복할 것이며 사회와 역사에 우뚝 설 것이다.

그리고 제품업과 관련한 생산 공동체는 상계동의 「바늘과 실」이 있고 월곡동의 「알로에 스킨 생산 공동체」, 그리고 삼양동과 봉천동, 난곡동에서 준비와 시도를 하고 있다. 그밖에 이미 유명해진 농촌의 「한마음 공동체」를 비롯해서 마산의 택시 사업체, 농산물 가공업체, 유통 관련 업체, 소프트웨어 업체 등 다양한 분야에서 협동 조합, 협동 경영의 형태를 창출하고 있다. 전국에 걸쳐 약 30개 정도의 생산 공동체가 있다. 이러한 현상들은 한국의 미래 사회를 위해서 매우 고무적인 일이다.

3. 앞으로 무엇을 할 것인가?

나는 앞으로 무엇을 할 것인가? 이런 물음은 오랫만에 듣는다. 그러나 차분히 생각해 보아야 할 일이다. 하느님의 인도를 따르겠다는 소극적 대응으로 얼버무릴 나이도 아니다. 오히려 적나라하게 생각해 보고 주변의 비판과 협력을 기대할 일이다.

생산 공동체와 관련한 일들을 계속해 나갈 것이다. 이제 실무일과 구체적 과제는 후배들에게 넘기고 이 일을 육성하고 확대하는 주변적 일을 더욱 열심히 해야겠다. 또한 이 일과 관련하여 민중 교육 및 사회 교육의 틀과 내용, 그리고 방법론을 빨리 정립하고 제도 교육과 연계하여 전문성과 과학성을 담보하도록 해야 할 것이다. 그리고 자본가들의 잉여 부분을 생산력을 증대시키는 생산과 기술 교육에 투여하도록 캠페인을 벌여야 할 것이다.

이처럼 바닥 사람들의 삶을 통해서 세상과 세계를 보고 그 전망을 토대로 세상과 세계를 올바로 세울 수 있다는 확신을 계속 검증해 나갈 것이다. 다시 말하면 사회의 기초를 튼튼히 세우는 것이 나라와 민족을 위해 유익하다. 이것이 지금의 가장 시급한 과제이다. ■

동네 안에 국가가 있다

황주석*

국민학교 때 나는 로보트를 만들어 남북 통일을 하겠다는 생각에서 과학자가 되겠다는 꿈을 꾸었습니다. 그러다가 중3 때, 이때가 아마도 자아 발견이 시작된 때가 아닌가 싶은데, 안창호, 간디 같은 사람을 존경하게 되고, 내겐 사회 활동이 맞는다고 생각하면서 정치를 하겠다는 꿈을 가지게 되었습니다. 이 생각이 지속됐는데 고3 올라가면서 나처럼 정치를 하겠다는 친구를 만나게 됩니다. 그런데 이 친구는 정치학을 하겠다면서도 돈이 있어야 정치한다고 상과 대학를 가겠다는 것입니다. 그래서 나는 "정치하는 사람이 돈 많이 갖는 것은 부정 부패 아니냐"고 물으면서 덕을 많이 쌓으면 돈 가진 사람도 오고 힘 있는 사람도 오고 지식 있는 사람도 오고 해서 정치하는 것이 아니냐고 했습니다. 그랬더니 그 친구는 이를 '구시대 유물적 사고'라고 하면서 요즘 세상에는 돈 없이는 정치할 수 없다는 겁니다. 그래서 나는 충격을 받았고 이 얘기를 선배와 친구들에게 했더니 선배들은 모두 내가 틀렸다고 했고 후배들은 모두 제가 옳다고 했습니다.

나는 사람들이 고3 때 문과 이과로 장차 대학에 가서 전공할 분야를 선택하면서 생각이 바뀌는구나, 부모님들이 세상을 살아가려면, 세상에서 잘

---

* 1950년 출생. 기독 학생 청년 운동을 하다가 노동 운동 위장(?) 취업 1세대로 용접공 일을 하였다. YH 사건으로 복역한 뒤, 현장을 떠났다. 그 후 마산 YMCA에서 출발해서 수원 · 부천 YMCA에서 일했다. 지금은 「참여와 자치를 위한 시민 연대 회의」 사무국장, 「인간 교육 실현 학부모 연대」 공동 대표로 활동하고 있다.

살려면 문과를 가라 이과를 가라 돈을 벌어라 그래서 아이들이 변하는구나 생각했습니다. 그래서 나는 사범 대학에 가서 아이들의 순수한 마음을 그대로 끌어올리는 교육 사업을 해야겠다고 생각하게 됩니다. 그때쯤 뒤늦게 심훈의 『상록수』를 읽고 펑펑 울면서 이것저것 그만두고 농민 운동을 해야겠다고 결심하고 그러려면 고등학교 졸업이 무슨 소용이 있나 싶어 학교를 그만두고 농촌에 내려가려 했습니다. 그러나 친구들의 만류로 학교에 남아 있으면서 계속 고민을 했습니다. 도대체 옳다는 게 뭐냐, 그것만 확실히 알아 그것대로 평생을 살다 죽으면 여한이 없겠다. 어디서 그것을 배울 수 있겠는가 생각하다가 신학 대학이 그런 곳이라는 생각이 들었습니다. 그동안 한번도 생각지도 않던 신학 대학을 떠올린 것이 고3 여름 방학 때입니다. 그렇게 신학 대학을 가기로 결정을 하고 가부장적 집안과 싸우면서 아버님께 회초리도 맞고 가출도 하여 "저 놈은 못말려!"라는 인정을 받게 되면서 결국 자유를 얻었습니다.

「한국 기독 학생 총연맹」과의 만남

신학 대학에 들어가 2학년 1학기 때 교회 목사님의 제안으로 「한국 지역 사회 후원회」에서 1차 지도자 육성 교육을 받고, 명륜동 산동네에서 아이들 공부방을 차렸습니다. 한 학기를 지내면서 학교 생활과 병행하기가 힘들어서 학교를 휴학을 합니다. 그 후 어느 날 기독교 회관에 볼일이 있어 들렀는데 그때 「한국 기독 학생 총연맹」(이후 KSCF로 줄여서 부름)이라는 진보적인 학생 운동 단체를 만나게 되었습니다. 그들은 빈민촌에 살면서 운동을 한다는 겁니다. 이것이 진짜 학생 운동을 하는 거구나 하는 생각에 「한국 지역 사회 후원회」를 떠나서 KSCF에서 활동을 합니다. 이 운동은 그때의 다른 운동과는 확연히 달랐습니다. 그때는 요즘 농활이라고 하는 농촌 봉사가 굉장히 많았습니다. 애들 머리를 '바리깡'으로 깎아 주고 한 달 후면 그 동안 자란 머리를 다시 깎아 주는 그런 봉사 말입니다. 이 운동 단체에서는 그런 봉사하고 돌아오는 것을 비판했습니다. 그리고 농촌은 그런대로 아직 떠나지 않아도 버틸 수 있는 사람이 버티고 있고 상대적으로 환경도 좋고 그런데 비해서 도시 빈민이 사는 환경은 엄청나게 열악하다는 겁니다. 60년대 말 70년대 초 도시화가 막 진행되면서 서울은 완전히 빈민가에 포위를 당하다시피 했는데 구로동이나 뚝섬, 청계천 쪽의 빈민가에 가면 집 높이가 제 키만했습니다. 그런데 그게 2층집입니다. 골목은 나 같은 사람 하나 지나가면 꽉 찰 정도로 좁습니다(저는 조그만 체구입니다). 여름에는 날씨가 덥고 할일이 없으니까 반라의 남녀들이 도처에 쓰러져 자며 생활하고 있었습니다. 이런 측면에서 KSCF에서는 오히려 농촌보다 도시 빈민 문제가 심각하다고 당시 사회상을 분석했습니다. 또 대학이라고 하는 것이 지역 사회에 책임을 가져야 한다, 대학과 농촌은 너무 멀기 때문에 일년에 한두 번밖에 더 왔다갔다 하느냐, 오히려 한국 사회에서 가장 심각한 문제를 안고 있는 빈민가는 대학 근처에 있다, 그러니까 일년 내내 파수를 돌면서 빈민 지역의 주민 조직과 여러 가지 사업을 할 수 있다는 것이었습니다. 이런 설명을 60년 말에 듣고 깜짝 놀랐습니다. 이거야말로 한국 사회에서 꼭 필요한 운동이며 기독교인이라면 몸 바쳐서 해야 할 일이라고 생각하고 그 운동에 뛰어들게 되었습니다. 또한 개인적으로 대학 2학년 때 좋은 선생님들 밑에서 배우면서 옳다는 게 이거다라는 감을 잡았습니다. 기독교 용어로 하느님의 구속사에 동참하는 것, 그러니까 민중과 함께 아름다운 세계를 건설하는 것이 가장 올바른 것이라는 깨달음을 얻었습니다. 그 동안 고민했던 철학적 물음의 답을 얻게 된 것입니다. 더 이상 신학 대학을 다닐 이유도 없겠다 싶어서 휴학을 하고는 빈민 운동을 열심히 하였습니다.

노동 운동에 평생을 걸기로 결심

그러다 71년도에 위수령 사건이 터집니다. 전국의 학생 운동 지도자 백이십여 명이 제적을 당해서 군대로 쫓겨가고 나도 같이 전방 근무를 했습니다. 이 기간 동안 제 일생에 대해 많은 고민을 했습니다. 민중과 함께 사는데 대학을 나온다는 것 자체가 엄청난 기득권으로 여겨졌고 또한 회개란 다른 것이 아니라 기득권을 포기하는 것이라고 생각했습니다. 그러면서 일생을 어디다 걸까 하면서 보니까 당시 민중 운동 부분이 세 분야였습니다. 농민, 노동, 빈민 운동이 있었는데 농민 운동은 나 자신이 도시 출신이라 잘 몰라 하기 어렵겠다고 생각했고 빈민 운동은, 그때 생각으로 사회가 산업화되어 가는 과정에서 생기는 일시적인 사회 문제라고 생각했습니다. 이 문제가 해결되려면 농업이 발달해서 농촌으로 흡수되든지 산업화가 더 진전되어 노동자층으로 흡수되든지 할 것이지 빈민층만 따로 운동한다는 건 아주 한시적인 운동이라고 생각한 것입니다. 그러면서 노동 운동에 평생을 걸기로 결심했습니다. 그 당시의 사회 운동의 목표는 계급 운동적인 것은 없었고 민족 운동이 강했습니다. 내가 노동 운동을 하려고 했던 것도 남북 통일에 대한 열망과 그 주체 세력을 형성하려는 것 때문이었습니다. 당시에도 한민족의 커다란 과제는 역시 분단의 극복이라고 생각했고 그렇다면 주체 세력이 누구냐, 그건 민중이다, 분단으로 인해 가장 고통받는 사람이 민중이니까 그들이야말로 통일과 가장 이해가 직결되어 있고 그 그룹이 조직화되고 점진적인 권력을 획득하면서 진정하게 남북 통일을 이룩하게 될 남한의 주도 세력이라고 생각했습니다. 이런 생각을 군에서 보초를 서면서 정리했습니다.

제대하고 바로 노동 운동을 하고 싶었는데 제대할 무렵 민청학련 사건이 생깁니다. 그 사건 때문에 KSCF 지도부가 전부 감옥엘 들어가게 되었습니다. 내가 제대하고 나니까 아무도 없었습니다. 이걸 살려 놓고 현장에 가더라도 가야겠다고 생각하고 다시 그 운동을 시작했습니다. 그러면서 문제가 생기는데 나는 학사단을 중심으로 한 민중 조직 운동에 우리가 더 힘을 쏟아야 한다고 주장하고 한편에서는 또 하나의 이슈 운동으로 민청학련 석방 운동을 주요 과제로 내세우면서 갈등이 생겼습니다. 싸워서, 그러니까 이슈 파이팅해서 석방시키자는 쪽의 싸움의 성격은 기도회도 하고 가두에도 나가고 해서 노출되는 겁니다. 그러나 민중 운동은 드러나면 안되지 않습니까. 갈등을 겪으면서 이 두 운동이 동시에 충족될 수 없다는 결론을 내리고 결국 학사단 팀과 이슈 파이팅 팀 둘로 나뉘어지게 되었습니다. 그런 과정 속에 구속자들이 출옥을 하고 이슈 파이팅 팀의 다음 과제는 박 정권 물러나라는 것이 됩니다. 여전히 저는 민중 운동이 계속되어야 한다고 주장했고 선배들과 심한 갈등을 겪으면서 결국 그곳을 떠나 노동 현장으로 갔습니다.

운동 재원은 스스로가 마련해야

현장으로 가기로 결심하면서 먹고 살기 위해 전기 용접 2급 자격증을 땄습

가는패, 「노동자」, 1987.
국립현대미술관 편저,
1994, 『민중 미술 15년
1980－1994』, 삶과 꿈,
111쪽에서 재수록.

니다. 그때의 실존적 고민은 어떻게 소시민적 생활, 지식인적 사고를 버리
나, 어떻게 노동자들과 동일한 삶을 살 수 있을까라는 체질 변화를 시키는
것이었습니다. 그래서 당시 고급 담배인 청자도 절대 안 피우고 새마을 양
담배 있죠, 양쪽으로 피우는 그 양 담배만 피우고 구멍 뚫린 바지에 슬리
퍼만 끌고 다녔습니다. 그러면서 동료들과 어떻게 동일해질 수 있을까 고
민도 많이 하고 토론도 많이 했습니다. 언어도 민중의 언어로 바꾼다고 욕
도 많이 사용하면서 현장에 들어갔습니다. 그러는 가운데 노조 간부를 했
던 여자를 만나서 연애도 했습니다. 사실 학생 때 연애도 많이 했는데 제
가 노동 운동을 하겠다는 결심이 너무 강하니까 이 친구들이 부모님하고

상의하고 전부 손을 들어버렸습니다. 그래서 여러 명을 놓치고 결국 대학 물 먹은 여자와는 연애나 결혼을 안한다, 노동자하고 결혼해야 일생을 노동 운동할 게 아니냐 결심했습니다. 다행히 그 여자 만나서 3년 연애 끝에 결혼하게 되었습니다. 그러면서 노동 현장에서 재미있게 일하고 있었는데 당시에 아내가 있던 노동 조합이 YH인데 여기서 사건이 나고 그것이 확대되면서 저도 도망치는 몸이 되었습니다. 결국 감옥에 가게 됐고 거기서 나오면서는 현장에 있는 게 누를 끼칠 것 같았습니다. 고민을 많이 했습니다.

어떻게 하면 계속 노동 운동을 뒷받침할 수 있을까 해서 찾은 게 YMCA입니다. 이것은 당시로서는 참 황당한 생각이었습니다. 서울 YMCA는 60년대 중반에 실내 수영장을 가지고 있었습니다. 당시는 검정 고무신을 신고 다니고 계란 부침을 가장 좋은 도시락 반찬이라고 알고 있던 시절이었습니다. 그러니까 그 시절에 내게 YMCA는 고급 사교 단체로 비춰졌습니다. 그런데 내가 YMCA를 생각했던 것은 전에 기독 학생 청년 운동하면서 느꼈던 것들 때문이었습니다. 기독 학생 청년 운동은 재원이 거의가 외국 원조였습니다. 미국, 독일 등지에서 지원되는 외원의 양에 운동의 양이 비례했습니다. 어떻게 이렇게 운동할 수 있는가, 우리가 사회를 변화시키기 위해서 만 원이 필요하면 그 만 원을 국내에서 얻어 내는 게 운동이다, 어떻게 이것을 안하고 외원에 기대는가 하고 생각했습니다. 또 저는 조직 운동에 관심이 많았는데 조직 운동이란 건 눈에 드러나지 않습니다. 그런데 모금 구조라는 게 한국의 목사님이 감옥에 갔다, 고문을 당했다 하는 사건이 생겨야 모금양이 늘어납니다. 이렇듯 한국의 인권 운동이 사건 운동으로 이동해 가는 것이 못마땅했습니다. 그래서 사건을 일으키는 것도 중요하지만 토대를 다지는 것, 근원적으로 조직을 만들어 내는 것, 그리고 재정을 자립하는 것이 중요하다고 생각했습니다. 그런데 YMCA는 싱어롱, 포크송을 하지만 스스로 재원을 조달하고 있었습니다. 그리고 전국적인 조직이 있었습니다. 주요 공단, 주요 도시에 다 가 있었습니다. 당시 운동 가운데 상당히 문제였던 게 우리나라가 서울 공화국이듯 운동도 서울 운동권이라는 거였습니다. 이러한 운동 상황에서 전국적으로 균형 잡힌 발전을 도모해야 한다는 제 판단에 YMCA가 맞아떨어졌던 겁니다. 또 기독교 운동과 달리 YMCA는 회원의 종교를 가리지 않았습니다. 개방성을 가지고 있었습니다. 또 YMCA의 구조상 이사의 임기가 3년이어서 소수의 힘에 크게 좌우되지 않아 갱신이 가능한 조직이었습니다. 그래서 YMCA에 가서 실험을 해볼 수 있겠다 생각하고 마산 YMCA에 들어갔습니다.

기초 공동체를 조직하며 ―「사랑의 YMCA 노동 형제단」

당시 마산 YMCA에는 청년 클럽이 4개 있었는데 독서 클럽과 노래 클럽, 그리고 등산 클럽이 두 개 있었습니다. 나는 그 회원 명단을 보고 감격했는데 노동자를 만나려면 공장에 들어가야 했는데 이 지역의 YMCA 회원은 창원 수출 공단이나 수출 자유 지역에서 스스로 찾아온 노동자들로 이루어져 있었기 때문입니다. 여기에서 한국 사회를 변화시키기 위한 운동을 시작한다는 큰 뜻을 품고 그 청년들과 토론을 많이 합니다. 그들에게 운동 의식을 불어넣기 위해 일 년 동안 여러 제안들을 했지만 성과없이 갈등만을 겪으면서 내가 얻은 결론은 취미 클럽으로 시작한 모임은 운동 모임으로 전환하기가 무척 힘들다는 것이었습니다. 이것은 저뿐 아니라 같이 YMCA에 들어온 모든 YMCA 실무자들이 얻은 경험이었습니다.

아무리 작은 모임이라 해도, 처음부터 이웃과 사회를 생각하는 운동 조직으로 만든 것만이 운동 조직으로서 발전하게 된다는 것을 알았습니다. 그래서 공장마다 '사랑의 YMCA 노동 형제단'이라는 소모임 공동체를 만들게 되었습니다. 명상을 하고, 자신의 생활을 반성하며 계획을 세우고, 한 달 동안 자기가 보호하고 지켜 주어야 할 '마니또'(비밀 친구)를 뽑아 서로 생활 계획서를 써주고 지원해 줄 수 있는 방법을 찾는 공동체였습니다. 그러면서 한 달에 한 권씩 책 읽기 운동, 신용 협동 조합을 만들어 돈 나눠 쓰기 운동을 벌였는데, 일년 육개월 동안 천 명 이상의 사업장에 15개의 공장 소조직을 만드는 데 성공했습니다. 그때가 80년대 초, 서릿발 같은 전두환 정권이 들어섰을 무렵이며 영등포 산업 선교, 인천 산업 선교가 70년대 노동 운동의 대표적 아성이었는데 80년대에 들어서면서 노동자들이 더이상 그곳에 모이지 않던 때입니다. 그런 상황에서 YMCA는 기초 공동체 조직의 성공으로 전국의 산업 지역에 노동 청년 조직을 깔고 들어가다가 이것이 노동 조합으로 발전될 수 있다는 확신을 가지게 되었습니다. 사실 4·19, YH, 부마 사태 등 여러 일들은 조직적으로 일어났다기보다는 '와~' 하는 바람에 의해 일어났기 때문에 결국 조직화가 잘된 반혁명 조직에 의해 꺾였던 것입니다. 결국 이와 같은 바람 운동으로는 될 수 없고 바닥에서부터 채워져 나가는 조직이 성장해야만 밀려 나가지 않고 성공할 수 있겠다는 생각을 했습니다.

이러한 우리나라의 민주화 운동을 보면서 생각한 게 시지프스의 신화입니다. 그 무거운 돌을 꼭대기까지 올리는 순간 굴러 떨어지잖습니까? 그 형벌을 계속하는 겁니다. 그때 쐐기 하나만 밑에 박아 주면 굴러 떨어지지 않을 텐데 그 생각을 못하고 밀어올리기만 바쁜 겁니다. 이 역사의 쐐기를 박는 게 뭘까. 그것은 건강한 노동 조합, 민중 조직 운동을 성공시키는 일이라고 생각했습니다. 마산에서의 성공에서 자신감과 용기를 얻어, 이런 운동을 전국적으로 해야겠다는 결심을 하고 활동 무대를 수원으로 옮겼습니다. 그런데 수원에서는 이상하게도 정치를 하고 싶어하는 사람이 많이 모여들었습니다. 이 사람들은 민간 운동이나 시민 운동의 독자성을 용납하지 못하고 자신의 사조직으로 이용하려고만 들어서 힘들었습니다. 그래서 결국 사표를 내고 부천으로 오게 됩니다.

시민 운동 — 샘물 터뜨려 탁한 물 떠내기 운동

부천 YMCA는 세브란스 의대를 다니면서 대학 YMCA를 하셨던 분이 자신의 고향을 위해 만든 것입니다. 재정적으로는 물론 어려움이 많았지만 그분과 만나 금방 의기 투합하게 되었고 곧 부천에서 생활을 시작하게 되었습니다. 실무진과 이사진이라는 두 축이 긍정적인 상호 작용을 하게 된 셈이었고 사랑의 노동 형제단 운동에 주력했습니다. 한편 다른 곳의 학생 운동이나 사회 운동은 혁명적 성향으로 흘러갔습니다. 해방 후 최대의 민주화 운동인 광주 민주화 운동의 좌절감이 이론 투쟁과 사상 투쟁을 거쳐 가면서 혁명 운동으로 가게 됩니다. 개혁에 대한 희망을 잃으면서 북쪽이 통일의 주도 세력이 되지 않겠느냐는 주사파도 형성되었습니다. 그러면서 YMCA에서도 대학 YMCA 학생들이 저희를 찾아와 해체 선언을 합니다. YMCA에서는 한계가 있어 안되겠다, 지역 혁명 조직으로 전환하겠다고 하는 겁니다. 그래서 저는 정치로 모든 걸 하겠다는 정치주의도 한계가 있다, 사회가 분화되고 발전되어 가면서 제반 사회 문제가 일어나는데 제반 사회 문제에 조응하는 운동 기구가 다양하게 일어나야 한다, 그래서 운동 노선과 방법과 단체들이 다양하게 나타나야 한다, 너희가 보기엔 YMCA가 한계가 있지만 이쪽에도 자기 영역이 있는 거다, 이런 것들을 아끼고 키워가야 운동이 되는 거다라며 설득했습니다. 이것이 85년 봄인데 인천 중심의 노동 운동 측에서는 선도 투쟁을 하면서 민중의 열기를 끌어올린다고 하다가 이것이 실패하면서 대중 노선으로 방향 전환을 하던 때입니다. 이것을 알고 있었던 저는 그들을 만류했지만 결국 떠났고 노동 운동이 대중 노선으로 본격적으로 전환하면서 그들이 돌아옵니다.

6·29 항복으로 화이트 칼라들의 가두 진출이 성공하고, 이후 노동자들이 차고 나가서가 아니라 화이트 칼라가 문을 열어 준 덕분으로 노동 조합이 대거 만들어졌습니다. 그러나 이것도 역시 조직화되고 준비되지 않은, 통제되지 않은 대중들의 바람이었습니다. 이러한 바람 현상은 조직된 세력에 의해 진압당하고 더 나쁜 상태가 되는 경험을 많이 겪었는데 이 문제를 해결하기 위한 대중 조직이 한국 사회 변혁에 절대 절명의 과제였습니다. 그런데 87년 이후 전노협·전교조·전농의 출현으로 해방 이후의 전평 이후 한국 사회에 최초로 전국 규모의 대중 조직이 만들어졌습니다. 그러나 문제는 대중 조직을 만들기도 어렵지만 유지하기도 어렵다는 것입니다. 싸움에 써먹는 데는 발달했지만 이 조직을 유지하고 건설하고 잘 관리하는 일상 활동에 대한 경험이 취약했습니다. 특히 젊을수록 빈약했습니다. 80년대 말까지 써먹는 데 중심으로 대중 조직이 운영되어 왔습니다.

90년대에 들어오면서 한국 사회 운동에 몇 가지 전환점이 나타납니다. 우선 80년대를 지나면서 나타난 국내의 경제적 변화입니다. 70년대 말 YH 사건에서 보듯 당시 민중의 과제는 생존을 위한 투쟁이었습니다. 이후 80년대 중반부터 노동 운동의 구호는 생존급이 아닌 생활급을 보장하라로 달라집니다. 한국 사회가 놀라운 경제적 성장을 하게 되고 그러면서 계급 구성, 민중 구성, 사회 구성체의 성격 변화가 시작된 것입니다. 화이트 칼라가 늘어났고, 노동자 중에도 상위 노동자들의 경우에는 이제 생존보다는 생활의 질적 수준의 문제를 들고 나오는 사람들이 점차 다수를 차지하게 된 것입니다. 생존이 문제가 되던 시절에는 화염병을 사용하는 등 폭력적인 사회 운동도 정당성을 가졌지만, 생활의 질이 문제가 되는 사회에서는 전략과 전술이 변화되어야 하며, 담당 주체마저도 변화될 수밖에 없습니다. 또 정치적으로도, 상대적이기는 하나 민주화로 가는 방향에 있으며 국제

정세가 변화하면서 동구라파와 소련의 붕괴가 가져오는 파문도 무시할 수 없는 상황입니다. 노동 운동은 혁명적 시기, 개량적 시기, 아무것도 할 수 없는 폭압적 시기를 모두 겪으면서 노동 운동 이론이 하나 나오는 것입니다. 사회 운동의 영역은 권력을 추구하는 정치 운동과는 다른 독자성을 가지고 있는 것입니다.

90년대 되면서 나는 곧잘 단군 이래 굶주림을 겪어 보지 못한 신국민이 생겼다는 말을 하곤 합니다. 이 사람들의 성향은 두 가지인데 하나는 조개 껍데기처럼 입을 꽉 다물고 제 가정만을 생각하는 소시민적 성향이고, 다른 하나는 그래도 이웃과 살아야 한다는 공동체성을 회복하려는 성향입니다. 이 두 가지가 공존하는 시기이므로 시민 운동의 과제는 소시민적 생활에 안주하려는 사람을 불러내는 프로그램을 조직하고 그들이 역사성과 공공성, 사회성을 회복하도록 부추기는 운동을 하는 것이라고 생각합니다. 먹고 살 만하게 되면 나치즘과 유사한 신종 독재 출현이 가능할지 모르는 이런 시기에 깨어 있는 것은 더욱 중요합니다. 요즈음 윗물 맑기 운동을 하자고 말하는데 윗물 맑기 운동을 실현시킨 근저는 우리가 아닙니까? 이것을 깜박 잊어버리고 주인공이 저쪽이 되어 버렸어요. 시민이 역사의 주체라고 그렇게 외쳐 대던 사람들이 이젠 그쪽이 주체인 듯 그쪽으로 가고 축복해 주는 사람들을 보면서 아직도 우리 운동의 역사성이 깃털과 같구나 하는 안타까움을 느낄 때가 많습니다. 그러면 우리가 할 수 있는 일은 무엇이냐? 샘물 터뜨려 탁한 물 떠내기 운동을 해야 합니다. 아래로부터 샘물을 도처에 터뜨려서 떠내야 하는데 윗물이 잘 내려와 우리와 딱 마주치면 더 빨리 한국 사회가 아름다워지는 것이고 그것이 되돌아가거나 삐뚤게 가면 그것마저 떠내는 운동을 해야 할 겁니다. 새로운 운동의 과제는 시대에 따라 흘러 가면서 시대의 흐름을 보면서 선후배가 손을 잡고 연대해야 한다는 것입니다.

사회 운동에서 개인의 변화 과정이 중요

끝으로 나는 사회 운동에서 개인의 변화 과정이 중요하다고 지적하고 싶습니다. 그런 측면에서 사회 운동 자체를 지나치게 수단시하려는 성향들에서 벗어나 사회 운동이 갖는 교육적 기능을 우리가 소중하게 생각해야만 합니다. 예를 들면 부천 YMCA의 주부들이 담배 자판기 추방 조례를 고생하며 만들었는데, 담배 자판기 추방 방법은 담배 판매자들에 대한 개인적 협박과 회유, 재무부 장관 앞에서의 데모 등 수없이 많았겠지만, 그 중에서도 특히 지방 조례를 통해서 없애는 어려운 코스를 택한 것은 사회 운동이 갖는 교육적 효과 때문이었습니다. 사건 중심적이고 매스컴 타기 좋아하는 사람들의 운동 해결 방식은 매우 비교육적입니다. 그런 사람들은 자기 중심적으로 일을 하거든요. 그런 방식들에 대해서 우리들은 어떻게든 어렵게 끌고 가서 많은 사람들이 그 과정 속에서 변화하고 성장하여 역사의 주인이 된다고 하는 느낌을 갖도록 하는 사회 운동을 전개하는 고집을 지켜 나가려고 합니다. 수은 폐건전지 회수 운동, 폐식용유로 비누 만들기 운동 등은 '동네 안에 국가가 있다'는 것을 깨우쳐 주었는데, 동네 주부들이 시작해서 전국으로 확대되었습니다. 한 지역 내의 주부들이 작다고 버리지 말고 작은 일감들을 계속해 나가는 것이 중요한 사회 운동이라고 생각합니다. ■

생산자도 소비자고 소비자도 생산자다
「우리 살림」 경험을 바탕으로

성문영[*]

남의 말이나 행동을 곧이곧대로 믿으면 '순진하다'고 한다. 그 말은 대개 세상 물정 모르는 사람이라는 뜻이다. 이악하게 살아도 힘든 판에 얼마나 손해보려고 그러느냐는 안타까움의 표현이기도 하다. 그러나 사람끼리 어울려 사는 사회인데 사람을 믿어야 사람답게 사는 거지 어찌 물질과 돈을 믿고 사는 게 살맛나게 사는 것인가.

그런데, 그냥 나를 믿으시오 하면 도대체 당신을 뭘 보고 믿느냐 되물어 올 것이다. 그렇다면 믿음의 출발이 될 만한 매개체가 있어야 하지 않을까. 인류가 생긴 이래 지금까지 변함없이 해왔고 앞으로도 계속 할일 중의 하나가 먹고 마시고 싸는 일이다. 이는 일상의 일이면서 아주 중요한 일이다. 거창한 구호로 사회에 믿음이 생기는 것이 아니다. 늘 하는 일에서, 일상의 생활에서 쌓아온 작은 믿음이 믿는 사회의 튼튼한 기초가 된다고 생각한다. 그래서 시작한 일이 「우리 살림」 산지 직거래 사업이다.

근본 목적으로 정한 것은 첫째, 농수산물의 적정 생산비를 보장하여 농어민을 보호하고, 둘째, 다단계 유통 경로로 인한 비합리적 가격 형성을 배제함으로써 소비자를 보호하고 셋째, 소비자가 믿고 먹을 수 있는 건강한 먹거리를 공급하고, 넷째, 무농약, 저농약 생산을 이끌어 내고 확산함으로써 환경 오염을 방지하여 생산자와 소비자의 건강한 삶을 지키고, 다섯째,

---

[*] 1955년생. 「해송 아기 둥지」 등에서 교육 운동을 했었고, 지금은 「우리 살림 상호 부조 조합」 이사장으로 일하고 있다.

잃어 가는 우리의 맛과 전통을 되살리는 먹거리를 만들고, 여섯째, 생산자와 소비자의 연계를 통하여 믿음이 바탕이 되는 인간다운 삶을 이루고자 한다. 운영 원칙으로 회원제, 주문 배달, 현금 결제, 생산비와 운영비 보전 수준의 가격 결정, 회보 발간, 생산자와 소비자의 공동체 형성이다.

91년 12월에 「우리 살림」을 시작할 때 나 혼자였다. 기존의 단체도 많지 않았다. 유통도 몰랐고 산지도 소비자의 성향도 몰랐다. 경험도 감각도 모두 부족했다. 우선 나 자신이 실천해 보자는 생각에서 자금 마련도 1년 넘게 부어온 주택 청약 저축을 해약해서 1,000만 원 가량 준비했다.

우선 사람들이 잘 안 믿는 품목부터 취급했다. 그 대표적인 것이 꿀과 참기름이다. 이는 우스갯소리로 부자지간에도 안 믿는다는 것이다. 꿀, 특히 토종꿀은 가짜도 많고 폭리도 심하다. 참기름은 식용유를 섞거나 수입 참깨로 짠 것이 많다. 제대로 된 것을 공급하니까 선호도가 높아지고 「우리 살림」에 대한 믿음이 조금 생기게 되었다. 회원 모집을 초기에 연고자를 중심으로 하다 보니 친척, 친구 또 그들의 친구, 친척 이런 식으로 회원이 되었다. 그렇게 해서 모은 회원이 70명 가량 되었는데, 숫자에 비해 회원의 지역 분포가 엄청나게 광범위했다. 운전 면허 딴 지 3일만에 공급을 나갔다. 운전도 서툰데다 길도 어두웠다. 한 군데 공급하는 데 두세 시간씩 걸렸다. 올림픽 대교 건너는 길을 몰라서 이 다리, 저 다리를 수없이 건너다 머리가 그만 돌아 버릴 것 같아 포기하고 돌아오기도 했다. 매일 밤 12시 심지어 한두 시에 들어오기 일쑤였다. 그러기를 4개월 했다. 길도, 운전도 많이 익숙해졌다. 하나에서 열까지 혼자 하는 일인데 그나마 아내가 도와주지 않았다면 버티기 어려운 일이었을 것이다.

농산물 중에 으뜸은 쌀이다. 친구의 소개로 저농약쌀(제초제만 1회 친 것)을 공급받기로 했다. 「우리 살림」의 취지를 설명하고 협조를 구했다. 생산자들이 고개를 끄덕이는데 그냥 그뿐인 것 같았다. 오래된 정미소가 마을에 하나 있는데 석발이 제대로 안된다는 것이다.

소포장도 안돼서 80Kg 마대쌀을 차에 싣고 10Km 떨어진 온양에 가서 가마당 3,000원씩 석발비를 물고 쌀가게에서 석발을 해서 서울로 가져온다. 그것을 다시 10Kg, 20Kg으로 소포장한다. 하루가 꼬박 걸리는 일이다. 이런 식으로 쌀을 취급하기는 어려운 문제였다.

나름대로 산지를 개척하는 일은 힘든 일이 너무나 많다. 적정한 생산자를 알아 내고 물어물어 찾아가서 「우리 살림」을 소개하고 무엇을 어떻게 연계해서 할 것인가를 결정하는 일 하나하나가 모두 쉬운 일이 아니다. 더욱이 생면 부지의 서울놈이 와서 직거래를 하자고 하니 웬 사기꾼인가 싶어서인지 의혹의 눈초리가 심상치 않다. 서로를 이해하고 가까와지는 데 꽤 시간이 걸린다. 밥도 먹고 술도 마시고 잠도 같이 자고 선물도 나눈다. 같이 웃고, 울고 비분 강개한다. 농투성이의 애환을 들으며 농사를 가까이 느껴볼 기회가 많았다.

요즘 너나 할 것 없이 이기주의에 빠져 있다. 산지 직거래도 이기심에서 접근하는 사람이 적지 않다. 생산자는 상품성이 낮거나 치우기 곤란한 생산물을 직거래 단체에 그것도 높은 가격으로 떠넘기려 하거나 소비자는 질 좋고 낮은 가격의 물품만 자기 혼자 편리하게 이용하려 한다. 이런 일도 있었다. 쌀 직거래를 하는 어떤 농민회에서 연락이 왔다. 무농약 퇴비 수박 농사를 지었는데 한 차분만 처리해 주었으면 좋겠다는 것이다. 처음 취급하는 품목이라 별 자신은 없었지만 모처럼 부탁하는 것이라 거절하기도 그래서 기초 수요 조사를 하여 320통을 주문했다. 가져온 수박은 크고 좋아 보였다. 한 통을 쪼개 보니 속이 반 정도 익었다. 하나 더 쪼개 봐도 마찬가지였다. 내일부터 공급해야 하는데 걱정이었다. 3일 후에 먹으면 괜찮다고 했다. 회원들에게 3일 후에 먹으면 좋다고 설명하면서 공급했다. 결과는 크게 달라지지 않았다. 심지어 어느 기관의 노조에 공급을 했는데 노조에서 기관장에게 맛보라고 보낸 수박이 막상 쪼개 보니 허옇더라는 것이다. 노조에서 기관장에게 물먹인 꼴이 되었다.

「우리 살림」의 신용은 땅에 떨어지고 나 자신이 고개를 못들게 되었다. 200통 정도 공급을 했는데 더 이상 공급할 수 없을 것 같았다. 농민회에 전화해서 사정 이야기를 하고 어떤 형태로든 배상이 있어야겠다고 했더니 버럭 화를 내며 못먹을 것을 보낸 것도 아닌데 어떻게 배상을 하느냐고 했다. 그래서 기왕에 나간 것의 문제는 내가 이해를 구해 볼테니 나머지 물량은 잘 익은 것으로 교환해 주는 선에서 처리가 되었다.

나중에 사정을 알고 보니 수박 농사 처음 지은 사람이 익었는지도 모르고 무조건 큰 것만 따서 보낸 것이었다. 시장에 내는 것이면 비록 인건비가 들더라도 전문가에게 의뢰해서 따야 하지 않았을까 하는 아쉬움이 남았다. 품질에 대한 1차 선별은 생산자가 해야 한다. 직거래에서 중요한 일 중에 하나가 자기 생산물의 품질에 책임을 지는 것이다. 생산물에 하자가 있으면 반품받을 수 있어야 한다. 생물인데 또는 어떻게 힘들여서 기른 것인데 하는 말로 변명되거나 이해될 수 있는 것만은 아니다. 그것은 한두 번은 가능하겠지만 지속적인 직거래에 담아 내기는 어려울 것이다. 어떤 도매 상인은 품질이 나쁜 물품이 들어오면 그 물품을 돌려 보내고 다시는 그 생산자와 거래를 하지 않는다고 한다. 그렇게 하지 않으면 그 생산자는 늘 그런 식으로 생산하기 때문에 발전이 없다는 것이다. 생산자의 보호를 위해서도 가혹할지 모르지만 결국에는 도움이 된다고 한다.

「우리 살림」은 1년 정도 혹은 더 오랜 기간 동안 공급 가격을 바꾸지 않는다. 가격 안정을 위해서뿐만 아니라 생산자 가격이 엄청나게 바뀌지 않는 한 웬만한 가격 변동은 「우리 살림」이 완충해 줌으로써 소비자에게 믿음을 주기 위해서이다. 그러다 보니 품목에 따라서는 밑지고 공급할 때도 있고 시장 가격이 많이 내려가면 이익이 많을 때도 있다. 생산자에게도 이런 점을 강조하지만 계약 재배가 아닌 이상 어려운 일이다. 얄팍한 회원은 시장 가격에 비해서 싼 것만 이용하기도 한다. 싸고 좋은 것을 편리하게 이용하면서 직거래 또는 생활 공동체의 뜻을 이웃과 나누지 않는다. 한 지역을 1주일에 한 번만 공급하기 때문에 부재중일 때 이웃집에 부탁해 놓으라고 많이 권유한다. 이웃집을 잘 모른다는 사람이 의외로 많다. 정말 모르는 것인지 아쉬운 소리를 하기 싫어서 그러는 것인지 명확하지는 않지만 그래서 부재중 공급이 참 어렵다. 모험을 하는 경우도 종종 있다. 그냥 문 앞에 놔두고 오는 것이다. 참 다행인 것은 아직 한번도 분실된 적이 없다는 것이다. 아직도 믿는 구석이 남아 있는 것인지 그까짓 먹거리 뭐 가져 갈 가치가 있느냐 싶어 안 가져가는지 확실하지는 않다. 아무튼 자기는 뭔가 좋아서 이용할텐데 이웃에 좋은 것을 권하지 않고 나누지 않는 것이 일반화되어서 이런 일을 확산하기가 참 힘들다. 계약 재배에도 어려움은 있다. 수확 때 시세에 따라 착잡해지는 것이다. 계약 가격이 시세보다 낮으면 생산자는 속이 끓는다. 반대의 경우에는 직거래 단체가 초조해진다. 그러나 넘어야 될 벽이다.

생산자와 소비자의 욕구는 정반대일 수 있다. 생산자는 소품목 다량 판매를 원하고 소비자는 다품목 소포장을 바란다. 실제로 쌀을 제외하고는 투기성 농사가 많다. 무슨 작물이 높은 값에 많이 나갔다고 하면 다음해에

너도 나도 다투어 심어서 과잉 생산으로 값이 폭락하고 이번에는 뭘 심을까 찍어 보느라 정신이 없다. 한 해 농사를 망치면 복구하느라 여간 힘이 드는 것이 아니다. 그래도 쌀은 정부 수매가 있어서 안정적이었는데 수매량을 점차 줄여 나가고 그나마 아주 폐지할 모양이라니 쌀농사도 이제 물 건너간 셈이고 보면 어느 한구석 안정된 것이 없다. 이런 마당에 어느 한두 작물에 운명을 맡기기에는 너무도 불안하다. 비록 힘은 더 들더라도 위험을 분산하기 위하여 다품목 소량 농사를 지어야 한다. 그렇게 되면 소비자의 욕구에도 맞는 것이다. 소가족 단위에다 개별 식사가 대세인데 어쩔 수 없는 노릇이다.

생산자를 만나면서 힘든 일 중의 하나가 처리 가능한 물량이 소량인데 실망하는 생산자의 눈빛과 마주치는 일이다. 아직은 능력이 부치는데 어찌하겠는가. 서로 노력하며 견뎌 보자고 설득하는 수밖에.

「우리 살림」은 아무리 소량 — 예컨대 재생 휴지 1타 또는 유정란 1줄 — 이라도 공급해 준다. 왜냐하면 그것은 약속이기 때문이다. 그러나 적자를 봐가며 시간이 깨지는 데 짜증이 나고 울화가 치밀 때가 종종 있다. 더욱이 쾅하는 소리와 함께 문 닫는 소리를 바로 등뒤에서 듣게 될 때면 괜스레 우울해진다.

92년 6월에 발기인 총회를 갖고 창립된 「우리 살림」은 94년 4월 2일, 「우리 살림 상호 부조 조합」으로 새출발하였다. 또한 기획 위원회를 구성하여 여러 사람의 지혜와 경험을 사업에 반영하고 있다. 혼자 하던 시절보다 훨씬 덜 외롭고 힘이 난다. 더욱이 지난 10월과 올 3월에 실무진이 보강되어 좀더 체계적으로 해나가고 있다. 물론 아직도 적자를 면하지 못하는 신세이기는 하지만 말이다. 사람이 모여서 뭔가 같이 한다는 것은 효율성에서 플러스가 될 때도 있고 마이너스가 될 때도 있지만 한가지를 위해서 같이 일한다는 것은 효율성 이상의 더 중요한 의미가 있다고 본다.

지난 대보름에 보름 모듬 판매를 했다. 보통은 적은 돈으로 여러 가지를 구입할 수 없어서 오곡 중 두세 가지, 부럼 중 한두 가지로 때우고 말게 된다. 적은 돈으로 골고루 맛보는 방법은 여러 가지를 소포장해서 모듬으로 공급하는 것이다. 좋은 반응도 얻고 판매량도 많았다. 명절에 제수용품을 이런 방법으로 공급하면 부담도 적고 골고루 갖출 수 있어 좋을 것이다.

작년에 사과가 풍년인데다 국교 단절로 대만 수출길이 막혀 사과 재배 농민들이 많은 어려움을 겪었다. 혹시 가격이 오를까 하고 저장해 놓고 기다렸으나 좋은 소식은 결국 오지 않았다. 상인들은 생산비에도 훨씬 못 미치는 가격에 떨이로 사가려고만 했다. 더 이상 버티기도 어려웠다. 마침 어떤 생산지에 연고가 있는 아는 분이 좀 해결해줄 수 없겠느냐고 긴급 연락이 왔다. 생산지에 가보니 큰 창고에 가득히 사과가 층층이 쌓여 있었다. 맛을 보니 썩 좋은 것 같지는 않았다. 크기도 생각보다 너무 작았다. 별로 자신이 서질 않았다. 그러나 그 엄청난 사과를 뒤로 하고 그냥 뒤돌아 나올 수가 없었다. 구두로 600상자를 약속했다. 9톤이나 되는 양이었다. 우리의 최선을 다할 수밖에 없었다. 우리가 가서 가져온 사과는 괜찮은 편이었다. 그런데 갈수록 썩고 곯고 작은 것이 많이 올라왔다. 실망스러웠다. 분통이 터졌다. 소비자에게도 약속한 양이 있으니 중단할 수도 없었다. 하자가 있는 사과는 아예 넣지 말라고 그렇게 신신당부했건만. 엄청난 희생을 감수하며 처리할 수밖에 없었다.

올 봄에 강원도 감자가 썩어 나간다고 매스컴에서 한때 떠들어대서 전국적으로 감자 팔아 주기 운동이 한창 벌어졌었다. 「우리 살림」도 작은 힘이나마 보태려고 강원도 어느 농민회를 통해서 감자를 구입키로 하고 품질, 크기, 가격을 미리 정하고 출발했다. 막상 가보니 처음 이야기와 많이 틀렸다. 크기며 상태가 좋지 않았다. 감자 생산자를 돕자고 하는 일인데라고 스스로를 위안하며 감자 한 차를 싣고올 수밖에 없었다. 또 한번 곤욕을 치르게 된 것이다. 개당 200g 이상이고 상품이라고 미리 공고를 냈는데 50g에 중품 수준밖에 안되니 거짓말을 한 꼴이 되었다.

충남의 어느 농민은 주로 수박과 메론 농사를 짓는데 올해 처음 유기 농법으로 수박과 메론을 재배했다. 농약 피해에서 벗어날 수 있고 겨울에 농한기에 퇴비를 만드니 비료값 안 들어 좋고 건강한 작물을 공급할 수 있으니 비록 힘은 들지만 얼마나 보람있고 좋은 일이냐고 하며 열심히 땀을 흘린다. 수십 년 해왔던 농사 방법을 바꾼다는 것이 얼마나 혁명적인 모험이며 그런들 누가 제대로 알아 주기나 한단 말인가. 우리가 가면 십년 지기처럼 반기고 막걸리잔을 나누며 자신이 농사 짓는 방법을 열심히 설명하고 이것저것 우리에게 물어오기도 한다.

아주 진보적인 생각을 가지고 있어 직거래의 취지도 충분히 이해하며

김용님 그림

자신의 희생을 감수하고라도 참여하고자 한다. 더욱이 자신의 생각과 농법을 이웃과 나눔으로써 더불어 함께하는 삶을 이루려고 애쓴다.

더운 여름날 회원이 내미는 차가운 주스 한잔은 공급에 지친 몸과 마음에 생기를 불어 넣어 주고, 홍보를 위하여 개설한 지역 특판에 내 일처럼 나와서 함께 뛰어 주는 회원들의 모습에서 '더불어 믿고 아끼며 나누자'는 「우리 살림」의 구호가 살아 숨쉬는 것을 느낀다. 부족한 점을 정성스레 기억했다가 지적해 주는 회원들의 관심에서 더욱 열심히 해야겠다고 다짐하게 된다.

농약 피해를 몸소 체험한 사람은 살기 위해서 유기 농업을 하려고 애쓰고, 환경 오염을 심각하게 느끼는 사람은 무공해 세제와 재생 용품을 열심히 이용한다. 하지만 우리가 심각성을 느끼기 시작하면 이미 늦은 것이다. 미리 대처하지 못하면 회복이 불가능할 것이다. 우유곽도 모으고 폐식용유도 수거하지만 일상 생활에 배어 있지 않으면 별 도움이 되지 못한다. 자기 자식에게 교육하고 친척과 이웃에 홍보해서 실천하도록 해야 자신도 살 수 있다.

무농약, 저농약 농사를 열심히 지은들 먹어주지 않는데야 무슨 수로 버텨 나가겠는가. 할 수 없이 시장 출하를 하니 무농약, 저농약이라고 떠들어봤자 미친놈 소리 듣기 딱 십상이니 나중에는 무농약에 무자도 꺼내지 않게 되고 꼴이 시원치 않으니 농약 듬뿍 친 것보다 값도 덜 쳐준다. 유기 농사 짓느라 고생 더해 제값 못 받아 손해나, 이중 삼중으로 진이 빠질 수밖에 없다. 게다가 시장 중개인은 제일 시원찮은 놈을 골라서 값을 후려치니 울며 겨자 먹기로 당하게 된다. 환경 보존과 자원 재활용을 위하여 오늘도 적자에 시달리며 비지땀을 흘리는 생산자들도 있다.

이들을 그냥 죽게 만들어야 하겠는가. 이제 싹을 틔우기 시작하는 이런 생산자들의 삶에 우리 모두가 어느 만큼은 책임을 느껴야 할 것이다. 물론 더 높은 소득만을 위해서 유기농을 하는 농민들도 있다. 그렇다 할지라도 그 자체로 얼마나 대단한 모험이냐.

요즘 수입 농산물이 홍수처럼 쏟아져 들어와 도시고 농촌이고 갈피를 못 잡고 있다. 우리 것과 구별할 수도 없는데, 수입 것이 훨씬 더 싼데, 하며 수입 농산물을 먹게 되고 무슨 재미로 농사를 짓겠느냐고 지레 포기하고 만다. 이렇게 나가다가는 코 꿰고 등뒤에서 칼침 맞는 꼴이 되고 말 것이다.

가격을 정하는 문제는 늘 어려운 일이다. 그래도 소비자 가격은 생산자 가격이 정해지면 일정 마진을 적용하기 때문에 좀 수월하다. 물론 시중 가격을 고려하지 않을 수 없지만. 생산자 가격을 정하는 데에는 고려해야 될 부분이 너무도 많은데 실제로 어느 한 부문 명확한 것이 없다. 씨앗 대금, 토지 임차료, 퇴비 재료비, 전기료, 감가 상각비, 인건비, 작황, 품질, 운송비, 예상 수익 등 어느 하나 무시할 수 없는데 이 모두가 불확실하다.

수박값을 실례로 들어 보자. 생산자는 수박 수확량을 전년도 수준과 비슷한 1,700−1,800통 정도 잡고 예상 매출을 7백만 원으로 추정하고 있었다. 계약 당시 도매 시장 1차 경락 가격은 통당 7,000원이었다. 아주 높은 시세였다. 물론 시일이 지날수록 출하량도 많아지고 값도 떨어지고 크기도 작아진다. 생산자는 시세 적용을 주장하고 「우리 살림」은 고정 가격을 주장했다. 그 생산자는 현재 시세가 높다는 점, 나중에 시세가 떨어지고 크기가 작아지면 과연 약속된 금액으로 구입하겠는가 하는 점이 제일 걱정이었다. 당장 손해를 보며 팔아야 한다는 말도 안되는 거래가 이해가 안 가고, 비록 몇 번 만나본 처지지만 이런 큰 거래에서 믿어도 될 만한 존재인지 의심스러웠을 것이다. 두 시간에 걸친 협상 끝에 이렇게 결정되었다. 가격은 크기에 관계 없이 5,500원으로 하고 생산량은 전량 수매하되 상품 가치가 없는 것은 제외한다. 운송은 「우리 살림」이 맡고 수박이 익는 대로 생산자가 원하는 시기에 출하한다.

이 계약은 양쪽 다 위험 부담을 안게 된 계약이었다. 생산자는 현재의 시세보다 훨씬 낮은 가격으로 출하하면서 예상 수확량이 작년의 80% 수준에 미치지 못하기 때문에 손해를 보게 될지도 모르고, 과연 계약대로 잘 이행이 될까 하는 걱정이 컸다. 「우리 살림」은 당초 400통 정도의 물량만 취급할 예정이었는데 그 세 배에 이르는 물량을 어떻게 처리할 것인가의 문제와 생산자의 출하 시기에 맞춰 판매할 수 있겠는가 하는 부담, 그리고 나중에 값이 폭락했을 때 어떻게 대처하겠는가의 큰 숙제를 떠안게 된 것이다. 「우리 살림」도 대단한 모험이었지만 생산자에게는 하나의 혁명과도 같은 일이었다. 계약을 마쳤을 때, 잔뜩 긴장된 모두의 얼굴이 비로소 펴졌다. 이 생산자를 우리편으로 끌어들이기 위하여 무려 8개월 동안 찾아다녔는데 이제 계약의 형태로나마 결실을 맺은 것이다.

「우리 살림」은 약속을 지키기 위하여 밤낮 없이 뛰었다. 제대로 생산자를 발굴해 내는 것이 얼마나 어려운데 그 생산자에게 실망을 준다면 더 이상 유기 농사를 안지을 뿐만 아니라 우리 같은 단체를 불신하게 될 것이기 때문이다.

동네 차떼기 장사꾼에게 온갖 모욕을 당하는 등 천신 만고 끝에 모두 판매를 함으로써 생산자에게 약속을 지켰다. 휴우- 하는 긴 한숨이 절로 나왔다.

최종 정산을 해보니 「우리 살림」도 수익이 있었고, 소비자도 무농약 수박을 좋은 가격에 공급받았고, 생산자도 다른 생산자보다 수익을 더 올렸다. 삼자가 모두 좋은 결과를 낳은 것이다. 참으로 큰 보람을 느꼈다. 이제 그 생산자는 「우리 살림」이 팥으로 메주를 쑨다고 해도 믿을 정도가 되었다.

산지 직거래 단체가 수도권에만 40여 개가 넘는다. 그러나 몇몇을 제외하고는 조합원 내지 회원이 300-400세대가 넘지 않는 소규모 영세 단체이다. 이러한 단체들은 산지 개척, 가격 결정, 운송, 계약 재배, 집배 등에 어려움을 겪고 있다. 「우리 살림」은 인접 영세 단체들과 연대하여 몇 가지 어려운 문제를 해결하려고 노력했다. 실제로 어느 정도 실행되기도 했다. 실례를 들면 지난해 마른 고추 구매를 다른 단체와 공동으로 물량을 배가시켜 좀더 낮은 가격으로 구입할 수 있었고, 올해 땅콩 생산지를 다른 단체가 소개해 주고 공동 구입해서 「우리 살림」이 운송해 주고, 처리하기 곤란한 재고 물량을 서로 해결해 주기도 했다. 그러나 그것이 한두 번에 그치고 마는 경우가 대부분이다. 왜냐하면 이념부터 시작해서 방법, 시기, 입장들이 모두 다르기 때문이다. 그렇다고 해도 비록 전면적은 아니지만 부분적으로 연대할 수 있는 분야는 얼마든지 많다. 초기에 시작한 단체들은 나중에 시작한 단체에게 각종 정보와 아울러 많은 도움을 줄 수 있는데도 불구하고 폐쇄적이다. 물론 많은 시간과 돈을 들여서 쌓아온 나름대로의 성과겠지만, 적어도 이런 운동에 그런 것들을 노하우쯤으로 치부한다면 도대체 무엇 때문에 그런 운동을 하나 싶어진다. 이 운동은 앞으로 정말 온 힘을 다해 이 사회에 확산시키고 정착시켜야 할 일이기 때문에 단체들이 굳게 연대하고 작은 정보라도 나눠야 낭비를 줄이고 좋은 성과를 얻을 수 있는 것이다. 그렇지 못하다면 이 운동의 갈 길은 너무도 멀기만 할 것이다.

생산자와 소비자를 직접 연결하는 일은 단순히 유통 구조의 개선에 있는 것만은 아니다. 생산자도 소비자고 소비자도 생산자다. 보이지 않는 끈으로 연결되어 있는 같은 틀 속에 있는 것이다. 산지 직거래는 이 끈을 보이는 끈으로 만들고 같은 틀 속에 있음을 확인하는 일이다. 서로가 알 수 없는 불특정 다수인이 아니라 구체적인 누구를 만나게 되는 것이다. 계약 재배를 하고 산지를 소비자가 방문하고 생산자가 소비자 모임에 참여하여 서로의 가슴을 열어 무한한 가능성을 담아 보는 것이다.

이 일은 우리 사회의 새로운 유통 구조이면서 더불어 함께하는 삶의 방식이다. 그러나 이 일은 쉬운 데가 한구석도 없다. 참고 기다리며 서로를 열심히 이해해야 한다. 결코 이해를 달리하는 대립 관계가 아니라 서로를 챙겨 주는 관계로 발전하여야 한다.

산지 직거래 운동의 확산은 유기 농산물의 생산자와 소비자의 양적 확대를 가져올 것이다. 더 나아가서는 일정 수준의 유기 농산물 시장을 창출하여 인간과 자연을 살리려는 사람들의 노력을 보상해줄 수 있을 것이다. 한편 품질 및 안정성을 높임으로써 홍수처럼 밀려들어올 수입 농산물에 대처할 수 있을 것이다. 산지 직거래 운동은 계약 생산을 정착시킴으로써 농가의 생활을 안정적으로 보장할 수 있고 소비자는 믿을 수 있는 농산물을 적정 가격으로 공급받을 수 있게 된다.

산지 직거래 사업, 좀더 넓힌다면 생활 협동 조합 운동은 그 기초 단위가 1,000가구에 실무자 3명이 적정 수준이다. 그것은 이용률, 이용 금액, 인건비, 운송 시간, 관리 능력 등을 고려해본 결과이다. 단위 조직이 비대해지다 보면 비효율이 각 부문에서 생기고 조직이 관료화될 우려가 높다.

「우리 살림」은 일정 규모가 되면 기초 독립 단위로 분리시켜 나가면서 산지 개척, 운송, 집배, 정보 센터의 기능을 수행하는 본부 역할을 함으로써 연대의 효율을 극대화할 것이다. 한편 생산자와 소비자 모두 조합원이 되어 문제를 공동으로 해결해 나가고 잉여가 나면 기여도에 따라 분배할 것이다. 그리고 농산물 직거래뿐만 아니라 생활 용품 교환, 도서 대여, 가공품 함께 만들기, 자원 봉사 활동, 농촌 일손 돕기, 환경 보호, 신용 사업, 기타 상호 부조 사업 등으로 활동 영역을 넓혀 나갈 예정이다.

「우리 살림」이 해나가는 일은 이 사회에서 새로운 삶의 방식을 펼치는 것이다. 이제 시작이고 앞으로의 길은 멀고도 험난하기만 하다. 그러나 비록 오늘 혹은 내일은 아닐지라도 꼭 이루어 내야 할 일이다. 가슴을 활짝 열고 동참하는 동지들이 늘어갈수록 이 일의 성과는 더 빨리 다가올 것이다. ■

세상은 변하지 않았다, 무엇을 할 것인가?
여성주의자들의 책 만들기 운동과 나

안희옥*

기억 1

70년대 후반, 말단 사원 시절. 편집부에는 전화가 없었다. 전화 벨소리는 교정 보는 데 방해가 되고, 통화를 하면 쓸데없는 잡담을 해서 근무에 지장이 있다는 이유에서였다. 편집실 안은 무덤 속처럼 조용했고, 교정지 넘기는 소리만 간간이 들릴 뿐이었다. 간혹 화장실에 가려면 편집실 입구에 있는 사장 책상을 지나쳐 야 했다. 나갈 때마다 인상을 우그러뜨리고 있는 사장과 눈이 마주쳤다. 황급히 화장실로 달려가 미처 소변을 마치기도 전에 돌아와야 했다. 숨막히던 편집실. 그때 가스 난로의 파란 불꽃은 왜 그리 맹렬히 타오르던지.

기억 2

드디어 편집장이 되었다. 그것도 한국 문화의 선두 주자로 이름 높았던 유명 출 판사에서. 대학 교수들과 일류 문인들이 수시로 드나들던 사장실은 일종의 살롱 같았다. 어느 날, 그 살롱으로 불려 갔다. 안경 낀 교수가 얼굴을 붉히며 왜 자신 의 원고를 고쳤냐고 화를 냈다. 조사 하나를 자연스레 바꾸었던 나는 얼떨떨해 졌다. 함께 있던 주간이 눈을 내리깔고 경멸하는 투로 말했다. '대학밖에' 나오 지 못한 젊은 여자가, 오랜 세월 학문에 정진해 오고 '유학'까지 갔다온 '대학 교수'의 글을 고칠 능력과 자격이 있느냐고. "건방진 짓 하지 마라." 그 교훈을 새겨들은 나는 그 다음부터 교수의 원고라면 점이 마침표인지 쉼표인지 볼펜똥

---

* 1954년생. 15년 동안 책 만드는 일을 해왔다. 흑인 영가를 좋아하며 무서운 영화는 질색이고 언젠가 소설을 쓸 게으른 꿈을 꾸고 있고, 남몰래 하느님 생각을 가끔 한 다.

인지 온신경을 곤두세우며 대조를 하고, 아무리 어색한 문장이라도 조금도 고치지 않는 강훈련을 했다. 감옥이나 노동 현장에 뛰어들어 계급 타파를 꾀하는 친구들이 그리웠던 시절이었다.

기억 3
좀더 큰 회사에서 두 부서를 맡게 되었다. 인문 사회 과학물을 만드는 부서와 대중 작가들의 소설을 만드는 부서. 군사 독재 정치를 목소리 높여 비판하는 해직 교수의 글을 읽다가 사또가 기생을 벌거벗겨 질 입구로 대추를 집게 하는 장면을 읽었다. 대한제국이 멸망되어 가던 암울한 역사를 교열 보다가 주인공이 이국에서 밀교 여교주와 만나 정사를 벌이는 장면을 교정 보고 …… 엄청나게 밀려드는 일, 연이은 야근과 철야, 머리 속은 뒤죽박죽, 고단한 몸은 축축 늘어지고. 견디다 못해 눈병이 났을 때였다. 한 방정맞은 필자가 한마디 던졌다. "안부장은 먹고사느라고 눈이 벌개졌어!" 얼마나 참담하던지.

기억 4
운동권 출판사로 옮겼다. 편집실 직원들이 함께 기획하고 토론하며 내용면에서나 과정면에서 민주적으로 책을 만드는 보람. 지하 유인물도 책이 되었고, 노동자의 수기도 문학이 되었다. 대학 교수나 문인들에 의해 독점되다시피 해온 도식적 출판이 아닌 민중의 소리가, 책 만들기의 해방구가 확보된 것이다. 기쁨은 워낙 짧은 것인가? 재일 동포 문인의 책을 번역할 때, 직원들은 주장했다. 북한 자료를 그대로 꼭 넣어야 한다고. 그러나 나는 삭제하자고 말했다. 이런 일로 감옥에 갈 생각은 없다고. 목소리만 높고 뻣뻣하기 짝이 없는 남자 직원들. 그들은 끊임없이 파워 게임을 벌였다. 그와는 달리 수시로 화장을 고치는 여자 직원들. 그들은 낭만적 사랑을 쫓고 있을 뿐이었다. 그 틈에서 나는 혼자였다.

.

.

삭막하고 힘겨운 출판사 생활 십여 년.

.

.

지쳤다.

.

.

이제 누으면 다시는 일어나지 않으리라.

새로운 사람들이 있었다.

그들은 80년대 초반 우리 사회에는 여성들이 숨틀 구멍이 없다는 데 인식을 같이했다. 또한 그 당시의 사회 운동의 이론적 전개나 구조적 모순에 대한 토론이 나 / 우리의 삶과 괴리되어 있다고 느꼈다. 그들은 결국 우리 사회가 변해야 한다고 입을 모았다. 그것도 구체적인 생활 속에서 변해야 한다고 생각했다. 따라서 80년대 변혁 운동의 방향과 반드시 일치하지는 않더라도 독자적인 운동을 펼쳐 가기로 했다.

그들은 우선 조직의 횡포를 가능한 한 막기로 했다. 기존의 사회 단체처럼 어떤 직책을 나누어 맡는 식이 아니라 일을 많이 하면 자연스레 영향력을 갖게 되도록 했다. 남성적인 위계서열적 조직을 배제하고 우리 스스로 변해 나가는 새로운 조직.

깍두기 체질의 사람들이 모여들었다.

독자 노선을 취해온 사람들이 모여들었다.

남의 간섭을 받지 못하는 자율적인 사람들이 모여들었다.

내가 그들을 처음 만난 곳은 약 10년 전, 이대 입구에 있는 민속 주점 「솔가」에서였다. 아주 자유롭고 당당해 보이는 여자들이 모여 별로 크지도 않은 목소리로 이야기를 나누고 있었다. 그러나 그 한가로운 듯한 얘기 속에서 중요한 문제들이 토론되었다.

전체주의, 집단주의, 획일성이 강조되던 그 시기에 '또 하나의 문화'는 다양한 삶의 형태를 인정하는 사회를 지향하기로 했다. 적 아니면 동지, 정의 아니면 불의로 나누어지던 당시에 흑백 논리를 지양하자고 했다. 또한 가부장적, 폭력적 문화가 아닌 대안 문화를 찾아 보면서 남녀가 평등하고 진정한 벗으로 협력할 수 있는 보다 유연한 사회 체계를 꿈꾸었다. 그리고 이러한 새로운 의식은 실천을 통해 확인하자고 했다.

"지금 '자기가 있는 자리에서 할 수 있는 운동'을 찾아 보자."
"동인들 대부분이 글을 쓸 수 있으니까 '출판 문화 운동'을 하는 게 어떨까?"
"그래. 기존의 사회 운동은 성원들이 자주 만나 부대끼며 목표 달성에 전적으로 매달리는 형태지. '또 하나의 문화' 운동은 그런 면에서 좀 다르게 펼쳐 보자. 활자 매체를 통한 운동 방식을 중요한 특성으로 해보자. 왜냐면 문자는 시간과 공간을 초월해서 더 많은 이들과 의사 소통을 할 수 있는 강력한 수단이거든. 우리 나라가 오랜 문자 문화를 가져왔다고는 하지만 실상 자기의 생각을 글로 표현하는 능력이 개발되어 있지는 않아. 여자들이 글을 통해서 자기의 의사를 표현하는 운동을 펼치자."

"좋다. 그러면 어떤 독자층을 대상으로 글을 쓸까?"

"성급하게 모든 계층을 끌어들일 자신은 없다. 모순을 느끼고 있는 젊은 세대를 대상으로, 그러나 가능하면 대중화하자."

그날 첫만남에서 나는 내가 겪고 있는 직장 생활을 "가부장적이고 권위주의적이고 획일적인 문화"라고 이름붙일 수 있다는 것을 배웠다. 그것은 대단히 중요한 깨달음의 시작이었다.

그러나 그 당시는 민중 운동, 계급 투쟁 운동이 성행하던 때였다. 나는 감옥이나 노동 현장에 용기있게 뛰어들어 헌신적으로 살아가지 못하는 처지를 참으로 부끄러워하고 있었다. 그래서 "내 자리에서 할 수 있는 일을 찾자"는 또 하나의 문화 동인들의 말에 솔깃해졌으나, 아직은 민중 운동에 많은 비중을 두고 실천하지도 못하면서 거기서 벗어나지도 못했다.

그래서 대부분이 전문직 여성이고 중산층인 또 하나의 문화 사람들을 보면서, 그 당시 다른 운동 단체들이 비판하던 소리를 반복하고 있었다.

"정치적인 변화나 경제적인 변화 없이 문화 변화가 가능한가?"

"또 다른 부르주아지 여성 운동이 아닌가?"

그런 회의를 느끼고 그들을 만나지 않은 지 일 년이 지났다.

그 동안 나는 민중 운동권 주변을 어정거렸다. 노동자들과 밤새워 얘기를 나눌 때는 정말 좋았다. 그러나 술에 취하여 그들이 노래 부를 때, 나는 그들처럼 흥이 나지 않았다.

"사—랑, 사—랑, ○○○ 씹팔 놈, 내 사랑
○○○ 씹팔 놈, 내 몸과 같이 사랑하리—
사—랑, 사—랑, ○○○ 씹팔 년, 내 사랑
○○○ 씹팔 년, 내 몸과 같이 사랑하리—"

"○○○ 빤스는 다 보여, 다 보여!"

왜 꼭 욕을 해야, 그것도 성적인 욕을 해야 신명이 나는 걸까? 욕을 배우지 못하는 내게 선배들은 민중의 억눌린 정서를 이해할 자세가 되어 있지 않다고 비난했다. 나는 그저 죄스러울 뿐이었다. 그러나 여전히 그 욕은 내게 몹시 불편했다. 그렇다고 내가 뭐 특별히 교양 있는 중산층은 아니었다. 그 당시 나는 무척 가난했었고, 나 자신이야말로 어려운 민중의 하나라는 생각을 하고 있었다. 그러나 커다란 역사 의식이나 사명감보다는 구체적인 생활 의식, 자아 의식이 더 강했다. 따라서 많은 방황 끝에 결국 내 자리에서 할 수 있는 일을 찾을 수밖에 없었다.

그러던 중에 고정희 씨를 만났다. 고정희 씨가 '또 하나의 문화'에서 동인지 창간호를 내려고 한다고 했다. 나는 일 년 전의 만남을 기억해 내곤 그들이 그 동안 해온 작업이 구체화된 원고를 보았다.

『평등한 부모, 자유로운 아이』

그것은 기존의 그렇고 그런 남녀 관계에 질려 있던 내게 아주 신선한 느낌을 주었다. 나는 일 년 동안 또문 동인들이 해낸 작업에 놀랐다. 역시 "자기 자리에서 할 수 있는 운동"을 한다는 게 중요한 것 같았다. 내가 다니던 출판사에서 그 책을 내자고 졸랐다. 인세를 주기로 하고 출판 계약을 맺었다.

새로운 내용에 걸맞는 새로운 형태의 책. 그림과 사진 등 볼 거리가 많은 책. 그러려면 종래의 활판 인쇄로는 불가능했다. 나는 전문가의 도움을 받으며 그 당시 새로 도입되기 시작한 수동 사식 기술로 쪽마다 일일이 대지 작업을 하며 북디자인을 했다. 꽤 오랜 시간이 걸렸던 것으로 기억한다. 편집실과 디자인실 전직원이 철야와 야근을 밥먹듯 했다. 그러면서도 좋은 책을 만들고 있다는 의욕과 기쁨이 앞섰다.

그 과정에서 열성적인 동인들과 낯익게 되었다. 볼펜 목걸이를 목에 걸고 바람같이 나타나서 원고를 다듬고는 씩 웃으며 바람같이 사라지던 조혜정 동인. 책을 만들기 전의 모임에 한번밖에 나가지 않았는데도 나를 보자마자 "우리 동인이 책을 만들게 되서 좋아" 하면서 활짝 웃던 조옥라 동인. 엄청나게 바쁜 사람인데도 시간을 내서 편집실에 들르고, 여성 잡지들에 대한 나의 비판을 들어 주던 조형 동인. 혹시 책이 잘못 될까봐 바싹

동인지 제3호 『여성 해방의 문학』 출판 기념회에서 연극 공연을 하고 있다.

긴장하여 교정지까지 살펴보던 고정희 동인. 음식점에서 모일 때면 제일 먼저 해맑갛게 웃는 정진경 동인. 「오늘의 책」에 선정되어 상까지 받았는데도 북디자인에 대해 날카로운 비판을 서슴지 않던 조은 동인. 인지를 찍느라고 고생하던 김효선, 김미경, 유승희 동인. 창간호의 사진을 도맡았던 김동희 동인.

그 외에도 많은 동인들이 책을 기획하고 편집하고 만드는 데 심혈을 기울였다. 그러면서 나는 동인들과 정이 들었다. 출판 기념회를 하고, 월례 논단에도 가보고, 소모임 활동에도 참석하고, 동인 캠프도 가고 ……

또 하나의 문화의 출판 기획은 그러한 다양한 활동을 기반으로 이루어졌다. 우리 역사에서의 여성 운동을 연구하는 모임, 남녀 평등의 시각에서 역사를 재조명해 보이는 모임, 문학 작품에 나타난 성차별주의를 연구 분석하여 새로운 문학 풍토 형성을 도우려는 모임, 주부 공부방, 영상 토론 모임, 직장인 소모임, 어린이 캠프 등등 숱한 소모임이 생겨나고 없어지기를 거듭하면서 여성 운동이나 문화 운동을 펼치는 사이 출판 기획의 아이디어가 생겨났다. 특히 때마다 특정한 주제를 정하여 꾸준히 토론하고 연구해온 월례 논단은 결정적인 도움이 되었다.

그 중에서도 가장 인상 깊었던 것은 기획 및 편집 회의였다. 일박 이일 정도로 M.T.가듯 모여서 원고를 검토하고 토론하며 고치는 '또문'식 편집 회의는 숱한 편집 회의를 겪어본 내게 매우 색다른 느낌을 주는 것이었다. 우선 또문 동인들은 회의를 시작한다고 엄숙하게 폼을 잡지 않았다. 일상적인 수다처럼 얘기하면서 자연스레 안건을 내놓고 토론을 했다. 얼핏 보아서는 일하는 건지 노는 건지 구별이 가지 않았다. 각자 가져온 먹을 것을 나누면서 웃고 떠드는 사이에 아이디어가 교환되고 의견이 모아졌다. 일과 놀이를, 노동과 휴식을 함께 하는 자유로운 분위기. 그러다 보니 동인들은 대학 교수의 권위를 내세우며 자기가 쓴 글을 고치지 못하게 하지는 않았다. 누가 쓴 원고이든, 심지어 문학 작품까지도 보다 좋은 의견이 있으면 서슴없이 몇 번씩 고쳤다. 젊은 학생들의 의견도 대학 교수의 의견과 똑같은 비중으로 고려되었다.

나는 짓눌렸던 어깨가 펴지며 안도의 긴 숨을 내쉴 수 있었다. 그것은 권위주의로부터의 해방감이었다. 때로는 원고 고치기에 자존심이 상해 유감을 품고 떨어져 나가는 필자도 있었으나, 대부분 이 자유롭고 민주적이며 합리적인 편집 회의 결과를 받아들였다.

이런 편집 회의를 몇 번씩 거듭하여, 부정기 간행물인 동인지가 일 년에 한번씩 간행되었다. 별로 팔겠다는 욕심을 부리지 않았는데도 동인지를 찾는 독자들이 늘어났다. 새로운 생각, 변화하려는 의지에 공감하여, 정성들여 만든 책을 인정해 주는 사람들이 많았던 것이다.

출판사를 바꾸는 우여 곡절을 겪은 후 동인지 5호까지 냈을 때, 동인들은 자체 출판을 해보는 게 어떨까 생각했다. 글을 쓰는 과정과 출판 사업을 연결지어 일종의 공동체를 만들어 보자는 의도였다.

1990년 초봄

때마침 나는 직장을 그만두었다. 몸도 아팠고 마음도 지쳐 있었다. 사회 생활에서 쌓인 문제 의식을 좀 풀기 위해서 내게는 자유롭고 해방적이면서도 의미있는 또 하나의 문화에 나갔다. 동인들은 자체 출판을 위해서 여럿이 계를 해서, 책 한 권 만들 돈을 마련해 놓고 있었다. 책 한 권의 제작비. 그리고 창조적인 동인들의 두뇌. 그것이 전부였다. 나는 과거에 자의반 타의 반으로 운동권 주변에 '휩쓸려' 들었던 것과는 달리 '주체적'으로 또문 운동에 참여해야겠다고 결심했다. 비로소 내 자리에서 할 수 있는 운동을 선택한 것이다.

물론 빈약한 조건을 감수할 필요없이 자금을 끌어들이고 실무진을 조직할 수도 있었다. 그러나 그것은 자금원에게 종속되는 위험 부담을 안고 있었다. 게다가 우리는 여기저기서 자금을 끌어댄 후 번듯한 사무실, 번듯한 인력으로 일을 벌이는 것을 좋아하지 않았다. 70·80년대의 파행적인 경제 성장 속에서 사회 구성원들도 허황되게 변해서, 무조건 빚을 끌어들여 일을 벌인 후 부도를 내고 나가떨어지는 일이 비일 비재했다. 특히 남자들은 인맥을 동원하여 자금을 끌어대고 일 벌이기를 좋아했는데, 대부분 실속 없이 끝나고 마는 모습을 많이 보아 왔었다. 따라서 성실한 노력을 바탕으로 한 자본 축적이 느리기는 하지만 가장 확실한 방법이라고 생각했다.

또한 임금만 바라보는 실무진을 구성한다면 자율적이기 힘들다고 생각했다. 그렇게 되면 사장이 부하 직원을 거느리고 '경영'을 해가는 기존 출판사 조직과 별다를 바 없는 결과를 가져올 것이다.

내가 기존 회사 조직에 충분히 지쳤다는 것이 새로운 일을 할 수 있는 거점이 되었다. "무리하지 않고, 힘 빼지 말고, 가능한 일부터 차근차근히."

그즈음 동인들은 여성들이 오랫동안 종사해온 뒤치다꺼리, '살림'의 문화를 살려내야 한다는 문제 의식에서 일 년에 걸쳐 편집 회의를 거듭한 끝에 동인지 제6호 『주부, 그 막힘과 트임』 원고를 탈고했다. 그 원고를 받아든 나는 혼자서 슬렁슬렁 만들기 시작했다. 당시 대학생이던 어느 동인이 도와주겠다고 나섰다. 다른 동인들도 사진을 가져오고, 그림을 구해 오는 등 '시키지도 않은' 일을 했다. 초판을 제작해 놓고 쌓을 데가 없어 고민하고 있는데, 창고를 빌려 주는 동인, 책을 가져가서 아는 사람들에게 열심히 파는 동인들도 있었다.

작고 조용한 술렁거림. 그러나 내심으로부터 우러나온 열렬한 움직임. 손에서 손으로, 입에서 입으로 책은 팔려 나갔다. 그랬다. 그것은 상당히 구체적이고 중요한 운동의 경험이었다. 여러 동인들이 자발적인 홍보부원이 되어 책 한 권을 팔기 위해 노력해 본다는 것, 그것은 진정한 출판 문화 운동의 시작일 수 있었다.

물론 우리는 동인 판매에만 의존하고 있지는 않았다. 보다 광범위한 독자층을 대상으로 서점 판매를 할 수 있는 방안을 모색했다. 그래서 영업 대행 업체와 손을 잡았다. 또한 대형 서점은 직거래를 하기도 했다.

그 당시 우리는 동인들의 후원으로 비로소 널직한 사무실을 빌릴 수 있었다. 신촌에 있는 그 커다란 사무실 한구석에서 혼자 일했다. 아침에 대형 서점 주문을 받고, 책을 싸서 내보내고, 오후에 편집을 했다. 그 한편에서 소모임들이 이루어졌다. 주부 공부방, 직장인 소모임, 대학생 소모임, 어린이 캠프 …… 모든 소모임들이 자율적으로 굴러 갔으나 때때로 전화 연락이나 회보 만들기, 간사일 등을 했다. 소모임들의 성과나 동인 활동의 결과는 결국 책 만들기와 연결되어 있었기 때문이었다. 일이 벅차고 힘들 때면 동인들에게 연락을 했다. 동인들은 도움을 요청받으면 기꺼이 뛰어왔다. 차를 가진 동인들은 우편물이나 짐을 날라 주곤 했다. 때로 미련하게 혼자서 책 30권을 양손에 들고 연대앞에서 이대앞까지 걸어가다 대학생 동인들과 마주치기도 했다. 그들은 놀라서 만사 젖히고 책을 날라 주었다. 결국 실무진이 혼자인 것 같았으나 혼자가 아니었다. 또 하나의 문화의 모든 활동을 의논하는 개방적인 조찬회가 일주일에 한번씩 꾸준히 열렸고, 수시로 편집 동인들이 모였는데 그들이 모두 함께 출판사를 운영했던 셈이다.

그런 가운데 동인지 6호는 솔솔 팔려 재판, 삼판을 거듭하게 되었다. 책한 권 만들 돈으로 시작한 일이 책 두 권 만들 돈이 되었다. 그즈음 편집 동인들은 젊은이들의 구체적인 고민을 함께 하고자 했다. 그래서 동인지 제7호 『새로 쓰는 사랑 이야기』와 제8호 『새로 쓰는 성 이야기』를 만들었다. 이 책들은 반응이 아주 좋았다. 정말로 독자들이 필요로 하는 책이었던 것이다. 하루에 열 부, 스무 부 정도 되던 대형 서점 주문이 사십 부, 오십 부로 늘어났다. 주문 전화가 바빠지자 더 이상 혼자서 일할 수 없게 되었다. 사무실도 번잡한 신촌에서 한적한 연희동으로 옮겼다. 일은 점점 늘어났다. 직장인 소모임에 열심히 나오던 동인에게 도움을 요청하여 함께 일하게 되었다.

이제, 책을 더 만들 수 있는 돈이 생겼다! 동인들은 바쁜 와중에도 기꺼이 시간을 내어 열심히 편집 회의를 거듭했다. 그리고 어떤 책을 낼 것인가를 고민했다. 근본적으로 우리는 영리를 위해서 책을 내지는 말자고 했다. 출판 공해를 일으키지 말고 꼭 있어야 할 책, 여성 운동이나 사회 운동에 도움이 되는 책을 만들어 독자들의 의식과 생활에 새롭고 유익한 변화를 가져올 수 있기를 바랐다. 따라서 많은 책을 수시로 내지는 않았다. 신중하게 여럿이 검토해서 동인지 외에 번역서나 단행본을 조금씩 내게 되었다. 번역서의 경우는 몇 번씩 돌아가며 읽고 고치고 다듬었다.

책은 띄엄띄엄 꾸준히 나왔다. 그리고 매번 정성을 들였다. 이 과정에서 어떤 동인들은 매우 답답해 하기도 했다. '구멍 가게' 식의 **빠듯한** 자금. 돈을 제대로 쓰며 전문가들의 조언을 받을 수 없는 재정 형편 때문이었다. 그러나 우리는 자금 끌어들이기를 하지 않았다. 충실히 번 돈으로 구멍 가게를 조금씩 확장시켜 갔다. 동인들의 힘으로 만들어지는 책이 중요했지, 전문가들의 권위가 별로 필요하지 않다는 생각에서였다.

어쨌든 여러 동인의 참여에 힘입어 책을 기획하고, 편집하고, 제작하고, 팔았다. 이 과정에서 영업 경험이 모자라 곤란을 겪기도 했다. 그러나 여러 동인들이 모여들어 긴급 회의를 열고 끈질기게 문제를 해결해 나갔다. 그러면서 우리는 남성 중심의 영업 풍토까지도 바꾸어 나가야 할 운동의 영역임을 절감하게 되었다. 이제까지 위탁을 해오던 영업을 직접해 내기로 하고 믿을 만한 여자 영업자를 물색하기 시작했다.

1993년 7월

혼자, 또는 둘이 일하던 시기를 지나 네 명의 실무진이 확보되었다. 모두가 여성 인력이고, 또 하나의 문화 동인들이다. 그리고 이들의 공통점은 한국 사회가 얼마나 남성 중심적이고 권위적이며 획일적인 곳인가를 어떤 식으로든 겪은, 직장 생활 경험을 해보았다는 것이다. 따라서 또 하나의 문화가 추구하는 여성주의적인 대안 문화 찾기를 열망하고 있다. 그래서 우리는 기존의 출판사 조직을 그대로 따르지 않고 새로운 조직을 만들려고 한다.

우선 도서출판 또 하나의 문화의 경영 상태는 철저히 공개된다. 실무진들은 매달 한번씩 열리는 정기 회의에서 수익을 계산하며 경영에 참여한다. 또 동인들은 운영 회의와 총회를 통해 경영 실태를 보고받는다.

실무진들이 사십대부터 이십대까지 나이도 각각이고, 학력과 경력도 다양하지만, 가능한 한 위계 질서 없이 평등한 관계를 유지하고자 한다. 그래서 월급을 최고 임금자는 사회에서 받는 것보다 적게, 최저 임금자는 사회에서 받는 것보다 많이 받는 식으로 임금 격차를 최대한 줄이고 있다. 또한 정신 노동과 육체 노동을 가능한 한 구분하지 않고 골고루 해보기로 했다. 서로가 하는 일에 대한 이해를 돕고 어려움을 공유하기 위해서다.

여기서 전문화 및 분업이 가져오는 효율성의 문제가 제기되는데, 분업을 할 경우 무엇을 위한 효율성인가를 근본적으로 점검해야 할 것 같다. 즉, 생산의 목적이 개인의 영리 추구에 있느냐, 공동체 운동에 있느냐에 따라 방법도 달라질 수밖에 없다는 얘기이다.

이 과정에서 나는 개인적으로 사회에서 가질 수 있는 편집부장으로서의 고임금 및 기득권을 포기해야 하는 데서 오는 내심의 어려움을 겪기도 했다. 가령 수입이 훨씬 줄어듬에 따라 소비를 반으로 줄여 내핍 생활을 하면서, "이거 내가 바보짓 하는 거 아닌가?" 하는 회의가 들 때도 있었다. 이상 사회를 미리 살아보면서 감수성과 생활 방식을 고쳐 나가는 일은 말처럼 쉽지 않았다.

그래서 커피 타기, 설거지, 청소, 복사, 우편 발송, 책싸기, 운반 등 허드렛일을 시키지 않고 스스로 하는 훈련을 했다. 그리고 명령을 하지 않고 토론해서 합의를 이끌어 내는 공동 운영의 절차를 명실공히 민주적으로 해내야 했다.

그러다 보니 구성원들과 완전히 평등한 친구가 되어, 조심해서 말해야 할 부분도 터놓고 털어 놓는 데서 오는 부작용도 있다. 이를테면 체신 없이 마음 속의 갈등을 내보이는 주책없는 어른이 된 것이다. 일반 사회였다면 이것은 명확한 실수로서 권위의 실추를 의미한다. 그러나 또 하나의 문화에서 '권위 있는 어른' 노릇이 도대체 무슨 의미가 있겠는가?

나는 출판 운동을 하면서 잃은 것보다 얻은 것이 훨씬 많다. 사회 생활을 할 때는 회사 조직의 도구로, 나 자신의 상품성을 인정받기 위해 안간힘을 써야 했고, 부속품으로써 철저하게 소모되었다. 그러나 또 하나의 문화와 같이 자율적인 곳에서는 아무도 시키지 않는다. 스스로 알아서 일해야 하는 것이다. 스스로 일을 찾아 하면서 나는 서서히 타율성을 벗어가기 시작했다. 모임 전체에서 내가 맡을 역할을 찾고 해내면서 자아를 찾고 조금씩 자신감이 생기면서 주체적인 힘, 내면적인 힘이 고이기 시작했다. 그래서 요즘은 위계 서열적인 기존의 회사 조직들이 우리처럼 주체적이고 자율적일 수 있는 구조로 바뀌어야 한다고 주장한다. 사실 그 동안 세상이 썩 많이 바뀌지는 않았다. 여전히 많은 사람들이 사회 생활을 힘들어 하고 있다. 그러나 보다 자유롭고 민주적인 조직들이 여기저기서 많이 생겨나는 게릴라전을 펼 때, 세상도 서서히 변하리라 생각한다. 그런 의미에서 도서 출판 또 하나의 문화는 '획일적이고 권위적인 문화를 지양'하겠다던 또 하나의 문화의 정신을 몸으로 실천하는 실험의 장인 셈이다.

동인들은 소모임 활동과 편집 회의를 통해 사회를 변화시킬 수 있는 새로운 생각들을 열렬히 토론하고 출판사는 그 결과를 책으로 묶어 내어 보다 많은 사람에게 알린다. 그리고 책을 판매해서 나오는 수익금으로 다시 동인 활동을 지원하고, 일하는 사람들이 스스로를 책임지는 공동체를 만들어 가려 애쓰고 있다.

물론 이러한 공동체를 실현하기에는 아직 재정적으로나 인력면에서 미약하지만, 불가능하지는 않다. 우리는 사실 조금씩조금씩 그것을 해내고 있다. 처음에는 원고료도 받지 않던 동인들이 이제는 인세를 받아가고 있다. 동인지의 인세는 동인 회비로 축적되어 동인 활동을 위해 쓰이고 있다.

조금 더 재정이 안정되면, 판로가 좁긴 하지만 꼭 있어야 할 학술 서적도 출판하려고 한다. 또한 운동성이 있는 지방 서점들을 이용하여 여성 운동의 연결망을 만들어 보려는 계획도 가지고 있다.

과연 이 자본주의 사회의 치열한 경쟁 체제 속에서 우리 여성들의 공동체적 운영 방식이 살아 남을 수 있을까? 우리는 남성 중심 사회의 가치를 바꾸어 나가야 하지만 동시에 그 사회를 알아야 한다. 남성들과 경쟁하는 데서 불리한 여성적 습관은 고쳐 나가야 한다고 생각한다. 예를 들어, 할말을 제대로 못하거나 사무적인 전화를 횡설수설, 더듬더듬해서는 곤란하다는 것이다. 여성주의가 일의 수행 주체자로서의 부족함을 감추는 자기 변명이 될 여지는 늘 있다. 그러나 여성성의 장점으로 꼽히는 배려, 유연함, 포용성 그리고 또문의 자발적이고 평등한 조직 원리는 다른 어느 조직보다도 효율적인 결과를 가져오리라 낙관한다.

어떤 동인은 또문 공동체가 기업화하는 게 아니냐고 우려하는데, 어떤 운동이든 자신의 혁신적인 가치들을 현실화시킬 재정 확보를 스스로 해내야 한다는 점은 오늘날 우리 사회에서 불가피하다. 오히려, 그 기업 형태가 얼마나 운동성과 공동체성을 확장할 수 있느냐에 신경을 써야 할 것이다.

동인들은 또 하나의 문화의 앞날을 두고 저마다 꿈을 꾸고 있다. 다양한 수만큼이나 다양한 꿈들. CATV 시대를 맞아 여성 전문 프로덕션을 꿈꾸는

동인, 여성주의 이벤트 회사를 꿈꾸는 동인, 대안 학교를 꿈꾸는 동인 등
……

나는 소박하고 작은 꿈을 갖고 있다. 지금처럼 집주인에게 잔소리를 듣지 않고 아이들이나 젊은 동인들이 마음껏 꿈을 펼칠 수 있는, 공간을 마련하는 일. 거기서 소모임, 연극, 영화, 캠프 등 창조적인 문화 운동을 펼치고, 그 결과로 책을 내어 많은 사람들이 새로운 생활 방식과 생각으로 자기 자신을 바꾸어 나가게 되어, 드디어는 좀더 평등하고 유연한 사회가 오는 것.

그때는 우리 또문의 젊은 세대들이 다른 조직에 가도 내가 예전에 겪었던 것처럼 그렇게 남성 중심적이고 권위적이며 획일적인 억압을 겪지 않아도 되는, 보다 민주적이고 합리적인 사회가 오리라. ■

공동체 생활의 신비와 어려움

문애현*

1.

공동체라는 말을 들을 때 나는 제일 먼저 가족 공동체를 생각한다. 우리 가족은 직장 생활을 하는 부모님과 나와 동생, 이렇게 네 명이었다. 부모님이 직장 생활을 하였던 까닭에 나는 학교가 파하고 돌아왔을 때 어머니가 맞아 주는 친구들을 부러워하였다. 그리고 어머니가 집에 계셨으면 하고 바랐다. 하지만 나이가 들면서 어머니가 왜 일을 해야 하는지, 그 일이 어머니에게 어떤 보람을 주는지 이해할 수 있었기 때문에 별로 문제가 없었다. 어머니가 직장 생활을 한다는 것은 나와 동생에게 자기 자신의 일과 집안일을 책임지고 해낼 수 있는 능력을 키워 주었다. 이 경험은 그 후에 내가 공동체 생활을 할 때 많은 도움이 되었다.

나와 동생은 중학교 때부터 약국이나 꽃가게에서 아르바이트를 했다. 여기서 번 돈은 학교 생활이나 클럽 활동에 필요한 사소한 것을 사는 데 쓰였고, 그랬기 때문에 우리는 필요한 물건을 사달라고 어머니를 졸라본 경험이 거의 없다. 우리 집안은 그리 넉넉하지 않았지만, 이러한 상황은 우리에게 상황에 맞지 않는 비싼 물건을 원하지 않는 자제력을 가져다 주었으

---

* 1930년 출생. 미국 뉴욕에서 자랐다. 간호 학교를 졸업하던 해인 1950년에 수녀원에 입회하였고, 1953년 10월 1일 부산에 도착하여 메리놀 병원에서 일했다. 1985년부터 카톨릭 사회 복지회 소속의 「막달레나의 집」에서 공동체 생활을 하고 있다.

며, 자기에게 필요한 것을 가지기 위해서는 일을 해야 한다는 것도 가르쳐
주었다. 한마디로 우리는 경제적으론 부자가 아니었지만, 자기의 인생을 개
척해 나가는 능력으로 보아서는 부자인 셈이었다.

내가 우리 가족들에게서 배운 공동체는 가정의 상황을 구성원 모두가
이해하고 헤쳐 나가야 한다는 것과 변화된 상황에 맞추어 자신의 욕구를
조절할 줄 아는 능력이 있어야 한다는 것, 그리고 구성원 모두가 한마음이
되어 공동체를 이끌어 나가야 한다는 것이었다.

2.

그 후에도 나는 학교 생활이나 사회 활동 단체, 종교 단체에 속해 공동체
란 무엇인가에 대해 끊임없이 배워 왔고, 나름대로 훈련되어 왔다. 그리고
지금도 공동체에 속해 살고 있다. 지금 내가 속해 있는 공동체에 관해 이
야기를 해야겠다.

내가 살고 있는 집은 방 두 개에 거실이 있는 작은 한옥이다. 이곳에 한
때 열 명의 여인들과 두 명의 어린이까지 합해서 열두 명의 구성원이 살았
었다. 연령층으로 보면 8개월의 아기부터 63세의 할머니(나)까지 다양하며,
이름과 얼굴만큼이나 살아온 환경이 다른 사람들이었다. 어릴 때 부모로부
터 버림받아 생일과 이름조차 모르는 여성이 있는가 하면, 어떤 여성은 조
실부모한 까닭에 할머니 댁에서 자라다가 할머니가 돌아가시자 도시로 나
와 매매춘녀로 팔렸던 과거를 가지고 있다. 또 다른 여성은 국민학교 때
가족 중의 한 사람으로부터 성적인 피해를 입었다. 그 일은 얼마간 계속되
었고, 그 여성은 부모님께 그 사실을 말할 수 없었다. 그렇다고 막연하게
있을 수도 없어 가출을 했다가 미군 기지 근처에서 매매춘 생활을 했던 과
거를 가지고 있다. 다른 여성은 정신 지체자에게 성적인 폭행을 당하고 어
머니가 돌아가셨을 때에는 더 이상 살고 싶지 않아 자살을 시도한 경력이
있다. 심한 병에 걸렸는데도 치료를 받을 수 없는 여성이 있는가 하면 약
물 중독으로 아이와 집을 잃어버리고 남편으로부터 버림받은 과거를 가진
여성도 있다. 다른 여성은 임신했을 때 애인과 가족으로부터 버림을 받은
경험이 있다. 나는 메리놀 선교회의 수녀로서 독신 생활을 해왔다. 한마디
로 우리 공동체는 다양한 연령과, 과거와, 생활 방식을 가진 사람들이 모여

있는, 꽤 재미있는 공동체이다.

3.

우리 공동체는 1985년 7월에 문을 열었다. 당시 나는 매매춘 지역에서 헌신적으로 일하는 어떤 여성을 알게 되었다. 그녀와의 만남은 내게 매매춘 여성들의 고통이나 아픔을 그녀 개인의 잘못이나 선택으로서가 아니라 (물론 어느 정도는 개인의 잘못이 있다. 하지만) 보다 커다란 힘, 사회적인 구조와 가부장적인 이데올로기의 산물이라는 것을 생각하게 해주었다. 이러한 생각은 현장에서 매매춘 여성을 만나면서 더욱 굳어졌는데, 그즈음 앞에서 말한 여성이 내게 함께 일해볼 것을 권유했다. 그러겠다는 대답이 쉽게 나오지 않았다. 사실 그 일을 시작한다는 것은 내게 엄청난 도전이었다. 하지만 어느 정도 시간이 지나자 '누구라도' 그 일을 해야 한다는 생각이 들었고 바로 내가 그 '누구'라는 것도 깨달았다. 그래서 용산역 앞에 작은 방을 하나 얻어 두 명의 여성과 함께 살기 시작했다.

그렇다고 해서 매매춘 여성들을 구제하겠다거나 그녀들의 생활을 바꾸겠다는 거창한 목표는 가지지 않았다. 다만 그녀들이 지치고 힘들 때, 마음 놓고 찾을 수 있는 쉼터가 되고 싶었다. (오랫동안의 현장 경험을 통해 나는 고정되고 목표 지향적인 태도를 가지고 현장에 들어간다는 것이 얼마나 위험한 것인지를 알고 있었다.) 나머지는 그녀들과 함께 생활하면서 그녀들에게 가장 절실하고 필요한 것이 무엇인지 배워 가며 차차 정할 생각이었다. 이러한 개방성과 유연성은 내가 십 년이라는 시간 동안 지치거나 포기하는 일 없이 살 수 있도록 해준 커다란 힘이다.

두 명의 여성과 함께 제일 먼저 시작한 일은 의료 봉사와 매 맞고 갈 곳 없는 지역 여성들이 쉬어갈 수 있도록 우리 집을 열어 놓는 일이었다. 그녀들이 편한 마음으로 먹고, 쉬고, 이야기할 수 있도록 되도록이면 아무런 제약 — 이를테면 음주나 흡연 등에 관한 제약 — 을 두지 않았다. 하지만 스스로 조심하는 모습이 역력했는데, 아마도 나이 많은 외국 수녀 앞이기 때문인 듯했다. 이렇게 집을 개방하는 한편, 지역민들을 만나기 위해 지역에서 일어나는 경조사에 빠짐없이 참석했다. 지금은 나아졌지만 처음에는 '왜 이렇게 죽는 사람이 많나' 싶을 정도로 장례에 가야 할 일이 많았다.

영양 상태가 안 좋은데다 제대로 치료를 못하고 술이나 약물을 많이 사용하기 때문이었다. 이따금은 서로 싸우다가 사고로 죽는 경우도 있었는데, 때로는 예방할 수 있는 죽음도 있어 내 마음을 무척 아프게 했다.

처음 원고를 쓸 때 나는 공동체 구성원을 어디까지 볼 것인가에 대해서 고민을 했다. 우리집같이 드나드는 사람이 많고 임시로 거쳐 가는 집은 어디나 다 그렇겠지만 함께 생활하지 않아도 공동체원이나 마찬가지로 밀접한 관계에 있는 사람이 있는가 하면, 현재 함께 살고 있지만 때가 되면 떠나기 때문에 오히려 친밀감을 느끼지 못하게 하는 사람도 있다. 나와 같이 책임을 지고 있는, 뜻을 같이 하는 공동체 구성원으로 앞에서 말한 큰언니가 있지만, 나는 큰언니와 나만을 구성원이라고 생각하지 않는다(처음에 함께 시작했던 한 여성은 우리를 떠나 현재 다른 곳에서 비슷한 일을 하고 있다). 현재 우리가 하는 일로 연결되어 있는 모든 사람, 그중에서도 우리와 함께 살고 있는 사람들을 공동체로 보기로 했다. 따라서 이 글은 지금은 우리와 함께 살고 있지 않지만, 여러 가지로 연결되어 있는 여성들을 포함한 이야기이다.

4.

우리 공동체에 속한 사람들 모두는 각자 자신의 문제와 장점을 가지고 있다. 함께 모여 사는 과정에서 서로에게 고통과 어려움을 주고받으면서도 우리는 한마음 한뜻이 되기 위해 나름대로 노력하고 있다. '어떻게 하면 나 자신과 다른 사람을 위해 보다 나은 삶을 살 수 있을까?' 하는 질문을 끊임없이 하게 되는 것, 나는 바로 이것이 공동체 생활의 신비라고 본다. 다양한 사람들이 한 지붕 안에서 생활하면서 늘 겪게 되는 이러한 경험은 아무 곳에도 속하지 않고 자유롭게 사는 사람들로서는 도저히 경험할 수 없는 공동 생활만의 기쁨이자 열매이다. 공동체 생활의 기쁨은 나의 성장에 다른 사람이 도움이 될 때, 그리고 다른 사람의 성장에 내가 도움이 될 때 온다. 서로를 통해 서로가 성장하는 것이 가장 이상적인 공동체 생활의 기쁨이다.

그러나 종종 내가 빠지는 함정이 있는데, 그것은 내가 다른 사람들을 일방적으로 가르치고 싶은 유혹을 느끼는 것이다. 사실 부모가 되고도 남을 나이의, 여러 현장에서 다양한 경험을 한 여성들은 누군가에게 부모 노릇 (아이들은 어떻게 해야 하며, 무엇을 해야 한다고 말하는 사람)을 하지 않기 매우 힘이 든다. 또한 남의 충고를 받아들이고 싶지 않은 자유 분방한 여성들에게는 아무리 필요한 말이라도 쓸데없는 간섭이자 참견이 된다. 그리고 책임자라는 자리는 구성원들의 입장에서 공감하는 일을 때때로 방해한다. 뿐만 아니라 구성원들 역시 어느 정도의 거리감을 두고 대한 것도 사실이다. 이런 것을 느낄 때 나는 무척 외로와지는데, 예를 들면 자기들끼리 불만스럽게 생각하는 점을 서로 나누다가도 내가 들어가면 대화가 끊어지는 경우가 있다. 함께 생각을 나누다 보면 충분히 개선할 수 있는 문제가 많을 것이라고 생각하는데, 그들은 내게 말해 보았자 개선되지 않을 것이라고 미리 예측하는 일이 종종 일어난다. 그래서 내게는 충분히 좋은 것처럼 이야기하지만 기실 그녀들의 내면에는 많은 불만들이 싹트고 있는 것이다. 또 한가지, 그녀들은 책임자를 어른이라고 생각한다. 그래서 집안일이나 식사 때 항상 좋은 것만을 내게 주려는 경향이 있다. 하지만 나는 그것을 원하지 않는데, 그렇다고 이야기하면 그건 진심이 아니라고 생각한다. 이러한 생각의 차이는 어느 공동체에나 있는 것이지만, 그것이 공동체를 책임진 사람으로서 외로움을 느끼는 가장 큰 요소라는 것 또한 사실이다.

서로 한마음이 되기 위해서 애쓰고는 있지만 열두 명의 구성원이 함께 생활하는 것은 정말 쉽지 않다. 이러한 어려움은 공동체 살림을 나누어 분담할 때 누가 어떤 몫을 맡을 것인지 결정하는 과정에서 역력히 드러난다. 지금 우리 공동체에서는 큰언니가 각 사람에게 해야 할 일을 제시하는 형태로 산다. 처음에 우리는 다 함께 모여 각자가 어떤 일을 하고 싶으며, 할 것인지를 자주 의논하고 했다. 그러나 개방된 곳이라서 항상 사람들이 들락날락하기 때문에 회합에 충실할 수 없었다. 또한 집안일을 공평하게 분담하기가 어려웠다. 또 자기가 맡은 일을 제대로 하지 않는 사람이 있을 때 그 일을 지적하는 것이 고통스러웠고, 때로는 감정에 치우쳐 서로 싸우는 일이 생기기도 했다.

이러한 싸움은 우리 공동체의 평화를 깨는 것처럼 보였다. 하지만 나는 이러한 싸움이나 긴장이 생겼을 때, 되도록이면 간섭하지 않고 싸우라고 말한다. 당사자들끼리 문제를 해결하기 위해서는 다른 사람, 그것도 책임자의 위치에 있는 사람이 섣불리 개입해서는 안된다고 생각한다. 누구나 인격적으로 미숙한 부분을 가지고 있지만, 특히 자기 중심적인 성향이 강한 여성들끼리 대립 관계에 있을 때는 종종 말싸움이 몸싸움으로까지 번지는 경우도 있다. 이것은 공동체의 외형적인 평화를 깨뜨리고 우리 공동체가 가지고 있었으나 인식하지 못했던 문제를 드러내 보인다. 이런 일이 생기면 나는 무척 불안하고 고통스럽다. 하지만 그렇다고 해서 섣불리 문제를 덮기 위해 책임자의 힘을 사용해서 중재하지는 않는다. 싸움은 커다란 불안을 가져오지만, 동시에 두 사람이 혹은 입장이 다른 사람들끼리 서로 이해하고 또 서로 침범해서는 안되는 부분이 무엇인지 경험하게 한다. 그것이 싸움의 기능이다. 그래서 한번 크게 싸우고 나면 비록 상대방을 속속들이 이해하거나 마음으로부터 좋아하지는 않겠지만, 그래도 상대방을 어떻게 대해야 하는지 알고 조심한다. 좀더 성숙한 구성원일 경우 싸움 뒤의 껄끄러운 감정을 해소하기 위해, 혹은 싸우면서 상대방에게 심하게 대했던 것이 미안해서 오히려 더 잘해 주는 경우도 있다. 그리고 이것은 두 사람을 친하게 한다. 나는 공동체의 모든 구성원이 마음으로부터 서로를 좋아하고 믿고 사랑하기를 진심으로 바라지만, 그렇다고 해서 서로 껄끄러운 마음, 좋아지지 않는 마음을 억지로 없애려고 하지는 않는다. 함께 산다는 것은 서로 길들여지는 과정이고, 오랜 시간을 함께 살다 보면 서로를 있는 그대로 이해하기 때문에 사랑을 강요하지 않아도 서로에게 좋은 지원자가 된다고 생각하기 때문이다.

공동체를 이끌어 나가는 사람으로서 나는 대화하는 방법이 중요하다는 것을 절감한다. 나는 종종 공동체의 구성원들에게 자신이 해야 할 일과 왜 그것을 해야 하는지에 대해 알려 주고 싶을 때가 있다. 그들이 알아야 한다고 생각한다. 하지만 내겐 부드럽게 표현하는 방법이 부족하다. 그래서 엉뚱한 오해를 사기도 하는데, 이런 일이 생기면 그들에게 필요한 지적이나 비평마저도 하고 싶지 않은 마음이 든다. 그저 그들이 알아서 해주었으면 하고 기대하다가 이러한 기대가 어긋나 그들에게 화를 내는 경우가 있다. 이럴 때 공동체 안에는 긴장이 감도는데, 이런 일을 막기 위해 나에게 필요한 일을 부드럽게 말할 수 있는 기술이 있었으면 좋겠다.

우리 공동체는 자라온 환경과 경험이 다른 여러 사람들이 모인 곳이다. 그러다보니 서로 관계를 맺는 방법 또한 다르다. 사랑이나 관심을 표현하는 방법이 서로 달라 오해를 빚을 때도 있고, 때로는 서운함이나 오해를 풀어 나가는 방법도 무척 다르다. 서로 관계를 맺는 방법이 다른 이유는 비단 개인적인 성격만의 문제는 아니고, 서로 다른 가정, 문화권 안에서 생활했기 때문이다. 예를 들어 식사는 가족들이 하루의 생활을 공동으로 나눌 수 있는 나눔의 장이다. 함께 먹고, 웃고, 나누면서 서로 관계를 맺는 방법을 알 수 있는 장소이다. 식사 이야기를 할 때마다 나는 곧잘 나의 친할머니댁과 외할머니댁의 식사 시간을 비교해서 생각한다. 친할머니는 다른 사람들의 식사를 준비하느라 항상 식탁에 늦게 오셨다. 식구들이 대화를 나누고 할아버지가 기도하신 후 가족들이 식사를 시작한 다음에야 할머니는 식탁에 앉으시곤 했는데 외할머니는 다르셨다. 외할머니는 다른 여성들과 함께 공동으로 식사 준비를 하시곤 준비가 끝난 다음에 남자와 아이들을 불러 모두 함께 식탁에 앉곤 했다.

우리 공동체에서 식사 당번을 맡을 여성을 볼 때마다 나는 친할머니를 생각한다. 그녀는 우리가 도우려 들면 거절한다. 내가 주방일을 하려 들면 나이가 많으니 그만두라고 하고, 젊은 여성이 설거지를 하고 나면 비누를 많이 쓴다거나 접시를 깬다고 투덜거린다. 다른 사람이 돕는 것을 고마와하지 않기 때문에 나는 그녀가 무척 이상했었다. 또 한 여성은 밥을 풀 때마다 다 먹을 수 없을 정도로 지나치게 많이 담는다. 그녀는 어린 시절을 고아원에서 보냈는데 고아원에서 항상 배가 고팠다는 기억을 가지고 있으며 식모로 들어갔을 때에는 누룽지를 훔쳐 먹다가 매를 맞은 기억도 있다. 공장에 다닐 때에는 간식 때문에 빚을 지곤 했으며 월부로 카메라와 음악 테이프 등을 욕심껏 샀다가 갚을 수 없을 때는 공장을 옮기곤 했다. 굶주리고 가난했던 기억 때문에 그녀는 지금도 나누어 가지는 것을 힘들어 하며 자신을 위해서 움켜쥐는 데 익숙하다. 정신 장애가 있는 또 한 여성은 식탁에 생선이나 고기가 오르면 다른 사람들은 아랑곳하지 않고 혼자 먹기 바쁘다. 식사량을 조절하지 못하는 그녀를 위해 적당한 양의 반찬을 따로 덜어서 그녀에게 준비해 준다.

지금까지 내가 말했던 여성들은 인간의 기본적인 욕구가 좌절되는 경험을 했었다. 인간의 기본적인 욕구인 의식주뿐만 아니라 가지고 싶은 것을 가지지 못했거나 충분히 가지기 전에 빼앗긴 경험이 있는 것이다. 이것이 마음의 상처가 되어 남았고, 그 결과 어떤 방법으로든 주목을 끌고 싶은 것이다. 누구든 그 사람에게 관심을 주어 결핍된 부분을 채워주지 않는다면 그 삶은 정서적으로 불구가 된다.

우리 공동체에도 정서적인 불구 상태에 있는 한 여성이 있다. 그 여성은 꽤 똑똑하지만 아무도 믿지 못하는 불신 증세가 있다. 그녀는 돈이나 감언이설, 혹은 약속 등으로 다른 사람을 조정하여 자기가 필요한 것을 얻어낸다. 그러나 그녀는 어떻게 사랑하는지 또 어떻게 사랑받는지에 대해서 전혀 모른다. 그녀는 과거에 어떤 경험을 했는지에 대해 전혀 말이 없는데, 나는 그녀가 과거로부터 자유로와지기 위해서는 상담받을 필요가 있다고 생각한다. 이처럼 한 사람의 현재 모습은 그 사람이 지내온 과거를 포함하고 있다.

우리 공동체의 어려움은 이렇게 과거의 결핍이나 어려움 때문에 심리적이거나 정서적인 장애가 있는 이들과 함께 지내기 때문에 가중된다. 그러나 바로 그렇기 때문에 공동체 생활을 통해 이들이 변화하고 성숙해 가는 데서 느끼는 기쁨도 두 배가 되는 것이다. 어떤 의미에서 공동체 생활에서 겪는 어려움은 그 생활이 줄 수 있는 기쁨과 같은 깊이일 것이다.

5.

가끔 사람들은 나에게 묻는다. 그렇게 피곤하고 힘든 일을 계속할 수 있는 힘은 어디서 나오냐고. 그럴 때마다 나는 이렇게 대답한다. "당신이 만약에 현장에서 그들과 함께 산다면 당신도 나처럼 살 수 있을 것이다"라고. 그리고 그 말은 사실이다. 직접 산다는 것만큼 커다란 에너지원은 없다. 옳은 것은 더 큰 옳음을 선택하고 실행할 수 있는 힘을 그 자체 안에 가지고 있다. 때문에 나의 결점이나 공동체 구성원들의 결점에도 불구하고 우리 공동체는 살아남을 수밖에 없다. 좀더 현실적으로 말하면 우리 공동체가 구성원들이 바뀌면서도 십 년이라는 시간을 이어올 수 있었던 것은 그녀들이 우리집과 같은 쉼터를 현실적으로 필요로 하고 있고, 그녀들의 친구로 살기를 원하는 선의의 사람들이 남아 있기 때문이다. 공동체 생활의 구심점은 눈으로 보이는 어떤 힘이 아니다.

이제 마무리할 때가 되었다. 앞에서 이야기한 것처럼 나는 오랫동안 공동체 생활을 해왔으며 지금도 하고 있다. 몇십 년 동안, 다양한 사람들과 함께 지내온 공동체 생활을 통해 내가 공동체에 대해 할 수 있는 말은 그

리 많지 않다. 직접 살아 보라는 말밖에는. 거기에 덧붙여 할 수 있는 말이
있다면 공동체란 한마음으로 살아가는 경험을 통해 차츰 넓혀지는 무엇이
며, 공동체의 삶은 배워 가는 것이라는 점이다. 또한 공동체의 삶을 잘 유
지할 수 있는 방법으로 솔직하게 대화를 나누는 것이 중요하다는 점을 알
려주고 싶다. 그것이 아무리 책임자나 지도자의 의견이라 할지라도 최선책
이 아닐 때에는 듣고, 질문하고, 동의하든 않든 간에 대화를 해나갈 때 비
로소 완성된 공동체가 될 수 있다는 것이다. ■

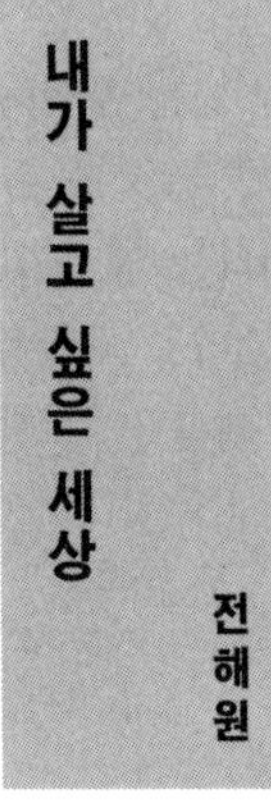

(중앙에 신세대가 있고 뒤에 고개를 숙인 두건들이 있다.)
(한 명이 말하기 시작하면 다같이 고개를 든다.)

구석기 : 우리는 공룡의 위협을 받으며 살았지.
　　　너희와 같은 만물의 영장임에도 불구하고 말이야.
신세대 : 아! 쥬라기 공원 그거 재밌지!
씨족 사회 : 우리는 결혼도 마음대로 못했어.
　　　할아버지의 권위가 절대적이었거든.
　　　씨를 연결하지 못하면 쫓겨나야 했어.
임금 폭정 : 우리는 못된 임금에게 시달리며 살았지.
　　　임금뿐 아니라 수령과 아전들도 한 통속이었어.
　　　폭정에 시달리지 않은 사람은 인생을 논하지 말라!
일제 시대 : 일본 놈은 임금보다 혹독하게 우리를 착취해 갔어.
　　　전쟁 말기에는 곡식을 다 공출해 가서 풀뿌리를 캐어 먹으며 살았지.
　　　눈물 젖은 풀뿌리를 먹어 보지 못한 사람은 인생을 논하지 말라!
신세대 : 그래도 일본 만화는 재밌던데 ……
6·25 : 너희는 민족끼리 싸운 고통과 비극을 몰라. 너희는 상상해 보았니?
　　　단지 이념이 다른 것을 이유로 형제끼리 피를 본 일을?
신세대 : 코피?
군사 독재 : 우리는 군사 독재를 타도하기 위해서 분신 자살도 마다하지 않았
　　　어. 친구들은 끌려 가고 고문으로 죽어 갔지. 살아 있는 게 죄지.

(신세대 잠깐 심각한 표정을 짓는다.)

구석기 : 그런데 자칭 신세대라는 저것들은 뭐야!
　　　공룡의 위협은커녕 편하게 놀고 먹잖아!
씨족 사회 : 저것들은 결혼했다 사흘만에 이혼한다지?
　　　거기다가 애비 애미도 모르는 것들이라지?
임금 폭정 : 저것들은 임금이 시키는 게 아니라 정부에서 부탁을 한다지?
일제 시대·군사 독재 : 저놈들은 지 배만 부르면 그만이지,
　　　민족 같은 것은 안중에도 없어!
6·25 : 저것들은 생명의 위협을 느껴 보지도 못했어.

114

서울 남산에서 열린 1990 지구의 날 행사 가운데 반핵 시위.

　　　그런데 웬 불평이 그리 많을까?

신세대 : 공룡, 씨족, 폭정? 일제, 6·25, 군사 독재?

　　　당신들은 그까짓 것을 가지고 불평을 하다니.

　　　그래도 당신들의 시대의 사람들 중 몇몇, 아니 대부분이 살아남았잖아!

　　　당신들은 너무 편해서 불평이 나오는 거야!

모두 : 뭐?

6·25 : 그럼 너희들도 위협을 받니?

신세대 : 당연하지!

모두 : 뭘?

(신세대를 제외한 모두 고개를 숙인다. 두건이 나타난다.)

(불 꺼진다.)

(핵폭발 슬라이드와 효과음.)

생협 일기

김정희[*]

이 글을 쓰기가 좀 머뭇거려진다. 생활 협동 조합(이하 생협으로 줄임)과 주부 운동이 자기의 가장 중요한 생활이 되어버린 민우회의 여러 선배들 얼굴이 떠오르기 때문이다. 무엇보다도 나는 주부 운동가라고 말할 만큼 내놓고 주부 운동에 매달리고 있는 사람이 못되기 때문이다. 이 보잘것없는 나의 생협 일기를 묵묵히 빛 안나는 생협 일을 뒤에서 도맡아 하는 분들에게 그리고 생협 조합원들에게 바친다.

나는 생협을 왜 하나?

출발은 한마디로 나와 식구들이 건강하고 오래 살고 싶어서였다. 언제부터인가 식품 공해 기사가 신문에 비중 있게 다루어지기 시작했다. 전문적인 용어는 잘 모르겠지만 하여튼 먹어서는 안될 방부제, 착색료, 감미료, 항생제 등이 허용치의 몇십 배씩 들어가 있는 것이 오늘의 식품들이라는 건 알아들을 수 있었다. 국민학교 3학년만 되면 여자 아이들이 월경을 시작하는 것은 성장이 좋아서가 아니라 닭에 주사한 성장 호르몬 때문이라는 확인되지 않은 소문도 있다. 밀가루는 7년을 안 썩고 부두의 밀가루 하역하는 인부들은 방독면을 쓰고 작업하지 않으면 질식해 버린다고 한다. 쥐가 밀가

---

[*] 1958년 서울 출생. 남편과 함께 유치원에 다니는 딸을 키우고 있고 현재 여성학을 강의하고 있다.

루 창고에서 자취를 감추었을 정도다. 우리가 어릴 적에는 여름에는 배추가 녹아 내려 배추 김치를 못 담가 먹었다. 요즘에는 한여름에도 싱싱한 배추를 시장에서 구입할 수 있는 것은 그 배추가 농약을 푼 물 속에서 한번 목욕을 하고 나왔기 때문이라고 한다. 농민들도 이 짓을 하기 싫지만 시들시들한 배추는 거들떠도 보지 않는 소비자들 때문에 할 수 없이 한다고 한다. 어느 우유 회사에서는 생우유에 항생제 성분이 너무 많아 요구르트가 만들어지지 않아 우유를 분유로 만들었다가 다시 요구르트를 만드는 희극을 벌였다고 한다. 내가 먹기 불안한 건 물론, 어린 딸에게 그런 음식을 먹이는 건 하루 조금씩 비상을 주는 거나 다름없다고 느꼈다. 나는 그래도 어릴 때 과일을 껍질째 먹으면서 자란 기억을 갖고 있다.

그런데 요즘 엄마들은 나와는 참 많이 다른 것 같다. 요즘 아이들이 용돈을 모았다가 중요하게 쓰는 것이 햄버거 사먹는 일이라고 한다. 한번은 올케 집에 갔는데 올케 친구 애가 과자에다 케찹만을 묻혀 계속 케찹만 빨아 먹는다. 어쩌다 피자를 만들려고 케찹을 사면 냉장고에 아무리 오래 있어도 상할 줄 모르는 것을 보면서 쓰레기통에 처넣어 버리게 되는 나로서는 젊은 엄마가 애 맛을 저렇게 길들이나 싶어 조금은 한심하고 조금은 안타까운 마음이 들었다. 이 사회 속에서 사는데 나라고 안 사먹일 수 없어 일요일날 딸아이 전민이랑 인형극을 보고 나서 아이가 조르는 대로 못 이기고 감자 튀김이나 햄버거를 사주게 된다. 그러나 불안해 하면서. 요즘 아이들의 입맛이 희한하게 서구화되어 가고 있다. 부침개는 싫고 피자만 좋아한다. 이유식 탓이 아닌가 싶다. 전민이를 돌봐 주시던 아주머니가 버거를 사먹이던 일이 기억나고 치즈가 가장 좋은 이유식인 줄 알았었다. 요즘 애를 키우는 엄마들에게는 생두부를 먹이고 감자를 삶아 먹이고 일부러 야채죽이다 끓여댈 것 없이 된장 찌개에 밥을 비벼 먹이며 여름에는 생오이를 (무농약이 아니면 껍질을 벗겨) 과일처럼 그냥 먹이라고 권하고 싶다.

하여튼 바깥일하는 엄마가 인스턴트를 많이 사먹일 거라는 통념과는 달리 나는 이 점에서는 전통적인 경향이 있다. 아마 이것이 나의 촌티내기 모성애인지 모르겠다. 집에서 생협에서 산 돼지, 고기 수육, 돈까스, 닭도리탕, 삼계탕을 해먹이지 가능한 한 사먹이지 않으려 한다. 물론 바쁘다 보니까 다른 애들이 통닭 서너 번 먹을 때 우리 딸은 한번쯤 내가 해준 닭고기를 먹을지 모르겠다. 그런데 나는 그냥 이렇게 한다. 이러면서 나는 나름대로 몇 가지 요리 방식을 개발하기도 했다. 부침개는 찹쌀 가루와 녹말 가루를 반 정도씩 섞어서 하면 뒤집을 때 찢어지지도 않고 맛도 그만이다. 피자는 생협에서 나오는 잡곡 식빵을 밑판으로 해서 열 조각쯤 만들어 냉동시켰다가 아이가 먹고 싶을 때마다 하나씩 꺼내 녹여 준다. 가사 노동의 사회화, 인스턴트 식품이 나 같은 여자들에게 얼마나 절실한 건지 잘 알면서도 이렇게 다소 퇴행적으로 살 수밖에 없다. 그러나 나의 퇴행은 꿈이기도 하다. 슈퍼에서 사는 닭, 가게에서 사먹는 닭이 방부제를 잔뜩 뿌린 사료, 항생제를 넘치게 주사 맞은 닭이 아니라 생협 닭처럼 믿고 사먹을 수 있는 닭이 되기를 바라는 꿈이다. 생협을 하는 사람들은 수적으로는 아직은 보잘것없지만 음식 자본가들이 우리의 세력을 위협으로 느끼기를 희망하며 일종의 무언의 시위를 하고 있는 셈이다.

생협은 중상류층 이상에만 가능한 운동이라고 계층적, 계급적 한계를 지적하는 사람들이 있다. 나는 이런 말을 하는 사람한테 묻고 싶다. 자식에게 과하다 싶은 몇만 원, 때로는 수십만 원짜리 옷, 아니면 장난감을 사준 적은 없는지? 집에 수십만 원짜리 외제 가전 제품이나 다른 주방 용품은 없는지? 내가 사는 동네는 열다섯 평짜리 서민 아파트다. 그런데도 가운데부터 끓기 때문에 절대 넘치는 법이 없는 독일제 냄비, 기름은 밑으로 쏙 빠진다는 독일제 오븐, 팔 분이면 밥이 된다는 어느 나라제 압력 밥솥 등등 요즘 외제 주방 용구 사기가 유행이라고 한다. 이 유행에 떠밀려 오븐을 사려다 남편한테서 이런 것 사려면 나가 버리라고 호되게 질책을 받고 오븐을 어떻게 돌려주어야 하나 고민하는 혜원이 엄마가 들려준 말이다.

바로 이것이 내가 이해할 수 없는 주부들의 알뜰함이다. 돈 몇천 원 아낀다고 낑낑대며 가락 시장 가서 장보고서는 과하다 싶은 옷값, 가전 제품 비용에는 전혀 아까와하지 않는다. 이해가 전혀 안되는 건 아니다. 냄비가 넘치지 않으면, 그만큼 가스 레인지의 불 언저리의 받침대를 덜 씻어도 된다는 말이고 생선과 고기 기름을 쏙 빼주고 오븐에서 구워낸 고기맛은 생각만으로도 군침이 돈다. 그러나 한번쯤은 편하자고 하는 일이 내 남편 내 자식, 내 딸의 일자리를 빼앗을 수 있다는 것을 생각해 볼 수 있을 텐데.

무공해 물건, 우리 농산물 먹기 위해서는 내 경험으로 어림잡아 한 달에 식비가 1만 원, 아주 많이 잡아야 2만원 가량 더 든다. 그래서 나는 시중보다 감자가 두 배 더 비싸도 여기 것을 먹는다. 딱딱해서 곡괭이도 잘 안

들어가는 죽은 땅이 아니라 살아 있는 땅에서 난 감자인데 보약이다 싶으면서 감사하며 먹는다. 민우회 생협 단위에서 가장 잘되는 동네가 불광동 쪽의 소모임이라고 들었다. 이 동네는 많은 회원이 전세를 산다고 들었다. 나는 애 옷은 가능한 한 얻어 입힌다. 그리고 꼭 살 것이 있으면 메이커 옷을 언제나 세일하는 동네 가게서 구입한다. 몇만 원짜리 옷을 만 원 안팎이면 구입할 수 있다. 이것이 일 년에 넉달이나 고정 수입이 없는 시간 강사 부부 가족이 먹는 데서는 사치를 부릴 수 있는 이유다. 아마 불광동의 주부들도 마찬가지일 거다.

몇 년 생협 것을 먹다 보니 우리 식구, 그리고 우리 조합원들은 음식이 지닌 자기 맛을 알게 되었다. 나는 생두부, 생오이를 썩썩 썰어서 그냥 식탁에 올린다. 두부의 고소한 맛, 껍질째 먹는 오이의 아작아작한 맛을 알게 된 것이다. 토마토도 썰어서 설탕을 뿌리지 않고 통째로 전민이에게 준다. 먹을 거리 자체의 맛을 잃고 조미된 맛으로 살아가는 대부분의 사람들에 비하면 생협 가족은 다행스러운 별종들인 셈이다.

이렇게 나와 가족이 건강하자고 시작한 생협이지만, 민우회 회보와 신문에 나는 농촌의 위기에 대한 기사를 읽고, 그리고 민우회의 주부 강좌를 들으면서 농촌 살리는 길은 이 길밖에는 없다는 확신으로 이어졌다. 유기 농법하는 농민들이 농협 빚이 더 많다는 생산자의 말에는 송구스러워 눈물이 핑 돌았다. 89년 농협이 집계한 자료에 따르면 유기 농법을 하는 농가가 1천 1백 60여 호로 전체 농가의 0.08%에 해당된다(『새건강신문』 1991.6.1). 지금쯤 0.1%가 되었을가? 국토의 10%만 유기 농법을 하면 전 국토가 살아 있는 땅이 된다고 한다. 지금으로서는 1%만 되는 것도 꿈이다. 우리의 식량 자급률은 쌀을 제외한 경우 35% 정도라고 한다. 고사리는 거의 전부, 고구마 줄기, 토란대는 70%가 중국산이고 무말랭이·도토리·메주·버섯·옥수수·팥·녹두·누룽지까지 수입 안되는 것이 없다(『한겨레신문』 1993.2.3). 그런데 정부의 정책이 가관이다. 농협은 수입 농산물을 경매해서 돈벌기 바쁘다(『노동자신문』 1993.4.30). 정부는 5년 뒤 식량 자급률이 쌀을 포함하여 50% 선으로 내려갈 것을 예측한다(『한겨레신문』 1993.6.13). 쌀이 100% 자급이면 다른 건 100% 수입이 된다는 셈이다. 거대 제도 정치에 기대를 접은 것은 이미 옛날이지만 해도 해도 너무 하는 것이 정부 같다. 이러다 유기 농법하는 사람들마저 나가자빠지면 어쩌나 하는 근심이 앞선다

(이 글을 쓰는 동안에 우루과이 라운드가 마무리 됐다. 이제 쌀은 물론 전 농수산물이 개방된다. 그러면 이 수치는 더 아래로 내려갈 것이다).

생협이 정착되기까지

나는 「한살림」이 1988년 시작될 때부터 생협 물건을 받아 먹었다. 지금 사는 동네로 이사오기 전이었는데 내 또래 주부 셋이서 받아 먹었다. 1989년 8월 민우회 생협이 생기면서 민우회 생협으로 바꾸었다. 한살림은 물건을 받아 먹는 것 외에는 무언가 주부들의 삶에 생협 활동이 다른 파문을 일으킬 수 있다는 가능성을 보지 못했기 때문이다. 한번은 「한혜석 주부의 한살림 일기」라는 것이 TV에 방영되었다. 옛날 우리 선조들은 콩을 심을 때도 한 구멍에 썩을 것, 새가 쪼아 먹을 것, 싹을 틔울 것 해서 3개씩 심었다는 농민의 철학을 소개하는 감동 깊은 장면에도 불구하고 도저히 이것이 생협 활동은 아니라는 고개를 설레설레 흔들게 만드는 장면이 있었다. 합성 세제를 쓰지 않기 위해 쭈그리고 앉아 빨래를 하니 혈색이 좋아지고 소화도 잘된다는 터무니없는, 살림 신화를 유포시키는 것이 아닌가? 엄마들의 관절염, 이름 붙여지지 않는 병들이 어디서 오는 건가 되묻고 싶다. 쭈그려 앉아 비질, 걸레질하고 쭈그려 앉아 나물 다듬고 빨래하다 생기는 병은 아니었는지. 남자들이 주도하는 환경 운동의 한계를 빤히 보는 것 같아 민우회로 생협을 옮기는 데 주저함이 없었다. 여자들이 세탁기를 버리고 쭈그려 앉아 빨래하면 환경 문제는 해결되는 건가?

이사를 오자마자 나는 첫 반상회에서 회원을 모집하였다. 나보다 나이가 많은 40대 아주머니 두 분이 선뜻 하겠다고 나섰다. 그러나 곧 이 소모임은 깨지고 말았다. 한 아주머니가 세 딸 학원비 대려다 보니까 아낄 데는 식비 외에는 없다면서 생협을 그만 하겠다고 하신 것이다. 덩달아 다른 아주머니도 내가 개학을 하면서 아주머니가 연이어 물건을 받게 되자 귀찮은 김에 안하겠다고 하였다. 지난 번 살던 동네에서는 1층에 사는 회원이 언제나 물건을 받아 주어 쉽게 물건 받아 먹던 일이 이렇게 난관에 부딪치자 어떻게 해야 할지 아주 난감했다. 일주일에 한 이틀 집에 있을까, 그나마 그 날에도 집에 틀어박혀 책을 보거나 컴퓨터 앞에 앉아 있어야만 하는 내가 동네 친구를 두루 사귀어 놓은 것도 아니고 아주 난감했다. 물건은 최소한 세 세대가 되어야 배달되기 때문이다. 소위 여성학을 한다는 사람이 세 사람의 연결망도 못만드나 싶어 자존심도 무척 상했다.

이때 연주 엄마 박선애 씨가 나의 구세주가 되었다. 나는 생협 취지를 설명하는 유인물을 만들어 전민이가 다니던 유아원의 자모들에게 뿌릴 참이었다. 박선애 씨는 옆 계단에 사는데 당시 딸 연주가 우리 애와 같은 유아원에 다니고 있었다. 동네 아이들에게 미술을 가르치며 온 동네 인맥과 정보를 꽉 쥐고 있으며 때로는 아이들의 상담자가 되기도 하고 막내면서도 외국 나간 언니 고추장, 된장, 밑반찬 다 챙겨서 부치는 친정 엄마 노릇까지 하는 정 많은 박선애 씨는 이렇게 해서는 회원을 모을 수 없다며 잘라 말하더니 자기가 동네에서 사람들을 모아 보겠다고 나섰다. 그러더니 박선애 씨는 금방 사람들을 끌어들였다. 연주 엄마가 이렇게 신경을 써준 것은 생협 활동의 취지에 공감한 것도 있겠지만 애를 아침마다 집 앞에서 차 태워 보내고 나서 나랑, 지은이 엄마, 안인숙 씨랑 셋이 10분, 20분씩 떠든 수다로 친해진 탓이었다. 그래서 내가 안돼 보였던 거다. 정말 그 무슨 할 이야기가 그리 많았다고 한겨울에도 밖에 서서 그렇게 수다를 떨 수 있었던가 지금 생각하면 신기하기조차 하다. 남편은 가끔 한참 있다가 들어오는 나를 "여자들 셋이 모이면……" 하며 이해하지 못했지만 수다는 여러모로 유익한 것이었다. 예를 들면 연금 매장을 코앞에 두고도 모르던 나는 이 정보를 수다에서 얻었다. 내가 박선애 씨를 만나 생협을 하자고 그럴 때, "내가 하나 제안할께요"라는 말을 썼다고 한다. 박선애 씨는 단박에 자기들은 안 쓰는 말을 쓰는 내 직업이 선생임을 알아챘다고 말했다. 어쨌든 어설픈 주부인 나를 박선애 씨는 잘난 체하는 여자로 보지 않고 잘 봐주었고 이것이 생협이 정착되는 데 가장 큰 힘이 되었다고 생각한다. 생협이 잘되려면 사람을 끌어 모으는 이상한 저력을 갖는 박선애 씨 같은 사람이 있어야 한다. 보통 몇만 원, 10만 원 하던 매상이 박선애 씨가 당번을 하는 주에는 20만 원대로 오른다. 박선애 씨는 바깥일 나가는 나와 주부들과 생협을 같이 할 수 있는 대안을 내놓았다. 학기 중에는 나는 당번에서 빠지고 방학 중에는 내가 당번을 계속하는 것이다. 학기 중에 9시, 10시에 들어와 그때서야 남의 집 문을 두드려도 조합원들은 하나같이 싫은 내색을 하지 않고 내 사정을 봐주었다. 살림꾼이라 냉장고에 며칠씩 물건을 두었다가 먹는 것보다는 먹을 때 사다가 곧바로 음식을 만들어야 직성이 풀리는 지은이 엄마는 생협에서 많이 시켜야 한두 개 시킬 뿐이었다. 이렇게 이용율이 낮으면 귀찮아서 생협을 안해 버릴텐데, 그래도 귀찮은 당번을 마다하지 않고 꼭 맡아 주었다. 이런 지은이 엄마가 이제는 생협 물건에 대한 신뢰가 생기면서 다른 엄마까지 끌어들이고 아예 그 동에서 생협을 하나 만들었다. 박선애 씨의 소개로 우리 생협 회원이 되었던 세정이 엄마는 옆 단지로 이사가더니 조합원을 여섯 가구로 불리기도 했다. 생협은 당번을 정해 주문을 맡고 한 집 한 집 돈 계산을 해주어야 하고 돈을 매주 거두어 생협 아저씨께 드려야 하며 물건이 오면 조합원들에게 전화해서 나누어 주어야 하는 등 슈퍼 문화에 익숙한 현대 주부들에게는 못할 짓이다. 이것이 귀찮게 보여 생협을 못하겠다고 말하는 주변의 아주머니들을 보게 된다. 우리 조합원들도 이것이 귀찮기는 마찬가지다. 그러나 이제는 이 일에 모두들 익숙해졌다.

조합이 한번 깨진 걸 경험한 나는 그저 물건 받아 먹는 차원 갖고는 생협을 유지할 수 없다는 교훈을 얻었다. 서로의 친목이랄까 하여튼 강한 유대가 필요하다는 생각이 들었다. 새로 들어온 신입 회원 교육을 개포동 지역 담당자인 김수희 씨께 부탁했고 그날 못본 수입 농산물에 대한 비디오도 날을 잡아 악착같이 보았다. 새로 조합이 결성되고는 지역 월례회 말고 (원래 계획은 한 달에 한번은 모이는 거였지만) 우리끼리 두 달에 한번 꼴로는 모였다. 재작년 말에는 음식 한 가지씩 해갖고와 우리집에서 연말 잔치를 하였다. 그날 조합원들의 요리 솜씨는 가사 노동이 이 시대 마지막 남은 장인 노동 중의 하나라는 것을 깨닫게 해주었다. 한번은 모여 아들과 딸에 대해 말하기도 하였다. 가능한 한 강남구 지역 조합 대표들이 모이는 월례회에도 다른 조합원을 데리고 빠지지 않고 참여하려 하였다. (조합이 정착되니까 게으름이 난 탓일까 지난 1993년 후반기는 한번도 모이지 못한 채 지나갔다. 이 글을 쓰면서 반성한다.)

이렇게 하면서 나는 그들과는 다른 전문직 여성이 아니라 같은 동네 친구로 그들에게 내가 받아들여짐을 느꼈다. 주부 운동이고 뭐고간에 내가 가장 바랐던 것도 사실 이 일이다. 우리집은 어릴 때 참 이사를 자주 다녔다. 아버지의 경제력이 조금씩 나아질 때마다 2, 3년 꼴로 이사를 다닌 셈이다. 그래서 나는 국민학교 때 동네 친구가 없다. 이런 나의 가장 큰 소망은 한 곳에 정착하여 동네 아는 사람들도 생기고 해서 편안하게 사는 것이다. 그러나 나의 이런 꿈은 아직 꿈이다. 이 동네를 뜰 생각은 없지만 아직 우리집은 전세니 언젠가 또 옮겨야 한다. 5층 계단에 열 가구가 사니 나같이 집밖에 있는 시간이 더 많은 사람도 우리 통로는 물론 옆 계단도 반쯤은 어느 집에 누가 사는지, 그 집 애는 누구인지 잘 안다. 내가 이사올 때 고무줄 하며 놀던 애들이 중학생이 되어 덩치가 어른만해져 큰 걸 보면서 이렇게 삶의 연속성이 있어야 추억도, 역사도 만들어질 수 있다는 생각이 든다. 동네 아이들도 어느 집에 누가 사는지 다 잘 알기 때문에 인사를 달고 산다. 나는 그 애들의 인사를 받을 때마다 내가 이 동네에 속해 있다는 뿌듯한 기쁨을 느끼곤 한다.(그러나 그 사이 이사간 집이 많아져 내가 우리 줄에서 오래 산 축에 속한다. 그만큼 내게 인사하는 아이들도 적어졌다. 나는 이럴 때 자본주의의 거주 이전의 자유가 갖는 속 내용에 실소를 금할 수 없게 된다. 해결되지 않는 주택 문제, 그것이 거주 이전의 자유의 이면은 아닐까?) 조합원들과 커피 한잔을 놓고 수다가 벌어지면 이것보다 더 좋은 인류학 현장이 또 있을까 싶게 생생한 이 시대 주부들의 삶이 술술 나온다. 이 현장의 이야기를 녹음만 할 수 있다면 기막힌 글이 나올 텐데 하는 생각이 안든 건 아니다. 그러나 그 순간에는 이런 나의 학문하는 사람의 근성을 버리고 같이 수다떠는 사람이 되기로 하였다. '수다'는 좋다.

이런 일련의 과정을 거치면서 나는 나의 학문이 더 이상 과격한 주장이 아니라 보통 여성들이 경청하며 필요로 하는 소리를 내고 있다는 확신을 하게 되었다. 월례회를 다녀오는 어느 날 지금은 대구로 이사간 재우 엄마가 "이것 저것 다 배워 봤자 소용없대요. 나중에는 허탈감만 생기대요" 하며 이런 민우회 같은 모임에 열심히 하고 싶다는 말을 하였다. 내가 보기에는 남편을 저렇게 위하는 부인은 좀처럼 없을 것같이 남편을 끔찍하게 위하는 수진이 엄마 임정절 씨가 어느 날 자기 딸은 자기처럼 살림만 살지 말고 자기 일을 가졌으면 좋겠는데 자기를 닮는 것 같아 걱정이라 했다. 나는 그 다음날로 전민이가 읽던 몇 가지 그림책을 챙겨 수진이 엄마에게 주었다. 유치원에서 병원 놀이를 했는데 여자애들은 간호사만 했다는 딸의 소리를 듣고 그 길로 쫓아가서 딸을 전통적으로 교육시키고 싶지 않으니 선생님들도 부모 뜻을 알아 주었으면 좋겠다는 말을 전하고 왔다고 했다.

생협 운동의 방향에 대하여

생협 운동가는 아니지만, 그리고 생협 활동에 열심인 선배들만큼 생협 운동에 매달리지도 못하는 나지만 그간 생협 활동을 하며 이것이 주부 운동도 되고 농촌 살리기 운동도 되기를 바라는 사람으로서 이런 저런 생각을 하게 된다.

그 한 가지는 생협 운동은 그 출발의 목적 의식에도 불구하고 농촌 살리기 운동의 출발점 정도의 의미를 가져야 하는 것이 아닐까라는 생각이 든다. 다른 농산물은 말할 것도 없고 쌀까지 수입 개방해야 하는 지금의 농촌 현실에서 농촌 살리기 운동은 보다 다각적으로 전개될 필요가 있을 것 같기 때문이다. 생협 한 세대를 새로 모은다는 것이 말처럼 그렇게 쉬운 일이 아니다. 생협 조직은 한 번 구성되면 그것이 하나의 자기들끼리의 친목 모임처럼 폐쇄적으로 되어버리는 경향이 있다. 생협으로 우리 농산물 먹기에 영향을 주려면, 조합원 수가 적어도 수만에서 몇십만 세대는 되어야 할텐데 민우회 생협이 90년 1월에 창립해서 2년 반 동안 모은 세대 수가 천육백 세대에 불과하다. 십만 세대는커녕 언제 만 세대가 될 건가. 자본주의에서 먹거리도 산업화, 사회화, 상업화되는 것은 부인할 수 없는 추세다. 이 부분을 공략해야만 한다. 방법은 여러 가지가 있을 수 있다. 대구 농민이 사과 주스 생산 공장을 차린 것은 그 한 예다. 몇백 명, 몇천 명이 매일 식사를 하는 학교 식당, 회사 식당 중 하나만 이 농산물 직거래 운동에 참여하면 단박에 천 세대 이상의 회원 수를 확보하는 셈이 된다. 물론 우리 농산물, 더군다나 유기 농산물의 구입은 수입 농산물에 비해 식당 경비를 더 들이게 되고 회사 측에서 자동적으로 이런 시도는 하지 않을 것이다. 노조의 힘이 필요하지 않을까? 더군다나 식료품 회사라면 원료를 수입품에만 의존하는 것은 국민으로서의 노동자들의 이해와도 엇갈리게 된다. 그들은 자신의 임금을 제외한 엄청난 이익을 다국적 회사 본사로 챙겨 주고 있는 일만을 하고 있는 셈이기 때문이다. 우리의 농민과 손잡고 생산을 해야지, 현대의 무기라고 하는 식량을 스스로 저당잡히는 꼴로 다국적 기업을 위해 생산할 수는 없지 않은가? 농민들은 이미 이런 운동의 방향을 알고 있다. 전국 여성 농민회 총연합은 학교 급식과 군대 급식의 우리 식량화를 촉구한 바 있고(『여성신문』 1993.3.5), 경북 농민회는 우리 사과 약간에 수입 주스를 섞어 제조한 주스를 천연 주스로 선전해 파는「해태 음료」본사를 찾아가 항의한 바 있다(『여성신문』 1993.5.28). 농민들에게만 맡겨 두기에는 식량 위기는 사안이 절박하고 식량 안보 차원의 민족 방위적 중요성을 갖는다. 대학생, 그리고 노조가 가장 현실적인 연대 세력이 되어줄 수 있을 것 같은데 …… 일부 교회, 성당 등에서도 이미 실천하고 있는 시골 교회와의 자매 결연을 통한 신도들의 농산물 직거래 운동도 보다 더 확산되면 좋겠다. 스님이 많은 절도 이런 직거래 운동에 동참할 수 있을 것이다.

　이런 '우리 농산물 생산하고 먹기 운동'이 다각적으로 전개되면서 주부들의 생협 운동은 우리 농산물 먹기를 홍보한다는 차원에서 계속 되어야 한다. 그러나 그 장기적 목표는 슈퍼마켓에서도 무농약 농산물을 구입할 수 있을 정도로 시장을 넓어지게 하는 것이어야 한다고 본다. 그렇기 때문에 물건 받아 먹는 것 못지않게 중요한 것이 생협 운동과는 별도의 주부 운동을 전개해 가는 것이다. 민우회에서는 이 점을 착안해서 올해 처음으로 지역 주부 강좌를 열었고 강좌가 끝나자 쓰레기 소각장 건설을 반대하는 모임, 식품 모니터 모임, 지방 의회 의정 지기단의 세 가지 소모임을 결성하였다. 쓰레기 소각장 소모임을 하겠다고서는 한번도 모임에 참석치 못한 나로서는 정말 할 말이 없다(이 글을 써야 하는지 많은 주저를 한 것도 이 때문이다). 내가 지역 주부들과 접촉하면서 느낀 것은 사회 운동 성격의 이 소모임에 앞서 주부들이 부담 없이 참여할 수 있는 건전한 여가 생활 모임이 매개되어야 하지 않을까 하는 것이다. 문제가 있다는 걸 절실히 느끼지만 이웃, 그리고 가족, 친족 관계의 울타리 안에서만 살아온 주부들에게 이러한 것을 일시에 요구하는 것은 무리라는 생각이 든다. 앞에서 말한 민우회에서 하는 활동 같은 것이 필요하다. 문제는 일꾼이 부족하다는 것이다. 문제를 이만큼 진단하는 나같은 사람이 달려들어야 할텐데 뭔가 한답시고 나도 매일 내 일에 쫓겨 사느라 바쁘다. 그리고 또 하나 느끼는 것은 한국 주부들의 그 엄청난 교육열을 생산적으로 풀 수 있는 프로그램이 있어야 하지 않겠느냐는 것이다. 이 역시 주부들만으로 일 벌이기에는 벅차고 독서 지도 같은 프로그램을 대학생들과 연대해서 운영해 보는 예들을 생각해 볼 수 있지 않을까? 김수희 씨는 이미 독서와 글짓기를 지도하는 과외가 이 강남 지역에서는 꽤 수준이 높아 실효성이 없을 거라고 보긴 했지만.

어느 학원은 들어가려면 6개월을 기다려야 한다고 한다. 좋은 매개 고리는 동네 조합원들끼리의 소모임이 활성화되는 것일 수 있다. 그러나 나는 지역 운동을 전문적으로 해나갈 분들이 있다면 옆에서 도와줄 수 있는 처지 밖에 못된다. 지금은 겨우 나와 조합원들간에 신뢰가 싹튼 상태고 이 신뢰를 바탕으로 소모임이 수다 떨기와 월례회 보고에서 한 걸음 더 나아가 어떤 상태로 나아갈 수 있을 것인지 나 혼자, 그리고 조합원들과 함께 더 생각하고 계속 생각해야 할 과제다. 한 가지 관찰된 것은 주부들이 의외로 책을 많이 읽는다는 것이다. 내 책은 수시로 조합원들에게 빌려져 나가고 앞집 혜경이 엄마는 언제나 읽을 거리를 들고 있다. 책을 선정해 함께 토론하는 소모임도 생각해 볼 수 있겠다. 큰 방향은 잘 소비하는 공동체가 되어야 한다는 것이다.

또 하나 주부 운동이 힘든 것은 아이들과의 연결 고리이다. 모임을 해도 아이들이 유치원에서 돌아올 12시만 되면 모두들 일어서기 바쁘다. 월례회에는 열심히 참석해 주던 연주 엄마는 입덧이 심해지자 만사가 귀찮다는 듯 심드렁해졌다가 애를 낳고 나자 다시 원기를 회복하였다. 주부들은 동네를 떠나 차를 타고 가야 하는 곳에서 모이는 모임에는 아직 아예 참석할 엄두를 못 낸다. 그래서 이런 것을 모두 감안해 끈질기게 그러나 천천히 운동을 해나가는 수밖에 없는 것 같다. 그래도 새 생협 공동체가 만들어지고 수진이 엄마가 운영 위원을 수락하는 등 소중한 변화가 일어난다.

주부 조직의 또 하나의 특징은 공식, 비공식의 경계가 느슨하다는 것이다. 조합비를 낸 사람끼리만을 고집하면 그 조합은 성공적일 수 없다. 우리의 경우, 조합비를 낸 사람은 다섯인데, 조합비를 안 내고 그때 그때 곁다리로 물건을 신청해 먹는 사람도 아마 네다섯은 되지 않을까 싶다. 앞집의 혜경이 엄마는 조합원이 아닌데도 조합원 모임에 전혀 불편해 하지 않고 참여할 수 있다. 혜경이 엄마도 불편해 하지 않고 우리도 불편해 하지 않았다.

한편 주거의 잦은 이동에서 비롯되는 난관이 있다. 전세여서, 남편 직장 따라, 아파트 당첨이 되어서, 자기집 당첨받아 갔지만 옛날 동네 사람들과의 친분을 찾아서 등등의 이유로 이사를 하게 된다. 이것은 생협 활동에 치명적인 장애다. 고정 조합원이 두어 명 이사가 버리면 그 조합은 만들 때와는 달리 우습게 깨질 수 있기 때문이다. 아마 생협 중앙 조직에서는 한번 조합원이 된 사람은 이사간 주소를 확인해 가면서까지 재조직화하는 데 열성을 부리지 않으면 안될 것 같다. 다행히 생협 식품에 한번 맛들인 사람은 신뢰가 있어 생각처럼 그리 어렵지만은 않을 수도 있다. 남편의 지방 발령으로 대구로 이사간 재우 엄마도 내가 「대구 함께 하는 주부 모임」 전화 번호를 알려 주니 좋아하였다.

마지막으로 취업 주부를 동참시키는 프로그램도 모색해 보아야 하지 않을까? 학교 같은 곳에서는 수업이 없는 교사가 학기별로 번갈아 가며 맡을 수 있기 때문에 직장 생협이 가능할 것 같다. 여자 노조원들이 많은 곳도 마찬가지다. 물론 직장의 배려가 필수적이겠지만(서강대학교와 여성개발원의 직장 생협의 예가 있다) 방학이 있는 교사는 나 같은 식으로 방학에 당번을 맡으면 지역 조합 가입도 가능할 것이다. ■

유기 농산물 유통 직거래 조합

지역	조합 이름	연락처
강원 강릉	한살림	(0391) 42-6703
강원 원주	한살림	(0371) 45-1025
경기 광명	광명 한두레	(02) 894-2630
경기 부천	부천 YMCA	(032) 654-5529
경기 부천	부천 공동체	(032) 676-3125
경기 부천	부천 한마을	(032) 672-3731
경기 부천	부천 한우리	(032) 613-7418
경기 성남	농도	(0342) 735-6132
경기 성남	성남 큰우리	(0342) 754-9441
경기 성남	성남 주민 생활 협동 조합	(0342) 757-9315
경기 안산	안산	(0345) 402-1199
경기 안양	안양 바른	(0343) 44-6665
경기 안양	안양 생활 협동 조합	(0343) 44-6665
경기 파주	파주	(0348) 941-3287
경기 하남	하남	(0347) 793-3131
경기 화성	신협 한우리	(0345) 80-6743

지역	조합 이름	연락처
경남 창원	한살림	(0551) 96-9642
광주	한살림	(062) 373-5679
대구	한살림	(053) 755-2995
대구	대구 함께 하는 주부 모임	(053) 425-7701
부산	한살림	(051) 512-4337
서울	경실련 정농	(02) 596-4380
서울	녹원	(02) 837-4762
서울	동부	(02) 465-6924
서울	동부 서울	(02) 488-5841
서울	여성 민우회	(02) 521-2088
서울	한살림 공동체	(02) 573-0614
서울	한우물	(02) 895-3002
서울	한울안	(02) 816-6249
인천	한겨레 소비자 협동 조합	(032) 868-3224
충북 청주	한살림	(0431) 211-1384

평생 교육원과 문화 센터의 사람들

'자아를 찾아서' '환경을 생각하며' 전시 기획을 진행하면서

박영숙[*]

아침 10시. 교실에 들어선다. 20여 명 좀 못되는 여자들이 띄엄띄엄 앉아 있다. 서로 모르는 듯 어색한 분위기다. 모두 반듯한 자세로 칠판을 향해서 엄숙하다. 나는 선뜻 교탁 앞에 다가서지만 껄끄럽다. 잠깐 스치는 생각. 저기 앉아야 되는 사람이 여기 서 있는 것은 아닐까?

안녕하세요? 먼저 인사를 했다. 모두 인사를 받는다. 나는 잠깐 그들의 인상을 읽는다. 50대가 한 사람, 40대가 몇 사람, 그리고 주로 30대. 어쩌다 20대 학생이 끼기도 한다.

수업 첫시간이면 으레 하는 순서가 있다. 자기 소개, 아니 자신을 보다 잘 설명해 보라고 요구한다. 나로서도 그들이 누구인가를 알아야 하지만 그들 서로가 알아야 할 것 같아서이다. 그리고 "왜 사진 공부가 하고 싶었습니까?" 하고 묻기도 한다.

"나는 이영숙이라고 합니다."
"국민학교 5학년인 딸과 3학년인 아들이 있습니다."

---

[*] 1941년생. 신구전문대학, 숙명여대 등에서 사진을 가르치고 있으며, 「여성과 현실. 전」, 「우리 봇물을 트자 I」(여성 해방 시와 그림의 만남전), 「우리 봇물을 트자 II」 (고정희 시인 추모제), 「한국 현대 사진의 흐름전」 등에 참여하였다.

더없이 간단한 답변이다. 긴 설명은 고사하고 귀찮아하는 표정이 역력하다.

"저희 아빠는 현대 중공업에 다니십니다. 울산에 계시구요. 사진 공부는 아빠가 아이들 사진을 잘 찍을 수 있도록 공부 좀 하라고 해서 …… 예쁜 사진을 찍을 수 있나요?"
"취미로 해보려구요."
"카메라는 집에 있는데 아무도 사용하지 않아서 좀 배워 활용하려구요."
"남편이 적극 권해서 …… 늙어서 둘이 같은 취미를 가지면 좋을 것 같아서 ……"
"우리 아빠는 늘 나를 무시해요. 넌 아무것도 못하니 카메라 만지다가 고장 내지 말고 보관이나 잘해 …… 하지 않겠어요? 홧김에 공부 좀 해보려구요."
"남편이 신문을 보고 등록을 해놔서 할 수 없이 왔어요."
"기계라면 아무것도 못 만지니까 좀 부끄러워서……"

자신의 의지는 적고 대부분 누구 때문이라는 데 난 놀란다. 또 자기 설명이라기보다는 자기 신상 명세를 나열하는 단조로움, 그들의 이름 없음에 답답했다.

공부해야 하는 목적이 너무나 소박했고 사진에 대한 개념은 아무것도 없었다. 실용적인 목적 외에 사진의 본질 따위는 아예 생각도 안하는 그들이 나는 몹시 서운했다. 그들은 사진의 기록성에 대한 인식은 있지만, 바로 그 기록성에서 비롯하는 표현 도구로서의 언어성에 대해서는 아무도 알지 못했고 알려고도 하지 않았다.

사진은 카메라의 특수 구조가 빛을 수렴해서 상을 만들고, 그 상을 감광 유제에 노출시켜 재현해 내는 과정에서 생산된다. 사진 공부라 하면 빛과 상의 관계에서 카메라의 기능, 필름의 역할, 그리고 빛을 통해서 대상을 보는 방법을 공부하는 것을 말한다. 물리를 알아야 하고 화학을, 그리고 광학을 접하게 된다. 기계와 전자에 대해 어느 정도 알아야 보다 이해가 빠른 것도 사실이다. 여성들은 일반적으로 과학·기계에 대한 콤플렉스가 심하기 때문에 사진에 대한 접근이 어려운 것 같다. 그래서 나는 문화 센터를 찾는 여성들에게 나도 해냈으니 여러분도 할 수 있다고 늘 강조한다. 그들은 사진 작업에서 섬세함, 깔끔함, 또 여성의 감각적·시각적 특성이 유리하다는 것을 알게 된다. 무거운 장비를 들고 다녀야 한다거나, 긴박한 현장만이 사진의 소재인 것으로 알고 있는 고정 관념을 깰 필요가 있다.

일반적으로 사진을 공부한다고 하면 '취미 사진'이라는 개념이 통용된다. 사람들이 모여서 들이나 산·강·바다 등으로 다니며 꽃과 새, 나무와 풀 등 자연을 벗삼아 찾아 다니거나, 넝쿨박이 얹혀 있는 지붕, 고추 멍석이 있는 초가집 앞마당, 소담스럽게 매달린 빨간 감나무 가지 등 일상에서 눈에 띄는 모든 대상을 카메라로 재현시킨다. 사진 동호인들이 모여 촬영 여행을 떠나는 것이 '취미 사진'의 전형으로 그들은 휴일에 모여 함께 행동하고, 끝난 후 음식도 함께 나누고, 서로의 사진에 대해 평가를 하기도 한다. 그들은 공동으로 전시회를 갖지만, 각자 여러 종류의 콘테스트에 출품하기도 한다.

이 교실에 모인 많은 사람들은 이러한 '취미 사진'에 대한 꿈을 가지고 있다. 선생이 끌고 다니며 찍으라는 대로 찍고, 잘 나왔다 못 나왔다로 확인하고 어떤 사진이 좋고 어떤 사진이 나쁜가를 평가받는 것이 사진 공부의 전부라고 생각하는 듯하다. 그것은 결코 그들의 잘못이 아니다. 사진하는 사람들이 보여준 것이 그러했고 또 그렇게 해야만 콘테스트에 당선할 수 있었다는 사실들이 그들을 그렇게 가르쳤다.

적어도 내 시간만은 그들에게 사진은 자신의 생각을 드러내는 표현 도구라는 것을 가르치겠다는 다짐을 마음 속으로 한다. 그리고 그 시간만은 그들의 자아 발견에 쓰이도록 해야겠다고 생각한다.

몇 주일의 수업이 진행됐다. 기계도 익히고 촬영을 해서 사진도 찍혀 나왔다. 재미있다고 야단들이다. 그러나 너무 진지하고 학구적인 수업 같아 힘들다는 항의가 들어온다. 반면에 모처럼 학생이 된 기분이라고 좋아하는 사람도 있다. 형편들이 각기 천차 만별인 만큼 당연한 현상이다. 나는 체계와 형식을 갖추어서 수업하는 것을 고집스레 밀고 나간다. 그들의 마음 밑바닥에 잠자고 있는 꿈이 어쩌면 이러한 수업에서 다시 깨어날 사람도 있으리라는 기대 때문이다. 나는 모든 이들을 다 이끌겠다는 생각보다, 다시 일어서 보겠다는 사람에게 더욱 힘이 되어주고 싶다.

한 사람이 벌떡 일어나 "선생님은 왜 우리들을 데리고 나가 촬영을 시키지 않습니까?"라고 다분히 항의조로 물었다. 다른 문화 센터에서는 선생이 대상을 정해 주고, 화면 구성도 구체적으로 지시해 주고, 조리개 값과 셔터 값도 정해 주었는데 왜 그렇게 친절하지 못하냐는 핀잔이다. 돈 주고 배우러 왔는데 왜 제대로 안 가르치냐는 항의였다. 나는 그에게 그런 곳에 가서 공부하시라고 오히려 권했다. 나의 방법과 형식이 맘에 드시면 같이 하지만 아니면 그만두는 것이 옳은 것 같다고 대답했다. 언젠가 선생이 그들에게 당신들은 여자니까 이 정도만 알면 되지 않겠냐는 한계를 정해 놓고 가르치는 것에 대해 어떻게 생각하느냐고 이야기해 본 적이 있다. 많은 사람들의 대답은 "여자니까 그 정도만 알면 되지요"였다. 나는 무척 화가 났다. 이렇게 여자들 스스로가 자신을 무시하고 있다니 ……

"취미라는 단어를 나는 혐오합니다. 그것은 여러분을 할일없는 여자로 만드는 단어입니다. 생각없이 하루를 보내고 있다는 비웃음 같은 말입니다"라고 나는 괜히 흥분해서 역설했다. "사진 공부하고 싶다고 생각했을 때 혹 예술가가 되고 싶다는 꿈은 없었나요?" "혹 마음 속에 꿈틀거리는 무엇이 있는데 그것을 풀어 보겠다는 생각은 없었나요?" "지금 내 꼴이 이게 무언가 …… 하고 한탄하며 자신을 찾아보겠다는 마음은 없었나요?"

나는 허공에다 말을 던져 본다는 기분으로 외쳤다. 그런데 잠시 후 많은 말들이 오가고 있었다. 옆의 친구와, 앞자리의 누군가와 그냥 통하는지 갑자기 와글거렸다. "내 꿈은 선생이 되는 것이었다"는 등 "나는 소설가가 되는 것이 꿈이었다"는 등 의상 디자이너, 건축가, 간호사, 자선 사업가 등등 …… 그러니 그들은 모두 꿈을 못 이루고 현모 양처가 되어 오늘 여기에 앉아 있는 것이었다. 갑갑해서 ……, 머리가 아파서 ……, 가슴이 답답해서 …… 등등 병이 많고 그 병을 고치는 방법으로 선택한 경우도 있었다. 소근거리고, 낄낄 웃고 소란스럽다. 누군가 일어나 커피를 뽑아 오고 서로 전화 번호를 주고 받고 하며 화기 애애한 분위기가 되어버렸다.

잠시 후, "선생님 결혼했어요?" 나에게 질문을 던져 온다. "네. 나도 아들 둘과 남편이 있습니다." 모두들 눈이 둥그렇다. 아마도 시집도 안간 노처녀라고 생각했던 것 같다. 늘상 자유 분방한 차림이 그들에게 그렇게 느껴졌을 거라고 생각된다.

문화 센터의 수업 과정은 3개월 단위로 바뀐다. 초급 과정·중급 과정·고급 과정의 단계를 통해 사진의 이해와 촬영의 실기를 발전시킨다. 처음에 그들은 예쁜 사진, 멋있는 사진, 근사한 사진만 찍으려 한다. 아름다운 것이 아닌데, 왜 사진의 대상이 되어야 하느냐는 반문이 입버릇같이 붙어다녔다. 그들은 모두 풍경 사진, 정물 사진, 인물 사진, 예쁜 사진, 멋있는 사진만을 상상한다. 나는 그들의 상상을 깨뜨린다. "예술이라고 하면 아름다워야 합니까?" "아름다운 것이 예쁜 것입니까?"라는 질문을 해보았다. 아무도 대답을 하지 않는다. 그들은 예쁜 그림을 벽에 걸고 싶어하고 있다. 그리고 자기 아이 사진을 예쁘게 찍고 싶은 것이다. 문화사와 미술사를 비교해서 이야기했다. 또 미학을 내가 이해한 대로 전해 주었다. 물론 예쁜 사진의 무의미성을 설명하기 위해서였고, 내가 꼭 그들에게 전해 주고 싶은 방법대로의 수업을 진행하기 위해서였다. 그들의 반발은 거셌다. 자신들의 목적은 그렇게 거창한 것이 아니고 실생활에서 사진의 필요성을 느낀 때문이라고 나를 설득하려 했다. 그러한 그들의 반응은 당연한 것이었다. 그러나 나는 그들에게 기대한 것이 있었다. 실용적인 목적으로서의 사진도 있지만, 늘상 그들의 생활 공간에서 접하게 되는 많은 인쇄물에서 본 이미지들은 그들을 매혹시켰을 것이기 때문이다. 그래서 그들이 그것과 같은 사진을 스스로 해볼 수 있지 않을까 하는 기대 심리가 있었다.

"현대를 이미지 시대라고 하지요. 문자 언어와 이미지가 같이하는 잡지에서 많은 대중에게 인기를 끄는 것은 문자보다 이미지입니다. 그 힘이 당신들에게까지 미친 것입니다. 사진 이미지는 재현성이 아주 중요하지만 표현성도 뛰어납니다. 그 기능이 현대의 소통 매체로 사용되고 있구요. 그러므로 사진적 방법으로 예술적 표현도 가능합니다. 그러나 그 예술적이라는 것이 예쁜 꽃을 촬영하는 것은 아닙니다. 예술이란 어떤 생각들을 표현하는 것입니다. 사진은 과학이 뒷받침되는 시각 예술 매체입니다. 그래서 더욱 현대적입니다. 그러므로 여러분은 현대 매체를 다루는 진보적인 사람들입니다"라고 그들이 왜 사진을 좋아하는가를 설명했다. 그들은 모두 고개를 끄덕이고 있었다.

그러나 여전히 "선생, 당신의 생각이 정말 믿을 만한 것입니까?" 하는 의심 섞인 눈빛이 있었다. 나는 나의 말보다 문자 매체의 위력을 사용해 보자는 생각을 했다. 이 단계까지 쫓아준 그들이 고맙기도 하고, 강의 실습도 한 단계를 높이는 기회라고 생각했다. 교재 선택을 했다. 홍익대학교 순수 학술지인 『홍익 미술』 13호(1992년)를 복사해서 나누어 주었다. 읽어 오기, 발표하기, 질문하기, 느낀 것을 서로 나누기로 수업이 진행되었다. 문자의 권위는 대단했고 내가 귀에 못이 박히도록 말할 때는 안 듣던 그들이 일깨워지기 시작했다. 수업에 활기가 생겼다. 새로이 대학에서 공부하는 기분이라고 즐거워했다. 그들은 어떤 고정 관념에 붙들려 있었다. 그들은 자신의 삶에서 얻은 경험이 현실과 부딪칠 때도 사회 전체가 그 방향으로 가고 있다는 이유로 주류를 따라 왔던 것이다. 이제 자신들이 매달려 있던 생각에서 벗어날 수 있는 힘이 생겼다. 현실을 바로 보는 힘, 사회 현상·문자 현상이 예술 표현과 연관된다는 인식이 쉽게 받아들여지고 있었다.

　기초 수업을 마치고 참을성 있게, 그리고 꾸준하게, 자신의 내재된 힘을 발견하기 위해 또는 예술에 대한 꿈을 실현하기 위해서 등등의 이유로 수업이 계속된다. 아니 내가 그들을 있는 힘껏 밀고 끌어올렸던 것이다. 어떤 때는 자신들의 욕구가 아니고 선생님 때문이라는 서운한(?) 말을 들을 때도 있다. 그러나 나는 무슨 신들린 사람처럼 정성스럽게, 있는 힘을 다해서 그들에게 접근한다. 그들이 걸음마해 보겠다면 나는 뛰라고 촉구하고 그들이 게으름을 피우면 나는 휘몰아 댄다. 내가 지나온 경험에 비하면 그들은 너무 노력하지 않고 큰 것을 노리는 것 같고, 내가 그렇게 많은 지름길을 가르쳐 주는데도 그들은 스스로 길을 찾으려 하지 않아 답답하다. 그러나 호흡을 맞추어야 한다. 나 혼자 날뛰자는 것이 아니잖는가. 그들이 이해하고 따르고, 그들이 인식하고 행동해야지. 나 혼자만의 생각과 욕심으로는 안된다는 생각이 든다. "우리는 언제 선생님 작품(?) 같은 것 해요?" 몹시 급한 마음이 말한다. 또는 "우리가 뭐 그런 것까지 다해요?" 내 마음을 공허하게 만드는 말들이다. 그들보다 확실히 내 욕심이 크다. 이러한 성미 급한 사람들에게는 작품을 생각하지 말고 사진이 되어 나오는 과정을 생각하라고 한다. 찍을 때 생각하며 찍은 필름은 최대한으로 과학적인 접근을 하고, 인화할 때는 자신들이 촬영할 때 느낀 것을 재현하려고 노력하라고 다구친다. 또 소극적이고 자신을 너무 낮추어 피곤한 여자 중의 여자들에게는 능력 있다는 말로 부추겨 준다. 생각할 수 있으면 표현할 줄 아는 능력도 있는 것이라고 재인식시킨다. 어떤 사물이나 상황을 촬영할 때 있는 그대로를 보기보다 '자기의 눈', '자신의 마음'으로 보라고 이른다. 마음을 주고 그것으로부터 느낌을 받는 훈련을 하라고 요구한다. 그들은 어느새 사물에 마음을 이입시키고 사물로부터 생각을 끌어낸다. 훈련이라는 것이 그들을 변화시킨다.

　그들에게 테크닉을 이용하여 표현하는 훈련도 하고, 작업의 과정을 경험함으로 홀로 서기의 훈련도 이루어질 것이라는 생각에서 '전시회'를 한번 기획해 보기로 했다. 그들에게 이 생각을 전했을 때 매우 좋아하는 사람, 엄살떠는 내숭형, 겸손이 미덕인 줄 아는 전업 주부. 각각의 반응에 나는 희망과 절망을 동시에 느꼈다.

많은 토의 시간을 거치고 자신들의 작업 방향에 대한 논의가 시작됐다. 토의 과정에서 많은 문제들이 일어났다. 작업을 하려 하니 '시간'과 '경제'가 그들에게 하나의 장벽으로 나타났다. 취미로서 시간을 보내려던 생각과 달리 자신의 또 다른 분신으로서의 작업을 마주하면서 심각해졌다. 시간도 자신을 위해 낼 시간은 없었고, 아이들을 위해서는 제한없이 사용 가능했던 경제적 여건이 자신을 위해 쓰려고 할 때는 아무런 권한이 없음에 스스로들 놀랐다. 작업보다 자신들의 이런 현실로부터의 탈출이 더 필요하게 되었다. 몹시 두려워했고, 조심스러운 발버둥이 있었다. 결국 집집에서 폭탄적인 선언 아닌 선언이 있었다. 그 후 모든 것은 차분히 진행되어 갔다. 아마도 그간의 충실함과 가족 간의 신뢰, 비교적 진보적인 사고가 그들 환경에서는 가능했던 것 같다.

두 그룹을 각기 다르게 전시 준비 작업을 시키기로 했다. 주제 선택을 달리함과 테크닉 접근 방법을 다르게 했다.

숙대 평생 교육원에서 2년 간의 과정을 끝낸 그룹에게는 자아와 자기 (Self and Ego)를 가지고 접근시켰다. 우선 자신의 문제를 끌어내게 했다. 과거가 있고 현재가 있고 그 현재에서 미래를 방향성 있게 추구해야 한다고 인식시켰다. 그들은 드디어 아름다운 사진으로부터 해방되었다. 그들의 주부로서의 자아 문제 접근이 많은 차이를 드러냈다. 30대는 결혼에 대한 이데올로기가 구체적이라면 40대는 자신들의 경험을 통한 결혼 이론이 있었다. 30대가 결혼·생활·사랑의 문제에서 팽팽하게 끌고 당기고 있었다면 40대는 포기와 자기 상실에서 허우적거렸고 50대는 포용력을 가지고 결혼의 의미를 승화시키려는 사고의 차이를 보였다.

각 회원의 실제적 문제 접근의 이야기가 시작되었다.

40대 A여인. 유교적 가정 분위기 속에서 성장. 시집올 때 친정 부모로부터 들었던 여자의 목소리가 담을 넘으면 안된다는 어머니의 가르침이 자신을 조용하게 만듦. 양반가에 출가. 숙대 식품 영양학과 졸업. 이 모든 조건이 자신을 억압하고 있다고 생각. 남편과 아이들의 이해는 충분히 받고 있으나 이 모든 것에서 뛰쳐

한정연, 「자아를 찾아서」, 1993.

나가고 싶음.

40대 B여인. 무언지 모를 끝없는 욕망이 잠자지 않음. 자신의 한 부분이 어딘가
로 간 것 같음. 권위도 갖고 싶고, 멋있는 옷에도 관심이 가고, 보석도 소중하다
고 느낌. 그러나 늘상 예술을 하는 친구가 부럽고 문화를 향유하는 삶을 갈구함.
가족들의 배려가 크고 남편이 적극 권장함.

30대 K여인. 결혼 직전 결혼으로 다가올 위험(?)을 예감하고 결혼 응락 조건으로 이 모두를 제시해서 획득함. 결혼 준비 중 전시 준비가 진행되어 결혼식 이후 작업에 임함. 결혼식 사진 중 가족들과 함께 찍은 사진에서 신부만이 오려져 나갔으면 좋겠다고 느낌. 시아버지에게 전시 작업을 위해 가족 사진에서 자신을 오려 내겠다고 상의하니까 너무 놀라서 포기함. 다음 작업에서 자신의 발이 허공에 떠 현실에 닿지 않는 느낌을 표현하려고 남편에게 그런 느낌의 자기 모습 사진을 찍어 달라고 부탁함. 안타깝게 결혼 생활에 적응하려는, 그리고 시댁의 모든 가족들이 협조하는데도 늘상 힘들다고 고백함.

30대 L여인. 자기가 분열되고, 퇴색되며, 마른 땅같이 삭막함을 느낌. 자기의 존재를 찾아 나서고 싶음.

서로의 이야기를 나누면서 그것을 사진으로 표현하는 과정으로 들어갔다. 이미지들을 만드는 작업이 어렵고, 그 이미지에서 의미를 끌어내기가 어렵고, 그래서 좌절, 좌절 …… 한편 이야기마당 꿈마당의 마당지기 김영 목사는 우리의 작업 과정에 참여하면서 그들과 이야기를 나누었다. 그들은 사진 작업과는 또 다른 이 과정에서 자신의 모습을 더욱 뚜렷하게 발견하기도 했다. 자신이 이야기를 털어 놓는 과정에서 스스로 문제도 찾고 해답도 얻었다. 자신의 이미지를 찾아가는 것은 자신을 발견하는 것도 되지만 그보다 문제를 해결하는 치유의 또 다른 방법이라고 김영 목사는 이 작업의 의미를 짚어 주었다. 그들은 모두 아픈 가슴이 치유되었다. 그러면서 전시 일정이 다가왔고 미숙한 대로 마무리 작업. 짜증, 원망, 분노, 희열, 그 모든 것을 느끼고 있었다. 전시장에 자신들의 작품을 제자리를 찾아서 바꿔 걸고, 뒤엎고를 여러 번. 결국 전시일이 닥쳤다. 멀리서 자신의 작품을 남의 것을 보듯 바라본다는 것, 정말 객관적으로 바라볼 수 있는 것 같다. 부끄러워하기도 하고 자부심도 가졌다. 그들은 자랑스러워하고 있었는데 그것은 작품에 대한 것이 아니고 '자아를 찾았다', '찾아보았다'는 새로운 경험으로 좋아하고 있었다.

또 다른 경우로 1993년 6월 10일부터 6월 27일까지 전시회를 했던 그룹 「사진 모임 민들레」가 있다. 그들은 앞의 그룹과는 달리 개인적이기보다는 공적·사회적인 관심을 그들의 문제로 받아들이고 작업 과정에 돌입했다. 이 그룹에서 '인간답게 살기 위하여'라는 주제로 토의를 하는 과정이 있었

「사진 모임 민들레」에서는 환경을 생각하는 사진전을 가졌다.

다. 모두 환경을 생각해 보자고 동의했다. 우선 각종의 보도 자료를 수집, 스크랩하며 몸으로 환경에 대한 이해를 높여 보자고 했다. 도서관을 찾고 자료 수집을 본격화한 후, 일주일에 한번씩 모여 자료를 분석하고 분류하기 시작했다. 그리고 각자가 처한 환경과 입장에 따라 자신들의 문제점과 대안을 찾고, 자기 상황에서 환경 공해를 연구하기 시작했다. 아이들의 완구에서, 쓰레기에서, 먹거리로 고민하면서, 남편의 공장을 방문하면서, 놀이터가 없는 아이들을 보면서, 아파트 쓰레기 분리 수거장을 보면서 등등. 여성으로서의 감성이 발동했고 엄마로서의 마음이 환경과 생명에 대한 위기감을 느끼기 시작했다. 처음에 그들은 사회 문제를 우리 주부들이 어떻게 해결하느냐고 했었다. 운동가들이나 하는 일이며 주부와는 무관하다는 자세에서 자신들이 운동가가 되어야 한다는 생각으로 변모된 것이다. 이제는 피부로 느끼고 호흡으로 다가오며 자신이 그 속에서 허덕임을 느끼게 되었다.

작업이 촬영만으로는 해결되지 않음을 느끼면서 표현 형식도 우주적이고, 내면적인 문제 의식을 넘나들었다. 반복과 수정을 거듭하는 과정에서 이미지는 고발적 차원을 떠나 함축적이고 심오한, 그래서 여성성과 모성성이 드러나는 이미지가 되었고 그 이미지는 감동적으로 다가왔다. 각자가 외치고 싶은 심정을 작품의 크기로 경쟁하기도 했다. 작품을 완성하는 데 1년 반이 걸렸다.

환경·공해 문제가 대 사회적 발언이자 사회를 겨냥한 것이기에 나는 그 의미의 확인을 위해 이 전시회의 격식을 갖추고 싶었다. 팜플렛, 포스터, 엽서를 다량 생산해 보다 많이 퍼져 나가게 해야 한다는 판단에서였다. 우선 나는 압구정동 갤러리아 백화점의 '아트홀'을 전시장으로 겨냥했다. 다른 곳보다 부와 과소비의 원천이라는 판단에서였다. 백화점측의 빠른 시대 감각으로 승낙을 받았다. 물론 무료 대여와 장기간의 사용도 이루어졌다. 일차적으로 성공이었다. 주부들이 작품에 쏟은 경제적 손실이 약간은 보상된 것 같아 기뻤다. 잇달으는 문제가 또 있었다. 인쇄비였다. 나는 모든 작품을 다시 슬라이드로 촬영하여 그 포토폴리오를 들고 환경 운동 연합으로 달려갔다. 전시 계획안과 후원 요청을 위한 계획서도 제작해서 접근했다. 이런 방법도 주부들을 훈련시키기 위한 한 방법이었다. '문서화', '의식 절차'의 과정과, 그리고 '사회와의 접근 방법'을 그들에게 훈련시켰다. 남성 사회 문화를 경험시키고 싶었다. 모두들 훌륭히 해냈고 자료를 본 환경 운동 연합의 협조가 이루어졌다. 농업 중앙회에서 후원금이 지급되었고 모두들 뿌듯해 했다.

전시회가 성공적이었다고 각자가 느끼는 것 같았다. 공동체였기에 이 전시회의 형식과 방법이 가능했다고 자찬이 남발했다. 서로의 협동과 희생이 아니고서는 이루지 못할 일이었다고 생각하였다. 그러나 전시 과정에 또 다른 공동체의 문제가 발생했다. 모두 작업을 할 때는 작가로서의 의식이 충만했던 그들이 작품을 걸고부터는 주부로 되돌아가고 말았다. 그 동안 식구들을 소홀히 해서 미안하다는 핑계, 걸어 놓았으니 할일을 다했다는 만족감, 내가 아니라도 다른 누가 전시장을 지키겠지 하는 안이한 마음의 소유자. 그 사람이 좋아서 하는 일이니 상관없다는 얄팍한 마음. 누구는 시간이 많아서 하느냐는 원망과 희생의 보람이 없다는 불평이 솟구쳤다. 지글지글 들끓었다. 민주적이기 위해서는 회장을 뽑지 말자던 그들 입에서, 회장이 필요하다는 사람도 나섰다. 그러나 전시 준비 과정을 통해 자신을 발전시켰던 힘들이 그 많은 문제를 조용하게 극복해 나가게 해주었다. 용서하고 이해하고, 너그럽게 사랑할 줄 아는 여성의 특이한 자매애가 형성되고 있었다.

전시의 결과는 전시 작품으로 남는 줄 알았다. 그러나 의외의 결과들이 다양하게 드러났다. 스스로의 고정 관념이 깨졌다. 그 사고의 발전은 그들의 시각을 바꾸고 어떤 현실에 대한 자신의 관점을 분명하게 제시하며, 개인적인 것과 공동적인 것을 인식하고 사회와의 관계에서 이탈하지 않는 자세로 바뀌었다. 가족 속에서 자신의 존재 의미와 사회에 대한 자신의 역할을 찾을 수 있는 힘도 생겼다. 예술이, 표현이라는 것이, 매체란 것이 서로 얽히고, 상호 보완적이며 삶의 시공간 속에서 의미를 가짐을 인식하였다.

이젠 지도만을 받는 그들이 아니라 나와 함께 걸어갈 동료들이 빨리, 많이 생겼으면 하는 것이 내 바람이다. 나는 사진 사회 속에서 늘상 외로왔다. 60년대에 사진에 미친다는 것은 시대에 맞지 않게 빨랐었기 때문에 외로왔다. 남자들 틈에서 혼자라는 것, 또 그들과 감성, 사진에 대한 감정이 달라서 늘상 따돌림을 당했다. 지금도 여전히 외롭다. 후배들이 따라주지 않아서 외롭고 그들에 대한 나의 콤플렉스가 나를 외롭게 한다. 그러나 가르치는 작업이 아니라 동료로, 자매들로 만들어 가자는 것이 내가 나의 시간 모두를 그들에게 쏟아붓는 열정의 힘이다.

내 열정이 그들에게 '귀찮은 것'은 아닐까 생각해 본다. 그러나 나는 역시 그 방향으로 가기로 한다. 내 작은 힘도 우리 여자들의 이야기를 만들어 가는 과정에 필요한 요소가 될 것이라는 큰 기대를 하면서 …… ■

따로 그리고 함께 아이 키우기

어떻게 지금 이 땅의 부모로서 사회 운동을 하지 않을 수 있는가

강성혜*

1. 아이 키우기에 관심이 없었던 엄마

임신을 하고 아이를 낳으면서 나는 여자로 태어난 것에 감사를 했다. 아이를 낳는 경험이 너무도 소중해서 아이를 낳은 다음날, 눈이 나빠진다는 할머니의 잔소리를 들으면서도 수첩에 깨알 같은 글씨로 생명 탄생의 경이로운 순간에 내가 느꼈던 감정을 적어 놓았다. 여자와 남자가 별 차이가 없다고 생각하면서 살아 왔던 나에게 남자는 참으로 불쌍하다는 생각을 들게 한 것은 임신과 출산이었다. 한 생명을 품어 태어나게 할 수 있는 나와 그런 경험을 평생 해볼 기회가 없는 남자는 무척 불행한 인간이라는 생각이 들었다.

하지만 나는 아이를 갖고, 낳기에 열중해서 태어난 아기를 키우는 문제에 대해서는 별 생각이 없었다. 아이를 낳고 나니, 막 자신이 인간적으로 성숙한 것 같았고, 아이를 낳아 보지 않은 사람들은 모두 시시해 보였다. 그리고 모든 일이 끝난 것 같았다.

부드럽고 섬세한 성격의 남편은 예쁜 딸을 낳아, 온갖 감정의 사치를 누

---

* 1964년 서울에서 태어나 천안에서 고등학교를 다녔다. 1986년 대학 졸업 후 결혼하여 아이를 기르고 있다. 현재 주부들과 함께 「영상 모임 아이들」을 꾸리고 있으며, 어린이들을 위한 비디오 도서관도 운영하고 있다.

리고 싶어했고, 자유롭게 내 일 속에 파묻혀 살고 싶어했던 나는 남편이 아이 키우기에 관심을 기울일 수 있기에는 딸이 더 좋을 것 같았다. 아빠와 딸이면 완전한 커플이 되어 내가 좀 자유로와질 수 있을 것 같았다. 나는 자유 때문에 남편을 닮은 딸을 원했고, 남편은 마누라가 바쁘니, 마누라를 닮은 딸이랑 즐겁게 살 꿈을 꾸었다. 각자 다른 이유에서 딸을 기다렸던 우리 부부에게 사내아이인 태주는 아쉬움을 남겼지만, 무남 독녀를 키운 엄마와 딸만 둘인 우리 외할머니에게 태주는 너무나 반가운 남자였다. 태주는 우리 부부가 키울 사이도 없이 할머니들 사이에서 넘쳐 나는 사랑을 받았다. 이모네 식구와 함께 살았던 우리집에서는 3명의 사촌 동생들을 포함해서 일곱 식구가 하루에 한 번씩만 태주랑 놀아 주어도 태주는 심심할 겨를이 없었다. 또 시댁에서는 11번째 손주라서 우리집만큼 떠들썩하지는 않았지만, 큰집의 세 명의 손주가 외탁을 했다고 시부모님을 비롯한 시누이, 시아주버님까지 서운해 하던 차에, 남편을 꼭 닮은 사내아이는 모두를 즐겁게 해주었다. 사내 아이를 셋이나 키워서, 머시마라면 신물이 난다던 형님도 태주는 귀여워해 주셨으니, 아기 태주는 별로 엄마 차지가 될 겨를이 없었다. 더구나 우리 부부는 미국과 한국을 오가며, 친정과 시집에 얹혀 살던 처지라 우리는 불편했지만, 아기에게는 많은 사람들에게 사랑을 받을 수 있는 환경이 되었다. 또한 별로 아이 키우기에 관심이 없던 엄마에게도 좋은 환경이었다.

2. 아이 맡기기에 전전긍긍했던 엄마

유학을 마치고 돌아온 남편과 따로 살림을 차리고 세 식구 살이가 시작되었다. 태주는 엄마의 게으름을 뱃속에서부터 보아서인지, 무척 순하고 별로 손이 가지 않는 아이였다. 백일도 안된 아기 때부터 밤에 자면 아침에 일어나는 아기였다. 그러나 하지 말아라, 만지지 말아라 등등의 제약을 별로 받지 않고 자란 탓인지, 세 살이 된 태주는 한마디로 어디서 터질지 모르는 고장난 시한 폭탄이었다. 아이의 그칠 줄 모르는 호기심은 시시각각 나에게 새롭고 기발한 말썽으로 다가왔다. 나는 아이를 어떻게 다루어야 할지 몰라 전전긍긍하다가, 혼자서는 아이를 못 키우겠다고 백기를 들었다. 칠십이 넘으신 나의 외할머니를 반강제로 우리집에다 모셔 놓고, 태주를 맡겼다. 반 년쯤 봐주시더니, 이제 네가 키우라며 집으로 돌아가셨다. 나는 동네 아줌마를 한 분 구했다. 나는 잠시 평온을 되찾은 듯했지만, 아침, 저녁으로는 아이 때문에 아무 일도 못하는 세월의 연속이었다. 엄마와 같이 놀자는 아이를 밀치면서 컴퓨터 앞에 앉던 나는 결국 아이를 울리고, 울다가 지친 태주는 내 컴퓨터 의자 밑에서 잠들기 일쑤였다. 한참 일하다가 태주가 생각나 돌아보면 아이는 지쳐 잠들어 있었다. 지쳐 잠든 아이를 눕히면서, 그제서야 스스로 나쁜 엄마라는 자책감에 아이 생각을 하기 시작했다. 당시 프로젝트 코디네이터였던 나는 컴퓨터로 글을 써야 했고, 새로운 계획을 문서로 작업을 하는 일이 많았다. 집중해서 생각하여 작업을 해야 하는데, 태주가 깨어 있으면, 아이 때문에 일을 못한다는 강박 관념에서 기를 쓰고 일을 하려고 하다가 아이도 지치고 나도 지치고, 그래서 지쳐 잠든 아이를 보면서 자책감에 또 지치고 ……

당시 태주에게 우리 부부가 붙여준 별명은 미국 속담 '굿 인디언은 데드 인디언'(A good Indian is a dead Indian)에서 따온 '굿 태주는 베드 태주'였다. 즉 태주는 잠잘 때가 가장 좋다였다. 내년이면 유치원엘 가겠지, 그러면 괜찮겠지, 이렇게 아이와 내가 함께 지쳐 갈 무렵, 우리 부부는 우리 삶에 대해 심각한 논의를 했다. 아이를 더 낳을 것이냐, 태주를 어떻게 키울 것이냐 등등. 둘째 아이는 우리 둘 다 반대를 했다. 나는 또 아들을 낳으면, 세 남자와 살다가 지쳐 버릴 것 같았고, 또 아들을 낳을 것 같다는 느낌과 아이 성별을 선택할 수 없는 불확실함을 감수하고 또 일년을 보내기 싫었다. 또 아이 키우기는 낳기보다 수백 배나 힘들다. 애 키우기가 이렇게 힘든 줄 알았으면 누가 아이를 낳겠는가? 남편은 둘째로 딸을 낳으면, 태주에게 거의 관심을 기울일 것 같지 않다면서 태주 걱정을 했다. 우리 부부는 둘째를 낳지 않고, 후에 딸을 꼭 키우고 싶으면 입양을 하기로 결정을 하고, 정관 수술을 했다. 그리고 나자, 태주 키우기가 우리 생에 있어서 무척 소중한 경험으로 자리잡기 시작했다. 이제 우리 부부는 아이를 키울 준비가 된 것이었다. 이때 이미 태주는 4살이 되었다.

3. 어디 아이 키우는 법 배울 데 없어요?

태주를 돌보아준 동네 아주머니에게는 6살과 국교 3학년인 사내아이가 둘 있었다. 내가 없는 동안 아줌마는 세 명의 사내아이들과 씨름하면서 중간 중간 비디오를 빌려다 보여 주신다고 했다. 나는 가끔씩 비디오를 봐도 좋 겠지 하고 막연히 생각했다. 어느 날 우연히 내가 집에 있는 날 아이들이 비디오를 빌려 와서 보았다. 「닌자 거북이」였다. 아니 왜 이름이 닌자야, 인자면 인자지, 나는 의아해 하면서 아이들과 함께 비디오를 보았다. 초록 색 거북이들이 치안을 유지한다는 미명 아래 악당과 싸워 이긴다는 내용이 었다. 나는 화가 치밀었다. 아줌마는 도대체 왜 이런 비디오를 빌려 주는 거지? 나는 태주가 매일 불렀던 노래 노란 별 닌자 거북 …… 이 생각나자 말할 수 없이 화가 났다. 나는 태주 손을 잡고 동네 비디오 대여점으로 갔 다. 세상에! 그곳에 가서 보고, 내가 할 수 있는 말은 그뿐이었다. 닌자 거 북은 양반이었다. 예닐곱살된 아이들이 혼자 돈을 들고 와서 자극적인 비 디오의 자켓을 보고 이것 저것 고르는 걸 보면서 내 양심이 마비되었음을 느꼈다. 그것은 거대한 물줄기였다. 나는 피할 수밖에 없었다. 우선 급한 김에 비디오가 고장났다면서 아이들에게 비디오를 못보게 하고는 여기저 기 볼 만한 비디오를 찾다가, 미국에서 막 돌아온 선배에게 월트 디즈니의 「피노키오」를 복사해와, 아이에게 주었다. 태주는 피노키오가 너덜너덜해지 도록 하루에도 몇 번씩 이 비디오를 보았다. 나는 동네 아이들을 모아 놓 고, 피노키오를 보여 주었다. 그러나 태주 또래의 사내아이 한 명을 제외하 고는 피노키오에 아무 관심이 없었다. 4살짜리 사내아이는 말을 잘 못했다. 그러니 영어로 된 피노키오에 별 거부감이 없었다. 하지만 말을 잘하는 여 자아이는 피노키오를 싫어했다. 영어 거부감이었다. 큰 아이들은 영어 거부 감에다가, 닌자 거북 중독증이었다. 화면이 빠르고 자극적인 장면에 길들 여진 큰 아이들은 긴 줄거리를 풀어 가는 비디오에 집중할 수가 없었다.

이 일을 계기로 이웃집 아줌마는 태주 봐주기를 그만두셨다. 나는 아이 가 태어난 지 4년만에 혼자서 아이를 키우게 되었다. 나무 블럭과 농구대, 미끄럼틀, 비디오 테이프 등등 한 아이를 위해 많은 것들을 사들여야 했다.

이 무렵 과천에 살았던 우리는 압구정동으로 이사를 가게 되었다. 차만 있으면 과천에서 여의도까지 40분이면 족하던 출근 시간이 교통 체증으로 한 시간이 넘자, 남편은 이사를 원했다. 나도 가을이면 낙엽을 밟을 수 있 는 과천을 떠나기 싫었지만, 차 안에서 두 시간 이상 소비해야 하는 남편 의 상황을 무시할 수는 없었다.

이사를 오면서 본격적인 아이 키우기가 시작되었다. 나는 태어나서 처음으로 6시간보다 많이 잠을 잘 수 있었고, 하루 종일 맛있는 요리를 만들어서 태주와 먹고, 친구들과 놀았다. 집 근처에는 내 친구들이 좀 있었고, 태주 또래들도 있었다. 태주 친구와 내 친구가 하나가 되어 매일 새로운 비디오도 보여 주고, 연극·노래·그림 그리기·레고놀이 등 몇 안되는 아이들의 이상적인 놀이 공간을 만들었다.

5살이 된 태주가 유치원을 가기 시작했다. 이제 아이를 무균질로 키울 수 없어졌다. 엄마인 내가 정해준 친구와 내가 짜준 프로그램에 따라 하루 종일 생활을 하던 아이에게 엄마가 통제할 수 없는 시간이 생긴 것이다. 태주는 다시 노란 별 닌자 거북 …… 을 부르기 시작했다. 유행가를 부르질 않나, 저속한 코미디 프로를 따라하질 않나 …… 대책이 없었다. 그렇다고 학교도, 유치원도, 보내질 않고 혼자서 아이를 가두어 놓고 키울 수도 없고 …… 나를 가장 긴장시킨 것은 태주의 악에 대한 폭력의 정당성이었다. 5살의 태주는 또래보다 키가 10센티 정도가 큰 아이였다. 매일 반 친구들을 때려서 문제가 심각했다. 나는 왜 친구를 때리느냐고 물으니, 쟤는 여자애를 때리는 나쁜 애라고 말했다. 선생님한테 말하지? 엄마 날보고 고자질하란 말야? 대답이 궁해진 나는 쟤가 왜 나쁜 애니? 친구를 때리니까 나쁜 애지, 나는 좋은 친구는 안 때려, 나쁘니까 때리는 거지. 나는 아이의 논리 정연한 폭력의 정당성에 할말을 잊었다. 도대체 아이가 어디서 이런 논리를 배웠을까? 나는 로보트 만화가 금방 떠올랐다. 극단적인 선과 악을 상정하고, 악을 물리치기 위해 선은 정의의 폭력을 휘두르는 그래서 최후의 승리자가 되어 영광을 차지한다는 단순한 내용에다 폭력 이외에는 무엇도 남기지 않는. 이 무렵 서초동에 살던 한영희 씨가 국교 1학년인 슬기와 6살인 하늘이를 데리고 가끔씩 우리집에 놀러 왔다. 나는 비디오를 비롯한 아이 키우는 고민을 털어 놓았다. 한영희 씨의 말은 더욱 충격적이었다. 유치원에서 쉬는 시간에 「드래곤 볼」을 틀어 준다는 둥, 학원에서 아이들의 유인책으로 로보트 만화 비디오를 틀어 준다는 둥의 이야기는 단순히 걱정의 차원을 넘어섰다. 두 사람은 좋은 비디오를 보다 적극적으로 찾아보는 게 어떻냐는 이야기를 나누었다. 각자 비슷한 또래의 아이가 있는 친구를 찾아, 며칠 후 다시 모이기로 했다. 도대체 아이들에게 보여줄 만한 비디오가 그렇게 없나 싶어서 찾아보자는 거였다. 나는 몇몇 친구에게 연락을 했다. 엄마들이 아이들 좋은 비디오 찾는 팀을 만들려고 하는데 같이 하자는 제의를 하자, 서너 명의 친구가 동의했다. 날짜를 잡고 모였다. 그러나 정작 모임에는 세 명이 참석했다. 우리는 아이들에게 보여줄 만한 비디오를 보고, 토론을 하기로 했다. 다음 모임 날짜가 정해지고, 첫번째 비디오로 「둘리」를 정했다. 그러나 우리는 토론을 할 수가 없었다. 우리 셋이 모이는 데 아이가 다섯 명이었다. 한 집에 둘씩에다, 태주까지. 다음 모임 날짜와 주제를 정하는 데 3시간이 걸렸다. 27평 남짓 되는 우리집 마루와 방은 아이들의 놀이터였고, 작은 식탁에 앉은 우리는 거의 5분에 한 번씩 아이들의 시중을 들어야 했다. 한 아이가 엄마 물 하면, 5명의 아이에게 돌아가며 물을 한 컵씩 주어야 했다. 레고 놀이를 하던 아이 둘이 빨간 블럭을 갖고 싸우면, 우리는 달려가, 레고 상자에서 빨간 블럭을 찾아 싸움을 말려야 했다. 놀이터에 나간다고 하면, 모두들 나와 옷 입히고, 신 신기고 챙겨 내보내야 한다. 또 한 애가 울고 들어오면 달래고, 그러면 이번엔 다른 애가 ……

단순히 약속을 정하는 데도 3시간이 걸리니, 생각하면서 토론을 한다는 것은 현실적으로 불가능했다. 그러자 모두들 갈 시간이 되었다. 가서 저녁을 해먹어야지 ……

결국 우리는 각자 틈을 내어, 자신의 의견을 종이에 적어 가지고, 복사해와 집으로 가서 읽어 보기로 하고, 헤어졌다. 한 달 후 우리는 모두 「아기공룡 둘리」를 보고, 감상문을 써갖고 모였다. 그때 한영희 씨가 모두 같은 비디오를 보면 일 년을 해도 12개의 비디오밖에 찾을 수 없으니, 각자 다른 비디오를 보고, 글을 쓰면 많은 비디오에 대한 정보를 얻을 수 있지 않겠느냐는 의견을 냈다. 우리 모두 찬성을 했다. 이때부터 한 달에 한 편의 아이들 비디오를 보고, 글을 써서, 복사해 오기가 시작되었다. 모인 친구도 모두 6명이 되었다. 그러면서 우리들은 매달 돌아가면서 한 집씩 모여서, 각자 글을 나누어 갖고, 아이들과 함께 놀다가 헤어졌다. 겨울 방학이 되자, 우리는 아이들과 함께 연극 놀이도 했다. 모두들 즐겁고, 아이와 엄마가 함께 친구가 되었다. 해가 바뀌면서 아이들 입으로 우리 엄마는 만화를 보고 글을 써요라는 이야기가 이웃집으로 전해졌다. 이웃집 아줌마들은 뭐 하느냐고 물었고, 얘기를 들은 이웃 엄마들은 우리들끼리만 보지 말고 자기들에게도 보여 달라면서 몇 장 더 복사해 달라고 했다. 우리는 자신이 쓴 글을 누군가 보아준다는 맛에 열심히 글을 써서 복사를 해 친구들에게 보여 주었다. 단순히 6편의 글을 모으는 수준에서 컴퓨터 워드프로세서로 타이핑을 해서 복사를 하니, 훨씬 폼도 나고 글도 근사해 보였다. 시간이 지나니, 단순히 글만 모으는 것이 아니라 토론도 해보고, 기획 기사 같은 것도 만들어 보고 싶어졌다. 이 무렵 한영희 씨가 「드래곤 볼이 얼마나 나쁜가?」 하는 글을 썼다. 우리 모두 그 글에 동감을 했고, 많은 엄마들도 그랬다. 우리는 보다 많은 엄마들에게 우리가 쓴 글을 나누어 주고, 의견을 모으기로 했다.

이 무렵 우리가 새로 발견한 것이 있었다. 매달 새로운 아이들 비디오를 찾다가 보니, 이제 찾을 거리가 없었다. 당시 나는 내셔널 지오그래픽 비디오를 12편을 갖고 있었다. 내가 다큐멘터리를 좋아해서 가끔씩 보고, 아이도 그냥 옆에서 따라 보았는데, 그 중 「야생의 침팬지」는 태주가 가장 좋아했던 비디오였다. 꼭 사람처럼 가족이 모여 살고, 아기 원숭이의 개구장이짓, 그리고 엄마에게 야단맞고, 또 엄마를 잊어버려 찾는 등, 아이는 제 모습과 비슷하다고 생각했는지 이 다큐멘터리를 무척 좋아했다. 어느 달엔가 별로 새로운 만화를 찾을 길이 없었던 나는 「야생의 침팬지」에 대한 글을 썼다. 그러자 지금까지 아무도 관심이 없던 다큐멘터리를 서로 보려고 했다. 우리는 각자 몇 편의 비디오를 소장하고 있었고, 돌려 가며 보기도 했었다. 다큐멘터리를 돌려가며 보면서 의외로 아이들이 다큐멘터리를 무척 잘 본다는 것을 알게 되었다. 또한 아이들에게 다큐멘터리를 보여줌으로서 여러 가지 좋은 영향이 미친다는 것도 알게 되었다. 자연이나 생태계에 대해서도 알게 되고, 영상을 통해 새로운 것을 배운다는 개념도 아이들이 자연스럽게 받아들이게 되었다.

또 이 무렵 한영희 씨가 「오즈의 마법사」라는 영화를 보게 되었는데, 이 비디오를 통해서 좋은 비디오가 출시가 되어도 잘 팔리지 않아 금방 사장된다는 것을 알게 되었다. 2년 동안 「오즈의 마법사」를 한영희 씨를 포함해서 2명밖에 보질 않았으니, 일반 대여점에 많이 있을 수 없었다. 이를 계기로 우리는 비디오를 모으기 시작했다. 매달 돈을 걷어서 비디오를 몇 편씩 사고, 다큐멘터리같이 비싼 것은 함께 사서 돌려보기로 했다.

이렇게 되자, 이제는 그냥 몇몇 엄마들의 장난 같은 모임이 아니라, 꽤 할일이 많은 소모임이 되었다. 모임 이름을 묻는 사람들이 많아졌다. 각자 이름을 생각해 오기로 하고, 다 모으니, 「지구를 사랑하고 이웃을 생각하며 가족을 소중히 여기는 영상 모임」이라는 긴 이름이 생겼고, 줄여서 부르는 이름 「영상 모임 아이들」도 만들었다. 또 불법 간행물을 만들 수 없다는 생각에서 출판물 등록도 하고 출판사 등록도 했다. 모았던 비디오가 많아지자, 자연스럽게 비디오 목록집을 만들었다. 『어린이 비디오 목록집』과 『어린이 비디오 이야기』라는 월간지가 퍼져 나가자, 자연스럽게 많은 사람들이 비디오를 빌려 보고 싶어했다.

이때까지 우리집에 모인 비디오는 500편, 이제 보다 넓은 장소가 필요했다. 이 무렵 잠실 한양 쇼핑에서 공간을 주겠다는 제의가 들어왔고, 우리는 기꺼이 비디오를 모아 잠실 한양 쇼핑에 1,000편을 소장하는 비디오 도서관을 만들게 되었다.

이것이 지난 3년간 우리가 아이들과 함께 해온 일들이다. 그밖에도 우리가 벌였던 일들을 열거하자면 끝이 없다. 어린이 날에 「아이들과 함께 좋은 비디오를!」이라는 스티커를 나누어 주면서 캠페인을 벌였고, 이곳 저곳 장소를 빌려서 좋은 비디오를 상영하고, 좋은 비디오를 소개하는 포스터도 제작하고, 여름 방학, 겨울 방학이 오면 특별히 비디오 추천 목록도 만들어 직접 나누어 주기도 하고, 또 빼놓을 수 없는 것이 하이텔에 자료 보내기이다. 도대체 별 볼일 없는 아줌마들 대여섯 명이 어떻게 이런 일을 할 수 있었을까? 우리들 자신도 되돌아보면 숨가쁘게 지내온 삼 년이다.

4. 우리가 일을 할 수 있도록 해준 것들

우리가 이렇게 일해올 수 있었던 힘은 어디서 온 것일까? 첫번째는 우리가 아이를 키우기 때문이다. 아이가 있는 이상 아이와 함께 비디오 보기는 계속되고, 내 아이가 문제가 되면 옆집 아이도 문제가 된다. 이러한 공통의 이해가 이리저리 정신없이 끌려 다니면서도 아직 이 일을 하는 이유일 것이다. 두번째는 컴퓨터이다. 컴퓨터라는 기계 덕분에 우리는 집에 있으면서도 출판을 손쉽게 할 수 있었다. 초기 원고부터 지금까지 우리가 해온 모든 기록들이 컴퓨터화되어 있다. 뿐만 아니라 데이터 베이스화되어 있다. 자료도 종류별로 분류되어 언제든지 찾아볼 수 있고, 복제 가능한 상태라는 것이다. 이것은 단순하지만 무척 중요하다. 우리 말고도 다른 사람들에게 우리가 해온 일들을 소개할 수 있고, 또 보태어 다른 사람들이 일할 수 있도록 만들어 주기 때문이다. 아이는 계속 생길 것이고, 비디오 문제는 또 생긴다. 우리는 아이에게 어떤 비디오를 어떻게 보여 주라고 배운 적이 없다. 우리가 자랄 때는 그런 문제는 없었으니까 …… 결국 우리들 스스로가 이 문제를 해결해야 한다.

컴퓨터 시스템 오퍼레이션에 유난히 관심이 많았던 남편은 컴퓨터와 오디오, 비디오, 레이저 디스크, 씨디 롬, 게임기 등 모든 기계를 붙여서 연결해 사용할 수 있도록 해주었다. 학교 컴퓨터 써클의 후배들은 우리 자료를 위한 데이터 베이스 프로그램을 기꺼이 짜주었다. 세번째는 매스컴이 보내준 격려이다. 『여성신문』에서 주부들의 모임으로 우리를 처음 소개한 이래 다양한 매스컴에서 우리에게 보내준 호응은 하나하나는 무척 작은 조각이었지만, 우리들 자신에게는 굉장한 격려이며 채찍이었다. 텔레비전이나 신문에 한 번씩 보도가 되면서 우리에게 새로운 요구들이 쏟아져 나왔고, 친척들과 이웃들의 지원이 늘어났다. 그러한 요구들에 부딪치면서 욕을 먹지 않으려고 꺼이꺼이 해온 일들이 오늘의 우리를 만들었다.

5. 기대하지 않았던 좋은 선물, 공동체 의식

해가 거듭하면서 일이 자꾸 많아지자, 아이들을 위해 시작한 일이 이제는 아이들을 외롭게 만든다는 이야기가 나올 만큼 우리는 분주해졌다. 우리는 왜 이 일을 하나? 단지 내 아이만을 위해서 한다면 이제 아이들이 커서 국민학교에 들어가고, 비디오 보기도 어느 정도 자리를 잡아가는데 …… 이런 생각이 들어서, 이제 아이의 문제가 아닌 우리들의 문제에 대해 「주부끼리 마음 열기」라는 소모임을 만들었다. 우리는 왜 모이는가? 우리들 각자는 아이 제대로 키우기에 관심이 많았고, 우리가 생각한 대로 아이를 키우려고 노력하고 이를 인정받기 위해 서로 모여 토론하고 고민했다. 그런 작은 마음들이 결실이 되어 이제는 굴러갈 수 있는 작은 조직도 만들었다. 그러면 이제 우리는 아이들이 자라 비디오에 대한 요구가 줄어 들면 이 모임을 해산해야 하나? 지난 3년간 이 일을 해오면서 알게 모르게 쌓아 왔던 영상을 선별하는 능력, 여기저기 흩어진 자료를 모아 정보로 처리하는 능력, 그간 서로에게 쌓은 신뢰감은 단지 한 아이를 위한 모든 것을 준비하는 과정 이상의 것이다. 우리는 어느새 영상 그 자체를 즐기게 되었고, 책을 출판하고, 도서관을 운영하면서 일 자체를 즐기는 사람들이 되었다. 어느새 내 인생의 미래와 「영상 모임 아이들」의 내일은 서로 떼어 놓을 수 없는 일이 되었다.

6. 끝없는 아이 키우기

올해 태주가 국민학교에 들어갔다. 이제 비디오 말고도 할일이 점점 많아진다. 아스팔트와 자동차의 홍수 속에서 자라는 아이에게 특히, 강남의 환경은 향나무 냄새 그윽한 고궁 하나도 없이 커다란 성냥갑 같은 건물 속의 생활에서 아이가 무얼 보고 느낄 수 있을까? 유치원까지는 수업을 마냥 빼먹고, 산으로 들로 놀러도 많이 다니고, 합천 시골집에 가서 이웃집 돼지가 몇 마리인지, 어느 집 닭이 언제 병아리를 낳는지도 훤히 알던 태주가 갑자기 국민학생이 되자, 학교에 벌써 매인다. 우선 토요일까지 학교에 가니 우리집 주말이 짧아졌다. 외국인 회사에 다니는 남편은 금요일 오후부터는 주말이라, 우리는 교통 체증을 피해 1박 2일을 늘 즐길 수 있었다. 이젠 아이에게 묶여서 주말도 짧아지고, 아이와 함께 살아온 삶의 리듬이 점차 바뀌어진다. 정말이지 아이를 제대로 키우기가 이렇게 힘든 건지? 태주는 재미있게 시간을 보낼 친구도 마땅치 않다. 놀이터에 나가 놀 친구도 이삼일 전에 약속을 해서 만나야 놀 수 있을 만큼 이곳의 아이들은 바쁘다. 모두들 과외 수업들 받느라고 시간을 못 맞춘다. 그러니 친구 사귀어 주려고 미술이나 음악 과외 시킨다는 어느 엄마의 말이 이해도 간다. 하지만 친구 사귀어 주려고 무조건 과외를 시킬 수는 없다. 그렇다고 점점 생의 의미조차 모르는 둔감한 아이가 되어 가는 것을 그냥 보고만 있을 수는 없었다. 아이에게 유익하고 재미있는 프로그램은 결국 내가 스스로 만들어야 한다. 이제 아이에게 박물관·화랑·연극·음악회·전시회 등을 보여줄 때가 된 것 같다.

나는 아이에게 문화적인 면을 충족시켜 주지 못하고 있다는 이야기를 「영상 모임 아이들」의 회원인 김재숙 씨에게 했다. 아이들에게 박물관 과외를 시키면 어떨까? 김재숙 씨는 너무도 좋아했다. 자신도 늘 아이에게 박물관이나 전시회 등을 보여 주고 싶었지만 체계적으로 되질 않는다는 이야기를 하면서 아이들이 매주 박물관·화랑·전시회·음악회 등을 보고, 함께 이야기를 나누는 시간을 마련하자고 했다. 우리는 그래서 또 새로운 일을 벌였다. 아이 둘 데리고 문화적인 공간을 찾고, 감상하고 아이와 함께 이야기하고, 또 그것을 빼먹지 않고 기록으로 남겨서 누구가 우리처럼 아이를 키워 보고 싶은 이들이 생기면 함께 나누기로 하였다. 이제는 아이와 함께 하는 작은 일들 하나하나가 의미 있고, 내 아이를 위한 모든 것이 아닌 모든 아이를 위한 여러 가지의 것을 차근차근 준비해 갈 수 있다는 자신감이 든다. 이러한 자신감은 우리가 모였기 때문일 것이다. 내가 혼자 그런 생각을 해서 남편에게 말했으면, 쓸데없이 신종 과외 만들지 말라는 핀잔만 들었을지도 모른다. 하지만 우리가 모여서 의논하고, 생각을 모아 아이들 제대로 키우기에 골몰하면서 만들어낸 의견이기에 작은 결실이라도 소중하고, 서로의 신뢰 속에서 잘 일구어 나갈 수 있을 것이다.

언제까지 아이 키우기 문제로 질질 끌려다닐 것인가? 언제나 당장 발등 앞에 불끄기에 급급한 채 하루살이가 될 것인가? 이제 아이와 함께 살 날들을 설계해 본다. 지금까지 내 삶 속에는 내가 하고 싶은 것들로 꽉 차 있었다. 이제는 아이와 함께 사는 삶이 곧 내 삶이 되어버렸다. 이제 아이와 내가 비슷한 생각을 하는 다른 사람들과 함께 할 수 있는 재미있고 보람 있는 일을 찾는 것 자체가 삶의 목표와 의미가 되었다.

7. 누구 없어요? 함께할 사람 ……

지금 「영상 모임 아이들」 회원들의 글쓰기와 책 만들기 그리고 비디오 도서관 굴리기는 큰 어려움 없이 굴러가고 있다. 이제는 만드는 것에서 만들어 놓은 것을 잘 유지하는 단계에 들어갔다. 지금까지 「영상 모임 아이들」은 우리들에게 무척 특별한 일이었다. 어쩌다 아이들 때문에 벌인 재미있고 유익한 이벤트였다. 이 작은 일이 이제는 생활의 일부가 되었다. 아이는 비디오만 보고 자라지는 않는다. 아이들을 제대로 키우고 싶어하는 사람들과 아이들이 함께 자라는 삶 속에는 많은 일들을 같이 벌여 나가야 할 것이다. 먼저 우리가 할 수 있는 일부터 시작한다. 비디오 자료를 1,000여 편 모으면서 해온 정보 처리 경험으로 이제 아이들 그림책을 함께 보고, 비디오 자료를 정리했던 것처럼 목록을 만들고, 그림책을 사서 모아 그림책 도서관도 만들 것이다. 아이들은 매일 집에 앉아서 비디오나 책만 보지 않는다. 밖에 나가서 보다 많은 것들을 배운다. 아이들에게 맞는 문화 공간 찾아 주기 일을 벌여야 한다. 이는 박물관의 일정표에서, 연극 스케줄, 음악회 티켓 구입에서부터 시작된다. 우선 우리 아이들에게 좋은 프로그램 보여 주는 걸로 만족하고, 많은 이들에게 도움이 되는 프로그램을 만들 수 있으면 더욱 좋고, 부담없이 내가 할 수 있는 일을 하나라도 제대로, 그리고 모두와 함께 기꺼이 나눌 준비를 하면서 늘 새롭게 시작한다. 문화 공간 찾아보기 일을 벌이면서 2-3년 동안 착실히 박물관을 비롯해서 여러 문화 공간을 개발하다 보면, 문화 캠프를 만들 수도 있겠다는 말이 나왔다. 또「주부끼리 마음 열기」라는 공부방을 마치면서 우리 모두 아이 키우는 엄마들인데, 아이 제대로 키우기에 대한 이야기를 해보지 못했다는 반성을 하면서 함께 모여 아이 키우기 토론을 벌여 보자는 얘기가 나왔다. 그래 우리 교외에라도 가서 아이 키우는 얘기를 해보자! 우리는 가끔씩 교외에 모여 아이들 이야기, 살아가는 이야기를 나누는 캠프를 열었다. 하지만 여기저기 교외를 돌아다니면서 모이는 캠프는 연결되지 않고, 일과성으로 그치는 것 같았다. 갈 때마다 먹을 것, 입을 것, 할일 챙기기는 늘상 반복되는 일로 번거롭다. 시간과 공간이 바뀌는 만큼이나 다른 일들이 체계없이 이루어졌다. 그때 그때는 의미 있는 일이지만, 매번 새로운 계획을 해야 하고, 지난 번 계획이 다음 번 일로 연결되지 않았다. 결국 단기간 별 계획 없이 벌이는 이곳 저곳의 캠프는 들이는 노력만큼 많은 결실을 얻을 수 없다는 우울한 결론을 얻었다.

우리에겐 늘상 우리의 일이 남아 있고, 다음으로 연결될 수 있는 공간이 필요했다. 그런 고민으로 세월을 보내던 차에 서울에서 4시간 남짓 거리에 작은 캠프장을 만들 수 있는 장소가 마련되었다. 아직은 아무것도 없는 산골의 작은 장소이지만, 앞으로 2-3년 아이들 데리고 문화 공간 찾기와 캠프 만들기 공부를 하면서 차근차근 좋은 캠프 만들기를 시작해볼 예정이다. 누구 없어요? 3년쯤 후 아이들과 함께 멋진 캠프를 만들 일을 함께 할 사람! ■

"잠깐만 기다려! 나 오줌 누고 올 동안 얘기하지 마!"

또 하나의 문화 직장인 소모임이 마음을 터놓기까지

김혜완 · 강화은 · 이소희*

※ 이 글은 또 하나의 문화의 여러 소모임들 중 하나인 직장인 소모임의 탄생에서부터 오늘에 이르기까지의 성장 과정을 기록한 자서전이다. 직장인 소모임은 1992년 1월부터 사무직 여성들을 중심으로 직장과 삶의 현장에서 맞닥뜨리게 되는 여러 가지 문제들을 함께 토론하고 대안을 모색하고자 하는 인식에서 출발한 소집단이다. 이 글은 우리의 객관적 활동을 묘사한 기록문 형식과, 그 활동들을 통하여 개인적 자아에서 공동체적 자아를 향해 가고 있는 우리의 경험을 서술한 자서전 형식을 함께 보여 주고 있다. 김혜완, 강화은, 이소희가 소모임을 통한 각자의 경험을 바탕으로 자기 성찰적인 글쓰기를 하였다.

또 하나의 문화와의 만남(1991년 12월)

1991년 겨울. 회사와 학교 사이를 정신없이 오가느라 몸과 마음이 지칠대로 지쳐서 어서 종강이 되기만을 고대하고 있을 무렵 강의실 칠판의 한 모퉁이에 쓰여 있는 '여성 문제 토론 소모임 준비 모임'의 문구는 나의 호기심을 자극하기에 충분한 것이었다. 알고 보니 학보에 실린 이소희 선생님의 「낭만적 사랑과 성폭력」이란 제목의 글이 영어과 학생들에게 화제를 일으켜 그들이 선생님께 여

---

* 김혜완은 1970년생으로 현재 외국인 회사에서 리셉션니스트로 일하고 있고, 강화은은 1959년생으로 출판사에서 일하고 있으며, 이소희는 1960년생으로 한양 여자 전문 대학 영어과에서 학생들을 가르치고 있다.

성 문제 토론 소모임을 만들자고 요청하여 이루어진 것이란다. 여하튼 난 '단지 여자라는 이유만으로' 수없이 억울한 일을 당해야만 하는 '더럽고 치사한 직장 생활'을 하면서 학교를 다니고 있었기 때문에 내 억울함을 호소하고 위로 받을 수 있는 무언가를 찾고 있던 차에 이 모임에 대한 호기심과 기대를 잔뜩 안고 문을 두드리게 되었다.

나는 첫 준비 모임이 나같이 호기심과 설레임을 안고 온 많은 학생들 앞에서 선생님의 강연 형식으로 진행될 줄 알았는데 참석한 학생이 겨우 5-6명이어서 출발부터 약간은 실망했었다. 자기 소개와 모임에 참여하게 된 동기를 말하라기에 새로운 분위기와 낯선 어른들 앞에서 조금 위축된 나는 여성으로서 부당한 대우에 억울한 느낌이 들었다는 그저 교과서적인 답변을 했을 뿐이었다. 이 자리에서 우리는 이 모임을 어떤 프로그램으로 진행할 것인가에 대하여 주로 토론하였다. 그 모임에서 우리는 같은 영어과에서 공부하고 있으면서도 직장 경험이 있는 사람과 직장 경험이 없는 사람들 사이의 사고 방식의 차이가 상당함을 인정하지 않을 수 없었다. 그래서 우선 '일하는 여성'이라는 주제에 대하여 토론을 하기로 하고 또 하나의 문화 동인지 제2호 『열린 사회 자율적.여성』을 읽고 첫 프로그램을 시작하기로 하였다. — 김혜완

그리 넓지 않은 공간인데 한쪽에선 아이들의 떠드는 소리, 한쪽에는 월례 논단 열기가 가득한 이곳은 신촌 한복판에 자리잡은 또 하나의 문화라는 단체였다. 어수선한 가운데 사람들은 끊임없이 들어오고 나는 어떻게 무엇이 전개되고 있는지도 모르고 어색하게 자리잡고 앉아 있었다. 오늘은 91년을 보내는 송년회가 열리는 날이었다. 나로서는 이번이 또 하나의 문화를 알고 난 후 두 번째로 참석하는 자리였다. 12월 17일 첫모임에 참석했을 때의 어색함과는 다른 분위기였다. 이전의 모임에서는 모임을 주도한 선생님 및 참석한 친구들과의 안면도 있고 10여 년 동안 직장 생활을 통해 얻은 사회의 적응력도 만만찮아 조금은 덜 서먹하고 여유가 있었다는 느낌이었다. 하지만 첫모임에서 모두 자기 소개를 하는 과정에서(후에 또문에 새로운 사람이 참석하면 늘상 통과하는 과정임을 알게 됨) 이곳이 출판사도 겸하고 있고 실제로 편집장이라고 소개하는 마음 좋고 넉넉하게 생기신 분도 있다는 것도 알게 되었다. '출판사라고?' 내 머리 속은 갑자기 헝클어지기 시작했다. 열심히 눈앞에서 벌어지고 있는 상황을 머리 속으로 생각하면서 앉아 있었다. 나는 20살 이후 줄곧 출판·인

쇄 계통에서 일을 해왔고 적성이 맞지 않는 일이라는 생각을 늘상 했었다. 그러나 타향인 서울에서 자취를 하면서 스스로 생계를 꾸려가야 하고 만딸이라 부모님을 도와드려야 하는 것이 나의 현실이었다. 그러면서도 끊임없이 내 자신을 위해 시간과 돈을 투자하고 싶었다. 그러나 나의 직업과 현실을 벗어나지 못한 채 10년이라는 긴 시간이 흐르고 이제야 겨우 벗어나는 방법으로 나보다 어린 친구들과 같이 공부를 하고 있는데 다시 출판사라는 곳과 만나게 되었던 것이다. "계속 올 곳은 못되는구나" 하고 생각하였다.

그러나 그 첫 준비 모임에서 헤어질 때 12월 28일이 송년 모임이니 참석해 달라는 말에 작은 호기심이 발동했다. 여성 단체에서 월례 논단도 하고 많은 사람이 모인다니까 참석해 보면 이것도 다른 경험일 수 있다는 생각에 같이 간 친구와 함께 참석하기로 했다. 월례 논단이 끝나고 푸짐한 저녁을 먹고 또 자기 소개를 했다. 그러나 너무나 다른 사람들이었다. 나와는 별로 상관없고 평소에 관심도 없던 계층에 있는 사람들이었다. 웬 교수들이 그리 많은지. 그들의 밝은 웃음과 흥겹게 어울리는 모습들, 가족인 듯한 아이들과 남자들, 구김 살없어 보이던 학생들, 모두들 먼 나라 사람들이었다. 자신의 편안함보다 주위의 사람들을 먼저 돌보며 자기의 미래를 포기할 수밖에 없는, 그래서 생존 경쟁이라는 현실과의 싸움에 지친 많은 사람들을 보아온 나로서는 낯선 상황이었다. 금방이라도 뛰쳐나가고 싶었다. 돌이켜 생각해 보면 학생들의 연극을 보고 가자는 옆의 친구의 말에 꽤나 인내심을 갖고 그 자리를 지키고 있었던 것 같다. 그날 밤은 혼란과 원인 모를 쓸쓸함으로 뒤범벅된 감정이었다. 그러나 그것이 단순히 그들과 나와의 물적 환경의 차이 때문일까? 아직도 이 부분에 관해서는 또문을 더 알아야 하고 여전히 정리가 되지 않는 문제이다. ― 강화은

89년 6월 남성학 소모임을 통하여 또 하나의 문화 동인은 되었으나 문화 운동의 주체가 되지 못하고 여전히 주변적인 존재로 남아 있던 나에게 92년 한해는 대단한 전환기였다. 왜냐하면 그 몇 해 동안 '가깝고도 먼 당신'의 위치에서 나의 짝사랑으로 남아 있던 또문이 그 92년 한해를 통하여 내 생활의 일부분이 되었음을 실감하게 되었기 때문이다. 그 과정에서 가장 결정적 계기가 되어준 것이 직장인 소모임과의 만남이었으며 나 자신이 직장인 소모임의 구성원이 된 것은 전혀 뜻밖의 일이었다.

내가 쓴 「낭만적 사랑과 성폭력」이란 글이 한양 여자 전문 대학 학보에 발표된 후 독자들의 반응은 내가 기대한 것 이상이었다. 여러 형태의 토론 모임에 참석할 기회가 생겼으며 개인적인 면담을 요청하는 편지들도 꽤 있었다. 이러한 반응들이 우리 사회의 20대 초반 여성들이 무엇을 간절하게 소망하고 있는가를 반영하고 있음도 알게 되었다. 독립적인 한 개인으로서의 삶의 방식을 갈망하고 있는 한편 현실 사회에 존재하고 있는 수많은 어려움과 장벽들로 인하여 그러한 삶의 방식을 실행에 옮길 수 있을 만큼 용감하지는 못한 단면을 보여 주고 있었다. 내 글을 읽은 영어과 학생들을 중심으로 모인, 우리 사회 여성 문제에 대하여 토론하자는 소모임은 당시 사무직 여성 모임을 구상중에 있던 또 하나의 문화 모임과 자연스럽게 연결되었다. 이 과정에서 나는 그 동안 한번도 경험하지 못했던 자신감을 얻게 되었다. 그것은 나 자신의 글쓰기가 다른 사람들에게 영향을 주어 우리 사회 내에서 어떤 종류의 행동이 일어날 수 있다는 신선한 경험이었다. 말하자면 나의 글쓰기를 사회 운동의 측면에서 이해하게 되는 계기가 된 셈이다. 물론 가부장제 사회 내에서 여성주의적인 글쓰기가 정치적으로 중요하다는 사실은 이론적으로 수없이 듣고 배워 왔다. 그런데 우리 사회 내에서도 여성들이 글쓰기라는 행동 양식을 통하여 서로의 체험을 나누고 확장시킬 수 있다는 사실을 나 자신이 몸소 체득하게 된 것이다. ― 이소희

직장인 소모임의 탄생 : 1기 (92년 1월―2월)

1월 초부터 여성 문제를 다룬 책을 읽으며 특히 직장 내의 성차별을 중심으로 토론이 진행되자 직장 경험이 없는 학생들은 시종 이해 못하겠다는 표정을 짓더니 1―2번 나온 후 갑자기 발길을 끊었다. 게다가 모임을 이끌기로 한 선생님도 건강상 이유로 당분간 나올 수 없게 되자 세 사람만이 달랑 남게 되었다. 하지만 우리 세 사람은 우리끼리라도 진행해 보자고 서로를 격려해 가며 어려운 모임을 지속시켜 나갔다. 토론의 준비 과제로 주어진 책들을 읽고 여성 문제의 근원에 대해 생각하게 된 시간들이었다. 하지만 엉켜진 실처럼 제대로 풀어낼 자신이 없는 내 안의 문제들을 자꾸자꾸 토해 내야만 하는 의무감이 버거웠고 모임이 끝난 후 집으로 돌아가는 길에서는 그저 내 자신이 자리를 옮겨 신세 타령이나 한 것이 아닌가 하는 회의감에 눈물을 흘리기도 했다. 다행히 1기 후반부

터 내 직장 동료들이 여러 명 합류하게 되었고 또 우리들의 경험을 바탕으로 하여 남성 중심 조직의 횡포에 그저 침묵으로써 대응할 수밖에 없는 사무직 여성의 하루 생활을 글로 옮긴 「말 안함으로써 말하기」라는 공동 창작물을 만들기도 하였다. ― 김혜완

여성학에 관한 책을 읽고 토론한 1기 8주간의 프로그램은 나에겐 색다른 매력이었다. 또 "한번 시작했으니 어쨌든 해야 한다"는 모범적인 생각도 있어서 꼬박꼬박 참석하였다. 그런데 참석자의 수가 점차 줄어들더니 결국 3명만 남게 되었다. 그래도 서로 다독이며 모임을 이끌어 갔다. 그때는 "내가 나오지 않으면 모임이 안되니까" 하는 의무감으로 참석했다.

　많이 읽지는 못했지만 여성학 관련 책들을 읽는 가운데 그 동안 혼자 갈등해 오고 개인의 문제로만 여겼던 차별과 부당성이 여자이기 때문에 겪어야 하는 사회적이고 구조적인 산물이라는 사실도 알게 되었다. 내가 조직 사회에서 고정화된 남녀 차별 관행(예를 들어 직장 여성은 단정한 정장 차림이어야 하며 화장도 해야 하고 남자 직원에게 여성적인 부드러움을 보여야 하는 것 등등)에 무조건 복종하지 않고 내 개성대로 살아오며 받았던 수많은 질시, 사회 생활하는 여자가 옳고 그른 것을 정확히 얘기한다고 인간적으로 멸시받은 일, "여자가 별 걸 다 알고 모른 척할 것이지. 아니 형광등도 끼우고 스탠드도 고쳐? 힘도 잘 쓰네. 남자들한테 해달라고 해야지." 참으로 듣기 힘들었던 이야기들, 결혼에 무관심한 나에게 쏟아지는 주위 사람들의 이상한 시선들, 서울 생활을 하느라 오빠, 동생들과 같이 살면서 여동생이어서, 또 누나여서 그들을 위한 나의 뒷바라지는 너무나 당연시되고 그 속에서 내가 겪는 인간적인 고통은 언제나 무시되는 상황, 게다가 여자니까 시집가면 모든 것이 해결된다고 믿는 가부장적인 가족 제도 등에서 벗어나려고 노력하면서 내 주위에 비슷한 여자 친구가 없어서 힘들었던 일들을 어리석게도 내 개인의 문제로만 보았다는 것도 깨닫게 되었다. 내가 나름대로 소신있게 살아온 방법이 결국 옳았다는 확인, 그것은 내 인생에 있어서 대단히 큰 수확이었다. 더군다나 여성학이 '실천 학문'이라는 사실은 나에게 많은 용기를 주었다.

　나는 4주가 끝나갈 즈음에 더 이상 모임을 하지 않겠노라고 생각하였다. 모임 구성원이 적다는 이유도 있었지만 실은 나 자신이 이 모임을 더 이상 계속하고 싶지 않았다. 이쯤에서 모임을 그만두고 나를 점검하는 시간을 갖고 싶었

다. 그러나 한 달 동안 우리 3명은 정이 들었는지 계속 모임을 하자고 나에게 졸랐다. 결국 모임을 계속하기로 했고, 모임에 열심이던 혜완은 회사 동료들을 여러 명 데리고 왔다. 모임은 공동 창작물을 만들기도 하는 등 다시 활기를 되찾기 시작했다. — 강화은

깨어나는 우리 자신들 : 2기 (92년 3월−6월)

1기를 마치고 우리는 장소를 야외로 옮겨 북한산 기슭에서 2기 모임에 대한 계획을 세웠다. 직장과 학교를 병행하는 사람들이 개강으로 인해 바쁘게 되어 격주 토요일에 모이기로 하고 프로그램도 사전에 특별히 준비를 요하지 않는 '영화 보고 토론하기'로 정하였다. 우리는 「섹스, 거짓말, 그리고 비디오 테이프」, 「투씨」, 「워킹 걸」, 「핸드 메이즈」, 「해리가 샐리를 만났을 때」 등의 외국 영화와 「은마는 다시 오지 않는다」와 같은 우리 영화를 보았다. 영화 선정은 우리들 몇몇이 제안한 것에 대해 토론을 하여 결정하는 형식을 취하였다.

1기의 책 읽기 작업이 논리적 사고의 확장과 이론적인 논의의 습득이라는 효과를 가져온 반면, 2기의 영화 보기 작업은 우리와는 다른 사회와 문화에서 발견되는 가부장제 이데올로기를 이해할 수 있는 좋은 기회였다. 또 그 토론을 통하여 우리들의 사고의 폭이 얼마나 다르고 또 어떻게 다른가도 이해하게 되었다. 이 영화 보기 토론 작업을 통하여 우리들 각자가 주체적인 의견을 가지고 있으며 그 다름의 폭이 꽤 상당하다는 것도 인식하게 되었다. 이제까지 영화 주제에 대해서는 심각하게 생각해 본 적 없이 그저 '눈'으로만 화면을 좇았던 영화 보기에서 영화 속에서 그 내용과 주제를 '머리'로 읽을 수 있다는 새로운 인식이 이 프로그램을 통해 우리가 얻은 성과였다. 하지만 다들 회사와 학교에서 눈코 뜰 새 없이 바쁘게 생활하는지라 늦은 시간에 만나 영화만 간신히 보고 토론이 제대로 이루어지지 못한 적도 있었다. 그리고 우리 소모임에 호기심을 갖고 문을 두드려 보는 사람은 많았지만 몇 번 참석하다가 도중 하차하는 사람 또한 많아 구성원 거의가 이 모임에 완전히 뿌리를 내리지 못하고 조금은 겉도는 분위기였다. — 김혜완

격주로 영화 보기를 하면서 새로운 사람도 들어오고 1기 모임에 참석하다가 빠진 사람들이 다시 나오기도 했다. 이때쯤 우리 소모임에는 20대 사무직 여

성들이 또문 내에서 새롭게 부딪치는 문제가 대두되었다. 나는 20대를 벗어나 있어서 1기를 끝낸 후에는 또문에 대해 어느 정도 객관적으로 볼 수 있었다. 처음 또문을 만날 때의 당황했던 경험을 넘어서서 이때쯤에는 이곳을 이끌어 가는 많은 지식인들이 운동이라는 형태로 새로운 사회를 만들기 위해 기여하는 자세와 생활이 무척 신선하게 느껴졌다.

신촌에서 연희동으로 사무실을 이사한 후에 시작한 2기 모임은 묘하게도 같은 20대인 대학생 연극팀과 소모임 활동 시간이 토요일 오후 시간으로 겹치게 되었다. 직장인 소모임은 작은 사무실 안으로 텔레비전과 비디오를 옮겨와 영화를 보고 토론을 했고 그들은 넓은 공간을 사용했다. 이것이 직장인 소모임이 또문의 사람들과 처음 접촉하는 것이었다. 이러한 상황에서 같은 세대로서 소외감을 느끼기도 하고 무척이나 다름을 느꼈다. 물론 저녁 때 학교 가는 사람도 있었지만 그들이 직장에서 눈치 보고 또문에 와서 각자 힘든 상황을 이야기하면서 다소 위안을 얻는 형편이라 대학생 연극팀과는 상당한 거리감을 느끼고 있었다. 그러다 2기 막바지에 수유리 아카데미 하우스에서 '고정희 1주기 추모제'를 할 때 소모임의 이름으로 처음 참석하게 되었다. 이때가 처음으로 또문 전체 동인들과 만나는 기회였다. 그 자리에서 우리는 그 동안 또문 동인으로 직장에서 활동한 경험이 있고 「전문직 여성의 대응 전략」이라는 글을 동인지 4호에 발표한 조혜순 씨를 만나게 되었고 그 다음 모임부터는 조혜순 씨와 함께 하기로 했다.

아카데미 하우스에서 추모제를 끝내고 돌아오는 차 안에서 나는 같이 간 동료들에게 물었다. "어떠니? 또문 동인들을 보니까?" "응. 다들 대단한 사람들이야. 주눅이 들어." "나와 다른 사람들이야. 섞이지 못할 것 같아. 다른 곳에 가면 우리들 같은 사람도 많은데 여기는 아니야." 이런 답답한 대화들이 그날 우리들의 또문에 대한 느낌이었다. 이때를 즈음하여 대졸 사무직 여성들도 우리 모임에 합류하게 되었다. 그리하여 2기의 마지막 모임에서는 '일과 결혼'이라는 주제에 대하여 좀더 구체적인 이야기들을 하게 되었고 3기부터는 우리 자신들의 직장에서의 경험을 토대로 토론을 하기로 결정하였다. — 강화은

기록 작업을 통한 껍질 벗기 : 3기 (92년 7월—8월)

직장 경험의 대선배로 당시 미국에 머물다 잠시 귀국한 조혜순 씨가 참여하면서

우리는 이제까지의 모임에 대전환을 맞게 되었다. 조혜순 씨는 우리에게 직장인이 모였으니 직장 내의 여직원 차별 문제를 우리 스스로 직접 극복해 나가자면서 그 첫걸음으로 각자가 속해 있는 직장의 사규를 공부해서 발표하자고 제의했다. 왜냐하면 이 작업이 각 직장에서 자신이 처해 있는 객관적 상황을 살펴보기 위한 기초적인 작업이라고 생각했기 때문이다. 그래서 각 회사 내에서의 경험과 정보를 나누고 비교하여 공통의 문제를 찾아 그 개선점을 찾아 보기로 했다. 또한 1, 2기와는 달리 모임의 성과를 구체화시킬 수 있는 방법으로 회의 내용을 녹음하고 회의록을 작성하여 기록하기로 하였다. 사규와 직장 내의 성차별을 해결하기 위한 이야기를 주고받으면서 우리는 우리의 시급한 과제가 무엇인가도 알게 되었다. 우리가 당면해 있고 또 가장 원하고 있는 것은 그 동안 막연히 생각해 왔듯이 현재 직장 내에서의 구체적인 행동이 아니라 우선은 각자의 삶에서 자아를 세우고 자신감을 갖고 싶은 욕구가 강렬하다는 것이었다. 그래서 우리가 감행한 것이 '껍질 벗기'란 이름으로 자기를 드러내 보이는 작업이었다. 우리는 그 과정에서 자신이 누구이고 어떤 사람인가를 알 수 있을 것이라고 기대하였다. 앞서 6개월여 동안이 나름대로 의미 있는 시간이었음에도 불구하고 직장인 소모임의 자리 매김을 위한 방황기였다고 감히 말할 수 있는 것은 '껍질 벗기'로 인해 우리는 스스로를 객관적으로 바라보고 성찰할 수 있었으며 비로소 또문의 식구로 뿌리 내릴 수 있다는 자신감을 가질 수 있었기 때문이었다. 이 기간에 우리는 또문을 통해 만난 고학력의 중산층 동인들 사이에서 느꼈던 소외감을 중심으로 이야기를 풀어 가며 밤이 새는 줄도 모르고 그 동안의 성장 배경 및 직장 생활을 통해 우리들 내부에 쌓인 응어리를 토해 냈다.

이 작업을 하느라고 여러 번 모기를 쫓으며 여름밤을 밝혔다. 나는 다른 사람들과 함께 자신들의 지나온 삶을 열심히 진술하고 열중해서 듣는 그 분위기가 무척이나 좋았고 서로가 진지한 분위기를 만드는 그 상황이 너무나 신기했다. 여기에서 오고 가는 잔잔한 정이야말로 그 동안 말로만 들어오던 자매애라는 것을 새삼 느꼈다. 여자들이 하는 얘기는 '수다'라는 이름으로 늘상 남자들에게 무시를 당하지만 그 당시 우리들의 모습들은 너무나 엄숙하고 숙연하기까지 했다. 나를 상대방에게 풀어 내고 공감을 얻는다는 것은 아주 귀중한 경험이고 자신감을 얻는 일이라는 것은 이미 친구들과의 관계에서 경험해 보았다. 그러나 녹음기에 담긴 내 목소리를 내가 듣는 것은 너무나도 괴로웠다. 내가 듣기 싫다고 느낀 단어들, 억압이라고 느껴졌던 부분을 과장하듯이 표현하는 방법 등, 이런 것들을 정리하고 난 후에는 내 가슴 속에서 무엇인가를 갈망하고 있는 강한 허기를 느꼈다. 사실 그 동안 책을 읽고 영화를 보면서 토론할 때 가끔씩 자신의 문제와 연결시켜 생각해 보기도 하였지만 구체적으로 각자 자신이 안고 있는 문제를 제대로 끄집어 내지 못하고 있었던 터였다. 서로가 그저 나 개인에게만 국한된 지엽적인 것이겠거니 생각했던 것이 공통의 경험으로 모이니 치열한 삶 그 자체가 아닐 수 없었다. ― 김혜완

3기 첫모임에서 자신의 이야기를 구체적으로 하게 된 직접적인 동기는 자신들의 직장 문제라기보다 지난 6월 '고정희 1주기 추모 모임'에서 우리 구성원들이 또문 전체 모임을 본 이후 그에 대한 자신의 느낌과 생각을 말하는 작업에서부터 비롯되었다. 나를 비롯한 30대 이상 기존의 또문 동인들이 그 동안 겪어온 동인으로서의 경험을 말하기 시작하였는데 이 과정에서 우리는 우리들의 이야기가 어떤 공통점을 갖고 있음을 알게 되었다. 즉, 우리들 중 그 어느 누구도 다른 사람의 강요에 의하여 또문 동인이 된 것이 아니었으므로 자신과 또문의 관계를 이야기하는 과정에는 각자가 왜, 어떻게, 또 무엇을 위하여 또문의 동인이 되고자 하였는가 하는 공통점이 고스란히 드러나 있었다. 이 과정에서 각자가 우리 사회에서 자신의 삶 속에 그 동안 지니고 있었던 억압의 경험을 자연스럽게 이야기하게 되었고 또문과의 관계를 중심으로 시작한 자기 자신에 대한 진술 작업은 점점 확대되어 자신의 과거와 현재, 미래에 이르기까지, 또 학업, 직장, 결혼관 및 인생관 등에 이르기까지 광범위하게 확장되었다. 3기에 들어서서 새로 시작한 녹음기를 이용하여 회의록을 작성하는 작업은 미처 생각해 보지도 못한 '자기 진술 작업'의 엄청난 효과를 가져왔다.

사실 3기 모임을 시작하면서 회의록 기록 작업을 하기로 결정했을 때는 우리 중 그 어느 누구도 어떻게 할 것인가에 대하여 분명한 생각을 갖고 있지는 않았다. 단지 우리들이 하는 작업을 기록 보존하겠다는 단순한 생각에서 시작한 것이었고 내가 첫 자원 봉사자로서 이 일을 맡았다. 그런데 3기 첫번째 모임에서 나 자신의 '자기 진술 작업'을 회의 기록문으로 옮기는 과정에서 나는 몹시 놀랐다. 문학 작품에 나타난 여성의 1인칭 서사 기법에 대한 논문을 쓴 경험이 있는 나에게 그 녹음 테이프는 외국 문학 작품에 나타난 여성의 '자기 진술 작업'의 특징들이 나 자신의 진술 작업에

도 고스란히 투영되어 있음을 보여 주었다. 과거의 경험에 대하여 말하고 싶은 욕망과 자신을 감추고 싶은 욕망이 서로 갈등하고 있는 부분, 과거의 분노 및 방황을 정확히 표현하고자 말하는 과정 중에 적합한 언어 표현을 찾아가고 있는 부분(이 부분은 물론 정확한 언어가 아니라 억양, 한숨 등으로 표현되어 있었다), 그 당시에는 꽤나 명료하게 나 자신을 묘사했다고 생각했음에도 불구하고 사실은 그것이 얼마나 분열적으로 구술되고 있었는가 하는 점, 특히 그때까지 한번도 입밖에 내보지 않았던 억압의 경험을 말하고 싶지 않았음에도 불구하고 다른 구성원들의 질문에 의하여 대답해야만 했었던 부분, 또 그 말을 하고 나서 느꼈던 해방의 느낌 등등. 내 삶에 있어서 나 자신을 처음으로 객관적으로 묘사해 본 '자기 진술 작업'은 내가 왜, 또 어느 정도나 과거의 생활에서 혼란에 빠져 있었는가를 극명하게 보여 주고 있었다. 그 '자기 진술 작업'의 녹음 테이프에는 내가 의도하지도 않았고 인식하지도 못했지만 나 자신이 그대로 드러나 있었다. 나 자신의 '자기 진술 작업'을 듣는 것은 새로운 경험이었으며 나 자신에 대한 '자서전 쓰기 작업'과는 완전히 다른 경험이었다. 왜냐하면 말하기는 글쓰기와 달리 순간적인 것이므로 자기 자신의 숨겨진 욕망을 감출 만큼 충분한 시간이 없기 때문이다. 여성의 '자기 진술 작업'이 여성적 자아의 주체성을 탐색해 가는 매우 중요한 과정임은 잘 알려져 있으나 자기 진술의 내용을 자신이 또다시 들어 보는 것이 어떤 것인가에 대해서는 전혀 들어 보지 못했던 내용이었다. 그것은 나를 객관적 상황에 놓고 다시 한번 들여다볼 수 있는 좋은 자료였다.

그러나 그 다음 모임부터 나는 회의 기록을 맡은 자원 봉사자로서 또 다른 예상하지 못한 딜레마에 처하게 되었는데 그것은 "타인인 내가 다른 사람들의 '자기 진술 작업'을 편집 기록하는 것이 옳은 일인가?" 하는 점이었다. 이 점은 단순히 일의 양이 많고 적음의 문제가 아니었다. 물론 3시간 정도의 녹음 테이프를 글로 옮기는 작업은 부담이 매우 큰 일이었다. 그러나 그것보다 더욱 중요한 점은 다른 구성원들이 자신들의 '자기 진술 작업'을 들을 수 있는 기회를 가져야 한다는 점과 그것을 기록 및 편집하는 과정에서 작용하게 될 권력의 문제이기도 했다. 기록하는 사람이 임의대로 요약할 경우 자기 이야기를 풀어 가는 당사자의 의도와는 다르게 기록될 수도 있기 때문이다. 그리고 어차피 우리가 하는 작업이 자기 자신을 객관

적으로 보는 것이 그 목적이므로 각자의 이야기를 직접 자신이 요약 정리
하는 것도 자신을 객관화시키는 한 방법이라고 생각하여 모두에게 제안하
였고 오랫동안 토론을 한 후에 모두 그렇게 하는 데 동의하였다. 그리하여
우리는 자기 자신을 객관적으로 분석하는 일을 3기 모임의 목적으로 하고
이 작업을 '껍질 벗기', '자기 자신을 있는 그대로 받아들이기'라고 이해
하여 7월 내내 우리 모두 자신에 대하여 열심히 '말'하였다. 다른 구성원
들도 이 녹음기를 이용한 껍질 벗기 작업에 대한 느낌을 다음과 같이 표현
하였다. "녹음 테이프 안에서 횡설수설 떠들고 있는 자신의 목소리를 끝까
지 다 듣는다는 것이 꽤 인내를 요구하는 일이었지만 내가 내 안에서 밖으
로 나와 제3자로서 자신을 바라볼 수 있음으로 해서 내가 가지고 있는 문
제를 구체적으로 깨우칠 수 있었다."[1] 또한, 다른 구성원들과의 문답과 대
화를 통하여 껍질 벗기 작업의 중요성을 실감한 경우도 있었다. "껍질 벗
기 작업을 통해 나를 객관적으로 바라볼 수 있었고 함께 작업한 분들의 분
석과 평가를 통해 내 안에 숨어 있는 힘을 발견(확인이 아닌)했다."[2]

　우리는 모두 이 '자기 진술 작업'에 열심히 열정적으로 참여하였다. 밤
새도록 자신의 지난 과거를 이야기하면서 며칠 밤을 함께 보내기도 하였
다. 매일 밤마다 시간이 흐름에 따라서 우리는 무엇인가가 우리들 사이에
서 형성되어지고 있음을 느낄 수 있었다. 그것은 사랑, 이해, 그리고 자매
애라고 부를 수 있는 우리를 단단하게 엮어 주는 에너지가 넘치는 공감대
의 형성이었다. 우리들이 이야기를 끝마칠 때쯤이 되는 새벽이면, 그 이야
기를 한 개개인은 그때까지 안개 속에 가려져 있던 자신들의 과거의 삶에
대해 눈에 확연할 정도로 명백한 생각들을 갖게 되었다. 뿐만 아니라 이
작업을 통하여 같은 여성으로서 각자의 삶의 경험을 나누고 그로 인하여
심리적 연대감과 용기를 얻어 가는 작업의 중요성을 매번 모임마다 실감할
수 있었다. 이 작업이 우리 소모임의 활동 중 우리 모두에게 가장 큰 영향
을 끼친 작업이었다. 나 개인적으로도 우리 구성원들이 살아온 삶 자체가
바로 '살아 있는 여성학 교과서'라고 일컬을 수 있을 만큼 씩씩하게 자신
의 삶을 개척해온 모습에 감동받은 경험이 한두 번이 아니었다. 그럼에도

---

1) 한현미, 「나만의 생각(?) 그리고 너와의 공감」(미간행), 167쪽.
2) 홍현정, 같은 책, 171쪽.

불구하고 자신의 경험을 드러내어 이야기하고 환경과 경험이 비슷한 사람들끼리 공감과 연대감이 이루어지지 않는 한 당사자들의 자아 긍정은 이루어지기 어렵다는 현실적 상황을 인식하게 된 것도 바로 이 '자기 진술 작업'을 통하여 획득하게 된 소중한 체험이었다. 어느 경우에나 객관적인 '자기 성찰'이 전제되지 않는 '자기 성장'의 과정은 있을 수 없는 것이다. 도대체 가부장제 사회 속에서 여성으로서 자신의 삶에 대해 올곧게 주체적으로 선다는 것은 얼마나 힘겹고도 어려운 일인지? — 이소희

나만의 생각(?) 그리고 너와의 공감 : 4기 (92년 9월-12월)

껍질 벗기가 끝난 후 후속 프로그램에 대해 토론을 하였다. 그리하여 결정된 것이 각자가 관심있는 주제를 선택하여 발제하는 형식이었다. 회사 내에서 항상 단순 보조직 업무에 길들여져 있어 막상 어떤 일에 책임을 지고 내가 주도해 나가야 한다는 것이 두렵기도 하고 자신감 또한 없었지만 반면에 이러한 훈련이 반드시 필요하다는 제안에 많은 사람의 동의를 얻어 그렇게 하기로 결정하였다. 우리는 매매춘, 남녀 고용 평등법, 가족법, 낭만적 사랑과 결혼, 여성 해방의 이론적 체계 등 각자가 관심 있는 분야와 『오만과 편견』,『살아 있는 날의 시작』, 『나는 소망한다 내게 금지된 것을』 등의 책을 같이 읽고 돌아가면서 발제를 하고 토론을 이끌어 보았다. 발제 준비를 위해 도서관과 서점을 뒤지며 공부를 할 수 있었고 사람들에게 자발적으로 준비한 것들을 설명해 주고난 후에는 보람과 뿌듯함을 느꼈던 소중한 경험이었다. 4기의 중간인 10월의 마지막 날 우리는 발제 주제인 '성폭력과 성폭력 특별법'의 프로그램으로 모꼬지를 가졌다. 지나온 세월만큼이나 더 새롭고 알차져야 할 1년을 위한 구상에 대하여 서로의 의견을 교환하였다. 또 그 동안 우리의 활동을 기록한 소책자를 만듦으로써 지난 1년간 우리 소모임의 활동을 결산하였다. — 김혜완

진지했던 '자기 진술 작업'은 결국 서로의 삶을 이해하면서 현재의 자기 자신을 되돌아보는 계기를 제공하였다. 각자가 자신이 준비해야 하는 주제에 대해 공부를 하면서도 이제야 조금씩 깨닫게 된 여성 문제 의식을 가지고 지금부터 직장과 가정, 기타 사회 생활에서 무엇을 어떻게 내 삶 속으로 끌어들일 수 있을까를 고민하면서 막연하지만 할 수 있다는 자신감과 희망으로 4기를 보냈

직장인 소모임은 4기 중간에 대성리에서 모꼬지를 가졌다.

다. 하지만 나도 앞으로의 진로(안정적인 직업과 경제적인 상황)에 대해 불안해 하였고 다른 친구들 특히 4, 5년 정도 직장 생활을 하고 있는 20대의 구성원 들은 사무직 여성으로 단순 노동과 승진이 보장이 되지 않는 직장에서의 갈등 으로 자신들의 불투명한 미래에 대해서 불안해 하였다. 이는 우리 사회에서 4, 5년의 경력을 가진 사무직 여성들이 공통적으로 겪게 되는 갈등이기도 했다. 이때쯤 일과 직업을 예전보다 중요하게 생각하고 '홀로 서기'를 원하면서 인 생의 새로운 전환을 위하여 직장을 그만두는 용감한 친구들도 생겼다. 그들은 진학을 고려하고 외국 유학을 원하기도 했으며 더 나은 급여와 조건을 가진 곳으로 직장을 옮기기도 하였다. 하지만 자기가 몸담고 있는 회사에서 최선을 다해 열심히 일하며 자기 계발을 원하는 친구들도 있었다. 나는 이들을 보며 '여성으로 제대로 산다는 것'은 이 사회와의 끝없는 싸움이라고 느꼈다. 우리 가 지난 여름에 서로 서로 삶의 무게가 다름을 인정하면서도 공감할 수밖에 없었던, 이 사회에서 여성으로 살아온 우리들의 아픔은 우리들 사이의 또 다 른 이해의 폭을 넓혀 주었다. 격주로 만나는 4기 모임에서도 거의 빠지는 인 원이 없었으며 여전히 틈나는 대로 자기 이야기를 하였고 서로를 이해하려 애

썼다. 내가 발제를 맡았던 '성폭력과 성폭력 특별법' 프로그램으로 모꼬지를
하던 날 우리가 그 동안 기록해온 회의록들을 함께 묶자는 의견도 나왔다. 모
두들 뿌듯함을 느끼면서 그 의견에 대찬성이었고 어떻게 할 것인가 하는 방법
론적 이야기를 많이 하였다. 그날 이후 우리는 구체적인 세부 계획을 세우고
더 보충해야 될 부분에 대해서도 의논하였다. 92년 12월 우리는 지난 1년 동안
우리들이 해온 작업과 토론한 내용을 기록 보존의 측면에서 한데 모아 177쪽
분량의 자료집, 「나만의 생각(?) 그리고 너와의 공감」을 묶어 내게 되었다.[3] 이
자료집은 여성주의적인 한 소모임의 탄생에서부터 돌쟁이로 자랄 때까지의
내적 성장 과정을 자세하게 반영하고 있다. 특히 이 작업에는 우리 구성원들
이 골고루 각자의 역할을 나누어 맡아 모두가 구체적인 작업에 참여를 했다.
마지막 정리 과정의 타이핑 담당자들, 책의 제목을 제안했던 사람들, 표지 디
자인을 맡았던 사람, 삽화를 그려 넣은 사람 등등. 모두들 실제로 자료집 만드
는 과정에 어떤 형태로든 참여하였다. 우리의 손에 제본된 자료집이 쥐어지던
날, 우리는 서로 자료집을 돌려가며 격려 문구를 써주는 등 우리들끼리 조촐
한 출판 기념회(?)도 가졌다. 이러한 1년 동안의 직장인 소모임 성장 과정에는
사회 운동 자체의 80년대에서 90년대로의 전환 과정도 큰 영향력을 주었다.
우리 구성원들 중 몇몇은 그 동안 각자의 직장 노동 조합에서 핵심 멤버로 일
해본 경험도 있었다. 92년 초 그들이 우리 모임에 합류할 즈음에는 사무직 여
성으로 있으면서 민중으로서의 자부심을 가지고 그 작업장의 근로 조건을 개
선시키기 위한 단체 행동, 노동 운동, 민중 운동에 참여하기에는 우리 사회의
정치적, 경제적, 사회적 상황이 너무나도 급박하게 변화하였다. 또 80년대의
노동 민중 운동 단체처럼 단합된 힘으로 주변에 남아 있으면서 그곳에서 새로
운 생활을 시작하기보다는 스스로 자립을 하며 주체적인 한 인간으로서 살고

---

3) 자료집의 제목을 결정하는 과정에서 다양한 의견들이 제시되었다. 그 중에서도 우
  리가 한 3기의 작업이 얼마나 중요했으며 모두에게 큰 영향을 미쳤는가를 반영하
  는 「나만의 생각(?) 그리고 너와의 공감」이 가장 많은 수의 동의를 얻어 채택되었
  다. 이 자료집의 첫 장에 써 있는 구절, "'따로 만나 함께 되기'의 과정을 보여 주
  고 있는 이 회의록들 사이에는 숨겨진 보물이 하나 있는데 그것은 '나만의 생각',
  '나만의 느낌', '나만의 경험'이 '너와의 공감'을 이루며 동심원을 그려 나갈 때
  만들어지는 '사랑의 다이너마이트', 바로 그것이다"는 말이 바로 이러한 과정을 잘
  반영하고 있다. "회의록을 묶으며", 「나만의 생각(?) 그리고 너와의 공감」, 4쪽.

싶다는 열망이 절실했다. 이는 우리의 껍질 벗기 작업이 끝난 후 많은 사람들이 당시의 작업장을 떠날 생각을 하고 있었다는 사실을 확인함으로써 증명되었다. 또한 직장에서 사무직 여성의 위치는 생산직 여성 근로자의 위치와 다르다는 점도 우리의 토론 과정에서 확인되었다. 그러나 우리가 주변에 남기를 거부했다고 해서 중심을 향해 전진하겠다는 말은 결코 아니다. 자본주의 사회 내의 노동자에게 갈등과 욕구가 더 이상 존재하지 않는 완벽한 근로 조건이란 없다. 그러나 자신의 삶과 그 주위를 변화시켜 나갈 수 있는 적절한 힘 ― 자신감과 창조적 자생력 ― 을 소유하지 않고는 새로운 가치관을 갖고 일상 생활을 바꾸어 나가는 단계에 도달하기는 어렵다. 경험으로 다져지지 않은 이념은 우리의 대안이 될 수 없고 그러한 대안을 제시하기에 우리는 아직 젊다. 그리하여 우리가 경험한 이 1년 동안의 직장인 소모임 활동은 미래의 사회 운동을 위한 준비 단계로 "스스로 바로 서려는 의지가 확고한가?"[4]를 확인하는 단계였다고 생각한다. ― 강화은

개인적으로 이 직장인 소모임의 활동이 나에게 일깨워준 바는 이루 말할 수 없이 많지만 그 중에서도 가장 두드러진 점이 하나 있다. 그것은 지금까지 학교 울타리 내에서만 생활해 왔고 또 앞으로도 계속 그렇게 생활해 갈 나에게 일반 직장에서 생활하고 있는 사무직 여성들의 경험을 나누어 받을 수 있는 둘도 없이 소중한 기회였다는 점이다. 또한 이 소모임 내에서는 같은 여성으로서 각자의 삶의 경험을 나누고 그로 인하여 심리적 연

---

4) '껍질 벗기' 작업에 들어가기 전 우리는 우리가 하려는 작업이 결국 '스스로 바로 서려는 의지가 확고한가?'를 규명하는 작업이라고 이해하였다. 조혜순은 그에 대해 다음과 같이 기록하였다.
"동인지 5호를 위한 좌담회에서 이오덕 선생님이 운동에 대해 하신 말씀이 오랫동안 기억에 남아 있다. 운동가가 유의해야 할 기본적인 점이라고 생각하여 다음과 같이 적어 본다. 〈저는 무슨 운동이든지 외부에 대한 권리 주장과 아울러 스스로 바로 서려는 의지가 확고해야 한다고 생각합니다. 여성 운동, 노동 운동, 문화 운동, 교육 운동 등 모든 운동에 그 두 가지가 동시에 필요하지요. 그런데 대개의 경우, 자기 자신이 바로 서려는 운동은 거의 없는 것 같습니다.〉(또 하나의 문화 동인들, 「좌담 : 내일을 여는 어린이 교육」, 『누르는 교육, 자라는 아이들』, 청하, 1989, 41쪽)" 조혜순, "껍질 벗기에 대한 몇 가지 생각들," 「나만의 생각(?) 그리고 너와의 공감」, 1992, 37쪽.

대감과 용기를 얻어 가는 작업의 중요성을 매번 모임마다 실감할 수 있었다. 각자의 생활에서 그 동안 겪어 왔던 억울했던 일, 불만스러웠던 점, '이게 아닌데' 하면서도 참을 수밖에 없었던 고충들을 서로 털어 놓고 고백하면서 함께 대안을 찾아가는 그 과정에서 우리 각자가 체험했던 '공감의 확장'에 대한 자각이 바로 이 소모임이 92년 1년간 나에게 베풀어준 가장 큰 선물이었다. 자신이 자기 인생의 주인이 되는 작업은 단순히 혼자의 힘만으로 이루어지는 것이 아니다. 우리가 각자 삶의 현장에서 생활 속의 모순들을 하나씩 바꾸어 나가려고 할 때 무엇보다 먼저 해야 될 일은 우리의 객관적 상황을 이해하고 공동으로 대안을 모색해 나가는 작업이다. 특히 구체적 생활의 장에서 겪게 되는 여성들의 체험이 충분히 이야기되지 않는 한 여성들의 생활을 실질적으로 개선해 나갈 수 있는 대안의 개발은 기대할 수 없다. 그런 의미에서 볼 때 그 1년 동안 우리가 한 작업은 우리들 자신을 위한 작업일 뿐만 아니라 우리 사회 속에서 사무직 여성들의 이야기를 담아 내고 점차 자신의 삶에 대해 자신감을 얻어 가는 과정을 보여주고 있는 귀중한 기록이라고 생각한다. 우리 소모임 활동을 통하여 자신의 삶을 객관적으로 바라보기 시작하면서 각자 인생의 도약을 위하여 직장인 소모임에 처음 들어올 당시의 직장을 떠나 재충전하는 구성원들이 늘어났던 현상도 바로 그러한 과정의 한 단계였을 것이다. ― 이소희

홀로 서기를 위한 준비 : 5기 (93년 1월―2월)

4기 모임이 끝나갈 무렵 가진 모꼬지에서 대다수의 여자들이 경제적으로 어렵고 등기소에서 서류를 떼는 일 등 실생활에 필요한 법률 상식에 어둡다는 얘기가 나오면서 자연스럽게 5기 모임에서 논의할 내용이 정해졌다. 주로 남성들의 영역으로 밀어 두었던 부동산 상식과 임대차 보호법, 주권 및 채권, 회사법, 탁아입법이란 주제들을 놓고 이번에도 각자 관심 있는 분야를 맡아 준비하기로 했다. 서로가 전혀 모르는 분야들이었기에 준비하는 데도 시간이 많이 걸렸고 딱딱한 내용과 어려운 법률 용어 등으로 인해 골치가 아프기도 해서 중간중간 책 읽기와 영화 보기를 겸해 나갔다. 4기까지 해온 이론 공부와 자아 확립을 바탕으로 이제는 실생활에 적용해 보자는 취지 속에 이루어진 5기 모임에서 그 동안 전혀 몰랐던 것을 알게 되었을 때 우리는 장님이 눈을 뜨면 이런 기분일 거라는

느낌들을 가졌다. 흔히 "여자들은 몰라도 되는 것"으로 치부되어 많은 여성들이 실생활에서 어려움을 겪는 일반 상식과 생활 법률이기에 우리는 새로운 흥미를 갖고 5기 모임에 참석하였다. ― 김혜완

나는 개인적으로 이 5기의 현실적인 내용에 무척이나 기대를 많이 했고 나도 임대차 보호법을 공부하면서 지금은 수박 겉핥기 식으로 알고 지나가지만 앞으로 우리들의 삶에 많은 보탬이 되리라고 믿으며 즐거워했다. 지나온 1년 만큼의 열정들이 앞으로의 1년에도 변함없이 있어 준다면 우리 모두가 참여할 수 있는 새로운 일(경제적인 문제도 해결할 수 있는 일)을 벌일 수 있을 것이라는 믿음도 있었다. 그러나 개개인의 의욕은 강했지만 직장 생활을 하면서 시간을 쪼개어 이 작업에 쏟는 에너지가 예상보다 적었다. 그것은 막연한 미래에 대한 불확실한 투자보다 현실의 확실한 투자에 더 애착이 많은 탓도 있었다. 더구나 직장을 그만둔 친구들이 안정되지 않은 생활로 인해 모임에 빠지는 일도 많아지고 또 몇몇은 외국으로 나가느라 구성원들이 자주 줄어들기도 했다. 그러면서도 우리는 토론 때마다 녹음을 하고 회의록을 만들었으며 법률 용어가 많아 주로 참석자들은 강의를 듣는 식이었다. 서로가 내용을 잘 몰라서 질문조차 못하며 마주보고 웃었던 기억도 새롭다. 아무튼 우리는 계획대로 일정을 마치고 6기 프로그램은 여유를 갖고 친목을 도모하면서 모이기로 했다. ― 강화은

미래를 위한 실천적 방황 : 6기 (93년 3월―현재)

새로운 전환을 기대하며 시작한 6기에서 또 한차례의 과도기를 겪어야만 했다. 그 동안 모임에 대한 연락 등 궂은 일을 도맡아하고 모임이 제대로 설 수 있도록 이끌어 주셨던 이소희 선생님이 공부 때문에 영국으로 떠나신 후 우리는 뜻밖에도 (사실 충분히 예상 가능했던 일이었다) 모임을 계속 이어가는 데 크나큰 난관에 직면했다. 이제 모임에 올 때마다 마치 엄마 없는 집에 들어선 것 같은 허전함이 든다는 누군가의 말에 동조라도 하는 듯 모두가 지난 해만큼의 열정과 적극성은 고사하고 참석률조차 저조한 지경에 이르렀다. 그래서 우리는 우리에게 항상 새롭고 발전적인 전환을 가져다 주었던 밤샘을 위해 2차 모꼬지를 계획하였지만 3명만이 참석했을 뿐이었다. 정말 맥 빠지고 안 온 사람들에 대해 화

가 나기도 하였지만 3명이라도 현재 우리의 문제점에 대해 토론해 보기로 하였다. 우리가 이렇게 표류하게 된 원인은 무엇일까? 인정할 수밖에 없는 명백한 원인은 우리가 그 동안 자율성, 자발성이 부족하였다는 점이다. 물론 선생님이 길잡이가 되어 주지 않았다면 우리는 무엇부터 어떻게 작업을 해나가야 할지 몰라 우왕 좌왕하다가 훨씬 예전에 모임이 와해되었을지도 모를 일이었다. 그래도 이제 각자가 스스로 챙기지 않으면 챙겨 주는 사람이 없다는 현실은 당장 적응하기엔 만만치 않은 벽이 되어 있었다. 그리고 92년 한해 동안 선생님이 또문의 다른 동인들과의 모임에서 직장인 소모임에 대하여 열심히 소개를 하신 덕에 다른 동인들로부터 갑작스런 관심을 받게 되었지만 우리들 중에는 그 기대에 부응하여 또문 전체에 기여를 할 수 있을 거라는 자신감이 없다는 의견도 있었다. 우리들은 다른 동인들이 갖고 있지 않은 열악한 사무직 여성의 현장 경험을 갖고 있고 그런 경험도 없으면서 현실과 유리된 이론적인 대안들을 제시하는 여성학자들을 비판하기도 했지만 우리 또한 우리의 현장 경험을 이론적인 대안과 결부시키는 것에 아직 역부족이라고 생각한다. 그렇기 때문에 또문의 기대가 부담으로 다가오는 것도 부인할 수 없는 사실이다.

우리는 공동 작업으로서의 6기를 제대로 실행하지 못했다. 그렇다고 우리가 예전의 움츠러든 모습으로 돌아간 것은 결코 아니다. 지난 한해 동안 우리는 각자 생활의 장에서 개개인이 직장인 소모임을 통하여 갖게 된 생각들을 직장과 가정의 일상 생활에서 치열하게 실천해 보았다. 부모님의 보호로부터 혼자 독립하여 생활하는 친구도 생겼고 우리 소모임 구성원들끼리 함께 생활하는 새로운 가족의 형태도 생겨나게 되었다. 93년 한해 동안 예전의 작업장을 떠나 재충전의 기회를 가졌던 친구들은 94년 이후 대부분 좀더 나은 직장으로 자리를 옮기게 되었고 새로이 학교 생활을 시작하는 친구들도 생겨나게 되었다. 더 이상 우리의 문제들은 나 개인만의 문제와 고민이 아니라는 확신과 우리가 함께 그 대안을 고안하고 실천할 수 있다는 믿음을 바탕으로 우리는 끊임없이 실천적 방황을 통한 실험을 계속할 것이다. ― 김혜완

1년이 지난 후 소모임은 각자의 성장을 위해 예전의 열기가 점차 없어지고 또문 전체의 모임에도 생각보다 적극적이지 못했다. 그 이유는 무엇일까? 우리는 여러 번 토의도 하고 여행도 하며 친목 모임을 가졌다. 각자가 또문의 동인이면서 적극적으로 참여 못하는 것은 주로 지식인들이 많은 또문에서 경험

을 뒷받침해 주는 사고가 아직 이론화가 되지 못해 논리적이고 합리적인 표현 능력이 없어서가 아닐까? 그러나 한편으로는 직장인 소모임의 각 구성원들이 그 동안 사회 운동의 차원이 아니라 주로 개인적인 차원에서 이 소모임을 한 결과인 것 같다. 사실 또 하나의 문화가 표방하는 대안 문화 및 평등한 사회를 지향하는 공동체에 대한 생각 없이, 즉 사회 의식이 부족한 상황에서 각자의 주체적인 삶에 대한 열정으로 이 모임이 지속되어 온 것도 사실이다. 몇 번 또문 전체 모임에서 모일 기회가 있어도 교육 캠프나 영상 모임 등에서 직장인의 경험을 듣고 싶어하고 참여를 원해도 우리 구성원들 서로가 이를 예외적인 문제로 취급했다. 또 각자가 스스로 주체적으로 소모임을 이끌어 가거나 참신한 아이디어를 내며 모임을 새롭게 하지 못했다. 지금까지 개인적 변화의 측면이 소모임의 차원을 벗어나 사회적, 문화적 변화로까지 이어지지 못하고 있다는 것이 현재 우리들이 처해 있는 딜레마이다. 나는 이러한 과정을 통해 나 자신은 물론이고 우리 모두가 공동체적인 운동에 대한 절박한 의식이 없었다는 점과 어느 한 사람만의 노력으로 모임의 결실이 이루어지지 않는다는 교훈도 얻었다.

현재는 매달 한번씩 문화 행사를 위한 만남을 계속하고 있으며 소모임으로서의 만남은 또문의 대안적이고 공동체적인 목표와 부합되는 새로운 작업을 언제 어떻게 시작할 것인가에 대해 토론을 하고 있다. 앞으로도 우리는 언제라도 다시 만나 서로 삶을 바라보는 자세에 대해 고민하면서 함께 밤새워 이야기했던 예전의 열정으로 우리의 '여자로서의 만남'을 축복하고 또 새로운 내면의 이야기를 풀어 내며 더욱 단단한 자매애를 형성해 갈 것이다. 한 예로, 지난 3월 12일 우리 모두 다시 모여서 지나간 1년 동안 우리 각자의 생활에 대해 여전히 열심히 '말'했다. 또다시 밤을 꼬박 새워가면서 너무나도 열띤 토론을 하느라고 모두들 화장실에 가지도 못할 지경이었다. "잠깐만 기다려! 나 오줌 누고 올 동안 얘기하지 마!" 하는 표현이 그날 모임의 주제라고나 할까? 지금은 우리 모두 각자의 인생에서 홀로 서기를 하느라고 모임 자체를 위한 시간을 내는 것이 그리 쉬운 일이 아니지만 그래도 가끔 이렇게 모여 서로 경험을 나누고 격려해 주는 만남 그 자체가 우리 모두에게 얼마나 필요하고 심리적 연대감을 제공해 주는지! ― 강화은

살맛 나는 대안적 삶을 위하여 : 지금 이 순간부터

이제 우리는 서로 감정의 봇물을 트고 이해의 물꼬를 트는 일을 시작했다. 시인 고정희의 표현대로 '벙어리 삼년 세월,' '귀머거리 삼년 세월,' '눈 먼 삼년 세월'을 지나 '사랑의 다이너마이트'를 터뜨릴 수 있는 '차랑차랑한 봇물'을 이제야 트기 시작한 것이다.[5]

자신의 경험을 이곳에 내려 놓고 또한 이곳에 흩어져 있는 많은 경험들 중 각자에게 필요한 경험을 얻어갈 수 있는 직장인 소모임이야말로 우리들의 생활에서 끊임없이 '공감'을 퍼올릴 수 있는 우물의 역할을 담당하게 될 것이다. 바로 이러한 직장인 소모임의 활동이 1990년대 한국 여성 문화 운동의 한 실례를 실험하고 있는 것은 아닐까?[6] 서로의 옷고름과 치맛자락을 이어가는 여성 문화 운동의 역사적 경험이 없는 우리들로서는 먼저 자신의 현재를 직시하는 훈련으로서의 '자기 진술'이 필요하다는 것을 다시 한번 절감한다. 미래에 대한 강박증을 던져 두고 '지금' '여기서' 자신의 삶을 직시하는 것, 조급한 대안을 찾아 헉헉거리다 모든 것을 잃게 되기보다 단단히 홀로 서기를 하는 것, 이것이 우리 소모임이 우리의 생애를 길게 내다보며 지금 일차적으로 선택한 방법이다. 이 방법을 통해 구체적인 삶을 경험한 후에야 '공감'을 넓혀 가는 문화 운동이 가능하지 않겠는가? 이러한 실험과 경험의 축적 없이 우리의 답답한 생활을 바꾸어 나갈 수 있는 그 어떤 '살맛 나는 대안'의 개발도 기대할 수 없다는 것이 그 동안 우리가 해온 실험의 결론이다. 그리고 우리는 확신한다. 현재 우리의 실천적

---

5) 고정희, 「우리 봇물을 트자」(권두시), 또 하나의 문화 동인들, 『여성 해방의 문학』, 평민사, 1987, 30-31쪽.

6) 최근 한국 여성 개발원 조사 연구실 문화팀이 발간한 「여성의 문화 활동 현황과 발전 방향에 관한 연구」에 따르면 여성 소집단 문화 모임 등을 통한 여성의 문화 활동이 사회의 대안 문화를 창출하는 통로로 이어질 수 있는 가능성을 엿보게 된다. 전국 6대 도시 총 938명의 여성을 대상으로 한 설문 조사에서 많은 여성들이 소모임 활동을 통해 "세상을 보는 시각이 180도 바뀌었다"고 답변하였다. 결과적으로 소집단 문화 활동은 문화 향수와 욕구 충족 외에 여성의 자기 정체성의 확립, 성취감 획득, 원만한 인간 관계 형성, 세상을 보는 시각 변화 등에 크게 기여하는 것으로 나타났다. 『여성신문』, 1994년 4월 22일.

방황이 언젠가는 살맛 나는 대안적 삶을 제시해줄 수 있는 씨앗의 역할을
하리라는 것을. ■

내가 살고 싶은 세상

오늘 아침에 내 가슴 위에는 편지가 하나 놓여 있었다. '내가 살고 싶은 세상'에서 내가 보낸 편지였다. 아니, 어쩌면 '내가 살고 있는 세상'의 내가 '내가 살고 싶은 세상'의 나에게 보낸 편지일지도 모른다. 나는 한쪽 세상에는 머리를 베고 다른 한쪽 세상에는 다리를 뻗고 깊은 잠을 자고 있었기 때문에 어디에서 어디로 편지가 날아들었는지를 미처 보지 못했다.

여러분은 내가 어떻게 그것이 나로부터 온 편지라고 생각하는지 의아해 할 것이다. 물론 나도 처음부터 그 편지가 나로부터 왔다고 생각했던 것은 아니다. 편지는 아주 조그만 마을에서 발신한 것으로 되어 있고 보낸 이의 이름도 나와 동일하지 않았기 때문이다. 그 조그만 마을의 이름은 '이끼지끼 마을'이라고 하는데 한번도 들어 본 적이 없을뿐더러 그 어감이 이상해서 실존하는 마을 같지가 않았다. 원래는 그 마을을 처음 세운 사람들이 각자의 예술가적 기질과 공동체적 이상을 함께 어우르자는 뜻에서 '잇기와 짓기 마을'이라고 이름 붙였다고 한다.

편지 보낸 이가 나와 아주 가까운 이 — 아마도 '나'일 것이라고 느끼게 된 것은 알고 보면 당연한 일이다. 편지의 내용에 등장하는 인물들 하나하나가 내 주변 인물들과 비슷했기 때문이다. 마치 오랜 친구마냥, 편지 쓴 이는 내게 그들의 최근 근황에 대해서 얘기하고 있었다. 그러면서도 그는 자신에 관한 이야기는 계속 뒤로 미루고 있는데 그것이 나로 하여금 그가 다른 세계의 '나'일지도 모른다는 추측을 할 수 있도록 하였다.

이 편지를 친구들에게 공개하자, 친구들은 무척 재미있어 하면서도 순전히 내가 지어낸 얘기일 것이라고 믿고 있었다. 친구들은 편지에서 자신들과 비슷하거나 왜곡된 부분들에 대해 얘기했다. 그들은 나의 문체의 변화가 성공적이었다며 즐거워했다. 처음엔 그들의 말에 완강히 부인을 하며 사실을 밝히려 했지만, 나중엔 그들의 믿음이 거짓이고 사실은 진짜 편지라는 것을 더이상 주장하지 않게 되었다. 내가 잠자코 있자, 친구들도 오히려 그 세계에 대해 점점 더 많은 관심을 가지게 되었다. 우리는 '이끼지끼 마을'로부터 초대를 받았고, 그 날이 곧 임박했기 때문에 더욱 그렇다. 날짜는 가까와오는데 아무런 준비도 하고 있지 못하니 초조하다. 그 편지에는 그곳으로 가는 방법은 적혀 있지 않고, 그 마을의 내부 지도만이 간략하게 그려져 있을 뿐이다.

- 이끼지끼 마을에서 온 편지

안녕. 정환 씨? 그 동안 잘 있었어요? 이곳은 아주 좋아요. 모두들 잘 있구요. 폭풍과 홍수가 휩쓸고 지나간 흔적은 이젠 어디에도 찾아볼 수 없어요. 많은 집들을 다시 지었어요. 새롭게 우리 마을을 만들기 위해 우리는 많은 밤을 즐겁게 새웠답니다.

누구보다도 이번 일로 제일 신이 난 것은 람이일 거예요. 람이는 전에도 한달에 한번 씩은 마을 광장 앞에 막을 치고는 우릴 위해 영화를 상영하고는 했죠. 그래서 이번 기회에 광장 옆에 그의 집을 아주 높게 지었어요. 광장 쪽으로 난 벽은 아주 평평하고 하얀 직사각형인데 일주일에 한번씩은 스크린이 되죠. 광장쪽 벽에는 창은 없고 하얀 문만 하나 있거든요.

람이는 지금은 영화를 찍는다고 마을을 떠나 있어요. 한 다섯 달 정도는 보지 못할 거예요. 예전에는 이렇게 누군가 오래 떠나 있는 일은 상상조차 할 수 없었죠. 마을에서 잠시라도 떠나면 영영 돌아오지 못하는 줄로만 알았으니까요. 요즘엔 이렇게 한동안 떠났다 오는 일이 누구에게나 종종 있는 일인데, 처음 시작은 혁이였죠. 혁이는 우리가 한참 어려울 때 마을을 소리 없이 떠나서 우릴 슬프게 하였죠. 한동안 우린 매일같이 마을 입구에 나가 그를 기다리곤 했어요. 그러다 지쳐 그를 잊어갈 무렵, 자신의 소설 한편과 희곡 한편을 들고 그가 마을로 돌아왔어요. 누구보다도 기뻐한 것은 소이였죠. 소이는 그 동안 우리 사이에서 마땅한 희곡이 나오지 않자 몹시 침울해 있었어요. 소이는 한 달에 두세 번은 이박삼일씩 연극을 보러 서울에 다녀 오는데, 좋은 연극을 보고 올 때는 더욱 침울해 보였어요. 하지만, 이젠 혁이가 좋은 희곡을 써 오고 우리 모두 연극을 다시 만들기로 했으니 얼마나 기쁘겠어요. 다행이 소이나 다른 친구들도 모두 신체 훈련은 게을리 하지 않았으니 좋은 연기를 해낼 수 있을 것 같아요.

설이와 동이는 혁이의 대본에 있는 중요한 나쁜 점들을 지적해 냈어요. 설이는 어떻게 지내냐고요? 광장에서 샛길을 따라 조금만 걸어가면 설이의 집이 있어요. 설이네 집은 온통 책으로 가득차 있고 그 앞에는 강이 흐르고 있어서 우린 그 곳을 '책곳'이라고 불러요. 설이는 날이 밝으면 그 곳에 앉아서 깊은 생각에 빠져요. 그러다가 우리가 지나갈 즈음이면 우리에게 어떨 땐 재미있는 동화 얘기를 해주기도 하고, 어떨 땐 철학적인 질문을 던지기도 하죠. 그러다가 때론 그곳에 우리 모두가 모여서 며칠 밤을 한가지 주제에 대해서 토론하기도 해요. 우리 모두 강가에 나란히 누워서 뒹굴면서 얘기를 해요.

그럴 땐 언제나, 동이가 기타를 들고 와요. 우린 동이의 기타에 맞추어 함께 노래를 해요. 설이네보다 좀더 샛길을 따라가면 민이가 살아요. 민이는 여전히 법공부를 계속 해요. 하지만, 그 애의 노래 솜씨나 글 솜씨는 아직도 정체될 줄 몰라요. 광장 바로 앞에 사는 은지는 노래를 계속해요. 한동안은 감기에 심하게 걸려서 목소리를 잃을 뻔했던 은지는 이젠 새장에서 뛰쳐 나온 파랑새 같아요. 가끔씩 한두 달은 서울에 나가서 노래를 해서 돈을 벌어 와요. 이젠 서울 사람들도 은지를 모르는 사람이 없을 정도로 그 앤 스타가 되었지만, 언제나 서울의 무대보다는 우리의 광장을 더 사랑한다고 말한답니다. 은지가 이곳에 머물기를 더 좋아하는 이유 중에 하나는 은지가 공예를 좋아하기 때문이죠. 광장 가에나 샛길들을 따라가다 보면 그 애가 만들어 놓은 많은 조형물들을 볼 수가 있을 거예요.

철이가 만들어 놓은 조형물들도 많죠. 철이는 본업은 건축이지만, 조형 예술에도 여전히 관심이 많답니다. 람이의 집을 비롯해 거의 대부분의 집이 철이의 예술에의 열정이 담겨 있어요. 철이는 건축가라는 특성 탓인지 아니면 방랑벽이 있어서인지 일년에 삼분의 이 이상은 여행을 다닌답니다. 매번 다른 여자 친구를 데려 와서 우릴 놀래키기도 하죠. 철이는 그들이 우리 마을에 함께 살기를 바라곤 하는데, 번번이 실패하곤 해요. 그들은 한 일주일간은 재미있어 하다가 그 이후론 빈 시간에 무엇을 해야 할지 몰라서 허둥대다가 심심하고 외롭다는 이유로 우리 마을을 조용히 떠나곤 해요. 그럴 때마다 우리는 상처를 받습니다. 떠나간 이들이 받는 상처만큼요. 그런데도 철이는 계속 또 다른 친구를 데려 오겠죠?

결혼이요? 결혼한 사람이 있느냐고요? 원칙적으로는 우린 결혼하지 않습니다. 결혼을 감당해 낼 수 있는 사람은 제외하고요. 우리 마을의 과학자이자 기술자인 제이는 바깥에서 결혼식까지 올리고 아내를 데리고 와서 이곳에서 살아요. 제이네는 다섯살짜리 남자 아이와 세살 먹은 여자 아이 한살 먹은 여자 아이가 있고 또 지금 만삭이예요. 그 애들은 이미 그들만의 아이가 아니랍니다. 우리의 광장이 그 아이들을 품고 있어요. 특히 민이와 은지는 아이들을 너무도 좋아해서 부모보다도 더 함께 있는 시간이 많을 정도니까요. 특별한 일이 없으면 우린 저녁 식사를 함께 합니다. 서로의 집을 번갈아가면서요. 그러나 그렇다고 해서, 초대하는 사람이 식사를 모두 준비하는 법은 없습니다. 항상 모두가 함께 준비하죠. 늦게 온 사람은 뒷정리를 맡고요.

후— 굉장히 많은 얘기를 한 거 같네요. 이제 궁금할 만한 소식은 대강 전한 거 같네요. 아, 중요한 걸 잊을 뻔했네. 혁이의 대본을 함께 고치고 연출해서 연극을 올릴 예정이예요. 동이의 신곡 발표도 있고요 람이가 자신의 새 영화도 상영할 거예요. 장소는 '이끼지끼 마을 광장'이고요, 때는 편지 받으신 날부터 6달 정도 후가 될 거예요. 미리 오세요. 당신의 집도 마련해 놓을게요.

94년 5월

지을 보냄

p.s. 아. 제 소식이 궁금하다구요? 무엇을 하고 있냐고요? 전 모든 일에 다 관심을 가지고 있어요. 우리들 모두가 그렇긴 하지만요. 굳이 제가 주로 하는 일을 말씀드린다면 사이버 스페이스 담당자로서 여러분을 초대하는 일을 하고 있죠. 하지만, 소설 쓰기도 좋아하고 연극 만들기도 좋아해요. 결혼했냐고요? 아뇨. 결혼은 하지 않아요. 조금 외롭다고

이휘재, 「내가 살고 싶은 세상」, 1994.

느낄 때도 있지만요. 그래서 당신이 이곳으로 빨리 와주기를 기다리고 있어요. 당신을 사랑하니까.

　나를 사랑한다고? 내가? 나를 기다린다고? 내가? 하지만, 나는 그곳으로 가는 방법을 알지 못한다. 『이상한 나라의 앨리스』의 작가 캐롤이나 『걸리버 여행기』의 작가 스위프트는 자신의 또 다른 세계에 이르는 길을 거울 속과 바다 멀리에서 찾았다. 『오즈의 마법사』에서는 소용돌이에 의해 알 수 없는 곳으로 던져지고 오즈를 찾아 끝없이 펼쳐진 오솔길을 따라 걷는다. 나는 어디를 통해 '이끼지끼 마을'에 도착할 수 있을까. 아마도 그 길은 내게 가장 가까운 곳에 있을 것이다. 그렇다면, …… 텔레비전? 자동차? 씨디 플레이어(CD-Player)? 컴퓨터? 모니터? 모니터 속으로 머리를 한번 들이밀어 볼까? 아, 생각만 해도 끔찍하군. 아니지. 거울 속에 들어간다던가 바다에서 길을 잃는다던가 끝없는 길을 걷는 것은 그보다 끔찍하지 않구?

나의 통일 사업, 또 하나의 통일 운동

조형*

1.

통일이라는 대명제에 관하여 나는 한참 동안 침묵과 무위(無爲)의 자세를
취했었다. 그러나 고민을 전혀 하지 않았다는 뜻은 아니다. 대학 시절 어린
마음에, 민족의 분열은 비극이므로 통일은 민족의 당위적 과제일 뿐만 아
니라 우리가 영원한 약소국 신세를 면하는 방법도 통일밖에는 없다는 생각
을 했었다. 그래서 결자 해지(結者解之)의 원리대로 되면 좋겠지만 그것이
불가능하다면 적어도 전쟁을 경험한 우리 세대가 통일도 해야 한다는 이야
기를 친구와 나눈 기억도 있다. 그렇지만 그때는 물론 구체적으로 어떻게
그 일을 할 것인가의 문제에 대해서는 감도 잡지 못했었다.

그러나 그 후 많은 생각이 엇갈렸다. 온 나라가 시끌벅적하게 통일 열기
로 가득할 때, 예를 들면 이산 가족 문제가 국민 감성을 사로잡았을 때에
도, 80년대 사회 운동에 통일이 중요 이슈로 부각되고 잇달아 '방북 영
웅(?)'들이 속출한 때에도, 그리고 남북 회담이 지지부진할 때나 신속히 진
전될 때에도, 나는 수없이 많은 질문들만을 던지면서 오히려 남들과는 다
른 생각을 은밀히 가지기도 했다. 통일을 꼭 해야만 하나? 무엇을 기대하
길래 우리는 통일을 그리도 원하는가? 통일을 서두르는 사람들은 누구이며

---

* 이화여대에서 사회학을 가르치고 있으며, 또 하나의 문화에서 「통일된 땅에서 더불
  어 사는 연습」 모임을 하고 있다.

왜 그럴까?

이런 물음들에 대해 얻은 답은 대충 이랬다. "남북으로 갈라진 가족과 친지를 생전에 다시 만나고 싶어 안타까운 사람들이 통일을 원하는 것은 너무 당연하다. 그들을 위해서는 어떤 방식으로든 하루 빨리 만남을 이룰 기반을 마련하는 것이 인도적일 것이다. 그렇지만 양쪽이 하나가 되는 전면적인 통일에 이르는 구체적인 절차와 그에 따를 많은 문제들에 대해서는 아무런 준비도 없이 무작정 통일만을 외치는 사람들의 목소리가 더 크지 않은가? 자칫 남한의 패권주의적인 북한 점령을 의미할 뿐인 통일의 그림이나, 남쪽 체제에 대한 무조건적 저항 혹은 북쪽 체제에의 무조건적 동조가 있을 뿐인 그림들, 통일 후의 문제를 다룰 구체적 방안이나 수단을 결여한 집단이 서두르는 통일 그림은 그 어떤 것도 옳지 않다."

이런 생각들 틈바구니에서 "남북 통일은 어떤 식의 통일이냐에 따라 양쪽이 따로 사는 것보다 좋을 수도 있고 오히려 해가 될 수도 있다. 남쪽과 북쪽 간에 평화를 보장할 장치가 마련될 수만 있다면, 구태여 한 나라가 되는 절차를 서둘러야 할 이유는 없을 것 같다. 하나의 민족이 세계 여러 지역에 흩어져 있으면서 민족의 위세를 과시하고 조국이 위기에 처할 때 힘을 합할 수 있는 상태도 나쁠 게 없지 않은가. 남과 북이 평화롭게 공존하다가 정말 필요한 때에 자연스럽게 통일을 하는 것이 오히려 통일에 이르는 정상적인 길이 아닌가." 이런 여러 가지 생각도 머리 속에 한 자리를 차지하게 되었다.

이런 나의 견해에 대해 현실 정치에 둔감한 이상주의적인 교수나 할 수 있는 비현실적 발상, 민족의 염원을 저버린 반민족적 망상, 시민 정신이 허약한 무책임한 발상 …… 등등으로 비난을 가할 수도 있다. 그렇다. 나는 민족이나 국가보다 인류와 인간이 더 우선한다는 믿음을 갖고 있고, 평화와 평등의 인류 사회를 꿈꾼다. 하지만 실제 세계는 나의 이러한 믿음과 바람이 실현되기에는 너무나 냉혹한 반인류적, 비인간적, 폭력적 구도로 조직되어 있으며, 이런 인류 사회에서 국가, 종족, 민족이라는 것들이 서로를 구별하고 힘겨루기를 하는 데에 중요한 빌미로 사용된다는 사실도 아주 잘 안다. 그러나 나는 아직도 대부분의 기성 통일 운동가들에게 비판받아 마지않을 그 생각들을 내 머리 속에서 완전히 떨쳐 버릴 수는 없다. 특히 통일에 관한 큼직큼직한 담론들이 통일을 민족이라는 '사람'들에 관한 일이 아니라 특정 정치 세력이나 경제 세력의 '사업'으로 취급하거나, 또는 통일이 우리의 일임에도 불구하고 대국들이 주역이 되는 세계 정치 체제의 경기(競技) 규칙에 따라 결정되고 말듯이 느껴질 때에는 더욱 그런 생각들이 고개를 쳐들곤 한다.

그리고 또 몇 해가 지나면서, 나라 안팎의 정세가 크게 바뀌고 통일에 대한 나의 마음가짐에 변화가 일게 되었다. 최근에는 조금씩 조급해지기까지 했다. 자, 최근의 국제 정세나 남쪽 정부의 자세로만 본다면 통일은 시간 문제인 듯 보인다. 양 정부간의 정치적 교섭이 1991−92년의 합의 사항 위에 재개된다면 더더욱 그럴 것 같다. 그러나 통일에 관한 남북 당사자간의 정치적 합의가 반 세기 동안 서로 다른 체제를 구축한 두 사회를 무리 없이 통합시켜줄 것이라고 믿는 이는 없을 것이다. 독일 통일 후 동서독인들이 서로 불신과 적응 불능으로 고생한 것에서 우리는 우리가 통일 후에 맞을 혼란을 충분히 미루어 짐작하고도 남음이 있다. 그렇다면, "통일을 위해 나는 무엇을 해야 할 것인가, 그리고 내가 선 자리에서 할 수 있는 가장 적절한 일은 무엇일까"를 절실하게 물어야 하지 않겠는가?

지금 내가 시작하려는 일은 통일된 땅에서 남과 북의 사람들이 서로 만나 함께 사는 연습을 하는 일이다. 이제 내가 통일을 위해 할일은 남북이 지혜롭게 합치는 과정을 착실하게 준비하는 데에 한몫을 하는 것이다. 이런 구체적인 과제를 택하게 된 데에는 지난 '92년 가을의 짧은 평양 방문과 '93년 초여름의 동유럽과 독일 방문길에서 주마 간산(走馬看山) 격으로나마 보고 담아온 지식과 느낌이 큰 몫을 했다.

2.

1992년 가을 나는 분에 넘치는 좋은 기회를 얻게 되었다. 「아세아의 평화와 여성의 역할」이라는 주제 하에 3년째 만남을 이끌어온 남과 북, 일본의 여성 지도자들이 주최하는 회의에 참가하기 위해 남한 여성 대표단의 일원으로 5박 6일의 북한 방문을 할 수 있게 된 것이다. 남쪽의 민간인으로서는 최초로 정부의 승인을 받은 공식 방북이었고, 또한 판문점을 통과하여 새로 난 고속 도로로 평양까지 가는 역사적인 방문길이기도 했다. 참가자들은 평양에서 공식 회의, 정신대 할머니 증언회, 연회, 유명 기관 견학 등으로 바쁜 일정을 보냈고, 1박 2일의 금강산 여행을 다녀왔으며, 마지막날은 주석궁에서 김일성 주석이 베푸는 오찬을 함께 하기도 하는 화려한 일정을 보냈다. 여러 가지 감회가 엇갈린 경험이 있지만 여기에서는 이 글에 관련된 부분만을 정리하려 한다.

방북을 앞두고 나는 이 귀한 초행길에서 무엇을 얻으려는지, 그리고 어떤 자세로 북쪽 사람들을 만나는 것이 좋을지에 대해 고민을 하게 되었다. 물론 내가 어렸을 때 북한의 모든 것에 대해 그토록 귀에 못이 박히도록 배운 지식으로부터는 많이 개명이 되어 있었지만, 막상 내가 북에 가서 주로 만날 사람들이 그 전 해에 서울 회의에서 잠시 보았던 과잉 방어적인 엘리트 여성들의 부류라고 생각하면 조금 재미가 적어지는 것이었다. 그러나 몇 권의 책을 뒤적이면서 생각을 바로잡기 시작했다. 특히 조광동의 방북수기 『더디 가도 사람 생각하지요』나 백남룡의 소설 『벗』은 그때 많이 도움이 되었다. 이렇게 정리를 했다. "이번에 가서 나는 북한의 사람들과 인간적으로 만나고 싶다. 그런데 그들은 누구일까? 과연 그들은 우리와 무엇이 같고 무엇이 다를까? 그 다름에 대해 나는 그들의 정치 문화적인 맥락에서 제대로 해석, 설명, 이해를 할 수가 있을까? 그리고 그 다름에 대해 가장 예의 바르게 반응하는 방법은 무엇일까? 이런 것들을 알게 되면 통일의 가능성도 가늠할 수 있을 것이다." 나는 그 여행에서 이런 물음들에 대해 답을 얻을 수 있을 것만 같았고, 잘만 하면 흉금 터놓고 이야기할 수 있을 만한 친구를 만날 수도 있을지 모른다는 막연한 기대까지 슬그머니 갖게 되었다. 그리하여 나는 단순히 한 사람의 회의 참가자로 가기보다는 공부도 하고 친구도 만들러 가는 가벼운 마음가짐으로 떠났다. 평양에서 묵을 고려 호텔이 그곳에서 가장 좋은 일급 호텔이라는 말에 수영복까지 갖춰 갖고 간 유일한 사람이었을 정도로 나는 여유 있게 길을 떠났다.

그러나 돌아오는 길에는 가기 전의 그 기분이 천근 아쉬움 덩어리로 변해 가슴 속 저 밑에 깔려 있었다. 결론부터 말하자면 이렇다. 나는 북쪽에 가서 수많은 사람들(주로 여성들)과 마주쳤다. 버스에서 내다본 길거리나 백화점 앞에서 스쳐간 수많은 익명의 남녀 노소, 그리고 소년 궁전의 대극장과 교예(서커스) 극장을 메웠던 수많은 관중들 말고도, 5박 6일 동안을 함께 다니고 먹고 같은 호텔에서 지내면서 어쨌거나 이야기도 많이 나눈 다수의 구체적인 인물들이 있었지만 아무와도 진정으로 만나지는 못했다. 내게 해

주는 이야기를 내가 모두 진솔하게 받아들인 상대방이 없었고, 또 내 생각을 솔직히 말했을 때 모두 이해하고 수긍할 사람도 없었던 것 같다는 말이다. 다만, 앞으로 다시 보게 된다면 만날 가능성이 있는 사람을 꼽으라면 두어 명쯤 된다(고 말하고 싶다. 이것도 오랫동안은 나의 희망 사항에 지나지 않을 수도 있을 터이므로).

대화를 나눈 북쪽 여성들의 대부분은 기회가 있을 때마다, 그리고 억지로라도 기회를 만들어 가면서 어버이 수령님과 지도자께서 얼마나 훌륭하며 그 은혜를 입고 사는 자신들이 얼마나 행복한지를 강조하고 또 강조하는 '못말리는' 사람들이었다. 전혀 기대하지 않았던 사실도 아니었고 또 그러려니 하고 받아들여야 한다는 생각을 하면서도 번번이 크게 실망스럽고 성가셨다. 하지만, 이런 저급한 선전 제스처를 전혀 쓰지 않는 상당히 세련된 극소수의 여성들, 단지 그 이유 때문에 말이 통할 것도 같은 느낌을 주는 그런 사람들도 있었다. 그러나 어느 경우에도 우리들에게는 말해서는 안되는 선, 이 선을 넘으면 바로 지뢰, 그들의 가장 소중한 자존심(체제에 대한 자존심이라고 생각된다)을 건드릴 그런 선이 있었고, 최소한의 예의를 갖추려면(혹은 찍혀서 당장 망신을 당하지 않으려면) 그 선 바로 앞에서는 꿀꺽 말을 삼켜야 했다.

그러자니 자연히, 가족 상황 등 그들의 경계심이나 방어 기제가 즉각 발동하지 않는 부분이나 다른 비정치적인 사항에 대해 나누는 이야기 이외의 대화는 거의 다 겉돌기 일쑤였다. 예를 들면, 딸과 아들의 대학 전공이나 직업 또는 혼인에 관한 아주 피상적인 이야기와, 며느리와 손주들에 대한 이야기 등은 특별히 체제의 다름을 염두에 두지 않고도 나눌 만했다. 남쪽에서도 친정 어머니, 시어머니, 할머니들과 나눌 수 있는 아주 사적인 이야기들에 한해서이다(내가 대화한 대부분의 북쪽 여성들이 일반 노동자가 아니라 그곳에서 경제 사회적으로 특권층에 속하는 여성들이었음을 다시 기억할 것). 하지만, 시어머니를 모시고 사는 김일성 대학의 한 교수가 매일 새벽 가족을 위해 밥을 짓고 시어머니를 위해 매일 점심상까지 얌전히 준비해 놓고 출근하며 모든 가정일을 철저히 도맡아 하면서, 그것이 자기의 당연한 책무이므로 전혀 마음의 갈등이 없을 뿐 아니라 자기는 가장 행복한 현모 양처임을 주장하는 대목에서는 황당해질 수밖에 없었다. 사회주의 가족과 여성 해방에 대해 자본주의 사회의 여성이 어찌 감히 여성의 해방을 말할 수 있겠는가? '주체' 사상적 봉건 가족에 대해 논쟁을 벌일 수 있는 분위기는 더더욱 아니었다. 대체로 가족, 사랑, 성, 남녀 관계 등 사적 영역에서의 행태는 50년대의 남쪽 사람들의 대부분, 또는 현재의 보수적인 사람들과 맞먹을 수 있을 법하다는 생각이 들었다. 하지만, 실제로 사적 영역이 정치 경제 체제와 완전히 분리될 수 없다는 데에 문제가 있다.

쉽게 통할 만한 농담을 찾기는 극히 어려웠다. 남한에서 친구들끼리는 가볍게 던지는 농담이나 장난도 자칫 큰 오해를 불러일으켜 원하지 않는 불상사로 번질 위험도 있었다. 나는 개인적으로 호감이 가는 상대방에게 순수한 마음으로 했던 짓궂은 작은 장난 때문에 사과를 해야 했던 경험이 있다. 전혀 그럴 의도가 없음에도 불구하고 나의 장난이 정치적으로 그들을 악선전하는 자료가 될지도 모른다고 우려하는 그들의 심정을 충분히 이해했고, 그래서 나는 진심으로 사과를 할 수 있었다. 아무에게도 이야기하지 않기로 약속을 했기 때문에 이 작고도 큰 일화를 구체적으로 여기에서 밝힐 수는 없지만, 여하튼 그런 일이 있었다. 시간이 가면서 나는 다른 외국 여성들을 만났을 때도 이렇게 대화가 안된 때는 없었다는 생각에, 그리고 남북 여성들의 관계가 분단 정치의 관계를 한치도 벗어날 수 없음에 서글퍼졌다.

그러나 돌이켜보면 그런 서글픈 감정은 애초에 무의식적으로나마 어떤 기대를 지녔던 나의 몫이었고, 그것은 바로 북쪽 사람들과 우리와는 분명히 다른 점이 존재한다는 사실의 확인일 뿐이었다. 또 그것은 그 다름의 대부분이 남북의 정치 경제적 상황과 지난 반 세기 동안 양쪽에 정착된 문화의 차이에 기인한다는 점과, 남북에 있는 민간인들간의 아주 비정치적일 수 있는 만남도 정치 군사적 분단과 긴장 상태로 고착된 양국 관계의 축소판을 넘을 수 없다는 점을 안타깝게 실감하는 과정이었다. 또한 남북의 우리들은 생김새와 말이 서로 다른 외국인을 만날 때보다도 더 조심성 있게 서로를 탐구해야 하고 서로 상대방을 보살피는 태도로 접근해야 한다는 점을 절실하게 깨닫는 과정이었다.

그 이듬해, 그러니까 1993년 여름에는 헝가리, 폴란드, 체코와 독일을 방문할 기회가 왔다. 사회주의 사회의 변모 과정을 직접 관찰할 수 있는 좋은 기회였다. 물론 역사와 문화가 우리와는 다르지만 사회주의 사회가 체제 전환을 하는 과정을 보면서 우리의 통일 상황을 미리 간접 경험한다는 기대도 있었다. 과연 나라마다 상황은 매우 달랐다. 동구 3국부터 이야기하자면, 세 나라 중에 폴란드는 가장 험악한 경험을 하고 있었다. 사회주의의 모든 것을 한꺼번에 송두리째 바꾸어 거의 모든 재산을 사유화하는 반면에 세금 제도 등 자본주의 유지 기제들은 제대로 마련도 못하고 있었고, 생산 체제나 생산성 그리고 봉급 수준에는 한치도 개선이 없는 채 대다수의 노동자, 농민, 정부 모두가 곤욕을 치르는 중이었다. 물가 폭등, 인플레, 환율 상승은 누구나의 삶에 큰 부담을 주고 있었다. 굶주리게 된 교사와 농민들이 저항하고 나섰고, 「자유 노조 Solidarity」의 개혁은 완벽한 실패로 돌아갔다. 결국 새로 임명된 지 얼마 되지 않은 유능한 여수상이 물러나고 의회가 해산되어 9월의 총선을 앞에 두고 우후 죽순격으로 나타난 정당들이 각축전을 벌이고 있는 그야말로 혼돈의 상태였다.

세 나라 중에는 가장 일찍 개방하고 외국 자본을 제일 많이 유치한 헝가리는 폴란드에 비하면 겉보기에 형편이 나았지만, 내용은 반드시 그런 것 같지는 않았다. 인플레도 심했고 실업률도 높았으며 사회주의 복지 제도가 허물어지면서 여성들이 큰 피해를 당하고 있었다. 무질서한 개방 덕(?)에 "이혼율 높고 에이즈 환자 많기로 세계 제일"이라는 오명까지 얻게 되었다. 체코 역시 물가와 인플레의 문제가 있고 넉넉해 보이지는 않았지만 경제 체제의 전환을 나름대로 질서있게 다루고 있는 중이었다. 사회주의 국가 재산의 일부만을 사유화하면서 실업률을 조절하고 있었으며 각종 세제의 수립과 사회 보장제의 보험제로의 전환도 동시에 추진하는 용의 주도함이 엿보였다. 국민의 삶에 직결되는 개혁의 어려움에 대해 국민들에게 일일이 설명하고 동의와 지지를 구하는 것도 포함하여. '프라하의 봄'의 주역들로 구성되었던 「77 헌장」의 멤버들이 정부와 사회의 여러 곳에 자리잡고 전환을 주도하는 개혁 계획팀 구실을 하는 듯이 보였다. 물론 구체제하에서 기득권층이 모두 사라진 것도 아니고 일반 노동자들의 불만이 전혀 없지도 않았으며 앞으로 가야할 길이 더욱 험할 것이 예상되기도 했지만, 그러나 헝가리나 폴란드에서와는 전혀 다른 평온함을 피부로 느낄 수가 있었다.

여하튼 동구의 세 나라가 비록 구소련과의 관계에 연루해서이지만, '자기들의 선택'에 의해 '자기들의 힘'으로 죽이 되든 밥이 되든 쓴 경험을 하고 있는 것은 그래도 낫다는 생각을 하게 된 것은 그 여행의 주된 방문지인 독일에서였다. 우리는 주로 여성들만을 만났다. 본, 쾰른, 뒤셀도르프, 서베를린에서 구서독의 지도자급 여성들을 만나 통일 후의 여성(주로 구동독 여성) 문제에 관해 이야기를 들었고, 다음에는 동베를린, 포츠담, 라이프찌히에서 구동독의 여성들을 만나 그들의 체험담을 들으면서 이 두 집단에게 통일의 경험과 의미는 엄청나게 달랐음을 직감할 수 있었다. 독일의 통일이 너무나 준비되지 않은 통일이었다는 점에는 그들 모두가 동의했다. 그 이외에는 어떤 생각도 똑같지가 않았다. 준비되지 않았다는 것은 통일 전에 서로 상대방의 현실(특히 경제적 잠재력)을 과대 평가했었고 따라서 개인의 차원 또는 사회 전반의 차원에서 통일 이후 상황에 대해서는 정확히 예측하지도 못한 상태에서 통일이 '돼버렸다'는 뜻이었다. 막연히 긍정적인 기대를 했던 자신들을 후회하고 있었다. 구동독은 마치 서독의 식민지가 되어버린 것 같아 보였다.

어렵기는 마찬가지라고 구서독 여성들은 말하지만, 실업과 빈곤으로 얼룩진 생존의 문제로 고통받는 구동독의 여성들에게서 발견되는 구서독에 대한 대단한 배신감과 적대감은 이해할 만했다. 그 두 집단은 결코 대화가 될 수 없는 그런 형편이었다. 라이프찌히의 어느 공원에서 만난 서른살 전후의 두 여자 친구(한 여성은 동독 출신의 대학 연구소 연구원이었고 다른 한 사람은 2년 전에 이주해온 서독 출신의 대학 강사)와의 대화는 아주 인상적이었고 또 서글펐다. 그들은 모두 실업자가 되어 직업 재훈련을 받고 있었다. 언제 취업이 된다는 보장도 없이 6개월의 재훈련 기간 동안 정부에서 지급하는 기본 생계비로 살고 있었다. 지금은 똑같은 처지에 있는 친구들이었지만 우리 일행이 구동독인들의 통일 체험의 어려움에 대해 물었을 때 그들은 언성을 높여 싸우고 말았다. 그리고 드디어 동독 출신 친구는 "너는 서쪽에서 왔기 때문에 우리 상황을 결코 이해 못해!"라고 울먹이며 고함을 쳤다. 하지만 그는 다시 통일 이전으로 돌아가는 것은 가능하지도 않을 뿐더러 바라는 바도 아니라고 말했다. "왜냐하면, 자유가 무엇인지를 알았기 때문"이라고.

3.

지난 두 해에 걸친 여행은 내게 많은 것을 가르쳐 주었고 또 느끼게 해주었다. 그리고 통일이라는 것에 대해, 특히 사회주의 전환과 관련하여 많은 생각을 하게 했다. 통일에 대해 좀더 조심스럽게 그러나 현실성 있게 접근해야 할 때라는 것을 일러주었다.

그리고는 곧 우리가 일반적으로 갖고 있는 통일에 대한 개념이 얼마나 허황된 것인가에 대해 불안해지기 시작했다. 남한의 우리들에게 '남북 통일'의 의미는 매우 다양하다. 고향 방문, 가족 상봉, 재산 찾기, 금강산·묘향산·백두산 관광, 투자, 상품 판매, 정치적 승리 …… 정치를 하는 사람, 사업을 하는 사람, 재산이 있는 사람, 잃을 재산도 없는 사람 …… 등등의 통일관은 천차 만별일 것이다. 하지만 통일과 직접적인 이해 관계가 없는 사람들도 민족의 통일은 아주 자연스럽고 당연하다는 의미에서 긍정적으로 생각하고 있는 것도 사실이다. 그러나, 실은 통일만큼 추상적이고 애매한 개념도 없을 것이다. 과연 어떤 상태를 통일이라고 할 것인지에 대해서조차 우리는 합의된 정의를 갖고 있지도 않고, 통일이 개개인들의 삶에 어떻게 영향을 미칠 것인지에 대해서는 저마다 자신들은 그 영향권 밖에 있을 듯이 착각하며, 통일에 어떻게 기여를 해야 할지에 대해서는 더더욱 구체적인 의견이 없는 게 보통이다. 결국 통일은 구체적인 사건인 듯하면서도 가장 감정적이고 추상적인 꿈나라의 이야기이거나 구호에 그치고 있다.

조금 현실적 안목을 지닌 사람들은 1990년 전후해서 흔히 독일에서 무엇인가를 배울 것이 있으리라고 했다. 그러나 독일 사례에서 통일의 모형을 찾으려던 연구자들은 남북간의 인구비(人口比)나 남쪽의 통일 비용 감당 능력에서 한국은 독일보다 훨씬 불리하다는 결론을 내린다. 내가 보기에 독일식 흡수 통일은 여러 가지 이유로 부적당한 것은 사실이다. 그러나, 동서독간의 불균형한 경제 사정이 통일 과정을 동독 식민화(植民化)와 유사한 것으로 만들었고 이 과정에서 동독인들이 겪는 생존 기회의 상실과 서독인들이 겪는 혼란과 관련하여 우리는 몇 가지의 확실한 교훈을 얻을 수 있다. 첫째, 갑작스럽고 무조건적이고 전면적인 국경 개방은 무질서와 부적응 상태를 가져오기 마련이며, 이는 양쪽 사회의 통합에 저해 요인이 될 수 있다는 것이다. 둘째, 통일의 과정은 경제, 행정, 사회, 문화 등 여러 측면에서 양측의 동등한 참여에 의해 기획되어야 한다는 것이다. 셋째, 국가나 이데올로기나 경제가 아닌, 사람들의 만남과 함께 하는 삶이 통일의 전과정에서 우선적으로 고려되어야 함에도 불구하고, 정치적 통일 논의에는 사람의 요소가 빠지기 쉽다는 것이다.

특히 세번째의 교훈은 우리에게 중요하다고 생각되었고, 바로 여기에 내가 할일이 있겠다는 결론을 얻게 되었다. 통일 과정에서 사람들의 만남이라는 것은 남쪽과 북쪽의 사람들이 서로의 언어를 충분히 이해할 수 있고, 상대방의 무엇이 우리와 다르고 무엇이 같은가를 알고, 서로 의사 소통이 가능하게 되는 상태, 즉 개방적 태도로 상호간 문화적 차이를 인지하는 바탕 위에 교류할 수 있는 상태를 말한다. 우리의 통일에서 이것은 결코 간단하게 성취될 수 있는 일은 아니다. 그 이유는 크게 두 가지라고 본다. 하나는 남북간의 이질성 문제이다. 서로 왕래가 가능했던 독일의 경우와는 달리 남북한은 오랫동안 상호 교류의 수단은커녕 적대감만을 쌓아온 터이므로, 준비되지 않은 사람들의 교류나 만남으로 독일에서보다 더 심각한, 웃지 못할 비극적 상황이 연출될 수 있기 때문이다. 남북이 같은 말과 글을 쓴다고 하여도 서로 다른 의사 소통의 전제와 코드와 패러다임을 지니기 때문에 주고 받는 말의 속뜻이 전달되지 않는 경우도 허다할 것이다. 이러한 문화적 해석은 같은 말과 글을 쓰기 때문에 의사 소통의 문제는 없을 것이라는 경솔하고 기계적인 예상과는 다르다. 평양에서의 나의 경험이 이를 잘 말해 준다.

다른 하나의 이유는 남쪽과 북쪽의 사회가 공통으로 지니고 있다고 생각되는 획일주의, 권위주의의 문제이다. 이런 공통점이 행여나 통일 과정에 보탬이 될 수 있지 않을까 기대를 한다면, 이는 큰 오산이다. 왜냐하면, 이 공통된 문화적 특성은 '다름'에 대한 포용력을 약화시키고 오히려 배타적이게 하며, 확실하고 철저한 위계 서열 질서 밖에 있는 인간 관계나 사물의 질서란 상상도 하지 못하게 할 뿐 아니라 그런 비슷한 상황에서는 결코 편안할 수 없게 만드는 경향이 있기 때문이다. 이런 획일주의, 권위주의 문화는 동등한 두 개의 다른 요소간의 조화를 허용치 않는다. 우리가 원하는 통일과 서로 다른 사람들의 만남은 인간에 대한 기본적인 존중과 믿음, 그리고 문화적 상대주의를 전제하고서야 가능한 일이다. 예를 들어, 북한에 관한 이야기가 남쪽에서는 곧바로 코미디가 되는 현 상황에서, 북한식의 발음이나 특수 용어를 더 이상 웃음 거리가 아니라 다만 그 쪽의 정상적 언어로서 받아들이게 되는 것만도 얼마나 어려운 일이겠는가?

그래서 나는 남쪽 사람들이 북쪽 사람들과 정상적으로 만나기 위해 준비하고 연습하는 작업을 나의 통일 사업으로 잡았다. 이것은 결코 내 혼자만의 힘으로는 할 수 없을 뿐더러, 혼자 한다고 해도 의미가 없다. 그래서 북쪽의 문화, 언어, 습관, 사고 방식, 행동 방식을 이해하고 그들과 정상적인 의사 소통을 할 수 있는 방법을 익히는 데에 관심을 가진 친구들과 함께 이 일을 시작한다. 진지하게 공부하는 자세로 시작해서 통일된 땅에 실제로 살아가는 연습을 지금 이 자리에서 시작하려는 것이다.

이 사업은 두 가지의 부차적인 효과를 가져올 수 있을 것이라는 기대도 있다. 하나는, 우리들이 공부하면서 거꾸로 북쪽의 사람들이 우리를 만나려면 어떤 다른 점을 이해해야 하고 어떤 연습을 해야 좋을지에 관해서도 알 수 있을 것이다. 이것은 우리 자신들을 좀더 거리를 두고 관찰하게 되는 좋은 기회가 될 것이며, 이를 기초로 자기 성찰과 자기 변화를 도모하게 된다면 더욱 좋을 것이다. 우리가 공부한 결과와 연습한 과정을 글로 적어 다른 사람들과 공유하려 한다. 남과 북 사람들의 통일 예행 연습에 도움을 줄 수 있을 것이라는 기대를 갖고 말이다. 다른 하나는, 통일과 관련하여 우리가 논의할 '같음과 다름'의 논리는 남북만이 아니라 남녀간, 세대간의 문제를 같은 선상에서 볼 수 있게 해줄 수 있을 것이고, 따라서 우리 사회에서 남녀간, 세대간의 벽을 허무는 데에도 도움이 될 수 있을 것이라는 기대이다.

이 글을 쓰는 1994년 1월에는 아직 많은 것이 불확실하고 욕심만 앞서는 게 아닌가 하는 두려움도 없지 않다. 하지만, 시작이 반이라는데, 의욕 있는 친구들과 함께 하는 시작이니 이미 반을 훨씬 넘어 오질 않았는가? ■

아이들에게 필요한 성평등 교육

이덕주*

나는 아들과 딸을 별로 차별하지 않는 집안에서 자랐다. 1남 4녀였는데도 그랬다. 어쩌다 외할머니가 오셔서 오빠보다 내가 먼저 물을 먹었다고 야단칠 때는 그런 상황이 너무나 낯설어서 당황했다. 생각해 보면 TV도 없던 시절에 내가 여성으로서의 꿈을 꾸는 건 만화와 하이틴 소설이었던 것 같다. 거기에는 수많은 공주(와 같은 사람)와 왕자(와 같은 사람)이 나왔고 그런 이야기를 읽으면 몇날 며칠 내가 그 주인공이 되는 행복한 상상을 했다. 그런데 그런 꿈에서 깨어나게 된 것도 역시 내가 즐겨 읽던 책들에 의해서였다. 『제인 에어』나 『바람과 함께 사라지다』의 여주인공들은 참으로 매력적이었다. 무기력한 '안나'의 궁상맞은 이야기와 달리 자기 운명을 개척해 나가는 씩씩한 여성들이 나는 너무 좋았다.

사실 내가 좋아한 쪽은 어머니보다는 아버지였다. 아버지는 정말 선량하고 인자한 분이다. 그런데 오늘의 내가 되도록 큰 영향을 미친 쪽은 어머니다. 별로 자상하지도 않았고 교양하고는 담을 쌓은 어머니에게서 늘 나오는 말은 끝없는 집안일과 팔자에 대한 원망, 가족들(특히 올망졸망 많은 아이들) 뒤치다꺼리 때문에 자신의 생활이 없는 데 대한 짜증, 그리고 딸들에게 입버릇이 된 '여자도 직장이 있어야 한다'는 말씀, 아마 이런 것들이 나에게 큰 영향을 준 듯하다. 나는 현모 양처를 꿈꾼 적이 한번도 없었다.

---

* 1957년생. 신목중학교에서 국어를 가르치고 있다. 전교조 여성국 성평등 교육 분과에서 일해 왔다.

　밤길을 혼자 다니기가 무섭다는 것, 여행을 혼자 갈 수 없다는 것 정도 이외에는 여자라서 특별히 불이익을 본 적이 없이 어른이 되고 교사가 되었다.

　처음 남자 고등학교에 근무할 때 일부 학생들이 단지 여자라는 이유로 교사인 나를 우습게 여기는 것이 느껴질 때가 있었다. 대학 졸업 후 한참 자존심이 높았을 무렵 이런 아이들을 보면 참을 수 없는 심정이 되곤 했다. 수업 시간에 남녀차보다 개인차가 더 큰 것에 대해서 피라미드를 그려 가며 설명했던 적이 있었다. 아이들은 그 이야기의 사실성 여부보다 내가 여자라서 그런 말을 하고 있다는 것을 더 의식하고 야유성 반응을 보였다. 그래서 수업 시간에 그런 얘기를 하는 걸 포기하고 행동으로 보이려고 애쓰는 걸로 만족을 해야 했다. 지식(?) 자랑, 시사적인 문제에 관한 정보 제공, 말썽이 났을 때 가차없이 폭력성 체벌을 가하는 것, 수업이나 학교 행사에서 나약한 모습을 보이지 않는 것 등이었다.

　여자 중학교로 오니 사정이 완전 딴판이 되었다. 남녀 문제에 대한 언급을 살짝만 비쳐도 아이들의 반응은 열광적이었다. 아이들이 좋아하는 이유는 간단했다. 아침부터 저녁까지, 그리고 수업에 들어오는 대부분의 교사들에게 늘 듣던 '여자가 ……'라는 말을 하지도 않는 건 물론이고, 도리어 바꾸어 말하는 사람이 있다는 자체가 신선했던 것이다. 말끝마다 '씩씩한 여성!' '여자가 칼을 뺐으면 ……' '여장부가 ……' 운운하는 게 뭔지 모를 답답한 그들의 마음에 대리 만족을 주었다고나 할까(물론 그때는 젊었다는 것도 한몫을 한 것 같다. 중년이 다 된 지금은 똑같은 말을 해도 그리 열광적인 반응을 보이지는 않는다. 그리고 한 십 년 이상 세월이 흐르면서 아이들이 피부로 느끼는 성차별의 양도 조금은 줄어든 게 아닌가 싶다). 하다 못해 찬밥이 있으면 엄마와 너희들만 먹지 말고 아빠도 한 숟갈, 오빠도 한 숟갈, 이런 식으로 나누어 먹으라는 얘기에도 좋아서 흥분하고 난리였다. 교과서 예문의 주인공은 거의 남자였으므로 '길수'를 '길숙'으로 읽으며 주인공으로 여학생을 상상하게 하는 것에도 신나했다. 밤길 갈 때 남자가 나타나면 무서워만 하지 말고 (사실은 상대방도 무서워하고 있으므로) 먼저 '왁' 하고 대들면 상대방이 혼비 백산해서 달아날 것이라고 얘기할 땐 책상을 두드리며 좋아했다.

　그러나 그뿐, 사회 구조에 대한 체계적인 분석도, 제대로 된 교육 프로그램도 갖고 있지 못했다. 그때 거의 비슷한 시기에「또 하나의 문화」제1호 『평등한 부모 자유로운 아이』(평민사)와 『여성 1』(창작과 비평사)을 동시에 만나게 되었는데, 나는 그 책들을 읽으며 흥분하지 않을 수 없었다. 그 책들이 둘 다 다루었던 학교 현장에서의 성차별 부분뿐만 아니라 그 책들의 처음부터 끝까지 샅샅이 읽으며 나는 계속 감탄을 했다. 그 책들은 그때까지 감정적인 차원에 머물러 있던 나의 여성 문제에 대한 인식을 좀더 분석적으로 다가갈 수 있게 하는 계기가 되었다. 그때부터 의도적으로 여성 관련 서적들을 찾아 읽게 되었다.

그러나 그렇다고는 해도 학생들에게 어떻게 효과적으로 가르쳐야 할지를 고민하지는 못했다. 여전히 내가 한 일이라고는 여학생들에게 씩씩할 것, 당당할 것을 강조하고 미래에 대한 꿈을 원대하게 가질 것을 말하는 정도, 그리고 아이들에게 씩씩한 여선생으로 비쳐지기를 바라는 정도로 편견을 깨뜨려 주려고 하는 수준에 머물러 있을 뿐이었다.

내가 들고 다니며 떠들었던 국어책이 친일파의 글, 일반 서민들의 어려운 삶과는 무관한 귀족적 지향의 글, 학생 정서와는 동떨어진 40대 이후의 장년층과 노년층의 정서를 표현한 글, 그리고 남성적 세계관을 표현한 글 등으로 덮여 있다는 걸 깨달은 것은 국어 교육을 위한 교사 모임에 참여하고 나서이다. 특히 국어 교과서에 실린 글들의 집필자가 90% 이상이 남자이고, 가물에 콩 나듯 있는 여성의 글은 병상 일기이거나 얼굴에 대해 고민한 여학생 시절 이야기이거나 냇가에서 빨래하는 즐거움 따위를 쓴 지극히 가볍고 개인적인 정서를 나타낸 글이 대부분이었고, 전기문에서 몇 안 되는 여성 주인공들은 곽낙원(김구의 어머니)처럼 자신의 공적보다는 아들을 잘 키워낸 점을 부각시키는 정도가 고작이라는 것들도 비로소 명확히 들어왔다. 그 이후로는 아이들에게 분석적, 비판적으로 교과서 글을 대하는 안목을 길러 주는 것도 또 하나의 과제가 되었다.

ㄷ여중에 있을 때다. 3학년 담임이었는데, 옆반 담임 교사가 나와 비슷한 연배의 남교사였다. 그런데 그 선생님은 늘 아이들에게 '우아한 여성'이 될 것을 강조했다. 바로 옆반인데다 수업 들어가는 반이 많이 겹쳤기 때문에 아이들은 무척 재미있어 했다. '씩씩할 것'을 강조하는 국어 교사와 '우아할 것'을 강조하는 사회 교사가 번갈아 들어왔기 때문이다. 한 사람은 '자신의 미래를 주체적으로 세우고 당당하게 살 것'을 강조하고, 또 한

사람은 '남녀의 조화로운 역할 분담'을 이상적인 모습으로 강조했으니 아이들이 헛갈릴 만도 했다. 아이들의 지지를 받는 건 물론 내 쪽이었지만(여자 아이들이니까), 미남형에다가 목소리까지 멋진 그는 두 아이의 아빠였는데도 불구하고 아이들에게 무척 인기가 좋았기 때문에 그의 영향을 무시할 수가 없었다. 아이들이 그 선생님에게 잘 보이려고 '우아'한 모습을 지니려고 애쓸까봐 걱정이 되었다. 확인해 보지는 못했지만 분명 그런 학생이 있었으리라 생각된다. 교내 교사 모임을 같이 했기 때문에 자주 이야기할 기회가 있었던 우리는 술자리로 이어지는 뒤풀이 시간에 번번이 그 문제로 토론이 벌어지곤 했다. 그의 지론인 남녀의 역할 분담으로 인한 아름다운(?) 세상론에는 학생들의 다양한 가능성을 열어 놓아야 될 것과 미래의 부부 모습에 대한 대비의 필요성 따위의 말로 대응했다. 아이들이 복도에서 뛰는 걸 방지하기 위해 복도 가운데 대형 화분을 줄지어 놓으면 아이들 행동도 얌전해지거니와 정서적으로도 도움이 될 것이라는 그의 주장에, 한참 펄펄 뛰어다닐 아이들에게 자꾸 행동을 제약하려고만 하지 말자, 교사들도 급하면 뛰어가지 않느냐, 여자라서가 아니라 실내에서 뛰는 게 먼지도 나고 위험하니까 삼가하자는 식으로 지도해야 한다고 제안했다. 순결을 잃은(?) 여성들이 행동거지가 흐트러지는 것(아마 남 눈치 안 보고 행동하고 말하는 아줌마들의 행동 양식을 지적한 듯)은 잃을 것을 모두 잃은 사람들의 자포자기 같은 삶의 양식이라는 어이없는 말에, 무언가를 잃은 게 아니라 인생의 폭을 넓힌 것이며, 행동이 흐트러진 것이 아니라 조신한 '숙녀 노릇'(내숭을 떨어야 하는)에서 비로소 벗어나 자유로와진 것으로 생각해야 한다고 반박했다.

늘 격론을 벌여도 착하고 희생적이고 다소곳한 여성에 대한 예찬론은 변함이 없어서 나를 답답하게 하더니 몇 년 후에 만나게 됐을 때, 그때 나와 논쟁을 하고 집에 가면 자신의 논리가 뒤진다는 생각이 들어 여성 관련 책도 많이 읽고 여러 가지 생각(발상의 전환!)을 많이 했었다면서 고맙게 생각한다고 해서 보람을 느꼈다.

그 무렵 좀더 진지하게 교육을 실천하려 하는 교사들의 움직임이 있었다. 전국 교사 협의회에 참여하면서 좀더 많은 변화를 겪었다. 물론 그 동안의 나의 교직 생활이나 아이들을 대하는 태도를 반성하고 새로운 고민을 하게 한 값진 만남들이었다. 이어서 결성된 전교조에 자연스럽게 참여하게 되었고 그리고 해직이 되었다. 교직 생활 10여 년만에 아이들을 제대로 사랑하는 방법을 알기 시작했을 때, 수업을 좀더 재미있고 성의있게 해야겠다는 생각이 들었을 때 교직에서 쫓겨난 것이다.

90년 국민학교에 입학한 아이 때문에 전교조 일을 쉬면서 대학원 여성학과를 목표로 집중적으로 여성학 관련 책을 본 것이 이론적으로 기초 공사가 되었다고 할 수 있겠다. 이후의 활동에 많은 도움이 된 것은 물론이다(대학원 시험에는 떨어졌다).

91년 전교조 여성국장이 되었다. 전교협 시절에 이미 『학교 교육과 성차별』이라는 단행본을 낼 정도로 활발한 활동을 해온 여성국은 전교조에 들어와서도 성교육 강좌를 중심으로 전국의 교사 조직에 커다란 매개 역할을 하고 있었다. 『성교육 교과서』라는 단행본을 낸 후였고, 그만큼 성과물들이 쌓여 가는 중이었다. 전교조 여성국에는 다른 노조와 달리 교사 조직의 특성상 '여교사의 권익 보호'와 '성차별 교육 극복'이라는 두 가지 과제가 동시에 주어져 있다. 그러나 교사가 다른 직장에 비해 성차별이 거의 없는 직장인데다가 불법 단체라는 공식적 위상 때문에 단체 협약권이 없었기 때문에 '여교사의 권익'에 관한 업무 처리에는 한계가 있을 수밖에 없었다. 그 대신 '성차별 극복을 위한 대안' 마련에는 꾸준히 연구물들이 쌓여 갔고 각종 연수와 전국의 강좌, 여교사 모임 운영들은 단순히 성평등 교육의 실천 부분 뿐만 아니라 전교조의 조직 강화에도 중요한 역할을 했다. 그 해에 나온 「성차별 극복을 위한 교육 자료집」(성평등 수업 지도안과 성교육 지도안 중심)은 전국에 오천 부 이상이 소화되었다.

92년이 되자 건강 문제로 상근 활동이 어려워졌다. 반상근(일주일에 삼일 정도, 필요한 시간에 나가서 일함) 정도의 활동으로도 할 수 있는 일을 찾게 되었다. 전교조 산하 조직으로 참교육 실천 위원회가 있는데 거기에는 각 교과별 교사 모임이 있고, 기획실에 주제 분과(통일 교육 분과나 환경 교육 분과 등)가 있다. 거기에 여성 교육 분과를 만들어 달라고 해서 그 일을 맡았다. 여성국에서 하던 일과 겹쳤으나 여성국원들에게는 일상적으로 처리해야 할 조직적인 일들이 여러 가지로 많이 주어지는 데 비해 여기서는 오로지 성평등 교육 자료를 연구하고 배포하는 데 집중할 수 있었고, 그만큼 진전도 많았다. 그러나 어느 조직이나 마찬가지로 실무자가 부족했기 때문에 여전히 여성국원들과 많은 일을 의논하고 함께 처리했다.

　전국적으로 자료 회원을 모집했고, 교육 실천 자료를 주 내용으로 하는 정기적인 회보를 발간했으며, 교사를 대상으로 「여성 학교」도 운영했고, 교사들의 올바른 성의식과 교육 지침을 위한 토론 자료집을 발간하는 등, 주로 현장에서 실천할 수 있는 자료의 개발과 제공에 힘썼다. 93년 봄에는 함께 일하는 선생님들과 2년간 준비해온 『세상의 절반, 여성 이야기』(우리교육)가 세상에 나왔다. 최근 몇 년 사이에 많은 여성 관련 서적이 쏟아져 나왔지만 청소년을 대상으로 쉽게 풀어준 책으로는 처음이었다.

　여성국이나 여성 교육 분과의 일을 하면서 항상 벽에 부딪친 것이 있었다. 많은 남교사들이 다른 사회 운동 부문(예를 들면 농민, 노동자, 빈민 운동 등)에는 관심을 기울이고 상당히 진보적인 생각을 지니고 있으면서도 여성 문제에는 의도적이든 아니든 관심을 갖지를 않는다. 물론 어느 집단이고 비슷한 현상이기는 하지만 우리로서는 심각하게 생각하지 않을 수가 없었다. 무엇보다 가치관을 형성하는 학생들을 늘 접하고 있다는 점, 특히 여학생의 의식을 깨우치는 것 못지않게 남학생들의 고정 관념을 깨야만 한다는 점, 지금 이 시간에도 남교사들이 학생들과 만나고 있다는 점, 특히 경우에 따라서는 여교사보다 인기 있는 남교사들의 언행이 더 영향을 줄 수 있다는 점들(앞에서 예를 들었거니와) 때문에 단순히 일부 여교사의 노력만으로는 성평등 교육에 한계를 느낄 수밖에 없는 것이다. '여성 교육'이라는 개념은 '여학생을 여성스럽게 하는 교육'이라는 개념으로 혼동되기 일쑤였다.

　우선 일부 여교사들이 여학생들을 대상으로 하는 교육이라는 편견을 깨기 위해 '여성 교육 분과'를 '성평등 교육 분과'로 바꾸고 회보의 제목도 「여성 교육」에서 「성평등 교육」으로 바꿨다. 모든 남녀 교사가 모든 남녀 학생을 대상으로 실천해야 할 교육이라는 개념으로 자리잡기 위해서였다. 특히 남교사와 남학생들의 거부감을 줄이기 위해 이 사회에서의 '남자'가 갖는 부담과 압박을 부각시키고 남학생들을 여학생 못지않게 자유로운 미래와 다양한 인간성('양성성'을 지향하는)을 갖추게 해야 한다는 것을 역설해 나갔다. 실제로 '성평등 교육'에 대한 강의 부탁이 들어와서 가보면 많은 여교사들 속에 가물에 콩 나듯 앉아 있던 남교사들이 강의 후에 "사실 또 여자들 잘났다는 얘기인가 보다 하고 별로 내키지 않는 마음으로 들었다. 그런데 듣고 보니 남교사가 할일이 참 많고 특히 남학생 교육의 중요성을 알게 되었다"는 말들을 하는 걸 보고 보람을 느끼기도 하고, 한편 많은 남교사들이 편견 때문에 아예 그런 자리에 오려고도 않는 현실이 무척 안타깝게 느껴지기도 했다.

명칭은 중요했다. 그 동안 여교사만 참석하던 연수에도 그 해에는 남교사들이 무려(?) 8명이나 참여했다(실제로 그 전에는 '여성 교육 연수'에 오고 싶어도 웬지 쑥스럽고 이상해서 못 오겠다고 얘기했던 남교사들이 꽤 있었다). 모두가 여학생 지도를 어떻게 해야 할까, 남학생들의 성교육은 어떻게 하는 게 좋을까 등을 고민하던 선생님들이 제발로 찾아온 것이었다. 늘 여성 입장에서만 이루어지던 연수의 토론도 남교사들이 참여하면서 좀더 객관적이고 심층적인 토론이 되었다. 아울러 남교사가 함께 참여하고 있는 성평등 교육 관련 소모임도 여러 개가 운영되고 있다는 것도 알려지게 되었다.

일선 교사들의 '성평등 교육' 작업의 수준이 어디까지 왔나를 알려 주기 위해 그 동안 나온 회보에 실었던 주요 내용을 참고로 밝히고자 한다.(91, 92년의 자료)

● 교육 실천 사례 소개

성폭행 아버지 살해 사건 모의 재판 수업 사례.

'가사일을 직접 해보고 감상문 쓰기, 부모님 직장 가보고 감상문 쓰기' 지도
　사례.

시험 평가의 논술 주제에 성차별 관련 주제 넣기(혼수 문제, 가사 노동 문제,
　학교에서의 성차별 등).

성평등 수업 사례(비디오 자료를 활용한 수업, 속담을 가지고 한 수업, 토론 수
　업 등).

● 성교육 실천 사례

남학생들이 받는 억압 조사.

교과별 분석과 대안으로서의 수업 지도안(영어과, 도덕과 등 연재중).

● 수업 자료 제공

수업 지도안(성평등 교육 수업 지도안, 성교육 수업 지도안).

각종 토론 자료.

아이들과 함께 실천할 수 있는 자료(각종 역할극 대본, 인형극 대본, 새로운 동
  화 만들기 수업, 광고 고쳐 만들기 수업 등).

● 이야기 자료
정신대 할머니 체험기.
인물 이야기(알영, 장희빈, 신사임당 등 연재중).
이 어려운 남자 노릇 (연재중).
직업 소개(중장비 기사, 카메라 기자 및 비디오 촬영 기사, 선장, 영화 감독, 스
  턴트 우먼, 녹음 기사, 보석 감정사 등 연재중).

● 방학 숙제
녹음 테이프 만들기 (여성의 일생 회고록, 이색 직업 종사자 인터뷰).
가사일 돕고 감상문 쓰기.
가족이나 친척 중 여성의 직장에 가보고 감상문 쓰기.
미래의 여성 모습 상상하여 글짓기, 또는 촌극 만들기 등.

우리뿐만 아니라 많은 여성 단체에서 교과서와 학교 현장에서 이루어지
는 성차별에 대해 분석 비판해 왔다. 이제 그 수준을 넘어설 때라는 것이
우리의 판단이었고, 실제로 교사들이 어떻게 실천할 것인가가 주요 과제가
되어 있다. 이미 그 작업에 들어가 있지만 앞으로 할일은 너무나 많다. 그
리고 내가 그 일을 다해 보겠다고 감히 말을 할 수는 없다. 다만 일선 교
사들의 '성평등 교육'의 실천 노력이 여기까지 와 있다는 걸 이야기했으
니, 앞으로 해야 할일들을 떠오르는 대로 말하고자 한다. 혹시 교사들이 이
글을 읽는다면 함께 해보자고, 힘을 보태 달라고 부탁하고 싶다.
　성평등 교육을 담당하고 있는 우리의 목표는 남녀 교사들이 모두 함께
남녀 학생을 대상으로 성평등 교육을 할 수 있도록 하는 것이다. 스스로의
능력의 한계를 잘 알고 있는 우리 일부 교사들에게는 그건 어쩌면 목표로
끝날지도 모른다. 그러나 할 수 있는 사람부터 하나하나 실천해 나가는 것
이 중요하다고 생각한다.
　우선 필요한 것은 자료 제작과 보급이다. 교사들의 의식을 바꿀 수 있는
자료와 그 교사들이 교실에서 아이들에게 쉽게 접근하고 실천할 수 있는

자료들이다. 현실감 있고 아이들의 생활에 밀착된 자료들이어야 할 것이다. 성교육 분야만 보더라도, 그 동안 우리 교사들은 학교의 성교육이라는 것이 단지 순결 교육의 양상을 띠고 있는 수준에 불과해 이렇다할 성교육조차 없다는 현실을 비판하고 많은 자료를 만들어 내고 보급하는 데 힘을 기울여 왔다. 그러나 아이들은 더 앞서 나가고 있다. 아이들은 '호르몬 운운'의 과학적인 지식에 만족하지 않고, 좀더 실제적인 것을 원한다. 예를 들면 피임은 어떻게 하는가, 임신이 되었을 때는 어떻게 해야 하는가, 비디오의 장면들은 얼마나 사실인가 등 도덕적인 차원이 아니라 실용적인 것을 원하고 있다는 것이다. 그런데도 교사들은 아직도 피임 교육을 하는 것은 공공연히 성개방을 용인하는 것이기 때문에 안된다는 입장을 고수하는 사람이 대부분이다. 아이들은 지금도 별 죄의식 없이 행동으로 옮기고 있는데도! 물론 나 역시 이 문제에 대해 확고한 입장이 서 있지 못하지만, 어쨌든 많은 사안에 대해 교사들이 빠른 시일 안에 지도 지침을 합의하는 게 시급한 일이다.

구체적이고 실제로 도움이 될 자료를 수집하고 제작하기 위해서는 많은 교사 소모임이 만들어지고 제각각의 주제를 가지고 다양한 작업을 벌이는 것이 필요하다. 수업 지도안 작성에서부터 각종 시청각 자료들까지. 그것들은 단순히 강단에서 할 수 있는 이야기를 옮겨 놓는 수준이 아니라, 현실에 도움이 될 성교육 내용, 주체적인 여학생의 생활 모습을 그린 극영화, 남성 못지않게 세상에 나가 당당한 위치를 점한 많은 선구적인 여성들의 삶, 성평등이 상대적으로 많이 구현되고 있는 외국의 사례 등등 소재는 끝이 없다.

수업 시간 중에 5분 정도, 조회나 종례, 토론 시간, 야유회 등 아이들과 함께 하는 시간에 수시로 얘기해줄 수 있는 다양한 이야기 자료들을 만들어 제공해 주는 것도 필요한 작업이다. '선생님 얘기해 주세요'라는 요청을 받고 무슨 이야기를 할까 난감한 경우가 종종 있는데 이런 때 활용할 수 있는 자료가 준비되면 훨씬 효과적인 교육을 할 수 있을 것이다. 거기에 들어갈 이야깃거리는 무궁 무진할 것이다. 사회 전반적인 현상(가정·가족 관계·드라마·광고·성폭력·어머니의 삶·올바른 사랑 이야기 등)에서부터 학교에서의 이야기(이성 관계·남녀 교사 이야기·행사·교과서·남녀 학생의 행동 등), 성을 뛰어넘어 도전해볼 만한 직업 이야기, 장래 이야기, 성차별에 희생당한 인물과 극복해낸 인물 이야기, 성차별에 희생당하고 있는 남성들과 남학생 이야기 등등.

또한 머지않아 직장에 나가게 될 남녀 학생들에게 직장에서의 성차별, 성폭행 등에 대한 대처 방안과 올바른 직업 의식을 가르칠 프로그램도 개발해야 할 것이다.

성평등 교육은 특정 교과목에서만 이루어질 수 있는 것이 아니다. 모든 교사가 모든 교과에서 동시에 실천해 나가야 하지만, 그렇기 때문에 오히려 아무도 실천하지 않아도 되는 성격을 가지고 있다. 따라서 각 교과 모임의 교사들과 연계해서 관련 교과의 내용을 함께 분석하고 대안을 만들어 가는 노력이 필요하다. 다행히 각 교과에서 일하고 있는 많은 선생님들이 이 부분에 대한 관심과 실천이 높아 가고 있다는 것을 느낀다.

특별 활동(여성 문제 연구반·시사반·독서 토론반·문학반 등) 시간에 활용할 수 있는 교육 프로그램이 개발이 된다면 좀더 많은 교사들이 아이들에게 이 문제를 가지고 쉽게 접근할 수 있을 것이다.

마침 이 봄에 복직이 되어 특활 시간에 '여성 문제 연구반'을 설치해줄 것을 학교에 제안해 본 것이 의외로 수월하게 받아들여져서 지도를 하게 되었다. 남학생도 함께 참여하기를 바라는 마음에서 처음에는 '성평등 연구반'이라고 신청했으나, 내심 명칭이 거칠다는 느낌을 가지고 있던 차에 특별 활동 담당 교사도 문제 제기를 해와서 의논 끝에 무난한 '여성 문제 연구반'이라고 하기로 했다. 어느 학교나 그렇듯이 특활 부서 배정이라는 것이 학생들이 원한다고 다 되는 것이 아니라 인기 부서에서 탈락된 아이들이 비인기 부서로 밀려서 거의 모든 반을 비슷하게 채워 놓는 과정은 역시 같아서 뭐하는 반인지도 모르고 밀려서 온 아이들도 있었다. 하지만 대부분은 원해서 온 학생들이었고 의외로 남학생도 꽤 있었다. 막상 맡기는 했지만 먼저 해본 사람이 있는 것도 아니고, 게다가 대상이 중2, 3 학생들로 어린 편이라 앞으로 프로그램을 어떻게 할 것인지 숙제가 많다. 올 한 해는 많은 시행 착오를 겪게 되리라 생각하며, 일단 이론보다는 학생 활동 중심으로 어떻게 하면 재미있게 할 것인가에 초점을 맞추려 한다.

학교에서의 여교사의 생활 모습은 그대로 산교육이다. 현실적으로 많은 여교사들이 남교사에 비해 힘들지 않은, 따라서 중요하지 않은 부서에 집중되어 있고 학교 행사에서도 소극적인 모습을 보이는 한, 학생들에게 남녀의 성역할 분리에 대한 고정 관념을 심화시켜줄 뿐이라고 생각한다. 모성 보호 침해나 여성 권익 침해에 대해 당당히 맞서 싸우며 고쳐 나가는 모습, 힘든 일도 남교사에게 떠넘기지 않고 책임감 있고 적극적으로 생활하는 모습, 프로 의식을 가지고 직장 생활을 해나가는 모습을 보인다면 굳이 말로 하지 않아도 학생들은 그러한 여성들을 존중하고 그렇게 되려고 애쓸 것이라고 본다.

그러기 위해서는 형식적이며 경우에 따라서는 학교 행사에 동원되기 위한 여교사회를 비롯한 각종 여교사 모임이 활성화되어 서로의 의식도 공유하고 잘못된 점을 개선해 나갈 수 있는 실질적인 힘을 발휘해야 할 것이다.

전교조 활동으로 말한다면 지금은 불법 단체로 되어 있어 활동에 많은 제약을 받고 있다는 것은 이미 말한 바 있다. 앞으로 시간이 가면서 상황도 호전되고 여성 활동가의 역량도 쌓이면, 사무처의 한 국으로서가 아니라 여성 위원회가 되어 독자적인 사업을 펼쳐 나갈 수 있는 위상을 갖는 게 좀더 효과적인 조직 형태일 것이라고 생각한다. 그 속에 조직, 교권, 성평등 교육, 대외 사업 등의 전문 분야로 나누어 활동함으로써, 교사의 반에 육박하고 있는 (초등은 이미 반을 훨씬 넘었다) 여교사들의 권익과 성평등 교육 실천을 위한 명실 상부한 조직이 될 수 있을 것이다. 또 여성 활동가들이 결혼과 육아로 도중 하차하는 일이 없도록 여교사 복지, 여교사 교육 등에 힘을 기울여 이 사회의 변화를 가져올 수 있는 사람으로 커나가도록 하는 것도 커다란 과제이다. ■

일하는 사람들의 기업

김성오 *

1. 분단된 땅에서 노동자의 아들로 태어났다.

나는 1964년 서울 창신동에서 태어났다. 그때 우리 아버님께서는 군대를 제대하신 지 얼마 되지 않은 상태에서 자그마한 목공소 일을 하셨다. 우리 어머님은 황해도가 고향으로 1·4 후퇴 때 외할머님과 함께 월남하셨는데, 우리 외할아버지와 삼촌들은 아직도 북에 계신다. 물론 생사는 알 길이 없지만 말이다.

어린 시절은 그럭저럭 지나갔다. 철들 무렵쯤 해서 아버님은 부산에서 여전히 목수 일을 하셨는데 어머님은 이러저러한 공장 일을 하시면서 가계를 꾸려 가셨다. 나는 어머님이 퇴근하시는 저녁 9시경 어머님과 함께 버스 정류장에서부터 집까지 매일 '데이트'를 했다. 데이트는 한 3년간 지속되었는데 고등학생이 되고 대학에 들어오면서 '공부' 때문에 더할 수 없었기 때문에 그만두었다. 물론 이유는 또 있다. 아버님께서 막노동자에서 가구 공장을 경영하는 사장님으로 바뀌셨기 때문에 어머니는 더이상 다른 곳에서 일을 하실 필요가 없게 된 것이다. 지금 부산에 살고 계시는 우리 부

---

* 1964년 출생. 1991년 친구들과 함께 만든 「노동자 협동 경영 연구회」에서 활동하고 있으며, 이러한 기업 운동 지원을 위해 후배들과 어울려 만든 시장·여론 조사 전문기관 「인텔리서치」를 운영하고 있다. 『일하는 사람들의 기업』(나라사랑)이란 책을 펴냈다.

모님은 경제적으로는 그래도 괜찮은 편에 속하신다. 누님 두 분도 출가하셨고 외동 아들이자 막내인 나만 결혼하면 우리 부모님의 고민 거리는 아마도 거의 없어질 것이다. 하지만 장래를 약속한 우리 아가씨도 무럭무럭 크고 있기 때문에 사실상 부모님들의 고민 거리는 없는 거나 마찬가지라고 할 수 있다.

나는 대학에 들어온 이래 노동자들과 보낸 시간이 인텔리들과 보낸 시간보다 훨씬 많았다. 대학 2학년 때부터 3학년까지는 구로 공단 아가씨들과 주로 어울렸다. 나는 야학 '강학'(선생님)이었고 그들은 '학강'(제자)들이었다. 3학년을 마치면서는 인천에 있는 어떤 주물 공장에 소위 위장 취업이라는 것을 했다. 인천에서는 공장에 들락날락거리면서 한 5년간을 보냈다. 나는 노동자 친구들과 같이 술을 마시고 야외로 놀러 다니기도 하고 당구장에도 같이 갔다. 물론 노동 조합을 만들거나 혹은 민주화하거나 아니면 임금 인상 투쟁을 하거나, 혹은 그들에게 정치 경제학을 공부시키거나 하는, 일반인들이 생각하기에는 약간 위험하고 비정상적인 일도 했었지만 그러한 것은 그들과 노는 것만큼이나 매우 자연스러운 일이었다. 그리고 더욱이 그때 나는 어린 시절의 우리 어머님이나 아버님, 그리고 당시의 노동자들이 해방되는 세상이 기필코 올 것이라는 강한 확신을 가지고 있었다. 그리고 그러한 세상이 당시까지 '위용'을 자랑하던 소련이나 중국과 같은 사회주의 체제일 것이라는 암묵적인 확신도 가지고 있었다. 이러한 생각은 아마도 내 또래 활동가들에게 있어서는 매우 일반적인 공감대였다고 생각한다.

1990년 노동자 친구들과 재미있게 놀고 있을 때 소련 사회주의가 붕괴되고 우리는 희망을 잃은 것처럼 보였다. 우리는 기운이 빠지고 세상 사는 재미도 이전보다는 훨씬 줄어들었다. 학창 시절 그토록 흠모해 마지않던 레닌 선생님의 조국이 망한다는 것은 감히 상상할 수 없었던 일이었기 때문이다.

2. 방향 전환이 필요한 것이 아닐까?

소련이 붕괴한 것은 사실 우리 운동가들에게는 커다란 짐이 되었다. 사상적으로는 좌표를 잃게 되었다. 그리고 조직 운동은 많은 수의 활동가들이 이탈하면서 공백이 생기기 시작했으며 대중 운동 또한 침체기로 들어갔다.

하지만 우리 사회에 존재하는 여러 가지 모순들이 결코 해결된 것은 아니다. 노동과 자본의 모순은 여전히 해결되지 않았으며 외세의 부당한 간섭도 줄어든 것이 아니고 결정적으로는 우리가 분단된 땅에서 분단의 하루하루를 보내고 있다는 사실이 변하지 않았다. 따라서 우리는 여전히 노동이 인간화된 사회, 민족의 자주성이 보장된 사회, 그리고 부강한 통일 국가를 건설해야 하는 과제를 해결해야 한다.

여기에 덧붙여 우리는 소위 '현대적 과제'까지도 해결해야 한다. 지구 환경의 무분별한 파괴를 막으면서도 경제 성장을 이루어야 하며 소위 말하는 현대병들, 예를 들어 정신적인 질병 현상들(마약·퇴폐 문화, 정서적 공허감과 소외 등)에 대해서도 사회적으로 대처하지 않으면 안된다.

이 시대에 사는 젊은이로서 시대의 아픔을 공유하고 뭔가 좀더 나은 사회를 지향하는 사람들에게 요즘처럼 할일이 많은 때는 일찍이 없었다. 근대의 여명기에 진보적인 활동가들은 노동과 자본의 모순을 해결하는 데 집중하면 되었다. 소련의 사회주의 체제는 이러한 모순의 해결에 새로운 가능성을 암시하는 것이었다. 약 70여 년 동안 세계의 진보적 운동가들은 큰 테두리에서는 이러한 경험을 따라 배우면 되는 걸로 생각했다. 한국에서도 그것은 마찬가지였다. 하지만 이제 이 시대가 해결해야 하는 문제들은 근대의 여명기에 인류가 부딪쳤던 문제들보다 훨씬 복잡하고 다양한 성격을 가지게 되었으며 따라서 우리는 매우 복잡한 실천 과제들을 떠안지 않으면 안되게 되었다.

사실 우리의 방향 전환은 이러한 문제 의식에 근거해야 하는 것이 아닐까? 여전히 해결되지 않은 소위 '근대적 과제'(노동과 자본의 모순 해결, 민족 주체성의 확립, 부강한 통일 국가의 건설)와 '현대적 과제'(환경 문제의 해결, 현대병의 치유)를 동시에 해결해 나가기 위한 새로운 운동상의 정립과 새로운 운동 노선의 정립이 필요하지 않을까?

3. 생산 민주주의 운동의 제기, 일하는 사람들의 기업 운동의 제기

우리가 벌이고 있고 또 필자가 앞으로 벌이게 될 운동을 한마디로 정의하면 '생산 민주주의 운동' 내지 '일하는 사람들의 기업 운동'이다. 이것은

주로는 노동과 자본의 모순을 해결하여 노동의 인간화를 지향하는 운동이다. 하지만 이것은 민족 기업 운동이며, 통일 운동이기도 하다. 또한 이 운동은 환경 문제의 해결에 도움이 되는 정도가 아니라 환경 문제를 해결하면서 생산력 발전을 이루기 위한 대안적인 운동이며 이기주의에 찌든 현대인들을 공동체의 정서로 끌어들이는 운동이기도 하다.

노동과 자본의 모순을 해결하기 위해 우리 인류가 70여 년간 실험해온 국가 소유 기업의 실험은 실패한 것으로 보인다. 생산력 발전은 멈추고 국영 기업 내의 노동자들은 자본주의 대기업에서와 마찬가지로(혹은 더욱 심하게) 기업의 경영권으로부터 소외되었다. 따라서 우리는 노동이 좀더 인간화될 수 있는 새로운 방식을 고민하지 않으면 안된다. 우리는 기업 내에서 직접 생산을 담당하는 노동자들이 그 기업의 소유권과 경영권을 갖는 기업을 세우기 위해 노력해야 한다고 생각한다. 바로 이것이 생산 민주주의 운동이며 노동자들이 기업의 소유권과 경영권을 가지는 그러한 기업을 일하는 사람들의 기업이라고 부른다. 우리는 이러한 기업의 성공 가능성을 스페인의 몬드라곤 협동 조합 복합체의 실험에서 볼 수 있었다. 몬드라곤은 자본주의적인 시장 경제 체제 내에서조차 자본주의 대기업의 효율성을 능가하는 성공을 거두고 있으며 기업 내부적으로는 노동자들의 경영권과 소유권 지배가 철저하게 관철되고 있다.

또한 우리는 생산 민주주의 운동의 한 내용으로 노동 조합의 경영 참여 운동을 적극적으로 제기하고 있다. 돈 없는 노동자들이 기업의 소유권을 가질 수 없을 때에는 경영에라도 참여해야 한다는 것이 우리들의 생각이다. 사실 노동자들의 경영 참여는 우리나라를 비롯한 몇몇 경우를 제외하곤 매우 일반화되어 있는 현상이다. 이는 노동의 인간화를 달성하기 위한 수십년 간의 노력의 결과라고 볼 수 있는 것이다. 경영에 참여하여 생산자들이 그 기업의 전반적인 상황을 이해하고 있을 때 그 기업의 생산성이 훨씬 높아진다는 것이 지금까지 여러 조사를 통해 드러난 사실이다. 그것은 노동자들이 단순한 반복 작업으로부터 벗어나 보다 덜 분업적인 노동을 통해 노동 과정 자체로부터 나오는 소외를 어느 정도는 극복할 수 있기 때문인 것으로 생각된다.

일하는 사람들의 기업은 순수한 민족 자본(특히 노동자 자본)으로 영위되는 기업 체제이다. 물론 어디서 돈을 좀 꾸어 쓸 수는 있겠지만 그것은 이 기업의 경영에서 부차적인 위치를 차지한다. 따라서 우리가 민족 경제를 발전시키려 할 때 기업 소유권을 그 기업의 노동자들이 갖게 하는 것은 매우 바람직한 일임에 틀림없다.

또한 일하는 사람들의 기업이 하나의 커다란 블럭을 형성하고 있을 때 이 블럭은 남한의 자본주의 기업들과 북한의 사회주의 경제 체제를 매개하고 그들의 모순을 완충시키는 완충제로 작용될 수 있다. 만일 남한의 자본주의적인 기업 체제와 일하는 사람들의 기업 블럭, 그리고 북한의 사회주의적인 기업 체제가 적절하게 조절되어 건전한 시장 체계 내에서 공존하는 통일의 낮은 단계가 설정될 수 있다면 우리는 통일 비용을 전혀 들이지 않고도 정치·경제적인 통일을 이루어 부강한 민족 통일 국가를 만들 수 있을 것이라 생각한다.

현대적인 과제에 있어서도 일하는 사람들의 기업 운동은 하나의 대안이 될 수 있을 것이다. 먼저 현대의 환경 문제를 풀기 위해 우리는 여러 가지 자원과 에너지를 절약하는 경제 체계를 고안해 내야 하는데 그 핵심은 환경 문제의 현실적(공상적이 아니라) 해결을 위해서는 노동자들에게 그 기업의 소유권을 이전시켜 노동의 주체성을 회복해야 한다는 것이다.

또한 일하는 사람들의 기업은 일하는 사람들이 공동으로 소유하고 관리하기 때문에 우리 사회에 만연되어 있는 이기주의, 개인적 허무주의를 극복하고 협동과 단결의 밝은 삶을 영위하기 위한 중요한 선례를 보여줄 것이다. 일하는 사람들의 기업에서는 노동 동지들간의 협동과 단결이 생산성을 높이고 효율을 증대시키는 열쇠이기 때문에 효율과 협동이 한몸으로 결합될 수밖에 없다. 살아남기 위해서도 사람들은 희망적인 협동을 이루어야 한다는 사실이 강조될 수 있다. 우리나라에서 전해져 내려오고 있는 좋지 않은 루머, 즉 "자식과 부모 간에는 동업은 결코 하지 않는다"는 소문은 점차 뜬소문으로 되어갈 것이다.

4. 할일이 너무 많은 것은 아닐까?

꿈이 야무지면 몸이 고달파지는 법이다. 사실 우리나라에서 생산 민주주의 운동 내지 일하는 사람들의 기업 운동은 이제 초입 언저리에 있다. 할일은 많고 갈 길은 먼 것이다.

현재 우리나라에는 노동자들이 소유권을 가지고 기업을 운영해 나가는 경우가 대략 25군데 정도 된다. 규모가 작은 것도 있고 규모가 제법 큰 것도 있다. 나는 이 기업들이 모두 잘 발전할 수 있도록 성의껏 지원해줄 수 있기를 바란다. 그리고 더 많은 기업들을 만들어 내야 한다. 기존의 기업 구조를 변형시키는 방식으로든 아니면 새로 기업을 만들어 내는 방식이로든 어쨌든 이러한 기업의 숫자는 증가될 것이다. 그리고 이러한 기업들간의 연대와 협동 또한 발전시켜야 한다. 자금의 문제와 기술, 그리고 경영상의 노하우를 서로 공유하고 동일 업종인 경우는 과감한 통합도 이루어져야 할 것이다. 이를 위해서는 보다 세밀한 조사와 연구가 필수적이며 기업들간의 일상적인 교류도 확대해야 한다.

우리는 일하는 사람들이 기업의 소유권을 가지고 있지 않은 대부분의 기업들 속에서 노동자들의 경영 참여가 이루어지도록 적극적인 운동을 벌여 나가야 한다. 앞에서도 이야기했지만 노동 조합의 경영 참여는 시대적인 추세로 되고 있다. 우리는 이 운동을 통해 일하는 사람들이 단순히 임금이나 몇 푼 더 받기 위해 싸우는 사람들이 아니라 기업의 경영에 주인답게 참여하는 당당한 노동자로 키워 나가야 할 것이다.

이러한 두 가지 과제를 해결하는 것은 사실 만만치 않은 일이다. 아니 보는 사람에 따라서는 불가능한 일로 보일 수도 있을 것이다. 하지만 산은 높아야 등산할 맛이 나는 법이고 물은 깊어야 헤엄쳐갈 맛이 나는 법이다. 어려운 과제와 부딪쳐 씨름할 수 있는 것은 사실 하나의 행운이기도 하다. 오를 맛이 나는 산을 발견한 등산가나 헤엄쳐 건너갈 맛이 나는 물을 만난 수영 선수처럼 우리는 누구의 축복인지는 알 수 없지만 어쨌든 축복을 받은 것임에 틀림없다. 우리는 이 축복에 대한 응분의 보답을 해야 하는 것이다. ■

어려울 때일수록 조급해 하지 않기

장종익*

1년 2개월 전의 일로 기억된다. 제14대 대통령 선거 열기가 막바지로 치닫고 있던 92년 12월 초순경, 벽초 홍명회 선생 생가의 부근 마을 어느 농민 회원의 집에서 나는 농민회 간부와 맥주 한 박스 내기를 한 적이 있다. 백기완 후보와 박찬종 후보 중에 누가 표를 많이 얻겠는가를 놓고 말이다. 그 내기의 결과는 당시 대통령 선거에 대한 전망을 매우 비관적으로 보고 있었던 나의 승리로 귀착되었다.

나는 요즘 내 주변의 운동가들을 보면서 별로 기분 좋지 않은 이 에피소드를 자주 떠올리게 된다. 수십 년간 민중의 편에 서서 고군 분투해 왔던 한 분을 놓고 1위와 2위도 아니고 4위와 5위 내기를 했으니 역사의 진보를 위해 실천한다고 하는, 한 사람으로서 기분이 좋을 리가 없다. 그런데 이 에피소드 이후, 현실이 소위 운동가라고 하는 사람들 자신의 주관적 의지와 멀어지게 진행되면서 운동가들이 이전까지의 언행과는 완전히 다르게 행동하는 모습을 또 한번 목격하고 있다. 이를 보면서 새삼 현실은 실로 냉엄한 것이구나 하는 생각이 든다. 당시 나는 충남 지역의 농민 운동판에서 활동하였는데 대통령 선거를 눈앞에 두고 민주 진영이 한마음이 되지

---

* 1963년 전남 여천에서 출생. 동갑내기와 결혼하여 아들 둘을 낳아 서로 지지고 볶으면서 살고 있다. 대학원을 졸업하고 「전국 농민회 총연맹」 정책실에서 일했고, 현재는 『협동 조합 운동』 편집실장으로 일하고 있다. 개인·집단·사회·국가간에 상호 소통되는 관계가 이루어졌으면 하는 개인적인 바람을 갖고 있다.

못하고 민주 정부 수립을 위한 신바람이 대다수 운동가들에게 일어나지 못하였을 뿐만 아니라 일반 농민들의 마음 또한 갈피를 잡지 못하고 있는 것을 보면서 대통령 선거에 대한 나의 전망은 비관적일 수밖에 없었다. 이때부터 나는 내가 해온 농민 운동을 되돌아보고 점검해 보아야 할 필요성을 절감하게 되었다.

넉넉지 못한 가정 환경에서 대학에 들어간 나는 평범한 대학 동료들이 소망하던 바대로 나를 끔찍이나 사랑하셨던 부모님을 모시고 사랑하는 여인과 자식 키우며 소박하게 살아가는 것이 꿈이었다. 이렇게 자기 중심적이었던 내가 '우리'라는 틀 속에 스스로를 위치 지우기 시작하면서 만만치 않은 갈등을 겪게 되었다. 당시 노동 현장 선배들의 만류를 뿌리치고 대학원에 진학한 것도 이러한 갈등의 연속이었는지 모르겠다. 나는 천성적으로나 자라온 환경면에서나 조그마한 일에도 가슴이 덜커덩 내려앉는, 소심한 성격의 소유자로, 소위 투사나 혁명가로서의 자질과는 거리가 멀다고 늘 자책하며 대학 생활을 보냈다. 그러나 시대적 상황에 대해 최소한의 양심을 지닌 사람으로서 살아가야겠다는 마음은 그때나 지금이나 변함이 없다.

학생 운동 시절 수없이 나 자신과 맹세했던 민중들과 함께 살아가자는 약속을 실천하고자 농민 운동판에 뛰어들었다. 지금까지 만 4년, 그리 길지 않은 세월 동안 정신없이 돌아다니며 많은 사람들을 만나는 과정에서 배운 것이 적지않다. 그 배움을 크게 두 줄기로 정리하자면 우선 농업·농촌·농민에 대한 애착이요 애정이다. 농촌이 없는 공업, 농촌이 없는 도시, 농민이 없는 나라가 어떻게 그 나라 국민에게 행복의 기본 요건을 충족시켜 줄 수 있겠는가 하는 신념이다. 또 한줄기는 판단력이라고 할 수 있다. 대학원에서 농업을 공부한 탓에 「전국 농민회 총연맹」에서 농업·농민 정책 관계 일을 줄곧 맡아 일해 왔으니 어찌 보면 나의 어설픈 지식을 파먹은 셈이다. 그러나 만약 내가 줄곧 4년을 대학 캠퍼스의 연구실에서 보냈다면 지금과는 다른 판단력을 가지게 되었을 것이다. 수많은 농민들과, 농업과 관련된 일에 종사하는 여러 사람들과의 대화 속에서 현실의 복잡함과 우리들 삶의 다양함과 소중함을 깨닫게 되었다. 또한 모든 일을 해나감에 있어 추상적 가능성보다는 현실적 가능성을, 현실적 가능성보다는 현실을 보다 중요시해야 한다는 관점을 체득하게 되었다.

그러나 내가 이렇게 소중한 경험을 배우는 세월 동안 우리 사회도 크게 변화하였음을 바로 보지 않을 수 없다. 밖으로는 사회주의 체제가 무너지고 전 세계적으로 자본주의적 경쟁과 대립이 보다 격화되고 있고, 안으로는 국내 독점 자본이 미·일에 종속되어 있으면서도 나름대로의 판단과 계획하에 자본·임노동 관계를 급속히 확대하여 국민 생활의 모든 측면에 자본주의적 관계가 깊숙이 파고 들어와 있다. 뿐만 아니라 국민 대중의 지지에 기초하여 합법적으로 권력이 이전되고 절차적 민주주의가 도입되고 있어 소위 과거 독재 정권 시절의 민주 대 반민주의 전선이 부차화되고 있다. 반면 그 동안의 민족·민주 운동의 성과로 노동 조합 운동이 일반화되고 있으며, 농촌 지역 어디를 가도 정도의 차이는 있을지언정 내외 독점 자본과 그 권력이 지배하는 한 더불어 잘사는, 평등 복지 사회의 실현은 불가능하다는 신념을 가진 농민이 없는 지역이 없을 정도로 주체적 역량이 발전하였다.

농민 운동판에 국한하여 얘기를 좀더 하기로 하자. 농민 운동은 87-89년 수세 투쟁, 고추 투쟁을 거쳐, 13대 대통령 선거라는 열린 공간을 통해 그 동안의 잠재적 투쟁 역량을 발현시켜 89년 2·13 여의도 농민 투쟁의 꽃을 피운 이후 정치 권력의 지배 방식의 변화와 사회 전반에 걸친 자본의 광범위한 침투와 지배, 그리고 농업·농민을 둘러싼 내적 조건의 변화에 대해 새롭게 대응하지 못하였다. 90년 4월 「전국 농민 총연맹(전농)」이 결성되었음에도 불구하고 현장 단위 농민회의 각종 활동이 하향적 곡선을 그리게 되었다. 90년 전농 결성 이후 해마다 전농 가입 군농민회 수는 늘어났지만 각 군농민회의 활동력은 해마다 저하하고 있다. 현재 운동의 전망에 회의와 생활상의 어려움 때문에 조직 운동을 그만두고 농촌을 떠나는 간부들이 있는가 하면, 낙관주의적 전망을 지닌 활동가들도 과거 운동 방식에 대한 고집으로 대중과 유리되는 경향이 있다.

그러나 농촌 내의 여러 조직과 단체 중에서도 유일하게 농민들의 자생적인 힘에 의해서 탄생되고 운영되는 조직이 바로 농민회라는 점에서 앞으로 농업·농민 문제를 해결해 나갈 대중적 중심이 바로 농민회라는 점에 희망이 있는 것이다. 이러한 농민회가 힘을 발휘하려면 대중적이어야 한다. 대중적이기 위해서는 농민 회원 몇 명의 고민이 아닌 대다수 일반 농민들의 관심과 요구에 끊임없이 귀를 기울여야 한다.

그런데 일반 농민들의 관심과 요구의 구체적 내용은 객관적 현실의 변화에 따라 끊임없이 변화한다. 나는 바로 이 점을 주목하고자 하며 내 반성의 핵심은 이러한 변화를 적극적으로 인정하고 늘 부지런히 대응했는가 하는 점이다. 나는 '지피 지기(知彼知己)면 백전 백승(百戰百勝)'이라는 경구의 의미를 자주 되씹어 보곤 하는데, 세상을 근본적으로 바꾸고자 하는 사람들이 '적을 알기(지피)' 위해 얼마나 발로 뛰었으며, 우리의 근본인 대중을 알기보다는 나의 말에 동조하는 사람들을 보고서는 '나를 안다(지기)'고 단정하지는 않았던가, 더 나아가 세상을 근본적으로 바꾸고자 하는 사람들이 자신의 조그마한 변화도 두려워하고 있는 것은 아닌가를 반성해 본다.

그 동안 과거 군사 독재 시절 최소한의 자유마저도 부정당했던 폭압적 시대에 대중 집회 방식의 독재 정권 타도를 목표로 한 농민 투쟁에서 지금은 보다 폭넓은 활동이 요구되고 있다. 그 동안 농민 운동의 정권 규탄, 반농민적 농업 정책 저지 차원의 수입 저지, 가격 보장 투쟁을 전개하였음에도 불구하고 연간 이농의 숫자는 현저히 증가하여 정권에 대한 저항보다는 농민의 농업 포기 의식이 증대한 것으로 나타났다. 그리하여 농민 대중은 절대적으로 감소하였고 노령화와 여성화가 급진전되었다. 남아 있는 농민도 땅값 상승에 관심이 높은 농가가 증대하고 영농 의욕이 현저히 감퇴하였다. 반면 청장년층을 중심으로 새로운 작목을 증대하고 농기계 구입을 증대시켜 적자 농사를 극복하려는 적극적인 농민도 존재한다. 그리하여 쌀, 보리, 콩, 옥수수 등 곡식 재배의 감소와 양념류, 과수·축산·화훼, 각종 비닐 하우스 재배 농가가 증가하면서 작목에 따라 농민의 이해 관계의 차이가 커지고 농자재 구매, 농산물 판매, 농산물 가공, 영농 방식, 영농 자금, 노동력 확보 문제가 날로 커지게 되었다(이러한 문제에 적극 대응하지 못하면 농사를 그만둘 수밖에 없는 상황임). 이는 농업의 위기 증대로 인한 농민 전체의 공동 대응의 필요성이 증대하고 있는 가운데 작목과 생산 수단 소유 정도에 따라 농민의 요구가 다양해지고 구체적 대응의 필요성이 증대하고 있음을 의미한다.

농민 운동의 변화의 필요성은 이렇게 객관적인 조건의 변화에만 있는 것이 아니라고 본다. "농민회를 위해 시간과 돈을 들여 일년 동안 죽으라고 뛰어 봤자 회의 한번 제대로 성사되어 본 적이 없고 성과 있는 투쟁 한번 치르지 못하고 농사는 농사대로 망쳐 마누라 얼굴 볼 면목이 없다"는 군농민회 어느 간부의 하소연에서도 변화의 필요성이 나타난다.

내외 독점 자본의 지배 철폐를 궁극적 목표로 하는 우리 운동은 나의 좁은 눈에도 분명히 현재 수세에 몰려 있다고 보인다. 운동이 수세에 몰려 있을수록 운동의 목표를 낮추어야 하며 활동 내용과 방식은 다양해져야 한다. 이는 바로 대중성 확보의 기본이다. 이를 위해 대중에게 경제적 이익을 가져다 주는 활동을 경제와 정치는 통일되어 있는 관점에서 다양하게 전개해야 한다는 평범한 논리를 확인한 것이 나의 반성의 결과물이다.

이러한 점에서 나는 농민 대중이 어떠한 생산과 생활을 영위하고 있으며 무엇을 요구하고 있는가를 새삼 되새겨볼 필요가 있다고 본다. 다시 말하여 내가 만난 농민회의 한 간부의 말대로 이제 농민 운동은 끼리끼리 하는 운동에서 벗어나 전체 농민 대중을 대상으로 하고 그들과 함께하는 운동으로 발전해야 한다.

나는 앞으로 우리 농업·농민을 둘러싼 상황이 크게 다음 네 가지 줄기로 전개될 것으로 본다.

첫째, 내외 독점 자본이 UR 등을 통해 농업·농민에 대한 지배를 강화하여 농산물 자급도가 급격히 하락하고 농촌 사회가 피폐화되면 될수록 이에 대한 사회적 치유 비용이 증대하고 국민들의 농업 보호 요구도 높아질 것이다.

둘째, 개방화의 추세에서 최소한 살아나가고 부락의 공동화(空洞化)에 대처하기 위해서도 고립 분산적인 소농 경영을 협동적 경영 체제로 전환해야 한다는 요구가 높아질 것이다.

셋째, 지방자치의 정착을 위해서는 협동 조합이 지방 농정의 파트너로서의 역할을 요구받게 될 것이다.

넷째, 남북 통일의 현실적 가능성이 높아짐에 따라 갈등과 비용의 최소화 방향으로 농업·농민 부문의 준비를 요구받게 될 것이다.

이러한 네 가지 객관적인 전망을 해보면서 우리 농업의 위기를 극복할 수 있는 기본 대응 방향으로 농민 내부간 협동과 도시 소비자와의 연대라고 하는 한 농업 이론가의 주장에 전적으로 동감한다. 협동과 연대를 실현하기 위해서는 그 무기가 바로 협동 조합 운동이라고 생각한다.

협동 조합 운동은 자본주의 독점 단계에서 경제적 약자들이 독점 자본의 지배에 대항하여 자신들의 경제적 이익을 지키고자 하는 방어 운동으로서 출발하였다. 자본주의가 유럽에서 발전하였기 때문에 자발적인 협동 조합 운동은 유럽에서 활발하였다. 주로 농민의 농업 협동 조합, 노동자의 소비 협동 조합, 신용 협동 조합을 중심으로 발전하면서 현재에는 생산 협동 조합, 판매 협동 조합, 가공 협동 조합, 생활 협동 조합, 신용 협동 조합, 주택 협동 조합, 의료 협동 조합, 공제 협동 조합 등 계층별·기능별로 각종 협동 조합이 발전하였다.

일례로 협동 조합의 왕국인 스웨덴은 전체 세대의 반수가 생활 협동 조합에 가입해 있는데 전체 소비재의 16%, 식품 부문은 20%를 소비 단계에서 생협이 공급하고 있을 정도로 유통 부문에서 막강한 힘을 발휘하고 있다. 그리하여 생협은 자본의 무한한 이윤 추구 행위에 대한 견제 및 감시 역할을 톡톡히 해내고 있으며, 동시에 협동 조합 자체가 민주주의와 자치 훈련장으로서의 역할도 아울러 하고 있어 정치에 대한 국민의 참여 활동도 일상화되어 있다.

우리나라는 자생적 자본주의 발전의 길이 제국주의에 의해 차단된 채 미·일에 종속되어 짧은 시기 동안에 개발 독재를 통해 자본주의가 급속히 발전한 나라이기 때문에 농협·축협도 기구는 거대하지만 농민의 자조적인 협동 조직체라기보다 정부 농정의 대행 기관과 정권 유지 기관으로서의 역할을 수행해 왔던 역사로 인하여 농협·축협은 농민 조합원의 손으로부터 벗어나 있다. 다만 신협과 이제 막 출발하고 있는 생협 정도가 자발적 운동으로서 존재하고 있을 뿐이다.

명칭만 협동 조합이지 조합원의 자주적 참여를 통한 농협으로서의 역할을 수행하지 못하고 있기 때문에 UR에 대응할 수 있는 체계가 우리 농업·농민의 내부에 수립되어 있지 못하고 있는 것이다. 소농 중심의 우리 농업 현실을 볼 때 분산적인 소농 경영으로서는 생산의 효율성 제고와 유통 문제의 해결, 그리고 가공을 통한 농민의 부가 가치 제고를 기할 수 없으며 농민과 소비자는 계속 '금치'와 '똥치' 사이를 오갈 수밖에 없고 건강을 파괴하는 외국 농산물을 섭취할 수밖에 없을 것이다. 농민에 의한 자발적인 생산 조정·통제가 되어 있지 못하고, 도매 시장을 농업 협동 조합이 아닌 유통 자본이 장악하고 있으며, 산지의 출하 조절을 위한 저온 창고 시설 또한 상인 자본이 장악하고 있기 때문에 농산물의 가격 폭락과 폭등 사태는 필연적으로 발생할 수밖에 없다. 한마디로 농협이 제기능을 발휘하지 못하는 구조에 놓여 있는 것이다.

　더욱이 소매 단계에서 생협이 조직화되어 있지 않고 농산물과 식품은 대자본의 통제 하에 놓여 있는 소매상에 의해 공급되기 때문에 모래알처럼 흩어져 있는 소비자는 물가 안정을 바라지만 계속 정부에 대한 바람으로 그칠 뿐이다.

　농민과 소비자들 자신들의 경제적 이익을 지키기 위한 자조적인 협동 조합 운동은 소수 목적 의식적인 운동가의 활동이 아닌 대중적인 운동이라는 점에 주목할 필요가 있다.

　나는 전농에 있으면서 농민 교육을 계속해 왔는데 그 기조는 농업·농민의 어려움이 바로 잘못된 농정과 미국의 수입 개방 압력에 근본 원인이 있다는 내용이다. 이러한 기조로 UR 문제와 정부 농정에 대한 비판적 교육을 수행하였으나 이에 대한 농민의 반응이 예전같지 않고 시큰둥한 모습을 보면서 농민들의 의견을 물어본 적이 있다. 그 결과로 실시한 것이 협동조합에 대한 교육이다. 농민 자신들이 농협의 주인이면서도 자기 농협에 대해 거의 알지 못하고 오히려 농협에 머슴을 살고 있는 현실을 지적하면서 현장 단위 농협의 구체적 실태와 문제점을 상세히 설명하고 앞으로 자신들의 농업 개혁을 위해 농민들은 무엇을 할 것인가에 대한 토론 중심의 교육은 커다란 반향을 불러 일으켰다. 전북 순창에서 그 바쁜 모내기철에 밤 9시부터 새벽 1시까지 40여 명의 농민들이 조는 사람 한 사람 없이 교육을 받았다는 점에 나는 놀라지 않을 수 없었다. 그 이후로 계속 현장 단위 농협 교육을 실시하였는데 그때마다 농민들의 반응은 남달랐다. 나는 이러한 농민들의 요구는 갈수록 높아질 것으로 본다. 생산·판매·가공에서 협동을 통하지 않고서는 살아남을 수 없다는 점을 농민들은 이미 깨닫고 있는 것이다.

　현재의 시기는 사회 전반적으로 개혁이 요구되는 시기임에도 불구하고 정부의 근본적 한계뿐만 아니라 개혁을 추진할 대중이 조직화되어 있지 못하다는 점에서 개혁은 언 발에 오줌 누기식으로 그치고 마는 것이다. 우리의 생산과 생활 모든 부분에 파고 들어와 있는 기득권 세력들을 견제할 수 있는 각 부문 대중의 광범위한 참여하의 자조적인 협동 조직의 건설 운동이야말로 가장 시급하고 쉽게 무너지지 않은 우리 사회의 기반이 될 것이라는 결론에 나는 도달해 있다.

　이제 보다 낮은 차원에서 나는 다시 시작하려고 한다. 추상적 민중의 개념에서 시작하는 것이 아니라 내 자신이 가족을 사랑하는 만큼 동료와 이웃을 사랑하는 훈훈한 마음으로부터 출발하여 한발짝 한발짝 대중에게 뿌리 내리기 위해서 말이다. 식탁 → 생활 협동 조합 → 시민 운동 → 정치 운동을 머리 속에 그리면서 생협을 다음 운동을 위한 하나의 단계로 설정하는 자세라면 나의 새 출발은 또다시 부실 공사가 될 수밖에 없을 것이라고 다짐한다. 세계적으로 주목을 받고 있는 일본의 생활 협동 조합의 오늘이 있기까지는 전후 40여 년간의 세월이 필요로 되었다는 점에 나는 겸손해진다. 최근 농민 운동의 일부 선배들의 방황(?)을 보면서 어려울 때일수록 조급해 하지 않고 대중과 늘 가까이하며 살아가야만 한다는 역사의 교훈이 절실해지는 때라는 생각이 자주 든다. ■

대안 교육의 길을 찾아서
야학에서 공동육아까지

정병호[*]

머리말

1984년 여름, 또 하나의 문화가 태동하던 무렵 나는 창신동 산꼭대기 성벽 밑에서 '해송 아기 둥지'라는 공동육아를 위한 한 작은 터를 만들고 있었다. 지금은 나와 아주 같이 살게 된 가까운 사람을 통해 또 하나의 문화가 주는 활기와 해방감을 처음부터 느낄 수는 있었지만 이 운동이 내가 당시 이미 여러 해 동안 관심을 가지고 해오던 억눌린 자들의 대안적 교육 통로를 만드는 일과 결국은 함께 해야만 할 일이라는 의식은 그리 뚜렷하지 않았다. 그때까지만 해도 내게 있어 '억눌림'이란 주로 유신 시대의 경험을 통해 느끼게 된 정치적, 경제적 억압이었기 때문이다.

또 하나의 문화 동인지 1호에 참여하지 않겠느냐는 권유를 받고 저항적 교육에 관한 아주 기능론적인 논문을 써보았으나 눈앞에 닥친 일에 치어서 다듬어 싣지는 못했다. 이 글을 쓰며 오래된 원고철을 뒤지다 보니 「교육을 통한 사회 개혁의 실천적 모색」이라는 제목의 노랗게 바랜 200자 원고지 뭉치가 10년 전의 내 모습을 고스란히 보여 주고 있다. 참으로 질긴 인연이다. 주로 제도 교육의 교육 독점 현상에 대하여 공간적으로는 어떻게

---

[*] 1955년 출생. 인류학을 공부하였고, 일본 등지에서 보육 제도·지방 자치와 교육·소수 민족에 대한 현지 조사를 하였다. 한양대 문화 인류학과에 재직중이며, 신촌 지역 공동육아 협동 조합에서 원장 역할도 하고 있다.

대안적인 교육의 터전을 만들어낼 수 있을까 하는 점과 시간적으로는 제도 교육이 길러 내는 사람을 통과 의례 방식의 집중적 개입을 통해 어떻게 다른 가치관을 갖도록 할 수 있나 이모저모 궁리해본 글이었다.

지배 문화에 저항할 수 있는 싹을 단단히 키우기 위해서는 제도 교육의 통제가 미치지 못하는 어릴 때의 일상적 경험을 어떻게 대안적으로 구성하여야 하는가 역설하면서도 이것이 여성의 입장에서 보면 얼마나 해방적인 주제인지 연결시키지 못하였다. 이제 10년의 세월만큼 바래 버린 옛글을 보며 나의 어제와, 오늘과, 그리고 내일의 꿈을 나눠 보고자 한다.

1. 내용 있는 의식화 교육 — 야간 학교 교과서 만들기

교육이란 원래 낭만적으로 접근하기 쉬운 주제이다. 유신 독재에 쓴 맛을 본 나 역시 유행가 가사 같은 낭만적 도피 속에서 교육 문제와 만났다. 섬 사람들에게는 원망의 대상이었겠지만 서울 총각이었던 나는 섬마을 선생이 되고 싶어했던 때가 있었다. 남쪽 섬 보길도에서였다. 묵고 있던 어부의 집 큰아들이 바로 옆 보길 중학교를 놔두고 건너섬 노화도에서 하숙하며 유학을 하고 있었다. 근방 섬들 사이에서는 노화 중학교가 명문이었다. 서울에서 일류 싸움에 지고 지쳐 도망온 나에게는 충격이자 깨달음이었다. 도토리 키재기. 나와 우리 부모를 지난 몇 년 동안 그토록 고달프게 해온 것이 바로 이것이었구나 하고 느꼈다.

보길도에는 좋은 선생이 오지 않는다고 했다. 학생 같은 분이 선생으로 와주었으면 한다는 말에 우쭐하여 정말 해보고 싶었다. 그런데 자격이 없단다. 국민학교는 모두 교육 대학을, 그곳 공립 중학교는 사범 대학을 나와야만 된다는 것이다. 그곳에서 선생할 길을 알아보면 볼수록 저 남쪽 섬끝까지 미친 국가 권력의 교육에 대한 원천적 통제의 깊이와 두께만이 느껴질 뿐이었다.

유신 시대의 권력에 의해 완전히 장악된 교육의 틈바구니에서 저항의 싹을 키울 최소한의 가능성이 있는 공간은 그나마 제도 교육 밖의 야간 학교(야학)였다. 아직 계급 문제에 대한 본질적 인식 없이 대학생들이 '봉사' 하기 위해 야학을 세우고 선생 노릇을 해보는 곳이 대부분이었고, 제도 교육의 틀 밖으로 밀려 나간 어린 10대의 노동자들이 혹시 검정 고시를 통해 경쟁의 사다리를 다시 올라가 볼 수 있을까 하고 노동에 지친 눈을 비비며 밤을 새우는 곳이기도 하였다. 그래도 권력의 통제 밖에서 이 두 집단이 교육의 터전을 만들어 서로 만나는 것 자체가 본질적으로는 정치적인 행위였고 서로를 의식화시키는 계기가 되었다.

노동 야학이란 이름으로 당시로선 생경한 급진적 방법론이 시도되기 시작했다. 지금은 목동 아파트의 거대 단지로 변해 버린 신정동 철거민촌 한 귀퉁이 천막 야학의 단기 의식화 코스인 '노동반'에서 나는 국사를 가르쳤다. 대학 내의 조그만 조직적 움직임도 용납되지 않던 1977년 봄이었고, 민주화의 가능성은 노동 운동의 촉발 이외에는 없다고 여겨지던 때였다. 당시 대학생들의 관심은 정치적 억압의 사슬을 끊는 것이었다. 사회의 다른 한편에서 이미 폭넓게 진행된 계급 차별과 착취의 현장은 대부분 다른 계급에 속한 대학생들의 눈에는 잘 띄지 않는 곳에 있었다. 이들이 노동자들을 의식화시키겠다고 나선 것이다. 현실과 유리된 조급함과 과격함은 어쩔 수 없다고 하더라도 엘리트 의식에서 나온 계몽주의적 방법으로 교육 대상을 자신들이 좌절한 정치 투쟁의 도구로 만들고자 하는 것은 아닐까 하는 생각이 들면 스스로들도 참을 수 없는 역겨운 일이었다.

'노동자'를 만나러 간 내 앞에 십여 명의 핏기 없는 십오륙세의 소년, 소녀들이 앉아 어서 빨리 한자와 영어 단어를 배워서 신문과 간판과 상표를 읽을 수 있게 되었으면 했다. 그 중에는 받침 있는 한글은 읽지도 쓰지도 못하는 국민학교 졸업자도 여럿 있었다. 이 가난한 집 아이들이 육 년 동안 여섯 명의 담임 선생님을 갈아 가며 겪었을 구박과 소외와 좌절의 깊은 상처가 그들 앞에서 잘난 척했을 나의 국민학교 시절의 기억과 겹쳐 다시 그 앞에 선 내게 계급과 교육을 통한 계급 재생산 과정의 본질을 가르쳐 주었다.

노동반에서 가르치는 과목은 노동법과 국어, 수학, 영어, 국사 등이었고, 노동법을 제외한 모든 수업은 중학교 교과서를 썼다. 하루 세 시간씩, 과정은 일 년이었다. 교육의 목적과 내용과 현실이 모두 따로 돌아가는 그런 구조였다. 대학생들간의 논의는 보다 단기간에 노동 운동 / 민주화 운동의 전위를 양성하는 노동 야학의 의미와 필요성을 강조하곤 하였다. 즉, 전 과정을 3개월로 줄여 더 많은 노동자들을 의식화 / 조직화하여야 한다는 것이다. 국사는 동학 혁명에서 시작해서 3·1 운동, 분단과 전쟁, 4·19로, 유신 시대의 현실로 이어지면 된다는 식이었다. 제국주의의 언어인 영어를 배우고 싶어하는 마음은 일종의 허위 의식의 산물이므로 눌러야만 했다. 내게는 대학생들이 집중 과외 방식으로 한두 명의 초인을 검정 고시에 합격시키고 나머지는 또다시 좌절을 맛보게 하는 검정 고시 야학의 자선적 교육만큼이나 책임 없는 정치 운동 엘리트들의 도구적 교육 방법으로만 여겨졌다. 그러나, 이러한 접근은 근본적 문제점을 안은 채 보다 철저한 자기 비판으로 스스로 노동자가 된 80년대 대학생들에 의해서도 노동 야학의 보편적 방법으로 채용되었다.

가장 암울했던 유신 말기의 야학 현장에 전해진 프레리(Paulo Freire)의 『억눌린 자들의 교육』은 자선과 도구적 교육 사이에서 갈등하던 야학 교사들에게 새로운 모색의 필요성과 가능성을 보여 주었다. 1977년의 겨울 방학 기간 중 서울 지역 야학 교사 40여 명이 모여서 두 달 동안 합숙하며 지적 경쟁력과 의식화를 동시에 이룰 수 있는 야학 교과서를 만드는 작업을 하였다. 즉, 검정 고시 야학과 노동 야학의 문제점을 동시에 극복할 길을 찾는 일이었다. 장소는 아직 입주하지 않은 압구정동 현대 아파트를 월세로 빌려 썼다. (당시 대학생들이 의심받지 않고 모여 일할 수 있는 공간은 부동산 투기의 틈바구니에서 잠시 비어 있는 고급 아파트밖에는 없었다. — 이 사실 또한 당시 야학 운동의 계급적 성격의 단면을 보여 준다.)

교과서의 제목은 「살아가는 이야기」 시리즈로 각 과목별로 묶은 2년 과정의 야학 프로그램을 위한 것이었다. 신동엽의 시, 마해송의 분단 극복을 위한 동화와 석정남의 일기를 포함한 노동 현장과 야학 현장의 글들이 실린 국어, "I am a worker (labourer)"로 시작되어 기계와 도구의 이름과 상표와 일상 쓰이는 영어 단어로 만든 만화 영어, 환경과 생태계의 균형을 주로 다룬 생물, 수학의 역사를 통해 수학적 개념의 진화 과정을 익히게 하는 수학, 민중사를 담고자 하다가 국수적 민족 사관에 치우친 듯한 국사, 국악과 김민기의 노래와 유행가까지 포함한 음악, 공동 창작을 강조한 미술 등 전 과목에 걸친 진지한 시도가 있었다.

그러나, 이 작업에 참여한 대학생들은 두 달에 걸친 매일 밤 토론과 자기 비판 과정을 통해 새삼 자신의 전공 분야에서의 실력의 한계, 제도 교육의 지식의 틀에서 벗어나지 못하는 자신의 한계, 더욱이 어떤 한가지 지식의 필요성과 중요성을 가늠할 본질적 가치관의 흔들림을 더욱 뼈저리게 경험하게 되었다. 이를 계기로 나 자신은 문화 인류학이란 학문과 만났고 이를 평생의 과제로 삼기로 결심했다. 이듬해 봄부터 몇 과목은 미완성인 채로 유인물로 만들어 참가 야학에서 실험적으로 사용해 보았으나, 검정 고시나 노동 야학 양쪽 나름대로의 절박한 교육 목표에 걸맞지 않은 교재가 되고 말았다. 야학간의 연대를 부르짖는 소리는 높았지만, 처음부터 내용 있는 의식화 교육의 필요성을 절실히 느끼고 동참한 야학의 수는 그리 많지 않았던 것도 사실이었다.

나는 이 경험을 통해 하나의 교육 현장이 표준적 프로그램이나 교과서 개발로 일시에 바뀔 수 있다고 믿는 것은 엘리트 지식인의 오만과 조급함 때문이라고 여기게 되었다. 교육 개혁을 꿈꾸는 사람들이 빠지기 쉬운 유혹이라고도 하겠다. 그래도, 혹시 우리 교육 현장에서 바라는 이 시대의 교과서를 다시 한번 쓸 수 있는 기회가 온다면 하고 생각이 들 때면 그때의 열기가 느껴져 지금도 가슴이 울렁거린다.

2. 제도 교육을 우회하는 대안 교육의 통로 만들기 ― 해송 보육 학교

1978년에 설립된 야간 해송 보육 학교는 이러한 유신 시대의 야학 운동에서 진화한 하나의 실험 야학이었다. 이른바 야학의 전문 과정이라고도 할 수 있겠다. 야학 학생들이 검정 고시와 노동 현장에서의 투쟁 이외에 나아갈 수 있는 전문성을 갖는 길을 하나라도 새롭게 열어 보자는 시도이기도 했다. 그러나 무엇보다도 낮시간 동안 비어 있는 철거민촌 야학의 천막 교실 안에서 놀고 있는 아이들을 보고 그 아이들을 위한 프로그램이 없을까 하는 궁리 끝에 나온 생각이었다. 집안의 어른들은 물론, 일할 수 있는 언니, 오빠들마저 모두 떠난 캄캄한 빈 방에서 아이가 아이를 돌보는 것을 볼 때, 혼자서 밥 차려 먹는 너댓 살짜리 아기들을 볼 때, 그저 답답하기만 했다. 결국은 이 아이들은 몇 년 뒤 우리 야학에서 다시 만나게 될 것이었다. 그때는 제도 교육이 준 마음의 상처와 허송 세월로 보낸 의무 교육 과정에서 굳은 머리와 이미 노동에 묶인 몸으로 만나게 될 터였다.

새로 만든 야학 교재의 등사 비용이라도 얻으려고 후원금을 모으러 간 유아 교육학자들이 모인 자리에서 우연히 들은 미국의 헤드스타트(Head-start) 운동 이야기는 눈이 번쩍 뜨이는 복음이었다. 경주말이 뛸 때는 말머리를 나란히 놓아야 한단다. 가난한 집 아이들은 국민학교 가기 전에 이미 한참 뒤처져 있어서 취학 전에 이들을 교육시켜야만 비슷한 출발선상에 설 수 있단다. 그렇지, 아무리 돈봉투를 밝히는 국민학교 선생이라도 제가 알아서 잘하는 가난한 집 아이의 발목을 잡기야 할라고. 설사 잡는다 하더라도 뿌리치고 나갈 힘을 먼저 기를 수만 있다면 …… 아무리 가정 형편이 어려워 진학할 수 없어도, 아무리 노동 현장에서 온몸에 멍이 들어도, 그때는 야학에서 노동법과 권리 의식만 배워도 될 터였다. 아마 그때는 대학생 나부랭이에게서 무언가를 배울 필요도 없을 것이라는 생각도 들었다.

취학 전 교육의 효과에 대한 신화는 야학 교과서 작업의 실패로 움츠러든 가슴을 다시 뛰게 하기에 충분한 것이었다. 더욱이, 그 시기의 아동들에 대해서는 공교육의 마수가 아직 미치지 않았고, 법규정도 통제도 없었다. 문제는 누가 어디서 이 아이들을 가르칠 수 있는가였다. 그때까지만 해도 어떻게가 더 큰 문제가 될 줄은 몰랐다. 어디서든 야학처럼 철거민촌 한구석에 천막을 칠 기운만 있으면 된다고 생각했다. 문제는 누가 낮시간에 그 아이들을 가르칠 수 있는가였다. 가난을 아는 사람, 어려운 가정 형편을 이해하는 사람, 공식적 교육과 자격증이 주는 권위를 가지고 또 다른 억압을 하지 않을 사람, 없는 집 부모와 가정과 아이들을 주눅 들이거나 열등감에 빠지지 않도록 할 수 있는 사람 — 즉, 우리 야간 학교 출신자들이 유아 교육의 전문 지식을 익힌다면 가장 이상적인 후보라고 생각하였다. 교과서 작업 때 익힌 파울로 프레리의 가르침이 확신을 주었다. 더욱이 이들이 당시 공장에서 받던 임금 수준이라면 대학생들의 힘으로라도 어떻게든 마련할 수 있는 돈이라고 생각했다. (실제로 너무도 확연한 우리 교육 제도의 모순 때문에 가능한 일이었지만, 5공 정부의 과외 금지령 때문에 파탄에 처하기 전까지는 대학생 아르바이트를 조직화하여 사설 학원을 만들었고, 거기서 나오는 수입으로 재정의 상당 부분을 충당하였다.)

이 일을 위하여 야학 교과서 작업을 함께 했던 대학생들과 새로이 유아 교육학자들과 대학원생들이 가담하여 '어린이 걱정 모임'을 만들었다. 여기서 다시 누가 유아들을 교육할 수 있는가 하는 문제가 심각한 논의의 주제가 되었다. 유아 교육 전공자들은 최소한 고등학교 졸업 이상의 학력을 가진 사람이어야 한다고 하였고, 대학원생들은 좋은 대학을 나오고도 일자리를 못 찾아 노는 주변의 여성들이 오히려 저임이나 무료로 봉사할 수 있어서 적임이라는 주장이었다. 이들이 학력이 높을수록 지배 문화나 이데올로기의 오염도가 높아 가난한 지역 어린이들의 교육에 적합하지 않다는 대학생들의 강변에 밀려서 그나마 공인받지 못한 중졸 수준의 야학 출신자들을 선발하여 교육하겠다고 승낙한 것은 그 주장의 타당성에 수긍해서라기보다는, 순전히 대학생들이 이 일을 기획하고 끌고 나가는 추진체였기 때문이었다. 어쨌든, 있는 집안, 좋은 학벌의 여성들이 꿈이 주는 열정으로 결혼 전의 자유로운 기간에 한번 해보고 마는 일이 되어서는 곤란하다는 데 모두가 동의하였고, 절충안으로 교육 기간 중에 교양 교육을 강화하여 고졸 수준의 실력을 갖추도록 대학생 교사들이 노력한다는 선에서 보육 학교 학생 모집을 둘러싼 갈등은 마무리되었다.

구로 공단이 가까운 신길동 주택가 한 옥상의 두칸 방이 학교 설립터로 정해졌고, 검정 고시와 노동 야학을 구분하지 않고 서울 지역의 야학에서 추천 받은 이십여 명의 야학 출신자 중 자기 소개를 하는 글쓰기와 적성 검사, 면접을 통해 12명을 선발하였다. 선발의 기준을 놓고 다시 갈등은 재연되었다. 유아 교육 전공자 중에서는 아동의 앞에 설 교사는 장애나 얼굴에 흠집이 있으면 안되고, 사팔이나 안경을 쓴 사람도 곤란하다는 주장, 음치, 색약은 곤란하다는 주장, 사투리가 심한 사람, 노동 야학에서 온 거친 말투를 쓰는 사람도 곤란하다는 주장까지 나왔다. 얼핏 들으면 지극히 상식적이고 이론적으로 근거 있는 소리 같기도 했으나, 차별 없는 세상을 만들자는 우리의 교육 이념과는 너무도 동떨어진 주장이었다. 특히, 적록 색약이 심하고 욕이 입에 붙어 있던 나로서는 참을 수 없는 일이었으나, 신비에 싸인 아동 교육의 효험을 믿고 시작한 일이라 다만 좋은 말로 빌고 빌어서 문제가 된 학생 한명 한명이 선발되도록 할 도리밖에 없었다.

전공 과정과 기초 교양에 음악, 미술, 율동 등의 실기까지 포함된 2년간의 교과 과정은 무척 복잡한 것이었다. 12명의 학생을 위해 연인원 20여 명의 교사가 동원되는 체제였다. 유아 교육의 위상이 현저히 낮았던 시대에 새로이 시도되는 일이라 지금 다시 생각해 보아도 대단한 교수진이 모였다. 대학생 교사들의 수준은 그렇다 치더라도(그래도 그들 중 10여 명이 지금은 다양한 분야의 교수직에 있다), 당시 이미 원로 교수였던 주정일(아동학), 서봉연(심리학) 선생이 무료 특강을 여러 차례 해주었고, 중견이던 정기숙(유아 교육) 선생이 교장 겸 유아 교육 책임 교사로서 든든한 병풍이 되어 주었다. 불온한 대학생들의 움직임에 동참하는 것만도 비장한 사회 참여가 되는 그런 시대였다. 그러나, 그만큼 학생들은 다양한, 때로는 상충되는 요구와 교육 내용에 시달려야만 했다. 교육을 마친 후 이들이 해야 할 일, 할 수 있는 일에 대한 개념조차 천차 만별이었다. 한쪽은 천막에서 기타 치며 아이들과 뒹구는 활동가를 바랐고, 다른 한쪽은 정장에 화장을 하고 아이들을 가르치는 예쁜 유치원 선생님이 되어야 한다는 식이었다. 피아노가 없는 보육 학교가 어디 있느냐는 핀잔에 재정을 맡은 대학생은 애써 마련한 풍금을 쳐다보며 움츠러들곤 했다.

온종일 봉제, 홀치기, 편물 같은 일에 시달린 뒤 다시 매일 밤 세 시간을 공부하러 달려온 학생들은 차라리 초인들이었다. 그나마 반수 이상은 일요일도 쉬지 못하는 직장을 갖고 있었다. 이들이 개근을 하려고 안간힘을 쓰는 학교에는 늘 어딘가 숙연한 분위기가 감돌았다. 그러한 열기 속에서도 상반되는 교육관이 교차하는 수업과 불투명한 미래 때문에 학생들은 끝까지 흔들리고 불안해할 수밖에 없었다. 공식적 자격이나 학력 인정과는 처음부터 아무런 관계도 없는 철저한 재야 교육 운동의 땅굴 파기 같은 작업이었다. 그것이 어떠한 종교적 믿음이나 사상성을 강제하지 않는 자유주의적 인간화 교육 방법을 택했으므로 이 작업의 의미는 그 안에서 학생들 스스로가 겪어 내고 깨달아 알아내야만 한다는 것이다. 지금 생각해 보면 거의 불가능에 가까운 요구를 전제로 한 프로그램이었는지도 모르겠다.

학생들은 정기적으로 '유치원 선생님'이 된다는 계층 상승의 욕구에 자극을 받아야 했고, 동시에 비슷한 또래의 '잘난' 대학생들과의 만남 속에서도 주눅 들지 말고 스스로를 부끄러워해서는 안된다는 이상한 메시지를 소화해야만 했다. 이들 대부분이 졸업한 지 10여 년이 되도록 자신의 인생 중에 가장 힘들었고 가장 영웅적인 노력을 기울였을 보육 학교 시절을 떠올리고 싶어하지 않거나, 일에 대해 의존적이고, 묘한 수동적인 태도를 보이고 있는 것은 주로는 이러한 '계층'의 문제와 스스로의 계층 정체감의 혼란을 지금도 겪고 있기 때문은 아닐까 하는 생각이 들곤 한다.

80년대를 거치면서 노동 야학 출신들의 자신감 있는 태도와 운동에 대한 적극성과 헌신성을 보면서, 계층이 주는 열등감과 우월감을 극복할 수 있는 교육은 혹시는 종교적 거듭남의 체험에 가까운 의식화 교육의 단호한 충격 요법이 더욱 효과적인 것은 아니었을까 생각하기도 했다. 여성이 보다 단단한 독립적 주체로 스스로를 인식하고 행동하게 하는 여성 의식의 교육도 비슷한 것은 아닐까? 해송 보육 학교는 이 면에서도 결코 성공하지 못하였다. 아니, 여성과 사회 운동을 연결해 주는 이 문제의 중요성을 인식하여 프로그램화하지 못한 것이 수많은 사람들의 장기간에 걸친 노력을 개인들의 체험의 수준에 머물게 한 결정적인 원인이 된다. 현장의 문제점도 있었으나 보육 학교 출신들은 여느 중산층 여성들처럼 결혼과 출산을 계기로 거의 대부분 현장을 떠났고 다시는 복귀하지 않았다. 스스로 놀이방이나 탁아소를 차렸다는 사람도 아직은 나오지 않고 있다.

야간 해송 보육 학교는 개교 1년 뒤에 2년 과정의 2기생들을 뽑아 필사적인 노력을 기울이다가 2기생들이 졸업한 1981년 말, 문을 닫았다. 제5공화국이 새마을 유아원법을 제정하고 가난한 아이들의 유아 교육 분야에 새로운 통제망을 갖추기 시작한 때였다.

실제로 현장에서 아이들을 만나 보살피고, 키우고, 그들이 자라나는 것을 지켜봐줄 어른은 대체 어떤 훈련을 받아야 하고, 어떤 가치관을 가진, 어떤 사람이어야 할까? 쉽게 풀 수 없는 문제이다. 연인원 40여 명의 교사와 200여 명에 달하는 후원자가 3년간의 실험 끝에 모두 20명의 졸업생을 낸 야간 해송 보육 학교는 이 문제를 쉽게 접근하지는 않았었다. '영유아 보육법'이 제정된 이 시점에서 44개소의 보육 종사자 훈련원에서 한 교실에 100명씩, 선발과 졸업에 대한 규정도 없이 6개월 과정, 1년 과정으로 매년 수천 명이 합법적 자격증을 받고 있는 현실과 비교해 보면 그때의 우리는 너무 진지했는지도 모른다. 예나 지금이나 이 사회는 일단 공식적 제도의 틀을 씌우면 그 내용에 대해서는 묻지 않는 버릇이 있다. 그 결과는 어김없이 우리의 다음 세대가 굴레로 지고 가야 할 짐이 된다. 이제 중년이 된 그때의 대학생들이 '해송 보육 학교'의 부활을 속삭일 때면 홍수에 씻겨 내려가는 작은 섬에 앉아 있는 느낌이 든다.

3. 없는 집 아이들의 준비터 ― 난곡 해송 유아원

1980년 여름, 신림동 난곡의 철거민촌 맨꼭대기 산등성이에 커다란 푸른 천막의 해송 유아원이 섰다. 너무 높은 곳에 있다고 재철거되어 뜯겨 나간 집터를 다시 다지고 골라서 시유지 위에 세운 무허가 건물이었다. 천막이라고는 해도 200여 평의 대지 위에 30평 씩의 교실을 양쪽으로 두고 가운데에 사무실과 주방을 갖춘 본격적인 철골 비닐 하우스 구조의 당당한 학교 건물이었다. 이곳에서 160명의 취학 전 아동들(희망 아동의 쇄도로 초기에는 취학 1년 전의 아동만 대상으로 하였다)을 8명의 해송 보육 학교 출신 교사들이 오전, 오후반으로 나누어 교육하였다. 보다 적은 자본으로, 보다 많은 가난한 집 아이들을, 빠른 시일 내에 있는 집 아이들과 나란히 출발점에 세우겠다는 전형적인 헤드스타트의 방법론을 빌린 새로운 시도였다.

우리 사회가 가장 얼어붙었던 1980년 여름에 서울의 달동네 한구석에서 이러한 작업이 시작될 수 있었던 것은 유신 시대에 야학으로 출발한 교육 운동이 그만큼 성숙하였다는 증거로도 받아들여졌다. 즉, 교육 운동이 사회적 분위기와 정치 운동의 스케줄로부터 독립하여 자기 일을 자기 템포로 해나갈 수 있게 되었다는 것이다. 이 일에 참여한 대학생들은 1980년의 서울의 봄 시기에 서울역 광장에서 피어오르는 최루탄 연기를 보면서 난곡의 산등성이 유아원 터를 삽질하던 그때의 비장함을 늘 이야기하고 있다. 이들은 12·12 사태 직후의 삼엄한 계엄령 속에서 유아원 설립 자금을 마련하기 위한 문화 체육관에서의 자선 공연을 포스터 한장 안 붙이고 비밀리에 6,000장의 티켓을 팔아 성공시킨 집념과 배짱이 있었다. 여기에는 교육만큼이나 긴 안목으로 사회 변화를 모색하고 있던 문화 운동의 선구자들(김민기, 김영동, 이상우, 임진택, 채희완 등)의 도움이 결정적이었다. 단 하루의 2차 공연으로 얻은 수익금이 350만 원(당시 구반포 아파트 24평형의 전세금에 해당)이었고, 이것이 난곡에 학교 규모의 시설을 설립하게 된 자금원이 된다.

그런데 왜 천막이었을까? 그만한 설비 비용으로는 변두리의 작은 평수의 집을 마련하거나, 건물 3-4층의 사무실 공간의 전세금을 마련할 수도 있었을 터였다. 그러나 적은 비용으로 보다 많은 아이들을 돌봐야 한다는 절박한 마음이 보다 안정적 장기적일 수 있는 선택을 생각해볼 여유조차 없게 하였다. 일종의 교육 게릴라전의 이미지는 강력했고, 언제 법의 제재를 받더라도 없는 사람들이 밀집하여 사는 지역을 찾아 다닐 수 있도록 쉽게 옮겨 다닐 수 있는 이동성 높은 가벼운 차림새는 필수였다. 몽고의 파오 같은 형태의 조립식 원형 초막을 생각하기도 하였고, 미국의 자동차로 움직이는 모빌홈의 구조에도 깊은 관심을 가졌던 때였다. 요즘의 놀이방처럼 마당 없는 사무실 같은 공간에서 그 연령층의 어린이 교육을 할 수 있다고는 상상도 못하였다. 학교의 이미지를 아직 뛰어넘지는 못했어도, 학원을 배격할 만한 지식은 있었다.

그래도 교육이 얼마나 장기적인 안목이 필요한 작업인지 늘 비상 시기만을 상정하고 살았던 그때의 교육 운동가들은 실감하기 어려웠다. 법의 제재를 받기 전에 천막은 쉽게 낡아 버리고, 한번 지역에 자리잡기 시작한 교육 기관을 옮긴다는 것은 새로운 설립만큼이나 어려운 일이었다. 교육 현장의 이동성을 강조한 프로그램이 시대 상황과 불안정한 도시 빈민층 지역 현실에 맞는 측면도 있었지만, 결과적으로는 지역 주민과 지역의 삶과는 유리된, 밖에서 만들어진 교육 내용을 획일적으로 공급하는 학교 제도의 이미지에서 벗어나지 못한 인식의 한계도 있었던 것이 사실이다.

지금은 너무 보편화되어서인지 유아원이란 말에 대해 묻는 사람이 없다. 하지만 유아원이야말로 오랜 궁리 끝에 법규정을 피하기 위해 해송 유아원에서 처음으로(물론 그 이전에 이화여대에서 영아를 돌보는 실험 시설을 유아원으로 불렀던 일은 있었지만) 만들어 쓰기 시작한 말이다. 당시의 유치원 법이나 어린이집 설치법의 어느 규정에도 맞출 수 없는(맞추지 않으려고 하는) 프로그램이란 뜻으로 출발하였지만, 곧 권력의 관심을 끌어서 법이 뒤따라온 그런 경우에 속한다. 5공 정권의 대통령 부인이 주도한 새마을 유아원은 그렇게 시작된 일이었다.

체제의 틀 밖에서 능력의 한계 때문에 불가피하게 택하게 된 해송 유아원의 조악한 시설, 낮은 임금 수준, 오전 / 오후반의 편성 등이 그대로 저소득층의 조기 교육 모델로 하나의 기준이 되어 정부가 값싸게 할 수 있는 대량 선심 사업으로 재개념화하였다. 새마을 유아원은 저소득층을 위한다는 명목으로 당시 유치원법이 규정한 내용보다 현저하게 낮은 기준을 공식화했고, 조기 교육을 한다는 명목으로 저소득층 맞벌이 부부와 아이들을 위해 이미 기능하고 있던 어린이집의 종일 보육 프로그램을 없애고 오전/오후반의 과밀 학급을 만들어 버렸다. 현실의 절박성과 시급한 대응을 우선적으로 강조했던 해송 유아원의 기본틀은 아주 쉽게 체제 쪽에서 이용할 수 있는 것이었다. 어떤 점에서는 체제가 하고 싶어할 만한 일을 조금 앞서서 대신한 것이 아닌가 하는 자괴감에 빠지기도 했다. 90년대에 들어 종일 보육의 영역에서 정부가 영유아 보육법을 제정하면서 그 동안 민간 지역 탁아소들의 열악한 현실을 기준점으로 삼아 값싼 대량 보육 시설을 만들어 나가고 있는 현실을 보면 그때의 악몽이 다시 재현되고 있는 것을 느끼게 된다. 정부가 나선다고 무조건 잘못될 것이라고 생각하는 것은 아닌가? 보다 많은 재원과 행정 능력으로 더 많은 가난한 지역의 아이들을 우선 교육시킨다는 데 무엇이 문제인가? 아무리 값싼 시설을 만든다 해도 우리가 만든 천막보다는 나은 환경이 아닌가? 결과적으로 우리가 5공 정부의 유아 교육 정책의 초점을 저소득층 아동을 우선하도록 유도하는 역할을 해낸 것 아닌가? 이러한 내부에서 자라나는 회의와 소극적 합리화에 대한 반발로 해송 유아원을 넓은 의미의 민주화 투쟁의 하나로 보고, 그 안에서 특히 빈민 운동과 연대해서 지역 사회 주민을 조직화하는 거점으로 삼아야 한다는 주장이 나오게 되었다. 그러나, 이러한 주장은 아동을 중심으로 놓고 장기적인 교육 작업을 통한 개혁을 오랫동안 꿈꾸어온 대부분의 회원들에게는 설득력이 없는 것이었다. 그렇게 하기에는, 바로 시유지 위에 학교처럼 우뚝선 해송 유아원의 취약한 구조가 더욱 뚜렷이 드러날 뿐이었다.

2년만에 다 낡아 버린 텐트 건물을 건축 현장의 철제 가건물 수준으로 구청에서 개축해 주겠다고 했을 때는 이후의 결과에 대한 의구심은 있어도 적극적으로 저항할 명분도, 힘도 없었다. 시유지 위에 건물까지 시 예산으로 개축한 다음에는 해송 유아원을 시립 새마을 유아원으로 지정했다는 통보만이 있었다. 그 다음 순서는 위탁 운영을 해송으로부터 YWCA로 변경한다는 통보였다. 이때 해송은 보육 학교 출신 교사의 자격 인정과 계속적 취업 보장을 서울시와 YWCA에 간청하는 길밖에 없었다. 이후 시립 난곡 해송 YWCA 유아원이란 긴 이름으로 개칭되어 오늘날까지 계속되고 있으나 더 이상 그 교육 내용에 대하여 어떠한 영향력도 미칠 수 없게 되었다. 4년 동안의 수많은 사람들의 노력과 어렵게 마련한 자원 전체를 하루 아침에 송두리째 빼앗겨 버린 것이다.

이렇게 된 가장 큰 이유는 설립과 운영의 주체였던 대학생들이 졸업, 취업, 유학, 결혼 등의 생애 주기상의 불가피한 이유로 각자 자기일에 허덕거리던 시점에서 이 일이 벌어졌기 때문이었다. 누구 하나 제대로 책임지는 사람 없이, 변변히 힘도 써보지 못하고 당한 이때의 경험 때문에 지금도 대학생 집단이 사회 운동을 한다고 하면 그들의 열정과 돌파력은 믿지만 스스로 벌인 일을 책임감 있게 지속하리라고 기대하지는 않는다. 천막이 올라가는 것도 못 보고 유학을 떠났던 나는 하던 공부를 중단하고 해송 유아원을 다시 찾아보겠다고 돌아왔다. 난곡에 살면서 운영권만이라도 돌려달라고 보사부, 시청, 구청, YWCA 이사회로 찾아다녔으나, 서로 다른 곳에 가서 알아보라고 미루기만 했다. 한번 체제에 편입된 이상 어느 곳에서도 다시 돌려주려고 하지 않았다.

좌절. 그때의 좌절의 악몽에서 끝내 벗어나지 못하고 있는 회원들이 아직도 대다수일 만큼 상처는 크고 깊었다. 시대 상황 탓만으로 돌리기에는 민간 주도의 자발적 자생적 운동이 제도화되는 과정에서 언제나 누구에게나 일어날 수 있는 일이었다. 제도화는 확실히 이 사회가 규정하는 발전의 모든 척도를 충족하는 방향으로 추진된다. 건물이 좋아지고, 교사들은 안정적인 수입을 보장 받을 수 있게 되며, 최소한의 설비와 운영 경비를 보조 받을 수 있게 된다. 문제는 내용이었다. 그 동안 조급한 마음과 절박한 상황에 밀려 제대로 개념화하지 못하고 있던 '어떻게'가 결국은 핵심적인 문제가 되었다.

운영권이 YWCA로 넘어간 뒤, 해송 유아원의 생활은 믿을 수 없을 만큼 변해 버렸다. 초기에는 그래도 YWCA는 믿을 만한 단체니까 불행 중 다행이라고 억지로 자위도 했지만, 유아원 운영은 YWCA의 주력 사업이 아니었고, 더욱이 우연히 맡게 된 해송 유아원은 주변부의 한 사업으로 지극히 체제적인 관료적 운영을 하였다. 매일 뒷동산에서 뛰놀던 아이들이 점점 교실 안으로 숨어 버리고, 직접 만들어 먹이던 간식이 초코파이와 야쿠르트로 바뀌고, 아이들이 줄 서고, 인사하고, 기도하는 일이 많아지게 된 것은 이 무렵의 눈에 띄는 생활 변화의 한 단면이었다.

대안적 교육의 최대의 과제는 교육의 터전을 누가 장악하고 어떻게 운영하는가 하는 점이다. 해송 유아원의 실패는 스스로 만들어낸 교육 터전을 그대로 제도에 갖다 바친 셈이 되었다는 것이다. 더욱이 취학 전 아동 교육을 강조함으로써 제도 교육의 폐해를 더 어린 연령층에게까지 낮춘 결과를 가져왔다. 영유아 교육의 가공할 위력을 오랜 공부와 실험을 통해 알게 된 해송 회원들은 5공 시절의 새마을 유아원의 확대를 유아 교육의 발전으로 보지는 않았다. 차라리 지배 권력이 유아의 영역까지 공식적 교육의 틀을 확대하여 본질적 세뇌의 가능성을 넓힌 것으로 인식하게 되었다. 따라서, 스스로 앞장서서 불러들인 이러한 상황 변화에 대해 뼈 아픈 책임감을 느꼈다. 영유아들의 종일 보육(탁아)의 제도화와 좀더 많은 정부 개입을 요구하는 목소리가 강해지는 요즈음, 이에 대한 경계심을 높이기를 계속 촉구하고 있는 공동육아 연구회의 입장은 이때의 난곡 해송 유아원의 뼈 아픈 실패의 경험에서 우러나온 것이다.

해송 유아원의 값비싼 실패를 통해서 배우게 된 교훈은, 설립을 위한 열정보다 중요한 것은 현장에 대한 통제력을 유지하려는 지속적인 노력이라는 것이다. 그리고 통제력은 한두 사람의 교사 집단의 전문 지식이나 의식만으로 지킬 수 없다는 것이다. 전교조의 노력이 일단 만들어진 제도 교육의 틀 안에서 한계와 좌절을 경험하게 된 과정을 보면 쉽게 이해할 수 있는 일이다.

4. 아기들의 삶의 터전 : 창신동 해송 아기 둥지

정규전과 게릴라전의 차이는 정규전의 경우 공간의 확보에 몰두하는 반면, 게릴라전은 시간을 훔치고자 노력하는 것이다. 문화적 저항(cultural resistance) 이론의 핵심적인 항목 중 하나이다. 아이를 키우는 일에 전쟁 이야기까지 나와야 한다는 것이 너무 어마어마한 듯하지만, 사실 교육 현장을 누가 어떻게 장악하는가 하는 문제를 파악하는 데에는 아주 유용한 개념이다.

난곡 해송 유아원을 잃은 지 1년만에 재건된 어린이 걱정 모임에서는 난곡의 실패를 바로 눈에 띄는 공간 확보와 대량 교육에의 집착 때문에 학교 형태의 유아원을 세우게 되어 아주 쉽게 지배 권력에 의해 흡수되어 버린 것이라는 인식을 하게 되었다.

창신동의 해송 아기 둥지는 그런 점에서 더욱 지역 사회에 밀착한, 어떤 의미에서 게릴라 원칙에 보다 충실한 교육 현장을 만들고자 하는 새로운 시도였다. 문화적 이질감을 줄이기 위해 가난한 지역 아이들의 가정 환경과 비슷한 교육 환경을 만들고, 새마을 유아원이 회피하는 더 낮은 연령층의 아이들을 대상으로 하였고, 지역 주민들의 생활에 실질적으로 도움이 되는 종일 보육 형태의 생활 교육을 추구하였다. 즉, 더 이상 제도 교육의 흉내를 낼 필요가 없는, 지배 권력측에서 보아도 도무지 탐낼 일이 없는 초라한, 그러나 실속 있는 일거리를 만들고자 한 것이다.

낙산 성벽 밑의 무허가 주택 밀집 지역 안에 작은 마당이 있는 한 집을 전세로 얻었다. 연탄 아궁이에 재래식 변소, 그리고 작은 방들로 나뉘어져 있었지만, 좁은 마당을 반 이상 덮는 넓은 마루 공간을 만들어 아이들이 뛰놀 수 있게 하였고, 마루의 높이를 약간 높게 하여 마루에서 미끄럼틀로 마당으로 내려올 수 있게 하였고, 마루 밑에서는 모래 놀이를 할 수 있게 하였다. 건축시 버팀목으로 쓰는 긴 나무와 폐타이어로 그네를 만들었고, 큰 플라스틱 함지박 2개로 여름 물놀이가 가능했다. 누구나 최소의 비용으로 설립 가능한 공동육아의 터전을 만들고자 한 것이다. 이곳에서 2-3명의 교사와 5-6명의 일일 자원 봉사자가 15-20명의 어린이들과 함께 생활을 하였다.

좁은 시설 공간은 오히려 선생님과 아이들을 일상적인 바깥 나들이, 골목과 놀이터, 성벽 밑 쪽밭에서 놀기 등 지역 사회 공간과 사람들에 더욱 접촉할 수 있는 활동에 열중하도록 하였다. 이 단계에서 기성품의 교구와 교재, 장난감에 대한 콤플렉스가 말끔히 씻겼다. 이제 교구·교재·놀이감은 선생님과 아이들이 함께 만드는 수공품이 대부분이었고, 조악하더라도 이런 것을 함께 만들고 부수는 과정이 바로 교육이고 생활이라는 자신감이 생겼다. 원리를 알 수 없는 복잡한 장난감의 작동만을 익히며 경탄하는 어린이는 이미 만들어진 물건을 다만 소유함으로써 만족을 얻는 일방적 소비자로써 길들여지고 있을 뿐이라는 이해에 도달했기 때문이었다. 프뢰벨과 몬테소리의 기성품 교구를 절대화하기 이전에 이들이 그러한 교구를 만들게 된 의도와 과정, 즉 그 원리를 이해하고 적용하고자 애썼다.

해송 아기 둥지는 철저히 자연과 일과 놀이가 결합된 생활을 강조하는 교육관에서 출발하였다. 프레리의 교육 이론이 바로 이렇게 척박한 곳에서 지역의 삶의 조건과 밀착한 가난한 터전 마련을 가능하게 하였다면, 페스탈로찌의 노작 교육의 철학과 방법론은 아기 둥지의 생활을 구성하는 데 큰 힘이 되었다. 선생님이라 하여도 기존의 선생의 권위와 역할의 껍질을 벗고자 애쓰는, 다만 아이들과 함께 생활하는 어른이고자 했다. 음식하고, 먹이고, 빨래하고, 청소하는 ― 가사의 모든 과정을 아이들과 함께 하는 어머니, 아버지 같은 어른(아기 둥지에서는 이모·삼촌, 언니·오빠 등의 이미지로 개념화하였다)이 함께 놀고, 만들고, 낮잠도 자는 선생님이 되어야 한다는 뜻이었다. 가사 노동은 다른 지식과 기능 습득으로부터 격리되어 누군가가 보이지 않는 곳에서 대신해 주어야 할 일이 되어서는 안될 일이었다. 더욱이 그것이 무가치한 일로 경시되고, 싫은 일로 놀이와 뚜렷이 구별되는 일이 되도록 하여서는 안되었다.

척박한 대도시 환경 속에서 그 중에서도 가혹한 생존 조건 속에 있는 달동네의 아기 둥지였지만, 자연과의 접촉은 가장 중요한 활동이자 과제였다. 맑은 물이 흐르는 숲속과 같은 아름다운 자연 환경은 물론 없었다. 그러나, 흙과 물과 나무와 풀, 그리고 햇볕과 바람 속에서 지내려는 노력은 꾸준하게 시도되었다. 작은 자연을 아기 둥지 안으로 끌어 들이려는 노력은 한뼘의 텃밭을 귀중하게 활용하였고, 매일 밖으로 나들이를 나가 흙장난을 할 수 있게 했으며, 2-3km 떨어진 대학로나 성균관까지 나무를 보러 갔다. 자원 봉사자인 언니 오빠들의 도움을 받아 시내 버스를 타고 벼락소까지 물놀이를 가기도 했다. 둥지 안에서도 물장난, 흙장난은 항상 자유로왔다.

나이 어린 아기들이 낮시간의 대부분을 보내는 아기 둥지는 가장 본질적인 삶의 방식을 익히는 곳이었다. 이곳에서 아이들은 일과 놀이가 통합된 생활을 경험하고 어른들과의, 또한 어른들 사이의, 인간 관계와 상호 작용을 관찰하고 경험하게 된다. 그 내용을 어떻게 구성하는가 하는 일은 이 일에 참여한 모든 어른들이 주로 만들어 내야 할 일이었다. 흔히들 교육 프로그램이라는 이야기를 하지만, 그것의 핵심은 바로 아이들과 관계하는 어른들이 생활과 인간 관계의 시시콜콜한 부분을 어떻게 개념화하고 어떻게 하고 있는가 하는 점이다. 즉, 누가 준비한 무엇을 어떻게 먹고, 입고, 자고, 또 누가 누구에게 어떻게 말하고 어떤 역할을 기대하는가 하는 총체적 삶의 모습이 바로 아이들이 관찰하고 경험하는 교재가 된다는 것이다.

우리가 기존의 삶의 방식에 의문을 갖고 새로운 문화를 창조하려고 한다면, 바로 이러한 작은 사회에서 새로운 삶의 방식을 재구성하고 실험하여야 한다고 생각하였다. 그것이 해송 아기 둥지가 너무 거창하여 밖으로 표방하지 못했지만, 스스로 이 일의 의미를 규정한 바, 본질적 문화 혁명의 발판 마련이란 목표였다.

유아원에 대한 새마을 유아원법의 규제를 피하기 위해 오랜 고민 끝에 만든 아기 둥지란 말은 결코 보통 명사가 되지 못했다. 그러나 아기 둥지는 도시 빈민 지역 기혼 여성의 임금 노동 취업이 늘어나고 공동체적 연대 의식이 약화되어, 아이를 돌봐줄 이웃이 줄어든 사회 상황 변화에 대응하기 위해 80년대 후반부터 여러 곳에서 만들게 된 지역 사회 탁아소의 한 모델이 되었다. 모델이라고는 해도, 그것은 설립 운영 방식 등의 바깥틀을 만드는 데 아이디어를 준 것에 불과하고 그 안에서의 아이들과의 생활, 교육관 등 바로 이러한 운동의 내용과 목표는 교류되기가 어려웠다. 이는 지역 사회 탁아소 운동의 원동력이 된 사회 운동 일반의 어른 중심적 시각과 정치 지향의 관성 때문이었다.

이러한 경향은 80년대 말부터 해송 아기 둥지의 살림을 맡은 대학생 후배들 사이에서도 뚜렷하게 나타나서, 아이들과 함께 하는 생활의 장기적, 교육적 의미에 천착하기보다는 지역 운동으로의 개념화가 너무 앞서 버린 주장들이 나오게 되었다. 지역 주민(어른)들의 조직화를 우선 목표로 하는 사회 정치 운동의 관점에서 보면 탁아는 확실한 소모전이다. 한시바삐 단순한 탁아를 넘어선 어떤 주민들 혹은 전체 사회에 대한 활동을 하여야만 했다. 탁아소는 지역 사회 어른들에게 접근하기 좋은 창구이자 거점이었지만 그 자체의 운영과 일상 생활은 목표에 비해 너무 힘에 부치는 부담으로 여겨졌다. 그러나 해송 아기 둥지를 포함한 대부분의 지역 탁아소는 자발적인 주민 운동의 거점이 되기에는 외부 후원금과 외부로부터 들어온 종사자의 일방적 희생에 의존하고 있다는 근본적인 문제를 안고 있다. 외부 후원금은 대개 자선적 성격이 강한 것이어서, 탁아소를 사회 복지 기관같이 일방적 수혜자들을 상대하는 곳으로 만들 위험성이 있다. 이를 극복하기 위해 자체 수익 사업으로 일일 찻집, 일일 술집, 헌옷 바자회, 명절 선물 팔기 등을 벌이기도 하지만 그 대부분이 지역 바깥에서 재원을 조달하는 방식이고, 그 일 자체가 아이를 돌보는 일로도 손이 모자라는 종사자들의 업무 부담을 가중시키게 된다.

낮은 임금(지역 사회 탁아소 평균 월 30만 원 이하)에도 불구하고 평균 50−60만 원 이상을 버는 일하는 어머니들의 아이를 10시간 이상씩 돌보아 주는 보육 종사자들은 지역 주민들의 눈으로 보면 이 사회의 경제적 상식이 통하지 않는 특수한 인종들이다. 이들이 지역 운동과 주민 조직을 이야기할 때 동의는 해줄 수 있지만 함께 하기는 곤란한 사람들이란 뜻이다. 아무리 지역 운동에 대한 열정을 가지고 들어온 사람도 이 상황에서는 1−2년도 버티기 어려운 일이다. 그래도 학생 운동과 노동 운동을 통해 의식화된 젊은이들(주로는 미혼 여성)이 계속 새롭게 투신했다가 스스로 의미를 찾지 못하는 육아의 일상성에 지쳐 떠나가는 일이 반복되면서 이 일이 지속되는 상황이다.

야학 운동의 연장선상에서 출발한 아기 둥지도 늘 새롭게 들어오는 대학생 집단을 통해 학생 운동의 헌신성과 역량을 충전받고자 했다. 지금도 이들에게 운영의 전권을 맡겨 두다시피 하고 있다. 그러나 80년대 후반의 다급하고 절실한 민주화 투쟁, 찬란한 정치 활동, 체제와의 맞씨름에서 이긴 경험을 한 학생 운동의 후배들은 아기를 돌보는 것 같은 추상적이고 장기적인 목표를 가진 대안적 교육 작업에는 별 흥미를 못 느끼는 듯하다. 참여는 하여도 어정쩡한 자원 봉사의 수준에서 짧은 기간 경험해 보는 것으로 끝내거나, 말은 급진적으로 하면서도 몸은 딴 곳에 가 있는 경우도 많았다. 다른 모든 가능성이 막혀 교육을 통한 개혁의 길을 오랜 기간 모색해온 조금은 고지식한 선배들과는 확실히 달랐다.

내가 벌써 늙은 것일까? 그 흔한 세대간의 문제가 여기서도 나타난 것일까? 그 동안의 경험을 통해 보면 어린 아이를 키우는 일은 역시 학생들의 일거리는 아니라는 생각이 든다. 직접 당사자가 아니라는 점에서 지역 운동, 노동 운동, 기타 대부분의 사회 운동에의 학생 참여는 일정한 한계가 있다. 특히 장기적 전망을 가지고 지속적으로 해야만 하는 일에 약하다. 생애 주기의 가장 자유로운 시기의 결단은 아무리 확고하였어도, 졸업과 입대와 취업과 연애와 결혼과 출산의 어느 과정에서건 흔들리게 되고 절충되어야만 할 성격의 것이 되고 만다. 학생들에게서 모내기나 벼베기 때 힘을 빌릴 수는 있어도 농사일을 전부 맡길 수 있을까? 매때 사료를 주어야 하는 가축은 더구나 맡길 수 없다. 믿을 수 없을 때이고 믿어서는 안되는 한 시기를 겪고 있는 사람들이기 때문이다.

이들이 잘할 수 있는 일은 기성 세대가 생각지 못했던 일, 늘 생각은 하고 있어도 용기와 열정이 없어서 못하고 있는 일을 시작하는 것이었다. 이미 만들어진 일터를 잘 유지하고 꾸준히 경험을 축적하는 일, 축적된 경험을 나누는 일에서 이들이 책임지고 잘할 수 있는 역할은 실제로 없었다. 차라리 이 일에 참여함으로써 스스로의 가치관과 역량을 다시 점검해 볼 수 있는 계기를 맞는다는 측면에서 사회 교육적 의미를 발견할 수 있겠다. 그러나 교육을 어떤 일을 하기 위한 수단으로 생각하는 조급한 운동 성향 속에서는 그 일의 성패와 관계 없이 자기 체험의 교육적 의의를 인정하는

데 인색한 듯하다. 즉, 사회 운동과 자신의 성장(성숙)을 분리시켜 놓고, 완성된 자신이 운동에 어떤 기능을 빌려 주는 것(봉사 혹은 종사)으로 개념화하는 것이다.

창신동에서 아기 둥지를 설립하여 운영해온 지 올해로 만 10년이 되었다. 설립 초기의 아이들이 중고등학생이 되어 있을 만한 세월이 흐른 것이다. 처음에 원아를 모집하러 각 가정을 방문하면, 입양 기관에서 온 줄 알고, 우리 아이 안 팔아요 하면서 경계하던 주민들이 풍물패가 아이들과 함께 온 동네가 떠나가라 골목골목 길놀이를 나가면, 벌써 아기 둥지 개원 잔치 때가 되었네 하고 달려나오게 되었다. 개원 잔치가 동네 잔치가 되어 성벽 위 놀이터에서 이웃 경로당 할머니, 할아버지와 둥지 아기들이 어우러진 한판 춤을 추는 것은 예전과 다름이 없어도, 늘 경계의 대상이던 파출소에서 선물을 보내올 정도로 세상도 변했다. 동네에서 문제시하던 청소년들이 해송 공부방 출신이라고 아기들 틈새로 우쭐우쭐 걸어다니며 대학생 선생들의 막걸리 잔을 넘볼 정도로 이 작은 터전을 통해 맺은 인연의 폭도 넓어졌다. 난곡 해송 유아원에서의 크나큰 상실의 경험과 비교해볼 때 창신동 아기 둥지는 지역 사회 안에서 지난 10년 동안에 확고한 기반을 마련한 셈이라고 하겠다. 그러나, 내부적으로는 항상 존폐의 위기감에 시달리고 있다.

외부 후원금에 의존하는 재정은 늘 쪼들리고, 운영을 맡은 대학생 집단은 순수한 한편 늘 불안정하고, 실무를 맡은 보육 종사자들은 격무와 저임금으로 언제 누가 자리를 뜰지 모르는 형편이다. 이 상황에서 10년의 세월에 걸맞는 경험 축적은 거의 불가능했다. 그 동안, 아기 둥지에서 자라난 수많은 아이들과 개별적이고 간헐적인 만남 이외의 어떠한 체계적인 교육적 뒷받침도 할 수 없었다. 영아부터 취학 직전의 아동까지를 위한 아기 둥지와 중학생을 위한 공부방, 고등학생을 위한 나들이 모임은 있어도 가장 필요한 연결 고리인 국민학생들을 위한 어린이 사랑방(독서, 글쓰기 교육)은 아직 시도하지 못하였다. 이러한 대안적 교육의 계열화 작업과 함께 더욱 중요한 것은 일관성 있는 교육 가치관으로 각 연령층에 맞는 교육 내용을 프로그램화하는 일이다. 이 점에서도 해송 아기 둥지의 실험은 아직 궤도에 오르지 못하고 있다고 하겠다.

해송 아기 둥지는 지역 사회의 대안적 교육의 출발점이 되었지만 아직도 철저한 외부 개입형으로써의 한계를 지닌다. 물론 설립 당시의 상황에서는 기획, 재정, 인력, 운영면에서의 외부 개입이 필요했지만 10년이 지난 지금도 바로 그 때문에 지역 사회의 요구나 필요성과 관계 없이 존폐가 논의될 정도의 취약한 구조인 채로 있는 것은 큰 문제이다. 지금부터의 과제는 주민의 자발적 참여와 자생적 노력으로 설립 운영될 수 있는 대안적 교육 터전으로 전환하는 것이다. 특히 재정적 자립과 운영에의 부모 참여는 절대적으로 필요한 일이다. 이 문제와 관련해서 가난한 지역에서 현실적으로 재정 자립이 힘든 사업을 하고 있는 해송 아기 둥지가 최근 내린 결정은 난곡 해송 유아원의 실패에 비추어볼 때 매우 시사하는 바가 많은 아이러니라고 하겠다.

아기 둥지는 그 동안 마련한 터전(20여 평 규모)을 바탕으로 영유아 보육법이 정하는 사회 복지 법인화하여 적극적으로 정부의 건축 설비비와 인건비 보조를 받고자 한다. 정부나 제도와의 접촉은 아직도 불안하고 많은 거부감이 있는 것은 사실이지만, 그 동안의 경험과 재정 능력이 교육 내용면에서 정부의 간섭을 막고 운영권을 유지해 나갈 최소한의 자신감을 갖게 하였다. 교육 현장에 대한 통제력을 유지할 수 있는 한 아기 둥지가 재정 / 운영면에서 안정되는 것이 생활 내용과 교육 경험을 축적하고, 이후의 대안적 교육 프로그램을 지원하는 데 필수적이기 때문이다. 제도 교육과의 접촉만으로도 질식해 버린 난곡 해송 유아원의 경험과 함께, 이제 10년만에 제도적 틀 속으로 자진해서 들어가 그 안에서 대안적 교육의 가치관을 실현하려는 아기 둥지의 모색은 또 하나의 실험이자, 모험이라고 하겠다.

5. 함께 자라는 열린 아이 — 공동육아 연구회와 협동 조합

창신동에 아기 둥지를 설립한 후 3년만 좀더 포괄적인 공부를 하고 오겠다고 약속하고 유학길에 나선 나는 결국 그 두 배의 세월이 지나서야 돌아올 수 있었다. 정치적, 경제적 억압을 극복한다는 주제에서 출발하여 주로 계급 문제에 초점을 둔 교육 운동을 모색하여 왔지만 문화 인류학을 통하여 비로소 계급, 성, 민족, 종교 등 그 외의 다양한 형태로 표출되는 불평등과 차별의 상호 연관성과 그 보편적 원리에 주목하게 되었다. 따라서 사회적 육아에 대한 인식도 변화하였다.

사회적 육아에 대한 필요성이 특정 시기에 어떤 계급에서 뚜렷하게 나타난다 하더라도(80년대 말과 90년대 초기의 한국 도시 빈민층의 경우처럼) 이는 본질적으로 가족 구조의 변화와 성차별, 인종 차별, 지역 차별 등의 어떠한 차별적 요소라도 이용하고자 하는 산업 사회의 노동 시장 구조와 밀접하게 연관되어 있는 문제로 이해되기 시작하였다. 또한, 사회적 육아의 필요성 때문에 만들게 되는 제도적 육아 환경이 인류사적으로 매우 특이한 장치이고, 문화적 의미에서 보면, 지배 권력의 이를 통한 본질적인 통제도, 그리고 대안적 삶을 모색하는 사람들의 이를 통한 본질적인 개혁도 가능할지 모른다는 생각까지 하게 되었다.

아직 미국에서 학위 논문을 쓰고 있던 90년 초, 밖에서 걸어잠근 방에서 일 나간 부모들을 기다리던 아이들(혜영이와 용철이)이 불에 타죽은 사건을 알았다. 그때의 분노와 자책감은 지금도 생생하다. 결국 우리 사회가 우리 아이들을 여기까지 몰고 갔구나. 이렇게 될 것을 미리부터 걱정하고 있던 나조차도 그 알량한 공부를 한다고 지금도 태평양 건너에 앉아 있구나 …… 도시 빈민 지역의 생활을 아는 사람들에게는 이미 일찍이 예견되었던 사건이었다. 급속한 산업 팽창과 그에 따른 기혼 여성의 임금 노동의 증가로 도시 저소득층 지역의 공동체적 연계망이 약화되고 어린아이들의 종일 보육이 절대적으로 필요하게 된다는 것은 자명한 일이었다.

그러나 5공 정부는 이러한 사회 변화에 대응할 수도 있었던 저소득층 맞벌이 부부의 종일 육아를 담당하는 어린이집조차 오전 / 오후반의 새마을 유아원으로 바꾸어 버렸다. 사회에 대한 이해가 중상층적 주변 생활로만 좁혀져 있는 일부 유아 교육학자들은 지금도 새마을 유아원 시대를 한국 유아 교육이 비약적으로 발전한 시기로 인식하고 있지만, 그들의 환호 속에서 그나마 약했던 유아 교육의 복지 기능이란 한 다리가 처절하게 잘려져 나간 사실은 아직도 모르고 있다.

가장 빠른 속도로 산업화되던 그 시기에 엄청난 규모로 새롭게 야기되는 아동 보호의 필요에 대응할 수도 있었던 최소한의 장치조차 스스로 파괴하고, 자생적, 자구적인 노력마저 억누르는 절대 권력과 편협한 전공 지식이 결합하여 만든 무자비한 현실에 대해 참을 수 없는 분노를 느꼈다. 그러한 확연한 문제와 씨름하고 있던 아기 둥지를 떠나, 거창한 추상적 주제 안에서 헤매며 논문을 쓰고 있던 나 자신에 대한 회한과 자책감은 아주 깊었다. 오늘까지도 내 책상 앞에는 혜영이와 용철이의 죽음을 알리는 노랗게 색바랜 신문 기사가 붙어 있다. 현장과 학문 사이에서 언제나 갈등하고 있는 내 자신에 대한 경고이자 채찍이다.

우리 사회에서 영유아 보육법 제정에 대한 논의가 무성하던 그해 여름에 또 하나의 문화와의 반가운 재회가 있었다. 각기 다른 작업을 해왔어도 이렇게 가치관과 방법론이 일치하는 집단을 만날 수 있다는 것은 신기하다 못해 의아하기까지 하였다. 만난 지 한 달만에 '탁아 제도와 미래의 어린이 양육을 걱정하는 모임'이라는 긴 이름의 각 분야의 전문가가 망라된 모임을 만들었다. 새로 만들어지는 영유아 보육법에 대한 걱정을 알리는 토론회를 열고, 책을 발간하였다. 언제나 그랬듯이 법과 제도는 우리편이 아니었다.

천둥 벼락 끝에 쥐 한마리 같은 법이 만들어졌고 수많은 문제 법안과 함께 무더기로 처리되어 엄연한 현실이 되어버렸다. 그 후 철저하게 행정적 편의만을 중시한 제도화 과정을 거쳐 넓은 범위에서 급속하게 오늘의 사회적 육아 상황이 만들어지게 된다. 걱정 모임이 가장 우려했던 계층 차별적인 보육 정책과 사회적 육아의 영리화, 관료화의 문제가 오히려 근간을 이루는 제도적 틀이 마련된 것이다. 더 이상 걱정만 하고 있을 수 없다는 뜻에서 긴 이름의 걱정 모임은 '공동육아 연구회'로 이름을 바꾸고 구체적인 공동육아의 터전을 만드는 작업을 시작하기로 하였다.

'연구회'란 이름이 시사하듯 자연스레 그 첫 작업도 기존의 사회적 육아 시설 안에서의 생활 연구, 보육 교사들을 위한 교재의 분석, 그리고 행정 쇄신 위원회가 의뢰한 보육 정책 개선안 마련 등의 현황 분석·토론·연구 활동이었다. 이 과정에서 더욱 선명하게 드러난 사실은 대부분의 육아 시설에서 아이들이 기계적인 삶을 살고 있다는 것, 부모 참여의 길이 막혀 있다는 것, 교사들도 본인의 지식과 신념에 관계 없이 스스로 소외된 교육 현장에서 일하고 있다는 것, 표준적인 프로그램이 일방적으로 공급되고 있고 그 내용은 상호 모순되는 내용들을 성의없이 묶어 놓은 권위주의적인 것으로 우리 사회의 학교가 갖고 있는 모든 문제를 그대로 끌고 들어온 보육 제도가 만들어졌다는 것이다.

더욱 문제가 되는 것은 보육 문제를 극빈층 가정의 문제로 특수화하면서 대상 아동의 10% 정도만 정부가 구호적 차원에서 값싼 시설을 제공하기로 하고, 나머지 90%는 중산층으로 개념화하여 영리 목적의 사설 놀이방 등에 맡기기로 한 것이었다. 산업화에 따른 가족 구조나 기능의 변화와 성역할 및 성차별의 문제가 결합되어 발생하는 사회적 육아의 필요성을 계급의 문제로 국한시켜 대응하면서, 오히려 어린아이들에게 계급에 따른 차별적 환경을 주어서 계급 재생산의 가능성을 강화하는 방향으로 새로운 보육제도의 틀이 굳어져 가는 것을 보았다. 이러한 문제점을 지적한 공동육아 연구회의 연구 보고서는 행정 쇄신 위원회의 실무 회의를 거치면서 편의적으로 발췌되어 본모습을 찾을 수 없는 것이 되었다. 현장이 없는 연구, 사회적 운동으로 뒷받침되지 않는 연구는 흔히 관료적 요식 행위의 한 절차가 되고 말거나, 정치판 말잔치의 안주거리로 끝나기 십상이다.

우리 사회의 절실한 보육의 필요성은 도시 빈민층 (즉, 계급의 문제)에서 먼저 가시화되었지만, 그 해결 방식은 계급 통합적인 포괄적이고 보편적인 보육(comprehensive universal childcare) 제도의 마련을 통해 찾아야 한다. 즉, 보육이 자선 사업이나 복지 사업으로 간주되는 한 이는 특수한 문제로 취급되고, 다양한 계층의 보편적 문제로 인식될 때보다는 부분적이고 관료적인 값싼 대응을 촉구하는 것에 머물게 되기 마련이다. 이 문제 해결을 위해 폭넓은 계층의 자발적 역량이 한데 힘을 합칠 수 있는 계기조차 만들기 어려워진다.

공동육아 연구회는 더 이상 법, 정책, 제도가 먼저 변화되기만 기다리고 있지는 않기로 했다. 이 사회에 이미 공동육아에 대한 절실한 필요성이 있으므로, 자구적이고 자발적인 부모들의 힘을 모으면 스스로 재정적인 토대를 가진 압력 집단이 만들어지리라 생각했다. 이들이 함께 만드는 공동육아의 터전은 우리 아이들을 위한 사회적 육아 환경의 기준을 높이고 그곳에서 대안적 삶의 방식을 프로그램화하면 구체적이고 가시적인 공동육아 모델이 될 것이다. 또한 이러한 자발적 실험의 폭넓은 조직화가 바로 이 사회의 굳은 법과 제도와 관행을 바꿔나갈 수 있는 힘이 되리라 믿었다. 남들이 자선적, 관료적, 영리적 동기로 만든 제도에 자기 몸을 맞출 수밖에 없었던 부모들이 스스로의 힘으로 공동육아의 터전을 만들고 서로의 기대와 가치관을 나누고 절충하며, 함께 주도적으로 운영할 수 있는 협동 조합 방식이 고안되었다.

몬드라곤 협동 조합의 경험은 자체 재정의 확보 방식과 운영의 합리성

신촌 지역 공동육아 협동 조합 회의.

에 대한 많은 시사를 주었고 싱가포르의 육아 협동 조합의 성공(전체 보육 아동의 10%가 협동 조합 방식의 어린이집에서 자람)은 협동 조합 방식의 확산 가능성에 대한 신념을 주었다. 교사 훈련, 프로그램의 개발과 공급, 조합간의 네트워크 형성을 통해 대안적인 삶의 방식의 프로그램화뿐만 아니라 외부의 간섭에 대해서 통제력(결정권)을 유지할 수 있다는 확신이 생겼다.

공동육아 연구회는 공동육아의 첫 실험적 터전을 만드는 일에 착수하였다. 1994년 2월에 신촌 지역 공동육아 협동 조합 길잡이 모임이 만들어졌고 반 년간의 준비 기간을 거쳐 9월에 개원을 하였다.

준비 과정에서부터 협동 조합 방식에 대한 기대와 반응은 가히 폭발적이었다. 처음 이틀 동안에 쏟아진 100여 통의 가입 문의 전화로 실무자는 즐거운 비명을 질렀고, 왜 신촌에서만 하느냐는 쏟아지는 질책에 몸둘 바를 몰랐다. 청주와 서울 다른 지역에서 협동 조합 방식으로 공동육아의 터전을 만들고자 하는 사람들이 준비 모임을 참관하였고 여러 곳에서 자료를 요구하였으나 이 일은 이제 겨우 만들기 시작하는 일이었다. 더욱이 만들어진 기성품을 제공하는 것이 아니라 스스로 만들어 나가는 과정을 중시했기 때문에 공동육아 연구회는 기본적인 원칙에 대한 제안만을 했을 뿐, 참여한 부모들이 조직 형태에서부터 정관, 교사 채용, 장소 선정, 출자금 관리, 운영 방법 등, 모든 것을 서로 분담해서 각자의 직업에 따른 전문성과 경험을 활용하여 준비하고 토의를 통해 결정해 나갔다.

준비 작업이 구체화되면서 맞벌이를 하는 젊은 부모들의 사회 활동 경험에서 오는 전문성이 빛을 발하였다. 특히 아버지들의 적극적 참여는 육아를 더 이상 여성만의 문제로 인식하지 않도록 한다는 목표에 비추어 볼 때 매우 고무적인 징조로 느껴졌다. 공동육아 협동 조합은 아이들뿐만 아니라, 이 일에 참여한 젊은 부모들까지 육아를 통해 공동체적인 가치관과 삶의 방식을 익힐 수 있는, 아이들의 사회화와 어른들의 재사회화를 동시에 추구하는 일이다. 가벼운 홀몸일 때는 진보적인 이상을 추구하던 젊은 이들이 결혼, 출산, 육아를 통해 아주 쉽게 보수적 일상 생활에 매몰되는 것을 많이 보게 된다. 특히 육아의 문제는 가장 넘기 어려운 장벽이다. 대개는 결혼 생활의 초기에 직면하게 되는 이 절대적 장벽 앞에서 평등한 대안적 삶을 지향하는 수많은 젊은 부부가 좌절과 배신감을 느끼며 스스로 보수화되는 이 사회의 가장 강력한 보수적 사회화 과정인 셈이다.

실제로 이들이 감당해야만 할 아이를 키운다고 하는 새로운 책임과 달라진 일상 생활을 이해하고 해결하는 데 이 사회의 보수적 담론은 강력한 권위와 강제력을 갖고 있다. 그만큼 육아에 대한 대안적, 진보적 해결 방식은 공허한 이상론이 되어 버리기 쉽다는 말이다. 육아를 가정이나 가족 관계 안에 매몰시키지 말고, 사회화하여 공적인 영역에서 대안적으로 재구성할 때만 육아에 대한 성역할 고정 관념이 바뀔 가능성이 생긴다. 나아가서 이러한 사회적 육아 경험을 통해 부부와 자녀간의 역할과 관계를 새롭게 내면화한 대안적인 가정이 자라날 수 있는 것이다. 대안적으로 구성된 공동육아가 생활화되기 이전에 이미 그 준비 과정부터 뚜렷하게 나타나기 시작한 젊은 아버지들의 적극적 참여는 그런 의미에서 이러한 실험의 필요성에 대한 잠재된 욕구의 표현이라고도 하겠다.

공동육아 연구회는 협동 조합이 진보적 중산층 지식인들만의 자구적(따라서 사회적으로는 이기적인) 노력이 되어 버릴 수도 있다는 점을 경계하고 있다. 그래서 부모의 소득과 재산에 따른 보육료의 차등제 수립이 초기부터 꼭 필요하다고 본다. 또한 처음부터 장애 아동과도 함께 생활하는 통합 보육 방식이 바람직하다고 생각한다. 예상했던 대로 이러한 두 가지 평등 지향적 원칙은 협동 조합의 준비 초기부터 반 년이 지난 지금까지 조합원들간에 선뜻 합의가 되지 않고 있다. (물론, 이념적 원칙적으로는 동의하나 기술적인 문제가 있다는 점이 논쟁의 주제이다.) 우리 사회의 공동체적 경험의 미약함과 뿌리 깊은 차별의 관행 때문이리라. 그럴수록, 이 두 가지 원칙이 어떻게, 얼마만큼 현실화되는지에 따라서 이 운동의 성격과 미래가 결정될 것이다. 이 운동이 계층과 사회 집단간의 이기적이고 차별적 육아 환경을 만드는 방향으로 갈 것인가, 공동체적이며 통합적 육아 방식을 만드는 일이 될 것인가.

숫자가 있어야 상황이 이해되는 어른들을 위해 지금까지의 상황을 숫자로 표현해 보면 다음과 같다. 1994년 2월에 8명의 관심 있는 사람들이 모여 15만 원씩의 가입비를 내어 그 중 한 명이 매달 30만 원씩 받고 반일제 전담 간사로 설립 준비 작업을 하였다. 폭주하는 가입 신청 중 공동체적 육아 방식에 공감하는 사람들 30명이 6월 초까지 300만 원의 출자금(주로 전세금, 탈퇴시 돌려줌)과 30만 원의 가입비(설비 비용이 됨)를 내서 나무와 풀이 우거진 대지 80여 평에 건평 70평 규모의 2층 슬라브 양옥집을 1억에 전세 내었다. 잔금을 치르고 간단한 설비를 하려면 5명의 조합원이 더 필요하지만, 신청자가 많아 지금으로서는 낙관하고 있다. 다만, 아직 장애 아동의 신청이 없어서 (폭넓은 홍보를 하였으나, 장애 아동의 부모들이 그 동안 이 사회에서 겪은 배신감과 좌절의 폭이 깊어 아직 협동 조합을 믿지 못하는 듯하다) 3명 정도의 장애아들을 위한 조합원 자리를 열어 놓고 있다.

생후 4개월부터 10살(국민학교 저학년 아동의 방과 후 보육도 프로그램화하였다)까지의 30여 명의 아이들을 위해 3명의 전일제(8시간 근무, 보수 60만원 수준) 교사와 5명의 반일제 (4시간 근무, 보수 30만원) 교사를 선발하였다. 공동육아의 생활 터전 만들기와 생활 방식이 정착할 때까지 시간적으로 제약은 많지만 내가 원장 역할을 하기로 하였다.

공동육아는 공식적 교육이라기보다는 매일의 생활이라는 개념으로 출발할 것이다. 즉 매순간 삶의 즐거움을 느끼는 생활 경험을 아이들과 함께 하고자 한다. 즐거운 마음에서 호기심이 자라고, 자발적인 호기심으로 주변을 깊이 있게 관찰하며, 관찰과 직접 경험을 통해서 주체적으로 생각하고 행동하는 사람이 된다고 믿는다. 자연과 살아 있는 사람과의 만남과 그들과의 상호 작용을 통해 아이들은 배우고 자라나게 된다. 유토피아나 꿈나라를 만들겠다는 것이 아니라, 우리 아이들이 사람과 자연 속에서 자연스레 살아갈 수 있는 일상적 삶의 공간을 만들고자 하는 것이다. 우리의 도시 공간 안에서는 자연을 끌어들이고, 자연을 찾아나가는 매일의 생활 체험이 특히 필요할 것이다.

공동육아는 우리 아이들 한 명, 한 명이 고유한 개성을 가진 생명이라고 본다. 이러한 생명이 스스로 자라나는 것을 참고 기다릴 줄 아는 어른들이 되고자 노력한다. 우리 아이들은 움직임 속에서 삶의 기쁨을 느끼고, 아픔을 알고, 웃음과 울음과 땀과 상처를 통해서 배우고 자라난다고 믿는 것이다. 어른들의 고정 관념과 조급함은 이들의 호기심을 꺾고, 관찰의 눈을 가리고, 자유로운 생각을 위축시킨다고 생각한다. 어른들은 아이들이 스스로 자랄 수 있도록 바람직한 환경이란 밑거름을 북돋워 줄 수 있을 뿐이다.

공동육아의 공간은 부모들에게 늘 열려 있어야 한다. 즉, 부모와 교사가 아이를 문턱에서 주고받는 곳이 되어서는 안된다는 뜻이다. 모든 어른들이 아이들과 함께 놀고, 또 놀고 있는 아이들을 함께 지켜보며 이야기를 나눌 수 있는 곳이어야 한다. 또한 아이와 어른간에 역할 분담은 있어도 상하 위계가 없어야 한다. 따라서 판에 박은 억양과 몸짓의 인사말을 강요하지 않는다. 내용 없는 스티커 붙인 출석부가 오고가는 것으로 부모와의 교류가 이루어진다고 생각하지 않는다.

이곳의 생활 리듬과 템포는 어른이 아니라 아이들이 주도한다. 따라서 꽉 짜여진 일과 시간표가 없는 곳이다. 일제히 밥먹고, 일제히 잠자고, 일제히 같은 공부를 하고, 일제히 변소 가는 집단 의례의 생활화를 피한다. 무슨 활동이든지 단체로 하도록 강요하지 않는다. 즉, 개개인의 자발성, 호기심, 관심 탐구의 다양한 요구에 맞추고자 애쓰는 공동 생활의 터전을 만들고자 한다.

조회나 집단 체조를 위해 줄서는 일이 없고, 큰소리로 웃고, 떠들고, 싸워도 되는 곳. 일상 생활에 필요한 모든 활동(장보기, 밥짓기, 음식 만들기, 설거지하기, 쓸고 닦고 치우는 모든 가사일)이 아이들에게 열려 있는, 인스턴트 식품이 아니라 직접 만든 음식과 간식을 주는 곳. 언제나 물장난, 흙장난을 할 수 있고 바람과 햇볕에 열려 있는, 계절에 맞는 바깥 놀이가 매일의 생활이 되는 그런 곳을 만들고자 한다. 건물의 안팎이 모두 열린, 맨발로 흙을 밟을 수 있는 생활을 하며, 아이들을 울안에 가두지 않고 동네 빈터와

야산과 쪽밭으로의 바깥 나들이가 바로 매일의 프로그램이 되는 그런 생활을 하고자 한다. 강아지와 고양이, 닭과 토끼, 자라와 개구리, 곤충이 함께 살고, 기성의 유아용 플라스틱 상품이 아니라 진짜 생활용품(그릇, 남비, 수저, 손수레, 삽, 나무토막, 헝겊)이 놀이감이 된다. 카세트 동화나 TV 만화가 아니라 선생님이 직접 들려주는 살아 있는(매일 조금씩 변하는) 이야기를 들을 수 있고, 개그맨이나 가수의 흉내보다는 스스로 친숙해진 전통놀이(노래, 춤, 그림, 이야기)가 몸짓에 녹아 있는 그런 생활을 하고 싶다.

획일적 교육 방식을 배격하고 공동육아의 터전에서는 모든 것을 통합하는 교육 경험을 하고자 한다. 학교 수업처럼 어른이 아이를 일방적으로 가르치거나, 나이를 학년처럼 나누어 각 방에 가두어 서로간의 접촉과 움직임을 제한하고, 학과목처럼 분리된 미술; 음악, 무용, 체육 시간에 책상과 걸상에 아이들을 못박아 두고 칠판 앞에서 선생만 자유롭게 움직이는 그런 구도를 배격한다. 모두가 똑같은 제복, 모자, 가방을 메고 와서, 모두가 똑같은 기성품 교재, 놀이 기구, 악기로 일제히 같은 시간에 같은 행동을 익히도록 요구하지 않을 것이다.

남자와 여자를 놀이, 활동, 옷, 색깔로 구별하지 않겠다. 씨름하는 여자아이나 인형놀이하는 남자아이를 이상하게 여기지 않는, 양성적 가능성을 모두 열어 놓은 교육을 할 것이다. 따라서 이곳에서는 남자가 창피하게 왜 우니라든지 여자애가 좀 다소곳해야지 따위의 이야기로 억압하는 일은 없을 것이다. 장애를 가진 어린이와도 함께 생활하며 서로 이해하고 서로 돕는 생활을 익힐 수 있게 할 것이다. 어릴 때부터 장애를 가진 형제, 자매와의 생활을 경험함으로써 서로 다름에 대한 이해를 깊게 하고 다양한 사람과 더불어 사는 세상을 만드는 미래의 세대를 키울 수 있다고 믿기 때문이다.

바람직한 공동육아의 수많은 아이디어가 이제 비로소 구체적으로 생활의 내용이 될 수 있는 터전이 마련되고 있다. 얼마나 잘할 수 있을까. 얼마나 예기치 않았던 문제에 봉착하게 될까. 어떤 새로운 가능성을 열 수 있을까. 불안감과 기대에 가슴 뛰는 요즈음이다.

맺는 말

이제 1994년 여름, 또 다시 또 하나의 문화의 권유로 내가 하고 있던 일,

하고자 하는 일을 글로 정리해 볼 기회를 갖게 되었다. 육아의 문제는 물론 여성만의 문제는 아니다. 이것을 여성 문제로 구도화하는 어떠한 시도도 배격해야 한다. 그러나, 육아에 대한 실천적 해결 방안을 찾지 못한 여성 운동은 공허한 관념론이 되고 말 것이다.

공동육아의 관점에서 볼 때 영국과 미국의 여성 운동은 그 개인주의적, 성인 중심적 시각 때문에 이론의 급진성에 비하여 현실면에서 사회적으로 공동체적인 육아 방식을 만들어 내는 일에 실패하였다. 성평등에 대한 요구가 개인적이고 이기적인 차원에 머물 때, 사회적으로는 계층, 인종, 지역, 종교, 장애자에 대한 차별 등 다른 차별적 기제를 강화하는 결과를 빚을 수도 있다. 미국의 중산층 백인 여성의 사회 진출이 흑인 남성의 게토화를 촉진시킨 사례를 통해서도 이를 확인할 수 있다.

육아의 특성상, 이 운동은 지역에 기반을 둔 지속적, 일상적 인간 관계의 연계망이 필수적이다. 지역 문화와 지역성의 토양이 엷어 인구의 유동성이 높은 우리 사회에서 공동육아란 그만큼 시작하기 어려운 일이다. 그러나, 그 때문에 더욱 필요한 일이다. 공동육아 운동은 지금까지 지역과 유리된 곳에서 진행되어 왔던 다양한 사회 운동을 지역 사회의 일상적 삶 속에 뿌리 내리게 하는 기능을 할 수 있다. 또한 이 운동의 성공은 지역 사회와 주민 자치의 필요성을 새롭게 가시화하는 효과를 가지고 올 것이다.

요즘은 자주 밝은 꿈을 꾼다. 동네마다 제일 넓은 마당이 있는 집이 공동육아의 터전으로 되어 있고, 그 옆에는 아이들이 웃고 우는 소리를 시끄러워하지 않는 어른들이 살며, 남자 선생님과 일일 참여를 온 아빠가 아이들과 부엌일하는 사이에 여자 선생님 손 붙잡고 바깥 나들이 나온 아이들이 뛰노는 골목길엔 차가 다니지 않고, 근처 야산 밑 빈터엔 아이들이 가꾸는 야채밭이 있고, 맨발에 흙투성이 아이들을 미소로 반기는 노인들이 사는 곳. 일주일에 두세 번은 생활 협동 조합의 트럭이 무농약 쌀과 우리 밀, 싱싱한 무공해 야채를 날라오고, 마지막 남은 선생님과 늦게 퇴근한 엄마가 아이 손을 붙잡고 웃음을 터뜨리며 이야기하고 있고, 검게 그을린 아이들이 굵어진 팔다리를 마구 휘저으며 맨발로 뛰어다니다가, 장애가 있는 친구를 부축하여 함께 걷기도 하는 …… ■

내가 살고 싶은 세상

이효인

딸 : 엄마 학교 다녀왔습니다.

엄마 : 그래 시험은 잘 봤니?

딸 : 그냥 ……

엄마 : 무슨 대답이 그러니?

　　시험지 한번 가져와 봐라, 좀 보게 ……

　　(딸이 가져온다. 엄마, 펼쳐 보며)

　　아니 뭔 놈의 문제가 세 문제밖에 없냐? 사회라 ……

　　지구 연합 사회는 무엇인가를 정의하고

　　자신이 생각하는 이상적인 지구 공동체를 논하라.

　　에헴. 과거 군사 분계선 자연 보호 구역 내에

　　캠프장을 설치하는 구상에 대해 쓰시오.

　이게 뭐냐 …… 이게 시험 문제야?

　으휴. 우리 때는 얼마나 문제가 많았는지 아니? 33문제였어.

딸 : 그렇게나 많이? 그걸 어떻게 다 써내? 난 1문제만 풀어도 20분인데 ……

　　우와 엄마는 그거 다 풀었어?

엄마 : 그럼 …… 에헴 …… 사지 선다형이라.

딸 : 그게 뭔데?

엄마 : 응 …… 되게 어려운 거야.

딸 : 엄마 이 문제 답이 뭐라고 생각해? 여성 문제 말야.

　　아이를 낳으면 어머니의 성, 아버지의 성 중에 하나를 택할 수 있는데,

　　자신의 아이는 누구의 성을 따르게 할 것인지에 대해 의견을 쓰시오 ……

　　(소리 점점 작아진다.)

어느 날.

딸 : 엄마 나 오늘 늦을 것 같아.

엄마 : 왜?

딸 : 응, 우리 동아리에서 중요한 실험을 하거든.

엄마 : 과학반?

딸 : 아휴 ……, 몇 번을 설명해야 돼? 우린 그냥 화학 실험만 전문으로

　　하는 거야. 가상 현실반, 유전자 관찰반 등 얼마나 다양한데.

엄마 : 야, 우리 때는 그랬으니까.

244

전미숙, 「강원 도계」, 1992.

딸 : 오늘 실험은 각자 해서 제일 좋은 결과가 난 사람 걸 정리해서
    전국 화학 실험 대회에 내야 돼. 각자 실험하니까 힘들어도 재밌다.

엄마 : 그럼 거기 현미경은 몇 대냐?

딸 : 당연히 한 사람이 하나지.

엄마 : 우리 때는 선생님이 현미경을 고이 모셔 가지고 들어와서 뻐기면서
    한 명씩 보여 줬는데. 얼마나 신기하던지 ……
    만져 보는 건 꿈도 못 꿨는데 ……

딸 : 엄마 타임 머신 타고 선사 시대 날아왔어?

엄마 : 어휴, 이해를 못하는구나. 그게 30년 전이다. 기구가 다 망가져 있으니
    결과가 제대로 나온 적은 한번도 없었지. 깨진 비이커로 실험하다가
    손 다친 애가 한둘이 아니었단다. 그래도 그 때 우리가 통일되면서
    개혁을 했잖니. 대학 입시 확 갈아 치우면서 과외비로 쓰는 돈을
    다 세금으로 만들어서 너희들은 정말 편하게 사는 거야.
    학교에서 모든 게 다 되지? 너처럼 첼로 배우려면 한 달에 레슨비가
    백만 원도 넘었었는데 지금은 공짜로 배우잖니.

딸 : 엄마, 나 늦겠어.

엄마 : 그래 빨리 가라. 너무 늦지는 말구. (암전)

전환기 사회 운동을 보는 하나의 시각

박형준[*]

1.

80년대 운동권의 산증인이라 할 수 있는 한 친구는 얼마 전 이렇게 말했다. "운동에 대한 강한 신념이 흔들리고 있다. 아마 하루 몇십 명이 운동권 단체 활동을 그만두고 생활 전선으로 나서고 있을 터인데, 대부분 운동과는 담 쌓는 쪽으로 직업을 구하는 경우가 많다." 그는 겉으로 보기에 운동 핵심부의 이념에 큰 변화가 없는 것 같지만, 조직 구성원들 사이에는 변화를 위한 진통이 대단히 깊다고 전한다. 그러면서 그 친구는 알게 모르게 확산되고 있는 허무주의가 80년대 운동의 진실성과 역사성까지도 묻어 버리는 것이 아닐지 두렵다고 말하면서 위기를 넘어서기 위한 비판적 성찰의 노력과 함께 80년대 운동에 대한 바른 자리 매김이 긴요하다고 역설한다.

역사와 사회의 문제를 저항 운동에 의해 극복하고자 하는 실천은 그 실천 집단이 정치적으로 성공했는가, 또는 이념이 적절했는가와는 별도로 당대의 역사 속에 존재 의의를 가지는 것이고, 현존재로서 그 실존적 지양의 노력은 역사의 자양분으로 남아 있게 된다. 독재에 맞섰던 70·80년대 운동은 우선은 이런 맥락에서 평가되어야 한다. 정의에 대한 열정으로부터 비롯된 '운동의 초발심', 자기 희생을 두려워하지 않는 살신 성인의 자세,

---

[*] 현재 동아대 사회학과 교수로 재직중. 저서로 『현대 노동 과정론 ─ 자동화에 대한 연구』, 『21세기 프론티어 ─ 전환의 물결과 신발전 모델』(공저)이 있고, 「전환기 사회 운동의 성격」 등 다수의 논문을 썼다.

확고한 생활 철학으로 자리잡은 사회적 연대의 정신 등등은 척박한 당대 우리 사회 삶의 모습들 가운데 쉽게 찾기 힘든 운동권 고유의 미덕이었다. 또 이런 실천이 오랜 독재 체제를 무너뜨리고 민주주의를 여는 밑거름이 되었다는 사실 또한 아무도 부정할 수 없을 것이다.

하지만 다른 각도에서 80년대 운동권 안의 문화를 들여다볼 때 맑은 기운이 넘쳐난 것만은 아니다. 이념과 노선의 차이에 따른 분열, 서로간의 '딱지 붙이기', 의견의 차이를 못견디면서 표출되는 적대감 등등은 탁한 기운을 형성해 심한 경우 운동가들 서로를 파괴하는 작용을 했다. 신념이 강한 집단일수록 자기 주장을 관철하고자 하는 시도도 집요할 수밖에 없을 터이지만, 특히 80년대 후반에 이런 부정적 경향이 빠르게 확산된 이유는 무엇일까? 연관된 두 가지 요인으로 설명할 수 있을 것이다.

하나는 권력에 대한 의지 또는 욕망에 원천을 둔다. 강한 권력에 맞선 투쟁 과정에서 운동 조직은 또 하나의 강한 권력 의지적 집합체가 된다. 권력에 대한 욕망은 무의식적인 수준에서 조직 구성원들의 심성 속에 내면화되고, 의식적인 수준에서 조직은 권력 의지를 체화한다. 프랑스 사회학자 부르디외의 용법을 빌어 표현하자면 객관적인 권력 구조의 무의식적인 힘 (구조적 외재성)이 개개인의 의식에 보이지 않는 규범으로 내재화되어 권력 지향적인 아비투스(hatitus 관행적 실천)로 재생산되는 것이다.

다른 하나는 80년대 중후반에 운동권에 유입된 이념의 성격에서 연유한다. 80년대 후반의 학생 운동과 노동 운동의 이념적 지형은 맑스-레닌주의와 주체 사상의 치열한 헤게모니 경쟁 구도를 취했지만 사실 이 둘은 이론 구조나 전략에서 그다지 다른 기반 위에 서 있는 것이 아니었다. 다른 무엇보다 중요한 공통의 특징은 유일 진리론에 입각하고 있다는 점이다. '옳은 것은 하나다'는 확신은 '다르다'는 것에 대해 참을성을 잃게 만들며, '다른 것은 틀렸다. 틀린 것은 나쁘다'로 이어질 수 있는 위험한 통로 ― 민주주의와 양립 불가능한 통로 ― 를 예비하는 것이다. 80년대 후반 사회 운동의 주요 정치적 논쟁에서 정치적 견해의 차이가 결국은 조직의 분열로 이어지는 과정을 경험하게 되는데, 그것이 이러한 이념 문화와 무관하다고 볼 수는 없을 터이다. 이론과 전략의 측면에서도 노동자 계급 헤게모니론, 프롤레타리아트 일당 독재론, 국유 계획 경제론에 대한 지지, 그리고 한국 사회의 모순 심화에 의한 파국과 민중 봉기에 의한 혁명적 국가 권력의 획득을 전제로 하고 있다는 점에서 PD(민중 민주파)와 NL(민족 해방파)은 하나였다. 그리고 이러한 체계적이고 단일화된 이론과 전략은 고도의 권력 집중을 정당화하고, 운동 과정에서 이미 운동가들을 전체주의의 유혹으로부터 자유롭지 못하게 만든다.

물론 권력에 대한 욕망이나 경직된 이념의 수용을 평가할 때 80년대의 시대적 상황이라는 조건을 염두에 두어야 한다. 비록 불가피한 것은 아니었다 하더라도 그와 같은 이념들이 운동의 조건과 선택적 친화력을 가졌던 요인들에 대해서도 관심을 가져야 한다. 그럴 때만 80년대 운동을 편견 없이 평가할 수 있다. 간략히 정리하자면, 1) 80년 민주화 과정이 쿠데타에 의해 봉쇄되고, 광주 민중 항쟁이 폭력적 비극에 의해 종결되면서 심리적 좌절과 분노가 운동의 중심 세력에게 적대 구조를 명확히 드러내는 강한 이념 및 신념 체제의 수립을 요구했다는 점, 2) 강압적 국가 기구를 중심으로 하는 통치에 의해 철저히 사회 운동이 비합법화되면서 지하 운동을 유지 확대하기 위해서라도 강한 이념의 구심적 역할(현재의 희생과 위험을 미래의 유토피아의 보증에 감수하려는 가치관의 역할)이 요구되었다는 점, 3) 학생 운동과 그 출신을 중심으로 하는 지식인들이 사회 운동에 대거 참여하게 됨에 따라, 물질적 이해 관계보다는 과학적 이념적 근거를 중시하는 지식인들의 속성상 이념 지향성이 강화될 수밖에 없었다는 점, 4) 반공 이데올로기의 엄격한 사상 통제로 인해 지식인들의 지적 시야가 협소하고, 제반 이념에 대한 충분한 비판적 토론의 기회를 갖지 못했다는 점 등이 맑스－레닌주의와 주체 사상이 단숨에 확산되는 배경을 이루었다.

이러한 역사적 배경에도 불구하고 80년대 운동 이념이나 운동 방식이 90년대에도 생명력을 가질 수 있으리라 믿기는 점점 어려워지고 있다. 80년대 후반 90년대 초의 상황은 사회 운동이 기존의 관념과 행위 양식을 고수하는 한 한국 사회의 발전을 위한 성찰적인 문제 제기와 긍정적 대안을 제시하는 세력으로 성장하기 어렵다는 것을 보여주기 때문이다. 우선 동구권 사회주의의 붕괴가 운동권에 엄청난 이념적 타격을 주었다. 현존 사회주의를 막연히 이상화했던 운동가들에게 그 체제의 내적 모순의 폭발은 지극히 당혹스런 것이었다. 그러나 보다 근본적인 문제는 안에서 찾아야 한다. 그동안 독재－민주의 이분법적인 구도에 따라 이념 및 정치적 이익의 차이, 계급적 지역적 차이를 넘어서 형성되었던 광범한 연대와 합의가 87년 이후

균열을 보임에 따라 사회 운동은 야당을 포함한 다른 세력의 도움 없이 독
자적으로 자신의 이념과 행위 양식을 대중적으로 검증받아야 할 위치에 서
게 된다. 그 결과는 긍정적이지 못했다. 다수의 대중들은 운동권의 이념에
대해 의아하게 생각하거나 지지를 보내지 않았으며, 또 전투성을 중심으로
하는 행위 양식도 대중적 설득력을 얻지 못했다. 혹자는 여론에서의 고립
을 매체를 통한 상징적 조작의 탓으로 돌릴지 모르겠다. 마치 전자 오락의
시뮬레이션 게임에서 가상적인 상황을 설정하여 마치 그것이 사실인 듯 믿
게 하듯 권력과 언론이 합작하여 권력의 폭력성보다 사회 운동의 폭력성을
부각시키고 그를 통해 사회 운동을 무력화시키기 위한 체계적 공작의 결과
라는 것이다. 그러나 모든 문제의 원인을 이데올로기 국가 장치의 '보이지
않는 권력 기술'로 돌려 버리는 것은 '위기'의 해명에는 편리할지 모르지
만, 정치적으로는 무익하다. 운동의 입지와 공간을 확장하기 위해서는 비록
그것이 지배 이데올로기 장치라 하더라도(시민 사회의 공공 영역 일반을 부르
주아 이데올로기 국가 장치로 보는 알뛰세의 의견에 우리는 동의할 수 없지만) 그
것을 외면하는 것이 아니라 그것에 적극 개입해 운동의 정당성 및 대중성
확보를 가능케 하는 담화적 실천이 필수 불가결한 것이다. 우리가 사회적
실재 개념으로 단일한 본질을 상정하는 형이상학적 실재 개념이 아니라
사회적 실천들의 복합적 우연적 산물인 구성적 실재 개념을 승인한다면,
그리고 거기에서 지적 도덕적 영향력을 얻고자 한다면 그러한 상징의 생산
/ 재생산 과정에서 효율적인 실천을 수행하지 않으면 안된다. '운동이 대중
적으로 고립된다'는 것은 곧 운동이 산출하는 상징이 정치적인 지형에서의
사회적 상호 작용을 중재하는 힘을 얻지 못했다는 것과 다르지 않다.

2.

이미 후기 근대적 징후를 적지않게 보이고 있는 90년대 한국 사회에서 사
회 운동에 요구되는 변화는 단순히 '전술적 전환' 정도로 간주될 수 없다.
나는 우리 사회에서 사회 운동이 맡아야 할 몫이 무엇인가 하는 질문에서
부터 시작하여 운동의 목표와 형태, 방법론에 이르기까지 자기 성찰에 입
각해 새로운 패러다임을 정립해야 하는, 요컨대 근본적인 발상의 전환을
요구받고 있는 시점이 바로 지금이라고 믿는다.

우선 사회 운동이 그 진보성을 고유한 특징으로 갖는다고 할 때 그것은 시대의 문제를 앞서서 통찰하고 비판적으로 제기할 수 있는 능력을 확보할 때만 의미를 갖는다. 이와 관련하여 세계사적 변화에 대한 거시적 분석과 앞선 운동으로부터 무엇을 교훈으로 얻을 것인가에 대한 자기 성찰이 전제되어야 한다. 전세계적 상호 의존의 심화와 민족적 지역적 분쟁의 지속, 시장 및 성장 제일주의와 생태 위기 사이의 모순, 선진국의 탈근대화와 발전 도상국의 근대화의 양립이 가져오는 모순, 신기술 혁신에 의한 탈산업 정보 자본주의화와 일자리를 위협받고 있는 주변 계층의 확대, 참여에 대한 욕구 증대와 기술 관료 권력의 집중 간의 모순 등을 포함하는 오늘의 문제 구조는 '전지구적으로 사고하지' 않고서는 문제 해결의 방향을 위한 단서 조차 찾기가 어렵다. 아울러 "역사가 우리를 가르치지는 않는다. 다만 역사의 교훈으로부터 배우지 않는 사람들을 역사는 벌할 뿐이다"라는 러시아의 격언을 참조한다면 지난 이념 운동에 대한 자기 성찰에서 가장 핵심적으로 반성되어야 할 대목은 권력 집중형 운동의 전체주의적 위험이다. 전위 정당이든, 통일 전선이든 정치 권력적 헤게모니(지적 도덕적 헤게모니와는 다르다)를 핵으로 한 동심원적 조직화에 대한 환상을 버려야 한다. 사회 운동을 정당 정치와 동일시하거나, 혹은 후자를 위한 수단 정도로 폄하해서도 안 된다. 사회 운동을 그 원래의 자리, 즉 시민 사회의 공적 공간에 위치지우고 그 독자성과 자율성을 시종 일관 확인할 필요가 있다.

이런 맥락에서 90년을 전후해서 부각되기 시작한 시민 운동과 사회 운동의 내부 변화에 대해서 주목할 필요가 있다. 시민 운동 단체마다 편차는 있지만 이념적으로 재야 사회 운동과의 차별성을 두드러지게 강조했던 몇몇 시민 운동 단체들(특히 경실련)을 중심으로 본다면 이념 가치 이슈의 측면에서 다음과 같은 특징이 발견된다.

첫째, 혁명적 사회주의 이념을 명시적으로 부정하고, 점진적 사회 개혁적 노선을 표방했다. 부분적으로는 사회 민주주의적인 '사회적 시장 경제' 개념을 수용하는 입장을 취한 것으로 볼 수 있으나, '큰 이야기'(최대 강령 중심주의 또는 거대 이론에의 깊숙한 의존)를 통한 이념적 결집을 중시하기보다는 이념을 내세우지 않고서도 사회적 합의의 형성과 실현 가능성이 상대적으로 큰 개혁 과제에 초점을 맞추고자 했다. 이를 통해 운동의 개방적 구조를 획득하는 데 치중한다. 둘째, 권력 투쟁에 직접 개입하기보다는 공공선을 중심적 가치로 삼아 '정치를 우회하는' 전략에 의존했다. 그 때문에 제도적으로 주어진 경계 내에서 평화적 합법적인 방법 외의 전술을 택하지 않았으며, 여론 형성의 네트워크를 형성하는 데 치중했다. 셋째, 이슈의 선택은 실생활에서 분배의 정의를 제고하는 데 우선적으로 요구되는 개혁 과제이면서, 대중적 설득력을 크게 가질 수 있는 정책 대안이 수립된 분야를 집중적으로 공략했다(예를 들면 토지 공개념과 금융 실명제 이슈에의 집중).

외견상으로 보면 경제 개혁 운동을 비롯한 환경 운동, 여성 운동, 소비자 운동 등 시민 운동은 기존 사회 운동의 침체와는 달리 대중적으로 호응도가 높고, 폭넓은 세력을 규합하는 데도 성공한 것으로 보인다. 사회적 위치와 이데올로기적인 입장에 따라 선험적으로 진영이 결정되는, 그리하여 총체적이고 강한 정체성이 처음부터 요구되는 것이 아니라, 이슈별로 '개방적인 참여의 구조'를 전제하고 운동 과정 속에서 비록 약하다 하더라도 부분적인 정체성을 강조하는 운동 방식이 우리 사회에서도 유익한 결과를 얻을 수 있음을 보여주었다. 이는 욕구의 다면화가 우리 사회에서도 본격화되고, 사회 운동의 주체 형성 과정도 단일한 사회적 관계(예컨대 계급 관계)에 의해서가 아니라 복합적인 사회적 관계들의 얽힘에 의존하게 되며, 이익에 기초한 운동을 넘어 생활상의 자기 실현을 지향하는 운동으로 나아가려는 욕구가 팽배해지고 있다는, 요컨대 후기 근대로 진입하고 있는 우리 사회의 조건을 드러내고 있는 셈이다. 이 경우 사회 운동이 자신의 자원을 개방적으로 동원해야 할 필요성이 커지는데 80년대 운동이 목적 의식성이라는 이름 하에 요구했던 강한 정체성과 프로페셔널리즘은 이러한 사회적 조건 하에서는 오히려 효율적인 운동을 전개하는 데 짐이 될 수 있다.

어쨌든 최근의 양상으로 보면 90년대 사회 운동은 두 흐름으로 나뉘어지고 있다. 80년대 이념적 사회 운동의 관성에 의해 유지, 재생산되는 흐름과 서구의 '새로운 사회 운동'과 패러다임 상의 유사성을 보이는 흐름의 분화이다. 설명의 편의를 위해 도식화해 본 것이 아래 【표 1】이다.

〈유형 1〉이 기본적으로 자본주의 모순의 제거 없이 다른 사회적 문제들의 해결이 무망하다는 본질주의적 전제를 중시하고, 조직력과 투쟁력을 담보하는 현실적인 중심 세력으로 노동 운동을 강조하는 반면 〈유형 2〉는 이념 자체가 이의(異議)적이기 때문에 일률적으로 말하기 어렵지만 기술 관

【표 1】 90년대 사회 운동의 이념적 분화 양상

	유 형 1	유 형 2
이념적 기반	맑스주의	자유주의, 생태주의 포스트 자유주의, 포스트 맑스주의 혼합
이념적 목표	사회주의	시민 사회 중심 민주주의
규범적 가치	노동자 계급 및 노동 운동 중심성 국가 권력의 획득 개량주의의 부정	정치적 다원주의 시민적 연대의 가치 참여 민주주의 점진적 개혁주의
이슈	이슈의 집중성 강조 노동자 계급의 정치 세력화 계급 이익에 기초한 이슈 개발	이슈의 분산성 강조 시민 운동 기반의 제3정치 세력화 공공선에 기초한 이슈 개발

료적 국가 권력의 과잉 집중화 경향에 대해 개인 및 집단의 자율성과 연대를 회복하기 위해 시민 사회의 공공성 다원성 개방성[1]을 활성화시키는 데 초점을 두고 따라서 주체도 포괄적인 권리 주체인 다원적 시민(citizenship)을 앞세운다. 이 두 유형 가운데 어떤 하나의 패러다임이 지배적 위치를 갖게 될지, 아니면 사회 운동의 한국적 역사성을 매개로 양자의 절충과 접

---

1) 공공성, 다원성, 개방성은 근대 시민 사회 고유의 특징이며, 이러한 특징을 보다 철저히 전면적으로 발전시키는 데 시민 운동의 고유한 몫이 있다. 또 여기서 시민(citizenship)은 단순한 성원이라는 의미를 넘어, 시민적·정치적·사회적·문화적 권리를 향유하는 주체이자, 사회에 대한 일정한 도덕적·실질적 의무를 지니는 구성원이다. 한 사회의 건강한 발전을 가늠하는 척도로 어떤 시민들이 그 사회에서 사회화되고 있는가를 살펴볼 수 있다. 그런 면에서 가족, 교육과 언론을 비롯한 공공 영역, 자발적 결사체 및 사회 운동 등 시민 사회의 영역이 대단히 중요한 의의를 갖게 된다.

합이 일어날지는 속단하기 힘들다. 아마 그것은 사회 운동의 중심 세력들에 의한 오늘의 세계사적 흐름과 이념 운동의 역사적 교훈을 어떻게 읽고 받아들일 것인가, 또 거기로부터 무엇을 배울 것인가 등에 대한 스스로의 이해(해석학적 이해 hermeneutic self-understanding)에 의해 일차적으로 영향을 받을 것이고, 보다 실용적으로는 권력 및 대중과의 관계에서 자신의 정치적 영향력 및 역량을 신장시키는 데 어떤 패러다임이 유익한가에 대한 전략적 선택에 의해서도 좌우될 것이다. 아울러 궁극적인 운동 주체라 할 수 있는 대중들 스스로 어떤 사회 운동에 호감을 가지며, 어떤 사회 운동에 비판적일 것인가에 의해 좌우될 것이다. 대중들 스스로 그들의 합리적 판단, 또는 정서적인 친화성에 의해 걸러내는 성찰적 조정(reflexive monitoring)의 과정이 개입된다는 것이다. 하지만 적어도 한가지 분명한 사실은 90년대 사회 운동이 어떤 방식으로든 시민 사회 (운동) 패러다임을 수용하지 않는다면 폭넓은 사회적 지지를 획득하기 어렵다는 점이다.

3.

우리나라의 시민 운동은 서구의 새로운 사회 운동과 어떤 면에서 공통점을 보이고, 어떤 면에서 차이를 보이는가? 먼저 양자가 공히 거대 이론의 신화에 의존하지 않는다는 점, 국가 권력의 집중화 경향에 대항하여 시민 사회를 주된 운동의 근거지로 하는 다원적 참여 민주주의를 추구한다는 점, 그리고 '미시 정치'를 수행하는 제반 운동들간의 등가적 연대를 중시하고 있다는 점 등에서는 동일한 맥락에 서 있다. 그러나 이로 인해 양자가 갖는 역사적 맥락의 특수성을 쉽게 무시해서는 곤란하다.

흔히 서구 새로운 사회 운동의 역사적 배경으로 꼽히는 것은 1) 복지 국가의 위기와 코포라티즘 체제의 기술 관료적 과잉 통제에 대한 시민적 자율성 회복의 욕구, 2) 생태 위기, 핵 위기 등 경제 성장과 사회 경제적 분배를 둘러싼 이슈를 넘어서는 새로운 전인류적 이슈의 제기, 3) 제도적으로 통합되고 관료 체제로 흡수되어 버린 전통적 사회 운동(특히 노동 운동)과 좌파 정당의 관료화, 4) 동구 사회주의의 전체주의적 경험에 대한 이론적 반성 등이다. 이런 배경 때문에 서구의 새로운 사회 운동은 행위자의 측면에서는 사회 경제적 계급 계층 귀속성을 넘는 정치적 정체성을 지향하고,

행동 양식의 측면에서는 대중들의 일상적 참여와 직접 민주주의 형태를 선호하는 급진성을 보인다.

이 점과 관련하여 특기할 만한 사항은 새로운 사회 운동이 보이는 이중성이다. 한편으로 새로운 사회 운동은 긍정적 성향을 보여주기보다는 부정적 성향을 보여준다. 즉, 어떤 미래의 대안을 제시하고 그러한 긍정적 목표를 성취하기 위한 운동으로 나타나기보다는 사회 변동의 결과 나타난 문제들에 대한 부정적 태도와 담론에 입각한 운동으로 전개되는 경우가 많다. '무엇 무엇을 하자'는 운동이 되기보다는 '무엇 무엇을 해서는(또는 금지해서는) 안된다'는 운동으로 되기 쉽다는 점이다. 이로 인해 일부에서는 새로운 사회 운동의 무정부주의적 성격을 염려하기도 하고, 또 다른 일부에서는 새로운 사회 운동이 중산층의 자기 방어적 욕구에 기초하고 있다고 비판하기도 한다. 그럼에도 불구하고 새로운 사회 운동의 또 다른 면모에 주목해야 하는데, 즉 이중성의 다른 한 측면은 '욕구의 다원화'를 매개로 한 후기 근대의 '자아 실현을 위한 정치'로 나타나고 있다는 점이다. 안토니 기든즈의 표현대로 억압과 착취에 대한 저항으로 나타났던 기존 사회 운동의 '해방의 정치'와 달리 새로운 사회 운동은 보다 자율적인 인간적 생활에 대한 지향이라는 점에서 '생활의 정치'를 내포하고 있다는 것이다. 새로운 사회 운동의 이러한 이중성은 '운동의 정치'에서 내적 딜레마로 작용하고 있다. 예컨대 현존 이익의 방어와 고차적 욕구 실현 추구 사이의 딜레마, 전통적인 제도와 조직에 대한 태도의 모호함, 운동 주체의 혼란, 미시 정치와 거시 정치의 접합의 어려움(예컨대, 녹색당의 곤란) 등으로 나타난다. 이러한 딜레마를 '시민권'의 고양에 바탕을 둔 새로운 정치적 헤게모니 전략을 통해 어떻게 넘어설 수 있는가가 서구 새로운 사회 운동의 중심적 고민 거리로 되고 있다.

반면에 우리나라의 시민 운동은 제도 정치에 대한 저항, 또는 기존 사회 운동이 비판적 잠재력을 소진한 데 대한 반발로 나타난 것이라 보기 힘들다. 우리 상황에서는 사회 운동이 비제도 정치에 치중하는 급진성이 너무 두드러져 이념적으로나 행위 양식의 측면에서 대중 설득력을 잃고 있다는 것이 시민 운동이 기존 사회 운동에 대해 거리를 취하게 하는 요인이 되었다. 그로 인해 우리나라의 시민 운동은 실용주의적인 성격이 대단히 두드러져 보인다. 서구 새로운 사회 운동과 유사한 이슈를 제기하더라도, 그 방식에서는 제도 정치의 경계 안에서 절차적 합리성과 여론의 조성을 지극히 중시한다. 서구에서 전통적 사회 운동을 포함한 제도 정치 일반이 과잉 관료화된 데 대한 비판이 새로운 사회 운동에 활력을 주고 있다면, 우리나라의 시민 운동은 미성숙한 시민 사회의 활성화를 통해 제도 정치의 민주적 틀을 자리잡게 하는 데 중심이 놓여 있다. 따라서 전자가 포스트-모던한 정치의 특징(탈중심적 미시 정치)을 드러낸다면, 우리의 시민 운동은 근대적 민주 정치의 성숙화라는 목표에 보다 정치적 무게가 실리고 있음을 볼 수 있다. 시민 운동이 공명 선거 운동, 경제 정의 운동, 정치 부패 척결 운동, 지방 자치 운동 등에 매달릴 수밖에 없는 우리의 정치적 조건을 떠올리는 것만으로도 이것의 의미는 충분히 이해될 수 있다. 특히, 역사적 전통과 정치적 영향력을 갖는 진보 정당이 부재한 조건 하에서 시민 운동이 일부 그것의 정치적 기능을 대신하려는 경향도 볼 수 있다.

90년대 시민 운동이 각광을 받는 데 기폭제 역할을 한 경실련 운동을 곰곰이 들여다보면 이러한 특징을 가장 잘 찾아볼 수 있다. 경실련의 운동 철학은 철저한 실용주의라 할 수 있다. 80년대 후반 사회 운동이 대중성을 잃는 이유가 관념적 급진성, 대중의 동의를 얻지 못하는 행동 양식, 여론 형성 메카니즘의 경시에 있다고 파악한 경실련은 이러한 약점을 피하여 양심적 보수 세력으로부터 합리적 진보 세력까지 폭넓은 지지를 얻을 수 있는 운동 방식을 선택했고, 그 나름의 적지않은 성과를 거두었다. 경실련이 제시한 경제 개혁 과제들은 이슈의 측면에서는 새로운 사회 운동에 가깝다기보다는 서구의 사회 민주주의 정당들의 정강 정책에 유사한 것들이라 할 수 있다. 또 대중들의 일상적 참여를 중시하기보다는 언론을 활용한 여론 형성에 치중한 점이나, 명망성 있는 지식인들과 전문가들에 의존도가 매우 높았다는 점도 시민 운동 고유의 방식이라고 보기는 어려울 것이다. 물론 이것이 시민 운동에는 전문가 체계가 필요 없다는 의미로 이해되어서는 곤란하고, 다만 전문가 체계와 대중 참여의 상호 상승적 결합이 바람직하다고 할 때 경실련이 상대적으로 후자를 경시했다는 점을 지적하는 것이다. 요컨대 이것은 경실련이 사실상 '준 정치 세력'으로 기능하고 있음을 의미한다. 시민 운동의 활성화와 이슈 개발, 담화적 실천의 중요성 확인 등 경실련이 사회 운동의 발전에 가져온 뚜렷한 기여에도 불구하고, 상층 중앙 정치 중심의 운동 전개는 시민 운동의 전형 창출이라는 점에서는 위험한 요소도 내포하고 있는 것으로 보인다.

　글쓴이의 생각으로는 시민 운동이 직접적으로 정당의 역할을 대신하려 해서는 곤란하다고 생각한다. 시민 운동이 보다 주력해야 할 부분은 당장의 중앙 정치 무대에서 성가를 올리는 데 있다기보다는 시민 사회 영역의 '정치'를 활성화시키는 것, 다시 말해 시민들의 자율적인 참여를 신장시키는 프로그램을 개발하고 그를 통해 '일상 생활의 민주화'를 신장시키는 것이다. 자기 제한(self-limitation)적인 시민 운동이 요구된다는 것인데, 이럴 때만 정당 및 다른 영역의 사회 운동과도 건강한 관계를 유지할 수 있다. 필자는 정당 — 시민 운동 — 계급 계층 운동이 각각 고유한 자율적 영역을 가지면서 수평적인 등가적 연대와 함께 상호 자극을 주는 긴장 관계를 형성하는 것이 다원적 참여 민주주의를 중시하는 새로운 대중 정치의 구상이 되어야 한다고 믿는다. 이와 반대로 만일 시민 운동이 곧바로 정치 세력화된다면 또 다시 정당과 사회 운동의 관계는 수직적으로 맺어질 개연성이 높고, 시민 운동은 시민 사회 영역이 아닌 국가의 영역으로 흡수되어 버릴 것이다. 실용주의 자체가 나쁜 것은 아니지만, 시민 운동의 차원에서 정치적 실용주의의 함정이 여기에 있다. 물론 미래 지향적인 '쓸 만한 정당'이 없다는 조건이 경실련의 그러한 역할을 강제한 측면도 있겠지만, 중장기적인 전망과 관련해서는 자신의 역할을 보다 분명히 규정할 필요가 있을 것이다. 경실련이 경제 개혁뿐 아니라 정치·환경·교육·통일 문제까지 모두 아우르는 종합적(?) 시민 운동 단체로 자신의 역할을 확장하려는 것도 정치 세력 차원에서는 모르되 시민 운동 차원에서는 바람직한 것이라 보기 힘들다. 시민 운동 자체가 전문적인 분야와 이슈 중심으로 분화될 필요가 있으며, 그에 따라 각기 고유한 네트워크를 형성하는 것이 바람직하며 연대의 문제는 이러한 전제 위에 고려되는 것이 바람직하다.

4.

최근 사회 운동에 관한 논의에서 노동 운동과 시민 운동의 관계 문제가 새로운 쟁점의 하나로 대두되고 있다. 노동 운동과 진보적 학계 일부에서는 시민 운동이 계급 운동의 초점을 흐리고 노동 운동의 타협주의와 개량주의를 부추기는, 악영향을 미치고 있다는 부정적 견해를 제시한다. 반대로 시민 운동 일각에서는 노동 운동이 계급 이기주의와 경제주의에 입각한 전투적 행동주의에 매몰되어 있다고 비판한다. 이러한 두 극단적인 견해는 불필요하게 노동 운동과 시민 운동을 대립시킴으로써 양자에게 공히 유익치 못한 결과를 빚고 있다는 것이 글쓴이의 판단이다.

특정 사회 운동이 사회 운동 일반의 중심 세력이 될 수 있는가의 여부는 구조적으로 결정되기보다는 그 운동이 자신의 집단 이익에 한정되지 않고, 해당 시기에 제기되는 여러 사회적 쟁점들을 아우르고 전체 사회 운동의 보편적 과제로 제기하여 앞장서서 실천할 수 있는 능력에 의해 좌우된다. 지적 도덕적 헤게모니란 이런 과정을 통해 창출되는 것이다. 지금의 노동 운동은 국민 대중들에게 과연 자신의 계급 이익을 위해서만 투쟁하는 것으로 비쳐지는가, 아니면 우리 사회 '삶의 질'을 높이기 위해 분투하고 있는 것으로 비쳐지는가? 90년대 노동 운동의 조숙한 위기를 거론하게 된 데는 노동 운동이 전자의 범주를 넘어서지 못한 데도 원인이 있다. 이런 맥락에서 노동 운동 쪽에서 시급히 고려할 필요가 있는 몇 가지 상황이 있다.

첫째, 오늘의 전지구적 수준에서 진행되고 있는 복합적 체계 문화의 조건에서 아무리 노동 운동이 계급 중심적 이슈로 모든 이슈를 집중화하려 하더라도 그렇게 되기 어려운 구조적 조건에 놓여 있다는 점을 직시해야 한다. 이런 조건에서 계급 중심성을 무리해서 강조할수록 운동의 고립화 위험은 커진다. 따라서 노동 운동이 다른 사회적 이슈를 적극적으로 끌어안을 필요가 있다. 특히 생태적 이슈, 소비 양식 및 생활 양식과 관련된 이슈를 중시해야 한다. 스웨덴을 비롯한 유럽의 노동 조합과 사민당이 80년대 이후 불가피하게 '녹색화'를 수용한 과정을 곰곰이 따져 보아야 할 것이다.

둘째, 주체의 측면에서도 다원화 추세를 직시해야 한다. 정보 자본주의 하에서 탈산업 서비스화 추세의 가속화와 노동의 수평적 수직적 분화의 심화 등이 객관적으로 다원화를 촉진하는 요인들이라면, 개인적 삶의 중요성을 부각시키는 욕구 및 퍼서낼리티 체계의 변형으로 인한 정체성(identity)의 유동화 현상은 선험적 중심성을 가정하는 정채성 및 주세 개넘의 적합성을 희석시키는 요인이다. 노동 운동이 오랜 기간 동안 헤게모니를 장악했던 북구의 몇 나라를 제외하고, 유럽과 미국, 일본, 그리고 중진 자본주의 국가들에서 노조 조직률이 20-30% 대에 머물고 있거나 점차로 줄어들고 있는 경향이고 우리나라도 이 범주에서 벗어나지 못한다고 할 때 노동 운동이 지식 노동자, 서비스 노동자 전체를 포괄하는 운동으로 전개되기는 어려울 것이다. 그렇다면 다원적 주체에 따른 다원적 운동의 전개는 불가 피하며, 노동 운동은 이 다원적 운동에 대해서 배척하려 할 것이 아니라 적극적으로 연대하려는 태도를 갖는 것이 필요하다. 물론 그런 가운데 이 익과 견해의 차이, 운동 방식의 차이가 발생할 수밖에 없으나 이는 연대의 원칙과 틀 내에서 조정되어야 할 문제이지 연대 자체를 위험시하는 것이 되어서는 곤란하다.

셋째, 노동 운동의 성과를 어떤 방식으로 구체화할 것인가에 대해 진지 하게 다시 생각해 보아야 한다. 노동 운동의 역사가 그 자체로 웅변해 주 듯이 갈등 해결의 제도 형태 또는 게임 규칙을 확보하지 않고서는 노동 운 동의 실천이 소모적으로 될 위험을 피하기 어려워진다. 또 그렇게 되면 운 동력의 소진과 대중들의 염증을 증폭시키는 부정적 결과를 낳기 쉽다. 따 라서 제도적 타협을 경시하기보다는 노동 운동 쪽에서 능동적으로 대안을 제시하고, 그 대안이 관철되는 쪽으로 타협이 이루어지도록 기선을 잡아야 한다. 이런 의미에서 정책 대안에 대한 강조는 지극히 당연한 것이다. 현실 적으로 경제 영역의 참여 민주주의 실현도 이런 제도적 타협의 결과로 누 적되는 제도 개혁의 성과에 의해서만 접근될 수 있다. 이런 방법을 선택한 다면 물리적 조직적 투쟁력 못지 않게 여론을 매개로 한 대중 설득력의 확 보가 중요한 기제로 부각된다. 이런 맥락에서도 시민 운동과의 일상적 연 대와 행위 양식의 친화력이 중요해진다.

요컨대 노동 운동은 노동 운동 이상이 되어야 한다는 것이 오늘의 시대 적 현실이 노동 운동에게 안겨 주는 과제다. 노동 운동이 지역 환경 문제, 지방 자치 문제, 교육 및 문화 문제 등에 대해 관심을 기울이지 않는 한, 다시 말하면 시민 운동적 쟁점을 수용하고 이를 위해 독자적으로 또는 시 민 세력과의 연대를 통해 문제 해결을 위한 적극적 노력을 기울이지 않는 한, 한국의 사회 운동이 비판적 잠재력을 사회 변동의 긍정적 에너지로 전 환시킬 기회를 갖기는 어려워질 것이다.

거꾸로 시민 운동이 노동 운동의 독자성 및 현실적 역량을 무시하고 시 민 운동 만능주의에 빠지는 것도 바람직하지 않다. 가령 울산의 환경 운동 을 전개하는 데 울산 노동 운동의 현실적 역량의 뒷받침 없이 성과를 거두기는 어려울 것이다. 포항의 지역 사회 문제에서 포철 노동자들이 어떤 태도를 취하는가가 문제 해결의 방향에 결정적인 영향을 미칠 것이라는 것은 자명하다. 그러므로 시민 운동 쪽에서는 노동 운동이 노동 운동 이상이 될 수 있도록 협력하고, 노동 운동 자체를 좌편향으로 매도하는 일이 없도록 유의하지 않으면 안된다. 여기서도 시민 사회의 공공성, 개방성, 다원성의 원칙은 중요한 미덕이 된다.

한편 시민 운동에서 래디컬리즘[2]의 차원을 삭제하고 실용주의만을 부각시키려는 일부의 태도도 문제가 된다. 시민 운동도 사회적 모순과 문제를 철저하게 드러내고 극복하려 한다는 점에서 래디컬리즘적 요소를 본원적으로 결합하고 있다. 어떤 의미에서는 이익에 기초한 운동보다 삶의 질을 본원적으로 문제시한다는 점에서 성격상 훨씬 래디컬하다고 할 수 있다. 그렇기 때문에 시민 운동을 민중 운동보다 '점잖은' 타협주의 운동 정도로 사고하고 민중적 삶의 문제를 도외시한 채 중간층 운동으로 한정하려는 경향을 경계하지 않으면 안된다. 그런 의미에서 시민 운동가인 이창식 YMCA 지도력 육성 부장의 다음과 같은 설명을 경청할 필요가 있다.

"따라서 노자간의 대립, 갈등만이 아니라 생활하는 일반 시민 대중들의 삶의 질 문제가 구체적으로 대두하는 시점에 와 있습니다. 저는 이런 생활의 문제가 근본적으로 삶의 질 자체를 크게 좌우하는 문제라는 생각이 확산되면서 시민 운동이 태동한 것이라고 파악하고 있습니다. 그렇기 때문에 시민 운동의 구체적 주체들은 일반 노동자, 농민, 빈민, 교사, 학생의 요구와 분리된 것이 아니고 같은 반열에 서 있는 것이라고 파악합니다. 혹시라도 항간에 상호 배타, 분리하려는 움직임이 있다고 한다면, 그것은 한편으로는 운동의 주도성 문제와 결부된 것이고 다른 측면에서는 한쪽에서 배타하고 거부하니까 자기 존립 논리를 관철하기 위해서 역으로 상대방을 배타하고 거부하는 경향을 갖게 되지 않았나 생각합니다."(「좌담 한국 사회 운동의 방향」, 『나라의 길』, 1993년 6월호)

---

2) 일부에서 오해하고 있듯이 이것은 과격주의를 뜻하는 것이 아니라, 어떤 문제를 미봉함이 없이 보다 철저히 추구한다는 것을 의미하며, 그런 맥락에서 어떤 문제의 해결을 전면적으로 추진한다는 것을 뜻한다. 그러므로 래디컬리즘을 급진 과격주의로 오인하여, 시민 운동이 래디컬리즘과 관계 없다고 보는 것은 시민 운동의 원리와 역사에 대한 그릇된 이해에서 비롯된다.

바로 그렇다. 현재 시민 운동과 민중 운동의 일각에서 나타나는 대립은 대중들의 삶의 요구와 의식상에서의 분열이 투영된 것이라기보다는 운동 주체들간의 주도권 경쟁의 차원에서 진행된다는 인상이 강하다. 변화된 시대적 상황에 걸맞는 새로운 전망과 대안을 구체적으로 고민하고, 삶의 자율성을 지향하는 민주주의 혁명의 성찰적 지속을 위해 사회 운동의 전통에서 면면히 내려져온 래디컬리즘(행동상의 과격주의와는 엄밀히 구별되어야 한다)의 정신을 잃지 않는다면, 시민 운동과 민중 운동의 대립이라는 고리타분한 이분법을 고수하기는 어려울 것이다. 지금 시급한 것은 과거의 전통이나 체면에 얽매이는 것이 아니라, 오늘의 시대에 대한 사회 운동의 학습 능력 및 성찰 능력을 제고하여 새로운 전형을 창출할 수 있는 활발한 의사 소통인 것이다. ■

사회 운동의 '주체'에 대하여 1
밑으로부터의 역사 쓰기

윤택림*

요즘 서점에 가서 역사 서적이 꽂혀 있는 책장을 보면 커다란 변화를 눈으로 볼 수 있다. 여러 개의 책장들을 점유하고 있는 역사서 중에서 현대사를 다룬 책들의 비중이 점점 커지고 있는 것이다. '새로운 현대사 쓰기'라는 기치를 들고 나온 책들이 한 책장의 반 이상을 차지하고 있는 것을 보면 우리의 역사 쓰기에도 변화가 일어나고 있음을 확인할 수 있다. 비록 대구 10월 항쟁과 제주 4·3 항쟁이 논란의 여지가 있어서 이번 교과서 개정에는 빠지게 되어 현대사의 재조명이 미비하게 되었지만, 현대사 자체가 국사 교과서의 한 부분 즉, 역사로서 취급되었다는 것이 획기적인 것임에는 틀림없다.

이러한 새로운 역사 쓰기는 지난 80년대부터 역사학계에서 소장 학자들을 중심으로 부상한 '민중사'와 밀접한 관계가 있다. 민중사는 종래의 실증주의 역사학을 비판하고 과학성과 실천성을 표방하는 새로운 역사 쓰기를 제창했다. 새로운 역사 쓰기는 탈식민이라는 시대적 상황에 부응하고 있는데, 현재 새로운 역사 쓰기에 대한 문화적 갈증은 이러한 맥락에서 이해될 수 있다. 그러면 새로운 역사 쓰기의 주요 세력으로서의 민중사를 자리 매김하여 보고, 민중사가 탈식민 시대의 역사 쓰기의 효과적인 전략이 될 수 있는지 알아보겠다.

---

* 1961년 출생. 역사 인류학을 전공하고 현재 한양대 강사로 활동하고 있다.

민중사의 자리 매김

20세기에 들어서면서부터 한국의 역사적 과정과 그에 상응하는 역사 서술의 흐름을 살펴볼 때, 역사적 진실을 표방하는 사회적 담론들이 생성되고, 그 담론들 사이에 주도권을 잡으려는 끊임없는 경합이 지속되고 있음을 알 수 있다. 일제 식민 통치 기간에는 식민 사관이 일본의 지배를 정당화하기 위해서 역사적 진실을 조작해 내었다. 이러한 식민 담론에 대항하여 민족주의 사학과 사회 경제 사학은 각각 민족 정신과 유물사관을 바탕으로 역사적 재현에서 대항 담론을 만들어 냄으로써 식민 사학의 헤게모니에 도전했다. 해방 이후 남한에서의 역사 서술은 실증주의 사학의 주도와 지난 80년대 말부터 시작된 대항 역사의 점진적인 발흥으로 특징지을 수 있다. 해방은 역사 서술에 있어서 개방된 공간을 열었으나, 미 군정과 이승만 정권의 수립, 그리고 한국 전쟁을 포함하는 전후 정치적 상황은 특정한 역사 서술을 특권화하는 결과를 낳았다. 이러한 해방 정국 속에서 맑시즘에 기반하는 사회 경제사는 남한의 역사 서술에서 제거되었다. 민족주의 사학은 일제의 식민 사학의 잔재와 함께 전후 실증주의 사학에 의해 재생되었으나, 군사 정권의 경제 발전을 뒷받침하는 반공 이데올로기와 근대화 이론에 기반하는 국수주의적 사학으로 변형되었다. 박정희 군사 정권을 통해서 국수주의적이며 경제적인 민족주의와 반공 이데올로기는 사회 전체에 침투하여 하나의 공식적인 역사적 진실을 대변하는 사회적 담론을 만들어 놓았다. 그러나 반공 이데올로기와 경제적 민족주의에 기반하는 사회적 담론의 헤게모니적 지배에도 불구하고, 20년간의 급속한 산업화와 권위주의 체제는 역설적으로 이 공식적인 역사적 진실을 검토하고 공격하는 반정부 세력들의 성장을 가져왔다.

1970년대 말부터 군사 독재와 국가 독점 자본주의의 구조적 모순이 만들어낸 진보적이고 반정부적인 지식인, 노동자, 농민, 교회 등의 대항 세력들은 민중이라는 개념을 가지고 그들의 사회적 담론을 만들어 가기 시작했다. 1980년대를 통해서 소장 학자들을 중심으로 남한에서 거세된 사회 경제사의 전통을 부활시키면서 민중 이념에 기반하는 민중 사학이 기존의 실증주의 사학의 헤게모니에 도전하게 되었다. 민중 사학은 기존의 역사를 지배 계급의 입장에서 쓴 것이라고 비판하고 한국사를 민중의 시각에서 재조명할 것을 요구했다. 역사를 계급 투쟁으로 보고 농민의 항쟁을 부각시켰다. 민중사의 이론적인 발전과 반정부 세력들의 정치적 활동들은 대항 담론으로서 하나의 비공식적인 역사적 진실을 만들어 내었다. 정부가 내놓은 반공 이데올로기에 기반한 공식적인 역사와 민중 사학이 내놓은 민중 민주주의에 기반하는 비공식적인 역사는 각각의 역사적 진실을 구축하는 사회적 담론으로서 세력 다툼을 계속하고 있다. 이번 국사 교과서의 획기적인 수정은 민중 사학이 그 동안 만들어 놓은 비공식적인 역사가 소위 '보편 타당한 사관'(『중앙일보』 1994년 3월 21일자)으로서 일부 공식적인 역사로서 수용된 것을 의미한다. 그런데 정부의 공식적인 역사가 지배층 중심의 역사로 피지배층 즉, 민중의 삶을 재현시키지 못했다면 과연 민중사는 민중의 삶을 얼마만큼 되살렸는가? 민중 사학의 비공식적 대항 역사가 하나의 공적인 사회적 담론이 되어 가면서 공식적인 역사도, 민중사도 외면한 민중의 삶은 없는가? 이 문제를 다루기 위해서는 민중 사학에 대한 해체적 분석이 필요하다.

지금 우리는 어디에 서 있는가

제3세계의 역사 쓰기는 오리엔탈리즘의 해체로부터 시작한다. 여기서 오리엔탈리즘이란 제3세계를 고정적이고 본질적인 타자로 만드는, 제3세계의 지배 담론을 뜻한다. 오리엔탈리즘이란 단어를 본격적으로 사용하면서 서구 지배적인 지식 세계에 대한 체계적 해부를 시작한 에드워드 사이드는 서구가 제3세계와 제1세계를 변하지 않는 본질적인 차이에 근거하여 분리시키면서 지배와 종속의 관계를 효과적으로 유지해온 근대사에 주목한다.

서구 열강은 근대화 / 자본주의 시장 개척의 과정에서 사람을 실어 나르고 자원과 물품을 실어 나르는 철도를 깔았듯이 세계 전체를 연결하는 전신 전화망을 깔았고, 세계를 하나로 묶는 지식 체계를 깔았다. 서구가 지구 방방 곡곡에 깐 지식 체계는 서구인 자신들의 역사에서 나온, 그들 특유의 시선과 경험과 이해 타산에 바탕을 둔 것인데, 식민 제국주의 과정을 통해 식민지 땅에 그대로 심어진다. 삶의 뿌리가 뽑힌 식민지 주민들은, 특히 서구가 깔아 놓은 '근대적' 대중 교육 기구에 소속된 식민지 엘리트들은, 열성적으로 그 새로운 지식의 틀을 흡수하였고, 자신도 모르는 사이에 서구가 만들어낸 시선과 언어로 자신들을 바라보게 된다. 서구가 만들어낸 동양에 관한 거대한 지식 체계는 동양인들의 자의식을 새롭게 형성하고 상황 인식의 기본 전제로 뿌리를 내리게 되었다는 것이다. 식민지 주민들은 스스로를 역사로부터 단절시켜 여성성, 소극성, 초월성 등의 이미지로 자신을 타자화시키게 되고, 이런 상황에 이르면 식민지적 지배는 아주 쉬워진다. 지배 집단의 가치와 정의를 내면화한 식민지 주민들은 기존 체제 유지에 자발적으로 / 무의식적으로 동참하게 되었기 때문에 더 이상 무력적 실력 행사는 필요치 않게 된다.

탈식민 역사 쓰기는 오리엔탈리즘을 기반으로 하는 식민주의 역사를 해체시키는 것으로부터 시작하는 것이다. 한국에서 오리엔탈적 역사(오리엔탈리즘을 기반으로 하는 역사)는 비록 일본이 서구는 아니더라도 일본의 식민 통치와 해방 후 미군정을 통하여 한국사 서술의 지배적인 담론을 형성했다. 오리엔탈화된 한국사에 최초로 도전한 것은 민족주의 사학이었다. 민족주의 사학은 한국이 일본과 서구에 대하여 고유한 본질을 갖는 존재로서 한국민의 민족 정신과 주체성을 복원함으로써 오리엔탈적 역사에 대항하였다. 그러나 민족주의 사학은 오리엔탈리즘의 두 가지 요소로부터 자유로울 수 없었다. 첫째로 한민족은 분리될 수 없는 단일한 고유한 존재로서 상정되었는데, 이것은 한국 사회 내의 계급이나 계층 등을 무시한 것이고, 식민주의 역사가 일본과 한국의 민족성을 본질적인 차별로 규정짓는 것과 같은 원리인 것이다. 또한 민족주의 사학은 이성의 이름 하에 식민주의를 공격하고 한민족이 주체적인 존재로서 식민의 굴레에서 벗어나기만 한다면 근대화를 통해 발전해 나갈 수 있다는 것이다. 이러한 시각은 '이성에 기반한 진보'라는 서구의 오리엔탈리즘이 갖고 있는 역사관과 같은 것이다. 결국 민족주의 사학은 식민주의 역사의 주체를 한민족으로 바꾸어 놓았고 식민주의 근대화를 경제 발전으로 대체시켰을 뿐, 기본적인 오리엔탈리즘의 인식론적 패턴을 극복하지 못했던 것이다.

이러한 문제점은 사회 경제사를 계승한 민중사에서 다른 방향으로 다루어지고 있다. 민중사는 결코 분리될 수 없는 단일한 의지와 자아를 갖고 있는 한민족을 계급이라는 개념으로 해체시켰다. 역사는 이제 지배 계급과 피지배 계급의 계급 투쟁으로 인식되어 피지배 계급인 민중의 시각에서 역사를 다시 쓰는 것이 민중사의 과제가 되었던 것이다. 따라서 민중사가들은 민중에게 지배층과 분리된 독특한 전통과 자율성을 부여함으로써 민중들의 가시적이고 의식적인 투쟁들 중심으로 역사 연구를 해왔다. 또한, 민중사가들은 한국 사회의 구조적, 민족적 모순을 분석하기 위해서 현 한국 사회의 자본주의 이행 단계에서의 성격 규정에 초점을 맞추게 되었다. 민중사는 민족주의 사학과 실증주의 사학을 지배층과 부르주아지 중심의 역사라고, 식민주의 역사를 극복하지 못했다고 비판하고 있는데, 그렇다면 민중사가 과연 오리엔탈적 역사를 극복했는가?

민중은 다중적 주체이다

사회 경제사로서 민중사는 역사 속에서 계급과 구조의 작동을 포착해 내려고 하는데 이것은 역사가 보편적인 개념인 개인, 구조, 계급을 통해 재현될 수 있다고 보기 때문이다. 그래서 민중사는 한국에서의 계급과 구조의 작동을 자본주의 발전을 통해 이해하고, 그럼으로써 한국을 궁극적으로 세계적인 근대화의 틀 속에 넣는다. 이러한 역사 서술은 특정한 주제들 밖에 있는 역사를 무시하고 맑시즘의 도식적인 틀을 재생산하게 된다. 이것의 결과는 민중의 삶의 이질성과 다양한 목소리를 외면하게 된다는 것이다. 민중의 삶을 자본주의 발전이라는 도식 속에서 이해하려 할 때, 민중의 삶이 구체적으로 표출되는 지역적 특수성이 무시되기가 쉽다. 민중은 도시 중산층 지식인, 소시민, 농민, 노동자를 포함하는 비계급적 대중 집단이다. 민중은 계급적 분리가 어려운 집단으로서 지배자들과 피지배자들과의 관계성 속에서 파악할 수 있는 역동적인 존재이다. 그렇기 때문에 민중은 다수의 경험을 갖고 있는 다중적 주체이다. 민중에게 노동자, 농민 중심의 변혁 주체론으로 맑시즘의 계급적 틀을 강요한다면, 그것은 민중의 역동성과 잠재성을 거세시키는 것이다. 민중사는 또한 민중이 다양한 목소리와 이해를 갖는 피지배층임을 무시하고 단일한 의지와 자아를 갖은 존재로서 다루기 때문에 민중의 자율적이고 의식적인 움직임에만 관심을 두게 된다. 따라서, 민중의 저항에 관해서는 폭력과 유혈이 있는 남성적인 저항의 형태에만 관심을 두게 되고 결과적으로 커다란 역사적 사건을 중심으로 농민 운동, 노동 운동, 독립 운동의 흐름만을 다루게 된다. 실제로 운동사의 연구도 중앙 중심의 전체사 수준에서 다루어지고 있어서 지역적 특수성과 역동성을 파악하는 수준에 이르지 못하고 있다. 따라서 주관적 경험들, 문화적 전통, 종교, 여성의 경험들, 사적 기억들은 전혀 민중의 삶을 재현시키는 데 고려되지 않고 있다. 이러한 문제는 민중사 연구의 방법과도 관련이 있다. 민중사의 연구 방법은 밑으로부터의 역사를 주장함에도 불구하고 지배층 위주의 역사를 연구하는 기존의 실증주의 사학의 수준을 별로 넘어서지 못하고 있다는 것이다. 민중사가들은 문서 고증을 통해서 역사적 사실로 하여금 역사적 진실을 말하게 한다는 실증주의 사학을 비판하면서도 대부분 문서 위주의 연구를 계속하고 있다. 민중사가만큼 문헌의 제한성을 절실히 느끼는 사람도 없을 것이지만(문서를 작성할 수 있는 이들은 대부분 지배층이었기 때문이다), 그럼에도 불구하고 민중사가들은 사료의 폭을 넓혀서 민속 자료와 구전, 구술가 등을 민중의 삶의 역사적 재현에 활용치 못하고 있다. 이것은 민중사가가 식민주의, 민족주의, 실증주의 사학이 가지고 있던 특정한 역사적 사실 중심의 역사라는 제한적 개념 틀을 극복하지 못하고 있기 때문이다. 이러한 민중사 연구의 결과는 결국 특정한 민중의 특정한 부분만을 역사로서 규정하고 그것을 민중의 본질로서 규정하는, 또 하나의 배제적이고 본질 지향적이며 특권적인 사회적 담론을 생산하는 것이다. 그렇다면 하나의 특권적 담론을 또 다른 하나의 특권적 담론으로 대체하는 것이 탈식민 역사 쓰기인가?

민중은 스스로 말할 수 있는가

민족주의 사학의 시대에 탈식민은 식민지 민중의 역사를 해체하는 것뿐이었지만, 지금의 탈식민은 신식민주의, 문화 신식민주의에 의해 정교화되고 재생산되는 오리엔탈리즘에 대항해야 할 뿐만 아니라 식민지 내의 식민지를 해체해야 하는 실천적 과제를 갖는다. 이것은 가부장적 질서 속의 여성들의 삶, 경제적 주변인인 도시 빈민, 그리고 우리의 민족 성원권을 얻지 못하는 소수 민족 등 이중의 식민적 질곡 속에 사는 민중의 삶을 드러내 보이는 것을 의미한다. 탈식민 역사 쓰기는 오리엔탈리즘을 해체시키면서 동시에 민중의 다양한 목소리를 복원시키고, 그럼으로써 그들이 갖고 있는 변화의 주체가 될 수 있는 행위성을 표출시키는 것이다. 현재의 민중사가 지닌 역사 쓰기의 틀은 이러한 탈식민 역사 쓰기를 담기에는 너무나 비좁다.

　이러한 시각에서 볼 때, 현재의 민중사는 충분히 민중적이지 않다. 민중이라는 개념은 보이는데 민중이라는 다중적 실체는 보이지 않는다. 민중사가 내어 놓는 새로운 역사 쓰기에 담겨져 나오는 목소리는 비공식적 목소리들이라고 보기에는 충분히 비공식적이지 못하다. 너무나 많은 민중의 삶이 이 비공식적인 역사에서 제외되어 있다. 맑시즘의 계급에 입각한 민중사 쓰기는 제한적인 틀에서 벗어나 다중적 목소리를 담는 이론과 방법론에 혁신을 가져와야 한다. 그렇지 않다면 선택된 하나의 민중에 기반한 특권적 담론을 생산해 내는 이데올로기로서의 역사 쓰기라는 비난을 면할 수가 없으며, 민중사가들이 대항하려고 했던 바로 권위주의적인 구조를 재생산하는 결과를 낳게 될 것이다. 역사를 지배층과 피지배층이라는 이원적 대항 구조로서 파악하려는 것은 다원적인 역사 현실을 볼 때 너무나 단순한 논리이다. 민중이 다중적 주체인 것처럼 지배층도 단일한 집단은 아니다. 따라서 민중사의 논리에서 나오는 민족 모순과 계급 모순은 현실의 모순들을 단순화, 도식화시킨다. 민족과 계급을 사람들의 구체적인 일상의 삶 속에서 역사화시킬 때 즉, 다양한 민중의 삶을 고정적인 것이 아닌 복합적인 관계성 속에서 파악할 때, 민족 모순과 계급 모순의 논리는 더욱 효과적인 탈식민의 전략이 될 것이다. 효과적인 탈식민의 전략은 민중사의 실천성을 증가시킬 것이다.

　역사 쓰기는 항상 사회적, 정치적 세력들의 경합의 장이다. 그렇기 때문에 다중적 주체들이 경합하는 새로운 민중의 역사 쓰기가 정치적으로 역사적으로 그 의미가 있는 것이다. 그러나 현 상태에서 민중은 스스로 말할 수가 없다. 민중이 스스로 말할 수 있는 능력이 없어서가 아니라 민중의 다양한 목소리를 재현시킬 수 있는, 그들의 목소리를 들을 수 있는 지식 담론이 부재하기 때문이다. 따라서 민중사의 역사 쓰기 전략은 과감한 탈바꿈이 필요하다. 다른 사회 과학과 인문 과학의 이론과 방법론에 대한 개방은 물론 역사라는 개념 자체, 그리고 역사 쓰기의 주제들의 지평을 넓혀야 한다. 그것은 곧 이제까지 침묵되어온, 소외되어온 삶들에 귀를 기울이는 일이다. 그리고 억압되어온 민중의 삶이 얼마나 다양하게 역사적 과정 속에서 얽혀 있는지를 이해하는 일이다. 또한 민중들의 다양한 삶을 이해하고 그들의 다양한 삶을 주체적 행위자의 입장에서 역사 속에 위치지우는 역사 쓰기 작업은 새로운 언어의 지평을 열어 가는 것이고 동시에 사회 변화의 역동적 주체들을 만들어 가는 담론 생산에 참여하는 것이다. 따라서 다중적 주체로서 민중을 파악하는 이러한 역사 쓰기는 사회 변혁의 주체들의 역동성을 규명하여 사회 변혁의 담론을 생산하는 효과적인 지식의 실천 전략인 것이다. ■

사회 운동의 주체에 대하여 2
'주변성'이 지닌 힘과 '다름'의 정치학

조혜정*

1. 왜들 움직이지 않는가?

나는 이 글에서 여성 해방 운동 과정에서 만들어지는 새로운 '주체적 자아' 의식 내지 역사 쓰기에 대하여 말하려고 한다. 1988년에 『한국의 여성과 남성』이라는 책을 마무리지으면서 나는 가부장제 사회에서 '여성'이라는 주변적 위치가 갖는 변혁 잠재성을 강조하였다. 지배 문화에서 소외되어온 여성이 일단 자신이 소외당해온 존재라는 것을 알아차리면 바로 그 지점에서부터 사회 현상을 지금까지 '길들여져 온 것과는' 다른 눈으로 보기 시작하고, 그래서 새로운 주체적 자아를 만들어 가게 된다고 했다. 그리고 그러한 새로운 자아를 만들어 가는 과정이 곧 사회 변혁의 과정이 된다.

구체적으로 그 잠재성을 세 가지 차원으로 나누어서 말하였는데, 첫째는 기존의 중심적 체제를 비판적이고 총체적으로 볼 수 있다는 주변적 위치가 갖는 이점을 들었고, 두번째는 '중심'에 들기 위해서 어쩔 수 없이 갖게 되는 '공공의 악덕'에 '덜 오염될 가능성'에 관해 이야기했다. 세번째는 억압당한 체험을 바탕으로 다른 종류의 억압에도 민감하게 반응할 가능성을 들었다. 어느 차원에서든 억압을 당한 경험이 있는 사람은 다른 상황에서도 그러한 억압을 잘 읽어낼 능력을 가지게 된다는 것이다.

***** 1948년생. 연세대학교에서 문화 인류학을 가르치고 있으며, 『한국의 여성과 남성』, 『탈식민지 시대 지식인의 글 읽기와 삶 읽기』 1−3권을 썼다.

　이런 식으로 '주변 집단'을 다루게 되면서 나는 더 이상 내가 '여성'의 범주가 지닌 억압만을 다루고 있는 것이 아니라 다양한 범주에 드는 이들의 해방에 대해 말하고 있다는 것을 알았다. 계급적 소외건 신분제적 소외건 제국주의적 식민화에 의한 소외건 상관없이, '중심'에서 배제되어온 주변 집단은 모두 이런 변혁 잠재성을 가지고 있다는 것을 깨달았다는 것이다. 나는 '계급 모순'과 '민족 모순'이라는 두 축을 중심으로 상당히 경직된 사회 운동을 펼쳐온 80년대의 권위주의적 체제가 좀 풀리고, 운동적 경험에 대한 성찰이 일기 시작할 즈음에는 많은 사회 운동을 하고자 하는 사람들이 '주변성'을 중심으로 한 '여성주의적 방법론'이 얼마나 유용한 것인지를 알게 될 것이라고 믿었다. 그런데 사회 분위기가 좀 풀리는 듯한데 여전히 그런 기운은 보이지 않는다.

　나는 분명 '움직여야 하는' 사람들이 움직이지 않는 것이 불안하다. 문민 정부가 들어선 이후 언론은 더욱 대중주의적이고 전체주의적으로 흐르고 있고, 막상 새롭게 나설 것 같던, 그 동안 틈새에 끼어 숨죽이고 있던 젊은이들이나 여성들은 보이지 않는다. 한결같은 무표정으로 자신들을 감추고 있다는 느낌이다. 그러한 느낌을 나는 교실 상황에서 늘 구체적으로 느낀다.

　십년 전 '여성 해방'에 대한 강의를 할 때 대부분 학생들은 여학생들이었다. 여학생들은 매우 진지했고, '봉건적인' 남학생들이 강의를 따라오지 못해 헛소리를 할 때 여학생들은 한심해 하면서 모르면 가만있으라고 야단을 치기도 했다. 십년이 지난 지금 남학생들이 더 '여성학' 강의를 많이 들으며, 교실에서 더 많은 질문을 하고, 실제로 강의 내용을 더 많이 흡수를 해가는 느낌이다. 자신이 피해자라는 인식을 하게 되면 사람들은 자신의 손상된 이미지를 벗고 보다 적극적으로 삶을 대하게 되는 것 아닌가? 그렇다면 남학생들보다는 여학생들이 더욱 적극적이 되어야 하는 것이 당연한 일일 텐데 왜 이런 현상이 일어나는가? 내 강의 내용과 방식에 문제가 있는 것인가? 무엇이 문제인가?

　자신이 그 동안 주춤거리면서 살 수밖에 없었던 이유를 알게 되면서 해방감을 느끼고, 동시에 자신이 주변부에 속해 있다는 것에 자부심을 느끼면서, 한껏 기를 펴나가리라는 나의 예상과는 달리 여전히 주춤거리는 여학생들을 보면서 가슴이 답답해지기 시작했다. 그리고 그 느낌이 실은 내가 '문화 이론'을 강의하면서 느끼는 것과 같은 종류의 느낌이라는 것을 알게 된 것은 시간이 좀 지나고 나서였다. '문화 이론' 강의를 학생들은 소화해 내지 못한다. 유물론적인 생각에 젖어서, 또는 현상학적인 명제가 어떤 것인지를 감을 잡지 못한다는 식으로 고상하게 표현할 수 있으나, 딱히 그런 것도 아니다. 현상학적인 명제를 나름대로 갖게 된 경우라 하더라도, 대부분이 자기가 선 '자리'에 대한 파악이 잘되어 있지 않다. 이것은 자신의 삶을 전체 사회의 흐름 속에서 파악하고 읽어 내는 훈련이 전혀 되어 있지 않다는 것과도 연관이 되는 문제이다. 그래서 '깨달음'이 새로운 관점으로 이어지지도, 새로운 '주체적 자아'를 만드는 것으로 연결되지 못하고 있는 것이다.

우리 사회가 '신식민 / 반봉건 / 국독자' 사회라는 깨달음은 그 동안의 변혁적 사회 운동의 와중에서 상당히 폭넓게 퍼졌다. 그러나 그 이후 계속 '피해자'로서의 자기 규정성에서 벗어나지 못하고 있다. '피해자'로서의 정체성을 '미화'시키기에 바빴지 그러한 피해 상황을 벗어나기 위한 방법을 찾는 것 같지 않다.

나는 이 두 가지 현상을 보면서 우리가 그 동안 '경험을 통해 배우는 법'을 잃어버리고 말지 않았는지를 묻지 않을 수 없었다. 우리는 자신의 경험을 거리를 두고 성찰해 보는가? 그러한 성찰을 위한 언어를 가지고 있는가? 아니면 즉각적인 / 피상적인 / 상투적인 경험만을 인지하며, 그것에 대해서만 이야기하는가? 그렇게 보니, 지식인 중에 많은 '휴머니스트'가 있다면서 '페미니스트'는 없고, 많은 '코스모폴리탄'은 있으면서 '민족주의자'는 없다는 것이 이해가 된다. '뿌리 없음,' '자아 / 주체 없음,' '말없음'의 상태 속에 우리는 너무나 적응이 되어 있는 것이다. 자신의 '주변성'을 변혁의 잠재성으로 돌려 가기 위해서 그러면 어떤 과정이 더 필요한 것인가? 새로운 인식을 할 수 있는 주변적 '지점'은 가졌는데, 그 지점을 어떻게 창조의 공간, 곧 '거점'으로 만들어갈 수 있을까?

2. 다시 주변

'여성'은 항상 역사의 '주변'에서 '타자화'된 존재로 살아왔다. 이들은 근대 이후 자신의 주변성에서 벗어나고자 하는 노력을 끈질기게 벌여 왔으며 그들의 자각적 움직임은 최근, 현대사에서 가장 근원적인 변화를 추구해 온 운동 중 하나였다. 근대 초기 여성 운동은 '중심부'에 들지 못한 것이 억울해서 중심부에 끼어들기 위한 운동이었다고 할 수 있다. 만인 평등 이념에 기반하여 참정권 운동을 벌였고, 그 후로 사회 경제적 권리를 얻기 위하여 고용 평등을 위시한 권리 신장 운동을 벌였다. 여성들은 '권력자 남성'(이때 '남성'은 '식민 통치자'처럼 집단적 상징이다)에 정면 도전하면서 기득권을 나누어 갖자고 요구하고 나섰다. 시몬느 보부아르는 이런 움직임을 이론화해 내고 실천한 가장 대표적인 작가일 것이다. 이때 여성 운동가들은 남성과 여성은 실제로 기성 문화가 말하는 것처럼 차이가 있는 존재가 아니라는 점을 강조해 왔다. "성차는 없다. 해부학이 운명이 될 수는 없다"고 주장하면서 어느 영역에서건 기회가 균등히 주어질 것을 요구했다.

여성 운동은 다른 많은 해방 운동이 그러했듯이 지배 집단의 강한 반동적 힘과 맞부딪치면서 장기전에 들어가게 된다. 운동의 경험이 축적되고, 어느 정도 힘을 지니게 되면서 여성들은 남성이라는 '보편적 자아'에 규정된 여성의 '타자화된 자아'가 어떻게 그 세상에 길들여진 언어를 계속 사용하면서 '해방'을 이루어낼 수 있을지에 대해 고심하게 된다. 여성 운동가들은 '중심'을 선망하면서 공격해 들어가는 전략이 오히려 그들에게 말려들어 가는 결과를 초래해온 현실을 보면서 전략을 바꾸기 시작했는데, 그것은 '남성성'에 기초해서 엮어진 '보편적 자아'가 만들어 놓은 틀 밖에, 또는 그 틀의 경계에 새로운 공간을 창출해 내는 전략이다. '적'을 정면으로 치는 일에 전력을 하기보다 주변인 자신들의 '자존'을 회복하고 자생력을 기르는 일에 눈을 돌리기 시작한 것이다. 버지니아 울프는 이 방향에서 '여성성'을 인지한 작가로서 더 이상 끼여들기에 연연하지 않는 여성 언어를 만들어 간 선구자에 속한다.

이제 이들에게 있어서 자신이 가진 주변성은 더 이상 '중심'과 위계 서열적으로 대립하는 이분법적 관계에 있지 않다. 그 '주변성'은 자신들이 원하는 방향으로 변화를 이루어낼 전략적 고지로 변한다. '주변성'을 더 이상 결핍이나 열등성으로 간주하지 않는 시각의 변화가 일어나는 것이다. '여성'들이 자신의 주변성을 새로움을 일으키는 잠재력으로 보기 시작하면서 그들은 "남녀는 생물학적으로나 문화적으로 차이가 없다"는 말을 하지

않게 된다. 그들은 오히려 중심부의 존재와 주변부에 있는 존재들 사이에
는 오래된 삶의 체험에서 오는 차이가 있을지도 모른다고 말하기 시작한
다. 새로움을 심고 싶어하는 주변인들, '자각한' 여성들은 '중심부'에 들지
않은 것을 다행히 여기면서 이제 그 차이를 강조하게 된다.

'주변'의 시선을 갖게 된 여성 운동가들은 이제 자신 속에서 힘을 느끼
기 시작한다. 자신이 살고 있는 사회를 심각한 위기 상황에 몰아넣고 있는
'중심부'가 지닌 성격을 알아 가기 시작한다. 도구적 합리성과 과학 기술
주의, 물질과 무력에 바탕을 둔 제국주의적, 군국주의적, 가부장적, 위계 서
열적 실천의 역사를 다시 보게 되는 것이다. 그리고 그 '중심'에 있지 않
은 존재로서의 잠재력을 새롭게 느끼기 시작한다. 이들은 여성과 남성이
분리된 세계에서 살아오면서 내면화시켜온 다름, 곧 사유의 차이만이 아니
라 감성과 무의식과 습관상의 차이까지도 논의의 장으로 끌어낸다. 하딩은
서구의 남성들은 여성에 비해 일반적으로 "전유하려 하고, 지도 · 주도하려
들며, 판단 · 규정하고, 일을 처리해 버리려는" 성향을 가지고 있다고 말하
고 있다. 그중에서도 서구 사회의 '중심부'에 들 여러 조건을 갖춘 '백인,
경제적으로 기득권을 누리는, 프로테스탄트 문화의, 배타적인 이성애 관계
에 길들여진 남자' 경우에 더욱 그런 성향이 강하다고 한다.[1]

사고의 경향에서건 일상 생활 면에서건 중심부에 있는 사람일수록 기존
질서에 길들여져 있어서 변화의 끈을 찾아내기가 어렵다는 것은 상식적인
사실이다. 우리 사회의 남성 문화를 예를 들어 보면, 대부분의 남성들은 뒷
거래와 인맥주의, 술문화를 중심으로 이루어진 남성 문화에 너무 깊숙이
젖어 있어서 그것의 문제성에 둔감해 있거나, 그런 것을 매우 싫어하는 경
우라 하더라도 그것을 거부하지 못하는 인간 관계망에 이미 깊숙이 들어가
있기 때문에 벗어나기가 힘들다.

따라서 남성이 현실성 있는 변혁 이론을 내거나 행동을 하기는 그만큼
어렵다. 기존의 남성 지배 문화와 무관하게 지내려면 그는 기존의 관계망
을 끊어야 하고 또 새로운 준거 집단을 만들어야 하는데, 이것은 남성적인

---

1) Sandra Harding, 1993, "Reinventing Ourselves as Other : More New Agents of
    History and Knowledge," *American Feminist Thought At Century's End: A Reader*
    edited by Linda Kauffman, Blackwell, p.149.

중심부 논리에 따른 관계망을 아예 갖고 있지 않기에 새롭게 관계망을 형성하기만 하면 되는 여성에 비해 상당히 복잡한 절차를 거쳐야 됨을 의미한다. 또한 남성들의 경우, 변화를 이루어 내기 위해 더 많은 용기가 필요한데, 그 동안 누려온 많은 기득권을 스스로 포기해야 하고, 그래서 일상적인 불편을 감수해야 하기 때문이다. 일상적 삶의 자질구레한 것들이 실제로 사람의 기운을 크게 좌우하기 때문에 이 점은 결코 만만찮은 변수이다. 반면에 여성들은 중심부의 시선을 거둘 수만 있다면, 그 동안 주변부에 살아옴으로 가지게 된 잠재된 의식이나 덜 오염된 눈으로 새로운 삶을 시작할 수 있다. 남성에 비해 여성은 새로운 변화를 시도해갈 체험적 근거를 자신 속에 더 많이 가지고 있다는 것이다.[2] 가부장제 속에서 변혁을 추구할 때 가지게 되는 이러한 여성의 잠재성은 서구 제국주의의 주체가 오염시켜온 현 문명을 변화시켜 가는 데 주변부인 식민지 주민이 지니는 잠재성과 같은 성격의 것이다.

지식 생산의 목표가 체제 유지가 아니라 보다 기존 사회의 문제를 해결해 가기 위한 것에 놓일 때, 주변인으로서 입지 / 태도 / 감성은 그런 목표에 맞는 지식을 생산하기 위해 중요한 전략적 자원이 된다. 비판적이고 성찰적인 지식을 만들어 가려는 이들은 마땅히 '반역'의 정체성에서 오는 경험과 정서와 시각을 가질 수 있어야 비로소 그런 지식을 소화하고 또 만들어갈 수 있다는 하딩의 말은 주목해야 할 부분이다. 우리는 이미 '주변적 지식인'이라는 단어를 통해서도 지식인은 변경에 선 사람이지 중심부에 정착한 사람은 아니라는 것을 알고 있다. 주변성에 대한 인식은 자신을 새롭게 보게 된다는 면에서만이 아니라, '중심부'를 재규정하고 따라서 틀 자체를 바꾸어갈 주요 지점이 된다는 점에서 큰 의미를 갖는다.

그런데 사실상 '주변인'들이 자기의 '주변성'을 인정하게 되기는 매우 어렵다. 식민지 엘리트들이 멀리 있는 '중심'에 필사적으로 매달려 왔듯이, 주변에 있는 여성들도 그나마 자신들에게 부여된 조그마한 '중심'을 놓치게 될까봐 늘 불안해 하면서 더욱 극성스럽게 그 '중심'을 지키려고 해왔다. 주변에 있을수록 '중심'의 것이 대단해 보이고 그래서 그것의 결핍을

---

2) 좀더 자세한 논의를 위해, 또 하나의 문화 동인들, 1988, 『지배 문화, 남성 문화』, 청하출판사를 참고할 것.

아쉬워하게 된다. 우리 사회에서 여성들이 아들을 더 선호하고 가부장제에 집착하는 것도 이런 맥락에서 이해될 부분이다. 여성 운동은 바로 자신의 '주변성'을 전혀 다른 눈으로 바라보게 하는 코페르니쿠스적인 계기를 마련하기 위한 전략을 만들어 내야 하는 것이다.

　엄밀히 말하면 이때 주변성은 단순히 '바깥'의 자리가 아니다. 그것은 '변경'이라는 단어의 의미를 더 많이 가지고 있다. 똑같이 '주변'에 있다 하더라도 자신의 '주변성'을 전혀 느끼지 않는 완전한 소외의 상태에서 사는 경우가 있는가 하면, '중심'의 말을 어떤 '중심부의 인물'보다 완벽하게 하도록 훈련을 받고 또 스스로를 훈련시킨 주변인을 생각해볼 수도 있다. 어떤 면에서 '밖'에서 영입된 경우, '중심'에 들고자 하는 열망이 강하고 중심부의 언어를 곧이곧대로 배웠을 가능성이 높다. 아예 중심부에 있어온 사람은 그것의 변형과 그것의 이면에 있는 비공식적 언어도 익히며 살아왔을 것이지만, 새로 영입된 사람은 그런 경험이 없는데다가, 또 자신의 불안한 위치 때문에 더욱 '중심'의 이념형적 언어에서 이탈하지 못한다. 주변인 출신으로 '중심'에서 살아남는 사람이 늘 가장 '중심'의 규칙에 충실한 이유가 여기에 있는 것이다. 영국에서 종종 듣게 되는 농담으로 "영국 의회에는 단 한 명의 남자가 있는데 그는 마가렛 대처 여사다"는 말이 있는데, 이 농담이 바로 그런 존재를 상상해 보게 한다. 마치 식민지 지식인이 식민 모국이 내건 유형의 인간형에 맞추기 위해 가장 피나는 노력을 하듯이, 주변에 있는 사람 중에서 가장 이론적인 '전형'이 나오게 되어 있다는 것이다.

　실제로 자신의 '주변성'을 전략적 공간으로 활용하게 되는 경우를 보면 완전한 격리나 소외 상태에 있는 사람들보다 상당히 '중심부'에 가까이 있던 이들이 많다. 절대적으로 타자화된 경우는 자신의 '결핍'을 오히려 느끼기 어려우며, 동시에 변혁을 이뤄내 가고자 하는 에너지도 별로 갖고 있지 못한다. 하딩은 이런 입지를 '안에 있는 외부인'이라는 단어로 개념화하면서 자신의 '결핍'을 상대적 결핍으로 느낄 수 있으면서 그 '결핍'을 보충하려고 들지 않는, 오히려 바로 그 경계선에 섬으로써 얻게 되는 전략적 시선의 장점에 주목한다. 그런 면에서 자기 목소리를 갖게 되는 주변인들은 나름대로 '전략'을 가지고 있는 사람들이다.

　여성 운동에서 최근에 '정체성의 정치학'과 '차이성의 정치학'이 제기되는 것은 그만큼 여성 운동이 독자적 힘을 갖게 되었음을 뜻한다.[3] 또한 동시에 우리가 계속 남성의 눈치를 살피는 것은 그만큼 여성 운동의 토대가 허약하다는 뜻이기도 하다. 우리들의 목소리는 아직도 너무 획일적이고 위계 서열화되어 있는 담론 구조 속에서 '먹혀' 버리고 있다. 새로운 목소리가 반향을 일으키는 새 공간을 전혀 열어 가지 못하고 있다.

자신이 지닌 '주변성'에서 전체를 보게 되고 거기서 자신의 정체성을 새롭게 찾게 되면, 그 주변성은 아주 새로운 정치적 공간을 열어갈 '강력한' 거점이 된다. 예를 들어 여성들이 그 동안 가부장적 이데올로기라고 거부해 온 '모성'의 가치를 다시 발견하면서 스스로를 '모성'이라는 개념으로 규정하기로 할 때, 그들이 말하는 내용은 그들이 그 동안 단호하게 거부해 온 가부장제의 그것과 매우 흡사한 것일 수 있다. 그러나 새로운 정치적 공간이 만들어지는 상황에서는 같은 내용이 전혀 다른 것을 의미하게 된다. '모성은 아름답다'는 말을 가부장적인 사람이 하였을 때와 여성 해방 운동가가 하였을 때 매우 다른 정치적 의미를 지니게 된다. 마찬가지로 '흑인과 백인은 다르다,' 또는 '서양 사람과 동양 사람은 다르다'는 말을 누가 했는지에 따라 그 말의 의미는 매우 달라진다.

이때 말의 내용보다 말하는 사람이 누구인지, 또 듣는 사람이 누구인지가 중요해지는 것은 바로 그 말하는 사람이 선 '자리'가 갖는 정치성 때문이다. 그 '주변'의 자리가 최소한의 힘을 가지게 되었기 때문이다. 숨겨진 초자아에 의해서 익명의 다수에게 보이지 않게 강요되어 온 권력이나 지식의 기제 속에서 빠져나오면, 담론의 생산자와 수용자의 권력 관계가 분명해짐으로써, 권위적 언설에 더 이상 흡수될 위험이 없어진다. 그래서 같은 내용이 주체적인 의사 공동체의 성격에 따라 매우 다른 뜻으로 전달되고, 변화를 위한 새로운 담론의 영역이 만들어진다. 억압당한 이들이 자신들의 삶의 공간에서 새로운 정치적 공간을 만들어 간다는 것은 바로 이러한 새로운 관계와 의미가 생산되는 장이 열리는 것을 말한다. 이들은 타인의 억압과 언어적 현실에 대해 무지하고 무딘, 삶을 읽어 내는 예민한 촉각을 길러갈 기회를 '구조적'으로 박탈당해온 '중심부'의 사람들을 가볍

---

3) Steven Best, and Douglas Kellner, 1991, *Post modern Theory: Critical Interrogations*, London: Macmillan, pp.205-214.

게 지나쳐 버리면서, 이제 '침묵의 공간'을 읽어내기 시작한다. 억압된 존재의 '보이지 않고 들리지 않음'의 상태를 드러내기 시작하고 그것에서부터 새로운 질서를 표현해낼 새로운 문법을 찾아 나서게 된다. 많은 것이 역전되기 시작하는 것이다.

잠시 삶에 대한 새로운 전망을 가지게 될 기회를 '구조적으로 박탈' 당한다는 점에 대해 생각해 보자. 여성주의와 탈식민 담론의 언저리에서 실험적 영화 작업을 하고 트린 민하는 그의 책, 『여성, 원주민, 그리고 타자 Woman, Native, Other』라는 책에서[4] 일본계 미국 여성 미츄에 야마다 Mitsuye Yamada가 쓴 시를 인용하고 있다. 함께 읽어 보자.

아빠가 들려준
일본에서 전해 내려오는 이야기를 해줄께.
한 할머니가
하룻밤을 묶을 집을 찾아
이 마을 저 마을 다니고 있었대
그러나
문을 두드리면
조금 열렸다가
닫혀 버리곤 했지.

더 이상 걷기가 어려워진 할머니는
언덕에 올라
잠시 숨을 돌리며
빈 자리에 누웠대

아래 마을들은
별빛 같은 몇 개의 등을 빼고는
모두 잠들어 있었어.
갑자기 구름이 걷히더니

---

4) Trinh, T. Minh-ha, 1989, *Woman, Native, Other: Writing Postcoloniality and Feminism*, Bloomingtom: Indiana University Press, pp.150-151.

이철수, 1986.

보름달이 마을 너머로
그 환한 모습을 드러내지 않았겠어?

할머니는 마을을 향해
일어나 앉아
이렇게 말했대요.
마을 사람들이여,
고맙습니다.
당신이 오늘밤
내가 지낼 방을 주지 않은
그 '친절함'이 아니었다면
이 보잘 것 없는 눈이
어떻게 이 아름다운 광경을 볼 수 있었을까요?
……

이런 류의 시는 단지 '못 가진 자'의 자기 위로의 이야기일 수 있다. 그리고 실제로 그런 기능을 해왔을 것이다. 또 그 할머니가 잔 곳이 추운 비바람이 몰아치는 자리였더라면 어땠을까? 이제까지 '주변'에 있었던 이들은 모두 '추운 비바람'이 몰아치는 언덕 위에서 자신을 쫓아낸 불친절한 마을 사람들에게 '이를 갈면서' 밤을 지샜다. 실제로 그 언덕 위의 자리가 상당히 아늑하고 새로운 아름다움을 줄 수 있는 자리였더라도 보지 않으면서 원망과 자기 비하 속에 빠져 있었다. '주변인'으로서의 정체성을 인정하지 않으려 할 때는 자신이 가지고 있지 않는 것만 보인다. 그러나 일단 그 자리를 인정하면 '있는 것'이 보이기 시작한다.

자신의 '자리'를 전체 속에서 확인하고 그 자리를 더 이상 '주변'으로만 규정하지 않기로 한 주변인들은 자신의 경험과 시각을 아주 새롭게 재구성하는 일을 착수할 수 있게 된다. 항상 '중심부'인 남편이 자신의 생일을 기억해 주는지 잊어버렸는지에 따라 자신의 존재 가치를 가늠하던 여성이 어느 날 갑자기 자신의 생일상을 차렸다고 상상해 보라. 이 행위는 자신이 이제 더 이상 남편의 사랑과 관심의 정도에 따라 움직이지 않을 것이며, 바로 자신으로부터 삶을 시작하겠다는 단호한 '변신'의 선언이다.

지방 대학에 있는 많은 교수들이 언젠가 '서울'로 갈 수 있는 날이 올지도 모른다는 희망 속에서 지낸다고 지방에 있는 친구 교수가 말한 적이 있다. 객관적으로 실력 있고, '야심 있는' 학구파일수록 그런 경향이 높다는 것이다. 그러나 시간이 흐르고 자신이 '중심부'로 갈 희망이 없다고 느끼게 되는 날이 오는데, 이때 비로소 그의 눈에 지방에 있는 것들이 ― 학생과 캠퍼스와 지역 정치의 장과 일상적 만남들이 ― 보이기 시작한다고 했다. 그 동안 그는 자신이 사는 곳을 보지 않고 살았던 것이며, 그의 시선은 온통 중앙에 가 있었던 것이다. 그는 혹시 중앙에서 일어나고 있는 흥미로운 사건에서 배제되지나 않을까 하는 조바심으로 시간을 허비하기도 하고, 학문적 토론을 할 만한 대상이 없다는 것을 비관하면서 술을 마셔 댔는지도 모른다. 실제로 지방과 '중앙'의 차이가 그만큼 현격했으며, 중앙 중심주의가 현실을 만들어 갔다는 점을 인정하지 않으려는 것은 아니다. 그런데 보기에 따라 그 '중심부'에 든다는 것이 그가 생각한 만큼 대단한 것이 아닐 수도 있고 중심부와 주변부의 관계는 실질적 결핍의 문제이기보다 이미지의 확대 재생산 차원에서 더 심각한 의미를 갖는 것은 아닐까?

일단 자기의 주변부를 인정하게 되면 그는 '중심부'의 관심을 끌거나 그 곳에 진입하는 것에 에너지를 쏟지 않게 된다. 그는 자신의 삶의 장을 '만 드는' 데 주력하게 되며, 필연적으로 자신을 억압해온 중심을 해체하고, 대 신 전혀 다른 '중심' ― 그들이 거부하는 중심과는 전혀 다른 모습의 중심 이며, 그 중심은 다중적인 형태일 것이다 ― 을 만들어 가는 데 힘을 쓰게 될 것이다. 여성들은 자신들의 활동 영역을 '개인적인' / '비사회적'인 것 으로 따로 떼어 둠으로써 변화를 이루어 내기 힘들게 하는 기제를 보게 되 고 지방 주민들은 자신들의 활동을 '국지적 / 보편성이 결여된' 것으로 규 정함으로써 스스로의 활동의 장을 비하시켜 온 논리를 보게 된다. 그래서 여성 운동에서는 '개인적인 것은 정치적인 것이다'는 슬로건을 내걸고 지 방 주민들은 '가장 구체적인 것이 보편적인 것이다'는 슬로건을 내걸고 자 신들의 사적 체험을 '사회적'인 영역으로 끌어내고자 한다.

여성 해방 운동가들은 다른 어떤 변혁 지향적 운동에서보다 억압된 자 들의 체험과 그 체험을 풀어 내는 말의 중요성을 인지하고, 또 강조해 왔 다. 그리고 주변부에서 만들어낸 그러한 언어가 '중심부'의 언어를 해체하 면서 사회 전체를 새롭게 파악하고 진단해 내고 치유의 언어가 되리라고 믿어 왔다. 그러나 이들은 그 과정에서 파생될 또 다른 위험성을 보기 시 작하는데, 곧 그 대안적 언어가 근본주의적이고 권위주의적이 되는 위험성 이다. 여성 해방주의자들이 '차이의 정치학'에 닻을 내리려 하는 것은 바 로 이런 과정을 통해서이다. 식민화된 대상은 늘 단일한 범주로 인지되고 그들의 다양성은 무시된다. 이제 여성사를 새로 쓰려는 마당에, 그러한 획 일성은 마땅히 거부해야 한다. 폭스―제노베즈[5]의 표현대로 "여성사란 남 자라는 주체의 자리에 여자를 주체로 한 연대기를 대체하는 것이 아니라 역사적 과정의 중심에 갈등과 모호함과 비극을 집어 넣음으로써 지배 담론 / 공식 역사에 도전하는 것이다." 탈식민 담론을 펴는 여성주의자들이 하려 는 것은 바로 이러한 작업이며, 이때 이들은 '차이'를 강조하게 된다.

여성주의자들이 '차이의 정치학'이라는 개념을 통해 부각하려는 것은 바로 삶의 다층성이다. 이들은 삶의 다층성을 어떻게 위계 서열적으로 배 열하지 않고 인식해 갈 수 있을지의 문제를 놓고 고민한다. 혹시 '나의 주

---

5) E. Fox-Genovese, 1982, "Placing Women's History," *New Left Review*, 29, p.133.

변성'이 또 다른 '중심부'가 되어 아직 드러나지 않고 있는 주변을 억압하지는 않는가? 우리 내부에서 발견되는 차이들을 어떻게 이해하고 조정해 가야 할 것인가? 이들은 이러한 질문을 묻기 시작한다.

서구 여성 운동에서 차이성을 강조하게 된 배경에는 실제로 이질적 집단들이 공존하는 서구 사회의 특성이 작용해 왔다. 일상적 삶 속에 편재해 있는 권력의 작용에 주목해온 여성들은 각자의 위치에 따라 억압의 모양이 매우 다르다는 것을 알게 된다. 백인과 흑인, 그리고 제3세계 여성들간의 연대를 이루어 보려고 노력해온 서양의 백인 여성 해방 운동가들은 소수 집단으로부터 많은 비판을 받았고, 그 과정에서 자체 내 차이를 인정해 간다는 것이 무엇을 의미하는지, 또한 자신들의 목소리는 하나의 목소리에 지나지 않으며, 또 그렇게 되도록 노력해야만 자신들이 원하는 사회에 가까이 가게 된다는 것을 알게 된다.

여기에 하나의 에피소드를 소개한다. 여성 운동은 인종 차별을 극복해 낼 수 있을지에 대해 토론하는 자리에서 한 백인 여성이 자신들은 여성이라는 사실로 충분히 색깔의 차이를 뛰어넘어 하나로 묶일 수 있다고 주장했을 때 한 흑인 여자가 그에게 이런 질문을 했다고 한다.

"아침에 거울에 당신 모습을 비춰 보면서 당신은 무얼 봅니까?"
"나는 한 여자를 봅니다."
백인 여자가 말했다.
"나는 한 흑인 여자를 봅니다."
흑인 여자가 응수했다.
"내게는 매일 매일 삶에서 인종이라는 것이 문제가 됩니다. 당신에게는 그렇지 않겠지요. 그게 바로 우리들의 결합이 언제나 어딘지 인위적이라는 느낌을 갖게 만드는 이유랍니다."[6]

'차이의 정치학'을 강조하면서 여성 해방주의자들은 계속 질문을 던진다. 주변부의 통일된 목소리가 있는가? '주변부'의 단결은 어떻게 이루어

---

6) 엘리자베트 바텡테, (1991) 1993, 《XY: 남성의 본질에 대하여》, 최석 옮김, 민맥, 30-31쪽.

낼 수 있는 것일까? '여성 해방'을 위한 단일한 이론이 있을 수 있는가? 이런 질문을 묻게 되면서 이들은 자신들의 억압이 '성'에만 국한되어 풀어 갈 문제가 아님을 알게 된다. 여성만이 아닌 다른 '타자화'된 집단과도 연계성을 맺어 가는 근거와 필요성을 보게 된 것이다. 각자가 자신 속에 여러 가지 모순을 안고 있다면, 그리고 그것을 풀어 나가는 주체가 결국 그 자신이라면 그것들의 중층성은 자신이 결정하는 것이어야 한다. 이들은 이제 '다층적 현실'을 읽어 내고 다양한 모순들이 서로 엇물려 있는 양상을 드러내는 작업에 들어간다. 그들이 일시적으로 상호 모순적 관계를 지닐지라도 그 문제는 장기적으로 풀려질 문제라는 믿음을 가지고 해체 작업으로 들어간다.

매끄러운 논리와 텍스트의 완전 무결성이 전제되는 담론이 지니는 억압성을 드러내고, 여러 가지의 이야기가 쉽게 풀어질 수 있는 담론을 열어 가기, 현실을 완결지으려는 성급함을 접어 두고, 각자 자신이 선 자리에서 경험을 풀어 놓도록 분위기를 마련해 가는 것, 이것이 최근 페미니즘과 탈근대론이 공통적으로 내놓고 있는 변화를 위한 방법론이다. 그 동안 '대서사'를 독점해 온 하나의 막강한 세력이었던 단일한 '근대적 주체'가 해왔던 일, 곧 인과적 설명을 가하려는 집착에서 벗어나고자 한다는 점에서 이들은 같은 메시지를 전한다.[7]

그러나 페미니즘과 탈근대론 사이에는 큰 차이가 있다. 페미니즘은 '타자화된' 자리, 곧 새롭게 만들어갈 거점을 확실히 가지고 있는 반면, 탈근대론에서는 그런 토대가 미약하다. 탈근대론자들이 여전히 이론가의 자리를 지키고자 한다면 그들은 보다 실천적인 거점을 가지려고 노력을 해야 할 것이다. 그렇지 않으면 이론을 위한 공허한 이론만 남겨두게 될 가능성이 높다. 그런데 내게는 많은 탈근대론자들의 논의가 여전히 이론가로 군림하면서 여성 운동이나 여타 사회 운동이 주변부에서 새로운 움직임을 만들어 가는 것만 기다리고 있다는 느낌을 준다. 바로 이 점에서 탈근대론자들은 비판의 대상이 되고 있다.

여성 운동에서 말하는 '주변부'의 단결은 이렇게 차이를 줄이는 것이 아니라 더욱 드러냄으로써 이루어진다. 아직도 대부분의 사람들은 자신을 드

---

7) 그레이그 오웬스, 1991, 『포스트 모더니즘과 문화』, 문예출판사, 138쪽.

러내고 성찰해 내는 일에 익숙하지 못하다. 그래서 '중심부'로부터 '지령'이 '하달'될 것을 기다리면서 사회 운동을 하는 것을 더 편하게 생각하는 경향이 있다. 그러나 더 이상 그런 식의 사회 운동은 지금과 같은 복잡한 모순적 상황을 풀어 나갈 수 없다. 개개인은 시작이 힘들더라도 우선 각자의 주변화된 상태에서 자신의 삶을 풀어 나가는 훈련을 해가야 한다. ■

조직의 쓴맛과 단맛

오숙희*

"조직의 쓴맛을 보실래요, 단맛을 보실래요?"

어떤 운동 단체를 방문했을 때 들은 말이다. 무슨 말인가 했더니 커피에 설탕을 넣겠냐 안 넣겠냐를 묻는 것이었다.

"'배신자, 조직에 들어올 때는 네 발로 왔어도 나갈 때는 맘대로 못 나간다. 조직의 쓴맛을 보여 주마!' 갱 영화의 단골 장면 아시죠? 우리도 차 한잔으로 아침을 시작하면서 그러지요. 블랙 커피를 원하는 사람은 '조직의 쓴맛'을 보고 설탕 커피를 마시는 사람은 '조직의 단맛'을 보는 거지요. 여기 들어와 쓴맛과 단맛 사이에서 이렇게 하루하루를 보낸 것이 벌써 육 년이네요."

사람들은 왜 조직에 들어가게 되나

대학을 졸업하자마자 사회 운동 조직에 들어간 조직 신참자의 말을 들어 보자.

---

* 1960년생으로, 자칭 말 많고 눈물 많고 아는 사람 많은 삼다녀. 「생방송 여성」 등을 진행했고, 여러 대학에서 소문난 명강사다. 신문, 잡지에 활발한 기고와 라디오와 텔레비전 및 각종 뜻있는 모임의 사회를 통해 온나라 여자들의 '입' 노릇을 하는 것을 천직으로 여긴다. 친정 식구와 함께 두 딸을 키우며 '열한 명의 이름이 씌여진 문패'가 달린 서울 망원동의 전세집에서 씩씩하게 살고 있다.

"가장 멋있는 것은 운동하는 사람이라고 생각했어요. 자기 희생 속에서 순수한 기쁨을 느끼기 때문이죠. 저는 졸업을 하면서부터 당연히 조직에 들어가야 된다고 생각했어요. 조직에 들어가면 안정감도 얻고 조직이 갖고 있는 운동의 노하우와 판단 속에서 최대한 활동할 수 있을 것이라고 믿었어요. 운동 조직에는 체계적인 집행력이 있어서 학생 운동 때에 우리가 최고였다고 생각했던 게 지금은 후줄근했다고 느껴져요. 일하는 법도 알게 됐고, 현장에 대한 감각도 생기고 많이 배웠어요."

조직의 경험이 짧게는 1년에서 길게는 19년에 이르는 사람들을 만나 보았는데 이들이 말하는 조직에 참여하게 된 동기는 대략 다음과 같다. (이걸 객관식 문항으로 내세우면 한 사람이 여러 개를 고를 수도 있겠다.)

함께 일해야 한다는 당위, 혼자서는 힘이 없으니까, 조직을 통해서 더 큰 나를 가지고자, 운동권이 주는 신선한 충격, 세상이 변화되길 바라는 마음, 대학 시절 운동의 경험이나 기회가 없었는데 살면서 자기 생활에만 안주하는 것으로는 해갈이 되지 않아서, 우연히 어떤 사회 운동 단체의 강연에 참가하면서 할일이 많다는 느낌을 가졌고 이게 내가 할일의 하나가 아닐까 생각해서, 돈을 주고 받는 관계에서 얻지 못할 만족이 있어서, 역사 속에서 역사 발전에 종사한다는 인식이 주는 존재의 뿌듯함이 있어서.

요컨대 조직의 단맛은 함께 활동하며 동지애를 느끼고 개인의 삶이 사회와 유리되지 않았다는 안정감과 내가 애쓴 만큼 사람 살기 좋은 세상이 된다는 뿌듯함이다. 그러나 인간에 대한 애정과 신뢰로 출발한 조직 생활이 개인의 인간성을 마모시키고 나아가 사람에 대한 불신, 나아가 조직에 대한 거부감을 낳기도 한다. 그들이 말하는 조직의 쓴맛은 어떤 것일까.

조직의 쓴맛

(1) 그 이름 말하지 마, 가위 눌려

우리나라에서 현재 꽤 알려진 단체에 참여하고 있는 대학생 몇 명이 모여서 하는 얘기를 우연히 엿듣게 되었다.

"우리 대표는 일을 너무 지독하게 시켜."

"자기의 정열을 못 따라오면 다 운동할 자격이 없는 인간이 되는 거야. 그 구박을 어떻게 말로 다하냐."

"그 나이에 그 정열이 도대체 어디서 나오는지 정말 신기하긴 해. 아무튼"

"나는 질렸어. 홍길동 이름 석자만 들어도 자다가도 가위에 눌려."

"넌 그 정도냐? 나는 홍자만 들어도 으악이었다."

"야. 그 이름 소리내지 마. 나는 지금 ㅎ만 연상해도 갑자기 화장실에 가고 싶어 초조해지는 거 있지."

"무조건 대중을 동원해 오라는 데 죽겠더라. 정당은 돈이라도 주니까 쉽지. 시험도 못 보고 대자보 붙이면서 몇 명 동원할 수 있을까 생각하는데 죽을 것 같더라. 난 이젠 쉬고 싶어. 그런데 쉰다는 소릴 어떻게 하냐."

"그래서 입대하기로 한 거냐?"

"그게 젤 합법적인 방법이잖아. 여자들이 막판에 시집이나 가야지 하는 심정 이해가 돼. 처음 이 조직에 들어올 땐 이런 게 아니었는데 왜 이렇게 됐는지 나도 모르겠어. 처음엔 꿈도 많고 의욕도 많았는데 이젠 내가 뭐 수발 들고 일하는 단순한 기계 같아."

"바깥 사람들이 우리 대표를 존경한다며 곁에서 함께 일하는 나를 부럽다고 할 때 말은 못하지만 정말 괴롭다. 두 얼굴의 사나이가 따로 없는 거지. 순 독재잖아. 하긴 나도 거기 속은 거니까."

"조직은 역시 밖에서 볼 때가 멋있어."

"야, 너 이왕 군에 갈 거면 가면서 바른 소리 한마디 하고 가라. 우리들 숨통 좀 트이게."

"그게 되냐? 문제가 있다고 그래서 제언을 하려면 중간 선배들이 말리는 거야. 네가 뭘 안다고 나서느냐고. 다 조직이 유지되려면 어느 정도의 파쇼가 있어야 힘이 있는 거라고, 그 사람만큼 조직에 힘을 끌어올 사람도 없다고, '조직이 있어야 너도 있는 거야'라는데 그 앞에서 무슨 말을 더 하냐."

(2) 경험 앞에 장사 없다

대학 시절 학생 운동을 하다가 졸업 후 사회 운동에 뛰어든 새내기의 일기 중의 한 대목을 옮겨 본다.

조직에 가면 단순 딱까리 일을 할 것이라고 생각하면서 의지를 다졌다. 기대보다 걱정이 앞섰다. 남들이 굉장히 힘들다고들 하도 겁을 준 터라 더했다. 지금껏 학생회에서는 나이 차이가 세 살 정도 나는 선배나 후배와 일을 해왔다. 그러다

기성 운동 조직에 나와 보니 '어른'이 많았다. 다른 조직보다 평등하다고 해도 지금껏 내가 있었던 물에 비하면 엄청나게 권위적인 분위기이다. 학교에서는 선배가 뭐라고 해도 왜 이렇게 하나 막 따지고 들었다. 이건 틀렸다고 치고 박았는데 이젠 그게 불가능하다. 맨 첨엔 가슴이 답답하고 목에 뭐가 여기까지 올라왔다. 한번은 '내가 상황을 잘 몰라서 그런지는 몰라도 내 생각은 이렇다'고 했더니 '어른들'이 다 하하 웃으면서 '철 모르는 소리다'라고 했다. 그 다음부터는 회의에 가서도 의문 나는 점이 있어도 또 철 없다는 소리 들을까봐 '내가 워낙 아는 게 없으니까 이런 생각이 드나 보다'고 스스로 억누른다. 서서히 반벙어리가 되면서 가슴 속이 답답하다. 아닌 것 같은 부분이 있어도 어른이라 말 못하고 내가 맞춰야 한다. 경험론을 앞세우면 할 말이 없어지는 게 조직의 에이지즘이다.

(3) 재주는 곰이 부리고 돈은?

내가 처음 참여할 때는 조직의 초기 단계라서 할 일이 많았다. 그리고 지금은 과도기라서 내가 아니면 안된다는 생각으로 못 빠져 나오고 있다. 하나의 조직에 들어가면서 당신이 떠나도 또 할 사람이 있다고 한다면 회원은 회의를 가질 것이다. 그러나 조직이 필요로 하는 회원으로 닮아가는 과정에는 갈등이 있다. 과연 조직의 주체가 회원이 될 수 있는가 하는 의문이 생기는 것이다.

회원이 주체가 되기 위해서는 특히 열성적이거나 적극적으로 발언하는 회원들을 장기적으로 키워 주어야 한다. 그런데 조직 속에 적응하기 위한 회원들의 노력에 비해 조직은 어떤 배려도 없는 것 같다. 운동은 회원이 시간과 힘을 소모해 가며 하는데 성과는 자기에게 오지 않는다. 그러다 보니 거기에 적당히 적응하는 사람만 남게 된다. 적응하지 못한 사람은 운동 정신이 부족한 사람으로 찍혀 버린다. 개인의 의지에 기대하는 것이 과연 운동 정신의 전부는 아닐 것이다.

자발적으로 시민 운동 조직에 평범한 회원으로 참여한 어떤 사람의 '쓴맛'은 이랬다.

실무자의 경험담은 조금 더 쓰다.

(4) 조직은 드라큐라인가

실무로 일한 지 오 년이 되었다. 그 동안 위에서 산발적으로 정신없이 떨어지는 일들을 해치우느라 그야말로 일에 치여 버렸다. 육체적으로 또 정신적으로 자신이 많이 마모되었다는 느낌이 강하게 든다. 어디 나뿐이랴. 대부분의 조직에서 이건 모든 실무들의 공통된 현상일 것이다.

힘들다고 말하면 선배들은 '안 힘든 사람이 어딨냐. 우리는 이보다 더 나쁜 조건에서도 일해 왔다'고 후배들이 꾀부리거나 공치사하는 것처럼 여기는 투다. 그래서 말도 못하고 있다가 덜컥 병이라도 나서 일을 못하게 되면 그땐 또 '미련퉁이' 소리를 듣게 된다. 자기 몸 자기가 알아서 해야지, 괜한 일 욕심 부리다가 저리 되었다고 말한다.

조직에서 잠깐 쉰다는 것은 통하지 않는다. 별거가 이혼의 전단계인 것처럼 쉰다는 것은 곧 조직을 그만두겠다는 것으로 받아들여진다. 이런 분위기에서는 자신이 너무 마모되어 재충전이 절실히 필요한 상황에서도 '감히' 쉬겠다는 말을 할 수 없다. 그야말로 죽기 아니면 까무러치기의 심정이 되어서 조직을 떠나고야 말게 된다.

조직을 떠날 때에도 '원수지지 않고 나오려면' 후임자를 골라 자리를 채워 넣고 나와야 한다. 세입자가 계약 기간 만료 전에 이사가려면 '방 빼가지고' 나가야 하는 것과 비슷하다. 사람을 키워주지는 않고 다 빼먹기만 하는 게 조직의 생리인가. 이런 것을 생각하면 솔직히 나도 얼마나 더 버텨낼지 자신이 없다.

(5) 끝없는 확대, 연대, 반복 또 반복

한 단체의 장이라고 해서 쓴맛이 없는 것은 아니다. 오십 평생을 운동에 바쳤다고 해도 과언이 아닐 한 여성 운동 지도자의 말을 들어보자.

"지난 일 년간의 내 수첩을 보면 매일매일 회의 참석의 연속이다. 하루에도 두세 건씩 된다. 여성도 이 땅에 사는 사람일진대 여성과 관련없는 사회 운동 단체가 어디 있겠으며 여성과 무관한 사안이 어디 있겠는가. 그러나 각종 확대 회의, 연대 모임, 대책 위원회에 참석하노라면 정작 내가 속한 조직에는 본의 아니게 소홀해진다. 대의 명분상 안 갈 수도 없고 회의에 따라다니느라 몸과 마음이 다 지쳐서 운동에 회의가 든다. 한 회의에 얼굴만 내밀고 다음 회의로 이동하면서 차를 기다리는 동안 거리에서 빵과 우유로 끼니를 때울 때면 울컥 '내가 왜 이러고 살아야 하나' 서글픈 생각도 든다. 뚜렷이 내세울 것도 없으면서 바쁜 내 자신을 두고 나는 자조적으로 '통일부터 쓰레기까지 다 뛰느라 정신 없다'고 한다. 이건 나뿐만이 아니다. 회의에 가보면 항상 나오는 단골 얼굴이 있다."

(6) 관념 우월주의 ─ 말발이 힘 / 중앙 비대증

"87년에는 대중 운동이 관념적으로 흘렀는데 그것은 대중을 만날 기회가 없어서였다. 정확히 말하자면, 대중을 만날 필요가 없었다. 매일 회의 하느라고 바빴다. 중앙에서 회의 하고 나면 내려와서 자기네 부서 회의를 한다. 상부 회의가 있고 그 아래 소회의가 있으며 그것이 다시 현장으로 내려오는데 회의 사항을 현장에 전달하러 왔다갔다만 하는 사람도 있었다. 이러다 보니 현장 조직은 없고 중앙만 비대해지는 현상이 나타났고 운동의 대상이 되는 대중의 현실에 대해서도 전혀 모르게 되었다.

이런 상황에서 우리(현장 운동가)가 배우는 운동론이 만들어지고 있었다. 이론가들이 쓴 책을 보고 현장 운동가들이 운동을 하는데 이론가들은 팜플렛 등에 실린 현장 애기를 주워 듣고서 그것으로 이론을 세우는 것이다. 이때 자료는 두세 번 거른 것인데 자료의 선별 기준은 이론에 맞는 것만 고른다. 이론의 자기 순환, 이론의 자기 재충전이 이렇게 이루어진다.

또 조직 내에서 토론을 하면 항상 강경파가 이기게 돼 있다. 현실론자는 비겁하고 나약하고 변절 가능성이 있다고 여겨져 이른바 '사꾸라'로 몰린다. 실용적인 것을 제시하면 싫어한다. 항상 대의 명분이 앞세워지는데 그렇다고 내용이 논리 정연한 것도 아니다. 비분 강개하거나 비장미 넘치게 분위기를 주도해서 그 참석자를 움직이는 게 중요하다. 대개의 경우 논리적 설득보다 선동에 가까우며 그것도 주로 말하는 한두 명이 끌고 나간다. 예를 들어, 각 반의 말발을 모아서 반장 열 명을 모아 놓으면 그 중에서 한 명이 군계 일학이 되어 끌고 나가는 식이다. 이런 속에서는 소신을 가지고 현장에서 뛸 수가 없다."

70년대 학생 운동에서 출발하여 20년 가까이 조직 활동에 몸 담아온 한 '운동권'은 이렇게 말하면서 자신의 경험으로 '모든 조직은 악하다'는 결론을 내렸다.

조직의 쓴맛은 어디서 우러나는가

위에 열거한 사례들을 종합해 보면 그 쓴맛은 조직의 거대주의 속에서 나오는 인간 / 개인의 상실로 요약된다. 조직의 거대주의란 거창한 관념적 대의 명분, 조직을 대표하는 큰 인물, 보다 큰 조직 규모를 추구하는 것으로

풀이되는데 이 세 가지는 서로 맞물려 돌아간다.

조직은 대의를 위해 결성되고 조직의 구성원은 대의에 충성을 맹세케 된다. 대의 앞에서는 일상적인 삶에 연연하지 말아야 하고 특히 돈을 바라는 것은 운동할 자격이 없음을 증명하는 것이다. 오직 민족과 민주와 민중을 생각해야 하는 것이다. 이때 자신은 민중이 아니다. '민중을 위하여'라는 대의 명분은 곧 민중에 대한 우월감을 낳을 수 있고 대의를 위한 자기 희생은 자기 문제의 해결로 되돌아오는 것이 아니므로 민중을 위해 희생적으로 일하고 있다는 '보람으로' 보상 받는다. 대중이 알아주는 '보람'을 얻으려면 우리 조직이 대중에게 알려져야 하고 그 지름길은 매스컴을 타는 일이다. 매스컴은 어떤 때 움직이나. 어떤 단체에서 무슨 행사를 했는데 몇 명이 왔더라. 지지 성명 발표 단체가 몇 개더라. 그 수가 적으면 매스컴을 탈 수 없고 그것은 곧 대중성을 확보하지 못한다는 것으로 연결된다. 운동 단체들이 참가의 품앗이를 통해 서로 키워 주기를 하는 것만으로는 충분하지 못하다. 이른바 언론 플레이가 있어야 한다. 여기에는 교통 체증과 통신 기술의 발달이 한몫을 톡톡히 한다. 길도 막히는데 직접 올 것 없이 관련 자료를 팩스로 보내면 되는 것이다. 이때 세를 불려서 말하는 것은 과히 부도덕한 일이 아니다.(자신이 직접 참가했던 모임에 관한 신문 보도를 보고 '내가 뭘 잘못 봤나' 하는 의구심을 갖게 되는 이유가 여기 있다.)

조직의 효율성을 위해 조직 내의 역할 분담이 이루어진다. 운동에 헌신하는 개인적 성향은 대외 / 대표과 내근 / 실무형으로 나뉘는데 이에 따라 조직의 인사, 재정 관리를 맡는 총무 파트와 조직 활동의 알맹이를 다루는 프로그램 파트를 맡게 된다. 힘의 논리로 움직이는 세계여서 세가 약하면 무시당하고 세를 불리기 위해 대표는 밖으로 다니며 연대를 하고 비슷한 조직을 흡수 / 통합하여 조직을 키우는 일을 맡게 된다. 조직 공신력과 활동 능력은 조직 안에서 몸으로 뛰는 사람들에 의해 만들어지고 이를 대외적으로는 대표가 '대리 수령'하게 된다. 축구 시합에서 최종적으로 골인시킨 사람만 영웅시하고 보조진은 아무리 잘해도 그냥 넘겨 버리는 우리 사회의 풍토에서 조직이 일을 잘하면 자연히 그 대표가 부상하게 되는 것이다. 이는 조직이 크려면 스타가 필요하다는 암묵적 동의 아래 당연시되거나 조장되기도 한다.

주목받는 큰 조직으로 성장하기 위한 효과적인 방법으로 채택되는 것이 획일주의적인 조직 운영이다. 일방적 의사 소통, 상명 하복, 조직원의 개성의 유보가 그것이다. 조직에 들어가서 획일적이 되지 못하고 무조건적인 충성심 / 헌신 / 복종이 부족하거나, 보고에 익숙하지 않은 사람, 형식에 충실하지 않은 사람은 조직 안에서 견뎌 내지 못한다. 군부 독재 타도를 대의 명분으로 하는 사회 운동 조직이라도 실제로는 군대와 닮게 되는 역설적 상황이 여기서 비롯된다.

이렇게 해서 조직이 오래 살아 남게 되고 역할 분담이 고정화되고 나면 조직 내에 권력의 위계가 생겨난다. 카리스마적인 존재가 나타나 조직원의 충성의 방향이, 대의 — 조직 — 조직 내 카리스마로 묘하게 변해 간다. 이에 반대하는 건강한 비판자들은 매도 당하게 된다. 이른바 조직 내부 투쟁 속에서 분파주의적 문제아로 몰려 쫓겨나는 것이다.

그 다음부터는 '우리 편이 지더라도 내가 나서야 한다'고 우기는 골목 대장과 '떡고물에 관심을 갖고' 그를 떠받드는 '어깨들'이 조직을 장악하게 되면서 이른바 운동권 관료주의가 형성된다. 조직 자체가 굴러가기 위한 조직의 논리가 운동의 대의에 앞서게 된다. 조직을 위한 조직이 되는 것이다. 조직 이기주의와 배타주의가 팽배해져서 조직의 안팎에서 헤게모니 장악을 위한 전략과 전술이 구사된다. 편 갈라먹기, 사람 빼앗아 오기, 누구는 어디 사람이라고 낙인 찍기 등은 표면적으로 드러난 예에 불과하다. 개인의 자아 실현을 위해 조직에 들어왔는데 이제는 조직이 없으면 개인도 없는, 조직을 위한 조직이 되는 것이다. 이 안에는 운동을 도구화하는 사람들이 많아지게 된다. 누가 열심히 활동하면 '정치에 나서려는 게 아닌가' 의혹을 받는 것도 이런 분위기를 반증하는 것이다.

요컨대 거대주의로 말미암아 사회 운동은 그 이념을 실생활에 투영하지 못하는 추상적인 것이 되어버렸고 효율성의 이름 아래 운동 조직은 탄력성을 잃고 '사람 없는 조직'으로 박제화됨으로써 인간에 대한 애정과 신뢰로 뛰어든 '낭만주의자'들은 튕겨져 나가거나 질식해 간다. 그럼으로써 거대주의의 도도한 물결이 계속되는 것이다.

조직의 이러한 문제는 몇몇 개인의 잘못이기보다는 시대적 상황의 탓이 컸다. 조직의 역량은 제한되어 있는데 해야 할 일은 너무 많았던 조건에서 지금까지의 조직은 그럴 수밖에 없었다고 인정해야 할 부분이 있는 것이다 (이 글을 쓰면서 한편으로는 일면적인 관찰로 어려운 시기에 개인적으로 큰 희생

을 치뤄온 선배들의 업적에 흠을 내는 것은 아닌가 두려운 마음이 들지만 운동의
발전을 바라는 마음에서 '고약한' 부분을 건드린다.)

운동권의 세대 차이

이제 시대는 달라졌다. 사회적 분위기가 바뀌고 운동권에도 세대 교체가
일어나기 시작했다. 대중은 조작 당하고 있고 따라서 계몽의 대상이라고
믿는 비장미 있는 사회 운동의 세대가 기성 세대라면 자기 스스로도 대중
이며 대중과 수평선상에서 호흡해야 한다고 믿는 것이 운동권의 신세대이
다. 이러한 운동권의 신세대는 아직 조직 내에서 비중이 적고 그 정당성을
인정받지 못하고 있다. 그러나 이들은 기존의 조직 논리에 대해 어느 정도
비판적이고 때로는 개인적으로 반항하면서 '조직'을 떠나지 않고 있다.

"제일 큰 문제는 돈 문제이다. 집에다 손 벌릴 수도 없는 일이고. 평생을 두고
할 건데 생각하니 돈 문제가 가장 걸려서 나는 당당하게 아르바이트를 하면서
조직 활동을 한다. 생계 책임을 져주지 않으면서 조직에 헌신하기만을 바라는
것은 분명 잘못된 것이다. 이걸 놓고 '너는 돈밖에 모른다'는 식으로 매도한다면
운동할 사람은 불로 소득이 가능한 층에서나 나올 수 있을 것이다.
  지금껏 돈이 안 생겨도 해온 것은 운동이 내 삶에 만족을 주면서 돈을 주고받
는 관계에서 얻지 못할 뭔가 있어서였다. 역사 속에서 역사 발전에 종사한다는
그런 만족이 아직도 있고 덜해지지도 않았다. 그러나 이제는 돈 문제가 해결 안
되면 안된다고 본다. 운동한 사람들을 가만히 보면 개인적으로 생계 문제가 심
각했다. 남편을 부양함으로써 운동에 간접적으로 참여하는 교사나 약사 아내들
이 있었기에 여자보다는 남자에게 운동의 역량이 더 부여되었다. 누군가에게 생
계 책임을 떠넘기면서 이념의 대의 명분으로 정당화하는 것은 바람직한 운동의
자세가 아니라고 본다."

"위에서 떨어지는 일에 대해서도 싫으면 싫다고 말한다. 한 친구의 경우 총무 일
에 관심 없는데 회장이 자꾸 회계를 배워서 총무를 하라는 통에 대판 붙었다.
'재정 사업부가 맞아서 거기서 일하겠다는데 왜 자꾸 그러냐, 내 인생 당신이 책
임질 거냐, 거기에 맞는 사람을 딴 데서 끌어와라'고 말했다고 한다. 앞으로 조
직은 그런 방향으로 당연히 가야 한다. 옛날의 결의를 들먹이며 이 일이 필요하

니 너는 이걸 해야 한다, 이게 조직원의 임무다 하는 식의 지령 체제는 이젠 안 통한다. 사람이 필요하면 그에 맞는 사람을 끌어올 수 있는 방법을 강구해야지 싫다는 사람을 자기 능력 개발도 못하게 억지로 끼워 넣을 수는 없는 것 아닌가. 이념의 대의 명분으로 개인이 조직에 맞게 변신하라고 할 수는 없는 시대가 왔다. 술 마실 때 우리끼리 하는 얘기 중에 이런 식이 89학번까지는 통해도 그 밑으로는 절대로 안될 거라고 한다. 나도 졸업 때만 해도 사람이 조직에서 요구 받으면 요구 받는대로 해야 한다고 생각했다. 그러나 나와 보니 나도 내가 싫어하는 신세대 사고를 하는 것인지 모르지만 점차 그게 아니다 싶다. 그렇게 해선 더 이상 운동 전체가 발전되지 못한다. 민중 민족 민주 조직의 대의 명분에 자기를 꿰맞춰 살다가 어느날 이게 아닌데 하면 갑자기 배신자가 되고 운동의 발전이 제자리 걸음이다. 이제는 헌신성이 문제가 아니라 전문성을 갖추기 위해 어떻게든 노력해야 한다. 그런 조직은 유지 안될 거라고 우려하지만 조직은 나름대로 삐그덕거리면서 맞는 방법을 찾아가며 유지되는 것이라고 본다."

일부에서는 이들을 개인주의적이고 경박하다고 비판하기도 한다. '선배들이 시키면 아무런 문제 제기 없이 즐겁게 열심히 했던' 선배에게 있어서 '왜 그걸 해야 되는지, 그리고 그것이 어떤 의미가 있는지를 좀더 캐묻는' 후배는 당황스럽다. '조직은 쓰나 그 열매는 달다고 머리칼을 쥐어뜯으며 고민했던' 세대에게는 '그걸 왜 고민해요,' '한숨 쉬지 말아요. 그런다고 해결돼요?'라는 말이 황당하게 들릴 것이다.

이런 현상을 두고 요즘 애들은 '뺀질거린다'거나 '생각 없이 산다'고 일방적으로 매도해 버릴 수 있을까. 그렇다면 '단지 서태지와 아이들의 하여가를 좋아한다는 이유만으로 운동할 자격에 의심을 받는' 신세대로서는, 대중의 정서를 모르면서 대중과 함께 호흡하겠다고 머리 싸매고 고민하는 선배를 '앞뒤 꼭꼭 막힌 사람'으로 치부해 버릴 수도 있다.

신세대의 개인주의에 대한 비판으로 문제가 해결되지는 않는다. 신세대들의 표현 방법이 세련되지 못했고 때론 발칙하기까지 할지라도 괘씸함이나 세대 차이라는 통념을 넘어서 그 속에 있는 '조직에 대한 새로운 건의'를 읽어 내는 것이 필요한 시점이다.

운동 경력이 7, 8년 되고 나이는 30대 초반에 있는 중간 세대들의 말은 시사하는 바가 크다.

"요즘 일하면서 겪는 제일 큰 어려움이 사람들이 우선 모이지 않는 것이다. 뭔가를 해야 되는데 '부흥회'를 해서 이끌어갈 아이디어가 안 떠올라서 조직을 못하고 있다. 학습 모임은 안되고 노래방, 탈춤 같은 풍물과 문화적 소모임이나 겨우 유지된다. 멀리 답사를 가거나 암벽 등반 같은 등산 모임은 안되어서 가벼운 산행으로 바꾸었다. 회의도 놀이와 결합시켜야 할 수 있다. 실제로 발로 뛰는 사업 내용도 바뀌어야 하고 기존의 방식으로는 도저히 조직이 안된다는 것이 검증되고 있다. 아하 이렇게 변했구나. 이쯤에선 마누라와 자식만 빼고 다 바꾸라고 했다던 어떤 재벌 총수의 신경영 철학이 떠오른다. 우리도 바뀌어야 한다."

"내가 7년의 경험에 입각하여 가치를 얘기할 때 안 먹힌다는 현실을 깨달았다. 이 세상은 너무 변했다. 이 신세대는 장차 10년 후 우리의 모습이다. 운동 단체가 지금 이들을 수용하고 이들에게 적용하지 못한다면 살아남을 수 없다. 이들과 얘기하면서 앞으로 흘러갈 바를 전망하는 데 실제로 도움이 컸다. 이제 선배들도 후배들과 어떻게 맞춰야 할까를 알게 됐다. 이는 조직뿐 아니다. 대중도 이런 변화를 똑같이 겪는다. 겉보기에는 개인주의에 몰입한 것처럼 보이지만 그것도 우리가 운동하는 사람이나 진보적 의식의 소유자에 대해 복장이나 취미, 여가 활동에 획일적인 기준을 정하고 있었기 때문이 아니었을까. 그런 부분에 있어서 스스로 파괴했어야 했다."

조직을 살려내는 길

인간이 사회적 동물로 남는 한 사회 운동은 계속 존재할 것이다. 그 안에서 조직을 만들어 가는 것은 필수적이다. 개인으로는 사회의 발전이나 문제 해결을 하는 데 한계가 크기 때문이다. 그런데 여기저기서 조직이 잘되지 않는다고 걱정하는 소리가 높고, 운동은 하고 싶은데 조직에는 들어가기 싫다는 사람들이 자꾸 생겨나고 있다. 운동을 실현시키는 그릇으로서의 '조직'을 살려내는 길은 무엇일까.

(1) 운동 이념의 실용화
이념의 당위성만 가지고는 부족하다. 왜 운동을 하는가, 왜 우리가 이런 일을 하는가, 이 일은 나의 삶과 어떤 관계가 있는가가 규명되어야 한다. 구체적으로 개인을 사랑하지 못하면서 민족과 나라를 사랑하기는 어렵다. 자기가 **빠진** 대의 명분은 얼마나 공허한가 하는 말에 귀기울여 보자. 운동은 일종의 구도의 길이다. 운동하는 사람은 개인적으로 자기 운동을 해야 한다. 운동의 자기 서비스를 이기적으로 생각하지 않고 주체적인 구체성으로 수용하는 조직이라면 신세대라 할지라도 들어오고 싶지 않을까.

사람마다 자기의 현실에서 시급히 변화시키고 싶은 것을 잡아서 조직을 만들어 간다면 하루에도 수많은 조직이 생겨날지도 모른다. 그리고 그런 조직은 많을수록 좋다.

(2) 조직 내부의 민주화 / 효율화

조직이 효율적으로 돌아가려면 그 안에서 어느 정도의 역할 분담은 필수적이다. 그러나 그것이 지나치게 고정되어 '분리'가 되어버리면 거기서 다시 위계 구조를 낳게 된다. 이를 피하려면 각 역할이 손과 혀의 관계처럼 유기적이어야 하는데 그 관건은 민주적인 의사 소통이라고 할 수 있다. 곧 의사 소통이 원활하지 않은 조직은 동맥 경화에 걸려 '마비'가 일어날 수 있다. 지금껏 조직의 의사 소통 구조로 존재해 온 것이 '회의 체제'였다. '회의의 연속 속에서 운동에 회의를 갖게 되었다'는 지적이 있고 보면 이제 그 회의 체제도 달라져야 한다.

회의의 원칙을 다음과 같이 바꾼 단체들도 생겨나고 있다.

"회의 체제를 바꾸어 한 달에 한 번 하던 회의를 두 달에 한 번으로 변경했다. 조직은 회의로 시작해서 회의로 끝난다고 할 정도로 회의가 많았다. 이것도 따지고 보면 조직에 대한 강박증의 표현일 것이다. 긴급 사안이 생기면 임시 회의를 하는 게 훨씬 효과적이다. 부·실별로 하는 회의는 가급적 하지 않는다. 하게 되면 꼭 필요한 관련자만 참석한다."

"회의의 장점은 그걸 통해 자신의 다른 생각을 중간중간 얘기하고 다른 사람의 의견 들으면서 계속적으로 교류하는 것이다. 회의를 효율적으로 하기 위해서 끝나는 시간을 못박아 놓는다. 그래야 높은 사람 바쁘면 짧아지고 안 바쁘면 회의가 길어지면서 잔소리성 '마이크 장기 집권'이 나오는 것을 막을 수 있다. 발언 시간도 누구나 다 3분이다. 그래야 뭔가 말해야 한다는 강박 관념에서 횡설수설하는 걸 피할 수 있다."

그 결과를 청문해 봤더니 '회의 소리만 들어도 골치가 지끈거리던 병'이 없어졌다고 긍정적인 평가가 나왔다고 한다.

조직이 권위적이냐 아니냐는 구성원이 아니라 조직 우두머리의 개인적 특성에서 연유하는 수가 많다. "차 마시는 일 각자 알아서 하기,""윗사람 비위 맞추지 않기"는 어른에게 예쁘게 보여야 관계가 부드럽게 되는 조직에서는 실천하기 어렵다.

조직의 새로운 지도자 상은 기본적으로 수용적인 사람이어야 한다. 모두로부터 듣고 객관적 판단을 위해 최선의 노력을 하고 사람들을 '쳐내기'보다 '키워 내'는 능력이 가장 중요하다. 모든 걸 내가 해야 한다는 폐쇄적인 생각을 버리고 조정과 팀웍을 형성시키는 기술을 익혀야 된다.

운동 단체는 기업과 다른 특수성이 있지만 이제는 운동 단체도 효율화를 추구해야 하고 그를 위해서는 내부가 우선 민주적이어야 한다.

(3) 조직 형태의 다양화

개인의 상황 / 적성을 배려하는 다양한 형태의 조직이 생겨나야 한다. 마음은 있어도 '조직이 요구하는 여건'이 마련되지 않아 운동을 하지 못하는 사람들이 많다. 주부들의 경우가 대표적이다.

> "주부들의 경우 빡빡한 활동이 개인의 일상사에 미치는 영향력을 감당할 수 없어요. 일을 하나 맡게 되면 코가 꿰어서 계속 무리한 요구들이 떨어지니까 아예 안하게 되지요."

조직이 요구하는 여건에 개인이 맞추기보다는 다양한 여건의 개인들이 낼 수 있는 자원을 결합하는 형식으로 조직이 꾸려질 필요가 있다. 획일적인 기준으로 부담을 줘서 조직과 담 쌓게 만드는 것은 개인으로나 조직으로나 손해이다. 그보다는 참여의 수준이 개인에게 맞춰지게 다단계화해서 조직에 한발 걸쳐 놓게 하는 것이 자원을 고갈시키지 않는, 길게 보고 하는 운동이 되는 것이다.

이런 방향 전환의 분위기는 한 운동 단체 실무 부장의 다음과 같은 말에서 읽을 수 있다.

"사람들의 욕구를 받아들여야만 조직 내부도 되고 대상자도 조직이 된다. 일 주일에 한 번씩 꼬박꼬박 나와서 소모임 하던 것을 이젠 안한다. 자발적 요구가 충천하고 그 욕구의 실천력을 가진 사람만 소모임을 한다. 필수에서 선택으로 바꾼 것이다. 이제 아주 느슨한 조직을 하나 만들어 내야 한다. 월 1회, 년 2회 정도만 나와도 그 모임을 통해 큰 힘을 확인하면서 자기가 일하거나 생활하는 곳에서 그 끈을 가지고 만족을 느끼면서 일정한 도움을 주고 또 일정한 도움을 받는 느슨한 조직이 있었으면 좋겠다. 누구나 문턱없이 드나들 수 있는, 그래서 거기서 다양한 사람들을 만날 수 있는 조직이 필요하다."

조직 운영에도 신축성이 있어야 한다. 어떤 어떤 부서가 항존하다가 사안이 생기면 그 중 맞는 부서가 감당하는 기존의 형식도 유용하지만 새로운 요구에 따라 부분적으로 꾸려지는 팀 운영 방법도 필요하다. 개인 차원으로 보자면 한 부서에 고정 배치되어 있는 것이 지속성과 안정감을 주겠지만 때로는 자신의 욕구에 따라 이동할 수 있고 새로운 관심 거리가 있다면 조직 내에서 따로 하나 만들 수 있어야 자발성에 기초한 조직의 힘이 나올 수 있다.

아예 조직 기구표가 없는 조직도 만들 수 있다. 정해진 틀이 없이 상황에 따라 이렇게도 되고 저렇게도 되며 성원도 수시로 바뀔 수 있어서 형태가 고정되어 있지 않아 기존의 조직 기준에서 보자면 '유령 조직' 같지만 부정형의 단세포인 '아메바 형 조직'이라고 할 수 있다. '여러 가지 소모임이 수시로 만들어지고 열심히 하는 사람이 없어지면 그 모임이 자연스럽게 없어지는'「또 하나의 문화」가 그 예라 하겠다.

사람이 많고 규모가 커야만 조직이라는 생각도 바뀌어야 한다. 동지 의식 곧 혼자라는 생각으로 포기해 버리지 않을 힘을 충전받을 수 있을 만큼이면 된다. 문제 의식이나 관심사가 비슷한 사람들 중에서 모일 수 있는 여건이 비슷한 수준에서 '편리한 식'으로 모이면 되는 것이다. 다섯 명도 좋고 열 명도 좋다. 내세울 명분 없는 '몇몇 개인의 관심사'라는 생각이 들어도, 구성원 중에 뽀족한 '스타'가 없어도 된다. '대처(서울이나 대도시)'에서만 조직이 생기라는 법도 없다. 조직은 누구라도 어디에서도 만들어질 수 있다는 생각이 조직을 살려낸다.

이처럼 내용이나 크기에서 다양한 형태의 조직이 존재하고 조직 운영에 신축성이 있다면 삶에 건강한 변화를 바라면서도 기존 조직이 가지고 있는 '쓴맛'에 거부감을 느끼거나 '조직'에 위축감을 느껴 한발 비켜서 있는 사람들을 불러 모으기(조직하기)가 가능할 것이다.

(4) 조직간의 '장벽' 허물기 / 다중적 소속
한 단체가 모든 것을 다하는 시대는 끝났다. 운동도 점차 세분화되고 정교화되어야 한다. 뭐하면 어떤 단체라고 하는 식의 운동의 독과점 시대는 종말을 고해야 한다. 밖에서 보기에 비슷비슷한 문제나 주제를 다루는 단체들끼리 통합되어야 한다는 것도 거대주의적 발상이다. 오히려 비슷한 성격의 단체가 전국 곳곳에 분산되어야 한다. 서울에 본부를 두고 각 도청 소재지마다 지부를 둔 형태의 전국 조직이 '동원'되어 세를 과시하기보다는 자생적으로 생겨난, 지역의 특성을 고려하여 운영되는 작은 조직들이 정기적으로 만나 정보도 교환하고 활동 방안도 연구하고 힘 내는 잔치를 열어야 한다. 연대할 필요가 있을 때만 힘을 모으는 것이 더 효율적일 수 있다. 최소한 본부와 지부 사이를 오가며 조직을 유지하느라 쓰는 자원을 절약할 수 있지 않은가.

앞으로 필요한 것은 위계적 교류가 아니라 조직간의 수평적 교류이다. 각 단체가 내걸고 있는 목표가 다르더라도 사실은 다 우리 사회 안에서 얽히고 설킨 문제라 종당간에는 같은 고리를 풀어야 해결될 수 있다. 이런 상황에서 조직들이 서로 배타적이면 조직 이기주의가 생기고 폐쇄된 조직은 권력욕으로 이어지기 쉽다. 조직간의 교류는 운동에 넓은 시야를 제공하며 다른 조직의 좋은 점을 배우는 계기도 되고 관심을 서로 자극하기도 하여 조직을 살찌울 수 있다.

조직간의 교류를 활성화하는 가장 좋은 방법은 사람들이 교류하는 것이다. 바꿔 말하면 여러 조직에 참여하는 사람들이 많아질수록 좋다. 지금까지는 그런 사람을 무조건 양다리 걸친 사람이라고 의심하거나 "우리 사람을 저기서 **빼앗아 갔다**"는 식으로 보는 경향이 있었는데 그런 태도는 개인의 능력을 사장시키는 것이고 조직 운동에도 손해이다. 이렇게 여러 단체를 넘나드는 사람들은 조직간의 오해와 피해 의식을 줄이고 교류와 연대를 매끄럽게 하는 역할을 할 수 있다. 이제는 제한된 인원을 놓고 편 갈라먹기를 할 것이 아니라 정보 유통을 원활히 하는 통로를 열어 효율적으로 연

298

대 가능성을 탐색해 나가야 한다.

쓴맛이 적고 단맛이 많을 때 사람들은 조직에 즐겨 참여할 것이다. 이 글에서 쓴맛을 더 많이 쓴 것도 이 때문이다. 자기 소개 시간에 출생지나 나이, 학력, 취미 따위를 대지 않고 자신이 참여하고 있는 조직 이름을 대는 것이 예사로운 자기 소개법이 되는 세상이 오면 좋겠다. 자기가 참여하는 조직 이름을 줄줄이 대는 때, 자기가 나가는 조직이 하나밖에 없으면 단세포로 놀림 받는 때를 기대한다면 나는 구제 불능의 자유주의자일까. ■

내가 살고 싶은 세상

살고 싶다기보다 이런 세상도 한번쯤 있었어야?   **김혜순**

나는 가끔 대학생인 다 큰 학생들에게 일기를 제출하라고 한다. 주로 관찰 일기인데, 국민학교 때 자연 숙제로 '호박의 자라는 모습,' '고추의 떡잎은 언제 피어 오르나' 하는 그런 관찰 일기를 쓰는 것처럼, 오늘 내가 본 것은 무엇이었으며, 그것을 보고 무슨 생각을 하게 되었나, 관찰을 통한 감지와 인식의 세계를 묘사하는 그런 숙제를 낸다. 말하자면 관찰 속에 인식을 녹이는 방법을 써보라고 숙제를 내는 것이다. 오늘 한 남학생이 그 일기를 제출했다. 상대성을 가진 여성으로서 남학생의 관찰이 별로 공감이 가진 않았지만(그러나 상대방의 입장이 되어서 생각해 보는 것을 이해라 하지 않았던가), 어떤 부분 몹시 애처로와 여기에 실어 본다.

등교 시간. 만원 지하철 안에서 또 남자의 비명 소리가 들린다. 애처롭다. 들을 때마다 가슴이 미어진다. 매일 듣는 소리지만 오늘 따라 더 불쌍하다. 지하철 안에서의 성적인 희롱은 어제, 오늘의 일이 아니다. 지정된 남성 전용칸이 있는데, 왜 오늘 따라 여길 들어와 저 고생이람. 하긴 나도 늦는 바람에 이것저것 가릴 것 없이 올라 타고 보지 않았는가. 같은 남자로서 저런 소리가 들릴 때마다 가슴이 아프다. 여자들이 다 짐승처럼 느껴진다.

전동차가 한강을 지나자 차안이 좀 덜 복잡해진다. 나는 빈 좌석에 벌써 지친 몸을 구겨 앉힌다. 내 옆의 아줌마는 자리를 너무 많이 차지한다. 가랑이를 쫙 벌리고 앉아 신문을 읽고 있다. 나는 두 다리를 모은 채 옆으로 기울어진 자세로 버틴다. 만약 벌떡 일어서기라도 하면 아줌마 눈총을 받을 것 같아 그러지도 못한다. 안하 무인의 표정이다. 신문 기사를 보는지, 안보는지 하품을 할 때마다 어제 저녁 마신 술, 고기 냄새가 여전히 번겨 온다. 구역질이 나다 못해 속이 뒤집힌다. 나는 숨을 쉬지 않기로 한다. 내 코 앞에 남성 탤런트들이 올 여름 최신 유행 수영복을 입고 포즈를 취하고 있다. 그 아줌만 신문을 보면서 나를 힐끗거린다.

마치 내 사진이 거기에라도 실린 줄 아는 모양이다. 신문 사회면 상단엔 우리 나라 유사 이래 남성 시장과 구청장이 최초로 생겨났다고 큼지막하게 실려 있다. 그 옆의 만화엔 야로 양이 성전환 수술이나 할까 하는 주눅 든 모습이 실려 있다. 과장이다. 겨우 두 자리 빼앗겼다고 앙앙 불락하는 여성들이 우습다 못해 무섭다. 도대체 남성이 교육을 받고, 이 사회에 인재를 배출한 지 몇몇 해던가. 이제 겨우 시장 한 자리 했는데 그것 갖고 온갖 신문이 벌집 쑤신 것 같으니 여자들은 해도 너무했다는 생각이 든다. 우리 아빠가 여자는 다 짐승이다고 늘 하시는 말이 맞는 것 같다. 가장 늦고 가장 후진적인 생각을 가진 사회가 공무원 사회라고 통탄해도 늦지 않을 마당에 이게 무슨 호들갑인가.

학교에서 이 숙제를 내준 교수님을 만났다. 나는 교수님을 뵙고 숙제가 착착 진행중이라고 말했다. 그런데 저쪽에서 남교수님이 오신다. 나는 교수님을 만나면 아무 반응이 없지만 남교수님만 만나면 같은 남자지만 일종의 무시하는 느낌이 든다. 제가 겨우 남자인 주제에. 그렇지만 오늘 이 글을 쓰고 있으니 같은 남자로서 우리가 더 존중하고 우리가 우리의 성문제를 함께 생각해 보는 장을 만들어야 하지 않을까 하는 거창하고 건설적인 생각이 든다. 남교수님이 저만큼 멀어지신다. 오늘 따라 얼마나 많은 질곡을 견뎌 오셨을까 갑자기 같은 남자로서 연대감이 생긴다. 교수님은 나와 함께 걸어가면서 요새 갑자기 너 같은 남학생이 학교에 자꾸만 입학생으로 들어오니, 앞으로 우리 과가 문제라고 통탄해 마지 않으신다. 남자야 졸업하면 장가만 가려고 하지 어디 공부를 계속하려고 하느냐 말이다. 그래서 전 장가 안 가요 했더니 별종 쳐다보듯이 하시더니, 너 석남이냐? 하신다. 하도 남자들이 많이 들어와서 요샌 가르칠 맛도 안 나고 우리 학교가 자꾸 남대가 되어가는 것 같다고 한숨을 내리쉬고 치올려 쉬신다. 그래서 내가 이제까지 문학사가 여자 문인들로만 채워졌으니 남자 문인들로서 성적 대변혁이 문단 내에 일어난다고 해서 뭐 나쁠 것이 있냐고 항의성 발언을 했더니 난 너같이 의식 있는 남자는 싫어, 맛이 안나 하면서 휙 가버리신다. 아무래도 내 관찰 일기는 에프 학점을 맞을 것 같은 불운한 예감이 든다. 뭔가 감을 잘못 잡은 것 같다.

점심 시간에 식당에 들어갔더니 남자 종업원이 담배 피운다고 나더러 나가라고 한다. 여기 구내 식당에서 금연이라는 것이다. 그러나 저기 창가의 여학생은 버젓이 담배를 꼬나 물고 있지 않은가. 나는 같은 남자로서 남자 종업원에게서 배신감을 느끼고 자리를 떴다. 오늘 이 글을 쓰기 시작하면서 되는 일이 없는 것 같다. 역시 의식을 갖는다는 것은 피곤하고, 불행한 일인가 보다.

수업 끝나고 집에 돌아오니 9시 뉴스 시간, 나이 많은 여자 앵커가 굵직굵직한 국제 뉴스를 먼저 말하고, 다음 나이 어린 남자 앵커가 자질구레한 뉴스를 전한다. 저것도 갑자기 눈에 거슬린다. 저 두 자릴 바꾸면 무슨 난리가 나나. 남자는 왜 여자들 뒤치다꺼리만 하나 하는 의문이 지워지지 않는다. 성희롱이니 남편 구타니 하는 것은 내가 아직 모른다 하더라도 왜 이런 세상이 이 대명 천지에 아직도 전개되고 있나 하는 의문이 들고, 아버지 왜 절 남자로 낳으셨어요? 하는 원초적 원망까지 생긴다. 그래서 저녁 먹은 설거지도 전에 없이 탕탕 하게 된다. 방에 틀어박혀 전자 오락을 하고 있는 여동생이 원수같이 미워지고, 이 숙제를 내준 교수님처럼 원망스러워진다. 뭔가 관찰하고 나니 불운의 인생을 살게 되리라는 예감이 든다. 과연 뭔가 생각한다는 것이 인생을 불행하게 만든다는 사실은 만고 불변의 진리인 것 같다.

하민수, 「날개 — 갇혀진 비상 II」, 1994.

여성주의자로서 일하기*

「실버 문 여성 서점」

제인 촐리 (유승희 편역)

머리말

1984년 5월 31일 오전 9시 반, 「실버 문 여성 서점」의 개점을 축하하기 위해 채링 크로스 68번가 주변에 한 떼의 여성들이 모여들었다. 우리 모두는 들떠 있는 한편으로 결의에 차 있었다. 첫날 매상고는 250파운드였는데 우리를 후원하는 친구들과 우연히 서점에 들른 손님들 덕분이었다. 250파운드란 돈은 런던 중심가에 여성 서점을 차리는 데 2년 동안 들인 계획과 노고의 첫 결실이었다.

무엇이 이런 별난 도전을 계획하고 실행에 옮기게 했는지를 살펴보는 것은 우리가 인습적인 구조 속에서 일하는 개인으로서 느꼈던 어려움들의 맥락들을 짚어 보는 일이기도 하다. '개인적인 것은 정치적인 것이다'는 말은 최근 여성주의의 가장 주요한 정치적 개념으로 자리잡았다. 확실히 이 말은 우리 셋 모두에게 적용되었다. 직장 생활은 우리가 좌절하게 된

---

* 이 글은 Jane Cholmeley, "A feminist business in a capitalist world: Silver Moon Women's Bookshop," in Nannele Redclift & M. Thea Sinclair, *Working Women: International perspectives on labour and gender ideology* (London: Routledge, 1991), pp.213-232을 편역한 것이다. 지면 관계상 우리 실정과 크게 상관이 없는 부분은 없애거나 요약하였다. 글쓴이 제인 촐리는 영국 런던에서 실버 문 여성 서점을 운영하고 있고, 옮긴이 유승희는 도서출판 또 하나의 문화에서 일하고 있다.

맥락이자 변화의 동기를 제공했다.

나는 브리티쉬 인쇄사 해외 저작권 부장으로서 만족스러운 직장 생활을 하고 있었다. 그러던 중 언론 노련 간부 해고 사건으로 넉 달 동안 산업 분규가 계속되었다. 산업 분규 와중에 회사의 주식 공개 매입이 이루어졌고 일이 재개되었다. 나는 특수 신분 보장을 받고 일터로 돌아갔으나 그러한 보장은 우습게도 두 주만에 파기되고 말았다. 꼭 석달 뒤에 최저 퇴직 수당을 받고 직장을 그만두었다. 처음부터 실버 문에 참여하였던 수우 버터워스와 1년 뒤에 가담한 제인 엔저도 둘 다 비슷한 경험을 갖고 있었다. 수우는 영국 유수의 북클럽의 양심 있고 충직한 편집자였다. 경영 부조리로 그가 일하던 부서가 중복되게 되었고 그녀가 더이상 필요없게 되었다. 1983년 4월에 실버 문 계획에 가담한 제인은 우리 가운데 유일하게 자진해서 직장을 그만둔 사람이었다. 영국 의회에서 일하던 그는 조직이 숨막히고 위계 질서가 억압적이라는 것을 알게 되자 사표를 쓰고 실버 문의 모험 속으로 뛰어들었다.

이렇게 여러 이유로 우리 각자는 생계 대책을 세워야 할 긴박한 필요성을 느꼈다. 업계와 정부 조직에서 통용되는 정상적 형식들은 개인에게 파괴적이다. 그것은 자연스레 우리 마음 속에 여성주의 사고를 형성하였고 우리는 그 덕분에 기존의 형식들을 벗어버릴 수 있었다. 이제 국외자인 우리는 어디로 가야 하나 또는 어디로 갈 수 있을까? 현실적인 평가를 내려야 할 때였다. 우리 모두의 기술과 목적이 합해져 책 + 여성주의가 되었다. 출판사를 시작할 자본이 없었던 우리는 여성 서점을 목표로 정했다.

왜 그런 목표를 세웠느냐는 질문에 대한 답은 이제까지는 개인적인 것이었고(자서전적이고) 대체로 부정적인 환경에 대한 반응이었다고 할 수 있다. 우리 목표는 또한 근본적으로 긍정적인 정치 분석에 의해 세워진 것이었다. 우리 목적은 여성들의 저작물을 위한 영구 판로를 마련하는 것이었다. 하리엣 마르티노로부터 버지니아 울프, 달 스펜더, 틸리 올슨 그리고 오늘날의 안드레아 드워킨에 이르기까지 여성들의 목소리는 들리지 않으며, 여성들은 유통에 참여하지 못한다는, 지속적이고 근거 있는 불평들이 있어 왔다. 지금은 상황이 점차로 개선되어, 여성 출판사들이 여럿 있고, 여성 잡지들도 가정 이상의 영역을 망라하고 있다. 그러나 문제는 여전히 남아 있다. 많은 여성 / 여성주의자들이 글을 쓰고 있고 많은 여성 / 여성주의자들이 책을 읽고 있지만 공급과 수요 간의 흐름이 원활하고 자유롭지 못하다. 여성들의 저작물의 입수를 구속하는 많은 제한들, 문제점들, 편견들이 있다. 한 예로 여성 출판사the Women's Press는 많은 서점들에서 정식 공간을 얻을 수 없었다. 요즘에도 대부분의 출판사의 판매 주력은 남성이며 도서관에서 구매 결정은 흔히 남성들에 의해 이루어지고 있다.

런던 의회에 제출한 문건에서 우리는 다음과 같이 밝힌 바 있다. '수많은 현존 책 주문, 서평, 유통 경로는 여성주의 저작물에 우호적이지 않으며 그것을 적대적인 것으로 또는 한때의 유행으로 보고 있습니다. 우리는 여성들의 저작물의 촉진과 지속을 보장하는 여성들의 판로를 갖는 것이 몹시 중요하다고 느낍니다.' 여성 서점의 건립안은 명백한 도전이었다. 여성 서점은 유통 체계에 있어 중추점이 될 수 있을 터였다. 우리 각자의 유용한 경험과 자원만 있다면 실현 가능한 규모의 프로젝트가 될 수도 있었다. 개인적인 필요성에다 정치적 목적이 한데 어우러져 서점 설립에 충분한 동기가 되었다.

생동감 넘치고 실현 가능한 프로젝트라고 하는 것은 이상과 현실이 함께 만나는 지점이다. 1982년 4월과 1983년 4월 사이에 우리는 여성 서점에 대한 생각을 구체화하고 서점에 대한 의미들을 발전시켜 나갔다. 우리는 다음의 원칙들을 여성주의 사업의 기본틀로 잡았다.

(1) 생활 임금 — 우리는 달리 생각할 여유가 없었으며 여성들이 제 밥벌이를 해야 한다고 믿었다.
(2) 여성주의 사고를 널리 전파하는 데 도움을 주고 여성 작가들의 수입의 원천을 제공하기 위해 서점을 건립.
(3) 되도록이면 중심지에 — 우리는 우리 여성 서점이 변두리에서 나와 중앙으로 진출하는 것이 정치적으로나 경제적으로 굉장히 중요한 일이라고 느꼈다.
(4) 다른 무엇보다도 우리 자신의 일을 자율적으로 관리할 수 있기를 바랐다.

1983년 4월부터 1984년 5월까지 우리는 시간이 나는 대로 틈틈이 서점 건립을 목표로 일했다. 실제로 여러 가지 사건들이 한데 뒤엉겨 진행되었는데, 장소 물색, 재정 확보, 회사 틀잡기, 여성주의자로 일하기 등으로 나눌 수 있다.

장소 물색

우리는 여성들의 저작물을 하나의 정치적 성명서로서 중앙에 배치하여 가장 잘 볼 수 있게 하고 싶었다. 여성들의 저작물을 모든 여성주의자들에 대한 정당성을 선언하는 것으로서 그리고 일반 시장에까지 뻗치는 중요한 역량으로 삼고자 하였다.

가장 먼저 지도를 하나 사서는 지도 위에다 모든 여성주의, 급진파 서점들과 그들의 담당 구역을 표시하였다. 남의 지역을 침범하는 것은 졸렬하고 경제적으로도 어리석은 짓이었다. 런던 서쪽 지역을 첫 목표로 정했다. 주말마다 수우와 나는 거리를 쏘다니면서 '거리의 목 좋은 쪽'을 눈여겨봐 두었다. 지역에 대한 감을 갖게 되자 면적과 비용 같은 실제적인 세부 사항들을 헤아려야 했다. 서부 런던은 값이 어마어마하게 비싸 얻을 수 없는 곳이라는 것을 알게 되었다. 쓸만한 지역이 좀더 혼재되어 있는 곳을 찾아 다녀 보았지만 값은 여전히 비쌌고 권리금도 여전히 더 비쌌다. 우리의 목적을 이루기에는 스스로가 너무나도 비현실적이 아닌가 하고 생각하기 시작했다.

그러다가 1983년 4월 16일에 우리는 믿기 어려울 행운을 잡았다. 런던 의회가 '용도를 오직 서점으로 한정할 것'을 조건으로 하는, 채링 크로스 로드에 있는 두 개의 상점에 대한 광고를 냈다. 런던 의회는 채링 크로스 로드의 전통적인 특성을 보존하고 싶어했다. 게다가 우리 프로젝트는 런던 의회 정책의 우선 사항들과 맞닿아 있었다.

1983년 4월 채링 크로스 68번가 광고를 보고 최종적으로 1984년 10월 31일에 임대 계약서에 서명을 하기까지의 과정은 복잡 다단했다. 처음 장소를 물색할 때부터 임대 계약서에 서명을 하기까지 전 과정에 이년 반이라는 길고도 험난한 시간이 걸렸지만, 채링 크로스 로드 중앙에 당당히 여성 서점을 세운 일은 우리의 엉뚱하기 짝이 없는 꿈조차도 넘어선 위업이었다.

재정 확보

1983년 6월 22일 우리는 영국에서 가장 유명한 서점가에 제일 가는 서점 자리를 제의받았다. 임시로 일 년에 단돈 7천 파운드의 임대료를 내기로 하였다. 첫번째로 해야 했던 일은 얼마의 자본이 필요하며 또 그것을 어떻게 마련할 수 있는지를 구상하는 것이었다. 건물은 완전히 파손되어 있었고 수리, 내부 시설들, 서적 구입, 수수료, 보험료 등의 자본금을 계산해야 했다. 다음으로 재원의 출처를 입증하는 수입 지출 내역이 담긴 사업 계획안을 마련해야 했다. 건축하는 친구가 개축 비용 견적을 내주었다. 자본금의 나머지를 어림해 보았다. 카페 비용을 계산하기 위해 카달로그를 갖고 자리에 앉아 우리가 생각할 수 있는 모든 항목의 비용을 산정하였다. 최종적으로 계산된 숫자는 47,214파운드였다.

47,214파운드는 마련하기에는 큰 액수인 듯했지만 우리가 그것을 마련해낼 수 있으리라는 것을 의심하지 않았다. 네 군데가 확실하게 접근할 수 있는 곳으로 떠올랐다. (1) 런던 의회 (2) 가족, 친구 그리고 우리들 자신, (3) 은행 (4) 그밖의 기부금 단체들. 15개의 상이한 기부금 단체들에 접근하였으나 성공을 거두지 못했다.

후한 런던 의회의 보조금에다가 정부 사업체 보장 계획 아래 은행에서 15,000파운드의 대출을 시도해 보았으나 은행측의 사무 착오로 대출은 이루어지지 못했다.

마침내 친구와 친척들로부터 약 15,000파운드를 마련하였다. 그들 중 잘 알려진 작가 두 명이 우리에게 6% (은행 예금 이자율에 맞먹는 것) 이자에 1,500파운드를 빌려 주었다. 가족들은 우리에게 7,000파운드를 무이자로 빌려 주었다. 그들은 우리를 개인적으로 지지하였으나 서점의 목적에 기부한 것은 아니었다. 수우와 나는 자금의 수지를 맞추었다.

우리에게 최종적으로 유용한 자본금은 47,214파운드였으며 그 중 32,614파운드는 런던 의회에서 나왔고 14,600파운드는 개인에게서 나왔다. 그런 상황은 두 가지 중요한 문제점들을 제기하고 있다. 첫째는 런던 의회 보조금이 없었다면 실버 문을 세울 수 있었겠는가? 둘째는 실버 문 내에 통제권의 배분에 돈의 출처가 어떻게 영향을 미쳤는가?

첫째, 런던 의회의 보조금이 없었다면 우리는 눈을 좀더 낮추어야만 했을 것이고, 카페는 못하고 서점만으로 출발했을 것이며 건물 수리 비용을 아끼고 우리 스스로 더 많은 것을 해결하고 지하층도 그대로 내버려 두었을 것이며 출판사들과 좀더 많이 신용 거래를 텄을 것이다. 런던 의회의 자금이 없었다면 서점 건립이 좀더 더디고 어렵긴 했겠지만 가능했었으리라고 확신하고 있다.

둘째로 통제권의 문제는 우리의 기금 확보 노력 전반에 걸친 지속적인 주제였다. 실버 문을 세우는 데 있어서 일차적 목표들 가운데 하나는 우리 자신이 일에 대한 통제권을 갖는 것이었다. 앞서 언급된 요청들에 덧붙여 런던 의회는 두 가지 조건을 더 내놓았다. (1) '해당 집단은 4년 안에 운영을 중단해야 할 일이 생긴다면 의회에 설비를 시가대로 반환할 것,' (2) '오는 5년 안에 어느 때라도 이익이 생길 경우 이 이익금을 서점 활동에 써야 한다는 것에 동의하는' 것이었다. 아마도 첫번째 조건은 발생하지 않았을 것이고 우리는 어쨌거나 건전한 사업 감각으로 두번째 조건을 좇았을 것이다. 개인적으로 마련한 14,600파운드는 어떠한 형식적인 조건이 따라붙지 않았다. 그런데 우리 가운데 두 명은 14,600파운드를 개인 재정으로 마련하였고 세번째 사람은 아무것도 제공할 수 없었다는 점에서 내부적으로 통제권의 문제가 발생했다. 이런 불균형은 내가 나중에 언급하는 영향들로 이어졌다.

회사 틀잡기

세 명의 몸을 아끼지 않는 여성주의자들로는 법인을 만들지 못한다. 은행이 어떤 인정할 수 있는 법적 실체를 고집하리라는 것을 알고 있었고 조직의 특성상 제3, 더 나중에 제4의 사람이 팀에 가담하게 될 가능성을 갖고 있었다. 우리는 합자, 공동체, 협동 조합, 자선 단체, 유한 책임 회사 등을 검토하였는데 최종적으로 유한 책임 회사라는, 기성의 자본주의 방도만이 남겨졌다. 그런데 아주 합리적으로 사적 이윤을 추구하고 고수하는 회사 구조에는 공공 기금을 주지 않는다는 런던 의회의 회사 기준과 충돌하게 되었다. 런던 의회는 우리에게 보증인에 의한 유한 회사 company limited by guarantee로 틀을 바꾸라고 하였다. 이러한 형태의 법적 실체로 우리는 정식 사업 결정들을 내릴 수 있다. 정관에서 우리는 회사의 목적을 다음과 같이 규정하고 있다. '여성들에 의한 그리고 여성들을 위한 저작들의 판로를 촉진하고 마련하고, 여성들의 네트워크의 확장을 도모하며 여성들의 훈련 및 교육을 장려하고 여성들을 위한 안전한 모임 장소를 제공한다.'

보증인에 의한 유한 책임 회사는 공동 소유 철학에 입각하고 있다. 회사가 존재하는 동안 그 목표가 변할 수도 없고 그 자산이 개인 수중에 들어갈 수도 없다. 작으면서도 다소 공개되어 있지 않은 방식의 이런 법적 형태는 그 자체로 변화를 위한 도전이자 장치이다. 우리는 '출발'서부터 우리 길을 갔다.

여성주의자로서 일하기

1988년에 실버 문은 사업을 시작한 지 근 네 해를 맞았다. 4년 동안 시행착오를 거치면서 (우리와 다른 사람들의) 이론을 검증하였고 몇 가지 부족한 점과 몇 가지 완전히 특이한 점들을 발견하였다. 이 기간 동안 실버 문에서 일어난 가장 주목할 만한 변화는 1985년 카페를 닫고 곧이어 1986년 5월에 책매장을 지하까지 넓혔다는 것이다. 오늘날까지도 여성들은 들렀다가 카페가 없는가고 묻는다. 카페는 빠뜨릴 수 없는 우리 꿈의 일부분이었다. '우리는 여성들이 전통적으로 혼잡한 공간, 곧 남성들이 변함없이 좀더 많은 공간을 차지하는 한편 좀더 시끌벅적한 곳에서 고통을 겪어 왔다고 믿는다. 여성들은 포도주 바와 카페에서 너무 자주 괴롭힘을 당하고 있거나 또는 술집이라는 '남성의 공간'에서 불편함을 느끼고 있다. 우리는 우리만의 공간을 가질 만한 가치가 있으며 그럴 필요가 있다.' 많은 여성들이 카페를 사랑하였으며 서점 / 카페의 조합을 이상적인 것으로 느꼈다. 우리에게 재정 고갈과 격심한 노동을 해야 할 것이라고 경고한 사람들도 있었다. 그들이 옳았다. 우리는 본질적인 문제점들을 안고 있었다. 24석의 카페는 너무 비좁았다. 사업 허가서는 요리를 허가하지 않았고 우리가 그렇게 할 공간도 여의치 못했다. 우리는 찬 음식과 뜨거운 스프를 제공할 수 있을 뿐이었다. 카페는 거리에서 보이지 않았고 그리 달갑지 못했다. 우리 주변에 있는 샌드위치바와 다른 음식점들은 모두 점심 시간이면 사무직원들로 꽉꽉 들어찼지만 우리는 그 시장에 접근하는 방법을 배우지 못했다. 나는 실버 문 카페가 레즈비안 모임 장소!라는 전혀는 아니지만 근거가 없는 의심이 있었다고 생각한다. 이 점은 우리가 필요로 했던 사무직에 종사하는 손님들의 출입을 방해하였다.

1985년 5월에 우리는 카페의 질을 높이기 위해 맥주, 포도주, 사이다 취급 허가를 신청하였다. 역시 커피 한 잔보다는 포도주 한 병에 이익이 더 남으며, 그로 인해 저녁 개점의 가능성과 가게를 좀더 사회적 기능 / 지역 기능을 부여할 가능성이 높아졌다. 신청은 장기간에 걸친, 굉장히 비싼 대가를 요하는 작업이었는데 끝내 허가를 받지 못했다. 웨스트민스터의 허가관은 '현명'하게도 여성 전용 클럽으로서 우리가 남성 화장실을 갖지 못했기 때문에 허가를 받을 수 없다고 판단하였다. 우리가 조만간 남성들을 들여보내지 않을 것이라는 것을 그들은 생각할 수도 없었던 것이다! 허가의 실패는 카페의 종말을 뜻했다. 경제 현실은 감상을 극복해야 했다. 카페는 직접비는 충당했지만 간접비는 결코 충당하지 못했다. 게다가 그에 관한 걱정이 서점으로부터 우리의 모든 생각과 노력을 앗아가고 있었다. 네번째 일꾼인 수잔이 여행을 하기 위해 잠시 쉬기로 한 것을 계기로 1985년 10월에 우리는 카페를 닫았다.

18개월 동안 실버 문 카페를 운영하면서 몇 가지 재미있는 태도들이 눈에 띄었다. 가장 좋을 때는 기분을 돋구어 주는 것이었지만 하향세를 면치 못했다. 서점과 카페에서 일하는 여성들에 대한 여성 손님들의 태도는 굉장히 달랐다. 카페에서 하는 일은 흔히 단순한 일, 곧 접시에 케이크를 담거나 컵에 커피를 따르는 기능적인 일이었다. 서점 일은 좀더 조언을 하는 일이고 지적으로 보였다. 카페에서 거의 모든 음식은 집에서 만드는 것이었고, 여성들이 만드는 것이었고 아주 좋은 재료를 썼다. 가격 면에서 경쟁이 되기도 했는데 길가에 늘어선 대부분의 샌드위치바에서 파는 음식보다 더 쌌다. 그런데도 '중심지에 공간을 마련한 것은 좋은데 음식/커피는 너무 비싸다'는 얘기를 몇 번이나 들었던 것 같다. 우리는 여성들의 평균 수입이 남성들보다 훨씬 못하다는 것, 그리고 우리 손님들의 다수는 직업이 없다는 것을 민감하게 받아들였지만 반대로 손님들이 임대료, 세금, 경상비를 지불해야 하는 경제적 사실을 이해하지 못하고 또 우리 자신의 노력을 얕잡아보는 것으로 인해 자주 몹시 풀이 죽곤 했다. 카페를 문닫게 되었을 때 슬펐지만 그렇게 슬프지만도 않았다.

내가 앞서 이미 언급한 바 있는 두번째로 주요한 변화와 학습 영역은 근무 순환제의 변화이며 함께 일하는 것의 이론과 실제였다. 우리는 내내 너무나 열심히 일했기 때문에 이런 중요한 문제에 별 생각을 기울이지 않았다. 회사는 1984년 3월에 세워졌고 이것이 우리에게 법적 실체를 주긴 했지만 어떻게 우리가 함께 일해 나가야 하는가를 선택하는 것에 대해서는 아무런 지표나 길잡이를 제공하지 못했다. 우리는 여러 가설을 세웠다. 즉 한 사람의 관리 책임자와 그 수하의 사람들이 있어서는 안된다는 것이었다. 균등한 임금와 휴일, 근무 순환, 기술 공유, 균등한 노동 시간과 이익 분배, 참여, 책임을 내세웠다. 이전에 불만족스러운 위계 질서 속에서 일을 한 경험이 있는 우리는 균등한 위험과 노력, 책임과 보상을 기대하고 있었다.

첫째로 우리가 택한 작업 유형의 문제를 보자. 우리는 작업을 돌아가며 하기로 정했다. 어떤 면에서 본다면 이러한 작업 방식은 여성 해방 운동의 특정 부분에서 많이 채택되었던 개념이다. 직종 전문화를 통해 기술, 정보, 지식을 보유하게 된 피고용인이 그렇지 못한 다른 피고용인에 대해 권력을 행사할 수 있는 토대를 창출하였다는 관점에서 근무 순환제가 발전되었던 것이다. 근무 순환제는 지식을 공유하고 권력의 축적을 저지하기 위해 고안되었다. 더구나 많은 기술을 배우고 공유함으로써 특정 작업들을 탈신비화할 작정이었다. 예를 들면 우리의 맥락에서는 모든 사람이 언젠가는 임금을 지불하고, 부가가치세 신고를 하고, 금전 출납부를 쓰고, 예산에 대한 집행을 점검한다면 재정 행정은 이질적인 권력의 집중이라기보다는 손쉬운 상대가 될 수도 있을 것이었다. 유사하게 모든 이가 하루에 여덟 시간 반을 끊임없이 질문을 받고 여행 정보에 대한 요구를 취급하는 계산대 또는 카페에서 일한다면 우리 각자는 특정 직종이 갖는 보람과 스트레스를 내심으로 이해할 수 있을 것이었다.

우리는 여러 가지 이유로 근무 순환제를 선택했다. 우리는 모두 전통적인 작업 관행에 만족하지 못해 왔고 실버 문에서 그것들을 되풀이하고 싶지 않았다. 더욱이 근무 순환제는 당시의 정치적 흐름이었으며 이러한 외적 기대감은 우리의 사고에 영향을 미쳤다. 직종 전문화에서 근무 순환제로 흔들려 가는 추 같은 것이었다.

1984년 5월 말에 2주일을 주기로 완전 근무 순환제로 출발하였다. 네 가지 일이 있었다. (1) 계산대 (2) 행정 (3) 카페 (4) 급사 — 점심과 차 준비, 심부름 등 뒤치다꺼리를 도맡아 하는 사람. 1984년 9월에 접어들면서 우리는 곧 의사 소통과 책임성의 위기를 맞았다. 거의 한 사람당 열흘에 하루를 잃고 있었다. 2주일마다 첫 아침과 마지막 오후는 각각 '자리를 잡는

데’ 또 ‘인계하는 데’ 할애되었다. 우리의 격심한 노동 조건을 고려하면 누구든 다른 사람의 작업 공간을 완전하게 인계받는 일은 굉장히 짜증나는 일이었다. 마치 즐겁고 잘하는 한 가지 직종에 안주했던 것과 마찬가지로 자기가 그렇게 즐겨하지도 썩 잘하지도 못하는 일을 해야 했다.

책임성에도 심각한 문제들이 있었다. 6월에 A가 처리한 일에 대해 문의를 받은 B는 7월에 아무런 기억이 없는 상태에서 제대로 조치를 취할 수 없었다. 메시지를 잘 모아 두지도 않았고 남아 있는 메시지의 대부분은 적절하지도 못했다. 또 손님의 편에서 볼 때는 누구를 상대하고 있는지 전혀 몰랐다. 손님의 주문에 대한 전달 체계는 처리를 시작했던 여성이 두 주일 동안 카페로 가버리면서 희미해져 버렸다. 세번째 예는 도서 주문이었다. 주문 과정이 사람마다 그리고 슬며시 끼어든 어쩔 수 없는 좋고 싫음에 따라 변화를 거듭하였기에 구입 도서의 수준은 요요(옮긴이 주: 장난감의 일종) 같이 움직였다. 서점 운영은 위험스러울 정도로 엉기고 있었다. 1984년 9월에 우리는 카페를 빼놓고는 근무 순환제를 끝냈다. 우리는 각자의 기술과 선호도에 따라 특수 업무와 책임을 분담하였다. 모든 사람이 여전히 돌아가며 두 주일을 카페에서 일했다. 모두가 가장 선호하지 않는 일이었기 때문에 우리는 여전히 돌아가며 할 수밖에 없다고 느꼈다. 서점은 보다 원활하게 돌아가기 시작했다.

평등과 권력

우리는 또한 일을 함께 하는 것의 이론과 실제와 관련하여 좀더 광범위한 도전에 직면하였다. 우리는 평등의 어떤 차원들을 갖고 있었는가? 실버 문의 일 / 권력 관계는 무엇이었는가? 한편으로 보면 우리는 전적으로 헌신적인 여성들로 이루어진 팀으로 각자는 프로젝트에 당당하게 참여하였다. 각자는 믿기 어려울 정도로 열심히 일했고 기술, 아이디어, 노력을 다했다. 다른 한편으로는 1984년 5월 개점하면서 이미 심각한 불균형을 갖고 있었다. (1) 프로젝트 참여 기간 — 2년, 1년, 2개월 (2) 세 명의 전임 근무자, 한 명의 시간제 근무자 (3) 재정의 불균형 — 노동력 제공은 노동력 제공 더하기 재정 기부와 같은 것인가 아니면 같은 것이 아닌가? (4) 위험 불균형 — 네 명의 일꾼 가운데 셋은 개인적으로 무거운 재정 보증 책임이 있으며 세

명의 보증인 가운데 한 사람은 유형 자산을 아무것도 갖고 있지 않았기 때문에 사실상 위험은 진짜로는 우리 가운데 두 명에게만 닥쳤다.

팀이 원래 2명에서 3명으로 늘어나던 1983년 4월 이후 점차 문제들이 표면화되었다. 워크숍을 통해 이러한 긴장들을 점검해 보고 처리하자는 얘기가 있었다. 부분적으로는 우리의 감정을 대면하는 것에 대한 두려움 때문에, 부분적으로는 건축업자, 기금 마련, 장비 및 물품 구매 같은 '구체적인' 문제들의 격심한 압박 때문에 제안은 실현되지 못했다. 합당한 여성주의 노동 방식이란 문제는 밑으로 숨고 말았다.

이 문제는 네번째 일꾼을 면접하는 것을 계기로 1984년 3월에 또다시 표면화되었다. 우리 중 셋은 1년 동안 아무런 형식적 조직 없이 일해 왔으며 이런 것에 완전히 만족하고 있지도 않았다. 조 프리먼은 '무조직의 압제 Tyranny of structurelessness'에서 여성 해방 운동이 억압적 조직 문제의 해결책으로 무조직을 주창한다고 비판하였던 것을 떠오르게 했다. 프리먼은 무조직이 환상이며 조직적으로 불가능한 일이라고 주장하였다. 형식적 조직의 결핍이 무조직을 뜻하는 것은 아니며 비공식적인, 아직 알려지지 않은 조직들의 억제되지 않은 상호 작용을 뜻한다는 것이다.

일 년 전에 이 문제를 속으로 감추었던 우리는 여전히 그 문제를 완전히 다루지 않았다. 우리는 이중 조직을 개발했다. 매일 실버 문의 모든 일꾼들은 똑같이, 가능한 한 합의 하에 일을 하고, 이에 우선하여 세 명의 '창립자', 곧 재정 보증에 책임이 있는 사람들이 최종 결정권을 가졌다. 이러한 잠정 협정은 그럭저럭 잘 운용되어 왔다. 그런데 세 명의 창립자들이 최종 결정권을 가졌다는 '최저선'의 권력이 일상의 작업에 끼어들리라는 걱정들이 있었으며 실제로도 좀 그렇다. 우리는 여러 문제점들을 공유하여 왔다. 작업 투입의 양과 질의 문제, 전임과 시간제 근무의 문제, 부단한 그러면서도 빈번하게 격심한 시간에 몰려, 그리고 무뚝뚝한 성격(대개는 내 성격) 때문에 생긴 의사 소통의 문제가 바로 그것이다. 해결책을 말하는 것이 사례를 과장할 수 있을 것이기 때문에 잠정 협정이란 말을 일부러 사용하고 있다. 우리는 '창립자들'과 후임 일꾼들 간에 실질적 불균형을 반영하는 모순적인 구조들을 지닌 채 살아가고 있다.

여성들간의 평등이란 무엇인가? 우리는 계급·인종·성·교육·기술·재원·부양 가족 등의 차이에 깊이 **빠져버린** 여성 해방 운동을 하고 있다.

우리는 서로에게 공정하고 평등할 수 있는가? 여성 해방 운동이 원하기만 한다면 할 수만 있다면, 여전히 깨뜨려야 할 이론적인 난제인 듯하다.

실버 문에서 우리의 경험은 유동적이었으며 변화를 겪었다. 세번째 창설 멤버인 제인 앤저가 1986년 10월 그만두었을 때 우리는 3명의 전임 근무자와 1명의 시간제 근무자에서 2명의 전임 근무자와 5명의 시간제 근무자로 확장하였다. 이것은 세력 균형상의 중대한 재정돈으로 이어졌다. 1988년 2월에 3명의 전임 근무자와 3명의 시간제 근무자로 바뀌었다. 시간 관리 문제는 시간제 직원을 더 쓸 것인가 하는 데서 나왔다. 예를 들면 누구는 글을 쓰기 위해, 대학 공부를 하기 위해 일주일에 이틀 일하고 있다면 매주 한번 저녁에 열리는 직원 회의에 참여하는 것이 합당한 것인가? 우리는 매주 한번 일하기 직전에 가졌던 회의를 매달 한번 저녁에 갖는 것으로 바꾸었다. 시간제 근무자가 늘어나면서 조직의 문제점들이 나타났다. 이러한 문제점들을 직원 회의를 재구성하고 회식을 함으로써 해결해 보려고 했다. 식사를 같이하고 직원 회의를 사교적인 분위기로 만든 것은 모든 이들이 서로를 알게 되는 데 도움이 되었다. 그런데 불행하게도 저녁 시간에 이루어지는 탓에 모두가 더욱더 지치게 되기도 했다. 현재 새로운 형식을 시도하고 있는 중이다. 사업을 위한 월례 직원 회의와 넉달에 한번 저녁 회식을 하고 있다. 우리의 계획적인 비공식성은 이따금 필요로 하는 정보를 받지 못하는 사람이 생기는 결과를 낳았다. 이 문제는 전통적인 사무실에서의 탁상 사무, 곧 직원들간의 메모와 회의 전에 의제를 돌리는 것으로 해결되었다.

이 모든 성장과 변화는 그때 그때 대응을 할 수 있는 사업을 해나가야 한다는 끊임없는 압력에 대항하여 일어났다. 같이 일하는 사람들의 요구를 이해하고 보살피는 것은 지극히 중요하다. 마찬가지로 손님들에게 가능한 최대한의 편의를 제공하는 것도 그러하다. 실버 문은 여성들의 저작을 독자들에게 전달하기 위해 존재하며 만일 그 일을 잘해 내지 못한다면 실패하고 말 것이다. 우리는 손님을 최우선으로 생각한다는 사실을 늘 마음에 새겨 두어야만 했다.

과거 4년은 도전의 세월이었다. 우리가 좀더 배울 때마다 그리고 상황이 변할 때마다 전통적인 작업 방식과 대안적인 작업 방식들을 검증하는 시기였다. 되돌아보면 우리는 어리석게도 이러한 문제점들을 곧, 그리고 좀더

News from Silver Moon

I find it impossible to believe that Christmas is with us again. I'm still waiting for summer – we had a nice day back in May I seem to remember. Still, I am one of the lucky people who really love the festive season, any minute now I'll be driving the rest of the staff mad by humming *Frosty the Snowman* almost continuously. The dog has already written to Santa with her list and I am just finalising mine. And the shop is groaning with goodies, many of which I've described on the following pages.

Most important of all for those of you planning to do your shopping in person, our December opening hours will be as follows:

**29 November until Christmas
open 10am to 7.30pm
Except Thursdays when we will stay
open until 8pm
24 December 10am to 3pm
Re-open on 29 December 10am to
6.30pm**

The Quarterly looks a little different this time as I have tried to cram in as many gift suggestions as possible. Opposite and for the next two pages you will find ideas for presents and features on diaries and calendars. Page 4 brings you GIFT BOOKS & NEW TITLES FROM VIRAGO PRESS, while page 5 has NEW FROM SILVER MOON BOOKS and LESBIAN BESTSELLERS. Page 6 highlights FICTION BESTSELLERS and a tribute to TONI MORRISON who has won the 1993 Nobel Prize for Literature. Finally, on page 7 a feature on TEE-SHIRTS, THE PERFECT GIFT is accompanied by THE 1993 TEN BESTSELLERS AT SILVER MOON. Even I feel excited by it all and I wrote it!

Now, we look forward to 1994 which will be a big one for Silver Moon. Unbelievably we celebrate our tenth birthday on 31 May. Watch this space for some very exciting events to celebrate ten wonderful years of selling women's books.

As always do remember that this is just a selection of the many thousands of books we stock, and also don't forget we are very happy to try to order any books in print for you even if they are not normally on our shelves.

Abigail, who does all our mail order, has asked me to remind you to order early to avoid disappointment – remember the post does take longer at this time of year, but we will do our best to despatch things as quickly as possible.

So, once again from all of us here at the shop: Abigail, Cathie, Grainne, Iris, Jane, Joy, Mel, Sonja and not forgetting Biff and me, Sue, thank you for all your support during 1993 and have a lovely holiday period and a great new year.

GIFT BOOKS

The Quarterly this time is full of books, gift books, calendars and diaries, and tee-shirts to solve all your gift problems. From the hugely expensive to £3.99 paperbacks – something for everyone, not forgetting yourself. Look no further.

THE ROBBER BRIDE, MARGARET ATWOOD, 470pp, h/b, £15.99: Everyone knows someone like Zenia – beautiful and smart and hungry, by turns manipulative and vulnerable, needy and ruthless, the turbulent centre of her own never-ending saga. Now Zenia is dead, and three women friends have attended her funeral – with much relief. But suddenly she's alive again, stalking into the restuarant where they are sharing a decorous lunch. She's back in town, but will her old magic tricks still work? This is an unsettling, drastic, funny and magnificently written novel. We had the great pleasure of welcoming Margaret Atwood back to Silver Moon during October when she signed copies of *The Robber Bride*.

THE PENGUIN BOOK OF LESBIAN SHORT STORIES, ed MARGARET REYNOLDS, 430pp, Paperback £9.99, Hardback £15.99: In this wide-ranging anthology, Margaret Reynolds has brought together the work of 32 women from Britain, Europe and the Americas, including three specially commissioned pieces, covering nearly a century of lesbian writing, from Sarah Orne Jewett (1887) to Jeanette Winterson (1993). There are coming-out stories, stories about cross-dressing, vampire tales, science fiction, parody and romance. Selling like hot cakes here at the shop an ideal gift in paper or hardback.

THE FOREST HOUSE, MARION ZIMMER BRADLEY, 417pp, h/b, £15.99: In the tradition of *The Mists of Avalon* (£5.99), which reinvented the Arthurian story, here Marion Zimmer Bradley explores the world of the Forest House – home to the virgin priestesses of the Great Goddess. Its walls were raised by the Druids, guardians of the ancient religion, to keep the women safe from Rome. Yet the seeds of destruction lie at its very heart. A wonderful piece of story-telling which explores the eternal mysteries of the ancient rites, rebellion and religion.

EVE WAS FRAMED, WOMEN AND BRITISH JUSTICE, HELENA KENNEDY, 285pp, £6.99: An impassioned expose of the blindeness of British justice by Barrister and Queen's Counsel Helena Kennedy. One of the most eagerly awaited paperbacks of the season.

THE STONE DIARIES, CAROL SHIELDS, 361pp, h/b, £12.99: Bewildered by her inability to understand her role in life, Daisy Goodwill attempts to find a way to tell her own story within a novel that is itself about the limitations of autobiography. In the end, her most signal accomplishment is to write herself out of her own story. The reader must decide if Daisy's life is a triumphant act of resistance or a surrendering to circumstances. A beautifully written and produced hardback novel the size of a paperback and illustrated with 'photographs' of Daisy's life. Highly recommended it has been shortlisted for the Booker Prize this year – indeed by the time you read this it may – or may not – have won!

BLOOMSBURY GUIDE TO EROTIC LITERATURE, ed JANE MILLS, 376pp, h/b, £19.99: This defines erotic in its widest possible sense, encompassing an astonishing range of writing, from comedy and farce to romance and lyricism, from the satirical and perverted to the sensuous and plain-rocy. Ranging from Ancient Sumeria to the present day Jane Mills' selection of erotic prose, poetry and drama from around the world cuts across an extraordinary range of countries, and cultures, making this the most complete guide to erotic literature ever.

LASHER, ANNE RICE, 578pp, h/b, £15.99: Following *The Witching Hour* (£6.99) the mesmerizing novel set in New Orleans, *Lasher* continues the dark, erotic story of the Mayfair family, and the beautiful, damned creature who for 13 generations has sustained and used them. Its dramas intermingling mystic and erotic powers with ancient atrocities and modern cupidity, Anne Rice's new novel conjures a world of witches with at its heart Lasher himself – innocent and demon, charismatic monster and one of her most seductive creations.

심각하게 드러내지 않았다. 시행 착오를 거치면서 어려운 방법을 익혀야 했고 많은 변화를 겪고 현재의 우리의 운영 스타일을 발전시켜야 했다. 고용, 재정 계획, 전반적 정책과 같은 근본 사항들에 관한 결정은 임대를 보증한 두 명의 여성들의 자문을 거쳐 이루어졌다. 그밖의 모든 것들 — 광고, 저자와의 대화, 진열창 전시, 서점 조직, 출판사로부터의 책 구매, 예산 정보 — 은 모든 사람에게 공개되어 있다. 이것은 개정된 잠정 협정으로서 현재는 만족스러운 듯하다. 결정은 공동으로 신속하게 이루어지고 있고, 직원들은 과중한 부담 없이 참여하고 있으며, 보다 분명한 의사 소통과 더 나은 통제가 이루어지고 있다. 우리의 노력은 집단들과 여론과 결부된 독단뿐만 아니라 자본주의의 전통적 위계 질서들에 도전하는 결과를 낳았다.

뻗어나가기

우리가 성장하고 좀더 자신감을 갖게 되면서 몇 가지 매우 흥미로운 사업들을 추가로 시작하게 되었다. 1987년에 처음으로 창작 강좌를 운영하였다. 지금 세 종류의 강좌를 운영하고 있는데 모두 굉장히 인기 있고 초만원이다. 글쓰기 강좌는 연중 행사 일람에서 빠지지 않는다. 또한 시에서 추리 소설에 이르는 다양한 독서 강좌와 토론 강좌를 열고 있다. 매해 프로그램에서 소설과 비소설의 균형을 맞추려고 애쓴다. 레스비언과 흑인 여성 작가들을 접할 수 있는 좋은 기회이며 그들에게도 그런 통로를 보장하고 있다. 초대 작가로는 무명 작가에서부터 유명 작가까지 다채롭다. 또 마가렛 에트우드, 토니 모리슨 같은 국제적으로 명성이 높은 작가들의 사인회를 개최하기도 했다.

우리가 가장 뿌듯하게 여기는 발전 가운데 하나는 수우 버터워스가 실버 문 소식지 The Silver Moon Quarterly를 발간한다는 것이다. 서평, 신간 안내, 서점 소식 등을 담은 8쪽짜리 분량의 인쇄물로 전세계로 발송되고 있다. 우리 서점(그리고 틀림없이 다른 서점)의 여성주의 서적들의 판매를 촉진시킬 뿐 아니라 정보와 소식을, 아주 중요한 의미의 연락과 피드백을 제공하고 전세계로 뻗어 나가고 있다.

여성주의 서점을 운영하는 것은 책을 사고 파는 것 훨씬 이상의 일이다. 정보 센터이며 자원 센터이기도 하다. 하루에 걸려 오는 여러 통의 전화도 사람들이 우리 서점을 참고처로 이용하고 있음을 알려 주고 있다. 또한 서점과 게시판에 소책자들을 비치함으로써 수많은 여성들의 지위 향상과 복지에 대한 광고를 하고 있다. 실버 문은 존재 자체로써 네트워크를 형성하고 있다. '한곳에서 이렇게 많은 여성들의 책들을 본 적이 없어요' 하고 말하는 손님의 말을 얼마나 자주 들어 왔는지! 우리는 특히 레스비언 책과 흑인 여성의 저작을 서점 중앙의 인기 코너에 눈에 띄게 진열한다. 출판과 상업은 사회의 여타 분야에서와 마찬가지로 백인, 남성 그리고 이성애주의자 위주로 이루어지고 있다. 그래서 우리는 '우리도 여기 있어'라고 말하기를 즐겨한다. 손님들을 이어 주고 자원을 함께 끌어내는 일은 교사들과 도서관 사서들을 활용하고 있다. 수천 명의 여성주의자, 레스비언, 흑인 여성들의 작품, 반남녀 차별주의자, 반인종 차별주의자 책들을 함께 모아놓음으로써 교사들과 사서들이 검토를 하고 선정하기 더욱 쉽게 한다. 교사들과 사서들의 힘든 작업과 헌신으로 이들 책들 가운데 보다 많은 책들이 학교에 있게 되고 도서관들을 통해 일반 국민들이 접할 수 있게 되었다.

우리 사업의 중간 평가를 해보았더니 결과는 괜찮았다.

(1) 생활 임금 ; 우리는 3 3/5 명으로 시작해서 이제는 4 2/5 명이 되었다. 모두는 임금을 받고 있으며 조건이나 유연성을 여타의 직업과 비교할 때 유리한 편이다. (2) 여성주의 이념의 확산을 돕고 여성 작가들에게 수입을 가져다 주는 것 ; 나는 우리의 판매가 여성 작가들을 위한 시장을 확장시켜 왔으며 여성들에게 인세를 지급하는 것을 도왔으며 여성 출판의 생존 능력과 발전을 도왔으며 더 나아가 출판 시장, 예를 들면 다른 판로에서는 쇠퇴 일로를 걷고 있던 레스비언 책, 흑인 여성 작가들의 책들의 시장을 제공하였다. (3) 되도록이면 중심지 ; 채링 크로스 로드는 영국에서 제일 가는 서점가이다. 우리는 런던 손님들에게 다가갈 수 있고, 런던 밖과 해외의 여행객들이 우리 서점을 손쉽게 방문한다. 우리는 알라스카에서 짐바브웨에 이르는 지역의 손님들을 갖고 있다. (4) 무엇보다도 우리는 우리 자신의 노력에 대한 자율적인 통제를 원했고 통제하고 있다. 실버 문의 창립은 자본주의 사회에서 여성주의 원리를 적용하는 여러 방식 가운데 한 방식인 것이다.

자세히 이야기할 만한 일인가?

그렇다. 간단히 세 가지 점에서 대답할 수 있다. 첫째 실버 문을 열기로 했을 때 우리는 매순간 손수레를 재발명하고 있는 것처럼 느꼈다. 나는 비슷한 경험을 나누고 싶었다. 둘째, 최근 4년간 우리는 여성들 및 여성 단체들로부터 어떻게 출발하였는지 어떤 문제에 부딪치고 해결해야 했는지 그리고 우리의 경험이 무엇인지를 묻는 여러 질문들에 답변해 왔다. 분명히 정보에 대한 요구도 있고, 대안이 어떻게 창조될 수 있는지에 관해 알 필요가 있다. 끝으로 기본 원리로서 여성들의 일이 기록되어야 한다는 것이다. 현 상태에 도전하려고 정할 때 무엇을 하는가가 중요하다. 우리가 이루는 변화들은 동의가 이루어지든 말든 간에 잊어버려서는 안되며 기록되어야 한다. 기록을 함으로써 인간으로서 자신을 세우고 보다 독립적인 사고와

행동을 하려는 다른 여성들에게 용기를 불어넣는다고 했던 아멜리아 에하르트의 말처럼. ■

내가 살고 싶은 세상

전주원

뇌의 한 조각과 입만 남은 사람들 ……

우리나라엔 학교가 참 많아.
학교가 모자라 학원도 많고
모두가 공부를 참 열심히 하는 것 같지?
계속 외우고 읽고 쓰고 ……
몸의 감각들은 둔해지고,
뚱뚱해진다는 소리가 아니야,
자기 몸의 움직임을
스스로 느끼는 사람이
없어지고 있다는 말이야.
이러다 몸은 퇴화해 버리고
뇌 한 조각과 입만 남는 건 아닌지
정말 걱정된다.

멋지고 신비한 몸을 움직이지 않는 사람은
양심의 가책(!)과 죄의식(!)을
느껴야 하지 않을까?
시험을 못 보면 자기에게 크게 실망하면서
자기 몸을 자기 맘대로
자유롭게 움직이지 못하는 것에는
왜 실망하지 않는 것일까?

자신의 몸을 퇴화시키는 사람은
사회와 자신의 양심에 찔림(!)을
느끼게 되는
그런 곳에 나는 살고 싶어.
내가 살고 싶은 세상은
자기의 몸에 담겨진 힘과 아름다움을
느끼는 사람이 많은
바로 그런 세상이야.

이정희 무용단,「우리 봇물을 트자 2」

창작

신별주부전

또 하나의 문화 창작 캠프*

1992년 1월 6−10일에 있었던 창작 캠프에서 만난 어린이들이 중심이 되어 날로 파괴되는 환경 오염의 심각성을 친구들과 어른들에게 일깨우기 위해 만든 뮤지컬이다. 또 하나의 문화 연희동 사무실 집들이 때 처음 공연하였고, 같은 해 신촌 지역 '지구의 날' 행사에서도 공연하였다. 이 공연의 무대가 되는 시점은 서기 2000년이다.

나오는 이들:

별주부 — 바다 세상 친구들을 구하러 숲속 세상을 관찰하러 떠난 마음 착한 친구, 검은 위 아래 복장에 거북이 등을 과장해서 크게 만들어 붙였다.

용왕 — 5천살 된 몸이 아픈 바다 세상의 임금님, 남자 한복을 입었고 공단으로 만든 챙이 없는 모자를 썼다.

페놀 뱀장어 — 페놀을 먹고 정신이 약간 간 뱀장어

세제 조기 — 합성 세제로 인해 등이 굽은 조기

핵도미 — 방사능에 오염되어 머리가 두 개인 도미

---

* 극본은 송제숙(먼산, 대4), 윤여민(오백원, 중2), 이효인(영심이, 국6), 임나은(찔끔이, 국5), 임세훈(보뚱이, 중1), 전주원(노자, 중2), 전해원(개구리, 국6), 한선정(아니글쎄, 대4)이 공동으로 만들었고, 노래는 주로 이동준(똘똘이, 대1)이 만들었다.

토끼 — 도시 개발로 터전을 빼앗기고 살 곳과 친구를 찾아 떠난 친구
숲 — 나무 세 그루가 얽혀서 숲을 표현
아파트 1·2·3 — 아파트 창문이 그려진 라면 상자를 둘러썼다.
골프 치는 사람 1·2·3
들쥐 — 도시 개발로 집을 잃은 들쥐
느티나무 — 가구 재료로 무단 벌목되기 위해 독주사를 맞은 나무
침엽수 — 산성비로 잎이 노랗게 죽어 가는 나무

제1막

(무대) 배경막에 여러 가지 푸른 색들로 칠해진 바탕 위에 물고기 그림이 그려져 있다. 무대 중앙에는 용왕 의자가 놓여 있다. 물방울 소리 등의 소리가 난다. 별주부의 노래 반주가 시작되면 물방울 소리가 작아지고 불이 켜지면서 용왕과 별주부가 무대 오른편에서 춤을 추며 나온다.

♬ 바다에서 … 별주부

푸른 물결 저 깊이 용왕님 사시는 용궁 그 중에 가장 멋진 난 별주부
아무리 어려운 일도 아무리 힘든 일도 모두 모두 해낸다네
난 바다에서 으뜸가는 지혜가 있지 난 누구보다 솟아나는 용기가 있지
얼굴은 못 생겨도 마음은 착하다네 난 별주부

옛날에 한옛날에 날 속이고 도망간 꾀 많고 재주 많은 얄미운 토끼
언젠가 또—만나면 이 몸의 명예를 걸고 씨름 한번 해볼 텐데
난 바다에서 제일 멋진 갑옷이 있지 하지만 뒤집어지면 못 일어나니 조심해요
걸음은 느리지만 헤엄은 빠르다네 난 별주부

내가 지금 제일 싫은 건 폐수에 찌든 기름에 병든 바다
우리가 정말 원하는 것은 푸른 물결 맑은 바다 아

별주부 걸음은 느리지만 헤엄은 빠르다네 난 별주부

얼굴은 못생겨도 마음은 착하다네 걸음은 느리지만 헤엄은 빠르다네 난 바다의 왕자 별주부

(조명) 노래와 춤이 끝나면 전체 조명 꺼지고 별주부 퇴장한다. 용왕에게 개인 조명.

용왕: (체온계를 입에 물고 있다가 꺼내서 본다. 한숨을 쉬며) 내 나이 이제 겨우 오천 살, 용왕 나이 오천이면 한창 일할 나이인데, 왜 이리 몸이 쑤시는고~. 옛날에 내가 아플 땐, 토끼간을 구해다 주는 별주부도 있었고, 나를 염려해 주는 물고기도 많았는데 …… 게 고래 의사 있느냐? …… 아~ 고래 의사는 30년 전에 인간들에게 잡혀 갔지! 흠. 게 상어 간호사 있느냐? …… 아~ 상어 간호사는 석유 먹고 10년 전에 죽었지. 이젠 기억력까지 이리 나빠졌으니. (돋보기를 끼고 장부를 들어 눈을 찡그리고 본다. 효과음) 새우 시중, 8년 전 빈 깡통에 들어가 사망. 오징어 우의정, 5년 전에 깨진 병에 찔려 사망. 사망 …… 사망 …… 사망 …… 아, 아무도 없단 말이냐! 게 누구 없느냐? 게 누구 없느냐? ……
별주부: 부르셨습니까?
용왕: 연금 받고 푹 쉬고 있을 네가 여기 웬일이냐?
별주부: 저밖에 안 남았는데요.
용왕: 그게 무슨 말이냐? 그 많던 백성들이 어딜 가서 무얼 한단 말이냐?
별주부: 아뢰옵기 황송하오나 바다 왕국 백성들은 이름 모를 병에 걸려 왕국 전체가 신음하고 있습니다. 왕국의 구석구석 어느 곳도 그런 병으로부터 안전한 곳이 없습니다.
용왕: 큰일났구나. 이제 어찌한단 말이냐. 우리 백성들은 어디에 가야 행복하게 살 수 있을까?
별주부: (조심스럽게) 땅 위 세상은 어떨는지요?
용왕: (깊이 생각한 후) 그래. 땅 위라면 우리가 행복하게 살 수 있을지도 모른다. 별주부야. 땅 위로 올라가서 그곳 사정을 알아보고 오도록 해라.
별주부: 네. 그럼 다녀오겠습니다.

(조명) 별주부 개인 조명.

용궁을 나온 별주부 헤엄을 치며 간다.
(슬라이드) 오염된 바다의 실상을 약 8－10장 정도 음악과 함께 삽입
(조명) 꺼진다. 1－2초 간 침묵. 공해 고기 반주가 나오면 전체 조명이 켜지면서 무대 오른쪽에 세 마리의 물고기가 게걸음으로 나온다. 이때 별주부는 무대 왼쪽에서 기이한 듯 이들을 바라본다.

공해 고기, 공해 고기 노래를 부르고 춤을 추며 등장한다.

♬ 공해 고기 노래

우린 너무너무 불쌍해요 흑흑흑 사람들이 정말정말정말 미워요
쓰레기에 거품 세제 방사능에 페놀까지 우리 터전을 빼앗아 갔죠
어떡해야 우리 살 곳 다시 찾을까 살려 주세요 살려 주세요 살려 주세요

우린 너무너무 억울해요 엉엉엉 허리 굽은 물고기 본 적이 있나요
더러운 물 탁한 공기 숨 쉬기도 힘들어요. 우리 터전을 돌려 줘요
이런 모습 친구에게 보여 주기는 정말 싫어요 정말 싫어요 정말 싫어요

우린 너무너무 불쌍해요 흑흑흑 사람들이 정말정말정말 미워요
쓰레기에 거품 세제 방사능에 페놀까지 우리 터전을 돌려줘요

별주부: (무대 중앙으로 걸어나오며) 너희들은 괴상하게 생겼구나. 우주에서
　　　　왔니?
페놀 뱀장어: 아니! 너 페놀 먹었니?
별주부: 아니 이놈이 어디다 함부로 반말이냐?
세제 조기: 얘는요 낙동강에 놀러갔다가 이렇게 되었어요.
별주부: 왜? 낙동강이 어쨌길래?
세제 조기: 몰라요. 요새는 강들이 모두 이상해요. 할머니도 이렇게 되기
　　　　싫으면 낙동강 근처에는 얼씬도 마세요. 아참, 소개하는 것을 잊었군
　　　　요. 얘는 페놀 뱀장어이고 얘는 방사능에 오염된 핵도미예요. 저는 합
　　　　성 세제 조기입니다. 할머니는 누구세요?

별주부: 나는 별주부지.
공해 고기 모두: 그냥 별주부요?
별주부: 물론!

세제 조기와 페놀 뱀장어가 시시해 하는 표정을 짓는다.

핵도미: 할머닌 시대에 뒤떨어진 물고기, 아니 별주부구나. 요즘엔 나같이
    머리가 두 개인 스타일이 유행인데. 이웃 일본에는 꼬리 두 개형이 유
    행이래요.

공해 고기 퇴장한다.

(무대) 별주부가 헤엄을 치고 있다. 무대 바닥에 검은 비닐이 놓여 있다.
(조명) 전체 조명 꺼지고, 개인 조명.

별주부: 앗! 미역이구나! 출출하던 차에 잘됐다. (비닐이 목에 걸려) 캑!캑!
    (토해 내며) 원, 고약하구나.

(무대) 수면이 보이면서 쓰레기가 떠 있다.

별주부: 후아 이제 밖으로 나가자.
별주부: (괴로와하며) 이게 무슨 냄새야? 아이고 고약해. 어? 낙동강 아닌가~
    으악 낙동강이구나. (도망치면서) 어~ 어~ 오지마. 오지마!

다른 쪽으로 헤엄친다.
그물이 거북이에게 덮친다.
(조명) 꺼진다.

제2막 땅 위의 이야기

(조명) 전체 조명 켜진다.

(무대) 하늘을 향해 두 팔을 벌린 나무 세 그루가 서 있다. 무대 오른쪽에서 토끼가 나오면 토끼 노래 반주가 시작된다. 반주에 맞춰 나무들이 움직인다.
토끼가 평화로운 숲에서 뛰어 놀며 토끼 노래를 부른다.

♬ 개구장이 산토끼

나는 나는 숲속의 왕 토끼라네 개구장이 산토끼
이 나무도 저 나무도 내 놀이터 숲속은 내 놀이터
여기저기 골속골속 어딜 가나 내 세상
맑은 공기 푸른 하늘 모두 모두 내 친구
이천 년 전 만났었던 거북이는 내 간을 빼려 했네
이번에 또 이번에 또 만난다면 나는 이길 거야

토끼 졸리운 듯 하품을 하고 나무 그늘로 가서 잠이 든다.
(조명) 어두워진다.
산성비 등장한다. 빨간 망토를 두르고 폭풍이 몰아치는 듯한 춤을 추며 숲을
휩쓸고 지나간다.

토끼: (잠이 깨어 어리둥절하며) 앗! 산성비다.

토끼 두려움에 떨며 이리저리 헤매고, 나무들은 산성비에 휩쓸려 쓰러진다.
음악이 바뀌고 왼쪽으로 산성비 퇴장하면 오른쪽에서 아파트 등장한다. 아파트
가 규칙적인 4박자 음악에 맞춰 중앙으로 들어옴에 따라, 한쪽으로 쓰러져 있
던 나무들은 무대 바깥으로 조금씩 기어 나가서 마침내 완전히 퇴장한다.
토끼는 무대 구석에서 두려움에 찬 눈으로 이 광경을 바라본다.
나무가 다 밀려난 후 아파트들은 의기 양양하게 무대 중앙에서 4박자의 음악
에 맞춰 무대를 한바퀴 돈 후 줄을 맞춰 퇴장한다.
새로운 음악이 시작되고 무대 위에는 토끼 혼자 남았다. 이때 골프 치는 사람
등장. 아파트처럼 행진곡풍에 맞춰 당당하게 나온다. 무대 중앙에 자리잡고 골
프 치는 시늉을 한다. 이들이 치는 골프채에 맞아 토끼는 조금씩 무대 밖으로
쫓겨난다. 골프 치는 사람들은 힘차게 골프채를 휘두르고 음악이 점점 커진다.

(조명) 꺼진다.

(조명) 토끼에게 개인 조명 켜진다.
(무대) 고향에서 쫓겨난 토끼는 세상을 여기 저기 떠돌아 다닌다.
(슬라이드) 폐수와 매연으로 오염된 육지의 모습 8-10장을 음악과 함께 삽입.
(조명) 전체 조명 켜진다.

세 명의 자연 친구들 등장한다 …… 모두 지치고 괴로운 모습. 떠돌이 생활에 힘겨운 토끼가 등장한다.

토끼: (반가와하지만 이내 의아해 하며) 너희들 …… 무슨 일 있었니?
세 명의 친구들: (동시에 관객 정면을 바라보며 억양 없이 분명하게) 우리?!

토끼는 한구석으로 물러나고 세 친구들만 조명 받으며 '자연 친구들의 노래'를 부른다.

♫ 자연 친구들의 노래

1. (들쥐) 내가 살던 곳은 평화로운 들판 파란 수풀 사이로 깡총깡총 뛰어다녔지. 불도저 불도저 사람들 사람들! 난 집을 잃은 들쥐.
2. (느티나무) 사람들은 나를 좋아해 부잣집 안방 돈 자랑거리 되니까 내게 독주사 놓고 전기톱으로 토막토막! 난 독살 당한 느티나무.
3. (침엽수) 한번씩 비가 내릴 때마다 조금씩 죽어가는 내 모습 노란 반점에 시들어 버린 나의 잎새들 이건 내 모습이 아냐
4. (침엽수) 저 친구들을 봐 이른 아침 햇살 사이를 날으며 (들쥐) 노래하던 아름다운 목소리 (느티나무) 매연에, 숨막히는 연기에 (침엽수) 목소리를 빼앗긴 종달새를 보았니?
(모두 함께) 우린 갈 곳이 없나요 이제 편히 쉬고 싶어요
친구들은 모두 떠나 버리고 이젠 아무도 없어요
우리에게 남은 것은 없어요 더 이상 뺏길 것도 없어요 음음~
우린 갈 곳이 없나요 이제 편히 쉬고 싶어요

또 하나의 문화 연희동 사무실 집들이 때 공연한 「신별주부전」에 나오는 나무들의 모습.

친구들은 모두 떠나 버리고 이젠 아무도 없어요
우리에게 남은 것은 없어요 이제 모두 잊고 잠들고 싶어

토끼: 내 고향 숲은 골프장이 되었고, 내 친구들은 병들고 죽어 가네. 이제
    나는 어디로 가야 하나. 어디엘 가면 친구를 만날 수 있을까. (고민하며
    기운 없이 무대 위를 서성이다 갑자기) 그래, 바다로 가자. 거기엔 내 살
    곳이 있을 거야. 거기엔 생명과 푸르름과 친구가 있을 거야. 바다로 가
    자.

제3막 만남의 이야기

(무대) 바닷가
(효과음) 바닷 소리
(조명) 켜진다.
거북이는 온몸에 그물을 걸고 지친 표정으로 헉헉거리며 뒷걸음질쳐 온다.

토끼는 쩔뚝거리며 뒷걸음질쳐 오다가 둘이 부딪혀 깜짝 놀란다.
좀 있다 서로 알아보고 반가와한다.

토끼·거북이: (서로 쳐다보다가 갑자기) 앗! 너는 그때 그 토끼. 거북이.
토끼: 설마 이번에도 내 간을 빼러 온 것은 아니겠지? 이제는 내 간도 암
    에 걸려서 소용이 없을 텐데!
거북이: 아니야, 나는 …… (판토마임으로 여태까지 있었던 일을 보여 준다.)
    너는?
토끼: 나는 …… (지금까지의 일을 판토마임으로 보여 준다.)
    (힘없이) 다 죽었어.
거북이·토끼: 이제 우린 어디로 가야 하지?

전원 등장하면서 함께 노래를 부른다.

♫ 하나뿐인 지구

파란 하늘 위로 흰 구름 잠자고
시냇물 노래에 꽃들이 피어나
부는 산바람 속에 음－－ 메아리 들려와요
숲속의 나무들 내 말을 들을까
날으는 새들에 내 맘을 띄울까
밤하늘 별들처럼 하얗게 빛나는 아침 햇살
아~ 꿈이 아니예요 아~ 만들어 가는 거죠
우리들 작은 손으로 다시 시작해요
하나뿐인 지구 잊지 말아요 우리의 터전이 죽어가요
잃어버린 많은 친구들을 언제쯤 되찾을까~
하나뿐인 지구 잊지 말아요 우리의 터전이 죽어가요
서로 손 맞잡고 일어서서 새롭게 시작해요 새롭게 시작해요 ■

바다에서... 별주부

신별주부전-별주부의 주제곡

내 가지 금제 일싫 은 - 건 - - 폐 수 에찌 든 - - 기
름 에병 든 - 바다 우리가정 말원 하는 것 - 은- 푸른 물 결 - 맑은 - 바
다 아 - - 별 주부
걸음은느 리지 만 헤엄은 빠르다 네- 난 별 주부
얼굴은못 생겨 도 마음은착하다네 걸음은느리지 만 헤엄은빠르다네- 난
바 다 의 왕 자 별 주 부 -

공해 고기 노래

이동준 작사·작곡
Dm A7 Dm Dm A7
1.3.우린 너무너무불쌍 해요 흑흑흑사람 들이정말정말 정말
2.우린 너무너무억울 해요 엉엉엉허리 굽은물고기본 적이
Dm B C Am Dm 1.2.Gm
미워요쓰 레 기에거품세 제방사 능에페놀 까지우리 터전을빼앗아갔
있나요더 러 운물탁한공 기숨쉬 기도힘들 어요우리 터전을돌 － 려줘
A7 Bb Bbm F
죠 어떡해야 우리살곳 다시찾을 까살려 주세요살려
요 이런모습 친구에게 보여주기 는정말 싫어요정말
Am D7 3. Gm A7 Dm
주세요살려 주세요 － 터전을돌 려줘 요
싫어요정말 싫어요 －
D.S Fine

개구장이 산토끼

전해원·송제숙 작사
송제숙 작곡

자연 친구들의 노래

한선정 작사
이동준 작곡

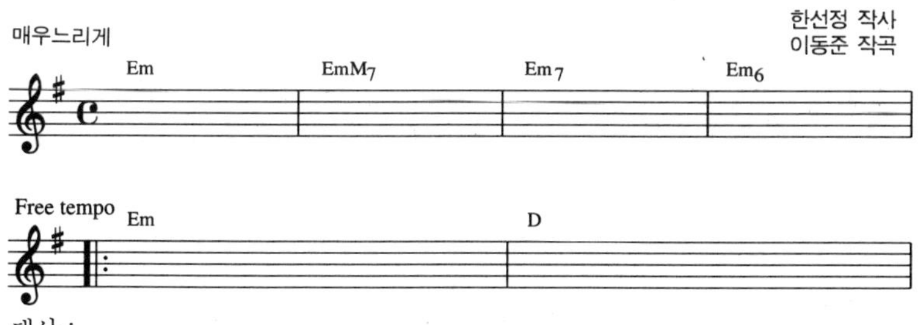

대사 :

1.들　　쥐 : 내가 살던 곳은 평화로운 들판 파란 수풀 사이로 깡총깡총 뛰어다녔지
2.느티나무 : 사람들은 나를 좋아해 부잣집 안방 돈 자랑거리 되니까
3.침 엽 수 : 한번씩 비가 내릴 때마다 조금씩 죽어가는 내 모습
4.(침엽수) : 저 친구들을 봐 이른 아침 햇살 사이를 날으며(들쥐)노래하던 아름다운 목소리

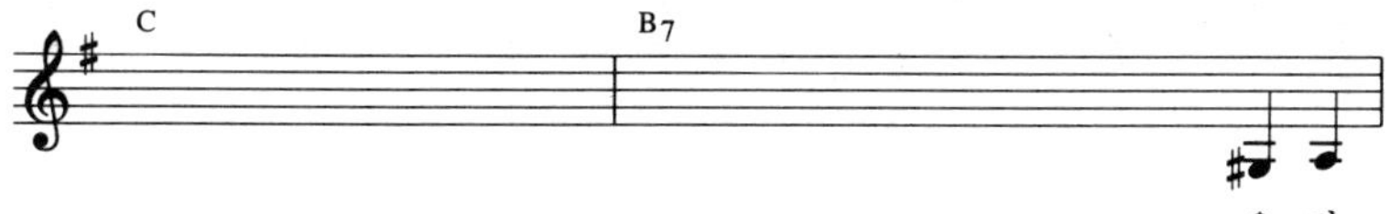

불도저 불도저 사람들 사람들! 난 집을 잃은 들쥐
내게 독주사 놓고 전기톱으로 토막토막 난 독살 당한 느티나무
노란 반점에 시들어 버린 나의 잎새들 이건 내 모습이 아냐
(느티나무)매연에, 숨막히는 검은 연기에(침엽수)목소리를 빼앗긴 종달새를 보았니?

남은것은없 어 요 더이상 뺏길것도없 어 요 음
음 - 요 이제
모 두잊고 잠들고싶 (어) 갈 곳이없나 요 이제
(들쥐)우 린
편히쉬고싶 어 요 친구 들은모두떠 나 버리고이제
아 무 도없 — 어요 — 우 린 아 무 도

하나뿐인 지구

이동준 작사·작곡

1.파란하 늘위로 흰구름 잠자고 시냇물 노래에 꽃들이 피어나
2.숲속의 나무들 내말을 들을까 날으는 새들에 내맘을 띄울까
부는산 바람속 에 음ㅡㅡ 메아리 들려와 요 ㅡ
밤하늘 별들처 럼 하얗게
빛나는 아침햇 살 ㅡ 아 꿈이아 니예요 ㅡ
아 만들어 가는거 죠 우리들 작은 손 으로 ㅡ
다시 시작해 요 ㅡ 하나뿐인 지구잊 지말아 요

우리의 터전이 죽어가요 잃어버린많은 친구들을——
서로손 맞잡고 일어서서——
언제쯤 되찾을까 —
새롭게 시작해요 —
새 롭 게 시 작 해 요 —
rit.
Fine

머리들 1 — 카페 습격!!!

또 하나의 문화 연극 소모임

1993년 5월 14-16일 3일간 있었던 '제2회 신촌 문화 축제' 기간중에 이대와 연대 부근에 있는 몇몇 카페를 습격하여 연극 공연을 했다. 제목이 '머리들'인 것처럼 모든 대사들은 머리 속에서만 빙글빙글 돈다. 머리 속에 울리고 입술을 떠난 소리들은 단지 파편이 되어 주위를 맴돌 뿐이고 말이 되지 못한 이 말들은 어디에도 전해질 수 없다. 극단적인 의사 소통의 부재와 정체감의 붕괴. 대학 안의 해빙 무드의 풍요함에서 삶을 가꿀 공통된 언어의 문법이라는 것이 사라지고, 지금까지 그 일을 해왔던 이데올로기라는 것은 단순한 유령처럼 말 속에 스며 있을 뿐인 셈이다. 기대할 수 없는 희망에 대한 냉소만이 존재하는 것일까? 뭐 그런 것들이 20분간의 우리 연극에 포함되어 있다.

사실 이 연극은 가능하면 록 카페나 재즈 카페라고 하는 곳들 아니면 노래방이나 디스코장에서 하고 싶은 극이다. 그런 곳들이야말로 우리가 '습격'하고 싶은 헛도는 말, 떠도는 말의 공연장들이 아닌가. '카페 습격'이라는 제목을 '머리들'로 바꾼 여러 가지 이유가 있지만, 그 중에서도 우리가 공연하기로 한 카페들에는 습격이라는 말이 어울리지 않을 장소가 대부분이었기 때문이다.

카페에서 공연을 한다니까 그거 어렵기만 하지, 별볼일 없지 않냐고 반문하는 사람들이 더러 있었지만 결과는 생각보다 재미있었고 카페 주인들이나 갑자기 급습을 당한 카페의 손님들도 매우 호의적이었다. 원래 계획대로 드럼통 거리 연극을 할 수 없었던 것을 아쉬워하기도 했지만, 거리도 공연장이나 전시장의 역할을 할 수 있다는 점을 이해하게 되었다.

나오는 이들:

　실어증? 신입생

　싸이버펑크/게임광

　상처 받은 여자

　열애중인 남자

　오렌지족

　운동권? 맑시스트

　완벽주의 남자

　완벽주의 여자

　…… 그리고 카프카의 굶는 광대? 가수

무대 :

<table>
<tr><td colspan="2" align="center">열애중인 남자</td><td></td></tr>
<tr><td>완벽주의 남자</td><td>오렌지족</td><td rowspan="3">가수</td></tr>
<tr><td>완벽주의 여자</td><td>상처 받은 여자</td></tr>
<tr><td colspan="2" align="center">게임광</td></tr>
<tr><td>실어증</td><td>맑시스트</td><td></td></tr>
</table>

　오렌지족　　　　　　　　맑시스트

무대엔 커다란 검정색의 막이 비스듬하게 걸려 있다.

구멍이 여덟 개. 그 구멍으로 고개를 내민다.

각자 자기 자리가 있다.

지시에 따라 나왔다 들어갔다 한다. 막 바깥으로 나올 때도 있다.

가수 한 명은 막 바깥에 의자와 마이크와 기타와 함께 앉아 있다.

검은 옷.

강한 분장(예를 들면 열애중인 남자는 삐에로 분장).

음악.

어떤 소리: 연극이 시작된다!

(조명) 암전

1.

1막은 암전 상태에서 진행된다.
배우들은 자신의 대사를 할 때 이외에는 고개를 숙이고 있다.
세 사람 정도의 퍼쿠션(percussion)이 1막 내내 계속된다. 빠른 진행.

게임광: 버브버브버브, 혁명을 일으키는 법이요? 라면 공장을 다 폐쇄해 버
　리세요. 버브버브버브

실어증: 고생스러우시겠지만, 제 말 좀 들어주세요.

상처 받은 여자: 악! 듣고 싶지 않아! 집어치워! 입술 하나도 꼼지락대지
　마. 네 말은 모두 변명 같애. 어쨌든 네가 날 이렇게 만들었잖아.

열애중인 남자: 난 한마디도 말을 할 수 없었지만 너무나 행복했었어. 말은
　필요 없었지.

실어증: 고생스러우시겠지만, 제 말 좀 들어주세요.

오렌지족: 사우나나 다녀오지 그래? 훨씬 해피해질 텐데.

맑시스트: 썩어빠진 부르주아지.

오렌지족: 그거 새로 나온 바지 상표니?

게임광: 버브버브버브, 혁명 상태도 쎄이브되니까 일단 일으켜 놓고 생각해
　도 되요. 버브버브버브

열애중인 남자: 우린 서로를 그저 바라보고 있었고, 그 순간 서로가 진정
　무엇을 원하는지 알 수 있었지. 우리의 입술은 더이상 다른 할일을 찾
　을 수가 없었어.

완벽주의 남자: 입 좀 다물 수 없니? 도무지 일을 할 수가 없잖아!

완벽주의 여자: 네 놈들의 혀를 다 뽑아 버릴 테다!

게임광: 버브버브버브, 일단 혀를 잘라 내서 여왕한테 바치세요. 그럼 신비
　의 검을 주거든요. 그걸 갖고 공주를 구한 다음 다시 돌아와 혀와 바

꾸면 되요. 버브버브버브

상처 받은 여자: 다시 돌아올 생각은 하지 마! 내 곁에서 유령처럼 돌아다니는 네가 두려워!

맑시스트: 하나의 유령이 유럽을 배회하고 있다. 공산주의라는 유령이. 구유럽의 모든 세력들, 즉 교황과 짜르, 메테르니히와 기조, 프랑스 군대와 독일 경찰들이 이 유령을 사냥하기 위해 신성 동맹을 맺었다.(맑스: 「공산당 선언」 서두)

실어증: (고통스럽게) 고생스러우시겠지만, 제 말 좀 들어주세요!

실어증의 말이 끝남과 동시에 모두 고개를 든다.

2.

기타를 한번 튕기는 소리와 함께 불이 밝아진다.
모두 고개를 들고 시선은 정면에 고정된 채이다. 자기 대사를 할 때 이외에는 흐트러지지 않고 같은 모습. 무표정.
한쪽 구석에 통기타 가수가 마이크를 놓고 준비하고 있다.

가수: 또다시, 제 노래를 듣기 위해 모이신 청중 여러분 …… 아니아니, 굳이 부인하실 필요 없습니다. 저도 여러분 중에 그저 차를 마시려고 온 분도 계시다는 걸 알고 있으니까요. 어쨌든 혹시라도 제 노래를 듣기 위해 와 주신 분이 있다면 그분에게야말로 감사를 전합니다. 감사합니다. 저희 ○○○○를 찾아 주신 여러분, 첫번째 곡은 입니다. 좋은 시간 되십시오. (노래는 부르지 않는다.)

무표정한 채로 막 밑에 손들이 박수를 친다.

완벽주의 여자: 저 또 '올 에이' 받았어요.
완벽주의 남자: 손 대는 곳마다 최고가 된다. 최고가 되지 못할 때는 손을 뗀다.

완벽주의 여자: 근데 왜 대학교 성적표엔 등수가 없는 걸까? 애들이 내가 몇 점 받았는지 알 수가 없잖아?

게임광: 드디어 만점 돌파의 비법을 알아냈다!!!

완벽주의 여자: 그러니까 한번만 **빠질께요**, 네?

완벽주의 남자: 넌 다 할 수 있어. 재능 없는 놈들이나 하는 변명은 집어치워.

완벽주의 여자: 제 말도 좀 들어 보세요!

상처 받은 여자: 언제나 그랬다니까. 마주 보고 얘기하고 있으면서도 자동응답기에 대고 얘기하는 것 같은 기분 …… 그 무표정한 얼굴에 대고 내가 더 이상 무슨 말을 할 수 있겠니?

열애중인 남자: (열애중인 남자에게 스포트를 주어도 무방) (몽롱하게) 아무 말도 필요없었지. 아무 말도 할 수 없었고. 우린 또다시 서로의 입술을 바라봤어. 반쯤 벌어져 젖어 있는 입술 ……

오렌지족: 립스틱이 '에스테 로데'라도 됐나봐?

열애중인 남자: 그런게 아니야. (다시 몽롱하게) 키스, 키스, 키스, 키스, 키스, 후우(힘이 빠진다) (제정신으로 돌아와) 근데, …… 뭐 더 새로운 건 없을까?

실어증: 입술이 다 말라 비틀어질 것 같다 …… 고생스러우시겠지만, 제 말 좀 들어주세요.

열애중인 남자: (현실적으로) 사실은 …… 이젠 더 이상 그 느낌을 갖지 못한다구. 뭔가 새로운 게 필요해.

오렌지족: 새로운 상대를 찾아보지 그래?

실어증: 그녀와 …… (열애중인 남자 돌아본다) 말을 해봐요.

열애중인 남자: …… 뭐, 뭐라구? (아연 실색) (분노) 이 …… 버러지 같은 자식! 말을 하라구? 나한테 그런 천박하고 불결한 행위를 요구하다니! 그런 건 상상조차 해본 적이 없어! 난 그애를 진심으로 '사랑'한단 말이야!!!

실어증 다시 고개를 숙인다. 열애중인 남자 씩씩댄다. 모두들 열애중인 남자를 쳐다보고 실어증을 쳐다본다. 또 사랑이야? 우습다, 지겹다는 등의 웅성거림이 있다.

모두 고개를 숙이면 가수의 기타 튕기는 소리.

가수: 감사합니다. 전 노래하는 동안 여러분과 눈이 마주칠 때 가장 행복합
니다. (사이) 다음 곡은 입니다 …… 무슨 노래인가가 궁금하신 분은
없겠지만 …… 좋은 시간 되십시오. (역시 노래는 부르지 않는다.)

(조명) 암전

3.

불이 켜지면 막 앞쪽으로 맑시스트와 오렌지족이 나와 앉아 있다.
게임광만 머리를 내밀고 있다.
맑시스트 책을 중얼거리며 암기하다가 고개를 든다. 정면을 보면서 대사.

맑시스트: 그런 걸 하면서 해방을 느낍니까?
게임광: 재미죠. 게임은 전혀 안해 본 모양이군요? 안해 본 사람은 모르죠.
빠져들지 않은 사람이야 그저 오락 나부랑이라고 생각하겠지만 우리
들한테는 또 다른 '세계'거든요.
맑시스트: 그런 것들이 인간을 더욱 소외시키고 썩어빠진 체제에 순응하게
만드는 겁니다. 적들의 이데올로기적 공세의 일종이죠.
게임광: (공감한다는 듯이) 맞아요. 항상 만나는 게 적들이라니까요. 나도 자
본가들의 착취는 참을 수가 없어요. (결연히) 그래서 요즘은 혁명을 준
비하거든요 …… 그게 어디 있더라? (책을 뒤적이는 듯. 신나게 읽는다)
음, '일단 도시의 식량 보급 통로를 막아 버린다. 그리고나서 라면 공
장을 다 폐쇄해 버린다.' 라면이 식량이 되는 한 혁명은 일어나지 않
거든요. '혁명이 일어나면 도시간 통로를 다시 열어서 그 추세가 파급
되도록 한다. 혁명 상태도 쎄이브되니까 일단 일으켜 놓고 생각해도
좋다.' 어때요, 형도 이 게임에 관심이 있나 보죠? (맑시스트 황당) 그
책도 비슷해요?
오렌지족: (끼여든다) 저 책들엔 왜 혁명을 일으켜야 하는지, 그리고 왜 지

금 정황에선 혁명을 일으키는 것이 불가능한지 뭐 그런 이유들이 나와
있죠. 혁명을 일으키는 방법 같은 건 없어요.

게임광: 그런 걸 왜 읽는데요?

오렌지족: 복고풍에 관심이 있나 보죠. 원래 유행은 지난 스타일인데, 요즘
좀 센스 있게 새로 나온 브랜드들이거든요. 마침 철이기도 하고 ……
5월이잖아요.

맑시스트, 경멸의 눈빛으로 쳐다보다가 책을 다시 펴든다.
오렌지족, 담배에 불을 붙이고 대사.
완벽주의 여자, 완벽주의 남자, 머리를 내밀고 오렌지족을 관찰.

오렌지족: 왕년에 그런데 관심 안 가져본 사람 있나? 올드 패션들하고는
…… (연기를 내뿜는다)

완벽주의 남자: (혀를 차며) 멍청한 여자들, 평등이랍시구 건강에도 안 좋은
담배부터 피워 대구 …… 난 여자가 담배 피우는 거 절대 반대다.

완벽주의 여자: 남자한테도 건강에 안 좋긴 마찬가지잖아요.

완벽주의 남자: (발끈) 여자는 아이도 낳아야 되고 …… 근데, 너 혹시?

완벽주의 여자: (차갑게) 전 담배 안 피워요, 아빠.

(조명) 암전

4.

어두운 조명. 열애중인 남자, 상처 받은 여자, 실어증만 얼굴을 내밀고 있다.
이들에게 스포트를 해도 무방.
잠시 침묵. 나머지 사람들은 얼굴을 숙인 채 깊은 숨소리들을 낸다.

상처 받은 여자: 난 너무 추웠어. 옷도 젖어 있었고. 젖은 옷 입고 있어 봐
야 춥다구. 그래서 난 좀 따뜻하게 보인다 싶은 사람이 나타나면 성급
하게 내 젖은 옷을 벗었어.

실어증: 저는 죄가 없었어요. (사이) 그런데 올겨울에야 출감했어요. 장장
　　　18년간의 징역이었죠. 그곳에선 아무도 말하지 않아요. 조금이라도 소
　　　근거리면 쥐도 새도 모르게 없애 버리거든요. 저는 너무 말을 하고 싶
　　　었어요. 그래서 출감하면 할 말을 전부 벽에다 써 놓았어요.

완벽주의 남자: 벽에다 낙서하는 놈들은 도대체 생각이 어떻게 박혀 먹은
　　　놈들이야!

상처 받은 여자: 저 사람은 분명 자기 옷을 벗을 거야. 그리고 날 꼭 껴안
　　　아줄 거야 …… 이런 막연한 기대를 가지고 말이지. 그렇지만 난 기다
　　　린다는 걸 못했어.

실어증: 말을 잊어버렸어 …… 말이 달라졌어. 도대체 뭐가 문제지? 벌써
　　　다섯달째 대화를 못했어. 내 말을, 내 소리를 알아들을 수 있는 사람이
　　　없을까?

열애중인 남자 헐떡이며 '키스, 키스, 키스, 후우'를 반복. 숨소리를 내던 다른
사람들도 차례대로 얼굴을 들고 열애중인 남자를 따라하게 된다. 자기 차례까
진 계속 숨소리. 점차 고조됨. 막이 좌우로 흔들리고 배우들도 흔들거린다.

상처 받은 여자: 그 사람이 금세 옷을 벗지 않으면, 난 곧 실망했어. 날 받
　　　아줄 수 없나 보다 하고 말이지. 그리고나서 그가 망설이고 있으면 난
　　　너무 창피해져서 도저히 입을 수도 없는 차가운 옷을 주섬주섬 챙겨
　　　입고 뒤돌아서 가기 시작하지. 눈물을 흘리면서 말이야.

오렌지족: 그만두면 되지 뭘 그래?

　완벽주의 남자 '키스, 키스, 키스, 후우' 시작

실어증: 대화를 하려면 내 말을 번역해야 돼. 사전도 없이 그들의 말로 두
　　　세 장씩 번역하는 건 고역이야. 그래도 그만둘 수가 없어. 입술이 타
　　　버리는 것 같다 ……

　완벽주의 여자, 오렌지족 '키스, 키스, 키스, 후우' 시작

상처 받은 여자: 그래도 미련이 남지. 혹시 그가 나를 부르지 않을까. 나한
　　테 손짓하지 않을까. 그가 나를 위해 자기 알몸을 보여 주지 않을까
　　하고 말야.

　게임광 '키스, 키스, 키스, 후우' 시작

실어증: 둘은 너무 외로와요 …… 두 가지의 말이 소외되니까.

　맑시스트 '키스, 키스, 키스, 후우' 시작

상처 받은 여자: 서로 용감하게 옷을 벗고, 알몸을 솔직하게 보여 주는 것
　　…… 난 이게 사랑이라구 생각했다구!!! (상처 받은 여자가 대사를 마침과
　　동시에 모두 정지)
열애중인 남자: (크게) 후우우우 (씩씩대며) 도대체 왜들 그러는 거야? 사랑
　　은 그런 게 아니라니까!!!

　모두 재빨리 고개를 감춘다.
　실어증, 상처 받은 여자는 천천히.
　열애중인 남자는 커다란 기타 소리가 나면 거기에 맞추어 들어간다.
　불이 다시 밝아지면, 사람들 막 밑에서 무성의한 박수.

5.

　불은 계속 켜져 있는 상태였다. 4와 5 사이의 간격이나 구분은? 없다.
　모두 고개를 숙이고 있으나 자기 대사를 하는 차례에 고개를 든다.
　연극이 끝날 때까지 고개를 든 채이다.
　박수 소리가 끝나면

가수: 감사합니다. 제 노래와 연주에 이만한 성원을 보내 주시다니 …… 아
　　니아니, 이제 마지막 노래입니다. 이 카페를 나간 뒤 잠시라도 제 노래

가 여러분의 기억에 남길 …… 아니아니, 이제 마지막 곡입니다. 계속
좋은 시간 되십시오. (기타, 침묵)
실어증: (낮은 목소리) 고생스러우시겠지만, 제 말 좀 들어주세요. (사이. '말'
에 강세) 말을 가지고 말을 말이 아니라고 하는 게 말도 안되는 줄은
알지만 제 말은 그들의 말이 아니거든요.
대사가 빨리 오가고 조명은 점점 어두워진다.
1막에서 사용된 퍼쿠션이 깔린다.

열애중인 남자: 난 한마디도 할 수 없었지만, 너무나 행복했었지. 키스, 키
스, 키스, …… 음 ……
상처 받은 여자: 아무 말도 하지마! 어서 가버려! 제발 가버리란 말야!
맑시스트: 소련은 진정한 의미에서의 사회주의 국가가 아니었던 겁니다.
오렌지족: 지겨워! 소름이 돋는다니까. 귀에서 고름이 나올 것 같애. 드라
이브나 가야겠다.
게임광: 버브버브버브, 잘못 들어갔어요. 통로가 없다니까요. 어쩔 수 없죠.
끄고 다시 시작해요. 거기가 가장 큰 함정인데. 안됐네요. 버브버브버
브
완벽주의 남자: 재능이 없는 놈들이나 하는 변명은 집어치워. 넌 모든 걸
할 수 있다니까. 넌 그 바보들처럼 살고 싶은 거니?
완벽주의 여자: 저도 그런 애들처럼 살기는 싫어요. 하지만 당신처럼 되기
도 싫다구요!!

모두 정지. 퍼쿠션 없이

게임광: 버브버브버브, 다시 빠졌다구요? 그럴 리가 없는데 …… 프로그램
에 이상이 있나 보군요. 어쩔 수 없죠. 그만두세요. 다른 게임을 하는
게 낫겠네요. 그만두세요. 다른 게임을 다시 시작해봐요. 버브버브버브

버브버브버브, 키스키스키스키스후우, 고생스러우시겠지만, 다양한 퍼쿠션들이
얽힌다. 점점 고조되다가 네번째 고생스러우시겠지만에 맞추어 정지. 침묵. 불
은 완전히 꺼진 상태.

(음악) 파스토리우스(Pastorius)의 오쿠스포쿠스(OcusPocus).

약 20초 후 다시 조명. 배우들은 아무도 없다.

스텝들이 뒷정리하고 나온다.

카페는 카페다. ■

창작
∎

우리가 하이텔을 사랑하는 이유

전정환[*]

1.

드디어 나는 눈을 떴다.

방안은 이미 어둡다. 반쯤 내려진 블라인드 아래로 가로등 불빛이 흘러들어 암갈색 모노톤으로 채색하고 있을 뿐이다. 나는 책상 위에 부엉이마냥 웅크리고 앉아 그를 내려다본다. 그는 방안에 퍼질러진 채로 좀처럼 일어날 기색을 보이지 않는다. 그래서 처음엔 그가 이미 죽어 버린 것이 아닌가 생각했었다. 그러나, 지금 그는 눈을 감고 무언가 골똘히 생각하고 있음에 틀림없다. 프린터의 쓱싹거리는 소리가 방 전체에 모르스 부호를 던진다. 그는 큰대자로 누워 그것을 해독하려고 안간힘을 쓰고 있는 중이다.

아~아니다. 처음엔 그랬는지 모르지만 지금은 아니다. 그는 무언가에 눌려 있다. 프린터의 속도가 점점 빨라진다. 쓱싹쓱싹쓱싹 철커덕 쓱싹쓱싹 철커덕 쓱싹 철컥 쓱싹철컥쓱싹철컥 쓱철쓱컥쓱철 …… 그의 얼굴이 보이지 않는다. 그의 팔이 …… 몸뚱어리가 보이지 않는다.

---

* 1971년생으로 전산학을 전공하고 있으며, 「또 하나의 문화」 연극 소모임에 참여하고 있다. 「또 하나의 문화」에서 주최한 제3차 예비 대학생 캠프를 통해 처음 「또 하나의 문화」에 발을 들여 놓게 되었다. 그러면서, 입시 위주 교육에 찌든 때를 벗게 되었고 현재는 또 다른 나의 삶을 찾아가고 있다. 한때는, 전산학과 연극 모임 사이에서 방황하기도 하였지만 이제는 그 둘의 교차점에서 뛸 준비를 하고 있다.

　이것이 나의 그 이상스런 꿈이다. 이 꿈을 처음 꾸고 일주일 동안 나는 비록 꿈 속에서지만 한 인간의 죽음에 대해 아무런 일도 하지 않았다는 사실에 대해 죄책감에 시달려야 했다. ― 지금 와서 아무 일도 하지 않았다고 말하는 것은 사실 나를 더 큰 죄책감으로부터 보호하기 위해 꾸며댄 것에 불과하다. 더욱 무서운 것은 그가 죽어가는 동안 나는 죽음을 관찰하고 있었다는 사실이다. 자칭 미래의 소설가로서의 행태를 꿈에서조차 충실히 수행하고 만 것이다. ― 그러나 한편으로는 죽어간 그의 얼굴에 대한 궁금증이 극도로 달해서 나의 뇌 속 한구석에 되감겨 있을 그 꿈을 셀 수 없이 재생시켜 보았다. 그렇지만 아무리 자세히 보려 해도 그의 얼굴은 암갈색 모노톤 속에서 헤어 나오지 못하는 것이었다.

　그러던 중 오늘 아침 다시 그 꿈을 꾸게 된 것은 순전히 그 꿈을 다시 보고자 하는 내 열정이 잠재 의식에 전달된 결과일 것이다. 난 또다시 그의 죽음을 목도에 두면서 그를 깨울 것인가 아니면 그(의 죽음)를 더 관찰할 것인가의 기로에 서 있었다. 지난 꿈에 대한 죄책감에 따르면 응당 그를 깨우는 쪽을 선택했어야 했다. 그러나, 그를 깨우려고 조금이라도 움직이면 그가 눈앞에서 사라질 것 같은, 그와 동시에 나조차 꿈 밖으로 튀어나와 버릴 것 같은 두려움 때문에 어찌할 바를 몰라하고 있었다. 나는 이 꿈을 좀더 관찰해야 했다.

　그러나 나는 그 선택에 대한 대가를 톡톡이 치르어야 했다. 그의 정체를 깨닫기는커녕, 오히려 꿈 속에서의 내 정체를 폭로당하고 말았기 때문이다.

나는 빨리 동료에게 그의 죽음을 알려야겠다, 그런 생각을 하자 갑자기 내 엉덩이에서 까맣고 기다랗게 생긴 꼬리가 튀어나오기 시작했다. 마치 전기 청소기의 줄이 튀어들어가는 모습을 찍어 거꾸로 돌린 양. 나는 최고의 쾌감에 사로잡혔다. 그리고는 꼬리가 벽에 박히는 순간, 온몸에 전율이 흘렀다.

2.

꼬리가 퇴화함으로써 인간에게, 인간이 만들어낸 삶에 얼마나 큰 변화가 있었는지는 지금으로선 잘 알 수가 없다. 인간의 생활 양식이 변화했기 때문에 꼬리가 퇴화했는지, 아니면 꼬리가 퇴화했기 때문에 생활 양식이 급속히 변화했던지도 단지 닭─달걀 선후 논쟁처럼 하릴없는 논의일 뿐이다.

그러나 만약에 20세기 말엽에 다시 인간에게 꼬리가 돋기 시작한다면 우린 이 새로운 현상을 어떻게든 설명해 내고 싶어서 안달일게다. 물론 꼬리는 더 이상 이전의 의미가 아닐 것이다. 꼬리가 돋는다는 것은 새로운 패션의 가능성을 뜻한다. 꼬리가 돋는다는 것은 인간 관계 ─ 특히 섹스에 있어서 새로운 변화를 예고한다. 수영복을 입게 되면 꼬리는 감추어야 할 부분이 되는가 내놓아야 할 부분이 되는가. 꼬리로 인한 새로운 의사 소통의 가능성은 어떠한가. 우리는 드디어 누구에게나 쉽게 진짜로 '꼬리칠 수' 있게 되는가?

3.

내가 두번째 꿈에서도 그의 얼굴에 대한 착의를 잡아내는 데 실패한 후, 다시금 몹시 그 꿈의 기억을 낡아빠질 때까지 더듬어 보았음은 두말할 나위 없겠다. 마치 지금 내 무릎 위에 있는 우리집 하니 ─ 하니는 우리집 치와와 이름이다. 이 치와와는 다른 자기 족속과는 달리 유달리 몸집이 크다 ─ 처럼 머리부터 목덜미까지의 털이 한쪽 방향으로 쏠려 버린 것이다. 소파에다가 손가락으로 문대어서 쏠리는 결로 글자를 쓰던 어릴 적 놀이마냥 말이다.

하니는 지금도 내 무릎 위에 앉아 있다. 이런 일에 무척이나 길이 들은 하니는 처음 때처럼 내가 자판을 두드리는 데 방해를 놓지는 않는다. 단지 나의 자판 소리와 함께 모니터 속에 무언가 자꾸 생겨나는 것이 아직도 신기한지 계속 바라보고 있는 것이다. 그러다가도 내가 어쩌다 하니를 땅바닥에 내려 놓으면 모니터를 보지 못해 안달이다. 그럴 때면 아무리 애완견이라지만, 자기 족속과는 떨어진 채 컴퓨터를 낙으로 삼는 그 모습이 애처롭다.

나는 오늘 여느 때보다도 하니가 사랑스럽다. 하니가 기억 속의 그 남자를 떠올리게 만들었기 때문이다. 난, 하니의 목덜미와 귀 밑을 살며시 쓰다듬어 준다. 촉감이 무척 부드럽다. 하니의 눈이 파르르 떨린다.

4.

발신일시 : 94/02/06 20:15   (1/2)

발 신 인 : 김승훈   (navi11)

수신/참조: 수신

제   목 : 축복 받은 하이텔 ……

　　안녕하세요. 이렇게 불쑥 편지 드려 놀라셨겠네요? 선생님은 저를 모르시겠지만 저는 게시판에서 선생님의 아이디를 접했습니다.

　　다름이 아니라, 한 가지 중요한 사실을 알려 드리려고요. 바로 하이텔이 컴퓨터 매체들 중에서 유일하게 축복받는 매체라는 겁니다. 얼마나 많은 사람들이 하이텔을 위해서 기도하고 있는지 아십니까. 그 기도로 인해 하이텔이 축복 받는다는 거죠.

제가 사귀고 있는 친구들도 하이텔을 위해 기도하고 있답니다.

그리고 저는 이 하이텔을 통해 놀라운 주님의 섭리와 사랑을 깨달았습니다.

주님의 뜻으로 이곳에서 많은 형제, 자매들을 만나고 사귀며 사랑을 나눕니다. 기독교인에게 가장 중요한 것은 사랑과 봉사겠지요?

　　저는 이곳에서 주님의 사랑을 느끼고 배우며 실천하고 나눕니다 ……

　　그 동안 사랑이 부족했던 저에게는 아주 귀중한 일이지요 ……

　　이 자리에서 저에게 따뜻한 사랑을 느끼게 해주신 하나님과 많은 성도님들께 감사의 말씀을 드리고 싶습니다 ……

발신일시 : 94/02/06 20:15   (2/2)

발 신 인 : 김승훈   (navi11)

수신/참조: 수신

제   목 : 축복 받은 하이텔...

　　선생님은 혹시 크리스천이십니까? 그렇다면 컴선 대화방에 오십시요. 따뜻한 주님의 사랑을 느껴 보세요 ……

　　그리고 크리스천이 아니시더라도 한번 찾아 주세요 …… 따뜻한 사람들을 만날 수 있을 겁니다.

끝까지 읽어 주셔서 감사하며 …… 주님의 평안이 넘치시길 ……

번호/명령(H,F,B,P,T,W,DN,PR,GO,HI,Z,X)

> p

편지(1) 처리(1.삭제,2.저장,3.명령취소) 번호 > 1

편지(1) 삭제되었습니다.

잠시 기다리십시오.

편지받기   (RMAIL)

No. 발신자ID   이 름   발신일 형태 크기 제   목

D 1 navi11   김승훈   94/02/06 TXT 894B 축복받은 하이텔...

  2 anActress 소 영   94/02/06 BIN 3KB   clumsy wording

  3 OnEmpty   김희옥   94/02/07 TXT 3KB   How's it going?

번호/명령(H,F,B,P,T,W,DN,PR,DD,RE,FR,GO,HI,Z,X)

> pf navi11

navi11   (김승훈)

번호/명령(H,F,B,P,T,W,DN,PR,DD,RE,FR,GO,HI,Z,X)

> pf quarantine

quarantine   (천병호) **** 사용 중지 ****

번호/명령(H,F,B,P,T,W,DN,PR,DD,RE,FR,GO,HI,Z,X)

> go wmail

잠시 기다리십시오.

편지 쓰기 (WMAIL)

수신 : paragraph
참조 :
제목 : quarantine 어떻게 된 거니?
작성방법(1:에디터사용,2:KERMIT,3:ZMODEM,0:취소) >

에디터쓰기 (끝낼 때는 마지막줄 첫칸에 'CTRL + Z')
*1: quarantine 요즘 소식 혹시 아니? 아이디 조회 해보았더니
*2: 사용 중지라고 나오는데 …… 좀 불길한 예감이 든다. 그 사
*3: 람 …… 통신 안하고는 살 수 없을 사람인데.
*4: 갑자기 그 사람 걱정을 다하니 우습다고 생각하겠구나.
*5: 하지만, 꿈에 그 사람이 나와서 그래. 꿈을 믿는 것도 우
*6: 습지만.
*7: 그럼. 자세한 건 내일 모임에서 얘기하자꾸나.
*8: 안녕.
*9:

*명령(편집종료:'E', 편집취소:'Q', 도움말:'H'): e
저장되었음.

* 편지 종류 *
1:일반편지, 2:비밀편지, 3:답장요망, 4:지연편지
5:비밀+답장,6:비밀+지연,7:답장+지연,8:비밀+답장+지연
번호선택 > 1

제목 : quarantine 어떻게 된 거니?
수신 : paragraph
종류 : 일반편지
명령(H,1:발송,2:저장,3:발송+저장,4:발송+삐삐,5:발송+저장+삐삐,0:취소)
번호/명령 > 1

* 편지를 발송하였습니다.

[ENTER] 를 누르십시오.

전자우편 (MAIL)

1. 편지받기

2. 편지쓰기

3. 보낸편지확인

4. 편지보관함

5. 주소록관리

6. 부재통지

7. 자명종

8. 축하편지보내기

11. 전자우편 이용안내

전문회사 제일주의, 무공해그린 유니온 슬기틀 - go union

번호/명령(H,P,T,GO,HI,Z,X)

>

5.

하니가 어떻게 해서 내게 quarantine — 그의 실제 이름은 잘 기억이 나지 않는다 — 을 생각나게 하였는지에 대해 설명할 필요가 있을 것 같다. 그는 한때 우리 모임 — 앞에 등장한 영(anActress)과 제환(paragraph)과 희옥(OnEmpty)을 포함한 아마추어 창작가들의 집단이다 — 의 주변에서 배회했던 적이 있었다. 그는 우리를 통신을 통해서 알게 되었는데, 어느 날 불현듯 우리의 모임 장소에 나타난 것이다.

그는 통신상에서의 유창함과는 달리 말을 자주 더듬었다. 그러나 그렇다고 해서 조금도 위축되는 것같이 보이지는 않았다. 그는 오히려 끊임없이 말을 하였다. 그리고 잘 웃었다. 그의 웃음은 가식이 없었다. 그러나, 그의 웃음은 넓이도 깊이도 없었다. 그의 말은 거짓이 아니었다. 그러나, 그의

356

말은 넌센스였다.

　그는 한동안 우리가 나오라는 말을 하지 않아도 스스로 나왔다. 그러나, 아무도 그가 왜 나오는지는 알지 못했다. 그가 있을 때면, 우리는 조금씩 서로 어색해졌다. 그는 분명히 '우리'가 아니었다. 우리는 공동체였다. 카프카의 '공동체'라는 글에서처럼 말이다.

우리는 다섯 친구이다. 우리는 언젠가 한집에서 뒤이어 차례로 나왔는데 우선 하나가 나와 대문 옆에 섰고, 그 다음에는 두번째가 와서, 아니 왔다기보다는 미끄러져, 수은방울처럼 가볍게 대문을 나와 첫째로부터 멀지 않은 데 섰고, 그 다음은 셋째, 그 다음은 넷째, 그 다음은 다섯째가 그랬다. 결국 우리는 모두 한 줄로 서 있었다. 사람들이 우리를 주목하게 되어 우리를 가리키며 말했다. '이 다섯이 지금 이 집에서 나왔다'고. 그때부터 우리는 같이 살고 있다, 어떤 여섯번째가 자꾸만 끼여들려고만 하지 않는다면 평화로운 생활이리라. 그는 우리한테 아무 짓도 하지 않는다, 그러나 우리는 그가 귀찮다, 그러니 그것으로 충분히 그는 무슨 짓인가를 하는 것이다. 싫다는데 왜 그는 밀고 들어오는 것일까? 우리는 그를 모르며 우리로 받아들이지 않겠다. 우리 다섯도 전에는 서로 잘 몰랐으며, 굳이 말한다면, 지금도 서로 잘 모른다, 그러나 우리 다섯에게서 가능하고 참아지는 것이 저 여섯번째에게서는 가능하지 않으며 참아지지도 않는다. 그 밖에도 우리는 다섯이며 여섯이고 싶지 않다. …… (생략)

　우리는 그에 대해 죄책감을 가지고 있다. 우리의 폐쇄성은 그에게 상처로 다가갔을 수도 있으리라. 그러나, 그렇지만 말이다. 이 사건은 다른 식으로도 보아져야 한다. 오히려 우린 그를 미워할 만한 충분한 이유를 가지고 있단 말이다. 그가 우리 주위를 서성거리기 전까지 우리는 정말로 '공동체'였다. 서로가 서로의 것을 참아낼 수 있을 뿐 아니라 즐길 수도 있었고 그것을 오히려 드러내 창작을 하기도 하였다. 참으로 우리는 서로가 서로를 아끼었고, 그만큼 함께 하는 일도 아끼었다. 그러나 그가 어쩡쩡한 상태로 우리 주위를 맴돌면서 어색한 분위기를 조장한 이후로 꼭 1년이 지나자 우린 서로 꼭 그만큼 어색한 관계들이 되어버린 것이다. 함께 하는 일 또한 관계만큼 그 모양이다. 그래도 간신히 한 주에 한번씩 모여서 한담을 나누는 게 가상하다. 이것이 바로 그가 단순한 '여섯'이 아닌 증거다. 그는 그때의 우리와는 좀 달랐고 그가 관계에서 바라는 것도 달랐다. 그에게는 무언가 이상한 마력이 있어서 우리들 서로가 멀어지게 만든 것이다.

그의 걸음은 좀 남달랐다. 우리가 모이는 커다란 공간에서 그는 이리저리 분주히 오간다. 한 손으로는 턱을 괴고 한 손은 어색한 듯 내려뜨린 채, 방 한구석에서 다른 구석으로 거기에서 다시 다른 구석으로 쉴새 없이 오갔다. 그는 그 공간 어느 구석이라도 안 가본 곳이 없었다.

그런 그의 걸음이 우리집까지도 쉽게 오도록 했다. 그 당시엔 이미 그가 우리 주위를 맴도는 것이 뜸해졌을 때였다. 한적한 일요일 아침에 울리는 벨소리에 들이민 것은 그의 특유한 웃음진 얼굴이었다. 난 잠옷 차림으로 뜻밖의 손님을 맞이하고는 어리둥절했다. 그는 웃음에도 불구하고 얼굴이 몹시 피로해 보여서, 지난 밤을 집에서 자고 오는 것 같지가 않았다. 난, 그가 무슨 일이 있어서 내게 상의하러 온 것으로 생각했다. 그래도, 우리들 중에서 난 그에게 친절한 사람이었기 때문이다. 그를 현관으로 데리고 들어오면서, 하니가 그를 보고 짖을까봐 걱정이 되었다. 벨이 울릴 때부터 하니는 잔뜩 벼르면서 현관 앞에 죽치고 있었다. 그러나, 막상 그가 현관으로 들어왔을 때, 하니는 꼬리를 살랑살랑 흔들며 그를 반겼고, 그는 그런 하니를 얼싸안고 목덜미를 쓰다듬어 주었다.

그는 들어오자마자 물 한잔을 청했다. 그를 식탁으로 안내하고 내가 아껴 마시던 유자차를 끓여 주었다. 그리고선 그의 반대편 의자에 앉으며 오늘은 그의 말을 열심히 들어 주어야겠다고 생각했다. 그러나, 그는 당장 내게 컴퓨터가 어디 있냐고 물었다. 내 방으로 그를 안내했다. 그는 내 허락도 없이 컴퓨터를 켜더니 하이텔 속으로 사라져 버렸다.

그를 포기하고 일요일 낮 동안 계속 텔레비전을 보았다. 그는 점심도 걸렀다. 좀 걱정이 되기 시작한다. 오후 6시 해가 저물쯤이었다. 방으로 들어가 보았다. 그랬더니 컴퓨터는 그대로 켜져 있고 그는 방바닥에 쓰러져 있다. 화면에는 'NO CARRIER'라는 메시지만이 떠 있었다.

그가 일어난 때는 밤 11시쯤이다. 그때 나는 그를 깨우기를 포기하고 옆에서 잠들어 있었다. 그랬더니 이번엔 그가 나를 깨웠다. 그리고는 자신의 무례함에 대해서 용서를 구했다. 나는 괜찮다고, 그런데 혹 무슨 일이 있냐고 물었다.

"있…지요. 며…며칠 전에 하이텔에서 통보를 바받 … 았어요. 하하 … 이텔 지
난 달 최다시간 채팅자로 내가 뽑혔다고요. 시…실은 그거 때문에 어제 낮에 인
터뷰를 하러 갔답니다."
"그…그런데, 또 안 좋은 일이 있었어요. 전화 요금이 이…이십…만 원을 넘었거
든요."

한국 통신과 하이텔이 한 회사라는 것을 감안할 때 이것은 아이러니컬
한 일이 아닐 수 없다. 그는 전자는 자랑스럽게 후자는 불행하게 생각하고
있는 것이다. 그는 전화 요금을 부모님이 고의로 지불하지 않아 전화선이
취소되어서 근 일주일 동안 통신을 하지 못하고 있었다고 한다. 그래서 어
제 저녁엔 집에서 나와서 통신을 하기 위해 이곳 저곳 방황하고 다녔던 것
이다.

"통…통신을 하기 전까진 전 아주 내…내성적이었답니다. 그런데 토…통신을 시
작한 이후에 자…자신감이 생겼어요. 사람들이 나에 대해서 서…선입관을 가지
지 않아요. 마…말을 더듬는다고 해서 우습게 보지도 않죠."

하지만, 지금 이 순간 그의 말을 여기에 옮기는 나로서는 더 이상 직접
인용을 하는 데 한계를 느낀다. 그의 말이 정확히 어디에서 더듬거렸는지
기억해낼 수 없는 나로서는 적당히 아무 곳에나 더듬거림을 표시하고 있는
데 그것은 매우 괴로운 작업이다. 그가 자신감을 가지는 문자 세계에까지
도 그의 더듬거림을 각인하려는 시도인 것 같아 미안하다.
어찌됐든, 그는 통신을 통해 새로운 삶을 찾았다고 말한다. 친구가 없었
던 자신에게 친구들이 생겼다. 자신과 채팅하는 많은 사람들이 즐거워한다.
그는 통신상의 관계에는 배타적인 관계가 없다고 말한다. 공개 대화방에
들어가면 모르는 사람에게도 누구나 친절하다. 그리고 금세 마음 속 깊은
얘기까지도 서로 나누게 된다. 온갖 게시판에는 자신의 글을 읽어 주는 독
자 아닌 독자들이 있다. 그들은 때론 자신의 질문에 답해 주기도 하고 자
신도 그들에게 대답해 주기도 한다. 어디든지, 통신망의 어느 구석이라도
그가 지나가 보지 않은 곳은 없다. 그의 걸음은 앞뒤로 좌우로 그 미로 같
은 곳을 쉴새 없이 들락거리고 있고, 때론 기꺼이 그 미로에서 길 잃은 자
들의 안내자가 되기도 한다.

　그는 채팅과 게시판뿐 아니라, 수많은 동호회에 가입하였다. 영화·연극·게임·시·소설·역사·볼링·에니메이션·컴퓨터 프로그래밍·환경, 그리고 바른 통신을 위한 모임까지 그가 가입하지 않은 동호회보다 가입한 동호회가 더 많다. 뿐만 아니라, 그는 그 동호회의 모임들에는 빠짐없이 가곤 한다. 온라인에서만 만나던 사람들이 한자리에 모여 인사를 나눈다. 그들 대부분은 그를 온라인에서처럼 따뜻하게 대해 준다.

　그는 쉴새 없이 그런 얘기들을 퍼부어 댔다. 그러나 난, 순간 섬뜩함을 느꼈다. 지금 내 앞에서 얘기하고 있는 그가 나와는 다른 공간 속에 있는 것 같았다. 같은 방이지만 다른 공간에서 둘이 얘기를 나누고 있다. 나는 그에게 따뜻하게 대하지 못했던 과거에 대한 죄책감을 가지고 있다. 그러나 그는 내게 전혀 다른 말을 하고 있다. 그는 우리 안에 들어오고 싶어하는 것도 아니었다. 그는 무엇을 원하지?

6.

유제환(paragraph) 하하... 그때 너의 집 강아지가 꼬리를 흔들었다!?

유제환(paragraph) 그래서 네 꿈의 사내가 그일 거라고 생각하는구나?

...

!)전정환(ttomoon) ...

유제환(paragraph) 하지만, 정작 꼬리는 그가 아니라 네 엉덩이에서 돋았잖아?

글쎄, 그걸 나도 이해할 수가 없어

!)전정환(ttomoon) 글쎄, 그걸 나도 이해할 수가 없어

그렇다면 내가 하니처럼 그를 반겼다는 것인지...

!)전정환(ttomoon) 그렇다면 내가 하니처럼 그를 반겼다는 것인지...

그건 굉장히 수치스러운 일이었어

!)전정환(ttomoon) 그건 굉장히 수치스러운 일이었어

유제환(paragraph) 그리고 놀랍게도 쾌락적인 일이었지

유제환(paragraph) 마치 자위 행위와도 같은 거지

내 꿈을 꼭 성적인 걸로 해석하려 하지 마

!)전정환(ttomoon) 내 꿈을 꼭 성적인 걸로 해석하려 하지 마

유제환(paragraph) 그러려는 게 아냐

유제환(paragraph) 난 네 꿈에 금기와 욕망의 법칙이 드러나고 있다고 생각해

금기와 욕망의 법칙?

!)전정환(ttomoon) 금기와 욕망의 법칙?

유제환(paragraph) 성적인 면뿐 아니라 문화 전반에 걸쳐 적용되는...

도대체 내게 무엇이 금기였다는 것이지?

!)전정환(ttomoon) 도대체 내게 무엇이 금기였다는 것이지?

유제환(paragraph) 넌 이미 알고 있잖아

무얼?

!)전정환(ttomoon) 무얼?

...

!)전정환(ttomoon) ...

quarantine 말이냐?

!)전정환(ttomoon) quarantine 말이냐?

유제환(paragraph) 넌 통신이 네게 의미 있다는 것을 인정할 수가 없었지

말도 안돼

!)전정환(ttomoon) 말도 안돼

내 생활에 연관된 것들 중

!)전정환(ttomoon) 내 생활에 연관된 것들 중

내게 의미가 없는 거라곤 거의 없어

!)전정환(ttomoon) 내게 의미가 없는 거라곤 거의 없어

통신이라고 해서 다를 이유가 없잖아?

!)전정환(ttomoon) 통신이라고 해서 다를 이유가 없잖아?

유제환(paragraph) 아니, 넌 네게 통신이 다른 것들보다 더 많은 의미가 있다는 것을 인정할 필요가 있지

그게 무슨 말이지?

!)전정환(ttomoon) 그게 무슨 말이지?

유제환(paragraph) 새로운 매체가 등장할 때에는 ...

유제환(paragraph) 많은 것들이 변화하지.

유제환(paragraph) 너무 많은 것들이 변화하기 때문에 감지하기가 어려울 정도로.

유제환(paragraph) 내용과 형식으로 따지자면, 새로운 매체의 등장은 그 자체가 형식의 폭발적 변화야. 형식의 대폭발 속에서 내용은 불안정하기 짝이 없어지지. 하지만, 그 불안정은 다시 새로운 내용을 품어 내고 말아.

유제환(paragraph) 매체의 새로움을 읽어 내지 못하면 우린 살아 남을 수 없다

매체가 변하면 우린 거기에 끌려갈 수밖에 없다는 거냐?

!)전정환(ttomoon) 매체가 변하면 우린 거기에 끌려갈 수밖에 없다는 거냐?

유제환(paragraph) 아니.. 끌려가느냐 끌어가느냐는 생각하기 나름이지.

유제환(paragraph) 변화하는 것을 확인하고 그 속으로 적극적으로 들어가는 거야

유제환(paragraph) 무한한 가능성의 세계로...

유제환(paragraph) 난 네가 이미 그것에 동조하는 줄 알았는데...

무슨 소리지?

!)전정환(ttomoon) 무슨 소리지?

유제환(paragraph) 네 꿈을 생각해 봐.

유제환(paragraph) 네가 quarantine를 관찰한 것은 소설을 쓰기 위해서가 아니었던가?

후...

!)전정환(ttomoon) 후...

아니야...

!)전정환(ttomoon) 아니야...

난 그럼으로써 우리가 잃는 것이 더 많다고 봐

!)전정환(ttomoon) 난 그럼으로써 우리가 잃는 것이 더 많다고 봐

quarantine가 두 번씩이나 가위 눌려 죽어가는데도

!)전정환(ttomoon) quarantine가 두 번씩이나 가위 눌려 죽어가는데도

난 그를 깨우지 않았다고...

!)전정환(ttomoon) 난 그를 깨우지 않았다고...

단지 호기심 때문에... 나의 글을 위해서...

!)전정환(ttomoon) 단지 호기심 때문에... 나의 글을 위해서...

유제환(paragraph) 네 잘못이 아냐

유제환(paragraph) 넌 절대로 그를 깨울 수가 없었어

유제환(paragraph) 뉴먼이란 사람 기억나니?

알지. 그 유명한 온라인 자살

!)전정환(ttomoon) 알지. 그 유명한 온라인 자살

매일 24시간씩 꼬박 통신에 접속해 살다가

!)전정환(ttomoon) 매일 24시간씩 꼬박 통신에 접속해 살다가

밀린 전화 요금 때문에 라인을 삭제 당하자

!)전정환(ttomoon) 밀린 전화 요금 때문에 라인을 삭제 당하자

통신상의 자기 글들을 모두 삭제하고

!)전정환(ttomoon) 통신상의 자기 글들을 모두 삭제하고

자살했던 사람.

!)전정환(ttomoon) 자살했던 사람.

유제환(paragraph) 그는 원래 코카인 중독자였지

유제환(paragraph) 근데 이런 말을 했다는 거야

유제환(paragraph) 코카인보다도 The Wall에 접속해 있을 때가 더 편안했다고...

유제환(paragraph) 아무도 그를 The Wall로부터 떨어뜨릴 수는 없었을 거야

그렇다고 우리가 가만 있을 순 없잖아.

!)전정환(ttomoon) 그렇다고 우리가 가만 있을 순 없잖아.

유제환(paragraph) 물론.

유제환(paragraph) 가만 있으면 모든 걸 잃게 되지.

유제환(paragraph) 넌 가만 있지 않았어. 그에 관한 소설을 쓰려고 하잖아.

도대체 그게 무슨 의미가 있는데?

!)전정환(ttomoon) 도대체 그게 무슨 의미가 있는데?

유제환(paragraph) 그건 소설가이고자 하는 네가 찾아야지.

내가 찾아야 한다?

!)전정환(ttomoon) 내가 찾아야 한다?

유제환(paragraph) 그래 난 몰라.

유제환(paragraph) 통신에서 내가 찾은 가능성의 세계는 알지...

그게 무언데?

!)전정환(ttomoon) 그게 무언데?

유제환(paragraph) 나의 삶과 연관된 거야.

유제환(paragraph) 처음 통신을 할 때, 난 통신의 신속성과 쌍방성과 대중성에 매료되었어.

유제환(paragraph) 난 이곳에서 많은 류의 사람들을 만날 수 있고 그들과 자유로이 토론할 수 있다는 것을 알고는 너무 기뻤지.

하긴 넌 토론을 좋아하니까...

!)전정환(ttomoon) 하긴 넌 토론을 좋아하니까...

우리가 하이텔을 사랑하는 이유——363

유제환(paragraph) 그래. 하지만 동시에 통신 세계 밖에서 토론하기란 점점 더 어려워지고 있다는 사실 아니?

운동권의 몰락 때문인가?

!)전정환(ttomoon) 운동권의 몰락 때문인가?

유제환(paragraph) 그래도 우리 모임에서는 많은 토론을 해왔지?

유제환(paragraph) 그런데 졸업할 때들이 되니까 모두들 달라지고 있어.

유제환(paragraph) 군대, 직장, 결혼... 그런 것들이 우릴 갈라 놓으려 하지.

유제환(paragraph) 앞으로 우리가 만나서 공동 작업을 하는 일은 점점 어려워질 거야.

그런데 통신은...우리가 어떻게 되더라도 할 수 있다는 거군.

!)전정환(ttomoon) 그런데 통신은...우리가 어떻게 되더라도 할 수 있다는 거군.

유제환(paragraph) 그래. 내게 통신이라는 공간은 언제까지나 매일 밤 찾아갈 수 있는 곳이 될 거야.

유제환(paragraph) 내 삶의 운동성을 유지할 수 있는 장소로 끝까지 남아 있겠지.

하지만, 우리가 직접 만날 수 없다면...

!)전정환(ttomoon) 하지만, 우리가 직접 만날 수 없다면......

우린 함께 연극을 하기로 했잖아.

!)전정환(ttomoon) 우린 함께 연극을 하기로 했잖아.

유제환(paragraph) 넌 우리 관계가 변하고 있고, 축소되고 있다고 생각하겠지만

유제환(paragraph) 넓어지는 면도 보아야지.

유제환(paragraph) 바로 우리가 이렇게 새벽 2시에 토론을 하고 있다는 사실이 그 가능성의 한 표현이지.

유제환(paragraph) 우리가 지금 하는 토론이 직접 대면한 상태에서 하는 토론과 같다고 생각해?

유제환(paragraph) 또는 글로서 될 수 있다고 생각하니?

유제환(paragraph) 그렇지 않아... 우린 실은 그 어떤 때보다 더 많이 생각하고 깊이 있게 토론을 하고 있지.

유제환(paragraph) 우린 글로 쓸 때보다 더 신속히 서로의 생각을 확인하면서 이야기를 나누고 있잖아?

유제환(paragraph) 또, 앞에서 한 얘기들을 언제든지 위쪽 화살표 키로 다시 보면서 생각을 정리할 수 있어.

유제환(paragraph) 우리의 토론에 서기가 따로 필요 없는 거지.

유제환(paragraph) 또, 토론의 개방성에 대해 생각해 보았어?

유제환(paragraph) 만일 누군가가 이 대화방에 들어온다면

유제환(paragraph) 우리 토론에 쉽게 참가하겠지. 그가 누구인지가 중요하지 않아.

상대가 누구인지 중요하지 않다는 게 어떻게 장점이 될 수 있지?

!)전정환(ttomoon) 상대가 누구인지 중요하지 않다는 게 어떻게 장점이 될 수 있지?

그건 서로에 대해 그만큼 관심이 없다는 거잖아

!)전정환(ttomoon) 그건 서로에 대해 그만큼 관심이 없다는 거잖아

만일 상대가 컴퓨터라고 해도 우린 그걸 어떻게 확인할 수 있지?

!)전정환(ttomoon) 만일 상대가 컴퓨터라고 해도 우린 그걸 어떻게 확인할 수 있지?

장용석(marbless) 님이 입장하였습니다.

유제환(paragraph) 꼭 확인해야 한다고 생각하지 않아

유제환(paragraph) 이미 인류는 컴퓨터와도 함께 토론하며 살아갈 방법을 궁리할 때가 되었으니까

장용석(marbless) 안녕하세요

유제환(paragraph) 어서오세요

말도 안돼... 넌 너무 많이 나가고 있어

!)전정환(ttomoon) 말도 안돼... 넌 너무 많이 나가고 있어

유제환(paragraph) 인간이 지금까지 쌓아 놓은 문화라는 것이 얼마나 인간의 이기성과 배타성의 산물인지를 생각해 본 적이 있니?

유제환(paragraph) 인간은 자연을 배척하고 그것도 모자라서 서로를 배척하면서 문명을 쌓아 나갔지.

유제환(paragraph) 이제 와서 그 과오를 깨달은 인간이 환경 운동 같은 것을 벌이지만 만일 그것이 마치 우리가 나무, 강, 바다, 숲으로 돌아가야만 하는 것처럼 말한다면, 시대 착오적인 일일 거야.

유제환(paragraph) 이제 우리는 과거의 자연뿐 아니라 우리가 만들어낸 것들까지 포괄해 내지 않으면 안돼.

유제환(paragraph) 그것만이 유일하게 속죄하는 길이지

말도 안돼

!)전정환(ttomoon) 말도 안돼

그건 어쩔 수 없는 거야.

!)전정환(ttomoon) 그건 어쩔 수 없는 거야.

배타성이라는 것도 정도의 문제라구.

!)전정환(ttomoon) 배타성이라는 것도 정도의 문제라구.

컴퓨터에게까지 속죄를 해야 하나?

!)전정환(ttomoon) 컴퓨터에게까지 속죄를 해야 하나?

컴퓨터까지 사랑하라고?

!)전정환(ttomoon) 컴퓨터까지 사랑하라고?

유제환(paragraph) 너 자신을 속이지 마

유제환(paragraph) 너도 변화를 느끼고 있잖아. 그 안의 가능성도 알고 있잖아.

아니. 난 속이고 있지 않아.

!)전정환(ttomoon) 아니. 난 속이고 있지 않아.

난 우리가 이전에 나누었던 것을 더 소중히 여긴다!

!)전정환(ttomoon) 난 우리가 이전에 나누었던 것을 더 소중히 여긴다!

장용석(marbless) 무슨 심각한 토론들을 하고 계신가 보죠?

가끔 토론의 광장란에 가보곤 해. 그곳에서 토론을 할 때 난 현기증을 느끼지.

!)전정환(ttomoon) 가끔 토론의 광장란에 가 보곤 해. 그곳에서 토론을 할 때 난 현기증을 느끼지.

장용석(marbless) 음... 현기증이라...

어떤 주제에 대해 내가 글을 쓰려고 할 때는 이미 수십 개 수백 개의 글이 앞에 올라와 있어.

!)전정환(ttomoon) 어떤 주제에 대해 내가 글을 쓰려고 할 때는 이미 수십 개 수백 개의 글이 앞에 올라와 있어.

장용석(marbless) 정말 대단한 우연의 일치네요!

장용석(marbless) 나도 오늘 아침에 일어나는 데 현기증이 났죠

그것들을 다 읽고 글을 쓴다는 건 거의 불가능해. 그나마 토론의 흐름을 잡고 글을 쓰는 데는 내 하루 전부를 바치곤 하지.

!)전정환(ttomoon) 그것들을 다 읽고 글을 쓴다는 건 거의 불가능해. 그나마 토론의 흐름을 잡고 글을 쓰는 데는 내 하루 전부를 바치곤 하지.

유제환(paragraph) 왜죠?

장용석(marbless) 모르겠어요. 어제 밤에 너무 무리를 해서 그런가

장용석(marbless) 어제 채팅을 새벽 5시까지 했거들랑요

하지만 그 사이에 다시 수십 개의 글이 올라와 있어.

!)전정환(ttomoon) 하지만 그 사이에 다시 수십개의 글이 올라와 있어.

유제환(paragraph) 와우! 대단하시네요.

그런데 그 글을 쓴 사람들은 내가 쓴 글들은 하나도 읽어 보지도 않고 그냥 말이라는 것을 계속 하고 있는 거야.

!)전정환(ttomoon) 그런데 그 글을 쓴 사람들은 내가 쓴 글들은 하나도 읽어 보지도 않고 그냥 말이라는 것을 계속 하고 있는 거야.

장용석(marbless) 뭐, 그 정도야 별 게 아니죠.

한병곤(hbk90) 님이 입장하였습니다.

한병곤(hbk90) 안녕하세요

유제환(paragraph) 어서오세요.

장용석(marbless) welcome

한병곤(hbk90) 안녕하세요, 정환님?

도대체 어떻게 해야 할지 모르겠다구!

!)전정환(ttomoon)도대체 어떻게 해야 할지 모르겠다구!

장용석(marbless) 한참일 때는, 하루 24시간 내내 채팅을 목표로 했었는데...

왜 넌 내게 대답하지 않는 거지?

!)전정환(ttomoon) 왜 넌 내게 대답하지 않는 거지?

지금 내 말을 보고 있는 거야?

!)전정환(ttomoon) 지금 내 말을 보고 있는 거야?

한병곤(hbk90) 무씬 쏘리?

장용석(marbless) 졸려서 쓰러질 뻔한 순간이 수십 번.

대답 좀 해보라구!

!)전정환(ttomoon) 대답 좀 해보라구!

한병곤(hbk90) 저 말예요??

장용석(marbless) 결국 24시간을 채우지 못하고 19시간째에서 좌절.

7.

제환과의 2시간여의 채팅을 하고 새벽 2시 정도에야 이부자리에 들은 나는 잠이 통 오지 않았다. 천정 위에 꿈의 사내의 얼굴이 아른거렸다. 그가 정말 quarantine가 맞던가? 벽장 문에 제환의 영상이 떠올랐다. 그는 벽장에 붙어 서서 누워 있는 날 내려다보았다. 나를 보며 씨익 웃더니 하얀 장갑을 낀 손을 날 향해 흔들어 댄다. 그 손이 가볍게 흔들릴 때마다 그의 몸이 조금씩 지워져 간다. 그러더니 그는 점점 가벼워져서 위로 위로 올라간다, 마침내 천정에 달라붙었다. 마침내 하얀손과 얼굴만 남았다. 하얀손으로 자신의 얼굴을 가리면서 점점 그는 꿈의 사내의 얼굴과 하나가 되었다.
거기에서 그는 날 내려다보았다. 그가 내게 물었다.

'나에 관한 소설을 쓰는 것이 무슨 의미가 있지?'

난 대답하지 못했다.

8.

다음날 아침 일어나자마자 컴퓨터 앞에 다가갔다. 그리고선 미친 듯이 소설을 써댔다. 만약, 이 소설이 내게 그리고 사람들에게, 인간과 통신의 관계에 대해 이전과 다른 어떤 느낌을 가지도록 할 수 있다면 그것으로도 난 만족할 것이다.
통신망 속에 내 소설을 띄우는 순간, 나는 통신이 저지른 범죄에 완벽한 공범자가 되었다. 공범자라 …… 공범자의 의의, 공범자의 윤리, 공범자의 행복 …… 공범자이면서 고발자이기도 한 나 …… 고발자의 행복, 고발자의 윤리, 고발자의 의의 …… 많은 것이 아직 내게 혼미할 뿐이다.

※ 「우리가 하이텔을 사랑하는 이유」는 새로운 매체인 컴퓨터 통신에 관한 글이다. 나의 윗세대들은 새로운 기술 수단, 그를 통한 새로운 매체의 출현에 대해

대개 두 가지 상반된 — 그러나 동일한 줄기에서 나온 — 입장을 취해 왔던 것으로 보인다. 첫째는, 주로 기술을 만들어 내는 사람들로서 '기술 유토피아즘'을 부르짖어 왔다. 둘째는, 새로운 매체의 출현을 두려워하고 거부감을 느끼면서도 '어쩔 수 없이 뒤처지지 않기 위해' '사용자'가 되어 왔던 사람들이다. (이 두 가지 입장은 '기술 선진국'의 구호 하에 일사 불란하게 움직여온 우리나라의 제3세계적 특성으로 인하여 더욱 부추겨져 왔다.)

이러한 상황에서, 새로운 매체에 자신의 정체성을 두는 사람들의 출현은 많은 의미를 띤다. 그들은 '기술 선진국'을 이루기 위해서 그 매체에 빠져 있는 것도 아니고, 개인적으로 뒤처지지 않기 위해 사용하는 것도 아니다. 그들에게 매체가 만들어낸 공간은 자신의 주거지일 뿐이다. '기술 유토피아'라는 무지막지하게 생긴 공룡의 겨드랑이 밑에서, 배꼽 위에서 그들은 무허가 집을 짓고 자신의 공간에 대한 권리를 주장한다. 공룡은 뜻하지 않은 이 생명체의 주장에 당황해 할 것이다.

그들에게 이러한 생명의 가능성이 있음에도 불구하고, 그들이 자신의 매체 — 공간에 대한 시각을 가지지 못한다면 어쩔 수 없이 거대한 공룡의 한 껍질 세포일 수밖에 없다. 그렇게 되면 그들은 죽음을 맞이하고 공룡만이 살아 남는다. 그러니 그들은 매체를 즐기면서도 매체와 싸워야 하는 것이다.

그런 상황을 생각할 때 아마도 통신을 주거지로 삼는 그들이 자신들에 대한 시각을 보인 소설을 썼다면 더욱 의미가 있었을지도 모르겠다.

나에 대해 말한다면 통신은 나의 주거지가 아니다. 그런 나에게는 통신이라는 매체에 관한 소설을 쓴다는 것은 또 다른 의미를 띤다. 새롭게 출현하는 다양한 사람들과의 더불어 살기의 모색이다.

'나'(등장 인물로서의 나)는 우연히 그의 죽음을 목격하였다. '나'는 새로운 매체에 대해 시각을 가질 필요성을 느끼지 못했고 매체의 '단순한' 사용자로만 머물고자 했었다. 하지만 '나'의 소설가적 기질은 그와 그의 죽음을 외면하지만은 못하게 하였다. 나는 이 글에서 '내'가 보이는 견해가 옳다고 주장하지 않는다. 내가 중요하게 여기는 것은 '내'가 부딪히는 지점들이며 '나'의 고민의 운동성이다. 덧붙인다면 이 글에 나오는 ID는 실제가 아닌 가명임을 밝힌다. ■

내가 살고 싶지 않은 세상

1994년 6월 하순 어느 날 박혜란

창문을 열면,
기다렸다는 듯이
쏟아져 들어오는
매캐한 공기에 눈이 시리고
오래 살고 싶으면
숨을 얕게 쉬어야지.
어제밤 늦게 귀가한
고3짜리 아이는
아직도 감긴 눈으로,
어머니 학교 다녀오겠습니다.
(대학 가면 해방이래, 헛된 기대에 속으면서)
애야, 학교 가는 길이 즐거운 날은 언제일까.

환호 … 불안 … 환호 … 불안 …
어리석은 백성들아,
어제는 불감증
오늘은 과민증 환자들아.
정부와 매스컴은
백성들 꾸짖는 맛에 산단다.
웃지도 말고
울지도 말고,
불안해도 안되고
안심해도 안된다.
그런데 웬 월드컵?
우리 편 득점할 땐
웃어도 되나요.
온 국민을 분열증 환자 만드는
진짜 불치병 환자는 누구?
긴급 대책 회의에 둘러앉은 남자들은
하나같이 펭귄을 닮았다.
새하얀 와이셔츠 졸라맨 넥타이,
머리속도 똑같을까.

엘리베이터의 타인들은 모두 적.
눈을 피하며 훔쳐 보기 작전.
저 자는 누구일까
— 졸부일까. 사깃꾼, 관리, 혹시 성폭행범은?
아이들아,
너희들은 모르는 사람끼리도 웃고 지내렴.

버스를 타면 괴롭다
핸들 잡은 사람이 왕인데
듣기 싫으면 내려라, 이 뚜벅이들아

한낮의 고급 식당가는
화사한 여인들로 버글거리고
맹렬한 식욕과 버금 가는 수다
과외와 돈 그리고 다이어트 정보들
한껏 차린 개성이
웬일인지 한데 모이면 다 닮은 꼴

한 사람이 다른 사람들 몫까지
몽땅 살아 줘도 될 것 같은 이 세상

내가 살고 싶지 않은 세상
그러나 내가 살고 있는 세상

전미숙, 「서울 종로」, 1991.

소설 속에서 '나' 읽기 혹은 '우리' 읽기

김익헌*

1.

소설 읽기란 작가의 체험과 독자의 체험이 만나는 공간이다. 작가와 독자 사이에, 작품과 독서 간에, 상호 작용·상호 조율이 이루어지는 만남인 것이다. 그런데 우리는 이러한 소설 읽기에 충실했는가? 적어도 나는 아주 오랫동안 소설 읽기란 '객관적 대상을 읽어 내어 아는 것'이었으며, 다른 사람의 삶의 비밀을 엿보는 문학적 유희를 맛보는 정도였기에, 솔직히 작가와 내가 만난다는 것과 그 속에서 나를 읽어 낸다는 것에 대해서는 실패해 왔음이 분명하다. 그러나 "설명적이거나 주장이 강한 글보다는 보여 주기를 하는 글을 쓰려고 노력하는"[1] 살아 있는 지면이, 실패를 극복할 수 있는 기회가 다가왔다. 이제 나는 소설이라는 공간 속에 작가가 부어 놓은 체험들 속에서 집요하고 솔직하게 나의 체험들을 읽어 내는, 보여 주기를 하는, 드러냄을 감행하는 글을 쓸 것이다. 아마 연필로 밑줄을 박박치며 차분하게 읽지 않으면 읽어 내기가 힘든 그래서 약간은 지루한, 기존의 문학 계간지에 많이 실려진 그런 서평이 아닌, '또 하나의 서평'을 지금부터 쓰

---

* 1969년 출생. 연세대학교 영문과 4학년에 재학중이다. 88년에 대학을 입학하여 신학과를 졸업했고, 지금은 문학을 공부하고자 영문과에 적을 두고 있다.

1) 또 하나의 문화 동인들, 1992, 『여자로 말하기, 몸으로 글쓰기』, 도서출판 또 하나의 문화.

려고 한다. 솔직한 '나' 읽기 혹은 '우리' 읽기의 작업을.

2.

40대의 중견 문학 교수가 20년 동안 한편의 장편 소설을 썼다. 『지극히 작은 자 하나』.[2] '지극히 작은 자 하나'라는 제목은 '이 지극히 작은 자 하나에게 하지 아니한 것이 곧 내(예수)게 하지 아니 한 것이니라'라는 구절을 가지고 있는 마태 복음 25장에서 따온 말이다. 그렇지만 작가가 여전히 마음에 두고 있는 이 글의 제목이자, 이 작품을 한 묶음으로 잘 정리하는 설명은 '70년대에 대학을 입학하고 80년대를 거쳐 90년대에 살아 남은 40대 문학 소년의 회고록'이다. '회고록', 이 하나의 단어는 작가와 주인공의 동일시 문제에 대한 질문을 당연히 유발시킨다. 이에 대하여 작가는 『상상』지와의 인터뷰에서 "제가 노렸던 것은 오히려 작품 속의 이야기꾼 겸 주인공이 작가가 아니라 독자 자신과 동일시되는 것이었습니다." 독자 자신? 그것은 내가 아닌가? 이제 과감히 작가의 노림에 포획되어 이 글의 주인을 독자 자신인 나로 만들어 버리려 한다. 40대 문학 소년의 회고록이 아닌, 20대 문학 소년의 회고록(20대에 회고록이라니?)을 작성하고자 한다.

'지극히 작은 자 하나'에 이르기까지 불우하고 소외된 이웃들을 돌봐야 한다는 성경의 가르침은, 이 소설 밑바닥을 흐르고 있는 정신이다. 그러나 이 정신을 실현하고자 하는 인간들은, 70년대의 유신 치하에서 80년 광주에서, 처절하게 짓밟힌다. 아니 짓밟히는 정도가 아니라 '바가지처럼 으깨지고 문둥이처럼 문드러진 시신으로 오'고 마는 것이다.

척박한 한반도에 태어나 인간을 사랑하고자 했던 한 인간이, 문드러진 시신으로 오는 끔찍한 사건이 나에게도 있었다. 대학 생활을 한 지 두 달이 막 지나가는 화창한 오월의 어느날, 선배들을 따라 줄레줄레 명동 성당엘 갔었다. 무슨 집회였는데, 집회의 제목이 기억나지 않는다. 벌써 6년 전의 일이다. 문익환 목사님의 강연 중이었고, 갑자기 명동 성당 교육관 4층 옥상에서 하얀 농민복을 입고 붉은 띠를 두르고 초록색 메가폰을 붙잡은 한 사람이 나타난다. 세 가지의 구호를 외친다. '분단 상황 고착화하는 미

---

2) 유시로, 1993, 『지극히 작은 자 하나』, 살림.

국놈들 몰아 내자'는 구호가 그 중의 하나였다. 그리고 나머지 2개의 구호는 생각나지 않는다. 망각의 신비다. 얼마 전까지 해도 세 개의 구호를 분명 기억했건만 지금은 하나뿐만. 그리고선 하얀 종이(물론 유서였다)를 뿌린다. 칼과 같은 것으로 복부를 찌르고 아래로 떨어진다. 그 당혹함, 그 놀라움, 저것이 저것이 말로만 듣던.

순간 집회장은 아수라장이 되었고. 들리워 나가는, 곧 시신이 될, 조성만(서울대 화학과 84)의 몸을 볼 수 있었다. 농활 때 마을 잔치를 위해서 잡던 돼지의 목에 난 칼자국과 비슷한, 복부에 남겨진 자국을 또한 볼 수 있었다. 평생 잊지 못할 그 자국을.

망각의 신비와는 반대로 가끔 기억은 놀라운 힘을 발휘한다. 그 당시 명동 성당 교육관 옥상 위에서 뿌려진 서울대학교 레포트 용지에 적혀 있던 유서의 내용을 지금도 정확하게 기억한다.

"성부와 성자와 성신의 이름으로 아멘. 척박한 한반도에 태어나 인간을 사랑하고자 했던 한 인간이 조국 통일을 염원하며 이 글을 드립니다 …… 지금도 떠오르는 아버지 어머니 얼굴, 차마 떠날 수 없는 길을 떠나야 하는 이 순간에도 척박한 팔레스틴에서 목수의 아들로 태어난 한 인간이 고행 전에 느꼈던 느낌을 알 것도 같습니다. ― 분단 조국 44년 5월에"

그날 명동 구석의 어느 한 호프집에서 맥주를 들이부을 수밖에 없었고, 취할 수밖에 없었다. 진정으로 운동하는 자는 저렇게 죽는 것이 아니라고 선배는 말했지만, 목숨까지 버리면서 이루고자 하는 그 무엇에 대한 무조건적인 사랑과 헌신을 내 마음 속에 쌓아 버렸다. 그리고 얼마간 회의 없는 진리에 대한 믿음의 행진을 계속하게 된다. 그 위험성에 대해서 의심하지 않고서.

지금은 일찍 결혼했던 덕택으로 돌이 지난 아이까지 있는 한 친구 녀석은, 되던져진 화염병으로 인하여, 팬티도 입지 못한 채로 시커먼 성기를 드러낸 채 붕대를 감고 세브란스 병원에 누워 있어야만 하기도 했다. 변증법적 유물론과 사적 유물론의 맑스적 세계관으로 세상을 깔끔하게 인식하던, 한 줄기 빛을 뿜어준다고 어린 후배의 감탄을 자아냈던, 복적한 81학번 선배 또한 직격탄에 맞아, 머리가 '바가지처럼 으깨'져 뇌수술을 받기도 했

다.(그로부터 2년 후, 그 선배는 고향인 제주도 농민회의 한 간부로 변해 있었고,
또 전경의 방패에 찍혀 뇌수술을 받는 기구한 운명을 겪게 된다. 그 당시 『한겨레
신문』은 이 사람이 그 전에 뇌를 다친 적이 있어 더욱더 위험하다고 다급하게 보
도한 적이 있었다.)

많은 친구들이 태극기를 몸에 두르고 흰 연기가 피어나는 교문 앞으로
눈물을 흘리며 마른 침을 삼키며 묵묵히 걸어갔다. 길고 잔인한 여름의 하
늘을 가르며 꽃병들은 가느다란 포물선을 수없이 그리며 날아갔다. 내 손
에 돌멩이 하나가 쥐어지기도 했다. 아니 솔직히 말하겠다. 내 손은 화염병
을 잡기도 했다. 그리고선 적(전경)에게 가장 큰 타격을 주기 위하여, 가장
가까이 접근하여 방패로 막지 못하게 밑으로 잘 깔아서 던지는 영악한 행
동 또한 서슴지 않았다. 어쩌다 전경의 다리에 내가 던진 꽃병의 불꽃이
옮겨 붙을 때에는 쾌재를 불렀다. 그 전경은 자기의 몸에 붙은 불을 끄기
위해서 무서울 정도로 다급하게 바둥거렸고. 그러나 그때 세브란스에 누워
있던 내 친구 녀석을 기억해 내지 못했다. 싸움이 끝나고 돌아올 때, 자본
주의의 세례를 받아 화사한 옷자락을 이끌며 캠퍼스를 누비는, 학문과 보
수적 신앙 안에 울타리를 치고 싸움에 동참하지 않은 친구들을 나는 혐오
했다.

왜 그 시절이 상처로 다가오는 것일까? 내 정신에 날카로운 생채기를 낸
상처로. 이제는 기지 바지를 입고, 운동화를 신고 다니길 쑥스러워하고, 바
바리도 입고 다니기 시작하는 친구들을 만나, 밥이라도 먹고 술이라도 마
실 때면, 더욱더 상처의 아픔과 부끄러움을 느낀다. 왜? 나는 역사를 이 정
도(문민 정부?)라도 이끄는 데 일조를 했다는 당당함이 없는 것인가? 내 치
열함과 운동성이 부족했기 때문에. 하긴 NL과 PD라는 거대한 정치적 입장
의 소용돌이 속에서 내 자신을 지켜낼 수 있는 논리성과 결단성이 없었다.
같이 생활하고 같이 고민하고 같이 싸우던 선배들은 모두 다 NL이었다(운
동권에도 이런 것이 있다는 것을 전면적으로 고민하기 시작했던 것은 많은 시간이
흐른 뒤였다). 이미 내가 싸워 왔던 운동의 내용은 NL에서 나온 변혁의 방
향이었고, 당연히 정치적 입장이 요구될 때, '나는 NL이노라' 말하곤 했다.
그러나 어디선가 돌연히 나타난 PD 입장 선배와의 집요한 공부 속에서 러
시아 혁명 속에서의 멘셰비키가 NL이라고 판명났고, 그 당시 벌어지고 있
던 싸움들은 방향이 철저하게 잘못되었다고 성토하며 그 선배는 입에 거품

을 물었다. 판단할 수 있는 기준은 미약했고, 잘못된 운동을 하는 것보다 운동을 하지 않는 것이 낫다라는 생각에, 두 거대한 양 진영에 냉소주의를 머금게 된다. 그 냉소주의 속으로 공동체를 위해서 내 자신을 헌신하기가 아깝다는 탐욕이 스며들었고, 그 바닥을 떠나 버리리라는 포기를 결단했다.

　운동권 인자들의 전형적으로 잘못된 경우와 똑같이, 그 포기함 속으로 연애라는 것이 파고 들었으며, 그 속에서 지독히도 철저하게 허우적거렸다. 이 세상에 나를 이해하는 사람은 단 한 명만 있으면 된다는 주관적인 탐닉에 연애 기간 동안 세상에 당당했다. 운동적 사고를 하지 않더라도 충분했다. 그러나 내 발은 땅을 디디고 서 있었다. 운동적 사고로부터의 이탈은 자기 분열 증상을 유발했고, 서로의 삶을 굳건하게 세워 주지 못한 연애는 실패로 돌아갔다.

　그리고 어느덧 시대는 90년대로 깊숙이 흘렀다. 현실 사회주의도 몰락했고, 문민 정부라는 것이 어떤 문제가 있었는가와 관계없이 다수 국민의 찬성으로 선출되었고, 혁명적 비약도 점점 그 가능성을 잃어버리고 말았다. 혼돈의 시대가 온 것이다. 아니다. 새로운 의미와 가치의 탄생을 위한 산고의 과정으로서의 시대가, 혹은 잘못된 편향에 대해 반성할 수 있는 시대가 온 것일 수도.

3.

이 시대를 살아야 한다. 정현종의 시 제목처럼 '떨어져도 튀는 공처럼'. 그 속에서 또 부비며 살아가야 할 것이다. 그렇다면 어떻게?

　공지영의 「인간에 대한 예의」[3]는 이 문제를 정면 돌파한다. 작가는 아주 대조적인 두 인물을 등장시킨다. '어떤 자유, 어떤 방랑, 어떤 초월, 어떤 꿈의 실현, 그런 것들에 대한 호기심'을 유발시키는, '삼 년간 인도 전역을 맨발로 방랑'한, '무슨 들풀을 짓이겨 놓은 것같이 쌉쓰름한 맛'을 느끼게 하는 차를 마시며, '모든 외로운 사람들, 잠 못드는 사람들, 혼자라는 생각에 슬퍼하는 사람들에게, 아니에요 우리가 살아 있다는 것만 해도 이 우주 속에 살아 있다는 것만으로도 우리는 충분한 가치를 지니고 있습니다'고 당

---

3)　공지영, 1993, 「인간에 대한 예의」, 『실천문학』 제30호.

당하고도 담담하게 말할 수 있는 이민자. '이십 년 동안 감옥에 갇혀 있다
가 보니까 스스로 안에서 방문을 열 수 있다는 걸 잊어버리'는, '감옥에서
혼자 일곱, 여덟 걸음 걷고는 뒤돌아서서 일곱 발자국 또 걷고 하는 버릇
이 남아 있어, 길을 걷다가도 자꾸만 깜짝깜짝 놀라'는, '시대와 역사와 인
간에 대한 예의를 지켰던' 권오규. 작가 자신에게 아니 우리에게 상징적으
로 이민자는 90년대의 인물, 권오규는 80년대의 인물인 셈이다.

작가는 이들의 거처까지도 예리하게 대비시킨다. 경기도 어느 한적한 곳
의 넓은 마루와 벽난로가 있는 통나무집, 삼양동 산동네에 자리잡은 재생
고무로 만든 낡은 벽돌색 대야가 있는 허름한 한옥. 이 거처의 대비를 도
움받아 작가는 두 인물을 아주 선명하게 전형화시켜 놓은 후, 우리 시대의
이상적인 인물은 과연 누구인가?라는 질문을 은근하게 강요한다. 그리고
'옳으면 승리한다는, 아아, 너무도 단순했지만 너무도 굳게, 결국은 정의가
승리한다는 믿음을 먹고 자라' 80년대에 젊음을 바쳤고 90년대에 쓸쓸함을
느끼는 세대답게, 화자인 잡지사 여기자를 내세워 모범 답안을 제시한다.
권오규를 선택하는 것이다. 시대와 역사와 인간에 대한 예의를 굳건하게
지키는 순간이다.

작가와 나는 분명 80년대의 아들 딸이지만, 서로의 대학 생활은 80년대
의 초반과 후반에 따로 걸쳐 있었다. 작가가 80년대의 적자(嫡子)라면, 나는
80년대의 서자(庶子)이다. 나는 '무엇이 옳고 무엇이 그른가가 아니라 무엇
이 좋고 무엇이 싫은가에 대해서만 이야기하는' 시대의 아들 딸이기도 하
다. 권력을 쥔 자들과는 한 하늘 아래에서 같이 호흡할 수 없다는, 맞서는
것 자체만으로도 도덕적 정당성이 확보될 수 있는 80년대 초반 학번의 선
배와는 달리, 이미 나는 어렴풋이 점차 세상이 계급과 전선이 모호해지거
나 해체되고 있다는 것을 느낀, 지배 계급의 착취 또한 여러 곳으로 파편
화되어 목숨 걸고 맞설 싸울 대상이 보이지 않는다는 다소 반동적이고 불
온한 생각들을 하는, 죄책감과 불안에 시달리는 또 다른 세대이기 때문이
다.

그러하기에 권오규를 선택하는 작가의 당연한 결말에 대하여 할 말이
없고, "그래, 이 선택이 바람직하겠지"라는 어설픈 고개를 끄덕인다. 그러
나 내 몸 저 깊은 곳에서 스멀스멀 피어오르는 불만의 정체는 무엇인가?
혹시 이미 잘못 설정되어 버린 이분법적 함정에 빠져 고개를 끄덕이고 있

지는 않은가? 이제 90년대 중반을 치달으며 꾸준히 몰려오는 후배들은 이 모범 답안에 무엇을 느끼겠는가? 왜 80년대를 당위적으로 꼭 붙들고만 있어야 하는가? 80년대만 남겨 놓은 90년대의 쓸쓸한 절망을 하지 말고, 80년대까지도 내던지는 철저한 90년대의 절망이 필요한 것은 아닌가? 그래야지만 90년대가 살아갈 만한 삶의 자리로 다가올 것이 아닌가? 선택해야만 하는 절대로 타협할 수 없는 대상이 아니라, 이민자와 권오규의 행복한 결합을 꿈꾸어 보는 것은 어떠한가?

"꼭 그렇게 세상을 비뚜르게 볼 거 뭐 있어? 이제 구원으로 가는 길은 우리에게 꼭 하나가 아니어도 좋잖아? "[4]

작자는 화자의 입을 통해 참다운 현실 인식을 무의식적으로 내뱉고 있지 않은가? 이 발언이 시대와 역사와 인간에 대한 예의를 지키기 위한 위대한(?) 결말을 향해 나가기 위하여, 작가가 계산적으로 잠시 90년대의 유혹에 응하는 척하는 과정의 한 부분에 불과한 것뿐일지라도, 나는 그렇게 작가의 의도대로 이 소설을 읽지 않는다. 읽고 싶지도 않다.

4.

「피아노」라는 영화가 요즈음 개봉된 것은 의미 심장하다. 이 영화를 보고 영화 감상문 쓰듯 쓴 조성기 씨의 소설 「피아노, 그 어둡고 투명한」[5]은, 훌륭한 영화에 대한, 뛰어난 영화평을 넘어서는 문학계의 소중한 반응이다. 피아노라는 섬세한 영상 미학을 둔탁한 글자로 만들어 내는 작업에서도 아름다움이 전혀 다치지 않는 성과를 유감없이 발휘한다.

"남자는 나쁜 기후와 험한 길로 인하여 피아노는 옮길 수 없다고 한다. 여자는 항의해 보지만 별수 없다. 그러면 나중에 피아노를 옮겨 달라는 여자의 말에도, 남자는 시큰둥한 반응만 보인다. 여자에게 있어 피아노는 자신의 얼을 표현하는

---

4) 공지영, 1993, 「인간에 대한 예의」, 『실천문학』 제30호, 81쪽.
5) 조성기, 1993, 「피아노, 그 어둡고 투명한」, 『세계의 문학』 제70호.

발성 기관과도 같은 분신이다. 자기 자신이 살아 있음을 온몸으로 느끼게 해주는 존재 이유 그 자체인지도 모른다."[6]

얼마 전, 87년 6월 항쟁을 이끌어 냈고 통일 운동의 메카였고 민주화의 요람이라고 자부하던 내가 다니고 있는 학교에서, 지도의 깃발을 높이 세워 학생들을 이끌어 가는 총학생회가 필요한 것이 아니라, 학우들의 창의와 자율을 연결시켜 주겠다는 네트워크의 총학생회를 내세우며, 바꾸어 말하자면 학우들의 '피아노'를 존중해 주겠다며, 출마했던 비운동권이 총학생회를 장악한 사건이 있다. 어째서 이런 일이 벌어졌는가? 아마 80년대에 우리들은 '여자가 가장 소중히 여기는 그 피아노를 무시하고 다른 물건들만 챙기는' 남편의 모습과도 같이 서로의 피아노를 이해하지 못했다. 그 결과가 이런 사건을 만들어 냈고. 우리나라 학생 운동은 참으로 화려했다. 그러나 영광이 찬란할수록 각자의 피아노를 무시할 수밖에 없었던 짙은 어두움 또한 있었던 것이다.

"집으로 들어선 스튜어트(남편)는 테이블에다 도끼를 내리꽂았다가 다시 도끼를 집어들고 피아노를 내리친다 …… 도끼로 피아노를 내리치는 것, 저것이야말로 성폭력과 정치폭력을 비롯한 모든 폭력의 기본 구도이다 …… 피아노의 현들이 타현되지도 않으면서 일제히 진동하며 음울한 울음을 운다."[7]

몇년 전 학회를 그만두겠노라고 말할 때 나의 섬세한 상황을 고려하지 않은 채, 내 소리를 울리려고 하는 피아노를 도끼로 내리친 선배가 있었다. 그 선배는, 내 감수성을 (지금은 너무나 나의 장점이라고 발견해 버린) 역사성과 합목적성에 서 있지 못하는 변덕스러운 얄팍함으로 매도했고, 내 삶에 대한 자세를 비난했다. 나는 자기 변호의 극단적 방법으로 대들 수밖에 없었고, 주먹으로 얼굴을 맞아야 했다. 울었고, 치사하고 유치한 방법으로 단순 노동으로 삶을 이어 가고 있던 홀어머니와 가난한 가정 사정을 팔아먹어야 했다. 그래서 나는 학회를 나올 수 있었다. 그 비굴함이란.

---

6) 앞의 책, 19쪽.
7) 앞의 책, 42쪽-43쪽.

지금이야 흘러간 세월이 주는 여유로움으로 그 선배를 허허로이 만날 수 있고, 결혼식에도 쫓아가고, 집들이에도 몰려가기도 하지만, 확실히 내 마음 한구석에는 그 선배의 도끼가 저지른 내 '피아노'의 상처를 가지고 있다.

어디 그 선배 뿐이랴? 내가 지금 쏘고 있는 화살은 철저하게 되돌아올 수밖에 없다. 나 자신 또한, 운동을 하지 않았다는 이유 하나만으로 상대방을 무시하고 혐오하고, 내 공간의 테두리에서 그 사람을 추방시켜 버리는 폭력을 수없이 저질러 왔다. 지금까지도 여전히 가지고 있는 편견이다. 절대 지난 시절을 후회하지 않지만, 이와 같은 편견이 어쩌면 지난 시절의 상처와 죄의식이 잘못 표현되고 있는 역설적인 자기 방어일는지도.

이러한 성찰은, 세상을 바라보는 창(窓)을, 더 깨끗하게 더 넓게 했다. 덮씌워졌던 뭔가가 벗겨지듯이 세상이 보이기 시작했고, 사람들도 다른 각도로 보이기 시작했다. 닥치는 대로 영화와 연극을 보기 시작했고, 노동하는 인간들의 파릇파릇한 희망과 건설의 힘찬 고동 소리가 들어 있지는 않지만 이성복의 시를 좋아하기 시작했고, 자유주의 문학의 대부격인 김현의 글도 읽기 시작했다. 관념적이지만, 궁극적 관심인 초월적 지평에 대해서도 더 깊게 고민하기 시작했다. 라흐마니노프도 듣기 시작했고, 가난의 흔적이라고는 어디에도 묻어 있지 않은, 빨간색 자가용을 끌고 다니는, 시대와 역사에 무관심한 한 음대 여학생과 이야기를 나누기도 했다. 오히려 베토벤의 소나타 30번을 치면서 눈물을 흘리는(28번 이후로 베토벤은 귀가 먹기 시작한다. 그러한 이유로 30번은 베토벤의 절망 속에서 그리고 머리로만 그려지는 관념의 악보 속에서 나오게 된다. 그 30번을 치면서 베토벤의 절망을 공감하고, 관념 속의 악보를 쳐내야 하는 버거움 속에서 자기 자신의 한계를 절감하기 때문에, 눈물을 흘리는 것이다), 이 음대 여학생을 좋아한다. 중심이 아닌 주변으로 치부되어 왔던, 여성주의 혹은 페미니즘이라는 언어를 사용하는 삶의 공간을 기웃거리기도 하고, 환경 문제를 위해서 내가 할 수 있는 일들을 고민하기 시작하기도 했다. 더욱더 달라진 일은 내 삶의 신비와 비밀들을 긁적이는 글을, 구체적인 내 생활의 기록을 쓰기 시작한 것이다. 나의 호흡을, 나의 피아노를, 이제 막 발견하기 시작했던 것이다.

그러나 내 피아노만을 즐기며, 더듬거리며 문을 잠그고 자기만의 방에 갇혀 버리는 위험성을, 몸 안에 키워 나가기 시작하는 것을 감득할 수 있었다.

5.

어느 한 강연회에서 신영복 선생의 폐부를 찌르는 한 문장의 말을 들을 수 있었다. "개인을 중심으로 한 자기 완성은 허구입니다"는, 포기할 수 없는, 진리가 담긴 말을.

지금 자꾸 지난 시절 싸움에 같이 동참했던 선배, 친구, 후배들이 생각난다. 혹시 이 글이 '그들의 피아노를 도끼로 찍는 행위의 글'이 되지나 않는지, 그들에게 참을 수 없는 분노를 일으키지는 않는지 두렵다. 죽은 물고기가 강물을 따라 흐르듯이, 혹시 내가 죽은 물고기가 되어 시류(時流)의 흐름에 몸을 그냥 가볍게 내맡기고 있지나 않은지. 그래서 자꾸 그들이 엄하게 떠오르는 것이다. 그렇지만 이것 하나만은 분명히 하자. 나는 분명 그때 그들과 희망이라는 것에 운명과도 같이 감염되었고, 지금도 감염된 희망은 저 밑바닥에 또아리를 틀고 있다. 그리고 지극히 작은 자들에 대한 순수한 열정을 쏟아 내야 한다는 십자가를 또한 저버리지 않았다. 아직 나의 / 우리의 가난은 분명 끝나지 않았고, 도처에서 그 모습을 드러내고 있기 때문이다.

이 감염된 희망의 내용을 내 이야기와 같이 보여주는 작품이 「회색 눈사람」[8]이다. 작가가 정하는 제목에는 아마 많은 것이 들어 있을게다. 그래서 우리는 흔히 왜 작가가 작품에 이런 제목의 이름을 달았나 하는 질문을 던지면서 작품을 읽어 나가기도 한다. 특히 그 제목이 현란하지도 즉각적이지도 않고, 상징을 유발하는 제목이라면 우리는 더욱더 깊은 고민을 하며 그 제목을 추적해 나간다. 최윤의 작품인 「회색 눈사람」은 그 고민을 하기에 아깝지 않은 작품이다.

지하 운동으로 결성, 활동해온 문화 혁명회가 한 조그마한 인쇄소를 근거지로 움직인다. 알렉세이 아스타체프 『폭력적 시학 : 무명 아나키스트의 전기』라는 책 한권이 주는 우연한 기회로 인쇄소에 들어간 주인공 '하원'은 '안'을 비롯한 여러 사람들과 함께 갈등을 만들며 이야기를 만들어 간

---

8) 최윤, 1992, 『회색 눈사람』, 조선일보사.

다. '하원'은 그들의 얘기를 듣고 있으면 사는 일이 그다지 지옥 같지는 않을 수 있다는 엷은 '희망'을 가지기도 한다. 그러나 하원은 그들에게서 멀리 있었고, 그들은 하원에게서 멀리 있는 것이었다. 이러한 상황은 하원에게 섬세한 상처와 아픔으로 다가갈 수밖에 없었다. 그 당시 반정부적인 운동 행위들은 보안이 생명이었기에, 쉽게 조직에 스며들 수 없는 아웃사이더의 아픔이라고나 할까. 이 아픔은, 조직이 사라져 버려 아웃사이더 아닌 아웃사이더가 되어버린 우리들의 아픔과, 생겨난 이유는 다르지만, 본질적으로 유사하다. '넥타이를 매고 회사 지하 다방에서 후배를 만나거나, 저녁 동창회 모임에 프라이드를 끌고 나타나는'[9] 혹은 복적을 해서 학교로 돌아온 선배, 군대를 갔다온 친구 혹은 대학원을 다니는 친구, 이제는 학교에서 고학번 행세를 하면서 의젓해지는 후배들을 만날 때, 다들 멀리 있는 듯이 느껴지는 어색함이 우리 세대의 아픔이 아닐까?

작가는, 그 개인의 상처 속에, 적당한 공간과 거리를 유지하며, 끔찍한 시대의 아픔을, 은근하게 부어 놓는다. 이십 년이 지난 세월 후에도 그토록 사랑했던 그들과 '우리'라는 단어 앞에서 여전히 '하원'이 겪게 되는 수줍고 불편한 상처의 근원 또한 시대의 어려움이 어쩔 수 없이 만들어 내는 것이었다. 우리 세대가 겪는 어색함의 근원 또한 그러했다. 대학교 1학년 시절 '진리가 무엇일까?, 구원으로 가는 길은 무엇일까?'(아마 신학과라는 특수한 상황이 좀 추상적인 문제에 대해서 고민하게 만들었던 것 같다)라고 한 선배에게 심각하게 물어 보았던 일, 그리고 그 선배 또한 한참 동안 깊이 생각하다가 "군부 독재를 타도하는 것이 진리야"라고 심각하게 대답한 일. 그때 나는 수긍했고, 우리는 '우리'였다. 그 선배는 지금 도서관 6층에서 열심히 토플책을 뒤적이고 있다. 커피를 뽑아 마시다 서로 부딪힐 때, '우리'라는 단어를 떠올리면 수줍고 불편하다. 이러한 상황 또한 시대의 어려움이 어쩔 수 없이 만들어낸 것이었다.

그러나 「회색 눈사람」의 주인공에게는 상처를 극복하는 희망이 있다. 인간을 믿고 사랑하는 큰 여유가 있다. 여기에서 회색 눈사람이 등장하게 된다. 응달에서 볼이 튼 아이들이 재와 흙으로 범벅이 된 회색 눈으로 눈사람을 만든다. 눈도 붙이고 코도 만들고. 그 위에 '하원'은 '안'이 준 목도

---

9) 공지영, 같은 책, 85쪽.

리로 그 눈사람의 목을 감싸 안음으로 회색 눈사람을 완성한다. 상징적인 행위이다. '안'과 그들이 가르쳐준 희망을 완수하겠다는. 그리고 작가의 회색의 현실 인식 또한 뛰어나다. 우리나라에서 눈사람을 만들어본 어린 시절의 경험이 있다면, 대부분 흙과 눈이 범벅된 회색 눈사람을 만들었을 것이다. 낭만적이고 살기에 편한 깨끗한 흰색의 현실 인식이 아닌, 고통스럽고 비참한 재와 흙으로 범벅된 회색의 현실 인식. 그렇지만 작가는 회색 현실을 극복하려는 희망을 가지고 있다. 이 작품의 마지막 부분에서 다시 한번 상처에서 희망으로 나아가는 회색 눈사람의 형상이 나온다. '하원'이 희망으로 돌보다 20년 전 자신의 여권으로 미국으로 도피시킨 '희진'이 미국에서 쇠약과 굶주림에 의해서 죽었다는 상처 속에서, '하원'은 돌아오는 겨울, 눈사람의 머리에 지구를 뜬 그녀의 별에 전파가 닿게끔 긴 가지로 안테나를 꽂을 아름다운 생각을 한다. 아프게 사라진 '희진'은 그를 알던 '하원'의 마음에 상처와도 같은 작은 빛(희망)을 남겼던 것이다. 그 빛은 '하원'이 이미 맛본 희망의 색깔을 주변과 나누려고 여러 가지 일을 벌이게 하였고.

　상처를 극복하는 희망. 토플책을 뒤적이는 선배의 모습 속에서, 상처와 어색함을 느끼기도 하지만, 그 선배와 함께 했던 지난 생활은 희망이었고, '하원'이 '안'이 준 목도리로 그 눈사람의 목을 감싸 안음으로 회색 눈사람을 완성하는 것처럼, 지난 시절 선배가 나에게 준 희망을 이 회색 현실 속에서 완성하고 싶다는 내 몫을 조심스레 더듬기도 한다. 그 선배 또한 아마 그 희망을 나누기 위한 수단으로서 과정으로서 토플책을 뒤적일 수 있다는, 여전히 우리는 '우리'이다는 신뢰를 마음에 품기도 한다.

6.

지금까지 크게 상처와 희망이라는 두 범주 속에서, 네 편의 소설을 읽어내면서 나 자신 혹은 우리들의 모습을 읽어 보았다. 한편 한편의 소설은, 진부한 살과 뼈의 안락과 위로만을 추구하는 현대인들의 마취적 안정을 흐트러뜨리는, 언어의 화살을 분명 날리고 있다. 다시 한번 차분히 우리 자신들을 되돌아보게 하고 성찰하게 하는 여백의 공간을 허락하는 좋은 소설들이다.

이 좋은 소설의 틈새 속에서 한 가지 고백을 더 하고자 한다. 여지껏 맑스의 유명한 포이에르바하에 관한 테제 11번 '철학자들은 세계를 단지 여러 가지로 해석해 왔을 뿐이지만, 중요한 것은 그것을 변혁시키는 것이다'는 구절을 가슴에 품고 살아왔다. 그것은 희망이었다. 그 희망은 여전히 지금까지도 유효하다. 그러나 언제부터인가 또 하나의 유명하지 않지만, 상처를 극복하기 위한 창조적인 테제를 내 마음 속에 새기기 시작했다. "중요한 것은 세계를 그리고 내 삶을 풍요롭게 하는 것이다." 내가 타인과 다를 수 있는, 그 다름에서 내 자신의 정체성을 확인하고 싶은 묘한 욕구 혹은 나의 피아노, 그 피아노를 지키겠다는 개김이, 살육과 절망만이 가득했던 80년대의 선배들이 일구어 왔던 피와 땀의 결과물들과의, 공동체적 노력을 통해서 행복하게 결합되는 풍요로운 시대의 열림을 꿈꾸기 때문에 내 테제를 조심스레 공개하는 것이다. 내 개성적인 삶이 드러나고, 그 드러남과 더 넓은 공동체적 삶의 창조적 관계가 흥건하게 적셔져 맺어지는 곳을 향하여 항해하는 풍요로운 시대의 날렵하고 유연한 배를 상상하기 때문이다.

지금 막 내 삶의 작은 자리들이 거대하게 솟아오른다. 학교 과(科) 내의 조그마한 학회(학회에서 나오기 위하여 선배에게 맞기도 했던 내가, 학번이 주는 무게에도 불구하고, 일개의 학회원이 되어 삶의 풍요를 위해 스스로 창조하고 실천하려는 노력은, 놀라운 변화이자, 지금의 시대가 포착해야 할 중요한 지점이다)인 문학반, 평생 다닐 교회, 집, 그리고 모든 삶의 자리들이. 나는, 우리는, 살아야 한다. ∎

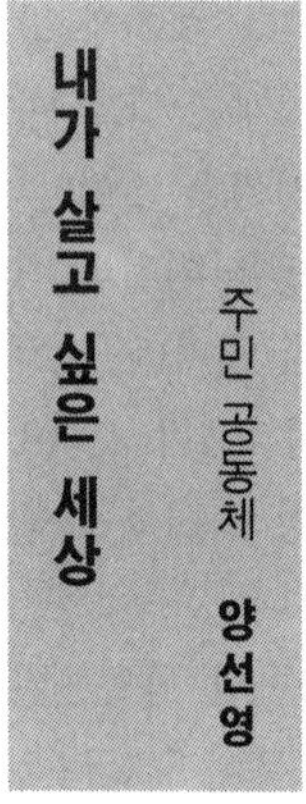

92년 여름, 서열이 제일 낮은 내가 주민으로 등록함으로써 우리집엔 모두 어엿한 주민만 살게 되었다.

아빠   주민 : 370205-101142X
엄마   주민 : 450429-201141X
언니 1 주민 : 660110-201145X
언니 2 주민 : 670525-201141X
언니 3 주민 : 700621-201141X
언니 4 주민 : 731123-201141X
나   : 750313-201141X

그런데 아무리 생각해 봐도 이상한 일이다.

우리집엔 합법적인 주민이 일곱인 게 확실한데, 주민으로서 당당히 살아가는 건 370205-101142X 한 명뿐이니 말이다.

늦게 귀가하는 주민은 모두 370205-101142X의 눈치를 봐야 하고 370205-101142X을 제외하고는 아무도 맘대로 외박할 수 없다.

370205-101142X이 친구를 데려오면 450429-201141X이 발 벗고 뛰어야 하는데 450429-201141X이 친구를 데려오면 370205-101142X은 아무것도 안하고 450429-201141X이 혼자 하는 거다.

370205-101142X이 "밥!" 하면 나머지 주민들이 즉각 밥상을 대령하고 주민 모두 텔레비전을 볼 때도 370205-101142X 혼자 리모콘을 소유한다. 심지어 370205-101142X이 "웬 말이 이렇게 많아?" 하면 다른 주민들은 하던 말도 멈춘다.

정말 자기 맘 먹은 대로 살아가는 주민은 370205-101142X뿐이다. 하지만 660110-201145X과 670525-201141X도 돈을 벌고 450429-201141X는 집에서 종일 열심히 일을 하는데 ……

옛부터 전해오는 무서운 전설에 의하면 660110-201145X, 670525-201141X, 700621-201141X, 731123-201141X, 750313-201141X이 370205-101142X을 떠나려면 370205-101142X과 비슷한 다른 주민이 와서 데리고 가야 하는데 그렇게 되면 새로운 가정이란 걸 만들어 370205-101142X이 한 것처럼 똑같이 하게 된다고 한다.

그런 식으로 가정이란 주민 공동체가 유지되는 거라고 한다.

전미숙, 「경기 백마」, 1991.

만약 이런 체제에 반항하고 주민 공동체에서 이탈하려고 하는 주민이 있으면 온 세상 주민이 모두 비난을 해서 그 주민의 숨통을 조여 간다고 한다. 나는 벌써부터 숨통이 막힌다.

내가 주민임을 주장하면 우선 370205-101142X이 눈쌀을 찌푸리고 나머지 주민들이 나 땜에 자신들이 더 어려워진다며 마구 퍼부어댄다. 그럼 다같이 권리를 주장하자고 했지만 세상 물정 모르고 헛소리한다고 걱정을 태산같이 한다.

나는 주민이긴 한 걸까? 가끔 의심이 들곤 한다.

후후 — 유령 주민인가 보다.

'민족'을 위해 여성은 언제나 죽어야 하는가?
「서편제」를 보고

강선미*

새로운 민족 정체성의 꿈자리

나라를 잃고 일제의 압박과 설움을 경험하였으며, 해방 후에도 세계의 중심부가 아닌 '주변부 국가'로서 저들이 재채기만 해도 감기에 걸리는 열악한 경제 상황과 오랜 군사 독재 하에서 한번도 제대로 기를 펴고 살아오지 못한 사람들이 어깨를 펴고 있다. 서구 문화와 다른 우리의 문화적 전통의 차이에 대하여 자신감을 가지고 말하고, 즐길 수 있는 배포가 생겨나고 있다. 「서편제」 바람을 타고 '민족'은 주어의 자리를 확고하게 다지는 동시에 그 술어들을 재편하고 새롭게 창조하고자 하는 욕망을 증대시키고 있다.

이 「서편제」 바람 속에서 민족 담론은 어떻게 재구성되고 있는가? 분명 이 바람은 갈등을 배태한 하나의 징후이다. 모처럼 자신감이 생겨나고 있는 이 공간에 드리워진 '이상한 분위기'가 그것을 말해 준다. '민족의 자존심' '민족의 정서,' 특히 '아버지의 자리 회복'을 내세우는 사람들에게

---

* 1957년 2월 서울에서 태어났다. 이화여대 영어 영문학과를 나와 동 대학원에서 사회학을 전공하였으며, 그 후 10년 동안 여성학 강사, 주한 국제 연합 아동 기금(유니세프) 홍보관, 숭실대 기독교 사회 연구소 연구원, 한국 기독교 사회 발전 위원회 간사로서 사회 발전과 여성 관련 사업에 관심을 가지고 일해 왔다. 현재 이대 대학원 여성학과 박사 과정에 재학중이다.

누구도 마음대로 입을 못여는 분위기가 조성되는 현상은 '이상 기류'이다.

「서편제」는 지난 한해 동안 어떤 영화보다도 많은 말들을 생산해 냈다. '한국적인, 가장 한국적인 한의 정서와 인물상,' '우리의 전통 가락과 소리의 감동,' '우리 산하에 대한 새로운 시각과 애정,' '우리의 멋,' '희귀할 만큼 성숙한 민족주의' 등의 표제와 함께 「서편제」가 담은 영상과 소리의 촬영 및 녹음 기법, 각 장면에서의 대사 내용에 대한 전문적인 분석과 해석들이 공적으로는 매스컴을 통해서, 개별적으로는 컴퓨터 통신, 대학의 강의, 편지, 대화 등을 통해 수도 없이 쏟아져 나왔다.

「서편제」가 이토록 많은 말을 낳은 이유는 '새로운 정체성'을 찾는 우리들(?)의 꿈을 어떤 형태로든 표상해 냈다는 데 있다. 따라서, 이 영화는 무엇이 우리의, 그리고 나의 정체성인지에 대하여 질문을 가진 모든 사람들이 참여할 수 있는 이야기 마당을 열어 놓은 셈이다. 이 마당에서 나의 글도 출발한다. 나는 '이 땅에 사는 여성의 새로운 정체성'에 대한 물음을 가지고 여기에 들어서고 있다.

「서편제」 영화를 매개로 민족적 정체성이 생산되고 있는 떠들썩한 마당으로 들어오면서, 나는 볼록 렌즈 하나를 준비한다. 지워진 작은 글씨들의 흔적을 보기 위해서다. 내가 속해 있다고 전제된 '우리'에 대한 규정, 즉 민족에 대한 새로운 술어들은 이제 겨우 자신에 대한 정체감을 찾기 시작하는 여성들의 자기 규정을 지워 버릴 수 있는 위험한 힘으로 자라고 있다. 나의 「서편제」 비평은 이 땅에서 여성의 주어적 위치를 정립하고 싶은 욕망 때문에 의도된 것이다. 나는 볼록 렌즈를 들고 다시 지워지고 있는 여성들의 주어적 위치를 확인함으로써, 똑똑한 글씨로 여성들에 대한 새로운 술어들이 창조될 날을 예비하기 위해서 이 글을 쓰고 있다.

「서편제」가 창조한 한국적 부녀 관계

「서편제」의 시대적 배경은 1930년대부터 1960년대 사이이고, 영화의 중심 인물은 소리꾼 일가인 유봉과 송화, 동호이다. 유봉은 고아인 송화를 소리꾼으로 만들기 위해 딸로 삼는다. 그는 소리품을 팔며 떠돌다가 어느 해안 마을에서 한 아낙을 만나 정착한다. 동호라는 아들이 하나 있는 홀어머니였는데, 그녀는 유봉의 아이를 낳다가 죽게 된다. 그후 유봉은 동호도 아들로 삼아 세 명이 한 소리꾼 가족을 이루게 된다. 영화는 동양화의 기법처럼 자연과 소리가 어우러진 화폭 속에, 이 아무런 혈연 관계도 없는 일가가 유랑 생활 속에서 빚어 내는 사랑과 갈등, 이별과 재회의 과정을 절제하여 보여주고 있다.

내가 확대해 보고 싶은 부분은 「서편제」의 등장 인물인 유봉과 송화의 부녀 관계이다. 사실 「서편제」에는 소리와 소리꾼 일가의 삶, 자연이 어우러지는 합일의 세계를 표상하기 위해 이야기의 줄거리가 단순화되고 상징화되어 있다. 따라서, 영화가 이 부녀 관계에 대한 이야기 구조에 영화의 성패를 걸고 있지 않다는 점은 분명하다. 소리가 나가는 길을 따라 가면서 감상하면 그 소리에 묻혀 그다지 관계의 세부적 이야기를 기억해 내지 못할 정도로 영화는 회상 장면들로 부드럽게 이어져 있다. 그러나, 감독의 의도야 어떠하든 이 관계에 대해서 무관심하기엔 이 영화에 드러난 '한국적 성 구분'의 코드가 너무 두드러지고, 「서편제」는 너무 유명해져 버렸다. 이제 말없이 지나칠 수는 없다.

피그말리온, 아니면 봉건적 가부장

「서편제」 영화가 만들어낸 아버지 유봉은 자존심과 오기로 뭉친 인물로서, 거의 광적으로 자식들에게 전통 가락과 소리의 맥을 이어 가기를 '강요'하는 인물이다. "그까짓 소리 하면 쌀이 나와 밥이 나와!" 하며 대드는 동호에게 "지 소리에 지가 미쳐 가지고 득음을 하면 부귀 공명보다도 좋고 황금보다도 좋은 것이 소리속판이여!" 하며 유봉이 호통을 친다. 그는 소리에 미친 예술가인 것이다.

그러나, 득음의 경지에 도달하지 못했는지, 이 좌절한 소리꾼은 소질이 있고, 가르치는 대로 고분고분히 배우는 딸에게 소리를 전수하는 데 집착한다. 그의 소리 조형가로서의 면모는 매우 치밀하고 일관성이 있다. 그는 송화의 몸에 소리를 불어넣기 위해 엄한 훈련을 강행한다. 그리고, 동호가 유봉과 싸우고 달아난 후 의욕을 잃은 송화가 다시 소리를 하게 만들기 위해 보약에 '부자'라는 약재를 넣어 송화의 눈을 멀게 할 뿐만 아니라, 그러고도 자신이 원하는 소리가 안 나온다고 송화를 닦달한다. "서편제 소리는 말이다. 사람의 가슴을 칼로 저미는 것처럼 한이 사무쳐야 되는디 니

영화 「서편제」 중에서.

소리는 이쁘기만 허지 한이 없어 …… 너는 조실부모한데다가 눈까지 멀었으니 한이 쌓이기로 말하면, 남보다 열 배 스무 배 더헐텐데 어째 그런 소리가 안 나오냐?"

그가 닭서리를 해서 송화에게 먹이는 것도 기운 내서 소리를 하게 하기 위한 목적에서 비롯된 것으로, 오직 그의 일념은 딸이 득음의 경지를 얻게 하려는 데 집중된다. 닭주인에게 흠뻑 매를 맞고도, 그 성난 사람의 목청을 배워 심봉사가 뱃사람들한테 화를 내는 소리로 삼으라고 할 정도이다. 유봉은 죽음에 이르러서도 끝까지 송화의 소리에만 관심을 보이는 인간이다. "이제부터는 니 속에 응어리진 한에 파묻히지 말고 그 한을 넘어서는 소리를 혀라 …… 한을 넘어서게 되면 동편제도 서편제도 없고 득음의 경지만 있을 뿐이다."

그를 장인 기질을 지닌 인간이라 말하는 사람들은 그의 이런 예술적 '광기(?)'를 높이 사고 있다. 그러나, 서구와 일본의 음악에 압도되어 설 자리를 잃게 된 '국악'의 설움을 자신의 한으로 삼은 아버지가 보여준 집념에서 우리는 무엇을 읽는가? 송화를 자신의 어두운 운명 속으로 끌어들인 무지막지한 봉건적 가부장인가? 아니면, 한 여인을 스스로 조각해 내고 그 차가운 조각을 사랑하게 되는 희랍 신화의 조각가 피그말리온에 비유될 수 있는 소리 조형가인가? 아들과 딸을 차별하지 않고 재주꾼을 후계자로 삼는 그의 모습은 새로운 가능성인가? 아니면, 천대받는 소리꾼의 운명이기에 딸을 선택하는 구태 의연한 가부장적 태도인가? 한편, 수동적이고 대상화된 모습으로 일관되게 그려진 송화는 어떻게 읽어야 할 것인가?

웅녀의 자리로 되돌아간 딸

나는 이 문제를 "딸에게 득음시키고 싶은 아버지의 소망이 아무리 깊더라도 제 자식의 눈을 일부러 멀게 한다는 건 지나치게 잔인하지 않을까?"라는 질문에서 생각해 보려 한다. 이러한 의문은 임권택 감독 자신에게도 있었던 것으로, 그는 뚜렷한 묘사 대신 그냥 지나쳐 가듯이 이야기를 끌어가는 식으로 영상을 절제했다. 그러나, 흥미있는 사실은 영화계에서는 이런 질문보다 "아버지의 입장에서 딸 눈을 멀게 하는 것은 하나의 운명이지 않았는가?"라는 질문이 던져지고 있다는 점이다.

　한 영화 평론가는 이렇게 쓰고 있다.[1] "국제 영화제의 집행부(는) 다른 문화의 독특한 정신 세계, 다른 민족의 정서를 두루 잘 알지 못한다. 한국의 고전인 …… 심청전에 대한 사전 지식이나 이해가 없는 상태라면 「서편제」의 줄거리조차 아리송하기만 할 것이다 …… 심청을 거부감 없이 받아들인다면 「서편제」는 현대의 고전으로 우리들 가슴 속에 자리잡는다." 이 평론가에 따르면, '민족'이라는 하나의 집단이 실재하고, 한국인이 소유하는 완결적이고 폐쇄적인 '한국의 고전'이 있다. 송화를 심청으로 은유할 때, '민족'의 주체는 심봉사와 같은 아버지이다. '민족'이라는 고정된 거대 주체를 위해 '개인' 특히 송화와 같은 여성의 희생은 과거, 현재를 막론하고 정당화될 수 있다.

　딸의 눈을 멀게 한 것에 대한 문제 제기에 대하여, 이세룡은 '우리 동네 관객들의 이해 수준'을 들고 나온다. "정작 나의 안타까움은 다른 데 있다.

---

1) 이세룡, 1993, 「'서편제' ― 어둠 속에서 듣는 침묵의 소리」, 임권택 편, 『서편제 영화 이야기』, 하늘.

그것은 이 작품을 평가하면서도 딸 눈을 멀게 한 아비의 행위를 비인간적인 처사라고 못마땅해 하는 우리 동네 관객들의 이해 수준에서 비롯된다 …… 이러한 예술적 광기를 일상의 관습으로 이해하려면 힘드는 것이 사실이다. 그러나 소리꾼에게는 소리를 얻는 '득음'이 득도와 통한다는 원리를 이해한다면, 유봉의 행위가 장려할 만한 일은 아니지만, 극단의 경지에 도달하기 위한 예술가의 처절한 몸부림으로 '이해'할 수 있다." 아버지의 딸에 대한 비인간적 처사를 무조건 문제 삼는 것은 영화의 의도나 영화 감상에 대한 사전 지식이 없기 때문이라는 말이다. '예술 정신'이나 '한'을 가진 인간은 어떤 일을 해도 그 행위가 정당화될 수 있다는 말인가? 백보 양보하여 에밀레 종의 전설로부터 예술을 위해 자식을 희생하는 한국의 '전통'이 있기에 딸을 눈멀게 하는 행위가 '이해'된다고 쳐도, 왜 하필 그 희생양은 늘 딸이어야 하는가?

"육신의 눈이 닫히고, 마음의 눈이 뜨여진다면, 더욱이 소리를 얻을 수 있다면「서편제」에서 송화의 눈멈은 영원한 암흑의 세상만을 뜻하지 않는다 ……「서편제」에서 송화의 눈멈은 어둠 속에 응고된 저 곰의 동굴 생활, 바로 그것이다. 따라서 송화는 소경이 된 순간부터 신격화된 인물로 바뀌는 것이다." 단군 시대로부터 한국인이 된 여성의 '운명'은 늘 송화와 같았다는 주장이다. 그리고, 그는 이 여성의 숭고한 희생을 신성화하는 일도 잊지 않았다. 이제 아버지의 딸에 대한 부당한 처사에 대하여 언급하는 사람은 예술적 감각이 없을 뿐 아니라, 한국 여성의 고유한 '운명'과 그 신격의 자리에 대하여 무지한 것이 된 셈이다.

이 평론가의 주장이「서편제」평론의 주류를 이룬다고 할 수는 없다. 그런 의미에서 나는 좀 과장을 하고 있다. 그러나,「서편제」바람을 타고 어깨를 펴는 아버지와 다시 웅녀의 자리로 처넣어지는 딸의 운명이 앞으로 더 거세게 일어날 민족 담론에서 확대 재생산될 수 있다는 조짐은 얼마든지 있다고 생각한다. 이제 피난민 시대를 벗어나 막 어깨를 펴는 아버지들의 여성에 대한 잠재된 욕망은 오히려 더욱 복고풍의 봉건적 가부장의 그것일 것이기 때문에.

근대적 아버지들의 꿈 : '한'의 화신 송화

이제 한국인 특유의 정서라 일컬어지는 '한'의 화신으로 주조된 송화라는 인물을 통해서, 어깨를 편 아버지들이 그리는 한국적 여인에 대한 꿈을 자세히 들여다보기로 하자.

송화는 이 영화에서 심청이로 은유되지만, 어리석은 아버지의 인간적인 욕심에 의해 운명의 장난처럼 찾아든 불운을 자신의 것으로 받아들이고 죽음을 결단하는 심청이보다도 더욱 목소리가 죽은 인간이다. 한을 주체적으로 극복하는 무속의 바리데기나 심청의 모습이 송화의 모습에서는 전혀 보이지 않는다.

어려서 송화는 아버지가 가르치는 소리를 열심히 배우는 '모범적인 딸'이며, 조금 커서 술자리에서 소리를 하게 된 송화는 한량들의 희롱에 수모를 당하고도 그것이 유봉 자신에 대한 수모인 양 화가 나서 뺨을 때리는 아버지를 "내가 잘못했으니까 그렇제, 얼마나 화가 나셨겄어" 하며 감싸는 지극히 '이해심이 많은 딸'이다. 이런 면에서 그녀는 분명 효녀 심청이다. 송화는 번 돈을 술로 다 없애는 아버지의 괴로움을 알고 불쌍하게 여기며, 오갈 데 없는 자신을 길러 주느라 고생이 많으신 아버지에게 무한히 고마와하는 '착한 딸'이다.

송화는 아버지를 위해 배가 고파도 불평 한마디 없이 소리를 익히는 데 여념이 없다. 그녀가 단 한번 아버지에게 반항하는 듯한 몸짓이라도 한 때는 동생 동호가 아버지와 다투고 떠나 버린 후에 계꾼들의 술자리에서 소리하기를 침묵으로 거절한 때뿐이다. 동호를 잃은 슬픔과 한이 어떤 것이었든, 송화의 거부는 유봉에게는 '개망신'이었다. 그 후 송화는 "내 어떻게 해서든지 다시 소리를 하게 만들고야 말테니까" 하는 유봉의 '앙심'을 사고 결국은 장님이 되는 약을 보약으로 알고 먹게 되는 은밀한 보복을 당하게 된다. 이에 대하여 송화는 유봉의 계획대로 소리를 다시 배우겠다는 의사만을 표시할 뿐 자신의 감정을 내비치지 않는다. 다만 송화는 아버지가 원하는 한이 사무친 소리가 나지 않아 주저앉아 울고, 아버지가 죽고 난 후 주막을 전전하면서도 그가 남긴 유언대로 한에 묻히지 말고 한을 넘어서는 소리를 하려는 마음 자세를 그대로 간직하고 사는 딸일 뿐이다. 송화는 철저히 아버지에게 순종하는 면에서 봉건 시대의 심청이보다 한술 더

뜬다.

그런데 근대적 심청이인 송화의 이야기에는 심청이의 원형을 깔고, 피그말리온의 손으로 조각되어 아프로디테 여신의 축복으로 생명을 얻게 된 행운의 여인 갈라테아의 이야기가 있고, 동호와의 마지막 상봉 장면처럼 영화 「애수」나 「닥터 지바고」의 주인공들을 떠올리게 하는 이야기가 또한 얽혀 있다. 특히 끝부분의 남매 상봉에서 에로틱한 면모의 절정을 엿보여 주는 송화는 많은 '근대적' 남성들을 즐겁게 해준다. 이 비빔밥이 된 송화라는 인물은 과연 어떤 점에서 '한국적인 여성'이라 할 수 있을까?

송화의 돌처럼 굳은 저 침묵과 맹종에서 한을 넘어서는 소리를 낼 수 있는 내적 성숙이 이루어졌다고 할 수 있을까? 송화는 사람의 가슴을 칼로 저미는 것처럼 한이 사무친 소리라야 서편제 소리로 제격이라는 유봉의 무지막지한 신념이 자신에게 가한 폭력을 용서할 최소한의 '주체'라도 있는 인물인가? 송화는 살아 있지 않다. 그녀는 이제 막 제자리를 찾게 되었다고 흥분하고 있는 남자들의 머리 속에만, 가슴 속에만 살아 있다. 여자들이 복권할 수 있는 날은 아직도 멀었는가? 여성이 그 무력함을 깨고 나올 수 있는 틈은 아직 없는가?

'한'을 심어 주는 주체로서의 아버지

여기서 나는 '한'이라는 말이 가진 마력적 주술에 주목하면서, '한'은 누가 누구에게 심는 것인지를 묻고 싶다. 「서편제」는 '사람의 가슴을 칼로 저미는 것처럼 한이 사무친 소리'를 조형하기 위한 유봉의 행위를 정당화한다. '남의 가슴에 한을 심는 일을 하지 마라'라는 말에서 보듯이 이 행위는 우리의 일상적 정서로 볼 때 금기시되는 것이다. 그러나, 유봉은 적극적으로 "한을 심는다." 누구에게? 타인에게.

「서편제」의 해석에 따르면, 이 부녀의 협력에 의하여 소리는, 전통은, 이어졌다. 목숨과도 같은 소리가 죽어 가는 위기를 야만스럽고 비겁하게 탈출하면서도 자신의 상처만을 이해받으려 하는 옹졸한 아버지와, 그 아버지를 위해 자신이 어떻게 희생되든 정갈한 '한'을 다치지 않았던 착한 딸의 협력으로 말이다.

유봉의 유언 장면을 보자.

유봉: 송화야.

송화: 예.

유봉: 내가 니 눈을 그렇게 만들었다.

송화: ……

유봉: 니가 나를 원수로 알았다면 니 소리에 원한이 사무쳤을텐디 니 소리 어디에도 그런 흔적이 없더구나. 이제부터는 니 속에 응어리진 한에 파묻히지 말고 그 한을 넘어서는 소리를 혀라.

송화는 지금 우리 곁 어디에 살아 있을 법한 인물인가? 별 주저도 없이 딸의 눈을 멀게 하고도, 죽는 자리에서조차 진심의 사죄 한마디가 어색한 이 뻣뻣한 가부장을 송화는 마냥 착한 심성으로만 대했다. 그러나, 나는 유봉을 용서할 수가 없다. 30년대 말부터 일본군에 끌려나가 강간당하고 살육당했던 조선의 군위안부들이 이 땅에 돌아와서도 가족들에게 소외당하고 천시당하면서, 행여 다른 일가 친척들이 해를 입을까 봐 자신의 과거를 숨기고 살아야 하는 현실을 알기 때문이다. '유봉'을 너그러운 눈길로 바라보는 그의 아들들은 지금도 제국주의에 짓밟혔던 자신들의 자존심만을 회복하기에 급급하지 않는가? 그런 아버지들의 옹졸한 '헛기침'에 이미 한번 제물이 되었던 여성들은 아직도 제목소리를 찾지 못하고 있다. "정조를 팔아 돈을 벌려고 했던 여성들의 일을 국가적 차원에서까지 해결해야 하느냐?"면서 '부끄러운 과거' 이야기는 이제 그만 덮어두자는 가부장들, 책임은 없고 권리만 주장하는 그 후손들이 아직도 건재하기에 ……

「서편제」 바람 자락에 숨겨진 갈등

언제까지 식민지적 근세사 속에서 입은 할아비들의 '자존심' 세우기 놀이나 하고 있을 것인가? 언제까지 나라가 힘이 없어 도둑을 맞고 유린을 당했던 과거사에 대하여, 그것이 "내 잘못이니, 용서하라"고 결연히 반성하는 태도를 유보하고만 있을 것인가? "항일적 민족 정신"을 내세우고 "한을 넘어서는 소리를 하라"고 충고함으로써 얼버무리기 전에 적극적인 변신의 노력, 우리의 '과거사'와 '전통'에 대한 관계를 변화시키려는 노력이 있어야 하지 않을까?

생활고를 감내하고 자식들을 키우느라 온갖 고생을 다했던 어머니들, 사기당하고, 강간당하고, 매춘을 강요당한 수십만(?)의 조선인 군위안부들, 수출 지향적인 경제 발전의 그늘에서 성차별과 장시간 저임금 노동에 시달려야 했던 여성 노동자들, 젊은이들이 다 떠나 버린 농촌에서 이중 노동에 시달려야 했던 여성 농민들의 고통을 기억한다면, '남성 주체'들은 자신들의 권위주의적 담론 생산에 대하여 반성해야 할 것이다. 언제까지 "여성들이여, '운명'이니 이해하라"는 말만 되풀이할 것인가?

관객들이 영화를 보는 이유가 저마다 다를 뿐만 아니라, 영화에 대한 감상이나 해석도 다중적일 수 있다는 평범한 사실에 눈을 돌려 보라. 지나가는 여성을 잠시 붙들고 물어 보아도 알 수 있는 일이다. "여자를 끝까지 끌고 다니기만 하는 아버지를 보니까 난 웬지 불쾌하더라. 영화를 보고 나서 그림이 좋다는 생각은 했지만, 나이가 들어서 그런지 사람들이 그렇게 좋다고 하는 이유를 잘 모르겠어. 그래서 요즘은 내가 고루해서 그런가 하는 걱정이 드는 게, 다시 가서 볼까 하는 생각이 다 든다니까." 가깝게 아는 어느 어머니의 평이다. 또 한 후배는 이렇게 말했다. "세속적인 '한'만으로는 '한'의 소리를 낼 수 없다는 생각에 여성의 삶을 파괴시켜 버리는 것은 가부장적 탐미주의의 극치예요. 왜 남자 예술가들은 여성의 피학성을 통해서만 예술의 최고 경지에 달할 수 있다고 생각하는지 도무지 알 수가 없어요. '가학의 미학'을 이야기하기 전에, 여자 소리꾼들의 삶을 한번만이라도 있는 그대로 들여다보려 했다면, 그들의 생활 속에 녹아 있는 '한'의 실재가 잡히지 않았을까요?" "남자들이 만드는 영화가 다 그렇죠. 또 실망이예요." ■

내가 살고 싶은 세상

이십일 세기가 시작된 얼마 후의 어느 맑은 가을날　정진경

나의 늦잠 버릇은 나이가 들어도 여전해서 오늘도 나는 10시가 다 되어 아이들 떠드는 소리에 일어났다. 창문을 내다보니 조무래기들 대여섯 명이 흙장난에 신이 나 있다. 그 동안 궁리만 많다가 도시 변두리에 몇 년 전 드디어 마련한 '또 하나의 문화 공동 주택 단지' 안에 있는 공동 육아 협동 조합의 어린이집에 다니는 아이들이다. 이 아이들은 사철 햇볕 아래 놀고 조기 영재 교육 따위에 시달리는 일이 없으니 매일의 생활이 캠프 같다. 하고 싶은 것 다 하고, 하고 싶은 말 다 하는 아이들이라 상당히 시끄럽다. 그 동안 끊임없는 교육 운동 덕에 학교도 많이 바뀌어 이런 아이들이 학교에 들어가도 적응에 별 탈이 없다. 세상 참 좋아졌다. 20세기 끝무렵의 그 때에는 학교가 재미없을 뿐만 아니라 지독히도 억압적이어서 아이들은 방학에 또문 캠프에 갈 희망으로 살았었는데.

아침을 간단히 때우고 나는 시내에 볼 일이 있어 외출을 한다. 현관문을 나서니 흙투성이의 조무래기들이 "할머니" 하고 달려와서 매달린다. 휴, 어두운 색의 옷을 입고 있기가 다행이다. 나는 아직 은퇴를 앞둔 젊은 할머니이고 우리 단지에는 은퇴를 하고 자유롭게 지내는 다른 할머니들도 많다. 그 할머니 중에 한 분이 마당 건너편에서 아이들과 팽이치기를 하다가 나를 보고 손을 흔든다. 젊었을 때는 고무줄도 잘하시더니, 나이는 못 속이는지. 또 한 할머니는 울타리 앞의 재활용품 정리함 앞에서 수거 트럭에 물건을 넘겨 주고 있다. 아침의 글쓰기를 오늘은 일찍 끝낸 모양이다. 20세기 후반에 시작되어 전 지구적인 호응을 얻어 전개된 환경 보전 운동의 덕택에 지구는 멸망하지 않고 살아남았지만, 계속적인 노력을 필요로 하고 있다.

자전거를 타고 전용 도로를 10분쯤 달려 지하철에 도착한다. 자동차는 환경세가 워낙 비싸서 꼭 필요한 사람들 말고는 거의 포기했고 그 환경세로 대중 교통 시설을 완비해 놓았다. 나이가 들어 계단이 더 힘들어진 나는 휠체어용 엘리베이터를 타고 내려간다. 에너지 절약에 철저해진 한

편 꼭 써야 할 데에는 다 쓸 수 있어야 한다는 것을 인식한 사람들은 역마다 버스마다 건물마다 휠체어용 시설을 해놓았다. 옛날에 왜곡된 성문화로 인해 존재했던 '여성 전용칸'은 꾸준한 여성 운동의 결과 성문화가 변화하여 그 필요가 소멸함에 따라 자연히 없어진 지 오래고, 남녀 노소가 사이 좋게 한 차에 타고 간다. 출퇴근 시간이 직장마다 다르고 개인의 필요에 따라 조정되어서 '지옥철'의 오명도 씻은 지 오래다. 세상 참 좋아졌다. 시내의 지하철역을 나오면서 노인의 짐을 거들어 주는 경찰관의 모습을 보고 그 옛날 더운 한여름에도 갑옷 무장을 하고 입구를 지키던 전경의 불쌍한 모습이 잠시 떠오른다. 이제 경찰이 독재 정권의 시녀 노릇을 하지 않고 본연의 임무에만 충실하게 되니 제일 좋아하는 것은 경찰들이다.

서점에 들러 학교에 들어간 나는 오후에는 대학원생과 만나 그의 논문에 대하여 상의한다. 함경남도 출신인 그는 「통일 후 심리적 통합 과정에서의 여성의 역할」에 대하여 연구하고 있다. 10여 년 전 세계를 감탄시키며 이루어진 남북의 평화적이고 대등한 입장에서의 통일은 그 직후 서로의 적응 과정에서 적지 않은 어려움이 있었다. 그러나 배려와 양보, 화해와 협조를 앞장서서 실천해낸 여성들의 노력으로 지금은 성공적인 통합을 이루어 내고 있다. 이 학생은 그 중에서도 통일 이전부터 꾸준한 노력을 기울여온 또 하나의 문화의 작업에 많은 관심을 두고 있다. 지도 교수가 전혀 강요하지 않았는데도.

집으로 돌아오는 길에 지하철에서 나는 옛날 제자인 우리 동네의 국회 의원과 우연히 마주쳤다. 그는 40대의 듬직한 아주머니가 되었는데 대학 다닐 때부터 UR 반대 시위에 앞장서더니 지방 자치제가 활성화되면서 지역 의회에서 활약했고 드디어는 국회로 진출했다. 그는 통일된 국회에서 통상 위원회 소속으로 지금 막 국제 회의에 참석하고 돌아오는 길이라며, 국제적인 무역 거래에서 이전의 약소국들의 위상이 현저하게 높아졌다고 흐뭇해 하였다.

저녁은 우리 공동 주택의 모든 식구들이 모여서 함께 먹는다. 무공해 농산물 직거래로 사온 쌀과 집앞의 텃밭에서 아이들과 어른들이 함께 길러낸 채소로 풍성한 식탁이 차려지고, 이야기 꽃이 핀다. 또문은 예나 지금이나 둘째 가라면 섭섭할 정도로 시끄러운데, 가만히 보면 다 우리들 사는 얘기들이고 쓸데없는 이론 논쟁은 찾아볼 수 없는 것이 특징이다. 저녁 후에는 대를 이어 계속되는 연극팀의 가을 정기 공연의 예행 연습이 대가족 앞에서 이루어졌다. 제목은 「22세기의 어느 날」 역시 젊은이들은 신선하다.

세상 참 좋아졌다. 우리가 그렇게 만들었다.

함께
읽기

'또 하나의 문화' 운동을 시작하며*

또 하나의 문화 발기 동인

사람들은 다른 사람들처럼 살려고 또는 다른 사람들을 나처럼 살게 하려고 한다. 똑같은 식으로 살아야 한다고 믿기에 주류를 이루는 무리에 끼지 않으면 불안해 하고, 다행히 그 무리에 끼게 되면 끼지 않은 이들을 배척하기에 바쁘다. 사회 변동의 속도가 급격한 현대, 그래서 삶이 나날이 새로와져야 하는 오늘에도 새로움을, 그리고 그것이 만들어 내는 이질성을 대하는 우리의 태도에는 큰 변화가 보이지 않고 있다.

동질성과 획일성을 고집하는 이러한 사회 문화 체계는 외부의 자극에 탄력성 있게 대응해 가지 못하고 한편 내부의 모순을 해결하는 자체적 기제(mechanism)도 발전시키지 못한다. 흑백 논리의 극단적 대립 외 제3의 방식을 통한 사회 개혁 운동이 그 첫걸음을 떼기가 힘들고 두 걸음 끝내기가 어려움은 곧 유연함을 잃은 사회 문화 체계와 깊은 관련이 있다. 억누르는 힘이 너무 클 때 해방에의 열망은 더욱 강렬하며, 폭발 직전의 상태에서 내놓은 대안은 모든 문제를 한꺼번에 해결하고자 하는 유토피안적 환상이 작용하는 급진적 혁명론이 되기 쉽다. 그러나, 이것이 가장 바람직한 길일까? 이것만이 유일한 길일까?

우리는 이 문제에 대한 자신 있는 답을 갖고 있지 않다. 단지 분명한 것은 이 시점에서 이 물음을 묻지 않을 수 없으며 이러한 물음이 포용될 수 있는 사회를 만들어 가야 함을 절감하고 있다는 것이다. 그래서 점진적 변화의 가능성, '제3의 빛깔'을 우리 사회에 더해 보려 한다. 제3의 빛깔을 받아들이게 될 때 우리 사회는 더 많은 빛깔과 더 많은 시각을 포용하게 될 것이다.

우리들은 오랫동안 새로운 관점을 이야기해 왔고 더 나은 삶의 가능성을 토

---

* 동인 회보 제2호, 1984년 12월 9일, 3쪽.

론하면서도 그것을 현실의 세계와는 유리된 세계에 국한시키는 데 안주해야 했다. 그리고 거기에서 오는 회의와 무력감 때문에 고민해야 했다. 이제 우리는 그러한 고민을 깨고 지식의 형태로 우리 안에 자리잡고 있던 관점과 생각을 생활화하고 대중화하는 터를 마련하자는 데 뜻을 모았다. 우리의 움직임은 현 시점에서 동인들이 매우 심각하게 느끼고 있고, 또 우리의 힘으로 조그만 움직임을 일으킬 수 있다고 생각되는 영역인 남녀 불평등의 문제로부터 시작된다.

우리는 성의 불평등이 이 땅의 가장 커다란 문제라고 주장하진 않는다. 하지만 성의 불평등 문제는 현 인류가 안고 있는 가장 심각한 문제 중 하나이며, 우리를 누르고 있는 권위주의적 질서, 국내외 권력과 부의 불균등 분배, 생태계의 파괴, 핵 전쟁의 위험 등의 문제들과 본질적으로 얽혀 있음을 인식하고 있다. 실제 성적 불평등과 성에 관련된 고정 관념이 이 시대를 살아가는 우리의 삶을 더욱 아프게 하고 있으며, 다른 불평등 및 편견의 요인들과 합쳐져서 사회를 더욱 불합리하고 복잡하게 만들고 있는 것이다.

우리는 이 운동에서 교조주의적 입장을 취하지는 않을 것이다. 다만 '정직하고 성실하게' 우리의 가장 가까운 주변에서부터 무엇이 어떻게 잘못되어 있는가를 점검해 보려고 한다. 그리고 가부장적 시각을 벗어나서 평등의 원리를 일관되게 실천하며 사는 삶의 양식이 어떠한 것인지, 남녀가 진정한 벗으로 협력하게 되는 것과 아이들이 자유로와지는 것, 그리고 그것이 이 전체 사회의 구조적 변동과 어떻게 연결되고 있는지를 밝힐 것이다.

함께 모여 대안을 모색해 가는 과정에서 우리 스스로가 자라고 더불어 우리를 둘러싼 환경에 변화가 일어나리라고 믿고 있으므로 여기에 모였으며, 이 모임을 통해 우리가 만들어갈 '또 하나의 다른 소리'가 점차 커져 나가기를 바라고 있다. 인류 역사를 통하여 빗나가는 역사의 방향을 바로잡으려 한 무수한 창조적 노력과 그것의 열매 맺음을 우리는 보아 왔기 때문에 이 운동의 첫발을 내딛는다. ■

'또 하나의 문화'가 내게 의미하는 것*

조형 · 조혜정

외로운 투사들의 모임 · 조형

'또 하나의 문화'는, 우리 사회에서 형성되고 보편화되어온 지배적 문화에 대한 하나의 대안이다. 기존 문화 영역 중에서도 특히 성차별의 문제를 중시한다.

권위주의적이고 가부장제적인 문화는 여성을 비하하고 무능력자화함으로써 여성들의 삶에서 선택과 자유를 체계적으로 박탈해 왔다. 이러한 경향은 생산 방식의 변화와 경제 성장, 교육 제도와 가족 제도의 변화에도 불구하고, 오히려 그러한 변화의 저변에서 여성에 대한 사회적 차별을 정당화해 왔다.

이 사회의 여성이 오랫동안 그것을 인내해 왔지만, 의식을 하지 못할 정도로 우매하지는 않다. 소수의 여자들은 부당한 차별, 선택과 자유 없는 삶, 보이거나 보이지 않는 억압으로부터 해방되어 한 인간으로서의 존엄한 삶을 살겠다는 의지를 키우고 각자의 방식대로 자유로운 삶을 실험해 왔다. 성공도 했고 실패도 했다. 그러나 그 성패에 관계없이 그 과정은 외롭고 험난한 것이었다. 혼자 예외를 만들어 가야 하기에 외롭고, 어디를 가나 냉소와 비난과 어거지 주장과 노골적 차별이 기다리고 있기에 험난하기만 했다.

이제 늘 이 외로운 투사들과 그 친구들과 함께 '또 하나의 문화' 동인이 되어 더 이상 외롭지 않은 길을 찾으려 한다. 동인들이 내건 세 가지 우선적 과제는, 첫째로 이제 기존 문화의 부당성을 인식하기 시작한 후배들에게 대안적 삶의 방식을 제시하는 일이다. 이것은 선택하는 삶, 자유로운 삶을 열 잠재력을 지닌 젊은 여성들이 선배들과 같이 방황하고 좌절하는 일이 없이 그 힘을

---

* 동인 회보 제2호, 1984년 12월 9일.

키워 행동에 옮길 수 있도록 용기와 저력을 불어넣어 주자는 의도이다. 보통 가정과 학교와 직장과 사회에서 구하기 어려운 모델을 찾아 보여 주고, 자립적인 삶을 열 의지와 능력을 더욱 키우는 데 도움이 되자는 것이다.

두번째의 과제는 대안적 삶을 선택하는 사람들이 함께 일하고, 각자가 성취하고 또 좌절했던 체험과 생각을 공유하며 이해함으로써 새로이 에너지를 충전하고 집단으로 지지 세력을 키워가는 일이다. 능력과 개성을 지니고 따로 활동해온 이들이 자유롭고 산만한 모임에서 스스로의 몫을 찾아 담당하면서 집단으로 일하는 것이다.

세번째 과제는 '또 하나의 문화' 동인이 우리 사회에서 특별한 소수임을 자각하고 자신들보다 불리한 위치의 여성들에 관심을 갖고 그들을 위해 일하는 것이다. '또 하나의 문화'는 또 다른 지배 계급 문화를 의미하지 않는다.

동인들은 위의 과제들을 소집단 모임과 출판물을 통하여 수행해 간다.

근본적인 사회 변혁의 시작 · 조혜정

'문화 인류학' '한국 사회', 그리고 '성과 사회' 등의 강의 시간이면 평등하고 자유로운 사회에 관해 얘기해 왔으며, 나는 학생들도 나처럼 그런 사회가 이 땅에 이루어져야 한다는 당위성과 필연성을 인식하기를 원하여 왔다. 그러나 졸업 후 이들이 거친 획일주의의 압력 속에 부쉬져 감을 보면서 우리가 나눈 토론이 부질없음을, 아니면 적어도 아직은 우리 사회의 현실과 크게 동떨어진 것이었음을 깨닫게 되어 나 자신 허망하고 무책임하게 느끼게 된 적이 한두 번이 아니었다.

나와 같은 입장에 있는 친구들과 이 문제를 의논하면서, 우리는 졸업하고 떠나는 학생들과 지속적 연결이 필요하며 그들이 각 영역에서 자신의 신조대로 계속 일할 수 있게 하기 위한 지지 집단이 필요하다는 데 뜻을 모았다. 그래서 '무리 안하는 한도 내에서 ……' '할일하고 남는 시간에' 하자는 약속으로 시작한 것이 이 모임이다.

나는 나름대로 이 모임을 통해 하고 싶은 작업이 몇 가지 있는데 이들은 모두 우리 사회의 근본적인 차원의 변혁과 연결된다. 첫째는 우리 사회에 문자 문화를 정착시키는 작업이다. 거대하고 복잡해진 현 사회에서 제대로 시민들의 의사가 수렴되고 중의가 발전되기 위해서는 '말 문화'만으로는 불가능하다. 건전한 문자 문화가 바탕이 되어야 한다. 생활과 동떨어진 공허한 글이 아닌, 참생각을 담은 분명한 글을 우리 동인들은 쓸 수 있어야 한다. 글을 쓰기 위해 생각하는 방식과 말을 하기 위해 생각하는 방식 간의 이중 구조를 극복하고 일관되게 논리적으로 사고하고, 그러한 사고의 결론에 따라 행동하는 습관을 기르자는 것이다. 이 모임의 사회에서의 진정한 공헌은 자신의 넓혀진 의식과 창조적인 생각을 글로 표현할 수 있는 많은 동인들의 활약에 달려 있다.

두번째는 민주적 생활 양식을 익히는 작업이다. 우리나라의 집단들은 예외 없이 '희생적 지도자'와 '그를 따르는 충성된 사람들'로서 이루어진다. 집단 성원은 끊임없이 연대감을 '피부로 느끼기 위해' 만나야 하고 서로 등을 두드려 주어야 한다(그렇지 않으면 무척 불안해 한다). 그리고 집단의 적이 분명히 설정될수록 집단 내 결속력은 강해지고 추진력은 커지므로 항상 경쟁 대상이 자체 내 목표보다 크게 그리고 실체처럼 부각된다. 우리나라 대다수의 조직 활동이 이런 위계 질서적 감정적 원리에 의해 이루어지기 때문에 상당수의 이성적 성향의 사람들은 조직 기피증이 있다. 이런 면에서 카리스마적인 지도자가 없어도, 열띤 흥분 없이도 지속될 수 있는 '이성적' 조직을 이루는 작업은 그 자체로서 우리 사회에서는 '혁명적'인 작업이다. 나는 이 작업이 우리 모임을 통해 가능해져야 한다고 본다. 구성원들이 모임의 목표를 자신의 신조로 소화하고, 전체의 움직임을 파악하며 그 속에서 자신이 할 몫을 스스로 자발적으로 해나가는, 시키는 사람도, 따르는 사람도 없이 구성원들의 창의력에 의해 늘 새로와지는 모임이 곧 '또 하나의 문화'의 모습이 되어야 한다.

세번째는 연대망의 결성과 정보 교류의 작업이다. 서로 매우 다른 경험 세계에 살고 있는 사람들, 즉 학계에 있는 사람, 사회 현장에서 직접 뛰고 있는 사람, 현대의 여론 조성 기구인 대중 매체 분야에서 일하고 있는 사람과 창작인들 간의 의사 교환이 사회에 대한 보다 정확한 이해와 이에 근거한 변혁을 위한 방안 모색에 필수적이라고 나는 믿고 있다. 우리 모임은 이 각 분야에서 활동하고 있는 사람들이 진지하고 책임있게 토론하고 힘을 모을 때 자라갈 수 있다.

현재로는 이 모임에서 의미를 발견하는 이는 극히 적은 수에 한정될 것으로 보인다. 극히 획일적이고 경직된 이 풍토에서 그나마 '자기'이고자 하는 노력을 그치지 않았던 소수의 사람들이 그들이다. 그러나 이 적은 수는 우리 세대가 수행해야 할 과제, 즉 새로운 대안을 제시하고 새로운 또 하나의 하부 문화를 이루어 가기에 충분한 숫자이다. 그 동안 이 모임을 통해 우리 주변에 자기이고자 하는 것을 아무도 '못 말리는' 여성들이 생각보다 많음을 알게 되었다. 그리고 이들 '자기이어야 하는' 사람들은 박력 있게 구호를 외치는 재주보다 차분하고 꾸준히 일을 해가는 재주가 있음을 알게 되었다. 현재 우리 사회는 제대로 된 교육이 담긴 교과서를 쓰고 아이들에게 주저없이 들려줄 수 있는 동화를 지으며, 근로 여성의 생활을 보장하는 법안을 만들어 가고, 기업을 민주적으로 운영하면서 흑자를 내고, 기사다운 기사를 쓰며, 우리의 생활 습성에 맞는 컴퓨터를 만들어낼 책임 있고 의식 있는 일꾼을 시급히 필요로 한다. 각계에서 평등의 원리를 심어갈 이들 일꾼들의 성장은 이미 자기 나름대로 각계에서 활발히 일하고 있는 '못 말리는' 이들이 후배들과 손을 맞잡고 새 기운을 일으켜 나갈 때 크게 가능해질 것이라고 나는 믿고 있다.

"서두르지 말자, 그러나 게으르지도 말자." ■

인간 해방 문화의 실현을 향한 몇 가지 제언[*]

강희영 · 하빈 · 한정아

'또 하나의 문화'가 시작된 지 햇수로 4년이 되었다. 그런데도 아직 본격적인 대중 운동을 펴고 있지 않다는 점에 대해 불편을 느끼는 동인들, 그리고 밖으로부터의 비판의 소리를 듣는다.

그러나 그것은 '또 하나'의 소극성 때문이라기보다 의도적인 것이었다. 적어도 '또 하나의 문화' 안에서 열심히 일해온 동인들에게 있어 이 기간은 '또 하나' 운동이 뿌리 내릴 토양을 다지고 그에 맞는 운동 양식을 모색한 시기로 이해되어 왔다. 이제 세 번에 걸쳐 동인지가 출판되었고 20대 회원들도 확고하게 자리를 잡아가고 있으며 동인 회보도 상당한 수준에 이르고 있다고 자부해도 좋을 것이다.

그 동안 출판을 통해 '또 하나'가 던져온 자극에 대한 반응을 대하면서, 그리고 최근의 민주화 운동을 지켜보면서 우리 모두 앞으로 여성 해방 운동의 향방에 대해 깊이 생각하는 기회를 가지는 것이 바람직하다는 의견이 대두되었다.

그 동안 민주화 운동은 표면화된 극단적인 대립의 형태로, 여성 운동 단체를 포함한 모든 사회 운동 단체가 우선 하나의 적을 향해 통일 전선을 펼 수밖에 없었다. 그 자체는 결코 수월한 투쟁 과정이 아니었으며 한걸음의 진전을 가져온 것도 사실이다. 그만큼 사회 운동의 저력이 굳혀져 왔음을 증명하는 것이었다.

이 시점에서 우리가 강하게 느끼는 것은 '또 하나'가 지향하는, 그리고 참된 민주화의 이념의 바탕이 되는 인간 해방 운동이 제자리를 잡도록 하는 다짐과 노력이 배가되어야 하겠다는 것이다. 이에 '또 하나의 문화'는 보다 장

---

* 동인 회보 제18호, 1987년 8월 22일, 5-7쪽.

기적인 민주 운동의 기반을 마련하고 운동의 저력을 모으는 일에 기여해야 할 것이라고 생각된다.

특히 여성 운동이 이제껏 정치적인 민주화 운동의 일부로만 남아 있던 상태에서 한걸음 나아가 주체적 활동을 전개해 나가야 할 것이다. 그러기 위하여 우선 여성 운동의 주체에 대한 정확한 파악과 구체적인 활동 계획이 서야 한다.

우선 그 동안의 활동과 관찰을 통하여 확인된 것은 운동 주체가 되어온 여성의 범주가 극히 한정되어 있다는 점이다. 최근 활발히 조직적 운동을 벌여온 여성 단체 연합 참여자 상황을 보면 그 구성은 기독교 신앙에 기초한 교회 관계 성원들, 민중 운동권에서의 사회 의식을 기른 노동자 및 지식인 여성들 및 여성 운동에 나름대로 관심을 가진 대학생과 연구자, 소수의 주부로 구성되어 있으며 그 수는 크게 늘어나지 않고 있다.

물론 여성 단체 연합이 결성된 지 반 년도 채 되지 않고 그 연륜에 비하여 그 동안 '여연'이 주체가 되어 벌인 활동은 훌륭했다. 그러나 앞으로 '여연'이 또는 '또 하나'가 겨냥해야 될 대상 집단을 생각하면 아직도 운동 주체 확보의 과제가 대단히 크게 남아 있다는 것이다.

'또 하나'에서 애초부터 겨냥해 왔던 대상 집단, 즉 자신의 삶에서 성 모순을 어렴풋이 느끼고 있으나 아직 활동에 참여치 않고 있는 여성들이 생각보다는 매우 단단히 굳어져 있거나 상황이 매우 어려움을 알았다. 구체적으로 주부들이나 근로 여성들이 가족주의 이데올로기와 일상적 생활에서 헤어나오기에는 그 대안이나 지지 기반이 너무 약한 상태이다. 또한 나름대로 사회 의식을 가진 여대생들은 각자 자기의 삶을 추스리기에 급급한 상태이다. 최근 치열해지는 취업 경쟁은 상황을 더욱 악화시켜 젊은 세대 여성의 이기적 성향을 강화시키고 있다.

한편 민중 운동권에 참여해 온 여학생들은 상당수 성 모순에 따른 체험을 직접 경험하며 고민하면서도 여성 운동의 특수성을 간과, 또는 부차적인 것으로 인지함으로써 여성 운동의 진정한 주체가 되지 못한 채 자아 분열을 경험하고 있는 것이 아닌가 하는 우려마저 낳고 있다. 그 동안 여성 운동을 주도해 온 층 내부의 이런 상황들은 이들이 과연 대중화된 여성 운동을 활성화시키는 데 충분한 힘을 가졌는가를 반문하게 한다.

여성 운동의 전반적인 강화를 위해 우리는 세 가지 과제를 다시 확인한다.

첫째는 여성 운동 주체로서의 대중 기반 형성이다. 대중의 참여 없는 사회 운동은 공허하다. 여성 운동도 광범위한 여성 집단을 그 기반으로 확보해 나가야 한다.

둘째 여성 운동 리더십의 강화이다. 대중 기반을 확보하는 한편 지도층의 세대간 연계와 탄력성 있는 운동 주도력의 함양이 필요하다. 그것은 부단한 이론과 실천의 통합에 의한 집단적인 자기 개발의 기초 위에서만 가능하다.

셋째 정치 역량의 배양이다. 인간 해방을 위한 여성들의 염원은 직접적인 이해 관계에 입각한 정치적 힘의 활용에 의해 비로소 구체화될 수가 있는 것이다. 그러기 위해 집합적 역량을 키우고 적절한 때에 단합된 행동으로 행동할 수 있어야 한다. 이러한 과제를 놓고 다음과 같은 구체적인 방안을 생각해 보았다.

어머니로서의 감성과 여성 운동

최근의 정치 민주화 과정에서 탄력있게 움직여 온 '여연'과 '민가협' 어머니들의 활동을 보면서 다시 한번 확인한 것은 현단계에서 우리 여성들은 '어머니'로서의 역할과 심성이 행동의 주요 동기이며 추진력으로 작용한다는 점이다. 이는 여성 운동과 연결해 볼 때 가족이나 어머니로서의 역할과 감성을 부각시키는 것이 일차적으로는 여성 운동의 대중 기반 확보에 중요한 전략이 될 수 있을 것이라는 의미가 된다. 이것은 물론 매우 위험한 전제이며 전략이다. 이 전략은 기존의 가족 제도를 극복하는 것이 아니라 포용함으로써 대중화의 기반을 확보하려는 것이므로 여성의 '자기됨'의 과정을 더욱 지연시킬 가능성을 안고 있는 것이다. 그러나 우리 사회의 여성들이 어머니로서의 입장을 넘어서기가 현재로서는 매우 어려운 상황이지만 일차적으로 어머니로서의 소리를 모아야 한다. 우선 여성들이 사적 공간인 가정에서 벗어나 공적 모임, 그것도 여성들만의 모임에서 자존심을 회복하고 새로운 경험을 할 수 있는 기회를 마련하는 것이 절실하다.

새로운 형식의 공청회, 대중 집회

그러면 어떤 방식으로 현재나 미래의 어머니들을 규합하는 기회를 마련할 것인가? '또 하나'가 시도하고 있는 출판 운동이 장기적으로 그 효과를 기대해 볼 만한 것이지만, 현단계에서는 대중 동원의 기제로서 한계가 있다는 점은 애초부터 예상한 바였다. 대다수의 우리 사회 성원들은 책을 읽기보다 '몸으로 비비는' 것을 좋아한다. 또한 최근 대학과 시내 곳곳에서 군중이 모여 '뜨겁게' 토론하는 마당의 힘도 목격하였다. 단적으로 우리는 새로운 방식으로 공청회를 열어 만나고, 함께 토론하며 생각하는 기회를 많이 가질 필요를 강하게 느낀다.

공청회의 주제는 계층과 연령에 따라 달라질 것이나 우선은 여성의 생활 체험에 가까운 가족 복지와 관련된 것으로 시작되어야 할 것으로 보인다. 특히 사적 영역에 갇혀 있는 가정 주부의 경우, 자녀 교육을 위한 공청회 참여는 일차적으로 그들의 당당한 외출을 가능케 할 명분이 될 것이다. 구체적 주제들의 예로 중산층 주부의 경우는 ① 강간(여아를 포함)과 학교 주변의 폭력 ② 텔레비전의 비교육적 영향 ③ 지나친 부모 압력에 따른 자녀의 억압 상태 ④ 돈봉투와 교육 제도 개선 문제 ⑤ 식품·대기 오염·핵 문제로부터 시작하여 ⑥ 가정 일의 사회적 노동화 ⑦ 성고문 추방 ⑧ 가족법 개정 등으로 전개될 수 있다. 근로 여성의 경우는 ①일과 삶 ②진정한 효도 ③ 결혼과 성 ④ 생산직 여성과 국민 경제 ⑤ 노동법과 노동 운동 등으로 확대시켜 나갈 수 있을 것이다.

공청회 방식은 전통적인 방식에서 크게 탈피하여 한강변, 공원 등 야외에서 모임을 주로 갖고 아예 도시락을 준비하여 자유로운 분위기에서 한나절을 보내는 축제이자 진지한 토론을 벌이는 마당으로 전개하는 것이 바람직할 것이다. 문제 제기도 강의보다는 연극이나 이야기 형식으로 엮어질 필요가 있으며 문제가 제기된 후에는 소집단으로 나뉘어 각자가 충분히 의견을 내놓고 서로 교환하는 시간을 가져야 할 것이다. 공청회 참가가 동창회별, 계모임별, 동네별, 교회별, 단체별로 된다면 소집단 활동이 장기화될 가능성도 높다. 소집단 토론 후에는 다시 전체 모임을 통한 정리가 필요하다. 이 모임에서 가장 중요한 것은 참여 자체가 참여 여성의 삶에 활력을 넣어줄 수 있는 것이어야 한다는 점이다. 이런 경험을 통해 여성이 자신의 체험과 관심을 감추거나 가장 없이 표현하게 되고, 나아가 이것이 공동체의 삶을 꾸려나가는 첫걸음임을 인식할 수 있어야 할 것이다.

따라서 그런 모임은 한 단체가 주최하기보다는 현재로서는 각 단체들이 특성을 살려 준비하되 모든 집회는 연대적으로 그리고 연속적으로 진행되는 것이 좋을 것이다. 이를 위해서는 연극·영화 제작팀, 노래 짓기와 지도팀, 강연자 개발과 자유 토론 활성화를 위한 토론 진행팀, 그림 및 전단을 제작할 미술팀 등이 형성되는 것이 시급한 과제이다. 또한 조직책과 상설 연락처(서점, 카페 등)가 필수적 구성 요소이다.

'또 하나' 동인 활동의 과제

그렇다면 '또 하나'가 구체적으로 해내야 될 연합 전선은 무엇인가를 따져 보자. '또 하나' 동인들은 특히 프로그램 개발에 많은 기여를 해야 할 것으로 보인다. 그 범위는 크게 세 단계로 나뉘어질 수 있다.

① 여성 문제 이론 정립·각 계급의 특수성을 밝힘과 동시에 계급간에 이어지는 공통된 여성 문제의 인식에 의해 여성들이 연대하는 이론적 기초를 마련하며 이를 위해 18세기 사회주의 운동, 20세기 전후 맑시스트 운동, 20세기 중반의 비판 이론적 토대 위에 활발해진 새로운 양식의 사회·문화 운동들을 체계적으로 살펴보고 사회 운동을 역사 속에 적절히 위치시키는 시각을 갖는 것이 중요하다.

② 새로운 출판물을 통한 대중 기반 확보·여성 문제 서적들이 쉽고 다양하게 보급되어야 할 것이다. 노동 조합에 대한 고정 관념을 깨고 일하는 여성들의 적극적 사회 참여를 지지하는 글, 주부의 연대를 위한 방안과 실천 등 다양한 의견을 수렴하는 '열린 글'들이 나와야 될 것이다.

③ 여성 문화 운동·여성적 체험과 연구에 기반을 둔 이론 작업들은 다시 공동의 현장에서 커다란 공감대를 형성하고 새로운 여성 문화를 창출해 냄으로써 인간 해방을 향한 사회 변화의 모체가 되어야 한다. '여성 문화' 운동의 인식 기반은 지금까지의 기존 문화가 '지배자와 피지배자'라는 구조 속에서 남성 지배에 의해 형성된 억압 문화이며, 그런 억압 문화의 토양 속에서는 남성과 여성의 진정한 인간성이 발현될 수 없다는 데 있다.

인간성을 살리는 참다운 민주 공동체를 실현하는 데 있어 현재 걸림돌이 되고 있는 권위주의, 가족 이기주의와 상하 예속 관계를 극복하기 위해서는 새로운 가족 공동체를 체험할 수 있는 마당이 문화제 형식을 통해 열려야 한다.

그 구체적인 작업들은 연극이나 마당놀이를 통해서, 전위 예술 양식이나 그림·영화·사진전을 통해서, 혹은 가족 단위 축제 형식을 통해서 다양하게 전개될 수 있는데, 이를 위해서는 가슴과 몸으로 뛸 수 있는 '예술적 인간들'이 필요하다.

따라서 동인들은 지금부터라도 자신이 담당할 역할과 마당을 구상하는 한편 판화·연극·노래 등 구체적인 기능을 연마함으로써 여성 자신의 체험과 시각을 정립하여 여성 해방의 문화를 창조하는 마당을 벌이는 운동에서 신명 나는 한 몫을 담당하자. 각자 자신이 선 자리, 자신의 체험을 토대로 자기의 변혁이 곧 구조의 변혁으로 이어지도록 작고도 거대한 작업에 착수하자. ■

소모임 중심의 운영 방식을 위하여*

김미경

"우리 모임이 평등 사회의 구현을 목적으로 하는 만큼 근로 여성의 문제를 모르는 척해서는 안된다. 피케팅과 같은 행동이 어렵다면 '또 하나의 문화' 나름대로 근로 여성 문제를 어떻게 창조적인 방법으로 수용할 것인가 하는 문제에 대해서 고민하여야 한다고 본다. 성도 실업 사건에 불참해야 하는 사정은 '또 하나의 문화'가 자율성을 강조한 나머지 단체 운영에 장애가 될 정도로 최소한의 조직조차 마련하지 못했다는 데에 원인이 있다고 본다. 사회 운동에 소집단별로 참여한다는 것은 무의미하며 대외적인 행사인 만큼 전체적으로 의사 표시를 해야 한다고 본다. 최소한의 조직의 결여로 이번 캠프 등의 대내적 행사에 있어서도 허술한 진행이 된 감이 있다. 서로 긴밀히 연락하고 기동성 있게 움직일 수 있도록 조직화하는 방안을 논의해야 한다."

윗 글은 1985년 9월 20일 발행된 '또 하나의 문화 동인 회보 제4호 4쪽에 실린 글로서, 남한강에서 열린 제1차 가족 캠프에서 조직화의 문제를 제기한 '김미경·김효선' 등의 입장이다. 이 가족 캠프에서는 톰보이 불매 운동에 적극적으로 참여하지 못했다는 사실을 지적하면서 '조직화'의 문제가 본격적으로 논의되었었다.

당시 나는 우리가 여성 운동을 표방한다면 여성 문제에 관련된 일에 있어서는 단체적인 입장을 분명히 표명해야 한다고 생각하여 조직을 정비하고 다른 여성 단체들과의 연계 관계도 긴밀히 가질 것을 몇몇 동인들과 함께 적극적으로 주장하였다.

이후 조직화의 문제는 사무실 얻는 일로 일단 귀착되었고 85년 겨울 우여곡절 끝에 서대문에 조그만 사무실을 마련하게 되었다. 또한 여성 단체와의

---

* 동인 회보 제19호, 1987년 10월 26일, 10-11쪽.

연계 필요성에서 85년 가을에 전개된 여성 조기 정년제 철폐를 위한 여성 단체 연합 활동에 참여하였다.

이어 86년부터 사무실이 자원 간사제로 운영되어 오다 87년부터 고정 간사와 자원 간사가 함께 일을 해나가는 형태로 운영되고 있다.

9개월여간 고정 간사 일을 해오면서 여러 가지로 느낀 점들이 많았다. 특히 이번 여름은 수해로 인하여 어린이 캠프가 2차에 걸쳐 실시되고, 이사, 집들이, 여성 단체 일 등이 겹치면서 처음에 제기했던 조직화의 문제에 대해 다시 한번 깊이 생각해볼 기회를 갖게 되었다. 즉 고정 간사의 경험은 조직화의 문제를 제기했던 당시의 나의 주장이 실제적인 타당성이 없는 명분론적인 당위성에만 근거한 것이었다는 사실을 절감할 수 있게 해주었던 것이다.

고정 간사가 있게 되면서 자원 간사제가 잘 활용되지 못하고 있을 뿐 아니라, 동인들간에, 분담되었던 일들이 사무실 간사들에게만 전담되는 형태로 진행되면서 실제적으로 처음 의도한 대로 사무실을 중심으로 한 기획 사업도 제대로 시작하지 못하고 있는 형편이다.

이것이 과연 '또 하나의 문화' 기본 이념과 일치하는 것일까? 진정한 자율성에 입각한 운동이라는 것이 사무실과 고정 간사제라는 최소한의 조직을 갖춤으로써 오히려 저해되고 있는 것이 아닌가는 생각이 심각하게 들기 시작했다.

최소한의 조직화를 함으로써 운동이 더욱 활성화될 수 있으리라는 나의 생각에는 현실적으로 몇 가지 문제가 있었음을 인정해야만 했다.

첫째, 조직이나 활동할 장이 없기 때문에 운동이 활성화되지 못했다기보다 자율적으로 참여하려는 동인들의 의지가 부족했기 때문에 활성화되지 못한 것이라는 점이 분명하게 드러난 점이다. 초기에 시작했던 소모임이 계속 지속되는 경우에는 그 동인이 '또 하나'와 연계 관계를 긴밀히 가지면서 다른 활동에도 적극적으로 참여하고 있으나 소모임이 중단된 경우 다른 활동에의 자율적 참여 또한 현저하게 떨어지고 있다는 사실이 이를 입증해 준다.

따라서 소모임 활동 자체가 자율적으로 탄탄하게 자리잡아 나간다면 따로 이 조직화의 문제를 제기해야 할 필요성이 없어지리라 생각된다.

둘째, 동인들의 사회적 상황 자체가 조직화된 운동을 전개하기에는 힘들다는 점을 파악하지 못한 점이다. 30대 이상 동인들의 경우 각자 전문 영역이나 직장을 가지고 있으며, 20대의 경우 새로이 직장을 갖고 자기 역량을 쌓아 나가기에 급급하다.

　이러한 상황에서 30대 이상 동인들은 각자의 영역에서 전문적인 일을 통한 운동을 해가면서 남은 여력으로 '또 하나'를 통한 운동을 해나가고 있기에 따로이 조직적인 활동의 필요성을 크게 느끼지 못하고 있다. 이에 반해 20대 동인의 경우 '또 하나' 운동에 필요한 글 쓰는 능력이나 문화 운동을 기획해 내는 주체적 역량을 제대로 갖추고 있지 못한 단계에서, 자기 역량을 쌓는 일과 '또 하나' 운동을 병행시켜 나갈 수 있는 장의 확보를 위한 조직화의 문제를 제기하게 된다.

　그런데 여기서 또 하나 걸려 있는 문제로 운동의 특성과 경제적 재원 확보의 문제를 들 수 있다. 30대 동인의 경우 각자 경제적인 해결책을 가지고 있는 반면, 20대는 경제적인 기반을 제대로 확보하지 못하는 상황에 있다. 경제적 기반을 확보하기 위해 취직을 하는 경우 현 산업 구조 내에는 다른 운동에 투여할 에너지가 허락되지 않고, 운동 자체를 생활 방식으로 선택한 경우 경제적 독립을 확보해 내기 힘든 갈등적 상황에 직면하게 된다.

　사실상 우리가 하려는 운동은 그 자체가 경제적인 보상을 제공해줄 수 있는 성격이 아니다. 물론 현사회에서의 체제 비판적인 모든 운동은 그것이 이익 사업이 아니라 목적 사업인 만큼, 자본주의 사회 내에서 수익을 가져오는 사업을 전개하기는 힘들다.

　따라서 경제적인 보상이 제시될 수 없는 운동을 해야 할 당위성과 경제적인 독립을 해야 할 필요성 사이에서 갈등을 겪게 되는 것은 너무나 당연한 일이다.

　이러한 현실적인 정황에 대한 인식이 부족했기에, 경제적인 독립과 운동과 자기 역량을 쌓아 나가는 장으로 '또 하나'를 설정한 나의 경우 심한 갈등 상황에 놓이게 된 것은 너무나 당연한 귀결이었으리라 생각된다.

　그러면 어떤 대안이 제시될 수 있을 것인가?

　'또 하나'가 구체적인 현실 상황에 즉각 대응해 나가는 '몸싸움' 식의 운동 형태보다는 의식 변화에 주안점을 둔 출판 문화 운동을 표방한 만큼, 이 운동에 필요한 인력은 이러한 운동에 필요한 능력을 갖춘 동인이다. 이것을 개인적으로 하기보다는 소모임 활동을 통한 공동 작업으로 활성화시켜 나가자는 것이지, 이 운동 자체가 하나의 직업화된 운동의 성격을 갖기는 힘들다는 사실을 인정해야만 하리라 본다.

　이러한 맥락에서 볼 때, '또 하나'가 갖추어야 할 조직은 사무실이나 고정 간사가 아니라 소모임 활동의 확실한 성숙이라는 사실이다. 경제적인 독립과 운동을 병행시켜 나갈 수 있는 가장 현실성 있는 방법은 각자의 경제적인 활동을 모색하면서 소모임 활동을 통하여 역량을 쌓아 나가는 가운데 소모임 자체가 장기적으로는 운동과 경제적 활동과 자기 역량 성숙을 통합해 내는 장으로 발전할 수 있도록 하는 것이라는 생각에 도달하게 되는 것이다.

또한 이 소모임 활동을 중심으로 사무실 운영과 여성 단체와의 연계 문제에 필요한 일이 분담되는 형태로 운영되는 것이 가장 바람직한 조직화라고 생각된다.

이를 위해서는 우선 '생활을 운동화하고', '운동을 생활화하는' 의식의 확산이 우선되어야 한다. 20대의 경우 경제적인 해결을 위해 단순히 자신의 운동 의지나 사상과는 상관없는 직장을 선택하여 운동과 생활의 철저한 분리는 당연한 일로 생각한다든지 자기 역량 쌓는 일에 개인적으로만 급급하여 운동을 등한시한다면 여성 운동의 확산은 요원한 일로 남고 말 것이다.

자본주의 사회를 비판한다면 자본주의 사회를 거스르는 데서 현실적으로 요구되는 가난한 생활을 당당하게 감수할 자세를 가져야 할 것이며, 목적 사업에 의미를 부여한다면 목적의 실현을 위한 노동을 감수할 자세를 가져야 할 것이고 그것이 가져다 주는 현실적인 불편함을 의연하게 대처해 나갈 수 있는 자기 훈련이 필요하다.

이러한 운동을 생활화하는 의식은 결국 소모임을 통한 끊임없는 자기 성찰 없이는 불가능할 것이다.

결국 인적, 경제적 자원 확보에 대한 구체적인 성찰 없는 당위적인 차원에서의 운동의 필요성 강조는 쉽게 '누군가 해야 할 일이지'라든가 '목구멍이 포도청이라서'라는 말로 자기 합리화하면서 운동과 생활의 분리를 심화시키게 되는 또 하나의 여성 운동의 저해 요인으로 작용할 수 있다는 점을 인식할 수 있게 되었다.

운동은 자본주의 사회에서 직접적인 이익과 관련없는 일에 시간과 정력과 돈을 투자하는 일이다. 이것은 한번의 결단으로나 당위성의 주장만으로 가능할 수 있는 일은 아니다.

끊임없이 생활을 운동화하려는 의지를 결단해낼 때야만 가능하다. 여기에서 각자의 역량을 결집할 수 있는 소모임 활동의 활성화가 '또 하나의 문화'가 가질 수 있는 가장 바람직한 조직화라고 생각된다. ■

내가 동인이 되려는 이유

서미원 · 문성원 · 김현미 · 최보문 · 정승희

혼자가 아니라는 확신 · 서미원*

어렸을 때부터 나는 항상 여자답지 못하다는 소리를 들으며 자라왔다. 국민학교 다닐 때 나는 제기 차기, 구슬 따먹기 등을 하며 남자들과 잘 어울려 놀았는데 그것이 내겐 더 재미있고 흥미로왔기 때문이었다. 이런 나를 아이들은 여자가 남자애들과 논다고 놀렸고, 선생님들까지도 여자는 여자답게 얌전하고 다소곳해야 하는데 너무 덜렁거리고 수줍음이 전혀 없어 큰일이라고 걱정도 하고 타일러도 주셨다.

6학년 어린이 회장 선거 때였다. 남·여가 2명씩 조를 이루어 회장·부회장으로 출마하는 것이었고, 각 후보들은 선거가 있기 전 전교생이 모인 자리에서 자기들의 의견을 발표했고 곧이어 내가 올라갔다. 그런데 그 시간이 끝나고 교실로 돌아왔을 때, 나와 한조를 이루었던 그 남자애가 담임 선생님에게 불려가 꾸중을 들었음을 알게 되었다. 이유는 사내녀석이 계집애보다 못하다는 거였다. 여자인 내가 별동요 없이 이야기한 반면, 남자인 그 애는 몹시 떠느라 작은 소리로 어물대다 내려온 것이 그 선생님의 비위를 크게 거스른 것이었다.

중·고등학교를 거쳐 대학에 들어가자 항상 나를 따라다니던 '여자답지 못하다'는 말이 어느새 '드센 여자'로 바뀌어져 있었다. 내가 나의 살고 싶은 생활 방식에 대해 이야기했을 때, 과친구들이나 선배들은 모두 내게 "넌 여자가 너무 드세어서 걱정이다"고 했고, "그 드센 것을 수그러뜨리지 않으면 팔자가 몹시 셀 것"이라는 우정 어린 경고도 빠뜨리지 않았다. 그 즈음부터 나는 이

---

* 동인 회보 제16호, 1987년 5월 31일.

문제에 대해 심각히 생각하게 되었다. 대체 왜 나는 드센 여자로 낙인 찍혀야 하는가? 국민학교 때의 그 남자애는 단순히 여자보다 말을 못한다고 해서 그다지도 야단맞아야 했을까? 우리가 이야기하는 '여자답다' '남자답다'는 것은 무엇을 의미하는 것일까? 나의 이 고민은 약사라는 직업을 선택하고 인천에서 약국을 경영하며 경제적 자립을 해나가면서도 계속되었다. 약사라는 직업에 대한 사회의 인식이 또 하나의 나에 대한 규제로 작용하고 있음을 부인할 수 없었다. 우리 사회에서 여자 약사는 하나의 전문직을 가진 여성으로서보다는 최고의 신부 조건을 갖춘 여성으로서 높이 평가되고 있다. 그 이유는 다른 직종보다 돈을 많이 벌면서도 직장과 가정이 분리되지 않아 가사를 무리 없이 돌볼 수 있다는 점에서인 것 같다. 이것은 결국 여성 약사들이 감당해야 하는 이중적인 어려움이라고 생각된다.

이런 모든 것들은 여자를 독립된 인격체나 주체적으로 어떤 일을 추진해 나가는 존재로 보기보다는 가정을 돌볼 순종적인 인간으로만 파악하기 때문에 나타나게 된 것이라 본다.

여자는 무조건 얌전하고 복종적이어야 하며 남자는 모든 일에 적극적이고도 진취적이어야 한다는 극단의 논리만이 인정되는 이 사회가 분명 잘못된 것이고 어떤 식으로든지 개선되어야 함을 절감하고 있을 때 '또 하나의 문화'를 우연히 읽게 되었다. 1권, 2권, 3권을 읽으면서 우리 사회에 팽배해 있는 불평등과 몰개성을 개선해 나가려는 움직임이 서서히 그러나 힘차게 일고 있음을 알게 되었다.

강요된 순종이나 씩씩함의 허구에서 벗어나 마음껏 개성을 발휘할 수 있는 사회, 남·녀라는 성별에 의해서가 아니라 개개인이 지닌 특성으로서 구분되어지고 그 특성이 최대한 존중되는 사회를 향해 나가려는 '또 하나의 문화'와 함께 혼자가 아니라는 확신 속에서 여태껏 느껴왔던 모순을 벗어나기 위한 노력을 해보고 싶다.

█ 이 땅의 '새로미'들을 위하여 · 문성원*

내가 '또 하나의 문화'와 만난 건 6년 전이다. 나는 그 책을 통해 막연히 갖고

* 동인 회보 제34호, 1990년 4월 11일.

있던 내나름의 생각들을 가다듬을 수 있었고, 조심스럽게 내 생활과 육아에 적용해볼 용기를 얻었다. 그러나「또 하나의 문화」에 동인으로 가입할 생각은 감히(?) 못했다. 그 운동이 엘리티즘의 공허한 붓놀림 정도로 끝나지 않을까 하는 의구심 때문이라고나 할까?

그러나 '또 하나의 문화'가 이 사회에서 담당하려 한 몫에 마음 깊이 공감했고, '또 하나의 문화'를 '우리의 문화'로 끌어들이려 그 동안 꽤 부대꼈다. 무엇보다 새로미가 성차별 의식을 갖지 않고 제가 가지고 태어난 개성을 마음껏 발휘하도록 마음을 쓰고 남편의 의식 깊이 스며 있는 남성 우월주의와 별 소득 없는 싸움을 벌이곤 했다.

운동화 한 켤레 사려 해도 여자애냐 남자애냐를 따지는 문화 속에서, 집에 놀러 온 이웃 아이가 말끝마다 여자니까 남자니까를 되풀이할 때마다, 동화책을 보나 텔레비전 프로그램을 보나 '여자들은 툭하면 질질 짜는 족속 ……' 하는 식의 대사에 뒤통수를 한 방 호되게 얻어 맞을 때마다 어디서부터 어떻게 바로잡아야 할지 난감하다 못해 마구 화가 날 지경이었다.

그나마 씩씩하고 밝게 자라는 새로미를 보며 어떤 가능성을 꿈꾸었는데, 세 돌 반쯤 되었을 때 성의 구분에 대한 개념이 생기자 자신이 여자가 아니라 남자라고 선언하고 나서는 게 아닌가! 하긴 새로미가 흠모해 마지 않는 텔레비전 만화 영화 주인공이 다 남자였으니 ……

그러나 우리 부부는 일차적인 원인이 우리의 삶과 교육관이 일치하지 않았던 데 있다는 것을 뒤늦게 깨달았다. 양성성의 아이, 자유로운 아이, 더불어 사는 아이로 키우자는 생각에는 공감하면서도 우리 가족의 일상 속에 뿌리 박혀 있는 성차별 의식과 행동에 대해 적당히 타협하고 지내왔던 것이다. 그 후 우리는 엄마 아빠가 새로미에게 바라는 것은 힘이 남보다 세서 남을 억누르는 텔레비전 만화 영화의 주인공도 아니고, 늘상 그 주인공의 보호를 받아야 하는 여자친구도 아니며, 더구나 남자 같은 여자도, 아들노릇 해주는 딸도 아니라는 것을 어떻게 알려 주어야 할지 고심하며, 우리의 삶을 다시 돌아보아 스스로 변하려는 노력을 시작했다.

이제 나는 더 커다란 벽에 부딪힐 준비를 하고 있다. 올해 새로미는 유치원에 입학해 서서히 제도권에 적응하기 시작해야 하는 상황이니 말이다.

얼마 전 일부러 시내 큰 서점에까지 나가서 '또 하나의 문화' 동인지 제5호를 구해 읽은 것은 뭔가 대안을 찾을 수 있지 않을까 하는 기대에서였다. 먼저 '또 하나의 문화'가 글로만이 아니라 몸으로 뜻을 실천해 왔다는 사실이 놀랍

내가 동인이 되려는 이유——419

고 기뻤으며, 그 책을 통해 내가 찾은 대안이라면, 이제 한 개의 물방울로 있을 것이 아니라 '또 하나의 문화'가 더 큰 물줄기를 이루도록 합류해 나의 새로미, 그리고 이 땅의 많은 새로미가 더 이상 좌절하고 화내는 일이 되풀이되지 않도록 작은 힘이라도 보태야겠다는 것이다.

사실 나는 '또 하나의 문화'가 지양하는 이 사회의 지배적 이데올로기에 순응해 온 전형이라 해야 할 것이다. '또 하나의 문화'에 동인으로 참여는 하면서도 아직 30년 동안 자라온 환경과 받아온 교육의 틀을 철저하게 조사해서 선별하는 작업을 하지 않고, 내 의식 밑바닥에 적당히 타협하려는 게으름을 숨기고 있다는 점이다. 그래서 지금 나는 '또 하나의 문화'를 통해 거듭 태어나고 싶다는 '또 하나의 기대'를 걸어본다.

▍여성주의자가 된다는 것은·김현미*

내가 여성학에 관심을 갖고, 집중적인 책 읽기를 통하여 타인들에게 소위 여성주의자로 '낙점' 받은 것은 불과 몇 년 전의 일이다. 낙천적인 성격인 내가, 여성 문제에 관한 이슈만 나오면, 과격해지고, 자못 진지해지는 것을 지켜본 친구들은, 나의 변한 모습에 나름대로의 해석을 내리곤 했다. 절친한 친구 중 하나는 '내가 딸만 있는 집에서 — 아버지의 영향력이 거의 제로에 가까운 — 자라, 직접적으로 남자의 포악함을 경험하지 못해, 기고 만장해서 여성의 힘을 과신하고 급기야 여성 천국의 이상향을 꿈꾸게 되었다'고 했다. 또 다른 여성주의자 친구는 '나이 서른이 가깝도록 연애도 못해 본 당신이 어찌 남녀 관계의 진수를 깨닫고, 사고할 기회가 있었겠냐'며, 나의 여성주의자로서의 '자격 상실'을 자주 들먹이곤 했다. 나는 늘 간접 경험의 중요성과 천부의 날카로운 통찰력, 빼어난 상상력을 들먹이며 응수했지만, '경험론'에 밀려, 늘 열등감을 극복하기 어려웠다.

사실, 여성주의에서는 '개인적인 것이 정치적인 것이다'할 만큼, 여성으로서 개개인의 경험이, 운동의 근본 바탕이 된다는 것을 강조해 왔다. 물론, 나도 한국 사회에 태어난 이상, 이래저래 상처 받고, 시시껄렁한 남자들의 입에 안주거리로 오르내리며, 길가에서 빰 맞고, 전철에서 추행 당하는 등 일일이 헤

＊ 동인 회보 제45호, 1992년 5월 27일.

아리기 어려운 나쁜 경험을 많이 갖고 있다.

문제는 경험의 유무가 아니라, 우리가 직접 간접으로 경험하는 많은 것들을, 어떤 식으로 이해하고 대응해 나가느냐는 것일 게다. 개인적으로 너무나 불쾌해서, 덮어 두고 싶었던 일들이 여성학을 공부한 후로는 내가 일생을 두고 학문적으로 또 실천적으로 씨름해야만 할 중요한 문제로 부각되었다. 하지만, 전에 몰랐던 사실을 깨닫고, 새로운 분석틀로 세상을 바라본다는 것은, 늘 확신과 발견의 기쁨만을 가져다 주는 것은 아닌 듯싶다. 즉 여성학을 공부하고, 가부장제의 논리를 간파해 나간다는 것은, 내게 새로운 방식으로 삶을 재조직하고, 이해하고, 행동해 나가기를 철저히 요구해 왔다.

나는 여성 문제에 관심을 갖고 있는 사람들이, 모두 자신감으로 가득차고, 추호의 갈등이 없다고는 생각지 않는다. 나도 예외는 아니어서, 사소하게 부딪히는 사건들 하나하나에도 가장 완벽한 여성주의적인 해석을 내리고, 대응하려 하지만, 종종 생각이 혼란스럽고, 실천하는 데 어려움을 느낄 때가 있다. 어떤 때엔, 내가 머리로는 환상을 쫓고, 실제로는 습관적으로 내면화된 가부장 문화를 쫓고 있는 것은 아닌가 의심해 보기도 한다. 주변 사람들의 몰이해와 따뜻하지 못한 시선에 주눅 들어, '바른' 말 제대로 못할 때도 너무나 많다. 그러나 이런 갈등과 나약함이 뜻을 같이하는 동료들과 '수다판'을 벌일 때는, 순식간에 의기 충천한 운동가의 자신감으로 변하는 것도 또한 자주 경험한다. 그래서 나처럼, 혹은 우리처럼, 권력 관계 피지배자이며 주변인의 위치에 있으면서, 뭔가 사회 변혁을 꿈꾸는 사람들에게는 끊임없는 격려와, 재충전이 필요한가 보다.

대안 문화를 만들기 위해 그나마, 마음 맞는 사람끼리 어우러져 놀 수 있는 마당이 있다는 것이 요즈음 퍽 다행스런 일이란 생각을 한다. 뒤뚱거리는 친구를 일으켜 줌으로써, 나도 떳떳이 서는 법을 배우는 동안, 우리는 대안 문화란 것을 만들고 있는 중일게다. '또 하나의 문화' 동인이 되어 그런 일을 외롭지 않게 같이 할 수 있어 얼마나 잘된 일이냐!

‘옥지기의 사랑’·최보문*

레지던트 2년차 때 훈련 과정의 하나로 충남 천원군 낭성면의 아주 작은 보건소에 파견되었었다. 6개월간을 창호지 문 하나를 사이에 두고 뒷집 외양간 어린 소의 음메 소리를 들으며 지냈었다. 음메 소리가 하도 애처로와 언제쯤이면 울지 않게 될까요? 하고 이웃 노인네에게 물으니 목이 쉬면 안 운다고 했다. 그때는 달이 떠도 외로왔고, 거미줄에 빗방울 하나가 달랑 매달려 있어도, 새끼 고양이가 가랑거리며 몸을 부벼 대도, 술 취한 이웃집 할매가 주정하는 소리를 들어도 가슴이 싸해지는 것 같았었다. 나 자신의 무게를 털어 버리듯 얼마만에 원고지 80매 가량의 ‘잡’ 생각을 써서 계간지 『정신 건강』에 발표한 것을 끝으로 더 이상 나 자신에 관한 글은 쓰지 않았었다. 그 후에 내가 쓴 것은 논문이나 건강 상식, 아니면 정해진 주제에 관한 소고 형식의 글로서 가능한 한 ‘내’가 글 속에 드러나지 않도록 조심스럽게 나 자신을 은둔시킨 것들이었다.

이러한 은둔은, 그러나 나 스스로 이루어진 행위라기보다는 내 여건들, 가능한 논리적이고 객관적이어야 하는 자연 과학자의 입장과, 내가 받은 훈련 과정으로서 치료자는 회색으로 머물러야 한다는 그때 당시의 고정 관념의 소산이었을 뿐만 아니라, 또 하나 근본적으로 나 자신이 비밀스러운 경향이 있었기 때문이었을 것이다. 아버지 장례식에서 ‘못된 년’ 소리 들어 가며 눈물 한 방울 흘리지 않았던 이후로 감정이란 은밀히 내통되는 것이라는 막연한 기대와, 내 안에서 소용돌이치는 온갖 감정, 욕망, 기억들을 샅샅이 뒤져서 발기발기 찢는 과정 — 나는 그것을 분석이라 불렀다 — 에서 얻은 일종의 자조가 나 자신을 표현하는 것을 더욱 금하게 했으리라고 생각된다. 항상 중립을 지킬 것, 중용을 지킬 것, 빨리 늙어 희로 애락에 무심해지고 지혜로 세상을 관조하는 것을 동경했었다.

생물학에 매료되었던 것도 이러한 맥락이었을 것이다. 의사 과정에서 접한 지식 중 슬픔에 찬 눈물과 반사 작용에 의한 눈물은 성분이 다르다는 정보는 나를 흥분시켰고, 더 나아가 정신 분석에 의한 인간 내부의 변화는 분자 생물학적으로 입증되어야 한다는 에릭 칸델(Eric Kandel)의 주장은 당시의 나에겐

＊ 동인 회보 제52호, 1993년 10월 19일.

계시와 같이 여겨졌다. 학문적으로도 그랬을 뿐만 아니라, 내가 속한 여러 중 첩된 사회의 틀은 나의 이러한 성향을 단단히 받쳐 주는 데에 더 없이 적합했 기 때문에, 꽤 오랫동안 아니면 지나치게 오랫동안 무리없이 큰 불편함을 느 끼지 않고서도 나 자신을 가두어올 수 있었는지 모른다.

어떠한 계기가 '옥지기의 사랑'으로 향하게 하였는지 여기에서 얘기하기에 는 아직 준비가 덜 되어 있다. 그러나 나 나름대로의 적응 방식이 이제는 그 효율성을 잃어가고 있고 자기 표현도 자기 초월과 같은 선상에서 다루어질 수 있다는 생각이 들기 시작한다. 이제 '나'를 표현하기 위해 무지하게 애를 쓰며 글을 쓰는 지금, 이 일이 과거에 자신을 'controlled release'(이 말을 우리 말로 어떻게 나타내야 할지 모르겠다)로 표현하고자 했던 것보다 나로서는 더 어려운 일임을 깨닫는다. 우선 머리 속에 고정되어 있는 경직된 논리성을 배제해야 하고, 내가 속한 사회에서 통용되는 정상 기준으로 재는 것을 중단해야 한다. 그리고 오랫동안 습관적으로 해온 '해체시키려는 버릇' 혹은 '미세 해부'라 고 자칭해온 분석 습관을 밀어 두어야 한다. 또 무엇보다도 나 자신을 껴안아 야 하는 작업이 선행되어야 함을 절감하고 있다. 예전에 누가 '정신과 했으니 까 ……'라고 말할 때마다, 속으로 '○팔, 누가 도통하려고 정신과 했냐?'라고 중얼거리던 것이 결국은 천박하게 자기 방어에 불과했음을 시인할 수밖에 없 다. 이제는 '도통 못했다'라고 당당하게 대답하려고 한다. 이 모든 작업을 하 는 데 있어 '또문'의 정직함과 어설픔에 기대어 보려고 한다. 여기에서 어설 프다고 하는 것은 내 편에서 느끼는 것이다. 아직은 낯설고 어색하나, 벗겨도 그리 밉상은 아닐 터이니(확신은 없지만 40년 생애에서 얻은 결과이다) 또 하나의 문화에서 벗은 나를 비추어 보고 싶다.

사랑의 물꼬를 트자 · 정승희[*]

'또 하나의 문화' 책들을 읽으면서 번쩍 눈이 트였고, 숨통이 확 열렸고, 어쩐 지 색깔이 같은 인종 같아서 살을 맞대고 싶었다. 내 용기가 쑥스럽지 않게 선 뜻 동인으로 맞아 준 또문에 고마움을 느낀다.

요즘 내 머리 속은 뒤죽박죽이다. 숙제 못한 아이처럼 정서 불안이다. 펜만

---

[*] 동인 회보 제53호, 1993년 12월 23일

들면 들쑥날쑥 생각들이 튀어나와 나부터 말하겠다고 나서서 글을 쓸 수가 없다. 성 이야기, 여자 이야기를 해보겠다고 생각하니까 내 가슴 속에 능처 둔 이야기가 그렇게 많다는 얘긴가. 된장 다독거려 장독 뚜껑 덮듯 살아온 부분들이 발효되어 부글부글 단지 뚜껑을 밀어 올리는 기분이다. 나는 되는 대로 원고지에 쓰면서 말할 순서를 정했다. 번호를 매겼다. "그래, 차근차근 얘기하자. 나오는 대로 쓰자" 하고 중얼거리고 나니까 내 마음의 갈피가 좀 잡히는 것 같다. 이 제목은 순서의 맨 끝 번호이다. 왜인지는 모르겠다. 좀더 객관성과 사회성을 가지고 쓰고 싶은 것인지, 아니면 상기도 내 마음의 움추림, 망설임의 표현인지.

나는 교직 생활 15년째지만 성교육에 관심을 갖게 된 것은 몇 년 안된다. 결혼 이후 달라졌다고도 볼 수 있고, 남편과 성의식의 차이로 갈등을 겪으면서 절실히 느낀 문제라고 볼 수도 있다. 또 딸아이가 커가면서 겁이 나서 피하지 않고 부딪치게 되었다고도, 요즘 학생들과 세대 차이를 느끼면서 생활 지도의 한계를 느끼며 공부하게 되었다고도 볼 수 있다.

눈만 조금 와도 버스가 안 다니는 지금도 울퉁불퉁 자갈길인 벽지 중학교의 아이들은 참으로 순진하고 착했다. 그런데 어처구니 없을 만큼 성문제는 많았다. 고등학생인 언니의 연애 편지 심부름을 하다 언니의 남자 친구한테 성폭행 당하여 임신이 되고도 7개월이나 학교를 다닌 일, 자취하는 아이들이 불량배들한테 집단으로 윤간 당하고도 경찰 조사 과정에 귀찮다는 태도를 보인 일, 밤마실 가서 예사로 어울려 자고 임신이 되는 일 등 일일이 예를 들 수가 없다. 물론 모든 사건들은 학교에서 쉬쉬하며 자퇴나 휴학 처리되고 마을에서는 뒤에서만 수군거리며 공식적으로 사건화된 적이 없다. 언론화된 적은 한번도 없다고 봐야 옳다. 어처구니없어 하는 나에게 선배 여선생(가정 담당이었다)은 그 이유를 여러 가지로 들었다. 원래 여기가 상놈들이 모여 살던 동네라 피가 그렇다는 둥, 시골이라 짐승들의 교미를 많이 보니까 사고 방식이 훨씬 원시적이라는 둥, 부모들이 농사 일에 먹고 살기 힘드니까 딸 단속을 안한다는 둥 개인적인 책임의 문제들이었다. 나도 혀만 찼을 뿐 "처녀 선생인 내가 어떻게 해" 하면서 방관했다. 간접적인 방법으로만 "절대 외박해서는 안된다. 밤길 조심해라. 문 잘 잠그고 자라. 남학생들하고 함부로 어울려 노는 것이 아니다" 하고 주의를 주었을 뿐.

그러다 결혼 후 도시 남자 중학교에 전근 와서도 성문제가 많기는 마찬가지였다. 공통점은 공식적으로 문제화되고 처리되는 일이 없이 언제나 쉬쉬하면서 사건이 사라지고 또 일어나고 한다는 것이다. 학교에서 하는 일은 계획적인 사전 예방책이나 대비책이 거의 없이 사건 처리에 급급하고 그 원인을 개인의 기질이나 문제 가정으로 돌리는 것이다.

내가 정말 교사의 한계를 느끼고 성교육을 어떻게 해야 하나 고민하게 된 것은 세번째 학교다. 여기는 다시 시골 학교로 남녀 공학이다. 그리고 나는 이제 두 아이를 가진 엄마 선생이다. 십여 년의 세월 뒤 성문제는 더 많고 다양해졌다.

요즘은 교사용 성교육 자료도 나와 있고, 「성폭력도 피할 수 있다 ― 예방 및 모면 방안」이라는 책자도 교실에 비치되어 있다(정무장관실에서 만들었다는 이런 자료의 형식성은 기가 막힐 일이다). 그러나 학교 현장에서 성교육이 거의 이루어지지 않고 있다 해도 과언이 아니다. 여학생들이 중1 가정 시간에 생식기의 구조, 기능 등에 대해 배울 뿐, 음란 비디오나 성인 만화의 범람으로 성문제는 더욱 다양화되어 있고 아이들은 정신 연령이 높아져 대개 중학교 1학년이면 사춘기의 갈등을 느끼고 이성 문제로 고민하게 된다. 좋아하는 연예인을 대상으로 삼아 욕구를 해소하던 시기도 지났다. 요즘 중학생들은 연예인의 팬으로 열광하던 것도 심드렁해 한다. 대개의 선생님들은 우리 반에서만은 사고가 안 일어나 주기를 기대하면서, 또 조마조마해 하면서 일년 담임을 한다.

작년 학생들이 남녀 집단으로 밤새 술 마시고, 춤추고, 비디오 흉내까지 낸 일이 발생했다. 심지어 사디스트들의 성행위까지 흉내냈다. 문제는 그게 아니다. 선생님들은 놀라서 야단인데 처벌을 받는 아이들은 선생님들도 다 그럴 텐데 속 보인다는 식이고 훈계를 하는 50대 남자 교도 선생님한테 한 남학생은 이맛살을 찌푸리며 "저희는 콘돔을 쓰니까 임신 염려는 없어요" 하고 당당하게 말해 원로 선생님의 입을 막아 버렸다. 그런데 그 아이는 학교에서 문제아로 낙인 찍혀 있지만 영혼이 깨끗한 정말 괜찮은 학생이었다. 저를 이해 못해 주는 어른들한테 받은 상처감으로 거친 행동을 보여 오히려 방어벽을 쌓고 있을 뿐. 나와 울며 대화를 나눈 적이 여러 번이고 제 마음의 고민을 편지로 밤새 적어 보내기도 했다. 나는 어떻게든 그 아이가 행복하게 살도록 도와주고 싶었다. 그런 벽에 부딪혀 있을 때 또 하나의 문화 책들을 만나게 되었다. 『새로 쓰는 성 이야기』, 『새로 쓰는 사랑 이야기』 등을 읽으면서 벌레가 있다는 것만 알고 볼 수 없다가 현미경을 들이대고 생생하게 벌레의 심각성을 관찰하게 되었다고나 할까. 하여튼 나부터 보였다. 아이를 둘이나 낳은 엄마이면서도 얼마나 무지몽매한가.

노트에 요약을 해가며 책들을 읽고 내가 아는 것들을 정리해 보니까 학생들에게 성교육을 시킬 수 있을 것 같았다. 올바른 성 인식! 성에 대해 전혀 모르는 것이 결코 순수한 것이 아니다! 모르는 것보다 왜곡되게 아는 것은 남자나 여자나 일생의 불행이요, 성의 피해자다! 여학생들은 가정 시간에 배운 것과 다르다면서, 남학생들은 성교육한다는 말만으로도 좋아했다. 대체적인 반응은 솔직하고 실질적인 내용이라고 지속적으로 이루어지기를 기대했다. 그런데 내가 안됐다. 한번 하고 나니까 바닥이 나는 기분이고 남학생은 더 어려웠다. 지속적으로는 못했지만 경험에서 얻어진 수확은 교사가 일방적으로 준비하는 강의식보다는 자유스런 분위기를 조성한 가운데 알고 싶은 것을 질문지로 작성하게 하여 교사가 알려 주는 식으로 하는 게 효과적이라는 것, 남학생 따로 여학생 따로 하는 것보다는 같이 고민하고 해결해 보는 기회를 가지게 하는 것이 학습 효과가 높다는 것 등이다.

나는 전교조 활동을 하면서 '학급 운영' 소모임에 들어 공부를 하고 있는데, 연간 계획표를 짜면서 내가 성교육의 필요성을 이야기했더니 다른 학교 선생님들도 동의하면서 여러 학교의 사건들이 봇물 터지듯 쏟아져 나왔다. (학급 운영반은 임실 지역 선생님들이 모여 효율적인 학급 운영을 위해 공동으로 연구하고 실천하는 학습 소모임이다.) 담임을 맡으면 이성 문제가 제일 힘든 부분이라고 고등학교에 근무하는 처녀 선생이 실토했다. 그런데 남선생들은 좀 심드렁하다. 다 후배들이니까 내가 물었다. 성교육을 받아 본 적이 있느냐? 없다. 교사로서 성교육을 시켜 본 적이 있느냐? 없다. 아빠로서 아들한테 성교육을 시킬 계획이냐? 아직 없다.

우리나라에 성문제가 많은 원인은 여기에도 있지 않을까. 가정이나 학교에서나 아빠, 남선생은 성교육의 필요성을 느끼지도 못하고 실천도 안하고 있다. 반면 엄마, 여선생은 피해자가 안되기 위한 방어적인 측면이나 남성 위주의 가치 평가인 줄도 모르고 순결 교육에만 급급하고 있다. 여기에는 남자들은 성교육을 받지 않아도 별로 손해 볼 일 없다는 이기적인 발상과 성교육은 결국 순결 교육 아니냐, 그러므로 여학생한테나 필요하고 그것은 여교사의 몫이라는 것이 남교사들의 일반적인 성교육의 개념이었다. 그런데 더 시급한 대상은 남학생이다. 모르는 것보다 잘못 아는 게 더 위험하니까. 내 12년 후배 교사 왈, "전 필요성은 절실히 느끼지만 잘 모르고, 책으로 배워도 실천할 자신이 없어요" 한다. 그래, 우리 엄마 선생의 몫이다! 아이를 낳아도 보고, 길러도 보고, 남편, 시댁과 갈등도 겪어 본 엄마 선생보다 성교육 나아가서 성평등 교육을 누가 더 잘하겠느냐. 내 자식만 소중한 게 아니다. 이 세상의 모든 아빠들이 핍박 받는 여성들을 내 딸처럼만 여긴다면 무슨 문제가 있으랴. 뉴스를 보면서는 인신 매매범을 욕하면서 술집에 가서는 햇병아리 운운하며 은근히 앳된 술집 여자 아이들을 좋아한다는 이 이중성이 범죄의 온상이 아니겠는가.

사랑의 물꼬를 트자. 내 자식이 소중하면 남의 자식도 소중하다. 가족 이기주의의 물꼬를 터 내가 가르치는 학생들에게 나를 나누어 주자. 아직 나 혼자 생각이지만 내년부터 우리 지회에 성평등 교육 소모임을 만들어 꾸려나가 볼 계획이다. 혼자해서는 교육적 효과가 별로 없으니까.

가끔 학생들한테서 "꼭 엄마 같아요" 소리를 듣는다. 이 소리를 처음에는 반겨 듣지 않았다. "푹 퍼진 아줌마 선생"을 연상하고 나니. "아니, 내가 어디가 아줌마 같니? 아직도 허리가 24인치인데" 하고 눈을 흘겼다. 그게 아니라 친근감이 느껴지고 자상해서 그런다는 학생들의 해명을 듣고 이건 순전히 내 자격지심이구나 싶었다. 어딘지 아줌마 선생하면 교직을 부업처럼 여기고 꿈도 이상도 없이 살림 걱정만 하는 사람으로.

아줌마 선생이 아니라 따뜻한 엄마 선생이 되겠다는 생각에 괜히 기분이 좋다. 내가 꼭 할 수 있는 일이 있다는 생각에. ■

편집부

소모임

어린이 캠프

캠프에서 제일 재미있었던 것은 추적놀이였는데 이 놀이에서는 캠프의 주제에 맞게 장애자가 되어 눈 가리고 나무 돌아오기, 입으로 그림 그리기 등을 했다. 애들은 별로 재미 없었다고 했지만 나는 정말 재미있었다. 또 오후에 전체가 치마만 입고 있었는데 남자애들도 무척 예뻤다.
— 안경제비(최윤녕), "캠프에 다녀와서," 「동인 회보」 제28호, 1989년 2월 27일, 7쪽.

조약돌 가족이 만든 촌극은 '어느날 밤'이라는 제목이었는데, 노마들이 또또들에게는 잠을 자라고 해놓고 자신들은 밤늦게까지 '떠들고 얘기하는' 것에 대해 부당함을 지적하면서 잠자는 사람의 입장을 생각하라는 내용이었다. 그야말로 캠프 동안 모든 이에게 공정함과 평등함, 최대의 자율성을 외치던 노마들의 허를 찌른 셈이었다. 노마로서 씁쓸함을 느끼기도 했지만, 캠프 생활 내에서 부당함을 찾아내어 비판적으로 표현함으로써 스스로 자신들의 자율성을 확보하려는 그들의 모습에서 또문 캠프를 향해 쏘아 버린 화살 하나를 찾은 느낌이었다.
— 이현진, "열네번째 여름 캠프를 다녀와서," 「동인 회보」 제41호, 1991년 11월 8일, 6쪽.

몇 년만에 다시 캠프에 참여한 나는 토론회를 하면서 심각한 주제와 열띤 논쟁에도 불구하고 내심 상당히 흐뭇한 느낌을 가졌다. 또문 캠프의 이 단골 또또들이 마음에 들어서였다. 그들은 열심히 생각하고 그대로 행동해 보고자 노력도 했으며, 어른과 아이가 거의 동수로 참가한 토론에서 활발하고 민주적인 모습을 보여 주었다. 지금은 노마로 참여한 그 옛날의 또또를 만난 것도 기뻤고, 지금의 또또들이 빨리 커서 노마를 하겠다고 벼르는 것도 든든했다. 우리는 욕심만큼은 아닐지 모르지만 꽤 성공한 것이다!

― 정진경, "어린이 캠프, 이제 어떻게 할까,"「동인 회보」제52호, 1993년 10월 19일, 12쪽.

'또 하나의 문화'에서는 1986년부터 매해 여름 방학과 겨울 방학에 어린이 캠프를 벌여 왔다. 시골 학교나 농장을 빌어 며칠을 같이 공동체 생활을 하기도 하고, 역사 유적지를 따라 긴 여행을 하기도 하고, 사무실에서 출퇴근하며 캠프를 하기도 했다.

평택 어린이 농장, 연대 매지리 캠퍼스, 강원도 평창군 두일 국민학교, 도고 콘도와 온양군 외암리 농장, 경기도 가평 도대리 어린이 철학 교육 수련원, 경기도 의정부 다락원 캠프장, 경북 상주 양진당, 경기도 마석 화도 수양관, 속리산 삼신각 캠프장, 강원도 화천 오음 국민학교 방천 분교, 강원도 대관령 삼양사 연수원 등이 방학 때면 일시적이나마 어린이 캠프촌이 되었다. 또한 강화도와 해남·완도 등지는 어린이 기행 캠프의 발길이 닿았던 곳이기도 하다. 때마다 캠프의 주제도 다양했다. 깨끗한 지구 / 다정한 친구, '싫다반'이 있는 캠프, 남이 되어 보기, 우리가 만드는 캠프, 하나 공부방 어린이 캠프, 우리가 다니고 싶은 학교, 역사 기행 캠프, 같고 다른 우리, 산과 물 그리고 우리, 땅끝 캠프, 창작 캠프, 퉁소 만들기 캠프, 못 참아 캠프 등.

이번 동인지에 창작 캠프에서 만든 음악극「신별주부전」이 실려 있으며, 교육 문제를 다룬 동인지 제5호『누르는 교육, 자라는 아이들』에 '또 하나'의 실험 캠프라는 주제로 캠프에 관한 글이 몇 편 실려 있다.

8년여 동안 어린이 캠프를 진행하면서 새로운 실험 캠프를 한다 하여 많은 학부모들의 주목을 받았으나, 한편으로 여러 가지 문제점도 발견되었다. 노마와 니마[1]들의 조기 은퇴와 잦은 구성원 변동으로 전문성의 축적과 프로그램의

---

1) 어린이 캠프에 참여하는 20대 동인들로 캠프 교사격인데, '선생님' 등의 호칭 대신 '노마'라는 이름으로 불렀다. 어린이는 '또또,' 그 외 직접 반의 교사로 뛰지 않는 이들은 '니마'라 부른다.

어린이 캠프 때 조별로 동생들을 업고 깡충깡충 줄넘기를 하는 어린이들.

개발이 생각만큼 이루어지지 못했고, 이루어진 것도 캠프 지침서 등 문자화하는 작업으로 이어지지 못했다. 또 또또들 중에 캠프를 통해서 양성적 자발적인 태도를 키우고 대안을 만들어 가기보다는 야단치지 않는 어른에게 기대어 며칠 그냥 즐겁게 놀고 스트레스 푸는 곳으로만 이용하는 아이들이 적지 않다는 점, 캠프의 방식을 사회적으로 파급시킬 필요성에 비하여 운영 능력은 제한되어 있는 점 등이 주요 문제점으로 제기되었다.(어린이 캠프는 가장 많은 책임이 따르는, 그래서 가장 긴장되는 캠프이다!) 1993년 여름 제20차 캠프에서 이러한 문제들을 해결하지 않은 채로 캠프를 지속하는 것은 '또 하나의 문화적 방식'에 걸맞지 않으므로 캠프를 당분간 중단하는 것이 좋겠다는 데 의견을 같이 했다. 또또, 노마, 니마가 한데 모여 장장 8시간에 걸쳐 진지한 토론회를 가진 후에 내린 결론이었다.

어린이 캠프에 참가했던 어린이들이 이제는 중학생, 고등학생, 대학생이 되었다. 앞으로 어린이 캠프는 이에 관련된 사람들이 어떻게 움직이느냐에 따라 여러 가지 모습으로 다시 열릴 것을 기대하고 있다. 한 예로 1992년 겨울에는 어린이 캠프 출신 중학생들이 모여 '조금 다르게 살기' 캠프를 열기도 했다. 그때 모였던 중·고등학생들로 이루어진 '쪼다 모임'(조금 다르게 살기의 줄임

말)은 연극 대본을 같이 쓰기도 하고 수시로 공연 예술이나 영화 감상을 함께 가기도 하면서 만나고 있다. 제20차 '못 참아 캠프'를 끝으로 어린이 캠프가 당분간 중단된다는 결정에 자극을 받고 국6, 중1 학생들(이제는 모두 중학생이 되었음)이 한달에 한번 정도 모여 '문짝 모임'(또 하나의 문화 창작 모임 줄임말) 을 하고 있다. 이들은 지난 겨울 방학 때, 5-6세 아동반을 부모들과 운영해 보려고 구상을 하다가 자신이 없다면서 보류한 상태에 있다.

예비 대학생 캠프

우린 그 동안 너무 좁고 일률적인 생활을 했다 싶어. 자신이 계획하고 설계하기 보다는 이미 결정된 것을 따라가기만 했고, 더욱이 왜 그래야 하나? 하는 생각조 차 하지 못한 우물 안의 개구리였나봐. 난, 이 토론 캠프를 보다 넓은 생각을 할 수 있는 기초로 삼고 싶단다. …… 어찌됐든 난 새로운 자신감이 들어. 이곳에 들어왔던 그때 그 발걸음보다 지금 이곳을 떠날 때가 다된 이 시간의 발걸음이 더 무겁지만 그래도 기분이 좋은 건 새로운 나 자신을 발견하기 시작한 때문인 가 보다.
— ○○○, "두려움이 아닌 즐거운 발전의 시간,"「동인 회보」제28호, 1989년 2 월 27일, 10쪽.

자기 소개를 할 때부터 이건 뭔가 다른 모임이구나 하는 느낌을 받았다. 대학, 학과의 언급 없이 자기 자신을 소개해 보라는 것 …… 참 사소한 일 같지만 신 선한 충격이었다. 그러나 한편으론 불안하기까지 했다. 이제까지의 거의 모든 인 간 관계가 그 '대학' 또 '학과'로 미리 의식적 편견의 바탕에서 시작되지 않았 던가? 다른 '인간'들을 판단하는 데 도움될 객관적 기준을 없애는 것 같았다. 그 러나 그 생각 즉시 너무 놀랐다. 난 항상 그런 사회적 인식이 싫다고 생각해 왔는 데 …… 막상 대하고 보니 듣기만 했던 '사회화'의 위력을 실감할 수 있었다.
— 이수연, "'또 하나의 문화'에서 얻은 또 하나의 충격,"「동인 회보」제44호, 1992년 3월 16일, 4쪽.

대학 신입생들을 대상으로 고정 관념을 탈피하여 자유롭고 의미 있는 대학 생활을 보낼 수 있도록 선배들와 선생님 동인들의 강의를 듣고 토론과 놀이를 하는 대학생 토론 캠프가 87년부터 92년까지 매해 2월, 경기도 광릉의 봉선사, 수원 크리스천 아카데미 내일을 위한 집, 수안보 고사리 수련관 등지에서 열렸다.

　대학 입학이라는 정해진 목표로 달려 왔던 수험생들이 장차 대학이라는 새
로운 상황에 부딪히기 전에, 전체주의적이고 획일적인 문화에 덮여 있던 이성
과 감성을 일깨워 창의적이고 다양한 자신의 모습을 돌아볼 수 있는 기회를
가졌다. 참가자들은 강의를 듣고 토론을 하면서 자기 자신을 드러내 보이고
또 도전을 받지 않으면 안되었다. 참가자들은 이런 형태의 '골치 아픔'에 별
로 익숙하지 못해서 여러 '저항'을 하기도 하면서 서서히 스스로를 발견해 가
는 시간을 가졌다. 대학생이 된 이들은 캠프를 계기로 서로 모여 독서 토론 모
임을 가지기도 했고, 어린이 캠프 교사 노릇도 하였다. 현재 주축 성원들은 연
극 소모임의 형태로 이어지고 있다.

남성학 소모임

　이제까지 우리의 성 역할 사회화 속에서 여성이 받아온 억압에 주목해 오는 과
정에서 한편으로는 남성도 역시 기존의 남성 중심적인 가치 체계 내에서 억압받
고 있다는 인식이 높아져 온 것도 묵인할 수 없는 사실이다. 즉 고정 관념으로서
의 남성다움을 강요 받으면서 외부적으로 일에는 기능적으로 대처하고 항상 공
격적인 태도를 취하는 반면, 개인의 내적 발전 과정의 중요성 및 가치는 거부당
함으로써 남자들에게 가장 강력한 보상은 자신의 내적 발전이 아닌 타인과의 경
쟁에서 승리하는 것으로 인식되어 왔다 …… 왜 우리는 남자의 울음을 좀체로
볼 수가 없는가? 남자가 울 때 그 울음의 목적은 무엇이며 그 남성은 더 울 수
있기를 원하는가? 이러한 질문들은 지나친 감정 억압이 남성다움의 표현으로 해
석되는 사회의 고정 관념과 깊은 관계가 있다. 남성들은 자신이 정말로 어떻게
느끼고 있는가를 다른 사람이 알게 하는 것은 남성답지 못할 뿐만 아니라 자신
의 남성성이 유약함을 드러내는 것이라고 내면화시키게 된다 …… 변화의 시도
는 자신을 드러내는 노출에서부터 시작된다. 따라서 성역할의 고정 관념에서 해
방된 남성은 울 수 있는 자유뿐만 아니라 궁극적으로 필요를 느낄 때 울 수 있
도록 하는 환경의 변화를 요구하게 된다.
— 이소희, "남성, 가부장제 속의 기득권자?," 「동인 회보」 제31호, 1989년 7월
10일, 3-5쪽.

　1989년 5월부터 몇달 동안 남성의 성역할 형성 과정, 심리 구조 그리고 그와
연관된 현재의 지배 구조를 따져 보고, 1970년대에 시작된 서구 남성학 고전

들을 읽고 인간 해방의 시각에서 현대 자본주의 사회의 남성됨의 의미를 재조명해 보았다. 여기서 W. Farrel의 『해방된 남성』 The Liberated Man(New York: Random House, 1974), Marc Feigen Fasteau의 『남자란 기계』 The Mail Machine (New York: Dell Pub. Co., 1975), Michael Kaufman ed., 『가부장제를 넘어서』 Beyond Patriarchy(New York: Oxford University Press, 1987) 등을 읽고 토론하는 세미나 형식으로 진행되었다.

「우리 봇물을 트자」 시화전

'시와 그림의 만남'은 거의 1년여의 많은 만남과 공부, 서로를 탐색하기 위한 대화로 이어졌다. 말하자면 시를 쓰고 그림을 그리기 이전 단계로 "여성의 문제"를 함께 생각해 보는 논문 발표, 토론, 독후감 발표, 슬라이드 감상, 외국의 사례 공부와 아울러 상대방 매체, 즉 시인이라면 그림, 화가라면 시를 포함한 다른 예술 장르에 대한 이해를 증진시키기 위한 수많은 질문과 대답으로 그 시간을 채워 나갔다 …… 화가들의 전화 문의를 받고, 어디서도 발설해본 적이 없는 시를 쓰게 된 동기, 배경, 쓰고 난 후의 변화된 모양, 또는 내가 노린 저의, 평자들이 내렸던 못마땅한 평가에 이르기까지 시시콜콜 내 모든 것을 까뒤집었다. 혹은 그들의 화실에까지 호출(?)당해 증인 신문을 받고 시에 대한 전반적인 견해와 나의 숨기고 싶은 경험담 그리고 처음 떠올랐던 영감까지 말해 주어야만 했다 …… 화가들은 시인들의 내면을 끌어 내기 위한 교환 조건으로 자신들의 내면을 들춰 내야 했으며 아울러 화실을 공개함으로써 자신들의 심리적인 추이를 들키고야 말았다.
― 김혜순, "내면과 내면의 진솔한 이야기는 오갔으나," 「동인 회보」 제27호, 1988년 12월 27일, 6쪽.

많으면 한 달에 두 번, 적으면 한 번씩 만나서 허심 탄회한 사담으로부터 여성 해방의 여러 문제까지 토론하고 연구하는 가운데 하나의 새로운 공동체 의식이 싹트고 우정이 두터워졌는데, 사람의 삶이 좋은 만남의 광장이라고 볼 때 이 이상 더 좋은 기회가 어디 흔한 일이겠는가.
― 윤석남, "새로운 여성 해방의 영혼을 만나 ― 두번째 전시회를 기대한다," 「동인 회보」 제27호, 1988년 12월 27일, 7쪽.

여성 해방 시와 그림의 만남, 「우리 봇물을 트자」전이 1988년 11월 11일부터 24일까지 그림마당 민에서 열렸다. '또 하나의 문화' 문학인 소집단과 여성 해방에 관심을 가진 화가들이 1년여의 작업을 총결산하는 자리로 마련된 이 행사에는 강은교·고정희·김혜순 등 10여 명의 시인들의 여성 해방 시를 화가 김진숙·윤석남·정정엽 씨와 사진 작가 박영숙 씨가 형상화한 작품 30여 점이 전시되었다. 이 시들을 묶어 『하나보다 더 좋은 백의 얼굴이어라』란 시집을 펴내기도 하였다.

영상 모임

1990년부터 매주 한번씩 만나 비디오를 함께 보고 토론하는 영상 모임이 열렸다. '역사,' '사랑, 결혼, 성,' '영화로서의 영화' '일본 영화,' '문명 비판,' '환경과 인종 문제,' '사회주의 국가에서의 여성 문제,' '여성의 지위와 의미,' '다른 문화들의 감수성' 등 다양한 주제를 갖고 관련 비디오를 보았다. 회비를 걷어 새로운 비디오 테이프를 구입하고 다시 영상 모임 회원 동인들에게 대여하는 「움직이는 그림방」(비디오 도서관)을 운영하고 있다. 참고로 1992년 한해 동안 진행된 영상 모임 프로그램을 살펴보면 다음과 같다.

제1기(1992.1.3 − 2.21)
1. 성의 어제, 오늘 그리고 내일: 칼라 퍼플 / 섹스 거짓말 그리고 비디오 테이프
2. 잘못된 교육에 깨어지는 어린 꿈: 꼴찌에서 일등까지 우리반을 찾습니다 / 죽은 시인의 사회
3. 제3세계가 겪는 시련: 붉은 수수밭 / 욜 / 레들 대령 / 하누센
4. 도시 빈민들: 부룩클린으로 가는 마지막 비상구 / 옳은 일을 해라 / 살람 봄베이

제2기(1992.3.25 − 5.21)
1. 여성의 지위와 의미: 핸드 메이즈 / 피고인 / 헨리와 준
2. 다른 문화의 감수성: 담뽀뽀 / 나그네는 길에서도 쉬지 않는다 / 불을 찾아서
3. 사랑의 형태: 페니와 알렉산더 / 우묵배미의 사랑 / 거미 여인의 키스

제3기(1992.6.24 − 8.19)
1. 교육에 대하여: 닫힌 교문을 열며 / 고독한 스승 / 아이큐 제로

2. 남성 문제: 크레이머 대 크레이머 / 은행털이와 아빠와 나 / 토끼를 찾아서
3. 자매애: 델마와 루이스 / 터닝 포인트 / 줄리아 / 침묵의 질문

제4기(1992.9.30 — 12.2)
문명 비판: 폭풍 속으로 / 다크맨 / 소피의 선택 / 버디 / 광란의 사랑 / 리포맨 /
아리조나 유괴 사건 / 아이다호

이외에도 근대화, 식민주의, 사회 운동에 관련된 영화인 허공 속의 질주, 롱
워크 홈, 닥터 베튠, 파워 오브 원, 로자 룩셈부르크, 파업, 레즈 등을 보고 토
론하기도 했고, 아파트먼트 제로, 피쇼테, 저개발의 기억 같은 남미 영화를 보
기도 했다.

주부 공부방

우리들은 앞으로도 계속 취업 주부로서의 돌격만이 능사가 아니며, 전업 주부로
서도 충분히 의미 있는 삶을 이끌 수 있는, 그래서 평범한 우리 이웃의 주부들도
'또 하나의 문화'의 의식에 동참할 수 있는 그러한 공부방을 기획하기 위한 모
임을 가질 것이다 …… 옥타비오 빠스의 '불멸의 기록들'이란 시의 한 구절마냥
나는 무엇인가로 불멸했던 긴 시간들이 또 하나의 문화라는 벽에 이르러 어떤
해결 방안으로 가는 터널의 불빛을 발견한 느낌이었고 이제부터 내 미래가 시작
될 것이다. 지금까지 자아라고 믿었던 이기심을 버리고 이중성에서 벗어나 내
삶 자체에 충실하고 참 자유가 있는 미래가 말이다.
— 조인선, "새로운 미래에 눈을 뜨면서," 동인 회보 제37호, 1991년 1월 10일,
9쪽.

박혜란 동인을 주축으로 여성학을 강의하는 동인들(고석주, 추애주, 김찬
호, 조옥라, 조형, 조혜정, 윤양헌, 장필화 등)이 강사가 되어, 제1기(1990.10.16
—11.15), 제2기(1991.4.29—5.30), 제3기(1991.10.15—11.14), 제4기(1992.5.18—6.
19)가 열렸다.
'나, 여성, 그리고 역사,' '사랑, 성, 그리고 부부 관계,' '여성의 몸,' '남성
소외,' '성 역할과 교육: 아들과 딸은 다르게 길러야 하는가?,' '노인 문제의
이해,' '가사 노동과 육아,' '수다의 사회학,' '대안 문화를 찾아서' 등등의

주제로 여성의 체험을 중심으로 역사와 문화를 논의하였다. 주부 공부방 4기 출신 동인들로 이루어진 「나를 찾는 모임」에서 『주부들이 하고 싶은 이야기』 라는 소책자를 펴내기도 했다.

연극 소모임

예비 대학생 캠프 출신 동인들의 후속 모임으로 시작되었다. 1991년 가을, 동인지 제8호 출판 기념회 때 「사랑은 지구인의 약점인가」로 처음 막을 올렸다. 그 동안 연극 소모임의 문법을 탐색해 본, 「소리, 자루, 춤」(91 겨울), 연희동 사무실 집들이 공연인 「소리 잘 나는 방」(92 봄), 김보은·김진관 사건을 연극화한, 폭력과 체제에 대한 저항을 꿈꾸는 「투구에 걸린 목」(92 여름), 여성 언어와 삶을 다룬 「입 안에 아이를 잉태하지 않으면」(92 겨울), 1993년 5월에 개최된 제2회 신촌 문화 축제 때 카페에서 비트 언어와 신세대를 주제로 「머리들 1」(93 봄), 제20차 어린이 캠프 때 틀에 박힌 고등학교의 기억을 더듬는 내용의 교육 문제를 다룬 「머리들 2」(93 여름)을 공동 작업하여 공연하였다.

단골 무대는 또 하나의 문화 사무실이었다. 집들이 때나 송년회 때가 정기(?) 공연을 할 수 있는 좋은 기회가 되었고, 어린이 캠프 등 외부 행사의 지원 부대의 역할도 톡톡히 해냈다. 인간 교육 실현 학부모 연대와 교육 개혁과 자치를 위한 시민 회의 주최로 열린 '시민 교육 주권 선언 한마당'에서 「집에 다녀오겠습니다」(94 겨울)를 찬조 공연하기도 했다.

사회를 향한, 그리고 자신들을 향한 공연과 워크숍을 계속하고 있는 연극 소모임의 공동 창작물은 동인지 제9호와 이번 제10호에 실려 있다.

직장인 소모임

사무직 여성들이 중심이 되어 1기(1992.1-2)에는 전반적인 여성 문제를 읽고 토론하는 데에 역점을 두었다. 열린 사회 자율적 여성, 여성과 일, 한국 여성의 현실, 가부장 문화, 여성 해방 문학 1, 여성 해방 문학 2, 여성의 성과 성폭력, 여성의 몸과 임신, 출산이 그 주제였다. 2기(1992.3-6)에는 영화 자세히 보기 작업을 통하여 우리의 생활과 외국 문화를 새로운 눈으로 폭넓게 이해하는 데 역점을 두었다. 「섹스, 거짓말, 그리고 비디오 테이프」, 「핸드 메이즈」, 「투시」, 「은마는 오지 않는다」, 「해리가 샐리를 만났을 때」를 보았다. 3기

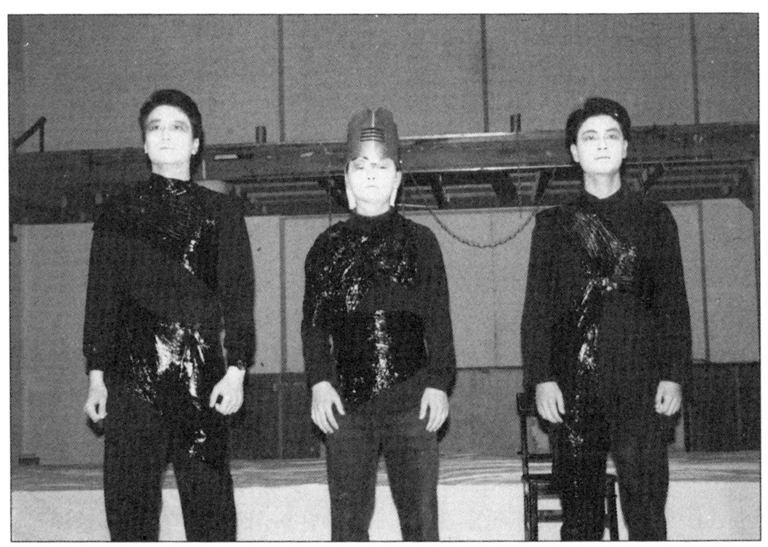

1992년 여름, 이화여대 가정관에서 연극 소모임이 '김보은·김진관 사건'을 계기로
공연한 「투구에 걸린 목」의 한 장면.

(1992.7-8)에는 '껍질 벗기'라는 제목 아래 이제까지의 자신의 삶을 객관적
으로 바라보는 작업을 중점적으로 하였다. 4기(1992.9-12)에는 유디뜨 얀베르
그의 『나는 나』, 가족법, 매스컴과 사회, 한국의 매춘, 성폭력 특별법 등 각자
흥미있는 주제를 선택하여 발제하는 형식으로 구성되었다. 이번 동인지에 이
들 소모임 성장기, 「잠깐만 기다려! 나 오줌 누고 올 동안 얘기하지 마!」가 실
려 있다.

글쓰기 소모임

1993년 새해 둘째날 30여 명의 동인들이 모여 여성주의 비디오 보기, 여성
주의 글쓰기란 무엇인가에 대해 토론을 갖고 모임을 지속해 오고 있다. 처음
에는 인원이 많아 순수 문학(소설, 방송 극본), 직장인 글쓰기 모임, 주부 글쓰
기 모임, 매체 비평 등 여러 갈래로 나누어 모임이 진행되었다. 그 중 비평 모
임에서는 『샘이 깊은 물』에 「아들과 딸 — 집안에서 더 뜨거운 그 드라마 이
야기」,『출판 저널』에 「한국 페미니즘 문학 — 그 '남자' 바꾸기와 '체제' 바

꾸기」라는 글을 쓰기도 했다. 현재는 여성적 글쓰기에 관심이 있는 10여 명의 동인들이 모여 여성주의 문학 작품을 중심으로 글 읽기와 글쓰기를 위한 토론 모임을 계속하고 있다.

둥실터

1992년 2월부터 시작된 둥실터는 50대 여성들이 주축이 되어 일주일에 두 번씩 김옥경 씨의 지도로 우리 춤의 가락과 몸짓을 배우며 몸과 마음을 푸는 모임이다. 한동작 한동작에 마음의 무게가 실려 있는 조선춤의 동작은 우리 정서와 호흡에 어울리는 운동(춤)이라고 할 수 있다. 우리 춤을 통해 여성들의 억압되었던 모습을 발견하고 있다. 꾸준히 발전해서 이제는 웬만한 우리 가락 춤 가락을 넣어서 아주 흥겹게 자신을 표현할 수 있게 되었다. 또 하나의 문화 송년회에서 춤을 선보인 적도 있고, 지역 주민을 위한 공연에도 매년 참가하고 있다.

여성 무예 모임 '몸살림판'

1993년 늦가을에 시작한 소모임으로, 일주일에 한번씩 모여 연극 배우이자 전통 무예가인 이영란 씨의 지도로, 수벽 치기, 택견, 기천 등의 전통 무예 기법과 그 외 상호 교감을 바탕으로 하는 신체 연기 훈련을 통해 여성적 무예를 익히고 다듬어 간다. 여성적 무예란 움직임의 질과 흐름을 여성의 감각으로 새롭게 잡아 내는 무예를 말한다. 여성의 힘을 자각하고 이를 다듬어 새 시대를 잉태하고 키워 내는 힘으로 작용하게 하는 몸으로부터 시작하는 건강한 인간 회복의 길이다.

다리가 후들후들한 사람, 허리통이 굵은 사람으로부터 마음의 결을 바로하고 사고의 폭을 넓히려는 사람, 여성 무예의 전통을 세우고 이를 계승하려는 야심을 가진 사람에 이르기까지 다양한 동기에서 모여든 사람이지만 몸에 정성을 들이고 싶어하고 또 들일 줄 아는 면에서 공통점을 지닌다. 사람마다 몸놀림이 어찌 그리 다 다른지! 말없는 분위기 속에서 느껴지는 자매애가 얼마나 든든한지! 우리로 하여금 매주 목요일이면 또문으로 와서 비지땀을 흘리게 하는 이유는 이밖에도 많다.

통일된 땅에서 더불어 사는 연습

반세기 가까이 서로 격리된 채로 각기 다른 체제와 문화 속에서 살아온 남쪽 사람들과 북쪽 사람들이 '정상적'으로 만날 수 있기 위해 북쪽의 문화, 언어, 습관, 사고 방식, 행동 양식 등을 이해하고 서로 진정으로 의사 소통을 하는 방법을 익히는 공부를 하는 모임으로 1994년 3월에 시작되었다. 격주로 석 달간 진행된 1부에서는 외부에서 강사를 초빙하여 이야기를 듣고 토론하는 방식으로 진행되었고, 그 후 진행되고 있는 2부에서는 남북한 사람들의 만남이나 서로에 대한 해석이 담긴 여행기, 소설, 인터뷰 기사 등 텍스트 분석, 그 외에도 북한 영화 관람, 북쪽에서 온 사람들과의 인터뷰 등을 하고 있다. 이 소모임에서 공부하여 익힌 것들을 다른 사람들이 공유할 수 있도록 자료를 만드는 작업을 같이 하며, 또한 북쪽 사람들이 남쪽 사람들과 만나는 연습을 도울 방법도 모색하고 있다.

편집 모임

동인지 주제에 따라 편집 모임이 구성되는데 기획안을 내놓은 동인이 주축이 되어 편집진이 구성된다. 동인들이 주요 글쓴이가 되며, 필요한 경우 외부에 원고를 청탁하기도 한다. 그런데 동인의 글이든 외부에 청탁한 원고이든 간에 여러 차례에 걸친 편집 회의 과정에서 여러 번 칼질(?)을 기꺼이 감수하지 않으면 안된다. 이 과정에서 외부 사람들이 자연스럽게 동인이 되는 이들이 있는가 하면 반대로 또 하나의 문화에 반감을 갖는 이들도 없지 않다. 동인지는 철저한 공동 작업 속에서 만들어지는 책인 셈이다. 1984년 창립된 이래 출판 문화 운동을 기치로 내걸고 부정기적이지만 매해 꾸준히 동인지를 펴내 왔다. 평민사와 청하 출판사의 도움으로 동인지 제5호까지 펴냈고, 제6호『주부, 그 막힘과 트임』이래 자체적으로 출판(1987년 12월 29일 도서출판 또 하나의 문화로 출판 등록)해 오고 있으며, 현재는 동인지 뿐만 아니라 단행본을 펴내고 있기도 하다. 이에 관한 내력이 동인지 제10호에「세상은 변하지 않았다, 무엇을 할 것인가 — 여성주의자들의 책 만들기 운동과 나」라는 글로 실려 있다.

운영

운영 모임

또 하나의 문화의 주요 운영 사안은 매주 한번 오전 7시 반에 열리는 조찬 모임에서 토의되고 결정된다. 아침 시간을 내기 어려운 동인들을 고려해 매달 넷째주 금요일 저녁 7시에는 월례 운영 모임을 갖는다. 소모임들의 활동 소식들을 나누기도 하고 새로운 기획을 제안하는 사람들의 발언대가 마련되기도 하며, 전반적인 운영을 결정하는 중요한 모임이다.

살림살이

동인들이 각자의 형편껏 추렴해 마련한 300만 원으로 서대문 로터리에 있는 산부인과 입원실(지금의 한국 기독교 사회 문제 연구원 건물)을 세 냈다. 편집 회의를 하다가 누군가 급한 볼 일이라도 생기면 앉아 있던 사람들 모두가 일어나 자리를 비켜 주어야만 할 정도의 좁은 공간(3평 남짓)에서 5명의 자원 간사가 하루씩 돌아가며 사무실을 꾸려나갔다. 그 후 이사를 몇 번 거듭하면서 사무실 공간을 조금씩 넓혀 갔고 그에 비례하여 들락거리는 동인들의 수도 늘어났다. 그 동안 사무실을 옮기면서 질 나쁜 임대자를 만나 약간의 보증금을 떼이기도 하고, 6층에 있는 사무실을 오르내리느라 동인들의 다리가 굵어지기도 했다. 그 와중에 여러 동인들이 '대동계' ─ 동인 가운데 '계'를 해본 적이 있는 사람이 없어 계주를 자청한 동인이 거의 2년 동안 독촉 전화를 하느라 애를 먹었다 ─ 를 하여 출판사의 자본금을 마련하기도 했다.

조명덕 동인이 1년 동안 30평 정도의 사무실을 무료로 쓰게 해준 덕분에 살림살이도 늘고, 소모임 활동도 활발해졌다. 1년 뒤 자립을 하기로 마음 먹은 시점에는 최소한 30평 정도의 공간을 유지할 필요가 있었다. 전세금과 운영 자금을 마련하기 위해 많은 동인들이 몸을 아끼지 않았다. 주부 동인들과 어린이 동인들은 송년회 때 바자회를 열어 수익금을 기금으로 내고, 대학에서 강의를 하던 몇몇 동인들은 라디오 교육 방송의 겨울 방학 독서 토론 프로그램을 맡아 거기서 받은 출연료를 모두 이사 기금에 보탰다. 그리하여 보증금 1,500만 원, 월세 60만 원의 연희동 사무실로 이사를 했다. 한편 몇몇 동인들이 개인적으로 대출을 받는 등 자금을 마련하여 오피스텔을 공동으로 구입하였는데, 거기서 나오는 월 임대 수입을 기증하여 현재 사무실 임대료의 일부를 충당하고 있고, 동인지 인세, 동인회비, 사무실을 이용하는 출판사, 동인 그리고 비동인들의 장소 사용료가 또 하나의 문화의 살림을 꾸려 가는 주요 물질적 기반이다.

잔치

또 하나의 문화에서는 되도록이면 많은 동인들이 한자리에 모일 수 있는 기회를 일년에 몇 차례 갖고 있는데, 그 형식은 동인 캠프가 되기도 하고, 동인지 출판 기념회가 되기도 하고 해를 보내는 모임이 되기도 한다.

동인 캠프는 어린이부터 어른까지 모든 동인들이 교외에서 자연과 더불어 며칠을 같이 지내는 식으로 이루어지는데 그곳에서 동인들간에 만남, 집중적 소모임 활동, 편집 회의 등 여러 가지 작업이 동시에 진행된다. 많은 경우 창조적 동인들에 의한 연극 등이 올려지기도 한다. 일과 놀이가 함께 어울러지는 이상적 공간, 축제적 시간을 살아 보는 때라고 할까.

격론을 거쳐 만들어진 동인지 출판 기념회 또한 우리 나름의 운동 방식을 펴나가는 장이다. 굿, 퍼포먼스, 연극 등 여러 형태의 공연 예술이 펼쳐진다.

매해 12월 말에 갖는 해를 보내는 모임은 정기 총회를 겸하고 있기도 하다. 각자 갖고온 음식들을 나누며, 총회를 연 뒤, 문짝 모임 또는 연극 소모임의 공연을 관람하고 노래 자랑, 여성 무예 시범이 이루어지기도 한다. 마지막 횡설수설 마당에서는 온갖 이야기들이 터져 나온다.

연계 모임들

지금까지 열거한 여러 소모임 말고도 긴급한 사안에 따라 한시적으로 모임을 구성하기도 하고 필요에 따라 다른 단체들 또는 해당 분야 전문가들과 협력하여 작업을 하기도 했다.

• 「정보화 사회와 문화 모임」

한국 사회가 정보화 사회에 급속하게 들어가고 있으며, 앞으로의 사회는 정보의 통제력이 심각해질 텐데, 그 통제력이 일부 계층에 의해 좌지 우지되는 현실이 도래할 가능성을 사회 과학자들이 인식할 필요가 있다는 데서 이 모임을 시작했다. 1990년 한해 동안 매달 한 번 모임을 갖고 정보화 산업의 현장에서 일하는 전문가, 정보화 사회를 추진하고 있는 행정가들의 강연을 듣고, 관련 비디오를 보고 토론하며 공부하는 모임을 가졌다. 정보화 사회에 대한 소감, 정보화 사회에 대한 콩트, 현장 조사록 등 여러 형태의 글을 담은 「정보화 사회와 문화 모임 보고서」란 자료집이 나오기도 했다.

• 「공동육아 연구회」

우리 사회에서 영유아 보육법 제정에 대한 논의가 무성하던 1990년 8월, 「탁아 제도와 미래의 어린이 양육을 걱정하는 모임」이 결성되어 새로 만들어지는 영유아 보육법에 대한 걱정을 알리는 토론회를 열고, 『우리 아이들의 육아 현실과 미래』(한울, 1991)라는 공동육아 제도의 전망을 알리는 책을 펴냈다. 그 후 국회에서 많은 문제 법안과 함께 무더기로 처리되는 과정을 거쳐 제정된 영유아 보육법은 계층 차별적인 보육 정책과 사회적 육아의 영리화 / 관료화의 문제가 근간을 이루는 제도적 틀로 자리잡았다. 더 이상 걱정만 하고 있을 수 없다는 뜻에서 긴 이름의 걱정 모임은 「공동육아 연구회」로 독립하여 구체적인 공동육아의 터전을 만드는 작업을 하고 있다. 그 구체적 성과가 부정기 간행물로 정리되어 출판되고 있다. 『함께 크는 우리 아이』(도서출판 또 하나의 문화, 1994)는 그 첫번째 책이며, 공동육아 연구회는 올 9월 3일에 신촌 지역 공동육아 협동 조합이 운영하는 어린이집의 개원식을 갖었다.

● 문화 / 권력 모임

3년째 되는 모임으로 「또 하나의 문화」 동인이 대부분이지만 아닌 이들도 참여하고 있다. 주로 대학 선생들로서, 글을 쓰는 데 시간을 많이 보내는 사람들이다. 무엇인가 성과를 내야 한다는 생각을 극히 싫어하면서 개인적으로는 많은 성과를 내는 편의 사람들인데, '문화'에 대한 새로운 이해가 필요하다는 데 동의해서 한 달에 한 번 또 하나의 문화 사무실에 몰려 든다. 공부하러 모인다. 실은 놀러 온다고들 생각하고 온다.

혼자 공부하기 어려운 학자나 주제 — 예를 들면 보들리야르, 벤야민, 타우씩과 같은 해독이 어려운 학자나, 페미니즘과 영상 매체, 니혼진론, 도시 디자인 등 우리들이 무지한 주제 — 에 대해서 발제자를 초대해서 토론하거나 그냥 주제를 정해서 집중 토론을 하기도 한다. 발제자가 준비해온 원고대로 발제를 끝내기 어려울 정도로 질문이 많고 동상 이몽적 해석이 난무해서 토론은 주로 이견이 어디까지 갈 수 있는지를 보는 것에서 끝난다. 삶에 대한 이야기, 그 이야기에 대한 이야기, 이야기가 만들어지는 과정과 그 생산 유포 과정에 개입된 권력들, 그것을 알고 싶어하는 우리 자신들의 욕망을 종종 들여다본다.

계획을 세워 일하기를 싫어하고, 창조적 오독을 심하게 하는 버릇들이 있어서 얼마 전부터 책을 내볼까 생각은 하면서 합의를 보지 못하고 있다. 한번은 용기를 내어 좌담회를 했는데 녹음이 되지 않아 다시 하려다가 실패했다. 한 번 한 것은 두 번 다시 하지 못하는 환자들이었다. 병원 현장 기술지를 통해 한국 사회를 드러내 보자는 이야기에서부터 '죽음'에 대한 이야기를 해보자든가, 모두가 여행을 좋아하니 여행 가이드북을 펴내자든가, 기행문을 통해서 하고 싶은 이야기들을 하자든가, 문체와 디자인에 대해 아주 새로운 논의를 띄워 보자는 이야기들이 오갔지만 언제 책이 나올지는 아무도 모른다. 영영 안 나올지도 모른다.

초창기에는 착실한 간사가 있었는데, 독일로 유학을 갔고, 그 이후엔 간사도 없고 연락 담당자도 없이 꾸려간다. 그래도 때가 되면 다 모이고 출석율이 매우 높은 모임이다. 각자 와서 열심히들 자기 먹고 싶은 것만 먹고 간다. 그래도 늘 먹을 것이 있으니 온다. 모두가 풀어 놓는 이야기들이 그 자리에서 요리가 된다. 뒤풀이에 가면 카페나 영화에 대해 이야기한다. 저녁에 모여 신선한 요리를 하고 함께 먹을 수 있는 저녁 식사 공동체에 대해서, 그리고 자신이 만들 영화 장면들에 대해서 이야기한다. 역시 영영 실현되지 않을지도 모르는 공상적 이야기들이 많다. 공부 모임보다 실은 영화나 예술 공연을 보려고 만날 때가 더 많다. 일 년에 한두 번 산속 / 바닷가를 찾아들어 각자가 만들어낸 국적 불명의 일품 요리와 창작 놀이도 즐긴다. 아침에 눈을 뜨면 "또 어떻게 하루를 지내나?" 한숨부터 나온다는 허무주의자가 있고, 또 그 병에 감염된 사람들이 대부분이어서 일부러 열심히 즐거워지려고 더 노력하는 것인데, 그런 분석을 하는 것도 사실상 싫어한다. 편집증 환자를 미워하고 정신 분열증 환자를 동정한다. 아니, 그들과 동일시하려는 경향이 있다. 그러나 이 모임에 온다고 해서 다 그렇지는 않다. 모임이라는 것을 체질적으로 싫어하는 이들이 모였다.

연대 활동

1985년 4월 '여성 25세 결혼 퇴직제'와 '주부 가사 노동 가치 4천 원'을 정당화시킨 사법부의 전근대적인 판결의 부당성을 지적하면서 5개 여성 단체들과 연대하여 항소심에서 남녀 차별의 부당성이 시정된 판례를 남기는 것을 목표로 「25세 여성 조기 정년제 철폐를 위한 여성 단체 연합회」를 구성하였다. 3차에 걸친 연속 토론회를 마련하고 여성 취업 의식 조사, 여성 노동 현실 사례, 직업 의식, 조기 정년제의 부당성 등의 실증적 자료를 제시하였고, 우리나라에서는 처음으로 가사 노동의 경제적 가치를 조사 연구한 보고서가 발표되어 가사 노동에 대한 화폐 가치 환산에 대해 새로운 인식을 갖는 데 기여하였다. 이러한 활동에 힘입어 1986년 3월 14일 항소심에서 '조기 정년제 무효'라는 승소 판결을 받아 내기도 하였다. 이때의 자료들은 「25세 여성 조기 정년제 철폐를 위한 여성 단체 연합회 활동 보고서」란 자료집으로 나왔다.

이후 새로운 여성 운동의 연대적 결성을 위해 한국여성단체연합(여연)에 가입하여 회원 단체로서 가족법 개정을 위한 연대 모임 주최로 열린 국회 의사당 앞 가두 시위를 비롯, 여러 공동 행사에 참여하였다. 그런 과정에서 회의 진행 방식, 1987년 대통령 선거 때 제도 정치권에 개입하는 성향의 차이 등을 놓고 논의를 거듭한 끝에, 1990년 3월부터는 남녀 동인 모임으로서 일하는 방식이 여연과는 좀 다른 또 하나의 문화는 참관 단체가 되어 조직적 부담을 줄임과 아울러 사안 별로 여연과 힘을 합치기로 했다.

1990년 10월 17일에는 한국 교회 여성 연합회와 여연 등이 정신대와 관련하여 일본 정부의 공식 사과, 위령비 건립 및 유족과 생존자에 대한 보상, 그리고 일본의 역사 교육에 정신대에 대한 정확한 기술을 포함할 것을 요구하는,

일본 총리 대신에게 보내는 공개 서한에 서명했다. 1992년 신촌 지역 '지구의 날' 행사 때는 창작 캠프 팀이 어린이 전문 서점 「초방」에서 환경 문제를 다룬 연극 「신별주부전」을 공연하여 환경 문제의 심각성을 어린이들과 어른들에게 일깨우는 기회를 갖기도 했다. 또한 1993년 9월 23일 기독교 회관에서 여연 성폭력 특별법 제정 추진 특별 위원회 주관으로 열린 '성폭력 추방과 올바른 성폭력 특별법 제정을 위한 공동 결의 대회'에 공동 주최 단체로 참여하기도 하였다. ■

따로, 또 같이 하는 사회 운동

참석자: 김은실, 김효선, 김희옥, 송도영, 송제숙, 안희옥, 유승희
전정환, 전해원, 조형, 최현희, 호용수
사회: 정진경   정리: 유승희
때: 1993년 12월 5일 (일) 10:00 – 14:00

정진경 •

또 하나의 문화가 활동을 시작한 지도 어느덧 10년이 되었습니다. 지난 10년
간의 활동을 되돌아 보고 앞으로의 방향을 모색해 보기 위해 이 자리에 모였
습니다. 사회 운동의 확산기라고 불리울 만한 80년대를 거쳐 오면서 또 하나
의 문화는 그간 어떤 생각 속에서 어떤 종류의 운동을 진행시켜 왔는지 짚어
보도록 하겠습니다. 먼저 또 하나의 문화가 어떤 목표와 어떤 운동 개념을 갖

---

*　　김은실은 1957년생으로 여러 대학에서 여성학과 의료 인류학을 가르치고 있고,
　　김효선은 1961년생으로 『여성신문』에서 편집부장으로 일하고 있으며, 김희옥은
　　1966년생으로 이화여대에서 철학을 공부하고 있다. 송도영은 1962년생으로 문화
　　인류학을 가르치고 있으며 북아프리카 연구에 관심이 많고, 송제숙은 1969년생으
　　로 미국에서 인류학을 공부하고 있으며, 안희옥은 1954년생으로 십오 년간 책을
　　만들어 왔는데 현재는 도서출판 또 하나의 문화에서 일하고 있다. 유승희는 1961
　　년생으로 도서출판 또 하나의 문화에서 일하고 있고, 전정환은 1971년생으로 전
　　산을 전공하고 있으며 연극에 관심에 많다. 전해원은 1980년생으로 중학교에 다
　　니며 환경 문제를 심각하게 고민하고 있으며, 조형은 1943년생으로 이화여대에서
　　사회학을 가르치고 있고 최현희는 1966년생으로 대학원에서 국문학을 전공하고
　　있으며 장차 희곡 작가가 되려는 꿈을 갖고 있다. 호용수는 1961년생으로 어린이
　　들을 꽤나 좋아하여 교육 대학원을 다니면서 교사가 되려는 준비를 하고 있다.
　　사회자 정진경은 1954년생으로 충북대에서 심리학을 가르치고 있다.

고 활동해 왔는가를 얘기해 보면 좋겠습니다. 그 다음으로는 또 하나의 문화 동인들이 그간 힘을 합해 진행시켜 온 프로그램들에는 어떤 것들이 있었는지, 그것들을 어떤 생각에서 시작했고 성과는 어떠했는지, 그리고 앞으로 어떤 방향과 방식으로 운동을 해나갈 것인가에 대해 이야기해 보도록 하지요.

획일적 문화, 권위주의와 여성 운동

안희옥 ·

저는 지난 10년 동안 또 하나의 문화(이하 또문)의 활동을 안팎에서 지켜 보았습니다. 주로 학계에 있던 동인들이 여성 운동의 필요성을 느껴 모였다고 볼 수 있습니다. 80년대 당시 주류를 이루었던 조직 중심의 기존 운동과는 달리 구체적이고 일상적인 데서 변화를 찾으려 했다는 것은 우리가 다 알고 있는 바지요. 지금의 40대 주축 동인들이 곧바로 문화 운동 내지 여성 운동을 해야겠다고 해서 모였던 편이라면, 지금의 30대 중에는 그런 이들도 있지만, 기존 운동권이 억압적이라고 느꼈기 때문에 새로운 방식의 운동을 해야 한다고 생각해서 또문에 참여했던 이들이 많은 것 같습니다. 기본적으로 사회가 변해야 한다는 데 동의하고 있었고 사회 운동의 방식으로 구체성과 자발성을 지녀야 한다는 기본 원칙이 있었다고 생각합니다. 기존의 운동 방식에는 저항적이었죠.

조형 ·

기존의 운동 방식을 반대하기 위해서 모인 것은 아니었습니다. 처음에 여성 문제에 관심을 가졌던 사람들이 모였던 것은 확실한데 여성 문제를 좀더 큰 틀에 넣고 보았습니다. 1호 좌담을 보면, 또문이 무엇을 지향하느냐에 대한 이야기가 나오는데 권위주의, 획일성에 대한 반대로 우리가 또문 운동을 시작한다고 말하고 있지요. 우리 사회 전반에 걸쳐 모든 사람들을 억압하고 있는 구조, 특히 여성들을 옭아매고 있는 어떤 틀을 깨고자 한 것입니다. 운동 방식에 대한 논의가 나온 것은 제도 정치권은 물론이고 사회 운동권조차도 흑백 논리 · 획일화 · 권위주의의 틀에서 벗어나지 못하고 있다는 문제 의식에서였습니다. 전체 사회 운동이 나름의 이유를 갖고 있다고 보았다는 점에서 기존의 사회 운동 전체를 부정하는 것은 아니지만 운동 방식에 있어서도 좀더 민주적이고 공동체적으로 할 수는 없을까 하고 생각하는 사람들이 모였다고 할 수 있습니다. 자율적이고 독립적인 사람들이 같이 일할 수 있는 사회를 이루면 좋겠는데, 여성들이 자율적인 인간이 되는 기회가 더 박탈되어 있는 현실 여건 속에서 여성 문제를 주요 이슈로 들고 나온 것이지요. 그렇다고 해서 남성들이나 사회 운동을 전적으로 배제하지는 않았습니다. 연대 가능한 세력으로서의 여지를 남겨 놓았지요.

김은실ㆍ

당시 또문의 젊은 세대는 또문이 여성 문제를 제기하는 운동 집단으로 이해하고 있었습니다.

조형ㆍ

구태여 대비를 해본다면 기존의 운동이 계급 일변도로 나갔다고 한다면 또문은 여성 문제를 들고 나왔고, 권위적이고 비민주적인 요소를 벗어 버리지 못한 기성 운동권에 대해 쭉 거리를 두어 왔습니다. 여성 운동의 독자성을 강조했다고 할 수 있겠죠. 사실상 지식인 중심, 지도자 중심의 운동을 하면서, 기층을 운동의 주체로 내세우는 기존 운동의 모순적 현상을 보면서 문제 의식을 스스로 느끼는 사람들이 자기를 변화시키는 운동이 우선되어야 한다고 생각한 것이지요.

김은실ㆍ

지식인들의 실천 행위는 주로 쓰는 행위를 통해 이루어지는데, 또문이 글쓰기를 강조한다는 것에 부담을 느껴 많은 사람들이 떨어져 나가기도 했다고 생각합니다. 그 때문에 '잘난' 여자들이 하는 운동이라는 비판을 듣기도 했죠.

송도영ㆍ

운동의 목적, 대상이 생활하는 자신이고, 자기 문제를 볼 줄 알아야 했으므로, 일차적으로 자기 성찰적인 '잘난 사람'이 할 수밖에 없었지 않았나 생각합니다. 기존의 운동은 지식인들이 주체가 되어 지식인이 아닌 사람들을 계몽시키는 운동이면서도 외향적인 조직을 만들어 가는 데만 치중한 경향이 있습니다. 그런데 우리는 운동을 밖으로 확산시키기 위해서는 우선 자기 내부를 통과해 나가야 된다는 생각이었지요. 운동의 에너지가 일차적으로 투입되어야 하는 부분은 자기 자신의 일상성 부분입니다. 자기가 바로 서고 그것을 바탕으로 계몽적이거나 교육적인 형태로 운동을 확산시켜 나가는 방식이 또문이 지향했던 거라고 할 수 있겠습니다. 또문의 운동 방식에 동의하는 사람은 바깥에 나가 떠들기 전에 자신의 생활을 먼저 바꾸어 나가야 하는 것이지요. 세포 분열 방식을 취한다고도 표현할 수 있겠습니다.

사회 운동은 이렇게 할 수도 있다.

정진경 ·

또문은 여성 문제를 계급 문제에 국한지어서 하기보다는 좀더 폭넓은 사회 문제로 인식하고 그러한 인식을 바탕으로 운동을 해나가겠다는 목표를 가졌었고 그러한 목표를 추구함에 있어 자발성을 강조하였다는 데 특징이 있다고 할 수 있겠습니다. 자기 문제를 스스로 느끼고, 느낀 만큼 행동하고 실천하는 모임이라는 것이지요. 한가지 덧붙이자면 기존의 사회 운동 하면 민주화 운동 및 기타 운동을 포함해서 운동권과 비운동권이 확실하게 구분이 되었습니다. 80년대 당시는 운동에만 백 퍼센트 전념하지 않으면 감히 운동권에 명함도 내밀지 못하던 시절이었죠. 그런 상황에서 자기가 낼 수 있는 정도의 열성과 시간 만큼 참여하면서도 뭔가 하고 있다는 느낌, 그 안에서 변화하고 있다는 느낌을 또문 활동을 하면서 가질 수 있었다는 것이 또문 운동의 특징이라고 할 수 있겠습니다. 다시 말하면 지치지 않을 만큼 운동을 하자는 것이지요. 이러한 초창기의 또문 운동의 목표와 방식에 대해서 당혹해한 사람은 없었나요. 이것도 운동이냐는 식으로 말이죠.

김효선 ·

84년 또문이 창립될 때 대학을 졸업한 저는 대학 내의 이분법적인 문화에 무척 지쳐 있었습니다. 고등학교 때 획일적인 교육에 대한 스트레스를 무척 많이 받았던 저는 대학가는 목표를 '이 지긋지긋한 사회를 바꾸는 사람이 되기 위해'라고 마음 속에 새기고 있었습니다. 자연히 무언가 새로움을 말하는 쪽으로 관심이 쏠렸습니다. 당시의 대학 문화는 제도권과 운동권으로 이분화되어 있었는데 그 둘 중에서 선택해야 한다면 운동권이 더 정의롭다고 생각했던 것 같아요. 학점이나 잘 따고 자기 장래나 잘 챙기는 것이 제도권의 전부라고 생각했던 제가 운동권을 선호했던 건 당연했어요. 그런데 문제는 운동권 문화에 적응하는 데도 실패했다는 데 있었습니다.

　운동권 투사의 삶이 그 시대에 가장 올바른 삶이라고 생각하고 있었던 저는 그 조직의 일원이 되지 못했다는 게 무척 부끄럽고 절망스러웠습니다. 결국 대학을 졸업할 무렵 저는 이도저도 아닌 80년대 초반을 대표하는 '표류하는 인생'이 돼 있었습니다. 다시 새로운 시작이 필요했는데 그때 만난 것이 또 하나의 문화였습니다. 대학 4년을 돌아보고 반성하면서 다시 생각을 정리한 결과가 '자기가 하고 싶고 자기가 가장 잘할 수 있는 일'을 통해서 사회와 만나야 한다는 것이었어요. 나의 경우, 글쓰기를 통해 여성 문제를 밝혀 보는 일이 그런 조건에 해당된다고 생각했어요. 또 하나의 문화에 '참여'한다기보다 '배운다', 또 '일을 한다'는 생각으로 모임에 나왔어요. 창립 동인들과 나이 차이도 나고 학교에서는 주로 스승들이기도 한 탓도 있었지만 그때 나한테는 좀더 새로운 생각과 논리와 말들이 무척 필요했기 때문에 열심히 주워듣고 일하는 입장에 서게 됐던 것 같습니다.

또문이 사무실 없이 이집저집을 전전하고 서대문 박산부인과에 3백만 원짜리 전세방, 6층 꼭대기 사무실 등 허름하고 누추한 사무실에서 간사를 지냈던, 초창기 멤버 중의 하나로 일했습니다. 허순희, 김미경이 팀웍을 이뤄 함께 일하면서 대학원을 졸업한 이후에도 뭔가 일을 같이 하자는 얘기도 자주 했습니다. 20대 후반이었던 우리들은 자기 생활 기반을 해결하지 못했기 때문에 홀로 서는 기반을 마련하는 데에 더 긴 시간을 보내야 했습니다. 그것은 또문 외부에서 찾아야 했어요.

지금도 그 과정의 연속이라고 할 수 있어요. 결혼하고 애 낳고, 경력을 쌓고 하는 생활 기반을 마련하는 일에 열중하고 있는 기간입니다. 한 명은 미국에서 교육학을 전공중이고 한 명은 일간지 기자로, 또 한 명은「여성신문」기자로 각각 흩어져 지금은 일 년에 몇 번 얼굴 보기도 힘든 상태입니다. 우리를 보더라도 사회 운동적인 활동이나 네트워크 형성은 각자의 기반이 어느 정도 단단해야 성립될 수 있다는 것을 알게 될 겁니다. 지금 우리는 장차 할 일에 대해서 본격적으로 거론하지 못하는 상황이지만 20대의 약속이 헛됐다고는 생각지 않습니다. 언젠가 우리가 사업을 벌이고자 할 때 가장 먼저 찾을 수 있는 '사람'들이 바로 그 친구들일 테고 그 동안 서로 다른 장에서 쌓은 경험은 귀중한 자원이 될 것이 틀림없을 테니까 말입니다.

호용수·

저도 또문에 참여하면서 이런 것도 운동이 될 수 있겠구나 하는 것을 알게 되었습니다. 그런데 이런 방식의 운동이 사실은 더 많은 힘을 필요로 하는 것은 아닌가 하는 생각을 자주 했습니다. 제 경우만 하더라도 글로 써내는 일을 할 만큼 여유가 없었습니다. 더군다나 생활을 통해서 실천한다는 것은, 남들과 목표와 의식을 공유하고 학교나 거리에서 구호를 외치고 같이 뛰는 것보다 더 어려운 일이었습니다. 어렸을 때부터 내재화된 생활 습관이나 감성을 하나하나 바꾸어 나가야 하는 것이기 때문입니다. 자신이 바로 서야 하는 운동이기 때문에 잘난 사람들이나 하는 운동이라는 얘기가 나올 수도 있었습니다. 제가 참여했던 어린이 캠프 교사 모임에서도 이런 고민들을 많이 했습니다.

송도영 ·

자기 내부가 바로 운동의 현장인 셈입니다. 자기를 완전히 드러내야 하는 운동이지요. 그렇다고 해서 그 자체가 완결되었다는 의미는 전혀 아닙니다. 일정 기간 시간을 정해 놓고, 밖을 향해서 하는 운동은 차라리 쉽다고 봅니다. 자기 내부가 아니라 바깥을 향해 외쳐대는 식의, 젊은 시절 몇 년간만 하고 지나가는 통과 의례 같은 운동이 아니라 죽을 때까지 하는 운동이 되어야 한다는 것입니다. 운동을 하면서 소외를 느끼지 않아야 된다고 할까요.

안희옥 ·

그런 의미에서 본다면 당시 또문 운동에 참여했던 20대들은 상대적으로 홀로서기를 한창 하여야 했을 시절이므로 더욱 힘들었을 거라는 생각이 듭니다.

조형 ·

몇 년 동안 통과 의례식으로 운동하는 습관에서 벗어나 일생 동안 내내 자기 생활을 바꾸어 나가는 식으로 운동을 해야 한다는 것이지요. 훈련을 받아 본 적이 없는 상태에서 새로이 운동을 시작한다는 것은 쉽지 않은 일이지요.

김희옥 ·

어떤 사람들에게는 '운동'이라는 게 잘못된 문제를 해결하면 되는 것이지 자기 삶을 변화시켜야 한다는 것은 아닐 수도 있습니다. 운동 개념이 전혀 다를 수 있는 거지요. 저는 영상 모임을 통해 또문에 들어왔는데 최근까지도 또문이 운동 단체라는 생각을 하지 않았습니다. 운동 단체라고 생각을 하지 않았기 때문에 또문에 쉽게 들어올 수 있었다고 말할 수도 있습니다. 가두 투쟁, 동맹 휴업을 하던 시절에 학교를 다닌 저로서는 또문의 활동이 운동으로 연상되지 않았습니다. 사실 기존 동인들로부터 또문이 운동을 한다는 얘기를 들은 적도 없습니다. 만약 학교 다닐 때 이 단체를 알게 되었다면 동인이 되지 않았을 것 같아요. 삶의 문제를 운동과 별개로 생각해 오던 제가 또문 활동을 하면서 제 삶이 어떻게 사회성을 획득할 수 있을까 하는 문제를 생각해 보기 시작했습니다. '운동' 개념이 확장되기 시작했던 것이지요. 제 상황을 미루어 보건대 처음부터 운동 단체라고 생각하고 들어왔다면 기존의 운동권에서 도피한 것밖에는 되지 않았을 것입니다.

김은실 ·

김희옥 씨하고 조금 다른 시기에 학교를 다니긴 했지만 그 당시에도 또문에 들어온 사람이 똑같은 생각을 가지고 들어왔던 것은 아니라고 봅니다. 각자의

위치에 따라 생각이 좀 달랐다고 생각합니다. 좀더 강력한 이슈를 원한 사람
도 있었어요. 이슈를 확산시키려는 방식이 서로 달랐고 자원도 달랐습니다.
교수나 문인들은 글을 써서 운동을 할 수 있었으나 학생들은 글로 쓸 수 있는
자원이 약했기 때문에 다른 방식으로 운동을 전개해야 하겠다는 등의 갈등이
있었습니다.

송도영·

그 사이에 떨어져 나간 동인들도 많았고 저 같은 경우는 또문과 긴장 관계를
유지하면서 여태까지 오고 있습니다. 이제까지 또문 운동의 장점을 이야기했
는데 제가 개인적으로 괴로와 했던 점을 말해 보겠습니다. 당시 상황을 볼 때
도피하면서 변명을 할 수 있는 정당화의 기구로 비추어졌고 또 어떤 면에서는
너무 순진하다는 느낌도 있었습니다. 자기의 존재를 인정하고 들어가는 점은
일반 사회 운동에서도 없다고 할 수는 없거든요. 또문의 운동은 사실 각자의
경험과 시선에 따라 이렇게도 해석될 수 있고 저렇게도 해석될 수 있는 여지
가 많았습니다. 그렇기 때문에 긴장 관계가 계속 유지되어 왔고 이러저러한
갈등도 있었습니다.

김은실·

사실 처음에 또문이 지닌 모호함, 당시 언어로는 분명하게 규정되지 않은 요
소 때문에 누구나 또문에 들어올 수 있었던 것이 사실입니다. 시간이 지나면
서 솎아져 나갔다고나 할까요. 다시 말해 자기 이해가 충족되지 않은 사람들
은 자연스럽게 떨어져 나갔다고 할 수 있습니다.

조형·

언제인지 정확히 기억이 나지는 않지만 또문에는 깍뚜기들이 모였다는 얘기
를 한 적이 있습니다. 깍뚜기란 어느 편에 들지 않고 들지 못하는 사람들을 가
리키는 말이었습니다. 그러니까 지금 얘기하는 것처럼 그야말로 비겁해서 들
어온 사람도 있을 것이고 기존 운동이 마음에 들지 않아 들어온 사람들도 있
었을 겁니다. 이러 저러한 사람들, 굉장히 다양한 사람들이 모여 따로따로 놀
았다고 할 수 있습니다. 모임의 성격 자체가 서로를 챙겨준다거나 정으로 뭉
쳐 끈적끈적하다거나 하지 못하기 때문에 또문 자체가 깍뚜기들을 담은 접시
에 비유될 수 있겠습니다. 좋게 이야기하면 자율적이고 개성이 있는 사람들의
모임이라 할 수 있겠지요.

김은실·

깍두기들의 관계를 계속하면서 아직도 남아 있는 사람들은 강한 사람이고 질

긴 사람들이라고 할 수 있습니다. 끈적끈적한 관계가 아니라 어떤 이슈로 연결된 긴장 관계에 있는 사람들이라고 생각합니다.

다양한 동기와 경험에서 벌어지는 활동들

정진경 ·

운동을 한다기보다 끼리끼리 모여 재미있게 지낸다는 얘기도 들었습니다. 자기네들끼리 글을 써서 책도 내고 자기네 아이들을 데리고 캠프도 간다는 식으로 비판도 받았습니다. 그럼에도 불구하고 우리는 이것이 운동이라는 신념과 생각을 가지고 있었습니다. 우리 나름대로 독특한 운동 조직을 가지고 있었고 이것을 확산하겠다는 생각을 가지고 있었지요. 그간 여러 가지 활동이 있었고 무수한 소모임들이 생겨났다 없어졌습니다. 자신은 어떤 활동을 통해 참여하게 되었는지 또 이것을 어떻게 운동으로 생각하고 확산시키려고 했었는가에 대해 이야기해 보았으면 좋겠습니다.

전정환 ·

저는 90년도 예비 대학생 캠프를 통해 들어 왔습니다. 대학에 들어와서 처음 참여하게 된 그 캠프에서 권위주의, 획일화, 고정 관념에 대한 애기들이 주로 던져졌는데, 그게 충격적으로 받아들여졌습니다. 또 성문제같이 공개적으로 애기되지 않던 부분들을 토론할 수 있었습니다. 예비 대학생들끼리 후속 모임을 가지긴 했지만 또문 밖으로 돌다가 어린이 캠프에 참여하게 되었죠. 교육에 대한 생각도 없이 참여했기 때문에 어린이 캠프에 지속적으로 참여하지 못했습니다. 그냥 예비 대학생 친구들을 만나기 위해 또문에 왔었다고 할 수 있습니다.

호용수 ·

자발적인 것이 아니라 부모님들이나 선생님의 권유로 참여하였기 때문에 그런 것 아닌가요?

전정환 ·

1년 정도 또문 주위를 맴돌면서 여성 문제에 대해 어느 정도 의식은 갖게 되었지만 특별히 여성 운동에 관심을 가지지는 않았습니다. 그보다는 또문의 자유로운 공간, 여러 세대들이 모여서 이벤트를 벌일 수 있는 분위기가 좋았습니다. 특히 사무실을 신촌으로 옮기면서부터 생긴 공간 덕분에 공연을 할 수 있게 되었습니다. 연극 방면으로 소모임이 뜨면서 우리는 재미있는 문화 만들

왼쪽부터 최현희, 호용수, 안희옥, 전정환, 조형, 전해원, 김은실, 송도영, 정진경.

기 작업을 할 생각을 할 수 있었습니다. 당시 대학의 경직된 분위기에 비하면 또문이 있었기 때문에 그런 생각들을 할 수 있었다고 봅니다.

유승희 ·

연극 소모임 나름의 자발적인 움직임도 있었지만 그런 중간 중간에 과제가 주어지기도 했습니다. 김보은 · 김진관 사건을 연극화하는 과정에서 생긴 문제를 여기서 이야기해 보았으면 좋겠습니다. 문제 의식이 외부로부터 주어졌을 때 그것을 어떻게 수용해 내느냐 하는 것은 문제가 될 수 있다고 봅니다. 스스로 제기한 문제를 연극화하는 것과는 다른 과정을 거쳤을 거라는 생각이 듭니다. 주어진 숙제를 해야 한다는 느낌이 더 강했을 것 같은데요.

김희옥 ·

처음에는 이런 것을 또 하라는 거냐는 부담을 가졌었습니다. 그러나 일단 문제를 들여다보고 토론을 시작하면서부터는 재미있겠다는 생각을 하게 됐고 실제 연극은 굉장히 열심히 하였습니다. 「머리들」, 「자루」 같은 연극은 자기들의 얘기를 풀어 내는 것이기 때문에 연극을 하기가 상대적으로 쉬웠다고 한다면, 김보은 · 김진관 사건 같은 사회 문제를 자기 문제화하고 연극화하는 것은 굉장히 힘든 작업이었습니다.

정진경 ·

어린이 캠프 팀도 이야기해 보시지요.

호용수 ·

저는 처음에 애들이 좋아서 캠프에 왔습니다. 여성학을 처음 알게 되고 제 삶을 되돌아보기 시작했습니다. 어렸을 때부터 아무런 문제 의식 없이 자연스럽게 물속의 물고기처럼 물이 가부장제인지 뭔지 모르고 자랐구나 하는 것을 알게 되었습니다. 캠프를 하면서 교육이라는 것이 작은 문제가 아니라는 것을 느꼈습니다. 노마[1]들이 자기 얘기들을 많이 했습니다. 캠프에서 노마들이 하는 말과 행동 자체가 프로그램 자체가 되어야 하며 또문적인 사고 방식이 내면화되고 자연스럽게 우러나와야 하는데 말과 행동이 이미 굳어 있어서 생각만으로 되는 일은 없다는 것을 깨달았습니다. 캠프 경험을 토대로 우리나라 교육 풍토에 대안을 제시해 줄 수 있기를 바랐지요. 대안 학교를 만들어 보자는 얘기도 했습니다.

어린이 캠프 교사들의 면면을 살펴보면 또문에 자발적으로 찾아온 경우도 있고 동인들의 제의를 받아서 온 경우도 있었습니다. 그 와중에 갈등을 많이 겪었죠. 두 발 다 담그고 하는 급박한 교내 운동과는 달리, 즐거움을 느낄 수 있는 또문의 운동 방식에서 오히려 부담감을 가지는 이들도 있었습니다. 장기적인 관점에서 근본적인 씨를 뿌리는 것이 캠프 운동이었다면 그 바깥에는 두 발을 다 담그기를 요구하는 급박한 상황이 전개되고 있었던 것이죠. 캠프를 계속하면서 겪는 갈등도 있었습니다. 캠프 주제 · 방식 등의 아이디어를 실제로 구현하는 것은 캠프 교사들이었지만 아이디어는 주로 니마들로부터 나왔습니다. 던져진 아이디어에 끌려간다는 느낌을 많이 받았습니다. 왜 우리 속에서는 아이디어가 나오지 않을까 고민도 하고 …… 지금 생각해 보면 그런 상황이 어쩌면 당연한 것일 수 있는데 — 여력도 없고 교육 문제에 대해 깊은 고민도 하지 않았기에 — 당시에는 많이 고민했지요. 그런 갈등을 하면서 떨어져 나가는 사람이 매번 절반 정도 있었습니다. 당분간 어린이 캠프를 하지 않기로 결정하게 된 이면에는 저를 포함하여 캠프를 자기 삶과 자기 생계와 연계시킬 수 없다는 점도 있습니다.

---

1) 어린이 캠프에 참여하는 20대 동인들로 캠프 교사격인데, '노마'라는 이름으로 불렀다. 어린이는 '또또', 그외 직접 반의 교사로 뛰지 않는 이들은 '니마'라 부른다.

첫세대 초기 동인들은 이념적으로나 생활 면에서 여력이 있었으나 우리는 그렇지 못합니다. 양쪽을 다 해나가야 되거든요. 사회 생활을 하면서 여러 방식의 사람들을 접하고 있습니다. 여러 사람들에게 다가가는 운동을 하기 위해서는 사회 생활 체험을 하면서 대안적인 삶의 형태를 꾸려가야 하지 않나 하는 생각을 하고 있습니다. 요즈음 운동과 생계를 함께 해결해 나갈 수 있는 방식을 찾아 보자는 얘기도 하고 있습니다.

송제숙·

저는 여성학 관련 수업 시간에 선생님으로부터 또문이 여성 운동 단체라는 말을 듣고 들어왔습니다. 교육학을 전공하고 있으면서 교육이라는 것이 세대와의 만남을 통해 문화를 바꾸어 나가는 방법이 될 수 있다는 생각에서 캠프에 참여하게 되었습니다. 또문이 운동 단체라는 것을 알고 일부러 참여하고 싶어서 찾아왔던 것이지요. 그런데 또문 안에 발을 들여 놓고 보니까 20대 동인이 주로 참여하는 캠프 모임이건, 연극팀이건 모두 운동을 한다는 느낌을 공유할 수 없었습니다.

제가 또문에 91년 겨울에 왔는데 그때 저는 니마들이 아이디어를 내놓지 않으면 캠프가 제대로 굴러가지 않을 정도로 경직된 분위기를 캠프 교사(노마) 모임에서 느꼈습니다. 교사들은 아이디어를 자체적으로 내놓지 못하면서, 니마 선생님의 아이디어를 받아들이는 것을 껄끄러워하는 모습이 역력했습니다. 그때 또문이 처음에 내세웠던 다양성, 자발성이란 말들이 소위 신세대, 포스트 모던이라는 말들과 엇물려 의식들을 희석시키는 데 기여하는 캐치프레이즈가 아닌가 하는 생각이 들었습니다. 다양성이라고 하면 오히려 분명한 자기 성격과 자기 의식을 가진 사람들이 모여 운동을 하는 모임이 되어야 하는데 아무 생각 없이 와 가지고도 "여기는 자기를 자유롭게 놓아 주는 곳이다"라고 하여 일종의 기댈 빽으로 여길 뿐이란 생각이 들었다는 것입니다. 제가 운동 의식을 갖고 있는 것 자체가 비정상적인 것으로 보이기까지 했습니다. 장기적인 운동이니까 지금 당장 과격하거나 실험 의식을 불어 넣지 않아도 된다는 식의 안일함이 또문의 20대 분위기를 주도했습니다. 지난 여름에 가졌던 모성전 퍼포먼스 경우도 연극팀과 함께 하려다 못했는데 그 경우가 20대 동인들이 또문을 어떤 식으로 생각하고 있는가 하는 것을 잘 보여 주는 일이었다고 생각합니다. 또문이 여성주의 단체라고 한다면 어머니가 딸을 억압하는 구조를 알아 내기 위해 공동 작업을 하는 것은 너무 자연스러운 것 아닙니까? 그런데 모성에 대한 정의가 다르다는 이유로 공감대를 형성할 수 없었습니다.

연극팀의 경우 자기가 개인적으로 억압을 받고 있지 않다고 해서 문제가 되지 않는다는 식이었기 때문에 같이 공연을 하지 못했습니다. 의식을 확대해 가는 데 너무 소극적이라는 생각입니다.

저는 지금 또문이 여성 운동 단체인가 하는 것에 대해 회의를 가지고 있습니다. 제가 그 동안 교육 캠프라든지 신촌 축제 같은 것에 참여했던 이유는 여성들이 억압받는 구조를 깨뜨리려면 문화를 아주 근본적으로 바꾸어 나가는 반문화 운동, 저항성이 갖추어져야만 된다고 생각해서였습니다. 그러니까 여성주의 운동의 기반을 닦기 위한 거죠. 우선성의 문제가 확실해져야 한다고 생각합니다. 물론 제가 또문에 들어온 것은 기존의 조직 운동에서 억압적인 면을 많이 느꼈기 때문이고 운동을 느슨하게 하는 것도 장점이 될 수 있다는 것을 여기 와서 확실히 발견했습니다. 또문에 들어온 후 여자라고 해서 억압 당하는 일은 훨씬 적었고 하고 싶은 일을 할 수 있었긴 하지만 자기 생각을 분명히 하지 않으면서도 다양성이란 이름으로 그냥 넘어가고 허용되는 것이 답답합니다. 아무일도 같이 할 수 없는 다양성은 의미가 없지 않을까요?

최현희 ·

80년대에는 자유를 찾아 구도의 길을 가느냐, 아니면 억압과 고통을 받으면서 운동을 하느냐는 식으로 우리의 삶의 방식이 이분화되어 있었다고 볼 수 있습니다. 그런데 제 경우는 두 가지 어느 것에도 안 끼고 혼자서 헤맸던 경우입니다. 80년대 중반에 대학을 다니면서 학생 운동에 대해 의무감 같은 것은 갖고 있었지만, 쉽사리 뛰어들지 않았고 그렇다고 해서 죄책감도 별로 없었습니다. 동인이 된 지는 1년밖에 되지 않았지만 사실은 89년 월례 모임에 한번 왔다가 도망을 간 적이 있습니다. 모임이라는 것 자체가 억압을 주는 것으로 느껴졌기 때문입니다. 억압적이지 않으면서 자유롭게 참여하는 모임이 있을 수 있다는 생각을 할 수 없었던 데다가 월례 논단이라는 것이 토론 위주로 진행되기 때문에 또문의 성격을 잘 파악할 수 없었습니다. 기존의 모임에 대한 나의 생각은 생활 속의 문제를 해결해 나가는 것이 아니라 보다 큰 문제, 이 사회에서 억압을 당하고 있는 사람들의 문제를 논의한다고 생각했었습니다. 개인의 문제가 얼마나 전체와 연결되어 있는지를 미처 생각하지 못했던 것입니다. 또문 활동을 하면서 너무 자유스럽게 느껴지는 분위기 그리고 처음 오는 사람을 전혀 챙겨주지 않는 분위기 때문에 한편으로는 편안함을 느끼면서도 다른 한편으로는 적응하기 힘들다는 말들을 많이 하는데 제 경우는 그런 분위기 때문에 동인으로 버티게 되었는지 모릅니다.

저는 글쓰기 모임을 통해 본격적으로 또문 활동을 하게 되었습니다. 저는 평소 의미 있는 일을 해야 한다고 생각하며 고민해 왔고 그 일이 제게 있어서는 사람들의 삶에 대한 대단한 글을 써내는 일로 다가왔습니다. 그런데 또문에 와서 자기 얘기를 풀어 내고 혼자가 아니라 결국 같이 쓸 수 있다는 것을 알게 되었습니다. 자기 삶을 면밀하게 들여다보되 함께 들여다본다는 겁니다. 공동 창작에 대한 개념도 바뀌었습니다. 솔직하게만 쓴다면 글이 될 수 있다는 느낌 등은 새로운 체험이었습니다. 그 동안 생활 속에서 경험들이 얼마나 모아지고 있지 않았었는지도 알게 되었습니다. 그리고 경험들이 모여 글이 될 때 글이라는 게 반성의 힘, 문화와 사회를 바꾸어 나가는 힘이 될 수 있다는 것을 알았습니다. 누구나 글로 또는 다른 방식으로 자기 표현을 하고 의미를 부여할 수 있는 거죠. 누구나 의미 있게 살고 싶어하는데 그 방식을 모르거든요. 또문의 좋은 점은 저 같은 깍뚜기도 운동을 할 수 있다는 생각을 하게 한다는 거, 제 삶을 같이 바꾸어 나갈 수 있다는 생각을 하게 하는 겁니다. 운동은 어차피 '투신'인데, 기존 운동에서 자기 희생적인 투신이라면 또문에서의 투신은 자기 창조적인, 보다 풍요로운 자기의 삶, 사회적 삶을 만들어 가기 위한 투신입니다.

정진경 ·

어린이 캠프 초창기부터 또또[2]로 참여한 사람으로서 얘기를 좀 해주세요. 지난번 어린이 캠프에서 있었던 토론에서 "중학교 가니까 문화가 너무 무식한데 또문에 오면 그렇지 않은 다른 삶을 살 수 있다, 우리가 여기서 힘을 키워서 이 무식한 문화를 극복하자"고 한 얘기를 아주 인상적으로 들었습니다. 또문 어린이 캠프를 비롯해서 여러 가지 활동에 참여했던 것이 어떤 의미가 있었는지에 대해 말씀해 주세요.

전해원 ·

국민학교 2학년 때부터 어린이 캠프에 참여했습니다. 창조적인 작업들이 약간 있었지만 별다른 변화를 주지 못했습니다. 국민학교 5학년까지는 재미로 캠프에 왔었습니다. 창작 캠프 때부터 뭔가를 만들고 의미를 부여할 수 있다는 것 때문에 적극적으로 참여하게 되었습니다. 「문짝」 활동을[3] 하면서부터는 더욱

---

2) 어린이 캠프에 참여하는 어린이.
3) 어린이 캠프 출신 또또 가운데 국6 · 중1 학생들로 이루어진 캠프 후속 모임인 「또 하나의 문화 창작 모임」의 줄임말.

적극적이 되고 생각도 많아져서, 학급 회의 같은 데에서 발표를 많이 한다고 구박을 받을 정도입니다. 지금은 어른 동인들이 우리에게 별 관심이 없는 것 같아요. 그냥 자기들끼리 알아서 하라고 해서 처음에는 굉장히 재미를 느꼈고 열심히들 했습니다. 지금은 "할 테면 하라"는 식, "크면 뭔가 하겠지"라고 생각하는 정도로, 시간이 나면 수동적으로 오는 친구들이 늘어나고 있습니다. 요즈음에는 우리 스스로 뭔가 획기적인 일을 해야겠다는 생각을 하고 있습니다.

사실 제 경우에 학교에 가는 것은 거의 의미가 없다고 봅니다. 집과 또문만이 삶에 의미가 있습니다. 창작 캠프 때 연극을 해보면서 연극하는 방법에 대해 알게 되었습니다. 지금은 주제를 딱 정해 놓지 않고 연극하는 방법에 대해서만 하고 있는데 그런 면에서 창조력이 많이 생깁니다. 학교에서 극본을 쓰면 그렇게 나오지 않습니다. 집에서 조금 잘 써지고 또문에서는 더 잘 써집니다.

조형·

그냥 와서 놀다가 다른 데 가서는 하지 못할 것 ― 예를 들어 밤새 논다든가, 카드 놀이를 해도 내버려 둔다든가 ― 이 다 받아들여진다는 것 때문에 어린이 캠프에 오는 것이 아닌가, 그럴 것 같으면 어린이 캠프를 할 필요가 없는 것 아닌가 해서 또문 어린이 캠프를 당분간 중단하기로 한 것에 대해서는 어떻게 생각하는지요?

유승희·

덧붙인다면 지금 어린이들에게는 권리 주장을 하는 것이 자연스럽게 자리를 잡았다고 할 수 있습니다. 그러다 보니까 공동체 전체를 고려한다기보다는 이기주의로 치닫는 부작용도 없지 않은데 이는 또문 어린이 캠프를 거쳐간 어린이에게도 해당되는 것 같습니다. 또문에 와서 권리 주장하는 것만 배워서 집이나 학교 생활에 역효과를 가져왔다는 지적을 들은 적이 있는데 그 점에 대해서는 어떻게 생각하나요?

전해원·

그런 면에서 보면 또문 캠프가 별 효과가 없게 보입니다. 놀이터같이 와서 놀다가 간 친구도 많습니다. 창작 모임이나 문짝 같은 모임은 다르지만요. 또문이 시대를 앞서가는 면도 있습니다. 또문은 바깥 세계, 속세와는 너무 다릅니다. 거기에 물들어 있던 애들이 또문에 오면 감을 못잡는 것 같습니다. 조금씩 바꾸어야 하는데 한꺼번에 확 바꾸니까 몸과 머리가 따라가 주지 않고, 그러니까 노는 것에만 치중하는 것 같아요. 권리 주장 문제를 보면 학교에서도 권리 주장을 하는 애들이 있는데 그 내용이 터무니 없는 경우가 많습니다. 또문 어린이 캠프 출신에 대해서는 같이 학교 생활을 하는 것이 아니니까 잘 모르겠어요.

김은실 ·

또문 어린이 캠프에 나온 아이들이 집안 문화와 학교 문화를 또문 문화와 어떻게 연결지으면서 살아가는지에 대해 좀 얘기해 주세요.

전해원 ·

같이 생활하고 있지 않아서 그런 것은 잘 모르겠습니다. 하이텔을 통해서 이야기를 좀 나누기는 하지만 그런 이야기는 잘 안합니다. 문짝 팀의 경우 들락날락하는데 보통 5-6명 정도가 평균 인원입니다. 시험 때 또문에 나오는 것은 머리를 전환시키는 데 도움이 됩니다. 시험 때 안 나오는 아이들은 아직 의식이 되어 있지 않아서 그런 것 같습니다.

정진경 ·

지난 여름 캠프 때 어린이 캠프의 방향, 문제점에 대해 또또, 노마, 니마(어린이, 교사, 그외 동인)들이 모여 대토론회를 가진 적이 있습니다. 해원이의 경우는 평소에 학교는 다르지만 집하고 캠프는 문화가 비슷해서 건진 게 별로 없다고 생각할 수 있지만, 집이 학교 같은 아이들의 경우는 캠프가 굉장히 충격적이었다고 말했습니다. 또문 어린이 캠프에 참여하면서 자기 성격이 바뀌고 그 아이들을 우리가 나름대로 받아 안아야 되지 않을까요? 바뀐 것 때문에 바깥에 나가서 구박을 받았다는 아이들도 있었다는 점을 짚고 넘어가야 할 것 같습니다.

송제숙 ·

저는 창작 캠프뿐만 아니라 쪼다 캠프[4]도 같이 해보면서 부모님들에 대해서도 많이 알게 되었는데, 또문이 교육 운동에 정말 손을 댄다고 한다면 캠프만으론 역부족입니다. 학교는 워낙 그런 곳이라 치부한다고 하더라도 부모가 동인인데도 불구하고 다른 부모들과 똑같은 것을 요구하는 데서 아이들은 더 큰 분열을 느끼는 것을 보았습니다. 부모들과 적극적으로 연대하지 않고서 캠프를 한다는 것, 교육 운동에 손을 댄다는 것은 전망이 없다고 보며 오히려 아이

---

4) 어린이 캠프 출신 중고등학생들이 '조금 다르게 살기'란 주제로 캠프를 가졌고 계속 만나고 있다.

들만 힘들게 한다는 생각이 듭니다.

정진경·

그것이 한계인 것은 분명한데 아이들하고 토론회를 한 경험을 돌이켜볼 때는 "아 이런 세상도 있다"는 것을 처음으로 경험했다는 점도 중요하다고 봅니다. 그렇다면 문제는 그것을 어떻게 유지시키느냐 하는 데 있습니다. 운동을 제대로 하려면 어린 세대를 키워야겠다는 생각에서 어린이 캠프를 시작하게 되었는데 그 과정에서 좀더 포괄적으로 접근을 하지 못한 것은 어떤 면에서 역부족임을 자인할 수밖에 없습니다. 그러나 계속 '자신이 원하는 세상'에 대한 기억을 하게 하고, 꼭 매번 캠프를 벌이지 못하더라도 계속 소모임을 벌이고 책을 통해서라도 어린이를 위한 교육 운동은 지속되어야 한다고 봅니다. 어린이 캠프에 대해서는 이 정도로 마무리짓기로 하구요. 이쯤에서 현재 출판팀으로부터 어떻게 해서 또문 운동에 투신하게 되었는지를 듣기로 하겠습니다.

안희옥·

저는 기억이 생생합니다. 제가 ㅁ출판사 편집장을 하고 있을 때 '솔가'라는 주점에서 모임이 있었습니다. 그 당시 저는 운동권에 짓눌려 있었습니다. 운동권에 대한 죄의식이라고나 할까요. 감옥이나 노동 현장에 들어가 운동을 해야 하는데 사무실에 앉아 생계를 위한 밥벌이나 하고 있었으니까 갈등이 심했습니다. 계급 문제에 대해서도 촉각을 첨예하게 세우고 있었습니다. 그래서 또문 모임 사람들의 면면을 살펴보고서 "중산층 운동을 하는 것이 어떻겠냐"는 말만 하고 돌아왔던 기억이 납니다. 그러다가 직장을 옮겼는데 우연히 고정희 씨를 만나게 되었습니다. 또문에서 책을 낸다는 얘기를 듣는 순간 이 책은 될 것이라는 쪽으로 머리가 돌아갔습니다. 신선해서 해볼 만한 것이라고 생각했습니다. 그런데 원고를 받아들고 보니 1년 동안 또문 사람들이 굉장히 많은 일을 해놓았더라구요. 그때부터 기분이 좋아지기 시작했고 사실은 또문 사람들을 존경하기 시작했지요. 또한 어렸을 때부터 여성 운동을 하고 싶다는 생각을 해왔기 때문에 동인지를 만들면서 무척 즐거웠습니다. 또문에 조금씩 **빠져**들기 시작하면서 개인적으로 얻은 것은 운동에 대한 압박감으로부터 해방되었다는 겁니다. 내가 있는 이 자리에서도 운동을 할 수 있구나, 내가 노동 현장이나 감옥에 가지 않더라도 내가 있는 자리에서도 뭔가를 해볼 수 있겠다는 것이 좋았습니다. 직장을 다니면서도 한달에 한번 있는 월례 논단에는 꼭 참석을 하였습니다. 참석하였어도 다른 동인들과 별로 얘기도 하지 않고 월례 논단만 듣고 갔습니다. 몇몇 젊은 동인들을 알게 되어 87년 때 같이 가두 투쟁도 하고 그러면서 신이 났었습니다.

　그후 또문에서 자체 출판 논의가 있었고 저는 자체 출판하자는 쪽에 표를 던졌습니다. 그 얘기가 더 진척이 없다가 제가 직장을 그만두었을 때 또문으로부터 출판을 같이 해보지 않겠냐는 제의를 받았습니다. 기꺼이 동의를 했죠. 당시 자금이라고 해보아야 동인들이 계를 해서 모은 몇 푼 안되는 돈이 전부였습니다. 딱 한권 만들 수 있는 돈이었습니다. 그런데 저는 해보겠다고 악을 물고 하는 스타일이라기보다는 해야 된다고 하면 슬렁슬렁 하는 스타일이라, 몸에 익은 일을 조금씩 해나가면 되겠다는 생각에서 또문 출판일을 시작했고 그래서 지금의 출판사가 이루어졌습니다. 저는 지금 많은 구상을 하고 있습니다. 오랫동안 혼자 일하다가 1993년 7월부터 저를 포함해서 대표, 편집, 영업, 총무로 최소한의 출판팀이 구성되었습니다. 내년부터는 기획팀과 운영팀을 만들어 볼 생각입니다. 좀더 장기적으로는 협동 조합 형태의 출판사로 꾸리면서 본격적인 여성 출판 운동으로 나아가야 한다고 생각합니다. 공동체적인 형태를 띠어 가야 한다는 점에서 협동 조합을 염두에 둔 것입니다. 현재 출판사 팀은 월급의 차이도 별로 나지 않고 정신 노동과 육체 노동을 겸하고 있어서 70−80년대에 배웠던 평등의 원리를 실천하고 있다고 할 수 있습니다. 많은 동인들이 이 공동체에 들어올 수 있고 기여를 하고 무엇인가를 받아갈 수 있는 새로운 조직을 출판팀이 함께 구상하고 있습니다.

유승희 ·

어찌하다 보니까 출판사 대표라는 이름을 갖게 되었습니다. 제가 또문에 처음 발을 디딘 것은 1호 출판 기념회 때입니다. 사무실도 없었던 상황에서 공간 마련을 두고 서점을 차리자 어쩌자에 대한 토론을 6개월에 걸쳐 했던 기억이 납니다. 방을 하나 만드는 데 6개월이 걸렸던 것입니다. 지금의 기독교 사회 문제 연구원 건물인 충정로 박산부인과 입원실을 세내어 사무실을 차렸습니다. 당시 대학원생이었던 저는 시간을 조금 내어 일일 간사를 했습니다. 학교를 졸업하고 나서는 사회 운동과 관련이 된 연구 프로젝트에 참여했습니다. 기층 운동에 관한 프로젝트였는데 많은 것을 배울 수 있는 기회였으면서도 여전히 먹물이 갖는 주눅 같은 것이 따라다녔습니다. 상대적으로 또문에 오면 편안함 같은 것을 느낄 수 있었지요. 양다리를 계속 걸쳐 왔다고 할 수 있습니다. 그러다가 또문에서 출판사를 차린다, 전자 출판을 한다는 얘기가 나오기 시작했습니다. 당시 제가 참여하고 있던 프로젝트 결과물도 출판을 해야 하고 겸사 겸사 이 기회에 출판일을 알아두는 게 좋겠다 싶어 출판 소모임에 참여하게 되었지요. 출판 소모임의 첫 작업이 컴퓨터로 회보를 만드는 것이었는데 구성원 가운데 컴퓨터에 관한 것을 알고 있는 사람이 별로 없다 보니 제가 그 일을 하게 되었습니다. 직장 생활을 하는 틈틈이 회보를 죽 만들어 오다가 개인 사정으로 직장을 그만두게 되면서 본격적으로 출판사와 관련을 맺게 되었습니다. 그 동안 안희옥 동인이 고군 분투하면서 책을 내왔는데 같이 일하자는 제의를 받고는 여러 생각을 했습니다. 내가 어떤 삶의 방식을 택할 것인가를 두고 말입니다. 그러나 무엇보다도 이제까지 논의되어 왔던, 이론을 몸으로 실천해 볼 수 있다는 점, 그리고 이것이 계기가 되어서 다른 그룹들을 만들어 내고 연결지을 수 있는 장에 있다는 점에서 자부심을 느끼고 있습니다. 새로운 실험을 한다는 각오로 일하고 있습니다.

정진경 ·

아까 김효선 씨나 호용수 씨가 얘기한 것처럼 지금은 다른 길을 가고 있지만 언젠가 다시 모여서 그때 했던 것들을 생계의 기반으로 연결지어 일을 꾸며보자는 것의 효시가 출판사 팀인 것 같습니다. 그야말로 또 하나의 문화가 갖고 있는 생각을 구체화시키는 장이라고 할 수 있겠습니다.

안희옥 ·

출판사 팀은 모두 나름대로 기존 사회 생활을 하면서 권위적인 체제를 경험하였다는 공통점이 있습니다. 제 경우만 하더라도 화장실도 못갈 만큼 심한 감시를 받으면서 하루에 60쪽 이상 교정을 보아야 했던 경험이 있습니다. 남녀 차별 · 성적 희롱 · 철야 작업 등을 70-80년대에 다 겪어 보고 그것에 대한 대안이라고 할 수 있는 새로운 조직을 만들겠다는 생각을 할 수 있었던 거지요. 그래서 "이것은 새로운 실험이다"고 생각하면서 즐겁게 일할 수 있는 거죠.

동인 활동의 특성 : 삶과 운동에 대한 인식을 공유하는 문제

정진경 ·

그러면 아까 여러분이 제기한 것처럼 운동을 하려면 뭔가를 아는 사람이 해야 한다, 경험이 기반이 되어야 새로운 공동체를 꾸려 나갈 수 있다는 얘기로 연결되는데요. 운동을 하려면 뭔가를 알아야 하는데 그것을 알아가는 과정을 또문은 어떤 식으로 해냈느냐에 대해 얘기를 나누기로 하겠습니다. 80년대에는 민주화 운동과 통일 운동이 중심을 이루던 구도 속에서 또문 같은 운동이 좀 별난 운동으로 취급을 받았었던 게 사실입니다. 지금은 정치적인 운동이 1차적인 목표를 약간 달성하고 나서 약화되어 있는 상태라고 할까요. 요즘 여성 운동, 환경 운동 같은 것이 신사회 운동이라고 불리우면서 오히려 부각되고 있는 듯한데, 이 자리에서는 그런 공식적인 개념 규정보다는 또문이 앞으로 어떻게 나아갈 것인지 운동의 어떤 측면을 키우기 위해서 노력할 것인지에 대해 얘기해 보도록 하지요. 앞서 여러분들이 말씀해 주신 것처럼 지난 10년 동안에도 또문의 성격이 조금씩 변해 왔다고 볼 수 있습니다. 지금까지 많은 얘기가 나왔습니다만, 또문 운동의 특징으로 일상성, 자발성, 조직의 유연성 같은 것들이 지적되었습니다. 이러한 특징들이 전반적인 사회 변화, 주변 사회 운동의 기류의 영향을 받아서 앞으로 변화해 갈 수도 있으리라고 봅니다. 지금까지 프로그램 중심으로 얘기가 전개되었는데 세대에 따라 경험이 많이 달랐던 것으로 보입니다. 앞으로 운동을 어떻게 전개해 갈 것인가에 대해서도 다양한 의견이 나왔으면 좋겠습니다. 앞으로의 성원은 어떤 특성을 가져야 되는가, 동인 자격의 문제도 포함해서요.

김희옥 ·

창작 캠프의 경우만 하더라도 계기는 어른들이 만들어 준 것이지만 재미를 찾아 내는 것은 아이들 자신입니다. 어른들이 지속적인 프로그램을 제시한다든지 캠프의 이념 같은 것을 제시하지 않았다는 데 문제가 있다고 생각합니다. 어린이뿐만 아니라 예비 대학생 캠프 출신의 대학생에 대해서도 마찬가지였다고 봅니다. 다양한 삶의 방식을 보여줄 수 있어야 한다고 봅니다. 어느 의미에서 교육이라는 차원이 있어야 하는데 그런 것이 제대로 이루어지지 않았다고 봅니다. 지지에 머무를 것이 아니라 길잡이 역할을 했어야 한다는 것이지요. 김보은 · 김진관 사건을 왜 자발적으로 연극화하지 못했느냐 하는 문제도 자기 문제화하는 능력, 사회적인 감수성을 개발시켜 주는 노력을 기울이지 않았다는 데서 오는 문제입니다. 사회 생활을 하면서 부딪쳐 보고 오라는 것이 다시 오기 힘들게 만드는 것이 아닌가 하는 생각이 듭니다.

송제숙 ·

문화 운동이라고 해서 너무나 열려져 있는, 다른 경험이 없는 사람에게 결단을 내릴 것을 요구하는 것은 문제입니다. 어린이 캠프가 대표적인 예라고 하겠습니다. 동인 자격에 나이 제한이 필요하다고 생각합니다. 저도 물론 해당됩니다. 저는 20대 서너 명과 한집에서 같이 살고 있는데 공통의 문제거리를 갖고 만나기가 힘들다는 것을 느낍니다. 사회 경험이 없다 보니 중간에서 많이 좌절을 하게 됩니다. 공동체가 강한 지지 그룹이 되어 주지 않는다면, 여러 가지 실험적 작업들이 에너지만 소모하는 결과를 낳게될 가능성이 높습니다. 또문의 경우도 마찬가지라고 봅니다. 사회 경험을 하고 자기 결단에 의해 또 문 동인이 되어야 한다고 봅니다.

김은실·

그렇습니다. 대학생 등에게 모임 자체를 열어두는 것은 좋은데 소모임으로 잡 아두거나 역할을 주는 것에 대해서는 다시 생각해 보아야 한다고 봅니다. 그 들에게 어느 정도 볼 수 있는 눈을 키워주는 장을 준비하지 않고 그들에게 문 을 연다는 것은 무모한 일 아닐까요?

안희옥·

문제는 사람들을 불러 모아 놓고 이야기한다고 해서 어떤 아이디어가 체득되 는 것이 아니라는 데 있지 않을까요? 논리적으로는 그 가치관을 외웁니다. 그 러나 육화가 되지 않습니다. 대학생들은 예비 대학생 캠프에 우연히 오게 되 어 계속 또문에 오는 것이 아니라 학교에서 또문이 아닌 다른 부류의 친구들 을 많이 사귀어 보고 사회 생활도 해보고 직장 생활도 해보고 해서 한국 사회 가 어떤 사회인지를 최소한 알아야 할 것 같습니다. 그래야 또문이 왜 새로운 곳인가 하는 것을 알 수 있고 그런 다음 제발로 걸어서 또문에 와야 된다고 생 각합니다. 안 그러면 서로 생일 파티나 해주는 친목 모임에 그치고 말 우려가 있습니다. 좀더 적극적으로 사회 경험을 하고, 어렴풋이나마 전문성과 자기 구상을 갖고 참여하면 좋을 것 같습니다.

조형·

또문 동인이 되려면 스스로 선택해야 한다는 것은 옳은 말입니다. 나이 제한 을 하거나 진심으로 또문에 참여하기를 원하는 단계에서 와야 한다는 것도 맞 는 말입니다. 그렇지만 우리 사회가 스스로 깨이게 하지 않는 사회이기 때문 에 딜레마가 남습니다. 우리가 자꾸 자극을 주어야 한다고 생각합니다. 지금 대부분의 동인들은 처음 시작할 때 교실에서 얘기 듣고 책을 읽고 스스로 찾 아들어 온 사람들이고 지금 얘기되고 있는 사람들은 아주 소수의 사람이라고 생각합니다. 국민학생, 중학생, 예비 대학생 등 소수의 집단이며 그런 사람들 에게 충격을 주고 뒷감당을 하지 않는다는 것 때문에 얘기가 오고가는 것 같 은데 내 생각에 충격은 충격 자체로 의미가 있다고 생각합니다. 그리고 그 사 람들을 함께 안고 살 수도 없는 것이고 지속적으로 돌보아야 한다는 책임감에 얽매이지는 않는 것이 좋겠습니다. 그러나 열어 놓는 것이 좋겠다고 생각합니 다. 참여하는 동인과 참여하지 않는 동인이 생기는 것은 자연스러운 일입니다. 참여하지 않는 동인에 대해 지나치게 신경쓰지 않는 게 좋다고 생각합니다.

김은실 ·

동인 자격의 문제라기보다는 주력의 문제라고 생각합니다. 현재 어떤 면에서 또문에는 글을 쓰는 동인들 외에는, 이벤트를 해내는 연극팀 말고는 다른 활성화된 소모임이 없습니다. 일시적 현상이겠지만 지금은 주부 모임도, 남성 모임도, 직장인 모임도, 교육 모임도 활발하지 않습니다. 그렇기 때문에 연극팀이 이벤트를 통해 또문의 생각을 구체화할 수 있을 정도로 사회 문제에 대한 감수성을 갖고 있느냐, 아니면 개발시켜 주었느냐를 놓고 많은 얘기가 오가는 것 같습니다. 모임의 역사가 오래될수록 새로운 성원들이 늘어나기 마련입니다. 새로운 성원들이 또문의 생각을 실천할 수 있는, 배울 수 있는 장이 있어야 한다고 봅니다.

정진경 ·

신입 오리엔테이션이 없이 자발성에만 기대를 했다는 데 문제가 있었다는 얘기가 되네요. 그렇다면 앞으로 신입 동인 연수 교육 같은 것이 필요한지에 대해서 얘기를 해보지요.

호용수 ·

동인이 되기 위해 1년 동안 고민을 하다가 동인이 되기로 결단을 하였다는 친구 얘기를 들었습니다. 결단을 내린다는 것은 발을 집어 넣는다는 것이고 그것은 지속적인 관계를 맺는다는 것이며 살아가는 데 자나깨나 단체의 이념을 생각해야 한다는 것을 의미하는데 이것은 굉장한 부담감입니다. 그렇기 때문에 충분히 알고 나서 결단을 할 수 있어야 하는 것이지요. 찔러보고 살펴보고 결단을 내린다는 것이지요. 주변에 동인이 되고 싶다는 사람이 많지만 챙겨주지 않습니다. 또문의 윤곽이라도 잡아볼 수 있는 기회가 있은 다음에 동인이 되어야 한다고 생각합니다.

김은실 ·

월례 발표회라든가 기존 소모임에 들어간다든가 하는 것이 또문 아이디어를 공유하는 것이라고 생각하지 않습니다. 어느 정도 전체의 장이 열려져 있어야 한다고 생각합니다. 신입 회원들을 위한 교육이 필요합니다. 전 여성 운동이 또문의 근본이라고 생각하고 들어왔는데 요즘 대학생들을 보면 여성 문제 의식이 공유되지 않고 소모임 자체로 자족적으로 지낸다는 느낌이 듭니다. 부모의 집에서 잘 걷어 먹고 사는 아이들처럼 느껴졌습니다. 삶의 방식을 선택한 것이 아니라 대학생들에게 또문은 기분이 좋은 보금자리 같은 데가 아니었나 합니다. 이 친구들의 잘못은 아니고 선택하도록, 긴장과 책임을 가지도록 교육시키는 장이 없었기 때문은 아닌가 하는 반성이 듭니다.

조형·

사회 전체, 사회 운동은 계속 변화하는 것이라고 봅니다. 20대의 연극팀은 태어나서 생활해 온 맥락이 40·50대와는 다르다고 생각합니다. 나름의 문제 의식과 해결 방식은 그 사람들의 생활 속에 있어야 한다고 생각합니다. 40대가 시키는 대로 하면 안된다고 생각합니다. 교육을 시켜서 먼저 사람들이 만든 대로 또문이 똑같이 재생산하기 위해 노력한다는 데는 반대합니다. 다른 나라에서 보면 집합적인 열기로 몰아 가는 열정적인 운동 세대가 있는가 하면 그 운동의 결과를 받아먹고 개별화시키고 일상화시키는 세대가 있습니다. 전세대는 가슴을 치면서 답답하게 여기지만 다음 세대 역시 자기 나름대로 운동을 하고 있는 것이므로 다른 방식의 운동이라고 받아들여야 한다고 생각합니다. 다만 또문에 들어와서 또문의 분위기를 공기를 마시듯이 익혀야 한다고 생각합니다. 물같이 마시고 공기같이 마시고 호흡을 같이하는 것이 운동의 맥을 잇는 것이 아닌가 생각합니다. 제게는 지금 논의되는 사항들이 위기감으로 여겨지지 않습니다.

또 하나의 문제는 어린이 캠프 교사들에게 주제가 주어졌을 때 교사팀은 부모들에게 효도하는 훈련을 받은 사람들이어서 받으면 그대로 실행하는 편이었던 것 같습니다. 그런데 연극팀은 자기들이 연극적으로 만들 가치가 있는 것인가를 결정하기까지 굉장히 고민한다고 합니다. 이렇게 볼 때 같은 20대이지만 캠프 교사 팀과 연극 팀 간에도 세대에 따른 차이를 느낄 수 있습니다. 물론 이념, 방향에 대한 기본 골격에는 일관된 흐름이 있어야 한다고 생각합니다.

김은실·

바로 그 점입니다. 20대와 그 윗세대 사이에 기본 이슈가 전달되지 않은 채, 피드백이 없이 일이 진행되어 온 것 같습니다. 또문에 많은 사람들이 들어와 공기를 마시는 것처럼 분위기를 알아가는 게 바람직하다고 생각하지만 그 공기를 선택해서 마시는 게 아니고 허용되기 때문에 마시는 것이 아닌가라는 거지요. 다른 사회에서도 운동의 열매는 그 사회 전체가 공유하는 것이라고 봅니다. 그러나 단체에 찾아올 때는 대부분의 사람들보다는 좀더 살아 있고 움직이는 의식을 가진 사람들이 오는 것이라고 생각합니다.

조형 ·

우리 사회의 2세대는 다른 사회의 2세대하고는 다릅니다. 운동의 열매를 모두가 공유하지 않습니다. 우리 사회는 굉장히 불균형적입니다. 지금은 우리가 어떤 장을 만드는 것이 필요합니다.

유승희 ·

교육이라는 것이 사람들을 어느 일정한 공간에 붙잡아 두고 말로 전달하는 방법도 있지만 우리의 경우는 동인지가 그 역할을 하지 않았나 생각합니다. 동인지를 읽고 동인이 되는 사람들도 많습니다. 지금 문제가 되고 있는 캠프 모임 등을 통해서 동인이 된 경우 동인지에 담긴 내용조차도 자기 것으로 만들려는 노력을 별로 하지 않았던 문제도 검토해 보아야 할 것 같습니다.

조형 ·

자식들처럼 들어온 사람들과 고민을 해보는 과정이 필요하고, 책을 많이 읽고 고민하고 들어온 사람들을 위한 과정도 필요하겠지요. 그렇다고 해서 동인 자격을 제한하는 것은 바람직하지 않다고 봅니다. 아랫목에서 키워지는 사람이 있었는가 하면 문간에서 들어오지 못하는 사람도 있는 법이 아닙니까. 그리고 그것이 시간이 지남에 따라 뒤바뀌기도 해야 하구요. 또문은 그 부분에서도 열려 있어야 합니다.

송제숙 ·

초창기 동인지를 읽으면 또문의 철학과 활동, 그리고 동인들이 갖는 체험의 생생함이 느껴져 뭔가 될 것 같다는 느낌이 드는데 10년이 지난 지금 상황에서는 새로 들어오는 사람들의 재생산 문제를 심각하게 고려해야 할 것 같습니다. 지금 있는 사람들이 과연 무슨 생각들을 하고 있는지를 다 드러내 놓고 무엇이 달라져야 하는가에 대해 대대적으로 토론을 벌이고 방향을 잡는 재정립 시기가 되었다고 봅니다.

조형 ·

활동의 형식과 프로그램은 다양할 수 있습니다. 지금 하나의 운동을 하고 있는데 그것이 무엇이냐는 거죠. 우리 세대는 획일성, 권위주의를 벗어나 다양성이 인정되는 공동체적인 사회를 지향하였죠. 평화롭고 자유롭고 평등하면서도 다양한 공동체적인 사회를 위해서 환경 운동도 치열하게 할 수 있고 여성 운동도 치열하게 해야 한다는 거죠. 이것을 여러 세대가 인정하고 동의한다면 방향에서는 합의를 볼 수 있을 거고 세대마다 팀마다 방식과 강조점은 다를 수 있을 것입니다. 문화다 출판이다 하는 것은 운동의 방식이고 매체이지 알맹이는 아니라고 봅니다. 여성 운동이냐 문화 운동이냐는 것은 대립 구도가 아니라고 봅니다.

김은실 ·

자기가 선 자리에서 자기의 일상을 바꾸자는 것인데 각자 위치가 여성이었고 그 억압이 극심해서 그것을 해체시키는 것이 중요하다는 것이 초창기 멤버들의 생각이었다고 저는 알고 있습니다. 남성 동인들이 들어오면서 인식된 성 억압의 양상이 복잡해지고 다양해지고 광범위해졌다고 생각합니다. 저는 예전이나 지금이나 성이란 문제를 축으로 삼고 운동을 해야 한다는 생각에는 변함이 없습니다. 그런데 다른 조건을 가지고 있는 사람들, 말하자면 남성이 동인이 될 경우 모임의 성격을 확대할 수도 있고 다르게 만들 수도 있지만 기본 문제 의식은 공유해야 한다는 것이지요.

정진경 ·

우리 모임의 경우 초창기부터 남성들이 같이 참여해 왔습니다. 그러나 기존의 단체와는 달리 가치를 제공하는 세대가 주로 여성들이었고 남성들이 학생 등으로 해서 그 가치를 전수받는 형세가 되었습니다. 기존의 남녀 관계를 새로운 것으로 만들어 가려고 노력하는 과정에, 새로운 관계 형성에 남성들의 참여는 중요하다고 생각합니다.

송제숙 ·

아무리 또문이 남녀가 평등하다는 전제에서 시작했고 그런 관계를 내부에서는 실현해 나간다 하더라도 기존 사회에서 받는 여성에 대한 차별을 생각해보면 그것은 실은 말처럼 쉽게 실현될 성질이 아닙니다. 여성이 더 많은 지지를 받고 키워져야만 겨우 동등해질 수 있을 겁니다. 동등하다는 조건에서 기득권을 더 취할 수 있는 것은 남성들이 아닌가 합니다. 또문이 남녀 평등을 이루는 과정에서 전략적 선택이나 포인트를 주어야 하는 부분을 잊은 게 아닌가라는 생각을 종종 합니다. 지금 또문에서 여자들 모두가 해방되었다는 느낌으로 잘살고 있는가라는 질문을 해야 하는 것 아닌가요.

운동의 새로운 전개를 위하여

정진경 ·

지금까지 또문 운동이 해왔던 내용, 동인 활동의 특성들에 대해 이야기했습니다. 제숙 씨 말에 이어서 앞으로 운동을 어떻게 새롭게 전개해 나갈 것인가에 대해 이야기해 봅시다. 역할 분담에 대해 세대별로 될지 개성에 따를 것인지는 두고 보아야겠지만 공동체를 꾸려 나가는 문제에 대해 더 논의해 보아야 하겠습니다.

안희옥ㆍ

저는 제숙 씨처럼 일차적으로 우리가 해나가야 되는 것이 여성 운동이라고 생각합니다. 40대 여성 동인들은 포용적입니다. 그러나 30대는 좀더 분명해졌으면 하는 생각들을 하는 것 같습니다. 어떤 식의 여성주의로 나갈 것인지가 나와야겠습니다.

김은실ㆍ

역할 분담에 대한 이야기가 나왔는데 우리는 인생의 어떤 특정 기간 동안만 운동을 하는 것이 아니라 삶의 방식으로 운동을 택했습니다. 그러므로 어느 세대를 막론하고 운동에 참여하는 것이지요. 우리가 처한 삶의 조건이 다르기 때문에 일의 분담은 불가피하다고 봅니다. 지금 40대 동인들은 준비 단계가 끝나고 어느 정도 실험적 경험을 거친 세대죠. 그러니까 적극적으로 그 경험에 대해 이야기해야 하고 그 경험을 사회화시키고 공공화시켜야 한다고 생각합니다. 저는 30대로서 어떤 면에서 새로운 아이디어를 내고 그 생각을 규합하는 데 주안점을 두려 합니다. 규합이라는 것은 사람들을 좀더 끌어들이고 공동된 지향 세력으로 만들어 가는 것을 말합니다. 교육 프로그램을 주관한다거나 사람들이 모일 수 있는 장, 공간을 주도하고 마련해야 한다고 생각합니다.

최현희ㆍ

새로 모임을 할 때는 공통적 관심의 장을 통해서 동인들과 접하는 기회가 마련되어야 한다고 봅니다. 책을 통해서뿐만 아니라 생활 속에서 부딪히면서 삶의 경험을 나누고 삶을 다르게 살 수 있다는 것을 느낄 수 있어야 합니다. 살아가는 모습을 보고 경험을 나누는 장이 많이 마련되어야 한다고 생각합니다.

김은실ㆍ

책만 가지고는 나름의 환상을 가질 수 있습니다. 책의 내용을 구체적으로 구현해 가는 실체가 있느냐를 매우 궁금하게들 생각합니다. 구체적인 실체로서의 또 하나의 문화, 또는 또문적인 지식이 만들어지는 공간이 공개될 필요가 있습니다.

최현희ㆍ

예. 구체적으로 그런 생각을 자기 삶 속에서 어떻게 실현해 나가는가 하는 것이지요. 이상적인 생각이 아니라 삶에 어떻게 적용시켜 나가느냐를 보는 것이 백 번 책을 읽는 것보다 낫다고 생각합니다. 바로 그런 장이 있어야 한다고 생각합니다.

정진경 ·

각자 삶의 단계, 삶의 경험이 다른 여러 세대들이 모여서 같이 일할 때 어떤 식의 역할 분담이 바람직한가의 문제가 있고 또 하나는 운동의 방식이었던 출판 문화 운동만 가지고는 부족하지 않는가라는 얘기가 나오고 있습니다. 사람들을 결집해 내는 다른 운동의 내용이 필요하다는 말이지요. 80년대와는 달리 90년대를 맞아 "자기가 살고 있는 자리에서 자기가 할 수 있는 것만큼 참여해도 사회 운동을 하는 것이다"라는 느낌을 좀더 많은 사람들한테 주면서 우리가 그런 사람들이 왔을 때 그냥 가지 않게끔 해야 하는데 어떤 프로그램으로 그것이 가능하다고 보는지 말씀해 주세요.

김은실 ·

우선 40대는 그 동안의 경험에 기반한 것이 공공화할 수 있는 자기 성찰적인 책들을 많이 내주면 좋겠습니다. 아직 생각만 많은 30대는 생각을 나눌 수 있는 강좌판, 대화판을 벌여야 하겠지요. 20대는 자기 세대 속에 존재하는 다양한 사람들과 만나면서 동시에 다른 세대와 관계를 맺는 작업을 적극적으로 해야 한다고 생각합니다.

송도영 ·

사회에서 활동하는 교사, 직장인들을 위한 교육 프로그램을 만들어야 한다고 생각합니다.

안희옥 ·

시급한 것은 지금 찾아오는 사람들에게 구체적 학습의 장을 마련해 주는 작업이 필요하고 20대는 윗세대들에게 적극적으로 질문을 하는 자세가 필요합니다.

최현희 ·

나 같은 경우는 처음에는 또문에 대한 책임감은 별로 없었던 것 같습니다. 요즈음 또문에 와서 구체적으로 관여하고 실상을 보게 되면서 자발적인 소수에 의해 대부분의 일들이 진행된다는 것을 알게 되었습니다. 모를 때는 판만 벌어지면 가서 참여하면 되었었는데 알고 나니까 그리 쉽게 모든 것이 이루어지는 것이 아니더라구요. 즐겁게 일하기보다 지쳐서 떨어져 나가는 상황에 이를 가능성도 있다는 거죠. 많은 사람들이 뛰어들게 되면 일이 쉬워질 것 같습니다. 내가 할 수 있는 일을 스스로 찾아야겠다는 생각을 가지게 되었습니다. 전문성을 키워야겠다는 생각을 합니다. 일을 하면서 클 수 있겠다는 생각을 합니다. 잘할 수 있기 때문이 아니라 같이 할 수 있기 때문에요. 그러나 쉽게 뛰어드는 사람이 적습니다. 자유롭고 자발적이고 창조적으로 살아야 된다는 것을 알면서도 뛰어들지 못하는 이유는 무엇인가에 대한 점검을 해야 한다고 생각합니다.

정진경 ·

초기부터 또문에 참여한 20대는 바로 전문성 부분에 대해 많은 고민을 했습니다. 혹시 선배들이 내놓은 아이디어를 뒤치다꺼리만 하다가 말 것 아닌가? 자기가 스스로 아이디어를 내고 프로그램을 짜려면 전문성이 있어야겠다, 이런 생각으로 그 전문성을 키우기 위해 많은 사람들이 또문을 일시적으로, 또는 영원히 떠나갔습니다. 운동을 장기적으로 내다보았을 때 전문성을 키우는 것이 우리 운동에 매우 중요한 의미를 지닙니다. 그런데 전문성이 유학 같은 것으로 키워지는 것이 아니라 어떤 문제에 대해 지속적인 관심을 가진 사람들이 당장의 여건 때문에 발이 양쪽에 담가 있을지라도 현상태에서 모임을 만들어 나가는 것이 중요할 것 같습니다. 20대의 경우 취직도 해야 하고 군대도 가야 하는데, 한쪽 발이나마 계속 담그고 있을 것인가 하는 것이 중요 관건이라고 생각합니다.

안희옥 ·

직장 생활을 하면서 시간을 짬짬이 내서 또문에 왔었습니다. 굉장히 힘들게 낸 시간이었습니다. 그런데 요즘 캠프 교사팀의 경우 얼굴을 전혀 내밀지 않는 것을 봅니다. 또문에 한쪽 발을 담근 20대들이 일반 사회에서 경험을 쌓으면서 계속 모이고 그래서 나중에 여러 새로운 조직체를 만들면 좋을 것 같습니다. 모임을 통해 나온 글은 수준만 된다면 언제든지 출판을 해드릴께요.(웃음)

호용수 ·

학교 주변이 아니라 전혀 다른 삶의 장에서 일하면서 실질적인 부분을 포착해 내는 것이 중요하다고 생각합니다. 생활을 운동의 자리로 삼을 수 있는 그런 자기 자리들을 만들어 나가야 하는데 역부족인 경우가 많습니다. 그런 문제들을 함께 나눌 고민터 같은 것이 필요하다고 봅니다. 20대들은 자기 자리를 만들어 가는 과정 자체가 운동이라고 봅니다.

전해원 ·

어렸을 때부터 생각한 것인데 학교를 만들었으면 좋겠습니다. 또문 정신에 알

맞는 것으로요. 특별 활동을 할 수 있는 학교요.

김효선 ·

지금 제가 거의 모임에 못나오면서도 또문과 관계를 맺고 있는 방식은 두 가지라고 할 수 있습니다. 하나는 먼 곳에서 바라보는 입장입니다. 지금 하는 일이 글과 여성 문제를 많이 다루는 신문사라서 또문을 사무적으로 접해야 하는 경우도 많이 생깁니다. 몇 번을 두고 보았지만 또문은 일단 운동 단체로 성공했다는 생각을 합니다. 10년 동안 또문은 죽지 않았고 변질되지 않았고, 새로와졌고 대중화됐습니다. 쉬운 일인 것 같지만 우리 사회처럼 부글부글 끓어대면서 달려 나가는 성향이 지배하는 곳에서 이렇게 침착성과 일관성을 유지하면서 제목소리를 강화시켜 나가기란 결코 쉬운 일이 아닙니다. 또 중요한 것은 또문 속에서는 '사람'을 만날 수 있다는 겁니다. 직장일을 하면서 '이 사람 참 괜찮다' 싶었는데 나중에 그 사람이 어떤 방식으로든 또문 체험을 가지고 있다는 것을 알게 된 적이 많았습니다. 그 사람들의 특성은 조용하게 항상 뭔가 자기가 하고픈 일을 계속해 나가는 것이라고 할 수 있습니다. 이 사람들은 자기 생활권에서 각자 리더 역할을 하고 있어요. 또문 동인지가 광고 하나도 안하면서 기본 부수를 훨씬 넘게 소화하고, 홍보도 잘되는 이유를 저는 이런 보이지 않는 일꾼들의 역할이라고 생각합니다. 그들이 또문을 사회적으로 의미있는 모임으로 만드는 기반이고 독자라고 생각합니다. 또 뭔가 새로운 생각, 새로운 이야기를 들려주는 사람 중에도 또문 사람들이 많습니다. 그 동안 또문을 부정적으로 보았던 사람들도 정작 일을 하려고 사람을 찾다보면 '실력 있는' 사람들이 또문에 몰려 있다는 걸 발견하고는 '할 수 없이' 인정하게 되는 걸 여러 번 봤습니다. 무엇이 또문 사람들을 '실력 있게 만드나?' 하는 걸 곰곰히 생각해 본 적이 있었어요. 자신의 체험을 창의적으로 논리적으로 풀어 내는 능력을 중요시하고 개발하려고 하는 부분이 외부적으로 그렇게 나타나는 게 아닌가 생각됩니다. 사회 변화의 흐름이 점차 그런 능력을 요구하는 쪽으로 가니까 점점 더 또문이 중요한 위치를 차지해 나가게 될 겁니다. 이런 것이 바로 또문이 가지고 있는 가장 중요한 사회 운동 능력입니다. 저도 또문 창립 동인들에게 '분명한 노선'을 요구했던 20대 동인의 하나였던 것으로 기억됩니다만 지금 생각하면 그때 또문이 '분명해'지지 않고 '조직화'되지 않았던 게 참 다행이다 싶습니다. 그렇게 됐다면 제가 바로 지금 잘했다고 하는 부분이 없었을 겁니다.

두번째로 제가 또문과 관계를 맺고 있는 방식은 내 안에 담겨 있는 체험을 통해서입니다. 아까 말한 대로 전 또문의 초창기 20대에 해당하고 30대가 되면서 내 살길을 찾아 또문을 떠난 세대입니다. 어린이 캠프 교사들이 또문에서 와글와글거리게 된 시기(웃음) 이후의 또문 체험을 갖고 있지 못합니다. 언젠가부터 또문 회보가 알아들을 수 없는 말로 써지기 시작했어요. '노마'니 '니마'니 하는 말들 말입니다. 그 변화들을 보면서 많이 변했구나 하면서도 한편 참 신나는 느낌을 받았습니다. 고물고물 자라나는 아이들의 생명력처럼 또문이 잘 움직여 나가고 있다는 느낌이 행복하게 다가왔어요. 이 정도로 전 지금의 또문에서 거의 골동품에 가까운 사람이 되어가고 있지만 또문 내에서 일고 있는 변화를 보면서 안도합니다. 내 체험 속에 들어 있는 또문이란 무엇인가? 하는 점을 생각해 보는 때가 많죠. 운동이었나? 종교였나? 인간 관계인가? 한때의 객기였나? 낭비였나? 공부였나? 등등의 질문이 가능합니다.

가장 중요한 재산이 된 건 많은 사고 방식과 느낌, 그리고 글쓰는 훈련을 할 수 있었던 점입니다. 뭐라고 한마디로 말할 수는 없는 것들인데 고기 몇 마리를 얻었다기보다 낚시하는 법을 알게 됐다고 말하면 전달이 될까요? 20대 후반에 나보다 10년 20년 더 살고 더 생각한 사람들과 가깝게 만날 수 있었다는 것 자체가 귀중한 체험이었다고 할 수 있어요. 전 지금 사무실에서 댓살 어린 후배들과 일을 함께 하면서도 답답할 때가 많아요. 그럴 때마다 또문 창립 동인들을 생각해요. 그때 10년 20년 어린 우리들을 똑같은 '사람'의 비중으로 대했던 그들이 얼마나 답답했고 얼마나 많이 참았을까? 참 대단한 사람들이다. 또문은 지금도 이게 당연하죠? 바로 그 당연하게 생각되는 것들이 또문의 가장 큰 장점일 수 있는 겁니다. 또문에서 만난 친구들과 또문 안에서 경제적 자립을 할 수 있는 기반을 찾을 수 없었던 점을 또문의 한계라고 생각했던 적이 있었습니다. 대학 교수 급의 자기 생활 기반이 있는 사람 이외에는 또문을 할 수 없는 게 아니냐는 비판도 했습니다. 지금 생각컨대 다 잘된 일이라고 생각해요. 또문이 직업으로 연결되지 않은 것도 잘됐고 그래서 우리들이 각자의 길을 찾아 떠난 것도 잘된 일이라고 생각해요. 경제적인 것으로 얽어매지지 않아야, 그러니까 경제적으로 얻을 게 없어야 진짜 사람들이 모여들 수 있으니까요. 그리고 토론중에 전면적인 헌신을 바라는 듯한 주장을 한 동인도 있었지만 또문이 추구하는 중요한 가치가 '다양성'이듯이 한 개인의 생활에서 또문은 다양한 생활 영역 중 하나가 되는 것도 포용해야 한다고 봅니다.

작년인가 또문에서 30대 역할이 없다는 문제 제기가 있었던 걸로 압니다. 당분간 저 같은 30대는 별다른 역할을 하지 못할 겁니다. 육아 문제, 커리어 문제 등 홀로 서기의 기반이 탄탄치 못합니다. 앞으로 몇 년간은 단순한 의미의 직장 여성으로 사는 것도 벅찬 시기가 될 겁니다. 그러나 그런 생활이 내 삶에서 또문이라는 단어를 삭제하는 것을 의미하지는 않습니다. 또문은 구호나 조직이나 돈 같은 눈에 확 띄는 성과가 아니라 내면의 체험이기 때문에 또문을 거친 사람은 어디에서 어떻게 살고 있어도 또문에 또 다른 또문을 보태게 될 거라는 생각입니다.

정진경·

떠나 있는 사람의 시선에서 아주 의미있는 말을 해주셨습니다. 듣다 보니 지금 안에 있는 이들 이야기만 너무 하고 말았군요. 실제로 안에 있다 보면 자기 문제만 확대시켜 보게 될 위험성이 있는데, 그 동안 많은 사람들이 또문에 들렀었고, 또 하나의 문화는 지금 여기에 있지 않는 많은 다양한 자리에 있는 사람들과 여전히 깊은 관계들을 맺고 있음을 잊지 말아야겠습니다. 우리 운동은 장기적인 것입니다. 평생 동안 하는 운동이라는 관점에서 본다면 열정만 가지고는 안되고 구체적인 프로그램, 대안적인 프로그램을 만들어야 하는데 무엇보다도 아이디어와 기획력이 중요합니다. 그런 면에서 또문은 여타의 집단과 비교해 보면 유리한 점이 많은 집단이라고 볼 수 있습니다. 그런 일을 해나가는 데 있어서 전문성이 다양하게 생겨날 수 있으니까요. 토론 정리는 않겠습니다. 요즘 사람들이 제일 싫어하는 것이 정리해 주는 것이라지요? 각자가 나름대로 정리해 보시기 바라며 끝으로 꼭 강조하거나 덧붙이고 싶은 것이 있으면 말씀해 주십시오.

송도영·

세대간의 연속성의 문제와도 연결되는 문제인데 자발성은 교육되어야 하는, 훈련되어야 하는 부분임을 강조하고 싶습니다. 목표를 분명하게 제시하고 그 전제를 구현해 나가는 자발성이 필요하지 아무런 문제 의식도 없이 그냥 방치해 두는 것이 자발성이 아니라고 봅니다. 적극적으로 일을 해나갈 수 있을 수준으로 나갈 수 있도록, 자발성을 몸에 익히도록 교육을 시켜야 한다고 생각합니다. 운동은 장기간의 자기 훈련을 필요로 한다고 봅니다.

김은실·

저는 섣부른 동등주의를 우려합니다. 가장 많이 일을 하는 사람이, 자기가 한 일에 대해 가장 많은 발언권을 갖는 것은 당연합니다. 열려 있다는 것이 모두에게 똑같은 수준의 발언권을 준다는 것을 의미하는 것으로 혼동해서는 안된다고 봅니다. 또문은 이런 식으로 운영되어 왔고 앞으로도 그래야 한다고 봄

니다. 공동체적 의식과 자기 성찰이 함께 가야 한다는 것이지요. ·

정진경 ·

지속적으로 생각하고 실천하고 발을 떼지 않도록 하는 일이 우리가 운동 단체로서 추구해야 하는 일이겠죠. 우리에게는 운동을 한다는 것이 자연스럽고 즐거웠습니다. 나름대로 즐거웠었기 때문에 욕도 먹었습니다만 서로의 지지 속에서 자기 문제를 해결해 나가는 보람이 있었습니다. 그러나 즐거움만 가지고는 운동이 지속될 수 없겠지요. 긴장감이 있어야지요. 일종의 부담감 또는 책임감이라고도 할 수 있겠습니다. 또 '급진성'을 배태하는 고통스런 자유로움과 끝없이 자아를 확대해 가려는 의지와 자기 관리, 타인에 대한 배려도 우리가 늘 내면화하려고 노력해야 할 성향들일 것입니다. 긴장감과 즐거움이 운동의 저변에 있을 때 운동이 지속되고 확산될 수 있을 겁니다. 우리 동인 모임 내부에 작은 소모임들이 수없이 만들어지고 없어졌다가 또 다시 생기듯이 사회 운동은, 그리고 역사는 그렇게 개개인의 실천 속에서, 공유된 실험과 우리의 기억 속에서 또 삶 속에서 새롭게 만들어지는 것이라는 생각을 합니다. 또 하나의 문화, 앞으로 10년이 기대됩니다. 지금 보아서는 또문을 모체로 하여 이벤트 회사도 생길 수 있고, 유선 방송 시대를 맞아 독립 프로덕션이 뜰 수도 있겠고, 대안 학교에 대한 꿈도 여전히 꿀 수 있겠습니다. 여성을 위한 병원, 비디오방, 책방 등 여성들만의 기업도 곧 생겨나야겠지요? 그리고 그런 다양한 공간을 거점으로 한 우리 자신들의 변화와 함께 우리 사회도 크게 변화해 갈 수 있으리라 믿습니다. 오늘 여러분의 진지한 이야기 감사합니다. ■

또 하나의 문화, 앞으로 10년

조혜정 · 김은실

1.

지난 겨울에 동인 몇 명과 「무소의 뿔처럼 혼자서 가라」 연극을 보고 그 동안 「또 하나의 문화」가 해온 활동의 결과가 바로 이런 상황을 초래하는 데 한몫을 한 것이 아니냐는 자아 비판을 한 적이 있다. 「무소의 뿔 ……」에 나오는 30대 초반에 든 젊은 여주인공들은 대학 시절에 무엇이든 자신이 원하는 것은 할 수 있다고 믿고 있던 자신 만만한 여성들이었다. 그런데 결혼 후 이들의 기는 형편없이 꺾이어서, 한명은 기존 체제에 타협을 하면서 자포자기한 삶을 살아가고, 그러한 타협을 해낼 수 없는 다른 한 명은 자살을 하고, 나머지 한 명은 이혼을 한 후 힘겹게 자신을 추스려 간다.

"그 동안 여성 해방 운동이 여성들에게 당위성만을 가르친 것 아닐까요? 특히 여대생들에게 많은 자극을 준 「또 하나의 문화」는 개인이 능력이 있으면 모든 것이 가능한 것 같은 착각을 갖게 하는 데 한몫을 한 것이 아닐까요?" 「또 하나의 문화」가 지내온 10년을 돌아보는 자리에서 한 사려 깊은 동인이 말했다. 10년의 여성 운동은 얼마나 많은 여성들을 자유롭게 했고 또 얼마나 많은 여성들을 좌절에 시달리게 했는가? 지금 실의에 빠져 있는, 한때 여성 해방적인 꿈을 가졌던 대졸 여성들의 분노와 좌절에 대해 우리는 얼마만큼의 책임이 있는가?

「또 하나의 문화」는 그 동안 당당한 여자의 삶에 대한 이미지를 제시하고, 침묵을 강요당해온 여성들이 자신의 삶에 대해 스스로 말할 수 있는 언어를 만들어 보려고 노력해 왔다. 우리들의 생각과 활동은 사실상 우리가 기대했던 것 이상으로 널리 퍼져 나갔다. 책을 직접 읽은 인구는 몇만 명에 지나지 않는다고 하더라도, 그 책을 읽은 이들이 신문 기사로, 잡지의 현상 리포트와 십중 논단으로, 또는 텔레비전 드라마로까지 각색을 하여 재생산을 한 바 있고, 이

런 여러 통로를 통해 우리들의 생각이 간접적으로 널리 퍼뜨려진 것은 사실이
다. 여성의 삶에 관한 새로운 언설을 불러일으킨 것에 우리가 분명 한몫을 단
단히 하였던 것이고, 후배 여성들은 그러한 언어나 운동이 없었던 선배들 시
대와는 달리 많은 꿈을 겁없이 꿀 수 있었을 것이다.

　그런 꿈을 가졌던 만큼 절망감이 클 수밖에 없을 것이고, 지금 우리는 그 세
대의 좌절과 분노의 소리를 듣는다. 지금 많은 젊은 여성들은 자신들이 맞서
싸워야 할 역사에 분노하기보다 자신들을 불행하게 만든 ― 그들에게 잠시나
마 해방의 꿈을 꾸게 했던 ― 여성학에 분노하는 모습을 보이기조차 한다. 우
리는 "이런 게 아닌데 ……" 하고 자문한다. 우리는 여성의 삶의 모습을 어떻
게 그려냈었나 하는 우리의 행보를 되돌아본다. 고도에 절대적 개인으로 존재
하는 여성을 우리가 의도했는가? 우리는 자신의 좌절과 분노를 다른 여자들,
아이들, 그리고 남자들의 문제와 연결시키면서 새로운 공동체를 만드는 데 참
여하는 여성들의 출현을 기대했지, 모든 것을 다 가지고 싶어하는 여성들을
키우고자 한 것은 아니었다. 그런데 지금 우리는 사방에 '주체적'이고자 하
는, 그러나 '공동체적'이고자 하지 않는 여자들을 본다. 이것은 역사의 흐름
에서 반드시 경과해야 하는 한 단계일까? 여성 해방의 이념을 머리로만 이해
하던 세대에서 이상을 현실화시키는 과정에서 패배하고 좌절하는 세대의 등
장을 뜻하는가?

　우리는 지금 새로운 세대의 출현을 본다. 현실적 장애에 대해서 영특한, 또
이미 좌절을 경험한 젊은 여성들을 본다. 그리고 「또 하나의 문화」가 서 있는
현실 지평이 10년 전 우리가 운동을 시작했던 때와 아주 달라져 있음을 깨닫
게 한다. 어쩌면 지금은 공지영 소설의 주인공들과 같은, 여성학 수업을 들었
던 30대 여성들이 자신의 분노와 실패와 좌절을 공식적으로 토로하고 토론해
나가야 하는 때이다. 지금은 자신의 실수를 인정하기도 하고 새로 시작하고
싶은 여성들은 주저없이 다시 시작해야 하는 때이다.

2.

돌이켜보면 10년 전에 「또 하나의 문화」를 시작한 우리는 좀 특이한 배경을
가진, 예외적인 사람들이었는지 모른다. 우리는 감히 '여자인 주제'에 하고
싶은 일을 다 하고자 했고, 마음에 있는 말을 다 하려고 했다. 적당한 말이 없
으면 말을 만들면서까지 스스로를 표현하고자 했다.

어떻게 보면 우리는 이 땅의 근대화가 '실수'로 길러낸 여자들이었던 것 같다. '근대'의 이상인 자유와 평등과 박애가 단지 이념으로만 존재할 수밖에 없는 주변부 한국 땅에서 그 이상을 현실로 만들 수 있다고 믿었던 '순진 / 무지한' 사람들, 그래서 우리는 여자들이 자신이 하고 싶은 일을 하고, 원하는 관계를 맺으며, 자신의 아이들이 행복하게 자랄 수 있는 사회를 꿈꾸며 겁없이 모반을 시도했다.

그 동안에 펴낸 동인지 제목에 그 꿈이 그대로 드러나 있고 제목 하나로도 많은 질문을 야기시켰다. 평등한 부모 관계를 맺는 것이 아이를 자유롭게 하는 것과 무슨 상관이 있단 말인가? 열린 사회를 만들어 가는 데 여성이 자율적이 되는 것이 무슨 관계를 갖는가? 문학이면 다 같이 '인간 해방의 문학'이지 왜 구태여 '여성 해방의 문학'이란 말을 만들어 편을 가르고 우리(남자)를 피곤하게 만드는가? 지배 문화를 굳이 남성 문화로 지칭하려고 하는 저의는 무엇인가? 가정 주부라는 좋은 단어가 있는데 '사회 주부'라는 모호한 말을 만들어 내어 왜 주부를 편 가르는가? 여자가 언제 말하지 못하였다고 '여자로 말하기'를 계속 강조하는가? 게다가 '몸으로 글쓰기'란 또 무엇인가? 그렇지 않아도 논리성이 부족한 주제에 ……

이런 질문과 빈정거림을 우리는 개의치 않았다. 우리는 더 이상 '중심'에 있는 지배 문화를 흉내내거나 '지배 집단'에 끼고 싶어하지 않았기 때문이다. 대신 자주적인 우리는 모여서 새로운 삶의 방식을 실현해 가고자 했다. 우리는 자주 이렇게 말했다. 꼭 그렇게 살아야 하는 것이 아닐지 모르지 않니? 당신을 위해, 그리고 당신이 사랑하는 사람들을 위해 그것이 최선의 방법인지 생각해봐. 작은 '폭군들'을 섬기는 생활, 숨죽임의 생활을 어쩌면 더 이상 할 필요가 없을지 몰라. 우리가 원하는 사회를 만들어 가는 것은 생각보다 쉬운 일이야.

우리가 펴낸 책들이나 삶을 통해 실험하며 만들어간 프로그램들은 삶을 그런대로 만족스럽게 사는 이들에게는 '신선한 충격'을, 무언지 모르게 화가 나고 답답해 있던 이들에게는 해방감을 가져다 주었다. 자신의 삶의 조건을 보게 되면서 분노하기 시작했고, 가출과 모반을 꿈꾸는 이들이 늘어갔다. 그리고 새로운 공동체를 이야기하는 이들이 많아졌다.

10년이 지난 지금 이제 우리 모임은 더 이상 '실수'로 생긴 사람들만 중심이 아니다. 본격적인 자본주의화 과정에서, 파행적인 모습이나마 개인성에 대한 주장을 하지 않을 수 없게 되어, 많은 여자들이 각계 각층에서 여자 독립 선언을 하는 것을 본다. 독립 선언을 하지 않는 이들이 이제는 이상하게 보이기 시작한다. 할 말이 있고 또 그 말을 다 할 줄 아는 여성이 늘었다는 것이다. 아니, 적어도 그러한 욕구를 강하게 가진 여성들이 많이 늘었다.

이제 이 땅에 사는 '의식 있는' 다수의 여성들과 소수의 남성들은 '가부장제로부터의 자유'를 원하고 있다는 몸짓을 분명히 짓기 시작했다. 최근에 있은 대학 교수에 의한 성희롱 사건이나 사무직 여성 모집 공고문에 용모를 명기한 사건이 불러일으킨 반향에서, 지하철 여성 전용칸을 만들자는 여론에서 그러한 의지가 뚜렷하게 보이며, 쉰 살이 넘어서 이혼을 하는 여성들이 늘어나는 현상과 더 이상 결혼을 자연스럽게 거쳐야 하는 과정으로 여기지 않는 여성들이 늘어나는 현상에서, 그리고 갑자기 늘어나는 별거 부부들을 보면서 가부장적 권위가 더 이상 지탱하기 힘든 지경에 이르렀음을 읽게 된다.

여성들은 이제 일을 할 권리에 대해 본격적으로 문제를 제기할 것이고, 가정 생활에 대해서도 문제를 제기할 것이다. 그리고 더 이상 타인을, 특히 어린 아이와 힘없는 자를 사랑할 줄 모르는, '무자비'하고 '무신경한' 사람들과 같이 살고자 하지 않을 것이다. 여성들은 이제 더 이상 자신의 상상력을 억압 당하게 내버려 두지 않을 것이며, 자신들의 경험이 전혀 다르게 해석되는 것을 참아 내지 못할 것이다. 여성들은 이제 본격적으로 글을 쓰고, 실험을 하며 꿈을 현실로 만들어 가기 위해 말을 만들어갈 것이다.

문제는 개개 여성들의 욕구가 실은 같으면서 다르다는 데 있다. 그래서 '가부장제로부터의 자유'의 차원에서는 동의를 하고 있지만 '무엇을 향한 자유'인가에 대한 물음에서 이들은 갈라진다. 이는 곧 독립 선언의 형태가 다양해졌음을 뜻한다. 「또 하나의 문화」 내부만 보아도 동인들의 성향이 무척 다양해졌다. 특공대를 조직해야 할 정도의 급진성을 띤 운동을 원하는 이들이 있는가 하면, 여전히 일반 사회에 '신선한 충격'으로 받아들일 수준만을 유지하자는 목소리도 상당하다. 환경 운동에 좀더 적극적으로 참여하자는 청년이 있는가 하면, 여성만의 초국가적 공동체를 꿈꾸는 여성도 없지 않다. 다중적인 주체로서의 다양한 여성들이, 그리고 여성주의에 동조하는 남성들이 일어나기 시작한 것이다. 애초부터 개개 인간 속에 내재한 다양성을 바탕으로 일상성으로부터의 변화를 추구해 왔던 「또 하나의 문화」는 이제 그 운동의 빛깔을 더 선명하게 할 때가 되었다.

「또 하나의 문화」는 이제 본격적으로 자신의 구체적 삶에서 문제를 던지는 다양한 집단들이 어떻게 같이 일하고 공존할 수 있는가를 실천하는 단계로 들어 선다. 「또 하나의 문화」는 이제 자신들이 뿌린 말들을 다시 한번 원론적으로 재검토해야 하고, 그 동안 동인들이 제시했던 새로운 삶의 가능성이 왜 '유력'하기보다 '무력'했는지, 왜 그렇게 많은 타협하는 여성들만 양산했는지 성찰해 보아야 한다. 그래서 자신들이 한 말에 대해, 그 말들이 불러일으켜 놓은 분노와 새로운 욕망들과 함께 새로운 활동의 지평을 열어 가야 하는 것이다.

앞으로 10년, 「또 하나의 문화」는 먼저 '자신으로 돌아온 여성들 / 남성들'이 보다 적극적으로 자신의 목소리를 만들어 가는 마당이 되어야 한다. 여러 갈래로 갈라져 일어나고 있는 '여성 운동들'에 대해 이야기하고, 그러면서 그 다양한 경험 아래에 깔린 여성들의 공통적인 경험에 대해 이야기해야 한다는 것이다. 늘 강조했듯이 남녀 관계를 새롭게 정립하고, 돌보고 가꾸고 일구어 가는 여성들 사이에 대대로 이어져 오는 형태의 문화를 만들어서 문명의 방향을 바꾸어 내는 일에 이르기까지 우리들이 해야 할 일은 여전히 많다.

이제 우리는 각자의 자리에서 구체적 작업으로 들어간다. 운동의 장이 없는 여성 운동, 삶을 이어가면서 만들어지는 한숨과 한탄과 분노를 따라가지 못하는 운동은 이제 끝낸다. 지금까지 「또 하나의 문화」가 낸 목소리는 매우 '계몽주의적'이었다. 다양성을 강조하였지만 실제로 우리 상황은 너무 억압적이어서 다양성을 배양하는 조건이 아니었고, 그런 만큼 그 소리는 획일적으로 들릴 수밖에 없었다. 그러나 많은 이들이 '주체'적이고자 하는 지금 우린 더이상 모든 사람을 대상으로 하는 계몽주의적 목소리를 내지 않으려 한다. 지금은 실제 분노를 가진 이들이 나설 때이며, 강한 분노와 저항의 힘이 생산적인 힘으로 일어날 토양을 만들어 가는 일이 앞으로 우리가 해야 할 일이다. 그럴 듯한 해방의 논리보다 '분노'에, 그리고 자신의 삶 속에서 구체적 대안을 모색하는 이들에게 더 신뢰를 두겠다는 것이다. 자신의 일상에서 시작하는 영구적 문화 운동을 이끌어 가는 주체로서 우리는 새롭게 자리를 튼다.

'새롭게 자리를 튼다'는 것은 새로운 생활 공동체를 이루어 내겠다는 것과 통해 있다. 벌써 출판 소모임과 20대 여성 동인들이 함께 사는 실험을 해오고 있고, '표준 가족'과 좀 다른 가족 구성을 가진 이들이 또한 모여서 살 구상을 하고 있다. 끈질긴 가족주의적 가부장제에 틈새를 내며 각자의 에너지를 생산적으로 펴나갈 방안들이 모색되고 있는 것이다.

앞으로 10년 동안은 삶의 스타일을 바꾸어 가는 면에 더 치중할 것이다. 자율 훈련이 어느 정도 된 동인들이 함께 사는 생활 공동체들이 여러 군데 생겨서 보다 만족스러운 다양한 대안 가족 형태들이 출현할 것이며, 자기 관리와 사회 관리를 연결하는 이들이 늘어날 것이다. 또한 많은 작업 공동체들도 생길 것으로 보인다. 다양한 생활 / 작업 공동체적 기반 위에서「또 하나의 문화」의 활동은 활성화될 것이다. 생계를 해결하면서 함께 놀이를 하고 저녁에는 공동체에 관한 토론을 수시로 하는 소모임이 많아져 각 소모임의 특성이 보다 뚜렷해질 것이며, 그러한 차이를 바탕으로 소모임간의 연계는 지금까지 우리가 알아온 연계 활동과는 다른 차원의 효과를 가져올 것이다. '동일성'의 복제가 아닌 '다양성의 조직화'로서 개성과 공동체가 함께 살아나는 운동 양식이 뿌리 내리도록 할 것이다.

현재와는 급진적으로 다른 미래를 준비하는 이런 운동은 축제적이어야 하고, 창조적일 수밖에 없다. 우리는 그래서 앞으로도 놀이하면서 일하는 방식을 고수할 것이다. 여성 해방 운동이 실질적이고 대중적인 단계에 들어서기 위해 우리는 이제 좀더 전문적이 되고자 한다.

앞으로는 일 년에 한 권이 아니라 글이 모아지는 대로 수시로 동인지를 내게 될 것이고, 관련 서적을 펴낼 것이다. 동인 소모임들이 다양해진 만큼 다양한 주제들로 독자들과 만나갈 것이다. 그리고 몇 년 전부터 강조해 왔듯이, 활자 매체만이 아니라 영상 매체를 포함한, 다중적 미디어를 통해 작업을 활성화해 나갈 계획이다. 기성의 좌파들은 '문화 / 미디어' 전쟁에서 패했다고들 하지만「또 하나의 문화」는 여성 해방 운동이 '문화 전쟁'에서 패하지 않고 살아남을 수 있기 위해 그 방면의 몫을 착실하게 담당할 생각이다.「또 하나의 문화」는 애초부터 지식 생산 체계를 근원적으로 바꾸어 내고자 한 운동이었고, 앞으로도 지식 / 상징 / 언어의 차원을 비중 있게 다루는 모임으로 남을 것이다. 이의 한 방안으로 여성적 글쓰기 소집단은 새로운 역사 쓰기를 해나가는 모임으로서의 특성을 강화할 것이다.

3.

「또 하나의 문화」는 유일한 대안 문화를 제시한다고 주장하지 않는다. 그냥 '또 하나'의 대안 문화이고자 한다. 우리의 활동에 적극적으로 동참하지 않는다고 해서 섭섭해 하지 않고, 적극적으로 참여한다고 해서 고마와하지도 않는다. 각자 자신에게 맞는 모임을 만들어 활동하는 것을 정상 상태로 보고 있으니까 …… 자기 자리를 제대로 찾아서 집을 짓는 것이 중요하다. 물론 우리는 여전히 새 사람들을 이곳으로 초대할 것이다. 더 이상 '총체적'으로 사유한다고 고집하지 않음으로 보다 총체적으로 사유할 수 있게 된 사람들은, 그래서 결과와 권력에 집착하지 않고 삶 속에서 즐거움과 의미를 스스로 끌어낼 수 있는 사람들은 모두 이 마당에 초대된 이들이다. 편안하게 들어 앉을 것이리라 생각하고, 그렇지 않은 부분이 있다면 스스로 편안한 자리로 만들어갈 능력 또한 갖추어 가는 준비를 해주기 바란다.

우리는 각자의 재주대로 우리가 원하는 사회를 만들어 간다. 여러 가지 유형의 글로, 글이 아니면 말로, 말이 아니면 몸으로 의사 소통을 하고, 새로운 삶의 영역을 만들어 간다. 우리가 남녀 관계에 초점을 맞추는 것은 그것이 실은 모든 비대칭적 관계의 원형이 되고 있기 때문이다. 현대 남녀 관계의 '회복'은 실은 인간과 자연과의 관계의 회복과 직결되어 있으며, 이것은 권력 개념, 공간 개념, 의사 소통의 개념, 정감적 교감의 개념을 근원적으로 바꾸어갈 바탕이 될 것임을 우리는 알고 있다. 끝없는 탐욕과 지배욕을 먹고 사는 자본주의적 질서의 변화 역시 남녀 관계의 재구성 없이는 불가능하며, 지구상의 환경 문제 역시 이 작업 없이는 불가능하다.

앞으로 10년, 우리는 딸들에게 '일할 권리'와 '살아가는 즐거움'을 안겨줄 운동에 박차를 가한다. 모든 자녀를 자신의 자녀로 생각할 수 있는 폭넓은 모성을 가진 어머니로서, 정의로운 엄마로서, 딸과 아들의 손을 잡고 '딸을 낳아 행복한 사람들이 사는 세상'을 만들어 간다. '사람이 폭력적이지 않은 존재로 살아가는 세상'을, '따로, 또 같이' 만들어 가자. ■

제1호 평등한 부모 자유로운 아이

좌담
'또 하나의 문화'를 펴내며

특집 / 자유롭게 크는 아이들

시
우리들의 아이는 살아 있는 기도라네 / 고정희

논설

현장 연구

자녀 양육기

제2호 열린 사회 자율적 여성

제3호 여성 해방의 문학

특집 / 여성 해방의 문학

제4호 지배 문화, 남성 문화

제6호 주부, 그 막힘과 트임

제7호 새로 쓰는 사랑 이야기

제8호 새로 쓰는 성 이야기

책을 펴내며

내가 살고 싶은 세상
[또 하나의 문화] 제10호

● **초판 발행일**
1994년 10월 5일

● **4쇄 발행일**
1999년 6월 23일

● **편집인**
또 하나의 문화 동인들

● **발행인**
유승희

● **발행처**
도서출판 또 하나의 문화

● **주소**
서울 서대문구 창천동 53-57 우일빌딩 4층

● **전화**
(02) 324-7486

● **팩스**
(02) 323-2934

● **홈페이지**
http://tomoon.com

● **출판등록번호**
1987년 12월 29일 제9-129호

● **ISBN**
89-85635-07-7 03330

※ 책값은 뒷표지에 있습니다.
※ 잘못된 책은 바꾸어 드립니다.